BERNHARD FLUCK

GYMNASIUM AUFTRAG FORTSCHRITT

DEUTSCHER PHILOLOGENVERBAND UND GYMNASIUM IM 19. UND 20. JAHRHUNDERT

Die Deutsche Bibliothek – CIP Einheitsaufnahme

Fluck, Bernhard:
Gymnasium Auftrag Fortschritt:
Deutscher Philologenverband und Gymnasium
im 19. und 20. Jahrhundert/
Bernhard Fluck – Düsseldorf: dphv-Verlag,
ISBN 3-921990-41-6

1. Auflage Juli 2003
© 2003 by dphv-Verlag, Düsseldorf

Druck: Vereinigte Verlagsanstalten, Düsseldorf

Herstellung:
Pädagogik & Hochschul Verlag,
Graf-Adolf-Straße 84,
40210 Düsseldorf
Tel.: 02 11 / 355 81 04, Fax: 02 11 / 179 59 45

ISBN 3-921990-41-6

Gymnasium Auftrag Fortschritt
Deutscher Philologenverband und Gymnasium im 19. und 20. Jahrhundert

Zum Geleit	7
Vorwort	9

I Gymnasium und Gymnasiallehrer im 19. Jahrhundert   13

- Entstehung der neuhumanistischen Bildungsidee   13
- Loslösung der Gymnasiallehrer vom Beruf des Theologen   18
- Berufsbild des Philologen und Weiterentwicklung des Gymnasiums   21
- Realgymnasium und Oberrealschule   24
- Vom »Allroundlehrer« zum Fachlehrer   28
- Rechtliche Stellung der Lehrer an Höheren Schulen   30
- Entstehung von Philologenvereinen   33
- Interessenausgleich zwischen »Humanisten« und »Realisten«   36

II Von der Verbandsgründung bis zum Ersten Weltkrieg   44

- Gründung des Deutschen Philologenverbandes am 6. Oktober 1903 in Halle   44
- Aufgabe des Gymnasiums und seiner Lehrer – Erster Verbandstag in Darmstadt 1904   47
- Der Lehrer als Erzieher – Verbandstag in Eisenach 1906   51
- Die soziale Situation der Höheren Schulen und ihrer Lehrer   52
- Gleichstellung mit den Richtern   54
- Die Höhere Schule in der Zeit des Ersten Weltkrieges   57

III Das Gymnasium und der Deutsche Philologenverband in der Zeit der Weimarer Republik   60

- Situation nach Kriegsende und Besoldungsordnung von 1920   60
- Organisatorische Erneuerung und Einheitsschuldiskussion – Verbandstag in Kassel 1919   62
- Reichsschulkonferenz 1920   65
- Verteidigung des neunjährigen Gymnasiums   68

- Entwicklung des höheren Mädchenschulwesens 73
- Die Richertschen Reformen in Preußen 78
- Zwischen Zentralismus und Föderalismus –
  Verbandsarbeit in der Weimarer Republik 83
- Der Philologenverband in der Zeit der Auflösung der
  Weimarer Republik 92

IV Der Deutsche Philologenverband unter der Hitler-Diktatur 105

- Übernahme der Verwaltungs- und Bildungseinrichtungen
  durch das NS-Regime 105
- Das Schicksal des Verbandsvorsitzenden Dr. Felix Behrend 108
- Versuche zur »Gleichschaltung« des Philologenverbandes 111
- Auflösung des Deutschen Philologenverbandes 117
- Verbände und Parteien 1918 bis 1935 122
- Die endgültige Nazifizierung des Bildungssystems 132

V Das höhere Schulwesen nach dem Ende des Zweiten Weltkrieges 137

- Unterschiedliche schul- und bildungspolitische Entwicklungen
  in den Besatzungszonen 137
- Neuorganisation des Philologenverbandes – Aufbau und
  Erneuerung der Gymnasien 148
- Reform der Inhalte – Vom ersten Nachkriegsverbandstag 1951
  zum »Düsseldorfer Abkommen« 1955 159
- Berufs- und Besoldungspolitik in schwierigen Zeiten 169
- Neuordnung des Oberstufenunterrichts: Von den »Tübinger
  Beschlüssen« 1950 bis zur »Saarbrücker Rahmenvereinbarung«
  1960 – Kontroverse um den Rahmenplan von 1959 179

VI Politische Initiativen zur Expansion des Bildungswesens 193

- Mehr Abiturienten durch »Ausschöpfung der Begabungs-
  reserven« und »Chancengleichheit« – Pläne zur Einführung
  der »Einheits-Stufenschule« 193
- »Hamburger Abkommen zur Vereinheitlichung des
  Schulwesens« 1964 und neues Reformprogramm des
  Deutschen Philologenverbandes: die »Göttinger Beschlüsse« 204
- Bestehendes Schulsystem schafft Bildungsexpansion ohne
  Gesamtschulen 211

- Vom Strukturplan des Deutschen Bildungsrates zur
  Gesamtschulentwicklung 216
- Machtwechsel 1969 und Bildungsgesamtplan 223

VII Offensive des Deutschen Philologenverbandes für den Erhalt des Gymnasiums und des gegliederten Schulwesens in den 70er Jahren 227

- Anpassung oder Widerstand? – Neue Verbandspolitik im Sturm der Bildungsreform 227
- KMK-Vereinbarung zur Neugestaltung der gymnasialen Oberstufe 234
- Der Stufenlehrer – Angriff auf den Beruf des Gymnasiallehrers 245
- Die Besoldungsentwicklung 253
- »Emanzipation« – Kulturrevolution als »Erziehungs«-Programm 263
- Abitur, Hochschulzulassung und Hochschulrahmengesetz 274
- Gymnasium und europäische Einigung – Nationale und internationale Verbandsarbeit 280

VIII Engagement des Philologenverbandes für die Qualitätssicherung der Gymnasialbildung und Teilhabe am sozialen Fortschritt in den 80er Jahren 288

- Auseinandersetzung um die Anerkennung der Gesamtschulabschlüsse 288
- Abitur und Studierfähigkeit – Neue Debatten um das 13. Schuljahr 295
- Vom Lehrermangel zur Lehrerarbeitslosigkeit 301
- Moderner technologischer Wandel als Chance für die Jugend 305
- Verantwortung des Lehrers – Allgemeinbildung an Gymnasien 310
- Gesamtschulpolitik und Elternwille – Kollegschule auf dem Prüfstand 316
- Philologen für Teilhabe an der Arbeitszeitverkürzung 321
- Dauerthema Schulzeitverkürzung 326
- Europäischer Einfluss auf die Bildungspolitik 331

IX Gymnasium und Philologenverband in der Zeit der deutschen Einigung 1989 - 1992 339

- Von der »Wende« zur Wiedervereinigung 339
- Der Deutsche Philologenverband beim Aufbau der neuen Bundesländer und ihres Bildungswesens 350

- Studieren ohne Abitur – Hochschuleingangsprüfungen –
  Sparmaßnahmen 355
- Erster gesamtdeutscher Philologentag nach mehr als 55 Jahren 360

**X Bildungs- und Berufspolitik im Jahrzehnt
nach der deutschen Einheit** 363

- Schulzeit und Bildungsqualität 363
- Die Konzepte der Ober- und Mittelstufe auf dem Prüfstand 367
- »Autonome« oder verantwortete Schule 370
- Lehrereinstellungspolitik und Arbeitsbelastung 375
- Dienstrechtsreform und Versorgungsreformgesetz 379
- Altersteilzeit und Fachlehrermangel 385
- Offensive für Bildung durch innovative Tagungen 390
- Berlin – nach 65 Jahren wieder Verbandssitz des
  Deutschen Philologenverbandes 393
- Wirbel um die PISA-Studie und andere
  Vergleichsuntersuchungen 395
- Bilanz der PISA-Studie 404
- Nationale Bildungsstandards – Hoffnung für das Bildungswesen? 411

Anhang

- Abkürzungsverzeichnis 424
- Anmerkungen 426
- Literaturverzeichnis 435
- Personenregister 440
- Sachregister 443
- Die Vorsitzenden des Deutschen Philologenverbandes 448
- Verbandstage des Deutschen Philologenverbandes 448

Zum Geleit

100 Jahre Deutscher Philologenverband. Ein Jubiläum wie viele andere? – Sicher. Ein Anlass für eine Rückschau? – Natürlich. Das Jubiläum des größten deutschen Gymnasiallehrerverbandes gibt jedoch auch die Chance, weit über das Vereinsinterne hinaus zeitgeschichtliche Entwicklungen zu beleuchten, von denen die Bildungsinstitution Gymnasium in den vielen gesellschaftlichen Veränderungen dieser 100 Jahre betroffen war.

Die verbandsgeschichtliche Betrachtung der Entwicklung des Gymnasiums in Deutschland und der Wandel in der beruflichen Situation der Lehrerinnen und Lehrer, die ein hohes Maß an Verantwortung für die ihnen anvertrauten jungen Menschen tragen, sind Kerngegenstand dieser Untersuchung, die der Deutsche Philologenverband aus Anlass seines Jubiläums im Jahre 2003 vorlegt. Die Arbeit geht damit weit über eine vereinsgeschichtliche Chronik hinaus.

Als Verfasser für dieses Werk zeichnet verantwortlich der Philologe Bernhard Fluck, Historiker und Germanist und selbst über Jahrzehnte Mitgestalter der Politik des DPhV. Damit legt ein historisch versierter und zugleich partiell beteiligter Zeitzeuge ein Werk vor, das sich einerseits kritisch auseinandersetzt mit einer Verbandsgeschichte, die vom Kaiserreich über die Weimarer Republik in die Unbilden des Nazi-Regimes führt, dort jäh unterbrochen wird, dessen ungeachtet jedoch nach dem 2. Weltkrieg wieder auflebt und in die volle Blüte politischer Partizipation führt. Für die umfassende Aufbereitung dieser Geschichte gilt dem Verfasser herzlicher Dank.

Geschichte an sich ist interessant, vor allem, wenn sie spannend erzählt wird. Aber Geschichte ist – als Tradition richtig verstanden – auch die Quelle, die die Gegenwart speist und aus der die Zukunft immer wieder schöpfen kann. Der große Pädagoge Marian Heitger hat einmal gesagt: »Die Tradition ist nicht die Diktatur der Toten, aber ihr Stimmrecht.« Mit dieser Wesensbestimmung werden altbekannte Vorwürfe gegen das Konservative zum Nichts.

Nur, wer aus dem historisch bewährten Guten schöpft, der kann auch die Zukunft erfolgreich bestehen. Das ist die Kernbotschaft der Kultur des Humanismus, der sich das Gymnasium in Deutschland ebenso wie die, die zu dieser Schule gehören, stets verpflichtet fühlen. Aus diesem Fundament erwächst auch die Kraft zum Aufbruch, zu Neuem. So hat der DPhV zugleich mit dieser Schrift zur Geschichte einen Film über sein Wirken in der Gegenwart drehen lassen, um festzuhalten, wie seine Arbeit jetzt gestaltet wird, welche Ziele ihn leiten und welche Wege dahin beschritten werden.

Möge Beides gleichermaßen aufschlussreich sein für die, die an Bildung in Geschichte und Gegenwart interessiert sind und an der Gestaltung von Bildung in der Zukunft konstruktiv mitwirken wollen.

Berlin, im Juli 2003
Peter Heesen
– Bundesvorsitzender des DPhV –

Vorwort

Es ist mit der Geschichte wie mit der Natur, wie mit allem Profunden, es sei vergangen, gegenwärtig oder zukünftig: je tiefer man ernstlich eindringt, desto schwierigere Probleme tun sich hervor.

(Goethe, Maximen und Reflexionen)

Verbandsjubiläen sind Zeitzeichen, sie lenken den Blick zurück, veranlassen uns, Vergangenes zu überschauen, zu überdenken und mit dem Heutigen zu verknüpfen. Als im März 2002 der Entschluss gefasst wurde, anlässlich des 100. Jahrestages der Verbandsgründung des Deutschen Philologenverbandes eine zusammenhängende Darstellung der wichtigsten Ereignisse der Verbandsgeschichte zu schreiben, konnte ich diese Aufgabe wegen der Kürze der zur Verfügung stehenden Zeit nur übernehmen, weil ich mich schon seit Jahrzehnten mit dem Gymnasium und seiner Lehrerschaft befasse. Dennoch ist manches nicht so gründlich untersucht worden, wie es dem kritischen Leser vielleicht geboten erscheint, anderes, das mir besonders wichtig war – wie die Zeit der Weimarer Republik, der Hitler-Diktatur sowie der sechziger und siebziger Jahre –, ist ausführlicher geraten. Die zehn chronologisch angelegten Kapitel mit ihren siebzig Unterabschnitten geben allerdings jedem Interessierten die Möglichkeit, Themen eigener Wahl für seine Lektüre auszusuchen. Zur Chronologie muss noch angemerkt werden, dass sie nicht bei allen Sachbereichen eingehalten wurde, um Wiederholungen, wie sie ohnehin durch bildungspolitische Dauerthemen wie Schulzeit, Einheitsschule, Sparpolitik unumgänglich sind, möglichst gering zu halten.

Im Einleitungskapitel werden die wichtigsten Stationen der Entwicklung des Gymnasiums und des Berufs des Philologen im 19. Jahrhundert noch einmal zusammengefasst, weil der späte Gründungstermin des Gesamtverbandes 1903 nur so verständlich wird. Auf eine eingehende Behandlung der Entstehung der Provinzial- und Landesorganisationen konnte verzichtet werden, da ihre Vorgeschichte bereits durch die *Geschichte des Deutschen Philologenverbandes bis zum Weltkrieg* von *Paul Mellmann* (erschienen 1929) gründlich bearbeitet wurde. Dort finden wir auch eine genaue Darstellung der Vorstandswahlen von 1904 bis 1919, auf die in der vorliegenden Schrift nicht eingegangen wird. Zur Schilderung der Verbandsanfänge und der detaillierten Abhandlung der Ereignisse im 19. Jahrhundert ist ein Rückgriff auf die Untersuchungen Mellmanns auch heute noch unerlässlich. Darüber hinaus gibt es viele Einzeldarstellungen dieses Zeitraums, die uns die bildungspolitischen Voraussetzungen des 19. und beginnenden 20. Jahrhunderts im Lichte der neuesten pädagogischen und historischen Forschungen erläutern. Für die Verbandsgeschichte in der Weimarer Zeit bietet das *Deutsche Philologenblatt* eine umfangreiche Materialsammlung. Auch die Schriften von Dr. Felix Behrend, die wichtige bildungspolitische Grundsatz- und Streitfragen in der Zeit von 1920 bis 1932 behandeln, sind von großer Bedeutung. Seine Tochter, Prof. Dr. Hilde Behrend (Edinburgh), mit der ich viele Jahre einen regen Briefkontakt und persönliche Begegnungen hatte, übereignete mir Schriften und Briefe aus dem Nachlass ihres Vaters, die mir hilfreich waren. Über die bildungspolitische Situation der Nazi-Diktatur liegen zum Teil widersprüchliche Einzeluntersuchungen vor, die von mir einer kritischen Würdigung unterzogen wurden. Seit 1945 ist die Zahl der Darstellungen im Bereich Bildung und Erziehung so angewachsen, dass ich mich auf wesentliche Veröffentlichungen beschränken musste. Einen sicheren Leitfaden durch die Verbandspolitik stellen die Zeitschriften *Die Höhere Schule* und *Profil* dar, die eine fast lückenlose Wiedergabe der Ereignisse ermöglichen. Hinzu treten die Verbandszeitschriften der Landesorganisationen und viele zusätzliche Verbandspublikationen zu Einzelfragen. Dass trotz bester Unterstützung durch Universitäts- und Landesbibliotheken, Verbandsarchive und eigenes Quellenmaterial doch so manchen noch vorhandenen Hinweisen nicht nachgegangen werden konnte oder Bedenkenswertes unerwähnt blieb, ist in der Begrenzung der Darstellung und der zur Verfügung stehenden Zeit begründet. So konnte die wichtige Arbeit der Ausschüsse und Arbeitsgemeinschaften, deren Detailarbeit oft die Voraussetzung für Verbandsbeschlüsse war, nur gestreift werden.

Fünf historische Epochen unterschiedlichster Prägung haben die Geschichte des Gymnasiums und der Philologen in den letzten zweihundert Jahren beeinflusst: Deutscher Bund, Deutsches Kaiserreich, Weimarer Republik, Drittes Reich und Bundesrepublik Deutschland vor und nach der Wiedervereinigung. In der Verbandsgeschichte spiegeln sich epochale Veränderungsprozesse und Entwicklungskrisen, die auch in der Bildungspolitik nachhaltige Spuren hinterließen. Allen Widrigkeiten zum Trotz gaben die Philologen ihr Ziel nicht auf, für ein qualifiziertes und fortschrittliches Gymnasium als Stätte der Erziehung und Bildung zu wirken sowie für die gesellschaftliche Anerkennung ihres Berufes einzutreten. Darüber legen die nachfolgenden Kapitel des Buches Zeugnis ab. Sie verdeutlichen, wie Menschen, die mit dem Gymnasium verbunden waren, den gesellschaftlichen Wandel in fünf Epochen erlebten, wie sie reagierten und welchen Reaktionen sie ausgesetzt waren. Sie zeigen das Gymnasium und die Philologen, abhängig von den jeweiligen Zeitströmungen, aber auch als eigene aktive Kraft. Wie viel oder wie wenig Spielraum ihnen für selbstbestimmtes Wirken blieb, hing von der jeweiligen politischen Organisation des Staates ab. Inhalte und Ziele des Bildungswesens und die Weisungen an die Schule wurden immer wieder verändert, ja umgeworfen. Die Geschichte des Gymnasiums liefert Material dafür, dass in die »reine Lehre der Wissenschaften« so manches Tagesinteresse, viel Politik und auch Zeitgebundenes eingeflossen sind. Manches hat sich langfristig nicht als tragfähig, sondern als Irrtum erwiesen. Demgegenüber steht das Wertbeständige, von verantwortungsbewussten Menschen vertreten, das ebenfalls den Ablauf der Ereignisse beeinflusste und das herauszustellen lohnend ist: Lernen, sich mit Tatsachen, Stoffen, Werten und Wissenschaften auseinanderzusetzen und dadurch zu bilden. Dies führt den Menschen zu Unabhängigkeit in selbst gewählter Verantwortung und ist die zeitlose Aufgabe des Bildungswesens. Es ist das Verdienst des Deutschen Philologenverbandes und seiner Landesverbände, das Gymnasium und seinen Bildungsanspruch auch in schwierigen Zeiten bewahrt, ja vor gänzlicher Aufhebung gerettet zu haben. Da aber von dieser Schulform auch weiterhin Reform-

und Innovationskraft ausgehen muss, sollte das Verbandsjubiläum Anlass sein, unseren Blick nicht nur in die Vergangenheit zu richten, sondern zugleich eine Standortbestimmung des Bildungswesens in der heutigen Zeit vorzunehmen. Möge die vorliegende Schrift dazu einen Beitrag leisten.

Düsseldorf, im Juni 2003
Bernhard Fluck

I GYMNASIUM UND GYMNASIALLEHRER IM 19. JAHRHUNDERT

Entstehung der neuhumanistischen Bildungsidee

Die Gründung des Deutschen Philologenverbandes am 6. Oktober 1903 in Halle, 32 Jahre nach der Reichsgründung von 1871, vermag auf den ersten Blick als verspäteter Zusammenschluss der Gymnasiallehrer angesehen werden; doch eine genauere Betrachtung der Entwicklung des Gymnasiums und seiner Lehrer im 19. Jahrhundert zeigt, dass es der richtige Zeitpunkt war, um die Philologenvereine, die in den Ländern schon aktiv geworden waren, auf der Reichsebene zu einer kraftvollen Organisation zusammenzufassen.

Zunächst musste in den einzelnen deutschen Ländern ein komplizierter Weg von der neuhumanistischen Reform des Gymnasiums bis zur Anerkennung der im Industriezeitalter notwendigen mathematisch-naturwissenschaftlichen Bildung und zur Ausprägung eines einheitlichen Berufsbildes der Gymnasiallehrer zurückgelegt werden, bevor die Voraussetzungen für einen Zusammenschluss gegeben waren. Insofern kann man die Geschichte des Gymnasiums und seiner Lehrer nur verstehen, wenn man die Entstehung des höheren Schulwesens von seinen Anfängen her betrachtet, denn dort liegen die Wurzeln, aus denen auch heute noch die Studienschulen und die Philologen wichtige Impulse erhalten.

Die grundlegenden Reformen des im 18. Jahrhundert erstarrten Schul- und Universitätswesens erfolgten in den ersten eineinhalb Jahrzehnten des 19. Jahrhunderts. Es war die Zeit des Umsturzes der alten Feudalordnung, die durch die Errichtung des Militärimperiums Napoleons und den Zusammenbruch des Heiligen Römischen Reiches Deutscher Nation gekennzeichnet war. Auf der Tagesordnung stand die Neuordnung der gesellschaftlichen Verhältnisse. Es waren nicht nur die machtpolitischen Niederlagen des feudal-ständischen Systems gegenüber den Erfolgen der Revolution, die eine Richtungsänderung erzwangen, sondern vor allem die Ideen einer bürgerlichen Gesellschaft, die auf bürgerliche Freiheit und rechtliche Gleichheit setzte. Es galt die Trennung von Staat und Gesellschaft zu überwinden und aus Untertanen Bürger zu machen.

Nach der katastrophalen Niederlage Preußens in der Doppelschlacht von Jena und Auerstedt im Oktober 1806 und dem darauf folgenden Zusammenbruch des alten Systems wurde der Reformdruck übermächtig. Es ging in Preußen nämlich nicht wie in den durch Säkularisation und Mediatisierung begünstigten süd- und westdeutschen Staaten um die Konsolidierung eines vergrößerten Territoriums, sondern um das Überleben eines besiegten Landes. Als Staat blieb Preußen zwar erhalten, es schied aber aus dem Kreis der Großmächte aus, verlor seine Territorien westlich des Rheins und seine letzten polnischen Erwerbungen und war damit auf die Hälfte seines Gebietes reduziert. Hinzu kam die existenzbedrohende Finanznot des Staates durch die hohen Kriegskontributionen.

Umso bemerkenswerter war der Aufbruch zu einer Staatsreform, die nicht von einer breiten Masse, sondern von Beamten, Offizieren und Gelehrten getragen wurde, die sich als Vorreiter der Moderne gegen eine feudal-ständische und absolutistisch-dynastische Welt verstanden. Sie fühlten sich dem Recht, der Vernunft, dem Gemeinwohl verpflichtet und nicht den Partikularinteressen.

Die Bildungs- und Gymnasialreformen, die im Mittelpunkt unserer Betrachtung stehen, können nicht losgelöst von der Staats- und Heeresreform gesehen werden. Die Ideen, die zu den preußischen Reformen geführt haben, waren auch in den anderen deutschen Staaten wirksam. In Preußen traten sie aber in konzentrierter Form auf und erhielten durch die Territorialausweitung nach 1815 ein besonderes Gewicht. Deshalb sollen sie zunächst betrachtet werden.

Erstaunlich bleibt, dass die preußischen Reformen ausgerechnet in den turbulenten Zeiten der napoleonischen Kriege stattfanden. Die Erneuerung von Staat und Gesellschaft konnte nach Ansicht der Reformer nur gelingen, wenn die Menschen im Sinne der neuen Ideen verändert wurden. Dazu brauchte man die Erziehung, die zentrale Bedeutung erlangte. Alle preußischen Reformen standen

– und dies ist ein weiteres erstaunliches Phänomen – unter dem Einfluss der Philosophie des ausgehenden 18. und beginnenden 19. Jahrhunderts. Kants Forderung, den Menschen nicht als Mittel, sondern als Selbstzweck zu sehen, als autonom, selbst bestimmend und selbsttätig, führte die Reform über den Nützlichkeits-, Verständigkeits- und Wohlfahrtsansatz der Aufklärung hinaus in das Gedankengut des Idealismus und Neuhumanismus.

Erziehung sollte nach diesen Vorstellungen nicht zur Anpassung an die Tradition führen, sondern zur Selbstbestimmung, zur Weckung von Spontaneität und zu Einsichten, die den Menschen auch in unvorhergesehenen Lagen das Richtige wählen lassen. Deshalb sollte Erziehung nicht primär material gesehen werden, sondern formal, nicht eng berufsbezogen sein, sondern »allgemein«. Man übernahm Pestalozzis Idee der Selbsttätigkeit als Grundlage für die Volkserziehung und verband sie mit den Konzepten des Neuhumanismus, wie sie in der Klassik vorbereitet und von Wilhelm von Humboldt in die preußischen Reformen eingebracht wurden.

Das Konzept Humboldts betonte die Individualität. Allseitige und harmonische Entfaltung der individuellen Anlagen sollte das Bildungsziel sein. Die Entwicklung des Menschen sollte von innen heraus erfolgen und zugleich durch Aneignung von Welt, dadurch vermochte der Einzelne zum Ganzen seiner Persönlichkeit zu gelangen. Indem der Mensch die Ziele Individualität, Totalität und Universalität anstrebte, verwirklichte er die Idee der Menschheit, der Humanität. Nicht die Welt der Praxis, der Arbeit, der Wirtschaft, des Geldverdienens standen im Vordergrund, Bildung war nicht Ausbildung, sie sollte allgemein sein, das heißt zweckfreie Menschenbildung und nicht »Abrichtung« für einen bestimmten Beruf.

Aus diesem Ansatz erfolgte die Hinwendung der Neuhumanisten zu einem idealisierten Griechentum, in welchem man das Ideal der allseitigen Ausbildung der menschlichen Kräfte verwirklicht sah. Dass dabei Wilhelm von Humboldt dem Erlernen der griechischen Sprache eine zentrale Bedeutung beimaß, hing mit seinem Verständnis vom Wesen der Sprache überhaupt zusammen, die für ihn der unmittelbare Ausdruck eines Menschen und eines

Volkes war. Durch das Studium der Sprache erfolgte nach Humboldt die Aneignung fremden Geistes und dadurch die Erziehung des eigenen Geistes. Dies war für ihn die eigentliche Form der Aneignung von Welt.

Durch den Friedensschluss von 1807 hatte Preußen seine westdeutschen Universitäten verloren sowie seine Hauptuniversität Halle. Deshalb wurde nach Plänen Humboldts in Berlin eine Universität gegründet, in der die neue Idee der Wissenschaft verwirklicht werden sollte. Da Wissenschaft ein stets Unabgeschlossenes ist, kam es nach Humboldt auf das Suchen und Finden von Wahrheit und Erkenntnis an, damit auf Forschung. Da Wissenschaft etwas Ganzes ist, war jedem Fach die Hinwendung und Reflexion auf das Ganze der Welt und des Lebens möglich, also auf Philosophie und klassische Humanität. Da Wissenschaft primär Selbstzweck ist, sucht sie zweckfrei nach Wahrheit und dient gerade dadurch der Menschheit. Forschung und Lehre wurden miteinander verbunden. Zweckfreies Forschen und Reflexion auf das Ganze in der Lehre vermittelten Bildung und Ausbildung. Dadurch sollten Studenten angeleitet werden, sich ihres Verstandes zu bedienen, sich ein selbstständiges Urteil zu bilden und Berufe aus freier Neigung und nicht zum Broterwerb zu ergreifen.

Universität und Gymnasium waren die Einrichtungen, in denen Bildung und Erziehung durch Wissenschaft vermittelt werden sollten. Das galt auch als das neue Ideal, das durch die Verehrung der Griechen noch überhöht wurde. Die an dieser Haltung vielfach geäußerte Kritik, es handele sich dabei um eine Flucht in die Innerlichkeit, übersah, dass gerade in der Gewinnung einer geistigen, inneren Freiheit ein Korrektiv bestand gegenüber einer Allmacht von Politik und Gesellschaft, die anstelle des Menschen zum Selbstzweck wurde; gerade die Verfechter der neuhumanistischen Theorie haben sich sehr nachdrücklich und erfolgreich politisch betätigt und nicht den Rückzug ins Private angetreten.

Wie bereits erwähnt, war es nur eine kleine Schicht von Gebildeten, Beamten und Freiberuflern, die die Reformideen hervorgebracht haben. Ihr Ziel war eine neue Gesellschaft und richtete sich gegen Stände und Aristokratie. Talent und Leistung sollten den Sozialstatus des Menschen bestimmen, nicht die Abstammung. Auch die Distanz der neuen Bildung zur Arbeitswelt trug einen Freiheit stiftenden Charakter im Gegensatz zur Ständegesellschaft, welche die gesellschaftlichen und beruflichen Verhältnisse festgeschrieben hatte. Bildung und Freiheit der Berufswahl waren die Ziele der allgemeinen Menschenbildung, losgelöst von Stand und Tradition. Die neuhumanistische Bildungsidee war nie gedacht für eine privilegierte Minorität, sondern sollte helfen, eine freie Bürgergesellschaft und einen bürgerlichen Verfassungsstaat zu schaffen. Damit standen die neuen Bildungsvoraussetzungen für Gymnasium und Universität auf der Seite der Emanzipation. Das Erstaunliche war, dass diese in der Zeitenwende des 18./19. Jahrhunderts entstandene Bildungsidee Erfolg hatte. Sie bewies ihre Modernität gegenüber der Ständegesellschaft, im Übrigen war sie natürlich vorindustriell und vorkapitalistisch. Im Hinblick auf die Verfassungsentwicklung im 19./20. Jahrhundert erlangte sie große Bedeutung, und sie konnte ihre nachhaltige Wirkung nur entfalten, weil sie vor der Industrialisierung, vor dem Aufstieg von Technik und Wirtschaft sowie dem Bürgertum als Klasse in der Gesellschaft verankert war.

Das neue Bildungskonzept, so glaubten seine Befürworter, konnte nur vom Staat durchgesetzt und allgemein garantiert werden. Die Reformer erwarteten vom Staat, dass er als Wahrer der Freiheit und Moderne die Bildung fördere und die Zweckfreiheit der Wissenschaft sichere. Dabei bedachten sie weniger, dass eine solche Garantie von den Machtverhältnissen im Staat abhängig war und dass es auch umgekehrt ein Interesse des Staates gab, Herrschaftssicherung durch Schulpolitik zu betreiben. Damit deuten sich schulpolitische Veränderungen und Probleme für die Zukunft an. In Preußen tat der Staat aber zunächst alles, um den Reformen zum Durchbruch zu verhelfen, obwohl Staatsminister Freiherr vom Stein der Ansicht war, dass das Leben und die Umstände den Menschen mehr bilden als die Schule. Humboldt und Süvern wurden Ministerialbeamte, Schleiermacher war ihr Berater, dadurch wurde der Dialog zwischen Verwaltung und Wissenschaft gesichert.[1]

Loslösung der Gymnasiallehrer vom Beruf des Theologen

Die bereits im Mittelalter gegründeten Kloster- und Domschulen sowie die humanistischen Gelehrtenschulen des 16. Jahrhunderts trugen, wenn sie einen vollständigen Kurs in den Fächern Latein und Griechisch anboten, die Bezeichnung Gymnasium. Im 17. und beginnenden 18. Jahrhundert hatten die zur Zeit des Humanismus in hohem Ansehen stehenden Schulen viel von ihrem Glanz verloren. Das Griechische war mehr und mehr zurückgedrängt worden. Auch in Latein standen statt der Schriften des klassischen Altertums die Lektüre des Neuen Testaments und spätlateinischer Kirchenschriften auf dem Lehrplan. Die Pädagogik der Lateinschulen folgte vielfach einem geistlosen Programm, in dem Auswendiglernen, Drill und körperliche Züchtigung Vorrang hatten. Qualifizierte Abschlüsse gab es nicht. Vorbereitung auf die Lateinschulen und Universitäten war Privatsache und an Stand und Familie gebunden, die auch die finanziellen Mittel aufbringen mussten, um Hauslehrer und Schulausbildung zu bezahlen. Goethes Erziehung in jungen Jahren bietet dafür ein anschauliches Beispiel. Schulen waren nur Hilfsinstitute der privaten Initiativen.

Auch die Universitäten im angehenden 18. Jahrhundert, geprägt von korporativem Zunftgeist und Patronage, waren im Zustand allgemeinen Verfalls. Der Lehrbetrieb wurde pedantisch und scholastisch vollzogen und war vom enzyklopädischen Denken beherrscht. Da sich wegen der ungeklärten Zugangsverhältnisse zahlreiche Ungeeignete an den Hochschulen aufhielten, benahmen sich an vielen Universitäten die Studenten wie Rowdys und ungehobelte Grobiane, die mehr Interesse an Händeln als am Studium hatten. Diskussionen über zukunftsweisende Entwicklungen fanden nicht an den Hochschulen, sondern in Salons und gelehrten Journalen statt.

Eine Reform der Lateinschulen und Universitäten stand damals dringend an. Deshalb regten sich im Zeitalter der Aufklärung und des Neuhumanismus allenthalben Reformbestrebungen. Um 1770 wuchs die Überzeugung, dass eine durchgreifende Schulreform nur durch eine *Verbesserung der Lehrerbildung* zu erreichen war.

Die höhere Schulbildung lag fast ganz in den Händen von Klerikern und Ordensleuten. Es gab nur wenige Landesschulen, die staatlich finanziert wurden, und Patronatsschulen in größeren Städten. Das Interesse der Staaten an einer allgemeinen Neuordnung des Bildungswesens zeigte sich nun immer deutlicher. Sowohl in protestantischen als auch in katholischen Ländern wurde mit einer staatlichen Reglementierung im höheren Schulwesen begonnen. Noch über die Mitte des 19. Jahrhunderts hinaus waren in Nord- und Mitteldeutschland Kursachsen und die sächsischen Herzogtümer in der Gymnasialentwicklung führend. Während im Süden Württemberg eine besondere Art der Klosterschulen (Seminare) pflegte, gab es in vielen anderen Ländern Fürsten- und Landesschulen neben einigen großen Stadtschulen (z.B. die Thomasschule zu Leipzig). Im letzten Drittel des 18. Jahrhunderts trat Preußen infolge seines politischen Aufschwungs unter Friedrich II. und vor allem durch das Wirken des Ministers von Zedlitz (bis 1787) hervor.

Die Aufhebung des Jesuitenordens 1773, der sich vor allem der Gymnasialbildung gewidmet hatte, zwang die katholischen Länder zu einer Neuordnung der Gymnasien. Der aus Würzburg stammende Matthias Ignaz von Hess (1746-1776), Professor an der Universität Wien, regte in seinem 1775 veröffentlichten Grundriss der Gymnasialreform an, die österreichische Regierung solle das Erziehungsmonopol der Klöster abschaffen, eine Lehramtsprüfung für die Höheren Schulen einführen sowie protestantische Lehrkräfte zulassen. Dies wurde aber erst nach der Revolution von 1848 unter Mitwirkung des preußischen Philologen Hermann Bonitz verwirklicht.

In Bayern kam es im Zuge der staatlichen Neuordnung unter Staatsminister Montgelas 1809 zu einer Reform der Lehrerbildung. Das Religionsedikt von 1803 hatte in Bayern dazu geführt, dass auch Protestanten in den bayerischen Staatsdienst eintreten konnten. Mit der Instruktion vom 30. September 1809 führte Bayern die Lehramtsprüfung für das höhere Schulwesen ein. Sie war konzipiert worden durch den aus Württemberg stammenden und nach München berufenen Oberkirchenrat Friedrich Immanuel

Niethammer (1766-1848), welcher an der unter neuhumanistischem Einfluss stehenden Universität Jena und in Würzburg gelehrt hatte. Die »Instruction zur Prüfung zum Lehramte an den Studienschulen und Studieninstituten sich anmeldenden Canditaten« bezog sich vor allem auf den ersten Prüfungsgegenstand: die Philologie. Weitere Prüfungsgegenstände waren die Fächer Philosophie, Geschichte und Altertumskunde, deutsche klassische Literatur, Mathematik und Naturwissenschaften.

In Preußen leiteten die Reformen unter vom Stein und Hardenberg den Umschwung ein. Den Auftakt zu einer strengeren Regelung der Verhältnisse an den preußischen Gymnasien gab das unter Staatsminister von Zedlitz (1731-1793) eingesetzte Oberschulkollegium (1787). Es führte am 23. Dezember 1788 an den Höheren Schulen in Preußen die *Abiturientenprüfung* ein. Diese Instruktion gab die Prüfungsgegenstände an für die zur Universität übergehenden Schüler (Reife- oder Maturitätsprüfung). Zedlitz unterstützte auch die Reformer der Gymnasiallehrerbildung, allen voran Friedrich August Wolf (1759-1824) und Friedrich Gedicke (1754-1803). Schon 1778 holte Zedlitz Ernst Christian Trapp nach Halle und vertraute ihm den neu errichteten Lehrstuhl für Pädagogik und Philosophie an. Trapp kam aus der theologisch-philologischen Schule Chr. G. Heynes (gest. 1812), der in Göttingen lehrte und versuchte, die pädagogische Ausbildung der Theologen, die in den Schuldienst gingen, zu verbessern. Trapp hatte auch vorübergehend am Philanthropinum in Dessau gewirkt. Die Philanthropen verfolgten in Anlehnung an die Lehren J. J. Rousseaus eine »vernünftige – natürliche« Erziehung, die auf dem Vertrauen in die Selbstentfaltungskräfte der menschlichen Natur beruhte. Man legte Wert auf Praxisorientierung und realistische Bildungsbereiche, die die Ausrichtung für eine staatliche Lehrerausbildung sein sollten. Versuche, ähnliche Vorstellungen in den Jahren 1778-1782 in Halle durchzusetzen, scheiterten, und Trapp schied aus der Universität aus.

Mehr Erfolg hatte sein auch von Zedlitz berufener Nachfolger, der ebenfalls in Göttingen ausgebildete 24jährige Friedrich August Wolf, der bereits Lehrerfahrungen an einer protestantischen Klosterschule (Pädagogium in Ilfeld) und als Rektor der städtischen Lateinschule Osterode gesammelt hatte. Wolfs erklärtes Ziel war die Loslösung des Lehrerberufs vom Predigerstand. Nur Lehrer auf Lebenszeit und nicht Theologen, die dann alsbald ein Predigeramt übernahmen, konnten nach seiner Ansicht einen geordneten Schulbetrieb garantieren. Mit dem staatlichen Oberschulkollegium löste sich die Schulverwaltung von der Kirchenaufsicht und trennte das Lehramt vom geistlichen Amt. Damit war auch entschieden, dass sich das neuhumanistische Philologenkonzept gegenüber dem philanthropisch-aufklärerischen Ansatz durchgesetzt hatte. Wolfs Seminar brachte nicht nur viele kompetente Lehrer und Schulleiter hervor, sondern auch so anerkannte Schulverwaltungsbeamte wie Johann Wilhelm Süvern (1775-1829) und Johannes Schulze (1786-1869), die die Entwicklung des preußischen Gymnasiums zu Anfang des 19. Jahrhunderts maßgeblich beeinflussten. Die neuhumanistischen Reformuniversitäten Göttingen, Halle, Jena und Leipzig wurden auch geistige Vorreiter für die Bildungsreformen in Süddeutschland.

Ansätze zur pädagogischen Ausbildung der Lehramtskandidaten lieferte Friedrich Gedicke, der auf Vorschlag von Zedlitz 1787 in das Oberschulkollegium berufen wurde. In Berlin setzte sich Gedicke 1787 bei der Gründung des ersten schulpraktischen Seminars für Lehramtskandidaten an Höheren Schulen durch, in dem die Absolventen zwei Jahre auf ihre Tätigkeit vorbereitet wurden.

Mit diesen Anfängen der Gymnasialreform im ausgehenden 18. Jahrhundert waren die Grundlagen geschaffen für die Reformen Humboldts im beginnenden 19. Jahrhundert.[2]

Berufsbild des Philologen und Weiterentwicklung des Gymnasiums

Auf Veranlassung des Freiherrn vom Stein wurde Humboldt 1809 als Leiter des Kultus- und Unterrichtswesens in das preußische Innenministerium berufen. Er konzipierte die neue Berliner Universität im Sinne des neuhumanistischen Wissenschaftsverständnisses und das *humanistische Gymnasium als Vorbereitungsschule für die Universität*. Die philosophische Fakultät der Berliner Universität erhielt die Aufgabe, den Philologennachwuchs heranzubilden. Diese Regelung wurde beispielhaft für andere Universitäten. Süvern bereitete nun unter Mitwirkung Wolfs das Edikt vom 12. Juli 1810 für die Prüfung der Lehramtskandidaten vor. Das Edikt wurde wenige Wochen nach Humboldts Rücktritt vom König unterzeichnet. Die Prüfung sah die Anfertigung schriftlicher Arbeiten, eine mündliche Prüfung und eine Probelektion vor, in der der Prüfling seine praktische Lehrbefähigung nachweisen musste. Prüfungsgegenstände waren philologische (Griechisch und Latein), historische (mit Altertumskunde) und mathematische Kenntnisse. Alle Gymnasiallehrer waren in Zukunft gehalten, sich solchen Prüfungen zu unterziehen. Damit war ein eigenständiger Gymnasiallehrerberuf geschaffen, wenn man auch nicht verkennen darf, dass auch nach 1810 die theologische Fakultät noch als Zubringer für die Lehrer an Höheren Schulen diente. Von 1810 bis 1816 waren die an den Universitäten Berlin, Königsberg und Breslau eingerichteten wissenschaftlichen Deputationen für die *Prüfung pro facultate docendi* verantwortlich. Seit 1816 wurden die Lehramtsprüfungen von wissenschaftlichen Prüfungskommissionen (ab 1826 bei den Provinzial-Schulkollegien) abgenommen, deren Sitz in der Regel in Universitätsstädten war. 1831, 1866, 1887, 1898 und 1917 kam es zu Neuregelungen der Prüfungsordnung für das höhere Lehramt und zu Anpassungen an veränderte Verhältnisse. Die Neuerungen erfolgten auf dem Erlassweg durch das seit 1817 bestehende Kultusministerium.

Man hatte in Preußen die Gymnasien aus der Masse der alten Lateinschulen ausgesondert. 1818 belief sich die Zahl der Gymnasien auf 91, 1848 waren es 118, 1864 dann 145. Auch die Schülerzahlen nahmen zu: von 1816 bis 1846 um 73 Prozent. Entsprechend stieg die Lehrerzahl um 63 Prozent, sodass die Schüler-/Lehrer-Relation 1864 bei 20:1 lag. Die Zahl der Gymnasialschüler entwickelte sich wie folgt: 1822 waren es 14.826, 1846: 26.816, 1864: 44.114, dazu kamen 16.491 Schüler an Realgymnasien, über deren Entwicklung noch zu berichten sein wird.

Das Gymnasium war Sache des Staates: Lehrplan, Prüfung, Aufsicht, Gründung und Erhaltung von Schulen, Examen und Anstellung der Lehrer, die Beamte wurden, lagen in Staatshand. Die Städte leisteten bei der Schulbaufinanzierung zwar Mithilfe und die Eltern deckten durch das Schulgeld die laufenden Kosten bis zur Hälfte, doch der Staat verwaltete die Schulen einheitlich, ernannte die Direktoren und entzog so das Bildungswesen der Ämterpatronage. Als Beamte waren die Lehrer dem Staat verantwortlich, damit waren sie auch frei gegenüber kommunalem, kirchlichem, sozialem und elterlichem Druck. Bei Schulerrichtungen und Umwidmungen hatten die Städte ein Mitwirkungsrecht. Bei den Bildungsinhalten und beim Personal dominierte der Staat, in Bayern und Sachsen noch mehr als in Preußen.

Die preußische Instruktion zur Abiturprüfung vom 23. Dezember 1788 wurde mehrfach erneuert: am 25.6.1812 im Sinne der Humboldtschen Reformidee, 1832 gab es eine entsprechende Instruktion für die höheren Bürger- und Realschulen, am 4.6.1834 wurde das Reglement überarbeitet und hatte dann mit einigen Änderungen vom 12. Januar 1856 bis zum 27. Mai 1882 Bestand. Es zeichnete sich inzwischen eine allmähliche Bürokratisierung ab, die bereits durch die von F. A. Wolf mitgestaltete Unterrichtsverfassung, in der das Klassensystem und die Ordinarien eingeführt wurden, eingeleitet worden war.

Seit 1837 bestand das Gymnasium aus sechs aufsteigenden Klassen, deren drei untere einen einjährigen und deren drei obere einen zweijährigen Lehrgang hatten, also insgesamt aus neun Jahrgangsstufen. Die Klassen wurden lateinisch benannt (von unten: Sexta, Quinta, Quarta, Tertia, Sekunda, Prima). Als Schule des Neuhumanismus hatten die alten Sprachen, die klassischen Stoffe, die formale Bildung Vorrang. Trotz Unterschieden zwischen den einzelnen Ländern war die preußische Aufteilung der 280 Wochenstunden (in neun Jahren) von 1837 charakteristisch: Latein 86, Griechisch 42, Mathematik 33, Deutsch 22, Geschichte und Geografie 24, Religion 18, Naturwissenschaften 16, Zeichnen und Schönschreiben 13, Französisch 12, Philosophie 4, Gesang 10. Das sich seit den 40er Jahren aus der Dominanz der Altertumswissenschaften lösende Fach Deutsch behandelte vordringlich mittelalterliche und klassische Literatur und wurde – wie Geschichte – als nationale Aufgabe betrachtet. Vorherrschend blieb jedoch die Orientierung an der klassischen Antike sowie die Identifikation mit der Idealität der Griechen.

Erstaunlich ist, dass es dem humanistischen Gymnasium auch in der Zeit zunehmender Industrialisierung gelang, seine Stellung zu behaupten. Das Bürgertum wie auch die alten Adelsschichten waren eher Anhänger des Realismus und der Praxisnähe. Die Konservativen hatten ihre Vorbehalte gegen die Idealisierung des Griechentums, der sie – nicht ganz abwegig – republikanische Tendenzen und Heidentum unterstellten. Bismarck bemerkte in »Gedanken und Erinnerungen« daher nicht ohne Grund, dass er 1832, wie viele Absolventen des preußischen Gymnasiums, »die Schule als Pantheist« und zumindest theoretisch »als Republikaner« verlassen habe. Aber trotz der Absichten Friedrich Wilhelms IV., dem Gymnasium eine »neue«, »bessere« Richtung zu geben – Christentum gegen Heidentum, Geschichte und Realien gegen Theorien –, gelang es dieser Schulform, auch die Periode der Reaktion zu überstehen und aufgrund ihrer Bildungsidee die Schule der liberalen Bürger von 1848 und der Liberal-Nationalen der sechziger Jahre zu werden. Dass in späteren Jahrzehnten nach 1871 die konservativen Tendenzen stärker wurden, kann nicht den klassisch-humanistischen Inhalten angelastet werden, die es ja ebenso im liberalen England und republikanischen Frankreich gab.

Realgymnasium und Oberrealschule

Im Zuge der wachsenden Industrialisierung in der Mitte des 19. Jahrhunderts verstärkten sich die Tendenzen, realistische Bildungsinhalte auch im höheren Schulwesen durchzusetzen. Neben die Idee der klassischen Bildung, die das neuhumanistische Gymnasium vertrat und die den Anspruch erhob, die wahre allgemeine menschliche höhere Bildung zu sein, trat jetzt die Idee einer lebensnäheren und praxisorientierten Bildung. Schon seit dem 18. Jahrhundert hatte man an den Gymnasien Bürgerklassen eingerichtet für diejenigen Schüler, die kein Latein oder Griechisch lernen, d. h. nicht studieren wollten. Der leitende preußische Ministerialbeamte Johannes Schulze wandte sich zwar gegen die Höhere Schule mit »materialistischer Weltsicht«. Jedoch in den fünfziger Jahren des 19. Jahrhunderts folgte der Staat den Forderungen des industriellen und gewerbetreibenden Bürgertums sowie den Vertretern einer realistischen Bildung. Diese wehrten sich gegen den Vorwurf, bloße Berufsvorbereitung zu treiben und dem Utilitarismus oder Materialismus anzuhängen, wie die »Humanisten« behaupteten. Vielmehr bekräftigten die »Realisten« den allgemeinen und formal bildenden Charakter der realistischen Fächer, der modernen Fremdsprachen, der Naturwissenschaften, der »deutschkundlichen« Inhalte. 1859 bahnte sich eine Schulentwicklung in Preußen an, die auch typisch für andere Länder war. Man institutionalisierte das *Realgymnasium* (Realschule 1. Ordnung) als eine neunjährige Lateinschule mit Abitur, die gedacht war für technische und Bauberufe sowie die Offizierslaufbahn und noch keine allgemeine Studienberechtigung verlieh. Derselbe Schultyp ohne Oberstufe wurde als Realschule bezeichnet. Daneben wurde eine neunjährige lateinlose *Oberrealschule* (Realschule 2. Ordnung) eingerichtet und eine entsprechende Schule ohne Oberstufe.

Der Lehrplan des Realgymnasiums (Realschule 1. Ordnung) sah folgende Aufteilung der 280 Stunden (in neun Jahren) vor: Religion 18, Deutsch 28, Latein 54, Französisch 34, Englisch 20, Geschichte und Geographie 30, Mathematik 44, Naturbeschreibung (Biologie) 12, Physik 12, Chemie 6, Schreiben 4, Zeichnen 18 (nicht gesondert ausgewiesen Gesang und Turnen mit durchweg 2 Stunden wöchentlich). Das Realgymnasium entsprach dem späteren neusprachlichen Gymnasium. Der Lehrplan der Oberrealschule, die dem späteren naturwissenschaftlichen Gymnasium glich, verteilte seine 276 Stunden in neun Jahren wie folgt: Religion 19, Deutsch 30, Französisch 56, Englisch 26, Geschichte und Geographie 30, Mathematik 49, Naturbeschreibung (Biologie) 13, Physik 14, Chemie 9, Schreiben 6, Zeichnen 24.

In den Grundzügen stimmten auch die Einrichtungen in den übrigen Staaten des Deutschen Reiches nach 1871 mit denen des preußischen Bildungswesens überein. Da im Deutschen Reich die Preußische Heeresverfassung allgemein angenommen war, mussten auch die höheren Lehranstalten insoweit einheitliche Ordnungen haben, dass die Berechtigung zum einjährigen Wehrdienst überall von gleichen Voraussetzungen abhängig gemacht werden konnte. Auf einer Konferenz aller Bevollmächtigten der deutschen Bundesstaaten in Dresden 1872 wurden gemeinsame Grundzüge vereinbart, die die Reichsschulkommission überwachen sollte. Dennoch gab es eine gewisse Mannigfaltigkeit, wie z.B. in Bayern die Bezeichnung der Gymnasien als Studienanstalten (bestehend aus Lateinschule und Obergymnasium) und der Progymnasien als Lateinschulen, in Württemberg die besondere Form der niederen evangelisch-theologischen Seminare und die Benennung der Progymnasien als Lyceen.

In Preußen gab es im April 1886 ein Verzeichnis der höheren Lehranstalten, welche zur Ausstellung von Zeugnissen über die Befähigung für den einjährig-freiwilligen Militärdienst nach der Untersekunda berechtigt waren. Es handelte sich um 258 Gymnasien, 90 Realgymnasien, 13 Oberrealschulen, 34 Progymnasien, 17 Realschulen, 83 Realprogymnasien und 22 höhere Bürgerschulen. Im ganzen Deutschen Reich gestaltete sich das Verhältnis so: 399 Gymnasien, 136 Realgymnasien, 16 Oberrealschulen, 47 Progymnasien, 67 Realschulen, 107 Realprogymnasien und 87 höhere Bürgerschulen. Diese Zahlen beweisen, dass das humanistische Gymnasium im Ganzen noch die vorherrschende Form der Höheren Schule war, ja sogar nach der Verordnung von 1882 noch zugelegt hatte.

Obwohl die Einzelstaaten die Schulhoheit besaßen, hatte sich das Gymnasium inzwischen zur *Schule der Nation* entwickelt. Sie war die Schule der Ober- und Mittelschicht, der Beamten, der Akademiker. Das preußisch geführte Reich hatte seinen Einfluss geltend gemacht beim Einjährigen-Privileg, beim Zugang zu den Reichsdiensten, bei der ärztlichen Approbation, der Anerkennung des Abiturs und der Hochschulzulassung. Sonderstellungen hatten lediglich Bayern und Württemberg sowie die Hansestädte. Das Gymnasium war aber auch außerhalb dieser Kompetenzfragen allgemein anerkannt als Schule der deutschen Bildungstradition, der Universität und der Wissenschaft. Es war die Schule des Bürgertums und der bürgerlichen Gesellschaft. Viele Gruppen waren durch das Gymnasium gegangen. Die gemeinsame Sprache und Denkweise der politischen Öffentlichkeit und der meinungsbildenden Gruppen wurden im Gymnasium vermittelt. Die parlamentarischen, ökonomischen, bürokratischen, gebildeten und freiberuflichen Führungsschichten hatten in dieser Schule eine Prägung erhalten, die sie befähigte, wichtige Aufgaben in einer komplexen Industrie- und Wissenskultur an verantwortlicher Stelle im Beruf und im öffentlichen Leben wahrzunehmen. Sie hatten ein hohes Maß an Einsichten gewonnen, die ihre Handlungskompetenzen in einer Welt mit zunehmenden Verflechtungen stärkte. Nicht nur die Anhänger der herrschenden Ordnung wurden im Gymnasium mit Befähigungen ausgestattet, sondern auch die Opposition. Die Geisteskultur des Gymnasiums wirkte als Integrationsfaktor in Staat und Gesellschaft, Reform und Kritik wuchsen aus seiner Bildungstradition. Das galt auch für die Integration des aufgeklärten Judentums in die nationale Gemeinschaft, für die die liberale Bildungsarbeit des Gymnasiums im 19. Jahrhundert große Bedeutung hatte.

Die gesellschaftliche Breitenwirkung des Gymnasiums wurde zudem von vielen Frühabgängern bestimmt. Nur ein Viertel bis ein Drittel der Sextaner kam vor 1914 zum Abitur. Es gab eben noch kein vernünftiges mittleres Schulwesen und die gymnasialen Abschlüsse verschafften Vorteile beim deutschen Berechtigungssystem. So erhielt man Privilegien beim Militärdienst durch das »Einjährige« und beim Eintritt in die mittleren Berufslaufbahnen und die staatlich geregelten Berufe. Für den Offiziersberuf und das Chemie- und Volkswirtschaftsstudium reichte die Primareife. Deshalb war der Besuch des Gymnasiums weit über die akademischen Berufe hinaus begehrt. Diese Öffnung des höheren Schulwesens begünstigte in besonderer Weise den beruflichen und sozialen Aufstieg von Schülern aus Sozialschichten, die bisher keine weiterführende Bildung hatten. In der preußischen Universitätsstatistik von 1886/87 werden folgende Sozialschichtenanteile nachgewiesen: 22 Prozent kamen aus den höheren akademischen und militärischen Berufen, 50 Prozent aus der Gruppe der Industriellen, der selbstständigen Kaufleute und großen Landwirte, 27 Prozent aus Berufsgruppen der unteren Mittelschichten, den nichtakademischen Beamten, Volksschullehrern, Gehilfen in Handel, Industrie und Landwirtschaft.

Vom »Allroundlehrer« zum Fachlehrer

Im Zuge der Wissenschaftsentwicklung entstanden aus bescheidenen Anfängen die einzelnen Fachdisziplinen. In Anlehnung an die philologischen Seminare entwickelten sich im 19. Jahrhundert im Bereich der philosophischen Fakultät historische, germanistische, romanistische, anglistische, mathematische und naturwissenschaftliche Disziplinen, mancherorts auch pädagogische und psychologische. Dies hatte Rückwirkung auf die Lehrerbildung und das Prüfungswesen. Anfängliche Widerstände, die sich daraus ergaben, dass das *Fachlehrerprinzip* dem neuhumanistischen Allgemeinbildungsideal widersprach, konnten die Entwicklung nicht aufhalten. Bei der Neuregelung von 1866 unterschied man noch vier weit gefächerte fachliche Schwerpunkte: das philologisch-historische Fach, das mathematisch-naturwissenschaftliche, Religion und Hebräisch sowie die neueren Sprachen; die Neuphilologen wurden damit auch ordnungsgemäß in das höhere Lehramt eingegliedert. In den Fachbereichen waren große Bandbreiten vorgeschrieben, beispielsweise gab es im philologisch-historischen Fach drei Kombinationen:
1. Griechisch, Latein und Deutsch in allen Klassen, zudem Geschichte und Geographie oder Religion in den mittleren Klassen;
2. Griechisch, Latein, Geschichte und Geographie in allen Klassen, Deutsch und Religion in den mittleren;
3. Geschichte und Geographie in allen, Griechisch und Latein sowie Religion oder Deutsch in den mittleren Klassen.

Am Ende des 19. Jahrhunderts hatte sich das Fachprinzip endgültig durchgesetzt, wie die erste unter Mitwirkung von Ministerialdirektor Althoff verfügte Neuregelung zeigt, die fünfzehn Fächer vorsah und bereits Fächerkombinationen vorschrieb (zum Beispiel Latein / Griechisch; Französisch / Englisch; Geschichte / Geographie; Religion / Hebräisch usw.).

Für die norddeutschen Staaten sowie Sachsen, Baden und Hessen wurde Preußen zum Vorbild, wenngleich es auch dort Regelungen gab, die dann von Preußen übernommen wurden, z.B. die Unterscheidung zwischen einer theoretischen und praktischen Lehramtsprüfung, die es in Kurhessen seit 1834 und Nassau seit 1845 gab und sich in Preußen erst 1917 durchsetzte. Württemberg und Bayern pflegten eigene Traditionen. Württemberg gab erst 1865 die Verbindung von Theologie- und Philologiestudium auf. Bis 1914 entwickelten sich vier Fachrichtungen des höheren Lehramtes: die altsprachliche, neusprachliche, mathematisch-physikalische und die naturwissenschaftliche Richtung.

Die neuhumanistischen Reformatoren der Gymnasialbildung in Bayern waren, wie schon erwähnt, Friedrich Immanuel Niethammer sowie Friedrich Thiersch. Man hatte auch in Bayern mit der Reform der Oberstufe durch die Einführung des Abiturs (Absolutorium) begonnen. 1809 wurde das philologisch-historische Lehramt eingerichtet, damit war auch der Zugang von Nichttheologen zum Lehramt möglich. Im Gegensatz zu Preußen wurde in Bayern die Trennung von humanistischem und realistischem (und technischem) Lehramt beibehalten. Die anfangs noch bestehende Trennung für die Examina von Lateinschulen und Gymnasien wurde 1854 durch die Schaffung eines einheitlichen philologisch-historischen Lehramts beseitigt. Das Reifezeugnis eines humanistischen Gymnasiums und ein vierjähriges Universitätsstudium waren für die Prüfungszulassung notwendig. Doch 1873 wurde, trotz heftiger Kritik der Lehrerschaft, durch ein Spezialexamen in Form einer wissenschaftlichen Arbeit in klassischer Philologie, Geschichte oder (seit 1880) in Germanistik eine neue Differenzierung eingeführt. Nur dieses zusätzliche Examen vermittelte die volle Fakultas für die Oberstufe. Gymnasialprofessor konnte nur werden, wer das Spezialexamen bestand. Der anhaltende Protest der Lehrerschaft hatte zur Folge, dass durch eine neue Regelung von 1895 ein Bewährungsaufstieg zum Gymnasialprofessor eingeführt wurde. Mathematiker mussten seit 1829 ein dreijähriges, seit 1873 ein vierjähriges Universitätsstudium nachweisen. Ein neusprachliches Lehramt in Französisch gab es seit 1854, in Englisch ab 1873, sodass jetzt für Altphilologen, Neuphilologen und Mathematiker einheitliche Voraussetzungen galten.

Zur gegenseitigen Anerkennung von Lehramtsprüfungen kam es erst nach der Reichsgründung 1871. Im Jahr 1875 wurde zunächst ein Vier-Länder-Abkommen zwischen Preußen, Sachsen, Elsass-Lothringen und Mecklenburg-Schwerin über die Anerkennung der Prüfungsergebnisse und die Zeugnisse des Probejahres geschlossen, 1889 erfolgte die Ausdehnung dieser Regelung durch eine Zehn-Länder-Vereinbarung. Davon ausgenommen waren die drei Hansestädte und die Länder Anhalt und Oldenburg, die alle keine eigenen Universitäten hatten, sowie die Länder Bayern und Württemberg.

Rechtliche Stellung der Lehrer an Höheren Schulen

Im ausgehenden 18. Jahrhundert war die wirtschaftliche und gesellschaftliche Lage der Lehrer an Gymnasien wenig erfreulich. »Sei immer gesund, und versteh' es, wo immer und wann nöthig, leidenschaftlich zu hungern. Mache auf keine Achtung der Menschen und auf keine Dankbarkeit Anspruch, und verachte dafür hinwieder allen Beifall derer, die dich verkennen«, lautet ein bezeichnender Satz, den Friedrich August Wolf, der Vorkämpfer der preußischen Gymnasiallehrerbildung in seiner »Allgemeinen Instruction für den gelehrten Schulmann in Deutschland« schrieb.[3]

Dies musste sich ändern, wenn das neuhumanistische Reformziel erreicht werden sollte, den Lehrerberuf als Durchgangsstation der Theologen bis zum Erwerb einer Pfarrstelle abzulösen und durch einen eigenen weltlichen akademischen Lehrerstand zu ersetzen. Schon vor der Humboldtschen Reform formulierte das preußische Allgemeine Landrecht von 1794: »Die Lehrer bey den Gymnasiis und anderen höhern Schulen werden als *Beamte des Staats* angesehen und genießen der Regel nach einen privilegierten Gerichtsstand«.[4] Es dauerte aber noch bis zur preußischen Verfassung von 1850, bis den öffentlichen Lehrern die Rechte und Pflichten eines Staatsdieners zugebilligt wurden, einschließlich der Pensionsverhältnisse, die erst 1846 anerkannt worden waren. Diese Entwicklung war konsequent, denn der Gymnasiallehrer stand in einem öffentlich-rechtlichen Dienstverhältnis zum Staat und übte mit Unterricht und Erziehung sowie mit der Abiturprüfung staatliche Verwaltungstätigkeiten und Hoheitsrechte aus. Auch in den übrigen Bundesstaaten wurden die Philologen, die im Staatsdienst arbeiteten, in die Beamtenschaft aufgenommen. Zu Kommunalbeamten wurde die Lehrerschaft an städtischen Schulen, also vor allem an den Realgymnasien.

Die *Besoldungsfrage* blieb aber lange Zeit ein trübes Kapitel. Während die Direktoren in der Regel wie Universitätsprofessoren besoldet wurden, handhabte man die Besoldung der Gymnasiallehrer in der ersten Hälfte des 19. Jahrhunderts (in Hessen bis 1885) von Schule zu Schule verschieden, da die Schulträger sehr unterschiedliche Einnahmequellen zur Finanzierung nutzten (Stiftungen, Weinberge, Grundstücke, Bergwerke et cetera). Die Besoldung lag zwar oberhalb der Einkommen der Volksschullehrer, jedoch unterhalb der der Richter und akademischen Verwaltungsbeamten. Dies löste schon bald Klagen und Druck von den in immer mehr Landesteilen entstehenden Philologenverbänden aus, um die als ungerecht empfundene Zurücksetzung zu überwinden. Aber erst bei der großen preußischen Besoldungsordnung 1872 gelang es, die Lehrergehälter an die Richterbesoldung näher heranführen. Jedoch schon mit der Einführung der neuen Gerichtsverfassung von 1879 wurde der Besoldungsabstand wieder vergrößert. »Wir können in Preußen stolz sein auf die wissenschaftliche Leistung unserer Lehrer«, sagte 1890 der Reichstagsabgeordnete Dr. Kropatscheck, ein ehemaliger Oberlehrer, »aber wir können nicht stolz sein auf die materiellen Leistungen des Staates für die Lehrer«.[5] Trotz Gehaltsaufbesserungen 1892 und 1897 blieb das Thema für die Gymnasiallehrer auf der Tagesordnung, die ihre grundsätzliche Forderung einer Gleichstellung mit den Richtern nicht aufgeben wollten.

Ähnliches galt für die rangmäßige Gleichstellung der Lehrer an Höheren Schulen, für die sie seit 1870 kämpften. Hier lagen die Entscheidungen bei den Parlamenten der Bundesstaaten sowie den Finanz- und Kultusministerien. Bayern führte die Entwicklung an. 1872 glich man dort die Studienlehrer, die in den fünf unteren Klassen unterrichteten, den Richtern der unteren Kategorie an, die in der Oberstufe unterrichtenden Gymnasialprofessoren den Oberamtsrichtern. Eine ähnliche Regelung erfolgte in Hessen 1898, in Preußen 1909, in Hamburg 1912 und in Mecklenburg-Schwerin 1920.

Wie wichtig die Klärung der Rangverhältnisse in den Ländern und dem Kaiserstaat von 1870/71 war, ist heute schwer nachzuvollziehen. Rangpositionen hatten jedoch damals erhebliche gesellschaftliche Bedeutung und Auswirkung auf die Besoldung. Den Philologen fehlte lange eine anerkannte Amtsbezeichnung. Der allgemeine Titel »Oberlehrer« setzte sich in Preußen erst 1892 durch, ein Begriff, der in Süddeutschland keine Anwendung fand. In Bayern, Württemberg und Baden nannte man die Lehrer der Oberstufe »Professoren«, wie auch damals und heute in Österreich. Die Lehrer der unteren Klassen hießen in Bayern erst Studienlehrer, ab 1891 Gymnasial- bzw. Reallehrer. In Württemberg verwandte man für die Lehrer der Mittelstufe den Begriff Oberpräzeptoren, für die Unterstufe Präzeptoren.

Gegen Ende des Jahrhunderts kam es dann zu einer stärkeren Vereinheitlichung. Auf Drängen der Lehrervereine bestimmte 1886 ein königlicher Erlass in Preußen, dass alle Lehrer des höheren Lehrerstandes als Räte 5. Klasse, also als höhere Beamte, eingestuft wurden. In der berühmten Reichsschulkonferenz von Berlin vom 4. bis 17. Dezember 1890 stellte Wilhelm II. eine Neuordnung der Rangverhältnisse in Aussicht. Danach erhielten 1892 alle festangestellten Lehrer an Oberschulen die Amtsbezeichnung »Oberlehrer«, einem Drittel der Oberlehrer wurde die Bezeichnung Professor verliehen, von denen die Hälfte zu Räten 4. Klasse ernannt wurden. Ab 1906 erhielt die Hälfte den Professorentitel und zugleich die generelle Einstufung in die 4. Klasse der Räte.

Entstehung von Philologenvereinen

Die Anfänge von Lehrerversammlungen liegen in der Zeit zwischen den Revolutionen von 1830 und 1848. Unter den ersten war die Versammlung des »Vereins norddeutscher Schulmänner« (1834), dessen Gründung auf die Initiative Lübecker Philologen zurückging und der für die nordwestdeutschen Gymnasien gedacht war. Berühmter und für die gesamtdeutsche Entwicklung einflussreicher wurden die Jahresversammlungen des 1837 beim Jubiläum der Universität Göttingen gegründeten »Vereins deutscher Philologen, Schulmänner und Orientalisten«, dessen Gründung vor allem Friedrich Thiersch (München) angeregt hatte. Zu den 27 Gründern – Schulleitern, Universitätsprofessoren, Schulverwaltungsbeamten – gehörten auch die Gebrüder Grimm, Dahlmann und Ewald, die zu den wenig später entlassenen »Göttinger Sieben« zählten. Doch die Interessen dieser Vereine galten vornehmlich wissenschaftlichen Fragen. Ziel war, die Gelehrsamkeit der Gymnasiallehrer durch eine enge Verbindung von Schule und Universität zu fördern. Diese Organisationen waren Vorläufer der heutigen Fachverbände. Der Versuch, auch die Lehrer der Realgymnasien einzubinden, scheiterte. Diese gründeten 1843 in Meißen einen eigenen »Verein Deutscher Realschulmänner«. Die Humanisten blieben die Antwort nicht lange schuldig und gründeten zur Verteidigung des humanistischen Gymnasiums 1844 in Berlin den »Berliner Gymnasiallehrerverein«, dessen ab 1847 herausgegebene »Zeitschrift für das Gymnasialwesen« großen Einfluss erlangte.

Erst ab der Jahrhundertmitte besannen sich die Gymnasiallehrer auf ihre berufspolitischen Interessen. Mehr und mehr *Verbandsgründungen* erfolgten mit dem erklärten Ziel, sich mit aller Kraft für die materiellen Belange der Gymnasiallehrer und die rechtliche Besserstellung ihrer Berufsgruppe einzusetzen. Vorreiter waren die Kollegen aus den süddeutschen Staaten. 1861 wurde in Wien der österreichische Verein »Die Mittelschule« gegründet, der Lehrer an Gymnasien und Realgymnasien organisierte und erheblichen Einfluss auf die österreichische Bildungspolitik ausübte.

Der Zorn der Philologen über die Haushaltsvorlage des Landtags in Bayern von 1863, der wieder keine Gleichstellung der Philologen mit Richtern und Verwaltungsbeamten vorsah, führte am 20. Dezember 1863 in München zur Gründung des Bayerischen Philologenverbandes mit dem Namen »Verein von Lehrern der bayerischen Studienanstalten«, vom Jahre 1886 ab »Bayerischer Gymnasiallehrerverein« und seit 1924 »Verein bayerischer Philologen«. Unter dem ersten Vorsitzenden und Anreger zur Vereinsgründung, dem königlichen Gymnasialprofessor Dr. Wolfgang Bauer, erreichte der Verband nach neunjährigem zähem Kampf 1872 die besoldungsmäßige Gleichstellung der Philologen mit den Richtern. Die Lehrer der Realgymnasien gründeten 1875 den »Verein der Lehrer an den Technischen Unterrichtsanstalten«, der sich seit 1896 »Bayerischer Realschulmännerverein« und seit 1924 »Verband bayerischer Philologen« nannte.

In Preußen kam es erst nach der Reichsgründung von 1871 zu entsprechenden Vereinsgründungen in den einzelnen Provinzen. Auslöser für die Zusammenschlüsse war die gescheiterte besoldungsmäßige Gleichstellung der Philologen mit den Juristen. Die französischen Reparationszahlungen nach dem deutsch-französischen Krieg von 1870/71 hatten Preußen in die Lage versetzt, 1872 vier Millionen Mark im Haushalt bereitzustellen zur Aufbesserung der Gehälter von Juristen und Verwaltungsbeamten. Das preußische Abgeordnetenhaus stimmte dieser Gehaltserhöhung zu, lehnte jedoch die Anhebung für Gehälter der Gymnasiallehrer ab. Die Erbitterung über diese Lösung der Gehaltsfrage war unter den Philologen sehr groß. Man erkannte, dass nur durch ein gemeinsames Vorgehen aller Kollegen eine Besserstellung erreicht werden konnte. Daraufhin schlossen sich bereits 1872 in Ost- und Westpreußen sowie fast gleichzeitig in Berlin die Kollegen zu Berufsvereinen zusammen. 1873 folgten die Kollegen in Brandenburg, Pommern, Schlesien und Hessen-Nassau mit Waldeck diesem Beispiel. Erst im Jahr 1883 wurden der »Sächsische Philologenverein« gegründet und der »Rheinische Provinzialverein akademisch gebildeter Lehrer an Höheren Schulen«. 1884 organisierten sich die Philologenvereine Schleswig-Holstein, Hannover, Westfalen und Lippe und 1885 Posen. Die Erkenntnis, dass die einzelnen Provinzialvereine nur dann den nötigen Einfluss auf Parlament und Regierung gewinnen konnten, wenn sie gemeinsam vorgingen, führte am 2. April 1880 zur Gründung der Preußischen Delegiertenkonferenz, der sich bis 1885 alle Verbände anschlossen. Ab 1920 nannte sich die Konferenz »Preußischer Philologenverband« mit ständigem Sitz in Berlin. – Bei ihrem Kampf um eine gerechte Besoldung standen die preußischen Philologen in den ersten Jahren vor der Schwierigkeit, dem Abgeordnetenhaus gegenüber die tatsächliche Notlage der Gymnasiallehrer nachzuweisen, da gesicherte Daten über die berufliche und wirtschaftliche Situation der Kollegen fehlten. Deshalb beschloss die Preußische Delegiertenkonferenz des Jahres 1892, an deren Spitze damals Dr. Karl Kunze, Direktor des Kgl. Gymnasiums Lissa in Posen, stand, zunächst einmal das statistische Material zur Beurteilung dieser Fragen herbeizuschaffen und es in einem statistischen Kalender niederzulegen. An alle Höheren Schulen Preußens wurden einheitliche Fragebogen an die Kollegen verschickt, die über Lehrbefähigung, Alter, Gehaltsverhältnisse, Datum der Anstellung usw. Auskunft verlangten. So konnte 1894 zum ersten Mal ein *Kalender für das höhere Schulwesen Preußens, genannt: Der Kunze-Kalender,* erscheinen. Dieses Werk, das seit 1924 *Philologen-Jahrbuch* mit dem Untertitel »Kunzes Kalender« heißt, hat Bestand gehabt, weil es eine berufspolitische Notwendigkeit war. Bis heute ist es eine detaillierte Dokumentation, die Schulen, Lehrkräften, Schulverwaltungen und Lehrerverbänden hilfreiche Informationen an die Hand gibt. Inzwischen veröffentlichen alle Landesverbände entsprechende Jahrbücher, die entweder in der Tradition des Kunze-Kalenders stehen oder ihm nachgebildet sind.

Auch in den übrigen Ländern des Reiches entstanden Vereine der Lehrer an Höheren Schulen. 1873 wurde der »Verein sächsischer Realschulmänner« gegründet, dem 1890 der »Sächsische

Gymnasiallehrerverein« folgte; beide schlossen sich 1909 zum »Sächsischen Philologenverein« zusammen. Am 28. Februar 1884 entstand der »Verein der Oberlehrer an den höheren Staatsschulen Hamburgs«. Am 8. April 1885 schlossen sich die hessischen Kollegen im »Landesverein von Lehrern höherer Lehranstalten im Großherzogtum Hessen« zusammen, der sich ab April 1903 den Namen »Hessischer Oberlehrerverein« gab und ab 2. April 1921 »Hessischer Philologenverein« hieß. Am 27. Mai 1885 wurde der »Verein akademisch gebildeter Lehrer an badischen Mittelschulen« gegründet und am 11. November 1887 der »Lübecker Oberlehrerverein«. In Württemberg entschieden sich die Kollegen 1890 zum Zusammenschluss im »Verein der Lehrer an den humanistischen Lehranstalten Württembergs«, der sich ab 1896 »Württembergischer Gymnasiallehrerverein« nannte. Es folgte 1894 die Gründung des »Württembergischen Realschullehrervereins«. Beide Vereine verschmolzen 1908 im »Württembergischen Philologenverein«. 1899 kam es zur Gründung des »Vereins akademisch gebildeter Lehrer in Bremen« und 1902 entstand der »Braunschweigische Oberlehrerverein«. In allen deutschen Ländern und Provinzen – mit Ausnahme von Mecklenburg-Strelitz (dort erst 1907) – gab es nun Gymnasiallehrerorganisationen, und es war jetzt die Zeit reif für einen Zusammenschluss auf Reichsebene. Dabei war zunächst jedoch nicht die Organisationsfrage das entscheidende Hindernis auf dem Weg zu einem einheitlichen Verband. Kernproblem war der Gegensatz zwischen den Vertretern der humanistischen und realistischen Bildung, der sich in den letzten Jahrzehnten des 19. Jahrhunderts zu einem regelrechten »Schulkrieg« entwickelt hatte. Dieser Konflikt musste erst entschärft werden, ehe eine Einigung zustande kommen konnte.

Interessenausgleich zwischen »Humanisten« und »Realisten«

Der Bildungskonflikt des ausgehenden 19. Jahrhunderts hatte sich zugespitzt durch das Hochschulzugangsmonopol des humanistischen Gymnasiums auf der einen Seite und das durch seine gesellschaftliche Akzeptanz gestärkte Selbstbewusstsein der realistischen Höheren Schulen auf der anderen Seite. Da das Gymnasium alle Berufschancen eröffnete, zog es auch viele Schüler an, die sich nicht für die alten Sprachen interessierten, sondern ganz andere Lebenspläne hatten, aber um des Sozialprestiges willen diesen Bildungsweg wählten. Als Preußen 1859 das Realgymnasium mit Latein einführte, wollte man auch Beamten, Technikern und Praktikern diese Sozialprestige-Brücke zur humanistischen Akademisierung nicht vorenthalten. Die neue Schule ermöglichte zwar Karrieren bei der Bahn und Post, verlieh aber außer für das Bau- und Bergbauwesen keinen Universitätszugang. Seit 1870 erweiterte man den Zugang für das Studium der Mathematik, der neueren Sprachen und der Naturwissenschaften. Die 1859 ebenfalls eingeführte lateinlose Realschule wurde 1882 zu einer Oberrealschule mit Abitur, deren Absolventen technische und mathematisch-naturwissenschaftliche Fächer studieren konnten. Doch es fehlte beiden realistischen Schultypen der »volle« Hochschulzugang, z.B. für Medizin und Jura. 1905 gingen von den 70,1 Prozent Schülern, die in Preußen Lateinschulen besuchten, 52,2 Prozent auf humanistische Gymnasien (im Reich waren es zur gleichen Zeit von 63,2 Prozent 49,2 v.H.). Noch 1875 besuchten 92,2 Prozent der höheren Schüler Preußens Lateinschulen, davon 58,4 Prozent humanistische Gymnasien. Der Aufschwung der realistischen Schulen, der von Industrie, Wirtschaft, Technik und Handel getragen wurde, hatte die humanistischen Schulen zusehends in Bedrängnis gebracht, weil sie, durch die Konkurrenzsituation gezwungen, immer mehr Fächer in ihren Kanon aufnehmen mussten. Dies führte nun wiederum zu einer erregten öffentlichen Debatte um die »Überbürdung« der Schüler mit »unzeitgemäßem Stoff«.

Zum zentralen Streitpunkt des Hochschulzugangsmonopols kam die Frage des richtigen Bildungsideals hinzu. Sollte das alte Gymnasium »realistisch« reformiert werden oder sollten weiterhin mehrere Typen nebeneinander bestehen? Das Gymnasium war ja nicht mehr die alte Gelehrtenschule, sondern hatte sich im Zuge der Wissenschaftsentfaltung zur philologischen Altsprachenschule entwickelt, was Nietzsche 1872 beklagte. Tatsächlich stand jetzt eine wirtschaftliche und technisch-naturwissenschaftliche neben der gebildeten, gelehrten und beamteten Welt, die bisher die Oberhand hatte. Wie würde sich das Verhältnis beider Kulturen gestalten? Waren die Anforderungen der Zeit wichtiger oder die Ideale der Humanität? Dabei ging es zugleich um die Frage: Begrenzung der Eliten oder Aufstieg und Öffnung für alle sozialen Schichten. In den achtziger Jahren glaubte man eine »Überfüllungskrise« zu erkennen und sah eine Akademiker-Arbeitslosigkeit heraufziehen. Zunächst versuchte man den Zugang zu den Höheren Schulen zu reduzieren, dann ließ man in den neunziger Jahren wieder davon ab im Vertrauen darauf, der Markt werde es schon richten.

Die Interessengruppen hatten sich bei diesen Auseinandersetzungen eigenartig formiert. Für das humanistische Gymnasium und sein Monopol waren die Kultusbürokratie, die Mehrzahl der Hochschullehrer, die Gymnasiallehrer und Vertreter der akademischen Berufe, besonders der Juristen und Mediziner, aber auch der Baubeamten. Sie wollten keine Aufsteigerkonkurrenz und keinen Prestigeverlust. Interessanterweise hatten sich die Konservativen gewandelt. Ursprünglich waren sie einmal Gegner des neuhumanistischen Gymnasiums und seines liberalen Geistes. Jetzt hatten sie sich angepasst und sahen im Gymnasium eine konservative Institution. Aber auch die bildungsbürgerlichen Liberalen bis hin zum berühmten Linken Theodor Mommsen waren Vertreter des Gymnasiums.

Auf der Seite der »Realisten« standen die wirtschaftlichen sowie die mittel- und kleinbürgerlichen Schichten, die ihre Aufsteigerinteressen vertraten. Hinzu kamen die Vertreter der Städte, die als Schulträger Anwälte der breiten bürgerlichen Schichten waren. Befürworter der neuen Schulen waren natürlich deren Lehrer, aber auch eine Reihe von Professoren – wie der bekannte Philosoph und Pädagoge Paulsen – und Vertreter der modernen technischen und Ingenieurberufe. Auf der Regierungsseite traten die Mitglieder des Militär- und Wirtschaftsressorts für die realistische Bildung ein, von der sie sich eine nachhaltigere und modernere Entwicklung im technischen Zeitalter versprachen.

Die Reichsschulkonferenz von 1872 hatte keine Konfliktlösungen gebracht. Da sich die Gymnasialanhänger von den Realisten bedrängt sahen, eröffneten sie einen Gegenangriff. Mit einer Lehrplanrevision suchte Preußen 1882 einen Ausgleich herbeizuführen. Das Realgymnasium sollte realistischer, das humanistische Gymnasium moderner werden. Gegen diese Verwässerung ihrer Bildungsvorstellungen gab es auf beiden Seiten Proteste. Die Auseinandersetzung verstärkte sich und wurde in der Öffentlichkeit ausgetragen. Auf Initiative des Kaisers berief Kultusminister von Goßler eine neue *Reichsschulkonferenz* ein, die vom *4. bis 17. Dezember 1890* in Berlin tagte (die so genannte *Dezemberkonferenz*) und mehrheitlich aus Befürwortern des Gymnasiums zusammengesetzt war. Die »Humanisten« sahen inzwischen im Realgymnasium ihren stärksten Feind und wollten es am liebsten abschaffen. Die Regierung befürwortete die Oberrealschulen, da sie die höheren Schüler mehr zu nichtakademischen Berufen drängen wollte. Daher kam es zu einem Bündnis der Gymnasien mit den Oberrealschulen gegen das Realgymnasium. Erstaunlich war der Auftritt des Kaisers aufseiten der »Modernen«. Schon 1889 hatte er erklärt: »Wir müssen als Grundlage für das Gymnasium das Deutsche nehmen; wir sollten nationale junge Deutsche erziehen, und nicht junge Griechen und Römer«.[6] 1890 kritisierte der Kaiser die Lebens- und Gegenwartsferne des Gymnasiums und forderte mehr nationale und Charaktererziehung. Das Ergebnis der Dezember-Konferenz war eine Reform des Gymnasiums: Reduktion der alten Sprachen, Wegfall des lateinischen Aufsatzes im Abitur, mehr Deutsch, mehr moderne als alte Geschichte, mehr Leibesübungen und Reduktion der Stundenzahlen. Die lateinlosen Oberrealschulen sollten gefördert und das Realgymnasium abgeschafft werden. Die »Realisten« waren nicht gewillt, dieses Konferenzergebnis hinzunehmen und widersetzten sich vehement. Die Zahl der Real- und Oberrealschulen steigerte sich von 1890 bis 1900 von 61 auf 278. Die Realgymnasien gingen zwar von 182 auf 131 zurück, sie ließen sich aber nicht mehr abschaffen, da der Widerstand der Städte zu groß war.

Der Krieg um die volle Anerkennung ging also weiter. Erst 1900 kam die Wende. Die Situation für die Reformbefürworter hatte sich deutlich verbessert, da die Schülerzahlen an den realistischen

Schulen erheblich zugenommen hatten. Mit 93 000 Schülern an Gymnasien und 66 000 an realistischen Anstalten ergaben sich beim wachsenden Interesse an realistischen Fächern nur zwei Lösungsmöglichkeiten: Gleichberechtigung aller Höheren Schulen oder weitere Verstärkung der realistischen Fächer an humanistischen Gymnasien. Angesichts dieser Alternative beschloss der humanistische Gymnasiallehrerverein am 5. Juni 1900, keine Einwände gegen eine Gleichstellung zu erheben, um dadurch sein eigenes Bildungsziel und die Rechte des humanistischen Gymnasiums zu wahren.

Inzwischen hatte der bedeutende Hochschulreferent Althoff auch die Zuständigkeit für die Höheren Schulen übernommen. *Vom 6. bis 8. Juni 1900* kam es zur *Reichsschulkonferenz* (*Juni-Konferenz*) unter Vorsitz des preußischen Kultusministers Dr. Studt in Berlin. Dort wurde beschlossen, alle drei Gymnasialtypen zu erhalten und ihnen die Gleichberechtigung beim Hochschulzugang zu geben. Der Beschluss hatte folgenden Wortlaut: »Wer die Reifeprüfung einer neunklassigen Anstalt bestanden hat, hat damit die Berechtigung zum Studium an Hochschulen und zu den entsprechenden Berufszweigen für sämtliche Fächer erworben.« Das »humanistische« Abitur war nur noch Voraussetzung für Theologie und Alte Sprachen, andere Fakultäten konnten eigene Latein-Forderungen stellen.[7] Die Stundenzahlen in Deutsch, Geschichte und jetzt auch in Englisch wurden an den Gymnasien noch einmal erhöht.

Das Ergebnis der Juni-Konferenz war ohne Zweifel eine der wichtigsten schulpolitischen Weichenstellungen. Seit der Abiturreform von 1837 in Preußen, die die Reifeprüfung zum einzigen Hochschul-Zugangskriterium erklärt und dieses Monopol nur den Gymnasien zugebilligt hatte, war nun dieser zweite überfällige und notwendige Schritt erfolgt. Mit der neuen Schulordnung waren die drei Typen der Höheren Schulen als gleichberechtigt anerkannt. Hinzu trat eine vierte Schulart, die seit 1892 erprobt wurde, das *Reformrealgymnasium*, das sich aber lediglich durch eine andere Sprachenfolge unterschied (Französisch, Latein, Englisch statt Latein, Französisch, Englisch).

Mit den Entscheidungen von 1900 hatten sich auch die Bedenken derjenigen, die ein akademisches Proletariat einerseits bzw. eine weitere Stärkung des Establishments andererseits befürchteten, nicht durchgesetzt. Die Prinzipien Modernisierung, Differenzierung, Pluralität und Öffnung hatten die Oberhand gewonnen sowie die Ausrichtung auf den durchgängigen neunjährigen Kurs zum Abitur. Dies führte in der Folgezeit zu einer weiteren Expansion des höheren Schulwesens, das sich von einer Schule für den bürgerlichen Mittelstand mit bildungsbürgerlicher Elite zu einem Schulsystem für die mittleren Schichten wandelte. Die Startchancen für die Etablierten blieben, aber die Aufstiegsmobilität verstärkte sich über die Differenzierung. Die nicht voll ausgebauten Oberrealschulen – die Realschulen – entwickelten sich zu *Mittelschulen*. Die Schülerzahlen vermehrten sich infolge des Bevölkerungsanstiegs und des wirtschaftlichen Wachstums. Die Zuwachsraten bei den realistischen Anstalten waren signifikant: 1911 gab es im Reich rund 155 000 Schüler auf den 506 Gymnasien, 73 000 auf 217 Realgymnasien und 68 000 auf den 145 voll ausgebauten Oberrealschulen. Das höhere Schulwesen wuchs überproportional zum allgemeinen Bevölkerungswachstum und zur Urbanisierung.

Natürlich war ein Schulsystem, das die zukünftigen Eliten heranbildete, Leistung verlangte und vielfältigen gesellschaftlichen Forderungen gerecht werden musste, auch der Kritik ausgesetzt. Den Klagen Nietzsches über das Verblassen des neuhumanistischen Ideals des Gymnasiums schlossen sich manche an. Aber auch die realistischen Schulen, deren Ideale auf Welterfahrung und Weltläufigkeit ausgerichtet waren, sahen sich durch die praktischen Berufsinteressen der Schüler und die Aufsteigermentalität ihrer Eltern in ihren Zielsetzungen eingeschränkt und kritisiert. Schriftsteller und Journalisten beklagten oft nicht so sehr die Bildungsinhalte als viel mehr den Stil der Schule. Theodor Fontane, Thomas und Heinrich Mann, Emil Strauß, Hermann Hesse u.a. schrieben über eine freudlose und pedantische Schule, wo man in Stoffmassen ersticke und Examensweisheiten lerne. Auch die Jugendbewegung revoltierte bekanntlich gegen diese Schule und suchte das

Natürliche, das Jugendgemäße, wie es dann die Reformbewegungen im Jahrzehnt vor 1914 zu verwirklichen trachteten.

Aus vielfältigen, oft gegensätzlichen Wurzeln, auch von »rechts« und »links« gemischt, erwuchsen *pädagogische Reformbewegungen*, die für die Befreiung der schöpferischen Kräfte, die Individualität, das Natürliche fern von der Entfremdung der Städte eintraten. Die Einen dachten mehr pädagogisch oder völkisch-romantisch, andere mehr kulturkritisch oder liberal-sozial, aber alle suchten nach dem großen Aufbruch. Daraus entwickelten sich dann die Landerziehungsheime oder die »Pädagogik vom Kinde aus«, die die Schwedin Ellen Key mit ihrer These vom »Jahrhundert des Kindes« propagierte. Eine andere Bewegung manifestierte sich in der Kunsterziehung, angestoßen durch Alfred Lichtwark, den Direktor der Hamburger Kunsthalle, der 1897 seinen berühmten Vortrag »Die Kunst in der Schule« hielt, in dem er sich gegen die einseitige Verstandesbildung aussprach und für die Rechte des Gefühls und der Sinne eintrat. Daneben stand das viel nüchternere Modell der »Arbeitsschule«, die G. Kerschensteiner, seit 1895 Stadtschulrat in München, entwickelte. Zu erwähnen wäre auch die Idee der Volksbildung, die die Kluft zwischen den Gebildeten und Ungebildeten überbrücken wollte. Die vielen Bestrebungen vereinigten sich 1871 in der »Gesellschaft für Verbreitung von Volksbildung«.

Doch trotz mancher berechtigter Kritik, die in den folgenden Jahren auch zu Veränderungen in der Pädagogik und den Unterrichtsinhalten (vor allem in den musischen Fächern) in den Höheren Schulen führte, darf man die Gesamtproportionen nicht außer Acht lassen. Wenn das neuhumanistische Bildungsideal auch in die Jahre gekommen war, heißt das nicht, dass die Gymnasien keine guten Schulen gewesen wären. Sie weckten in den Schülern die Lesefreude, das Dichten, den Wunsch nach Theaterbesuchen, förderten das gemeinsame Dramen-Lesen, die Schülervereine und bemühten sich auch um die Moderne. In einem Bildungssystem, in dem Wissens-Positivismus und Sachlichkeit gefragt waren, taten sich die Irrationalismen der Zeit schwer. Man darf in diesem Zusammenhang auch die sehr positiven Äußerungen des Auslands über das deutsche Gymnasium und seine Bedeutung für die Entwicklung einer Wissenschaftskultur nicht übersehen. Wenn der Stil der Schule durch die Fächervielfalt auch an Einheitlichkeit eingebüßt hatte, machte der Unterricht umso mehr deutlich, dass er sich der Pluralität der modernen Welt und der Entfaltung der Wissenschaftszweige als Vorbereitungsschule stellte. Kultur und Geschichte rückten durch die Fächer Deutsch, Geschichte und Geographie in den Vordergrund und standen in der Tradition der Humanität. Daran scheiterte auch der Versuch des Kaisers von 1889, die Gymnasien zum Kampf gegen den Sozialismus zu stimulieren. Beim Historikerkongress von 1893 erklärten die Teilnehmer, dass Geschichtsunterricht niemals auf eine bestimmte Gesinnung ausgerichtet werden könne, das historische Wissen stehe im Vordergrund. Man darf es wohl ein Klischee nennen, dass die Schule eine besondere wilhelminische Staatsgesinnung gefördert habe. Sicher wurde die Schule national, monarchisch und patriotisch bestimmt. Darin war man sich aber in Europa allenthalben einig, und bei Kriegsausbruch 1914 meldeten sich die Schüler aller Krieg führenden Staaten freiwillig, denn die nationale Integration galt als oberster Wert. Auch die Lehrerschaft der Höheren Schulen hatte sich wie die anderen gesellschaftlichen Gruppen im neuen Machtstaat etabliert. Aber über ihre Mentalität gibt es wenig sichere Erkenntnisse. Politisch neigten sie wohl, entsprechend ihrem Sozialstatus, den bürgerlich-konservativen Positionen zu. Doch ihr Stolz beruhte darauf, dass sie sich an Zeitlos-Dauerndem und nicht an Gegenwartsmoden orientierten. Über seine eigenen Schulerfahrungen mit preußischen Lehrern an mehreren Schulen berichtete Adolf Borchardt (1877-1945): »Zeitlos zu sein war ihr Stolz und ihr Lehrziel. Nur Unwandelbares wurde mitgeteilt, in ungewandelten Formen; man verwaltete ein unübersehbares eisernes Erbe: das der klassischen deutschen Humanität. Man überlieferte deutschen Geist, deutsche Form und deutsche Geschichte als eine unmittelbare Diadochie der antiken; man sah das zeitliche Intervall zwischen der großen deutschen Blüte und dem jeweiligen Jahresdatum des Schultages als bedeutungslos an.«[8]

II VON DER VERBANDSGRÜNDUNG BIS ZUM ERSTEN WELTKRIEG

Gründung des Deutschen Philologenverbandes am 6. Oktober 1903 in Halle

Als im April 1898 dreihundert preußische Oberlehrer aus allen Provinzen Bismarck zu seinem 80. Geburtstag gratulierten, schnitt dieser in seiner Antwortrede eine zentrale Frage an:»Sie sind zum großen Teil in ihrer sozialen und materiellen Stellung mit Recht unzufrieden. Es existiert ein Missverhältnis zwischen der Bedeutung, die ... der höhere Lehrerstand für unsere nationale Zukunft hat, und zwischen deren bisheriger Würdigung.«[9] Mit seinen Worten traf Bismarck die Grundstimmung der höheren Lehrerschaft, deren Lage sich seit 1872 zwar verbessert hatte, aber im Vergleich zu anderen Beamtenklassen, vor allen Dingen den Richtern, deutlich schlechter war. Trotz aller Anstrengungen der Philologenorganisationen der Länder und der seit 1880 in der preußischen Philologen-Delegiertenkonferenz zusammen agierenden preußischen Provinzialvereine war die entscheidende Angleichung immer noch nicht gelungen. Deshalb sollte jetzt endlich der Durchbruch durch einen Zusammenschluss auf überregionaler Ebene erreicht werden.

Die entscheidenden Initiativen gingen von Hessen aus. Im preußischen Provinzialverein Hessen-Nassau gab es neben dem Vorsitzenden einen Beirat, dessen Vorsitz von 1896 bis 1903 Friedrich Lohr aus Wiesbaden hatte. Lohr war von 1904 bis 1906 auch Vorsitzender der preußischen Delegiertenversammlung und galt als weitschauender und tatkräftiger Kollege. Schon früh pflegte er freundschaftliche Beziehungen zum Vorsitzenden des Nachbarverbandes in Hessen-Darmstadt, dem Oberlehrer Professor Dr. Rudolf Block aus Gießen, der seit 1897 dort Vorstandsmitglied und von 1901 bis 1907 Vorsitzender war. Im engen Gedankenaustausch mit Lohr fasste Block den Entschluss, einen Zusammenschluss aller deutschen Philologenvereine anzustreben. Er knüpfte seit 1901 Verbindungen mit den Philologenverbandsvorsitzenden in allen deutschen Staaten an und warb für die Gründung eines deutschen Oberlehrervereins und eines deutschen Oberlehrertages. Blocks Überzeugungskraft war es zu danken, dass am *6. Oktober 1903* zweihundertfünfzig Kollegen aus allen Teilen Deutschlands im historischen Gebäude des *Ratskellers am »Markt 2«, erbaut 1501, in Halle/Saale* unter seinem Vorsitz zur *konstituierenden Sitzung* zusammenkamen. Man hatte den Tagungsort bewusst gewählt, weil hier gleichzeitig am 6. Oktober 1903 die 12. Jahresversammlung des »Deutschen Gymnasialvereins« stattfand und einen Tag später, am 7. Oktober 1903, die »47. Versammlung deutscher Philologen und Schulmänner« mit fast tausend Teilnehmern tagte. In beiden Organisationen gab es auch Gegner der Neugründung. Der Deutsche Gymnasialverein war ja am 15. Dezember 1890 in Berlin zu dem Hauptzweck gegründet worden, die humanistische Schulbildung zu wahren. Mit gemischten Gefühlen beurteilte man den Zusammenschluss aller Philologen, der »Humanisten« wie der »Realisten«. Und die altehrwürdige »Versammlung deutscher Philologen und Schulmänner« von 1837 witterte Konkurrenz im neuen Philologenverband.

Block wandte sich entschlossen gegen alle Kritiker, vor allem gegen die Bedenken der »Philologen und Schulmänner«, sie könnten an Einfluss verlieren. Dr. Paul Mellmann schildert die Situation in seiner ersten Verbandschronik von 1929 sehr anschaulich: »Diesen Kollegen aber trat Block entschieden entgegen, indem er ausführte, dass der genannte Verein bisher nur ein einziges Mal Zeit gefunden habe, sich mit unseren Standesfragen zu befassen, aber auch selbst heute noch ablehne, sich mit ihnen und mit pädagogischen Fragen näher zu beschäftigen. Wir dagegen wollten im Wesentlichen nur diese, uns am nächsten liegenden Punkte erörtern, die im Interesse des Ansehens des Standes und unserer Höheren Schule von einer Stelle aller deutschen Philologen aus behandelt werden müssten, während wir die Erörterung wissenschaftlicher Probleme der Versammlung deutscher Philologen und Schulmänner überlassen wollen.«[10] Damit hatte Block weitblickend die Marschroute für die Zukunft abgesteckt. Der Philologenverband sieht sich in der Gesamtverantwortung für das Gymnasium und seine Lehrer, die Fachverbände übernehmen die wissenschaftliche Vertiefung.

Es war Block zu verdanken, dass nach kontroversen Diskussionen die Bedenken der Kollegen, die als Gegner der Gründung des Verbandes nach Halle gekommen waren, zerstreut wurden. Die Delegierten befürworteten schließlich einstimmig den Gründungsantrag für den *Vereinsverband akademisch gebildeter Lehrer Deutschlands,* wie sich die Organisation bis 1921 nannte, danach erfolgte eine Umbenennung in *Deutscher Philologenverband.*

Block formulierte auch die Aufgaben des nun aus 34 Vereinen mit über 14 000 Mitgliedern bestehenden neuen Verbandes, dessen Hauptziel die Pflege der gemeinsamen Interessen des deutschen höheren Lehrerstandes war. Als aktuelle Ziele wurden genannt:
1. eine größtmögliche Vereinheitlichung des gesamten deutschen Schulwesens;
2. die Schaffung eines nach Vorbildung, Dienstbezeichnung und Rangstellung einheitlichen Oberlehrerstandes und
3. die Gleichstellung der akademisch gebildeten Lehrer mit den entsprechenden Kategorien der übrigen akademisch gebildeten Stände in Rang und Gehalt.[11]

Professor R. Block, der spätere hessische Staatsrat in Darmstadt, der als Wegbereiter und »Vater« des Deutschen Philologenverbandes galt, wurde einstimmig zum Vorsitzenden gewählt und mit der Leitung eines provisorischen Vorstandes beauftragt, dem die Kollegen Lortzing/Berlin (2. Vorsitzender), Hartmann/Leipzig (3. Vorsitzender) und als Geschäftsführer Ritsch/Darmstadt, Müller/Berlin, Schmidt/Wenzen angehörten. Ebenfalls einstimmig beschloss man, die erste Tagung des *Vereinsverbandes akademisch gebildeter Lehrer* Ostern 1904 nach Darmstadt einzuberufen. Ein fünfköpfiger Ausschuss, dem auch Block angehörte, sollte eine Satzung ausarbeiten. Dieses Gremium legte auf einem Treffen am 28. und 29. Dezember 1903 einen Satzungsentwurf vor, der allen 34 Vereinen zur Prüfung zugesandt wurde.

Drei Tage nach der Verbandsgründung erschien am 9. Oktober 1903 im »General-Anzeiger für Halle und den Saalekreis« folgende Meldung:

»*Ein Verband der Vereine der akademisch gebildeten Lehrer Deutschlands* ist vorgestern hier ins Leben getreten. Ausgehend von dem Gedanken, dass die große Mehrheit der deutschen Oberlehrer-Vereine, deren Zahl sich auf 34 mit ungefähr 15 000 Mitgliedern beläuft, grundsätzlich bereit seien, zu einem Oberlehrer-Verbande zusammenzutreten, wurde eine Versammlung nach dem Ratskeller einberufen, die von gegen 250 Herren besucht war und unter Vorsitz des Professors Dr. Block, Gießen, stand. Es wurde dabei die Gründung des erwähnten Verbandes beschlossen, dem aus besonderen formellen Bedenken allerdings vorläufig einige Verbände aus den süddeutschen Staaten sich noch nicht anschließen konnten. Die Satzungen für den neuen Verband sollen auf der im nächsten Jahre in Darmstadt abzuhaltenden Versammlung festgestellt werden.«

**Aufgabe des Gymnasiums und seiner Lehrer –
Erster Verbandstag in Darmstadt 1904**

Bereits am Donnerstagabend, dem 7. April 1904, hatten sich vierhundert Kollegen aus allen Teilen Deutschlands in Darmstadt eingefunden, um am Freitag, dem 8. April an der 19. Landesverbandssitzung des Hessischen Oberlehrer-Vereins und dem anschließenden Vertretertag des Deutschen Philologenverbandes teilzunehmen. Die Tagung wurde mit einer Besichtigung der mathematischen und elektrotechnischen Institute der Technischen Hochschule Darmstadt eingeleitet. Es folgte eine interne Versammlung der hessischen Schulvertrauensleute, bevor Block die öffentliche Landesversammlung um 16:00 Uhr eröffnete. Den Festvortrag über »Neuere Ansichten über die Beschaffenheit der Materie« hielt Realgymnasialdirektor Münch.

Am Freitagabend veranstalteten die hessischen Kollegen für die siebenhundert Delegierten des deutschen Verbandes einen festlichen Abend. Mellmann schildert die Warmherzigkeit des Empfanges, die Großzügigkeit der Gastgeber, die herzliche Geselligkeit und die gemeinsam gesungenen Lieder. Es entstand eine Stimmung, in der die Kollegen über das Kennenlernen hinaus zu einer Gemeinschaft zusammenfanden. Höhepunkt war das vom Darmstädter Kollegen Dr. Büchner verfasste Sing- und Klingspiel, in dem im Bild einer antiken griechischen Gymnasiallehrertagung der Disput zwischen »Humanisten« und »Realisten« in humoristischer Form zur Erheiterung der Zuschauer aufgeführt wurde. Mehr als alle Zeitungskommentare bewies die Aufnahme dieser Komödie, dass die seit 1900 geltende Gleichberechtigung der Höheren Schulen die Solidarität des Oberlehrerstandes gestärkt hatte und eine wichtige Voraussetzung für die Gesamtverbandsgründung war.

Am *Samstag, dem 9. April 1904*, um 9:00 Uhr begann die *erste Vertreterversammlung des Deutschen Philologenverbandes*, oder, wie er sich damals noch nannte, des »Vereinsverbandes akademisch gebildeter Lehrer Deutschlands«. Dieses Ereignis wurde von vielen als so herausragend angesehen, dass es ihnen als das eigentliche Gründungsdatum erschien. Dies kam in den Telegrammen an den deutschen Kaiser und den Großherzog von Baden zum Ausdruck, denen man die Gründung des neuen Verbandes mitteilte, sowie in den Aufzeichnungen des Schriftführers Theodor Ritsert, der rückblickend in seiner »Geschichte des Hessischen Oberlehrervereins« schrieb, in Halle sei die Verbandsgründung beschlossen, in Darmstadt durchgeführt worden.

Als zentralen Tagesordnungspunkt behandelte die Vertreterversammlung zunächst die vom Fünfer-Ausschuss vorbereitete Satzung des Verbandes. Sie wurde nach eingehender Beratung einstimmig angenommen. Als *Verbandszweck* wurde formuliert: *Die Aufgabe des höheren Schulwesens fördern zu helfen und für die Angelegenheiten des Oberlehrerstandes zu wirken.*

In seiner Begrüßungsrede zur öffentlichen Hauptversammlung um 11:30 Uhr betonte der Vorsitzende, Prof. Dr. Block, gegenüber den offiziellen Vertretern der staatlichen und städtischen Behörden, dass die Gründung des Verbandes nicht gegen die Behörden erfolgt sei, »sondern im Gegenteil in der Absicht, mit ihnen zusammenzuarbeiten«.[12] Folgende Verbandsziele hob Block besonders hervor: die Steigerung der Leistung der Höheren Schule, die Hebung des Ansehens der an ihr unterrichtenden Lehrer, die Angleichung der verschiedenen Typen der Höheren Schulen Deutschlands, damit auch hier die Einigkeit Deutschlands zum Ausdruck komme. Block forderte auch die Universitäten auf, »in Zukunft der Höheren Schule und ihren Bestrebungen ein noch höheres Interesse als bisher entgegenzubringen«, weil für die Lehrer die Wissenschaft der Kraftquell sei, aus dem sie immer wieder »neue Begeisterung für ihren schweren Beruf schöpften«.[13]

Im Mittelpunkt der Versammlung stand der Festvortrag des durch seine 1896 erschienene »Geschichte des gelehrten Unterrichts auf den deutschen Schulen und Universitäten« über die Grenzen Deutschlands hinaus bekannt gewordenen Berliner Universitätsprofessors Dr. Friedrich Paulsen zum Thema »Das höhere Schulwesen in Deutschland, seine Bedeutung für den Staat und für die geistige Kultur des deutschen Volks und die daraus sich ergebenden Folgerungen für die Stellung des höheren Lehrerstandes«. Schon die Formulierung des Themas trug die Handschrift des Kulturpädagogen Paulsen, dessen pädagogisches Grundverständnis an der Übertragung des Kulturbesitzes im Ablauf der Generationen orientiert war. Paulsen betonte, dass die Staaten, die Fortschrittliches leisten wollten, Kulturstaaten sein müssen. Darum müsse auch der Lehrer an den Höheren Schulen ein Träger der wissenschaftlichen Kultur sein. Friedrich Paulsen führte des Weiteren aus: »Der Lehrer ist Beamter, aber ein Beamter von besonderer Art; er ist ‚Kulturbeamter'…, er steht im Dienst … der nationalen Kultur, des Staats nur, soweit dieser selbst sich die Kultur zum Zwecke macht. Das wird auf die ganze Stellung und Behandlung dieses Amtes zurückwirken. Das Lehramt muss eine Art exemter Stellung einnehmen…. Dem Lehrerstand in seiner Gesamtheit wird eine weitgehendere Autonomie und Selbstregulierung einzuräumen sein als sie auf dem militärischen, politischen, technischen Gebiet möglich und notwendig ist. Für die höchste Stufe, die Universität, ist dies anerkannter Grundsatz. Es wird auch für die höheren und niederen Schulen etwas Ähnliches notwendig sein.«[14]

Wenn wir diese Gedanken Friedrich Paulsens heute auch anders formulierten und begründeten, ist die Betonung der an der Wissenschaft orientierten Lehrfreiheit und einer kritischen Haltung gegenüber allen kulturfeindlichen Ambitionen des Staates gerade in unserer Zeit von zentraler Bedeutung. Paulsen hat das Selbstverständnis gymnasialer Bildung betont und das Selbstbewusstsein seiner Lehrer gestärkt. Seine Rede, die von der Vertreterversammlung mit großer Begeisterung aufgenommen wurde, fand in ganz Deutschland ein erhebliches publizistisches Echo und gilt bis heute als bildungshistorisches Dokument ersten Ranges. Die neue Verbandsführung hatte mit der Einladung Paulsens als Festredner zukunftweisend gehandelt und Mut bewiesen, denn Paulsen hatte, wie kein anderer, die 1900 erreichte Gleichberechtigung der verschiedenen gymnasialen Schulformen gefordert, da alle drei den jungen Menschen zu wissenschaftlichem Arbeiten anleiteten. In seiner 1902 erschienenen Schrift »Das Prinzip der Gleichwertigkeit der drei Formen der Höheren Schule« schrieb er: »Man wird kaum verstehen, wie dasselbe Jahrhundert, das die Emanzipation der modernen Wissenschaft und Philosophie von der aristotelisch-scholastischen vollendete und die lateinische Sprache der Wissenschaft definitiv abschaffte, das eine Philosophie und Literatur in der eigenen Sprache von unvergänglichem Wert schuf, mit solcher Hartnäckigkeit an einer Ordnung des Bildungswesens festhalten konnte, die von der Universität und dem wissenschaftlichen Studium jeden ausschloss, der sich nicht zuvor über die Fähigkeit ausgewiesen hatte, einen lateinischen Abiturientenaufsatz zu schreiben und einen griechischen Text, wenn nicht zu lesen, so doch mit Nachhilfe zu übersetzen.«[15]

Paulsen hatte seine Ziele erreicht und die wissenschaftliche Arbeit aller drei Gymnasialformen und ihrer Lehrer waren nachdrücklich bestätigt worden. Inzwischen standen die Höheren Schulen aber vor neuen Herausforderungen. Durch die Schulreform von 1890 hatte die Zahl der Gymnasien, die zum Abitur führten, und die Zahl der Schüler aus aufsteigenden Schichten, die die Reifeprüfung anstrebten, erheblich zugenommen. Allein in Preußen steigerte sich die Zahl dieser Schulen von 268 auf 644. Damit hatten die erzieherischen Aufgaben höchste Priorität gewonnen. Dass die Verbandsführung sich auch dieser Aufgabe bewusst war, zeigt der zweite Vortrag am 9. April 1904 in Darmstadt, den der Oberlehrer Dr. Lautenschläger (Darmstadt) hielt, über »Anschauung und Anschauungsmittel im Unterricht« mit Präsentation zahlreicher Anschauungsmaterialien. Damit war schon der Schwerpunkt des nächsten Verbandstages Ostern 1806 angedeutet, zu dem die Kollegen von Sachsen-Weimar nach Eisenach eingeladen hatten. Diese Tagung sollte ganz im Zeichen pädagogischer Fragen stehen.

Der Lehrer als Erzieher – Verbandstag in Eisenach 1906

Die Verbandsspitze hatte wegen der in der Öffentlichkeit diskutierten Erziehungsfragen die Rede Paulsens nicht an die Schulbehörden der Bundesstaaten versandt. Der innerverbandlichen Kritik an dieser Maßnahme begegnete der Vorstand auf der *zweiten Verbandstagung in Eisenach 1906* nach den Worten des Chronisten Mellmann mit folgendem Hinweis: »Die Charakterisierung unseres Standes als ‚Gelehrtenstand' treffe nicht mehr zu und könne, ja dürfe nur noch für Einzelne von uns zutreffen, weil unsere Hauptaufgabe in der Erziehung des Schülers, in der Bildung seines Charakters, in der Entwicklung aller geistigen und sittlichen Kräfte bestehe. Gewiss müsse unsere Arbeit auf gelehrter Grundlage aufgebaut sein, gewiss habe jeder die Pflicht, in unmittelbarer Berührung mit der Wissenschaft zu bleiben, aber Gelehrter zu sein, wie es früher möglich gewesen, das machten die heute viel größeren pädagogischen Pflichten, die wir zu erfüllen hätten, geradezu unmöglich. Betonen wir daher nach außen hin allzu sehr den Gelehrtenstandpunkt unseres Berufes, so könne daraus der Schluss gezogen werden, als ob unsere Tätigkeit, die des Lehrers und Erziehers, von uns selbst nicht so hoch eingeschätzt werde wie die der übrigen akademischen Berufe.«[16] Diese Grundsätze wurden im Hauptreferat von Direktor Keller, Frankfurt a.M., über »Die Aufgabe des höheren Lehrers – eine Kunst auf gelehrter Grundlage« vertieft. Er forderte neue Lehrmethoden, um die Selbstständigkeit der

Schüler zu wecken und zu fördern, sie zu persönlicher Verantwortung und zum Erleben hinzuführen.

Die Aufgabe des Vertretertages in Eisenach bestand nun darin, die Rolle des Gymnasiallehrers als Wissenschaftler, die Paulsen so eindrucksvoll beschworen hatte, und die des Pädagogen miteinander in Einklang zu bringen, was durch folgende Formulierung in überzeugender Weise gelang: *Die Höhere Schule ist eine Schule auf wissenschaftlicher Grundlage mit hohen erzieherischen Aufgaben, sie wendet sich nicht allein als wissenschaftliche Schule an den Intellekt sondern hat auch in gleicher Weise zum Ziel die Ausbildung von Seele und Charakter.*

Auch die Themen der nachfolgenden Verbandstage widmeten sich den jeweils vordringlichen pädagogischen und schulpolitischen Fragen. So behandelten die 3. bis 6. Verbandstage in *Braunschweig 1908, Magdeburg 1910, Dresden 1912* und *München 1914* folgende Themen: *Freiere Gestaltung des Unterrichts auf der Oberstufe, Fragen der Zusammenarbeit von Schule und Elternhaus, Moral und staatsbürgerlicher Unterricht* sowie *Die Höhere Schule als Erzieherin für das Leben.*

Die soziale Situation der Höheren Schulen und ihrer Lehrer

Die Schülerzahlen an den Höheren Schulen hatten sich im letzten Drittel des 19. Jahrhunderts fast verdoppelt. Eine Tendenz, die sich am Beginn des 20. Jahrhunderts fortsetzte. Die Zahl der Höheren Schulen war allein in den Jahren 1904 bis 1914 von 669 auf 872 gestiegen. Mit dieser Entwicklung veränderte sich auch die Sozialstruktur der Gymnasiasten. Pädagogische Fragen traten immer stärker in den Vordergrund, da sich die Zahl der Schüler, deren Eltern keine höhere Schulbildung hatten, nahezu verdoppelte. Höhere Schulen gab es – von Internaten abgesehen – vornehmlich in Städten. Das erklärt, warum hauptsächlich Söhne des Mittelstandes und des Kleinbürgertums, die befähigt und aufstiegswillig waren, die Höheren Schulen besuchten. Da das Gymnasium nicht nur Begabung und Motivation voraussetzte, sondern auch finanzielle

Mittel der Eltern zur Begleichung des Schulgeldes, war es zu Beginn des 19. Jahrhunderts vornehmlich die Schule für Söhne aus höheren Schichten. Mit der zunehmenden Industrialisierung und dem allmählichen durch Schulabschlüsse beeinflussten Ausbau des Berechtigungswesens, veränderte sich die Situation zusehends. Kinder aus den handwerklichen und kaufmännischen Mittelschichten gingen jetzt auf die Gymnasien und Pro-Gymnasien, meist nicht mit der Absicht, die neuhumanistischen Klassen bis zum Abitur zu besuchen, sondern die Möglichkeiten der mittleren Abschlüsse zu nutzen. Damit hatten sie die Eintrittsvoraussetzungen für die mittleren Laufbahnen der Beamtenschaft bzw. staatlich kontrollierter Berufe (Apotheker, Bauberufe). Besonders auf den städtischen Bürgerschulen und Realgymnasien ergriffen die Absolventen diese Chancen, die sie auch ohne das Erlernen des Griechischen wahrnehmen konnten. Statistische Untersuchungen an westdeutschen Höheren Schulen ergaben, dass Mitte des 19. Jahrhunderts 36 Prozent der Gymnasiasten aus der mittleren, 43 Prozent aus der unteren Mittelschicht kamen, sodass man nicht sagen kann, das Gymnasium habe nur der Selbstrekrutierung der Akademiker und der Oberschicht gedient.

Während für die Söhne der Bauern und der in der Jahrhundertmitte entstehenden Arbeiterschicht das Schulgeld noch eine echte Barriere für den Besuch der Gymnasien bildete, zeigte sich beim Aufstiegswillen der unteren Mittelschicht eine Opferbereitschaft, die sich auch gegen die Privilegierung der Wohlhabenden zu behaupten wusste. Mit der 1900 erreichten Gleichberechtigung der »humanistischen« und »realistischen« Gymnasialbildung war der allgemeine Studienzugang eröffnet und die Einschränkung der Realgymnasien auf vornehmlich technische und Bauberufe sowie die Offizierslaufbahn aufgehoben. Mit dieser Entscheidung war ein weiterer Schülerzugang zur höheren Schulbildung aus dem Kleinbürgertum und dem Mittelstand verbunden. Beruflicher Aufstieg über eine solide Schulbildung wurde für eine wachsende Zahl junger Menschen möglich.

Interessanterweise rekrutierten sich die Lehrer an Höheren Schulen überwiegend aus der mittleren und unteren Mittelschicht.

Die Mehrzahl der Lehramtskandidaten kam aus Volkschullehrerfamilien und aus dem Gewerbe und Handel treibenden Bürgertum. Die Tatsache, dass der überwiegende Anteil der Philologen nicht aus den sozialen Oberschichten kam, veranlasste die Schulkonferenz von 1890 zur Mängelrüge, dass die Herkunft von Oberlehrern aus Familien stamme, »in denen nicht viel von feiner Bildung, Sitte und Erziehung« herrsche. Der Düsseldorfer Gymnasialdirektor Adolf Matthias (1847-1917) bewertete die Tatsache, dass die Kinder der Oberschicht zwar Juristen, Mediziner und Theologen aber selten Philologen wurden, mit der sozialen Geringschätzung des Gymnasiallehrerberufes. Der Nachwuchs aus der Oberschicht wolle sich nicht »sozial ... degradieren, indem er Oberlehrer wird.«[17] Diese Ausführungen zeigen, wie wichtig es war, die Besoldungs- und Statusverbesserungen der Philologen voranzutreiben.

Gleichstellung mit den Richtern

Die taktische Maßnahme der Verbandsführung, den Gelehrtenstatus der Gymnasiallehrer nicht zu sehr zu betonen, hatte natürlich noch einen anderen Hintergrund: man kämpfte berufspolitisch um die Gleichstellung der Oberlehrer mit den Richtern, die Senkung der Pflichtstundenzahlen, die Anhebung der Titulaturen, die Verbesserung der Gehälter und Pensionsverhältnisse. Die Sorge der Verbandsführung, dass der Begriff des Gelehrten allzu sehr den Eindruck von Muße und Freiheit zur wissenschaftlichen Forschung vermittelte, war mit Blick auf die öffentliche Meinung nicht unberechtigt. Ihre Aufgabe war es, die Arbeitsüberlastung der Philologen durch die Erziehungsarbeit in der Öffentlichkeit zu dokumentieren.

Man hatte in Preußen schon 1872 eine Zurücksetzung mit einer sehr fragwürdigen Begründung erfahren, nachdem es im gleichen Jahr den bayerischen Philologen gelungen war, die grundsätzliche Gleichstellung mit den Juristen zu erlangen. Obwohl sich schon 1845, als es in Preußen noch keinen Gymnasiallehrerverein als Interessenvertretung gab, Kultusminister Eichhorn in einem Schreiben an Finanzminister Flottwell für die Gleichstellung ausgesprochen hatte, war 1872 Kultusminister Falk mit einer entsprechenden Regierungsvorlage im preußischen Abgeordnetenhaus gescheitert. Begründet wurde die Ablehnung damit, dass die Lehrtätigkeit nicht mit der richterlichen und der Verwaltungstätigkeit verglichen werden könne, da die Lehrer weniger Dienststunden, längere Ferien und Nebeneinnahmen durch Privatstunden hätten. Diese Begründung klang den Philologen 1903 noch im Ohr, entsprechend vorsichtig waren ihre Reaktionen. Am Ende der Dezember-Konferenz von 1890 ließ Wilhelm II. in einer Kabinettsordre zwar verlauten, er halte es »für unerlässlich, dass die äußeren Verhältnisse des Lehrerstandes, wie dessen Rang- und Gehaltsverhältnisse eine entsprechende Regelung erfahren«,[18] geändert hatte sich jedoch nichts.

Zwei Schriften brachten die Angelegenheit wieder voran. 1905 erschien das Buch von *Hans Morsch*, Oberlehrer in Berlin, *Das höhere Lehramt in Deutschland und Österreich*. Es handelte sich um eine detaillierte Vergleichsstudie der Schulgesetze, Schulverwaltungen, Erziehungs- und Unterrichtstätigkeiten sowie Rechte und Pflichten der Lehrer in Deutschland und Österreich. Das Buch dokumentierte die Ungleichheit auf dem Gebiet des Titularwesens und in Bezug auf Gehälter und Pensionen. Bereits 1899 hatte der Oberlehrer *Heinrich Schröder* aus Kiel seine Untersuchung *Der höhere Lehrerstand in Preußen, seine Arbeit und sein Lohn* veröffentlicht. Darin führte er den Nachweis, dass die Vorbildung bei den akademisch gebildeten Lehrern länger als bei vergleichbaren Beamtenkategorien dauere, dass sie den aufreibendsten Dienst hätten (anhand von Tabellen über Sterblichkeitsraten), dass Oberlehrer die geringsten Beförderungsaussichten, die schlechteste Bezahlung, die geringsten Pensionen und Hinterbliebenenversorgungen hätten sowie die Nebeneinnahmen geringer seien als bei den übrigen Beamten. Der preußische Finanzminister Johannes Miquel war darüber so erzürnt, dass er Schröder »Agitation« vorwarf. Schröder verzichtete daraufhin auf eine Anstellung an einer staatlichen Höheren Schule, um auch weiter öffentlich für seine Vorstellungen eintreten zu können. Alle deutschen Philologenvereine beteiligten sich daraufhin an einem Unterstützungsfonds für ihren Kieler Kollegen.

Das Vorgehen Schröders gab den Anstoß für die Staatsregierung, Gutachten von namhaften Fachleuten erstellen zu lassen, zu denen W. Lexis, Professor der Volkswirtschaft und Statistik in Göttingen, sowie Geheimrat Dr. Petersilie, Mitglied des königlich statistischen Büros in Berlin, gehörten. Die Gutachter kamen zu vergleichbaren Ergebnissen wie Morsch und Schröder. Daraufhin äußerte sich die von Althoff vorbereitete Juni-Konferenz von 1890 positiv zur Gleichstellungsfrage. Da Kultusminister Studt wegen der vorhandenen Ungleichartigkeit der Berufsgruppen die Forderung nach Gleichstellung ablehnte, konnte Althoff sein Anliegen erst nach 1890 wieder zur Vorlage bringen. Als er 1907 in den Ruhestand ging, hatte er die Weichen in Richtung Gleichstellung gestellt, die dann 1909 endgültig durchgesetzt wurde. Mit diesem Erfolg hatten die Philologenvereine ein Ziel erreicht, das sie über viele Jahrzehnte mit Zähigkeit und Energie verfolgt hatten. Es war der Triumph einer konsequenten Berufspolitik.

Die *Titelfrage,* auf deren gesellschaftliche und besoldungswirksame Bedeutung schon hingewiesen wurde, war ein weiteres Problem, das der Philologenverband einheitlich gelöst haben wollte. Bereits 1906 war der Hälfte der preußischen Oberlehrer der Professorentitel zugleich mit dem Rang der Räte 4. Klasse verliehen worden, ein Privileg, das seit 1898 nur einem Drittel zustand. Der Philologenverband empfahl nun für eine gemeinsame Titulatur das in Bayern bis 1891 gebräuchliche Merkmal »Studien-«, denn der Zusatz »Gymnasial-« hätte die Lehrer an Realgymnasien und Oberrealschulen ausgeklammert. Ähnlich wie bei den Verwaltungsjuristen sollten die neuen Titel lauten: Studienreferendar (Lehramtskandidat während der Vorbereitungszeit), Studienassessor (nach erlangter Anstellungsfähigkeit) und Studienrat. Die Amtsbezeichnung »Studienrat« war bisher in Schulverwaltungen gebräuchlich und wurde in Bayern, Württemberg und Sachsen auch als Ehrentitel für verdiente Gymnasiallehrer gebraucht. Das preußische Kultusministerium signalisierte Zustimmung unter der Bedingung, dass den Oberlehrern keine Professorentitel mehr gewährt würden, eine Forderung, womit diejenigen, die kurz vor der Verleihung des Titels standen, unzufrieden waren. Doch der Philologenverband überging die Verstimmung der Betroffenen und akzeptierte die Vorschläge. Daraufhin erhielten am 27. Januar 1918, an Kaisers Geburtstag, die bisherigen Professoren an höheren Lehranstalten den Titel Studienrat mit dem persönlichen Range der Räte 4. Klasse. Das preußische Staatsministerium entschied 1920, allen Oberlehrern und Oberlehrerinnen den Titel »Studienrat« zu verleihen. Dadurch wurden die Philologen nicht nur in der Besoldung, sondern auch in der Amtsbezeichnung den Juristen gleichgestellt. Die Hoffnung der Philologen, mit nach außen wirksamerer Amtsbezeichnung auch mit den Juristen vergleichbare Aufstiegschancen zu erringen, blieb aber noch lange unerfüllt. Der Aufstieg der Philologen zu Universitätsprofessoren, wie es früher noch z.B. bei Ranke, Dilthey, Gerhard Ritter und Theodor Litt möglich gewesen war, gehörte inzwischen zu den Seltenheiten. Nur jeder zwölfte Oberlehrer hatte die Chance, eine Beförderungsstelle zu erlangen, bei den Juristen dagegen jeder fünfte.

Die Höhere Schule in der Zeit des Ersten Weltkrieges

Die aus heutiger Sicht kaum verständliche Woge vaterländischer Begeisterung beim Ausbruch des Ersten Weltkrieges, die alle Bevölkerungskreise ergriffen hatte, ging auch an den Höheren Schulen nicht spurlos vorbei. Sie gehörten mit zu den ersten Einrichtungen, die die Kriegsereignisse zu spüren bekamen. Viele Lehrer wurden zum Heeresdienst einberufen, viele Oberstufenschüler meldeten sich freiwillig, ganze Oberstufenklassen standen vor der Auflösung. Allenthalben stockte die Unterrichtsarbeit und die Unterrichtsverteilung musste neu überdacht werden, Lehrpläne wurden gekürzt und Schichtunterricht eingeplant, da in verschiedenen Schulgebäuden Truppenunterkünfte oder Lazarette eingerichtet wurden. Man zog Pensionäre und andere Aushilfskräfte, meist Frauen, zur Unterrichtserteilung heran.

Auch die übrigen Schüler wurden in die Kriegsereignisse einbezogen. Schülerinnen der Oberklassen in den Großstädten meldeten sich für den Bahnhofsdienst, um den Soldaten in den unaufhörlich vorbeirollenden Transportzügen Erfrischungen zu reichen. Wieder andere Schülerinnen absolvierten Ausbildungskurse für Krankenpflege, um in Krankenhäusern und Lazaretten als Helferinnen zu wirken. Umfangreiche Spendensammlungen wurden durchgeführt, um den Frontsoldaten Medikamente, Kleidung, Lebens- und Genussmittel zur Verfügung zu stellen. Es gab Schulen, die eigene Gütertransporte an die Frontabschnitte organisierten. Als die Versorgungslage im Verlauf der Kriegsjahre immer schwieriger wurde, beteiligten sich die Schüler und Schülerinnen der Höheren Schulen an Altmaterialsammlungen, bei denen Stanniol, Gegenstände aus Kupfer, Messing, Blei, Zink und Zinn herbeigeschafft wurden. Die Unterklassen zogen zum Teil geschlossen aus, um zur Linderung der Nahrungsnot Bucheckern, Pilze, Obstkerne, Heilkräuter und Wildobst zu sammeln. Gegen Kriegsende machte sich die Unterernährung mit den entsprechenden Folgeerscheinungen in der Schüler- und Lehrerschaft immer deutlicher bemerkbar. Erkrankungen und Schwächezustände nahmen ständig zu, und im Winter 1917/18 musste der Unterricht wegen Kohlenmangels teilweise oder ganz ausgesetzt werden.

Das Unterrichts- und Erziehungswesen konnte sich auch inhaltlich dem Einfluss des Weltkrieges nicht entziehen. Fächer wie Deutsch, Geschichte, Erdkunde rückten in den Vordergrund, weil sie eher geeignet schienen, die Interessen Deutschlands zu vermitteln und die staatspolitische Erziehung zur »treuen Hingabe an Volk und Vaterland« zu fördern. Besonders in Norddeutschland verbanden sich diese Vorstellungen mit der Tendenz, Fächer wie Latein und Griechisch ganz oder teilweise zu verdrängen. Dieser Entwicklung wurde aber seitens der süddeutschen Länder und der Philologenverbände mit Erfolg entschiedener Widerstand entgegengesetzt. Weitere schulische Probleme verursachte die staatlich verordnete militärische Jugenderziehung für die oberen Schulklassen. Um eine Überlastung der betroffenen Schüler und Lehrer zu vermeiden, führte man Kurzstunden ein mit Wegfall der kleinen Pausen und minderte die Hausaufgaben.

Bei Kriegsende konnte man feststellen, dass der gesamte Unterrichtsbetrieb erheblich unter den Kriegsverhältnissen gelitten hatte. Schlechte Ernährung von Schülern und Lehrern, Erschütterungen des Familienlebens, häufige Lehrerwechsel, Kriegsexamen, Kohlenferien, Kriegssammlungen hatten das Schulleben negativ beeinflusst. Der Krieg war eine Epoche der Unruhe, weitere sollten folgen.

III DAS GYMNASIUM UND DER DEUTSCHE PHILOLOGENVERBAND IN DER ZEIT DER WEIMARER REPUBLIK

Situation nach Kriegsende und Besoldungsordnung von 1920

Mit dem Ende des verlorenen Krieges verhinderten die katastrophale Wirtschaftslage, die Maßnahmen des Versailler Vertrages, der Währungsverfall und Eingriffe der Siegermächte eine ruhige Entwicklung in den Schulen. Einzelne Klassen und ganze Schulen wurden aufgelöst, die Klassenstärken heraufgesetzt, die Etats der Schulen auf ein Minimum gesenkt, Schulgelder wurden erhöht, die Lehr- und Lernmittelnot war enorm, viele Städte und Gemeinden konnten wegen der Inflation und der neuen Steuergesetze die Schulen nicht mehr unterhalten. Dadurch kam es in vielen Ländern zur Verstaatlichung aller Schulen. In Preußen und Thüringen eröffnete man eine so genannte »Planwirtschaft im höheren Schulwesen«. In von den Siegermächten besetzten Regionen kam es zur Beschlagnahmung vieler Schulen. Es wurden Personalabbauverordnungen erlassen und die Pflichtstundenzahl der Lehrer erhöht.

Aber nicht nur durch die Kriegsfolgen begann in der Zeit nach 1918 für das Schulwesen eine Phase unregelmäßiger Entwicklungen. Die wechselnden politischen Machtverhältnisse, der ständige Kurswechsel der Innenpolitik im Reich und in den Ländern verhinderten eine klare Linie in der Schulpolitik. Regierungen planten entsprechend ihrer politischen Einstellung Schulreformen, die von der nächsten wieder rückgängig gemacht wurden. Das galt auch für die Einwirkungen der unmittelbar nach Kriegsende entstandenen Schüler- und Lehrerräte, die bald wieder an Einfluss verloren oder zu Beratungsgremien umgebildet wurden.

Da keine der politischen Parteien über eine absolute Mehrheit verfügte, wurden sowohl im Reich als auch in den meisten Ländern Koalitionsregierungen gebildet, die wiederum auf Unterstützung von Organisationen und deren Fachpersonal angewiesen waren. Die verschiedenen Konstellationen führten zu Kompromissen in allen Politikbereichen, auch im Bildungswesen.

Nach den turbulenten revolutionären Anfangsmonaten hatten sich die Koalitionen der Sozialdemokraten mit den Parteien der bürgerlich-demokratischen Mitte, die einen demokratischen Verfassungsstaat anstrebten, gegen die sozialistischen (auch USPD) und kommunistischen (KPD) Kräfte mit ihren Vorstellungen von einer Räteverfassung bzw. einer Diktatur des Proletariats durchgesetzt. Damit war der Weg frei zur Verabschiedung der Weimarer Verfassung, die im ersten Absatz des Artikels 146 für das Schulwesen verfügte: »Das öffentliche Schulwesen ist organisch auszugestalten. Auf einer für alle gemeinsamen Grundschule baut sich das mittlere und höhere Schulwesen auf. Für diesen Aufbau ist die Mannigfaltigkeit der Lebensberufe, für die Aufnahme eines Kindes in eine bestimmte Schule sind seine Anlage und seine Neigungen, nicht die wirtschaftliche und gesellschaftliche Stellung oder das Religionsbekenntnis seiner Eltern maßgebend.« Damit waren die Rahmenbedingungen für die Zukunft gestellt.

Durch die prekäre Finanzlage der Staatshaushalte kam 1920 die Besoldung der Lehrer des höheren Dienstes im ganzen Reich auf die Tagesordnung des Reichstages. Die Philologen mussten befürchten, dass sie die erst vor kurzem (bzw. in Bayern schon seit längerem) erreichte Gleichstellung mit den Richtern angesichts der Sparzwänge der Regierung wieder verlieren könnten. Es lag ein restriktiver preußischer Besoldungsentwurf vor, der bei Übernahme auf das Reich den Philologen eine deutliche Einbuße an Rang und Gehalt gebracht hätte. Gegen diese Abwertung protestierten nicht nur die preußischen Oberlehrer. Auch Vertreter der süddeutschen Philologenvereine – von Bayern, Württemberg und Baden – trafen sich am 6. April 1920 in Stuttgart und vereinbarten folgende Leitsätze:

1. Die Lehrer der Höheren Schulen sind den Richtern und höheren Verwaltungsbeamten gleichzustellen. Sie sind nicht nur in die gleichen Gehaltsgruppen einzureihen, sondern auch im gleichen Verhältnis wie jene auf die einzelnen Gruppen zu verteilen.
2. Jeder Versuch, die Philologen (Lehrer der Höheren Schulen) grundsätzlich in Gehaltsgruppe X zurückzuhalten, muss deshalb den allerschärfsten Widerstand hervorrufen.

3. Gehaltsgruppe XI bildet die normale Aufrückungsstufe für die Lehrer der Höheren Schulen, Gruppe XII muss für eine Anzahl von ihnen erreichbar sein.
4. Die Direktoren und stellvertretenden Direktoren der höheren Lehranstalten sind den Landgerichtsdirektoren mindestens gleichzustellen.
5. Die Direktoren besonders wichtiger Anstalten sind im Gehalt den Landgerichtspräsidenten gleichzustellen.
7. Wohlerworbene Rechte und hergebrachte Besserstellung der Philologen in irgendwelchen Einzelländern dürfen in keiner Weise geschmälert werden.[19]

Diese Leitsätze übernahm der Deutsche Philologenverband als Verhandlungs-Richtlinie und kam in allen wesentlichen Punkten zum Erfolg. So wurden die Oberstudiendirektoren wie die ordentlichen Hochschulprofessoren und die Direktoren sowie stellvertretenden Direktoren der Landgerichte in Gruppe XII eingestuft. Oberstudiendirektoren an Schulen mit Studienseminaren kamen wie die Landgerichtspräsidenten in Gruppe XIII. Dieser Erfolg stärkte das Zusammengehörigkeitsgefühl der höheren Lehrerschaft in ganz Deutschland und steigerte das Ansehen des Deutschen Philologenverbandes. Die Einheit aller Philologen wurde auch durch die in der gleichen Besoldungsordnung eingeführte reichseinheitliche Bezeichnung »Studienrat« betont. Mit dieser Amtsbezeichnung entfielen Begriffe wie Oberlehrer, Gymnasial- und Reallehrer, aber auch der Professorentitel.

Organisatorische Erneuerung und Einheitsschuldiskussion – Verbandstag in Kassel 1919

Der Deutsche Philologenverband hatte nach Kriegsende unverzüglich damit begonnen, sich auf die bildungspolitischen Herausforderungen in der Weimarer Republik vorzubereiten. Auf dem *Verbandstag in Kassel am 16. November 1919* verabschiedete der Vertretertag unter dem neu gewählten Verbandsvorsitzenden Professor Dr. Paul Mellmann Beschlüsse für eine schlagkräftige Organisationsstruktur und die dazu notwendige Satzung. Der Verbandssitz, der bisher immer gewechselt hatte, wurde auf Dauer nach Berlin verlegt, weil nach der Weimarer Verfassung (Artikel 10 Absatz 2) dem Reich in Schulfragen die Rahmenkompetenz zugefallen war und mit der Durchführung dieser Aufgabe die kulturpolitische Abteilung im Reichsministerium des Innern beauftragt war. Mit der Geschäftsführung des Deutschen Philologenverbandes wurde ein Vertreter der süddeutschen Philologenverbände betraut. Alle zwei Jahre sollte ein Verbandstag stattfinden.

Die Philologen waren sich bewusst, dass die Vielfalt der politischen Kräfte in der Weimarer Republik dazu führen musste, dass auch die schon vor dem Ersten Weltkrieg erhobene Forderung nach der Errichtung der *Deutschen Einheitsschule* wieder zu Auseinandersetzungen mit den Höheren Schulen führen würde. Der Einheitsschulgedanke war vor allem vom *Allgemeinen deutschen Verein für Schulreform* vertreten worden und hatte besondere Unterstützung durch den *Allgemeinen Deutschen Lehrerverein*, den Verband der Volksschullehrer, und die Linksparteien erhalten. Der Begriff *Einheitsschule* wurde aber sehr unterschiedlich verwandt. Einige strebten damit eine allgemeine Volksschule unter Einbeziehung aller privaten und öffentlichen Vorschulen an, anderen schwebte eine Verbindung von Volksschule und Höherer Schule vor, wieder andere wollten die Höhere Schule vereinheitlichen, um in ihr alles für alle zu lehren. Die Verwirklichung sah man in einer Stufenschule mit einer sechsjährigen Grundschule, einer darauf aufbauenden vierjährigen Mittelschule und der anschließenden dreijährigen Oberschule.

Der Deutsche Philologenverband, der sich immer gegen Leistungssenkung und Verflachung des höheren Schulwesens ausgesprochen hatte, lehnte die Nivellierungsbestrebungen in den Einheitsschulvorstellungen entschieden ab und entwickelte unter Federführung des stellvertretenden Vorsitzenden Dr. Felix Behrend im schulpolitischen Ausschuss des Berliner Philologenvereins ein eigenes Schulprogramm. Das Ergebnis der Beratungen fasste Behrend in seiner Schrift »Die Stellung der Höheren Schule im System der Einheitsschule« (1919) zusammen. Die darin entwickelte neue Konzeption sprach sich für die »differenzierte Einheitsschule« mit einem gegliederten Schulsystem aus. Damit gab Behrend dem Einheitsschulbegriff einen völlig neuen Inhalt, der den Vorstellungen der extremen Einheitsschulreform entgegengesetzt war. Zurückgewiesen wurden Positionen, die davon ausgingen, dass nur durch ein gleichzeitiges Unterrichtsangebot für alle die sozialen Unterschiede ausgeglichen und der Aufstieg Benachteiligter gesichert werden könnte. Ähnliche Vorstellungen traten auch in der Gesamtschuldiskussion nach 1945 wieder auf. »Gleiches Recht auf Ausbildung heißt nicht gleiche Ausbildung«, schreibt Behrend in seiner auch heute noch lesenswerten Schrift. »Die Menschen sind nach Willens- und Gestaltungskräften ungleich. Das kann durch keine Änderungen der sozialen Verhältnisse aus der Welt geschafft werden. Daher wäre es sinnlos, sie alle in gleicher Weise unterrichten zu wollen.«[20] Im Schulorganisatorischen sah das Programm folgende Regelungen vor: eine höchstens vierjährige Grundschule und die Erhaltung des neunjährigen Gymnasiums; die Erhaltung der bestehenden Formen der Höheren Schulen zur Sicherung einer Wahlmöglichkeit für Schüler; einen Reformunterbau für die Unterstufe zur Einführung in die Gymnasialarbeit; freiere Gestaltung des Oberstufenunterrichts zur Förderung unterschiedlicher Interessen und Begabungen; Einrichtung von Aufbauschulen für ländliche Regionen und Kleinstädte zur Förderung von Kindern vom Lande, die nach vierjährigem Grundschul- und dreijährigem Volksschulbesuch in weiteren sechs Jahren zur Reifeprüfung gelangen konnten. Des Weiteren wurde vorgeschlagen, dass alle begabten Kinder Zugang zur Höheren Schule haben sollten und dass dafür Geldmittel für Freistellung bzw. Schulgelderlass und freie Lehrmittel zur Verfügung stehen müssten. Eindringlich gewarnt wurde im Schulprogramm vor einer Fehlentwicklung in der *Lehrerbildung*. Dabei ging es um Vorhaben, wie man sie bald darauf im thüringischen Schulgesetz durchzuführen versuchte, nämlich ein zweijähriges Universitätsstudium eines Faches für die Lehrer der unteren Stufe, ein dreijähriges Studium dreier Fächer für die der Oberstufe. Der Philologenverband warnte vor dieser Angleichung der Philologen- und Volksschullehrer-Laufbahn, die nach seiner Meinung auf einer quantitativen Auffassung von Bildung beruhe, aber nicht der Wirklichkeit der unterschiedlichen Lehrerberufe und ihrer Aufgaben entspräche.

Dieses Programm wurde der Delegiertenversammlung des Deutschen Philologenverbandes auf der Verbandstagung in Kassel vorgelegt und erhielt in allen wesentlichen Punkten Zustimmung. Damit war der Verband organisatorisch und programmatisch vorbereitet, um den kommenden bildungspolitischen Auseinandersetzungen standzuhalten.

Reichsschulkonferenz 1920

Gemäß Artikel 146 der Weimarer Verfassung verabschiedete der Reichstag am 28. April 1920 das Reichsgrundschulgesetz, das die Dauer der *Grundschule* auf vier Jahre festlegte und bestimmte, dass die Grundschulklassen »unter voller Wahrung ihrer wesentlichen Aufgabe als Teile der Volksschulen zugleich die ausreichende Vorbildung für den unmittelbaren Eintritt in eine mittlere oder höhere Lehranstalt gewährleisten« mussten. Mit diesem Gesetz wurden die privaten und öffentlichen Vorschulen für die Höheren Schulen aufgelöst.

Zur Vorbereitung einer weiteren Reichsschulgesetzgebung berief das Reichsinnenministerium auf Initiative des damaligen sozialdemokratischen Staatssekretärs H. Schulz die Reichsschulkonferenz ein. Sie tagte als Versammlung von sechshundert Pädagogen und »Schulmännern« vom 11. bis 19. Juni 1920 im Reichstagsgebäude in Berlin. Ziel der Veranstaltung sollte die Beratung der Neuordnung des Schulwesens sein auf der Grundlage der neuen gesellschaftspolitischen Situation.

Die Beratungen fanden in Ausschusssitzungen statt, deren Ergebnisse anschließend dem Plenum vorgelegt wurden. Zentraler Punkt für die Schulorganisation des gesamten Schulsystems war die *Einheitsschule*, die sich die Vertreter von Volksschullehrer-Organisationen und von Linksparteien mit horizontaler Stufenbildung vorstellten, weil sie sich davon eine bessere Berücksichtigung individueller Begabungs- und Neigungsentwicklungen der Schüler versprachen. Durch die gute programmatische Vorbereitung des Deutschen Philologenverbandes auf dem Verbandstag in Kassel konnten die Philologen wohlbegründete Argumente für ihr Konzept eines gegliederten und begabungsgerechten Schulwesens vortragen, dem sie den Begriff einer *differenzierten Einheitsschule* – wie Behrend ihn bereits eingeführt hatte – gaben. Dieser erneuerte Einheitsschulbegriff definierte die gesamte Gesellschaft als eine große Bildungsgemeinschaft, in der jeder ein »gleiches Recht auf gute Ausbildung« hat. Diesem Ziel diente der planmäßige, differenzierte Aufbau des Schulwesens nach einheitlichen pädagogischen Gesichtspunkten, um alle gestaltenden Kräfte der Menschen in möglichst großem Umfang zu entwickeln, ein Ergebnis, das in einer horizontalen Stufenschule verfehlt würde. Stattdessen empfahl der Philologenverband:

a) eine vierjährige Grundschule mit Möglichkeiten zur Verkürzung auf drei Jahre für besonders Begabte; beim Übergang auf weiterführende Schulen solle ein Grundschulgutachten entscheiden sowie ein Probeunterricht und eine Probezeit der aufnehmenden Schule;

b) eine sechsjährige Mittelschule mit Übergangsmöglichkeiten zur Höheren Schule bzw. von dieser zur Mittelschule;

c) Beibehaltung der bewährten Gymnasialtypen sowie verstärkter Aufbau von Reformschulen bzw. Einrichtung eines Unterbaus mit Reformschultyp in Gemeinden mit nur einem Gymnasium;

d) Neueinrichtung von sechsjährigen Aufbauschulen nach der 6. Volksschulklasse für begabte Kinder vom Land und aus Kleinstädten.

Die überzeugend vorgetragenen Argumente für dieses Schulorganisationskonzept fanden bei der Mehrheit der Konferenzteilnehmer Zustimmung und haben die zukünftige Bildungsentwicklung maßgeblich bestimmt.

Des Weiteren ging es auf der Reichsschulkonferenz um neue Unterrichtsmethoden. Hier dominierte das Konzept des *Arbeitsunterrichts*. Die Verbandsvertreter wandten sich gegen die Einengung dieser Methode auf bloßes manuelles Tun und betonten stattdessen das selbstständige Arbeiten unter Anleitung von Pädagogen. Schule solle zwar die Selbsttätigkeit der Schüler in geistiger und technischer Hinsicht weitestgehend fördern, da alle Bildung und Gestaltung letztlich auf Selbsttätigkeit beruhe, aber mit zunehmendem Alter der Schüler müsse die Wechselbeziehung in der Tätigkeit von Lehrern und Schülern immer stärker betont werden.[21] Mit dieser von Behrend stammenden Konzeption setzte sich der Philologenverband vom Arbeitsschulbegriff der sozialistischen und reformpädagogischen Vorstellungen ab. Für die Philologen war der Arbeitsunterricht primär eine Methode, den Unterrichtsstoff leichter zu erlernen.

In den Ausschüssen über die *Lehrerbildung* befürwortete der Verband bei der Volksschullehrerausbildung das Abitur als Eingangsvoraussetzung sowie die Neueinführung von pädagogischen Akademien. Da die Höheren Schulen Vorbereitungsschulen für wissenschaftliches Arbeiten seien, müsse Lehrerausbildung für die Höheren Schulen weiterhin ein vollakademisches Fachstudium an Universitäten sein mit dem anschließenden praktisch-pädagogischen Referendariat und der zweiten Staatsprüfung.

Die Reichsschulkonferenz befasste sich zudem mit den Grundtendenzen der Reformpädagogik, der musischen Erziehung, der Schülermitverantwortung, der staatsbürgerlichen Erziehung sowie mit dem Abbau autoritärer Strukturen bei Schulverwaltungen und Schulleitungen. Auch die Fragen der Kindergärten, der Berufsschulpflicht und der Konfessionsschulen kamen zur Sprache.

Die Positionen der Vertreter des Bildungsbereichs auf der Schulkonferenz waren allerdings so gegensätzlich, dass die Hoffnungen des Reichsministeriums des Innern, Vorschläge für eine neue Schulgesetzgebung zu erhalten, scheiterten. Da auch die Länder ihren Widerstand gegen eine Reichsschulgesetzgebung verstärkten, löste sich die Reichsschulkonferenz auf und man richtete auf Reichsebene einen *Reichsschulausschuss* aus Vertretern des Reichs und der Länder ein, der in Zukunft die Koordination und Behandlung der anstehenden Schulfragen übernehmen sollte. Die Beschlüsse dieses Gremiums – das zeigte die zukünftige Entwicklung – wurden in den Ländern im Allgemeinen durchgeführt.

Verteidigung des neunjährigen Gymnasiums

Zu den ersten Fragen, die der Reichsschulausschuss klären sollte, gehörte die Beibehaltung der neunjährigen Schulzeit der Höheren Schulen. Anlass zur Diskussion über die Schulzeitdauer lieferte die 1920 auf vier Jahre festgelegte Grundschulzeit und der damit verbundene Wegfall der dreijährigen Vorschulen, die es begabten Schülern früher ermöglicht hatten, das Abitur nach zwölf Schuljahren zu erreichen. Auch die Finanznöte der Staatskassen mussten herhalten, um den vor allem von den Linksparteien geforderten Abbau der neunten Klasse der Höheren Schule zu begründen. Der Stadtstaat Hamburg hatte bereits 1919 eine Verkürzung auf acht Jahre vorgenommen.

Die Länder hatten das preußische Ministerium gebeten, einen Beratungsentwurf für die Schulzeitfrage vorzulegen. Nach dem Ergebnis der Landtagswahlen vom 20. Februar 1921 hatten sich die Regierungsverhältnisse Preußens ähnlich gestaltet wie im Reich, in dem seit Juni 1920 das Kabinett Fehrenbach (Zentrum) mit einer bürgerlichen Koalition regierte. In Preußen löste am 21. April 1921 der Zentrumspolitiker Adolf Stegerwald den SPD-Politiker Otto Braun ab. In seinem Kabinett waren neben Politikern des Zentrums und der Demokraten auch höhere Beamte, die der Demokratischen Partei oder der Volkspartei nahe standen. Mit der Leitung der preußischen Unterrichtsverwaltung wurde der parteilose Carl Heinrich Becker betraut. Becker war in der Schulzeitfrage, die in seinem Hause von Ministerialdirektor Jahnke bearbeitet wurde, unentschieden. Jahnke wiederum gab Dr. Felix Behrend, der als »Hilfsarbeiter« (= Hilfsreferent) im Ministerium tätig war, den Auftrag, ein Thesenpapier anzufertigen. Behrend nutzte für seine Stellungnahme eine Sitzung des *Deutschen Ausschusses für Erziehung und Unterricht*, den der damalige Vorsitzende Staatssekretär Umlauf aus Hamburg nach Berlin eingeladen hatte. Umlauf wollte nachweisen, dass die öffentliche Meinung für die achtjährige Höhere Schule sei. Er war sich seiner Sache sicher, da die Mehrheit des Ausschusses aus Volksschullehrern bestand. Der Hauptreferent Doermer aus Hamburg unterstützte Umlauf ebenso wie der pensionierte Ministerialrat Reinhard, der schon durch seine Schrift über einen gemeinsamen Mittelbau aller Schulen dem Philologenverband größere Schwierigkeiten gemacht hatte. Die Gegenposition vertraten die Philologen Mellmann (Verbandsvorsitzender) sowie Behrend (stellvertretender Vorsitzender), der als letzter Redner noch einmal alle Argumente für eine neunjährige Schuldauer vorbringen konnte und damit nachhaltige Überzeugungsarbeit leistete. Als Jahnke wenige Tage später den Entwurf Behrends dem Minister vortrug, stimmte dieser endgültig der Beibehaltung der neunjährigen Höheren Schule zu, die es in Preußen schon seit 1837 und in Bayern seit 1874 gab.

Die preußische Stellungnahme für den Reichsschulausschuss ließ an Deutlichkeit nichts zu wünschen übrig. Eine Verkürzung der Schulzeit bedeute, dass »die Zielforderungen herabgesetzt« würden und damit »automatisch das Niveau der Hochschulvorlesungen« sinke, oder »eine Zusammendrängung der Lehraufgaben« erfolgen müsse, »die sich besonders verhängnisvoll auf der Unter- und Mittelstufe bemerkbar machen würde und eine große Belastung der Schüler in der ungeeignetsten Zeit, im Pubertätsalter, zur Folge hätte ... Es wäre nicht zu rechtfertigen, wenn Deutschland aus privatwirtschaftlichen und fiskalischen Gründen das moralische Kapital angreifen wollte, das das Ansehen unseres Schulwesens im Ausland sowie die kulturelle Bedeutung im Inland darstellt.«[22] Der Reichsschulausschuss votierte dann am 7. Juni 1921 für die neunjährige Höhere Schule. Das bayerische Kultusministerium erklärte schon im Vorfeld der Ausschusssitzung, dass es die achtjährige Höhere Schule ablehne und die Hamburger Reifezeugnisse nicht anerkenne. Als der preußische Unterrichtsminister die gleiche Haltung einnahm, scheiterte der Versuch Hamburgs zur Schulzeitverkürzung. Auch die Hamburger Schulleiter und der Hamburger Philologenverein hatten sich fast einhellig gegen die Verkürzungsmaßnahmen gewehrt und werteten die Wiederherstellung des neunjährigen Durchgangs als Erfolg.[23]

Die bildungspolitischen Herausforderungen veranlassten den *Vertretertag des Deutschen Philologenverbandes vom 16. bis 19. Mai 1921 in Jena*, sich intensiv mit den Fragen einer besseren Zusammenarbeit aller Landesverbände mit der Zentrale in Berlin und der Gewinnung von Mitstreitern in der Auseinandersetzung um die Höhere Schule zu befassen. Der Deutsche Philologenverband hatte zu diesem Zweck die *Arbeitsgemeinschaft für das höhere Schulwesen* gegründet, in der die großen Fachverbände vertreten waren. Mit dieser Maßnahme strebte der Verband eine bessere Vertretung im Reichsschulrat und im Reichsschulausschuss an sowie die Mitwirkung bei Gesetzentwürfen über Schulfragen.

Dass die Maßnahmen notwendig waren, zeigte sich 1924, als die Sozialdemokraten erneut einen Antrag auf Verkürzung der Höheren Schulen einbrachten. Der Gegenantrag von Deutscher Volkspartei und Deutschnationalen, die neun Jahre beizubehalten, erhielt die Mehrheit. 1925 gelang es, eine Novelle zum Grundschulgesetz durchzusetzen, nach der besonders begabte Kinder schon nach drei Jahren auf die Höhere Schule überwechseln konnten. Diesen Vorschlag hatten die Philologen schon seit Jahren vorgetragen und mit den bürgerlichen Parteien beraten. Nachdem die Regelung in Preußen fünf Jahre lang praktiziert worden war, erbrachte eine Umfrage unter Direktoren, dass die Springer fast alle die Ersten in ihren Klassen geblieben waren, ein Beweis dafür, dass die Eignung besonders Begabter schon frühzeitig festgestellt werden konnte.

Im Juli 1930 entbrannte der Streit um die Dauer der Höheren Schule erneut. Anlass war das Sparprogramm des preußischen Finanzministers, das im Juli bekannt geworden war und unter anderem auch die Verkürzung der Dauer der Höheren Schule zur Entlastung des Staatshaushalts vorschlug. Diese zusätzliche Maßnahme wurde erwogen, obwohl die Schulen durch die Erhöhung der Lehrerpflichtstunden und der Klassenfrequenzen, die Herabsetzung der Wochenstundenzahlen, die Zusammenlegung von Klassen sowie den Verzicht auf Schulgeldbefreiung schon zahlreiche Einsparungen erbracht hatten. Besonders hart traf es die Studienassessoren, die durch einen Numerus clausus kaum Einstellungschancen hatten und bei der schlechten Wirtschaftslage auch keine Stellen in freien Berufen fanden. Auch das Personalabbaugesetz, das für alle Beamten eine Pensionsaltersgrenze von 65 Jahren, für

Lehrer aber von 62 Jahren festsetzte, konnte die Lage der Anwärter kaum erleichtern.

Sobald die Pläne der Schulzeitverkürzung bekannt wurden, entschloss sich der Deutsche Philologenverband zu einem scharfen öffentlichen Protest. In einer stark besuchten Großkundgebung *Gegen die Zerschlagung der Höheren Schule* am 26. Oktober 1930 im Bach-Saal zu Berlin, an deren Einberufung sich auch der Verband der deutschen Hochschulen, der Deutsche Ärztevereinsbund, der Deutsche Anwaltsverein, der Reichsbund der höheren Beamten, der Deutsche Richterbund, der Reichsbund der höheren technischen Beamten und die Reichsarbeitsgemeinschaft von Elternbeiräten an deutschen Höheren Schulen beteiligten, wurden die Schulzeitverkürzungspläne in einer einstimmig angenommenen Resolution zurückgewiesen. Zuvor hatten der inzwischen zum Vorsitzenden des Deutschen Philologenverbandes gewählte Dr. Behrend, der Vertreter des Hochschulverbandes, Prof. Dr. Hamel von der Technischen Hochschule Berlin-Charlottenburg, und der Vorsitzende des Preußischen Philologenverbandes, Oberstudiendirektor Dr. Bolle, in von Beifall begleiteten Reden die Folgen der Verkürzungspläne für das Bildungswesen und die Gesellschaft dargelegt. Behrend erinnerte noch einmal an das Wort des preußischen Ministers Boelik, der 1921 mit aller Entschiedenheit erklärt hatte, dass er die Reifezeugnisse der achtjährigen Hamburger Höheren Schulen in Preußen zum Universitätsbesuch nicht als ausreichend anerkennen würde. Professor Hamel bekräftigte dieses Urteil, indem er nachdrücklich betonte, dass die Schulzeitverkürzung die Studiendauer und den Studienaufbau zuungunsten der Studenten verändere und das Besondere der deutschen Universität – die Verbindung von Forschung und Lehre – entscheidend gefährde. Zur Bekräftigung seiner Argumente zitierte er eingangs seiner Rede aus den Leitsätzen der preußischen Unterrichtsverwaltung vom Jahre 1921 für den Reichsschulausschuss: »Für eine Verkürzung des Lehrgangs der Höheren Schule gibt es ... keine durchschlagenden pädagogischen Gründe. Es ist zwar möglich und wünschenswert, dass der Unterricht in allen Fächern von unnötigem Lehrstoff und Gedächtnisballast befreit wird, aber es muss auch betont werden, dass die erstrebte methodische Vertiefung aller Unterrichtsfächer, besonders die Durchdringung mit philosophischem und staatsbürgerlichem Geist, sowie die durch die freiere Gestaltung der Oberstufe erhoffte größere Selbsttätigkeit der Schüler und die intensivere Beschäftigung mit den ihrer Begabung und Neigung entsprechenden Fächern ein stetiges, langsames Fortschreiten und nicht ein Hetztempo zur Voraussetzung hat. Eine Verkürzung der Dauer des Lehrgangs ist besonders deswegen nicht angängig, weil aus pädagogischen und jugendpsychologischen Gründen auf allen Stufen der Höheren Schule eine Herabsetzung der Stundenzahl in den wissenschaftlichen Fächern auf 24 oder 25 gefordert werden muss. Die seit einem Jahrhundert schwebende Frage der Überbürdung kann nur auf diesem Weg gelöst werden. Es kann auch keine Rede davon sein, dass das vierte Grundschuljahr die Sexta ersetzt ... Es sind nicht in erster Reihe pädagogische, sondern wirtschaftliche Gründe, die für eine Verkürzung der Höheren Schule angeführt werden.«[24]

Aufgrund des einhelligen und überzeugenden Protestes und seiner Resonanz in der Öffentlichkeit sowie durch die in zehntausend Exemplaren verbreiteten Redetexte schlossen sich maßgebende Kreise der Wirtschaft und der politischen Parteien der ablehnenden Haltung des Philologenverbandes an. Der preußische Finanzminister Hoepker-Aschoff gab sein Vorhaben schließlich auf. Der Erfolg zur Erhaltung der neunjährigen Höheren Schule war dem entschlossenen Vorgehen des Deutschen Philologenverbandes und seiner Landesverbände zu danken.

Was 1930 noch gelang, war in der Zeit der Hitler-Diktatur unmöglich. 1938 verfügte der nationalsozialistische Reichserziehungsminister Rust die Verkürzung der Gymnasialzeit auf acht Jahre »aus wichtigen bevölkerungspolitischen Gründen«. Proteste dagegen waren undenkbar. Wer hätte sie auch nach Auflösung aller nicht-nationalsozialistischen Organisationen artikulieren sollen? Wer die Kriegsvorbereitungen kannte, wusste, was man sich unter »wichtigen bevölkerungspolitischen Gründen« vorzustellen hatte. Für den Nationalsozialismus spielte die Schule als Sozialisationsinstanz nur eine untergeordnete Rolle. Nationalsozialistische

Jugenderziehung, die auf Wehrertüchtigung ausgerichtet war, hatte für Bildungszeiten wenig übrig, für »Schulung« und »Lagerleben« umso mehr. Erst nach dem Zweiten Weltkrieg konnte die Schulzeitverkürzung wieder rückgängig gemacht werden.

Entwicklung des höheren Mädchenschulwesens

Am 21. März 1923 führte Preußen eine Reform des höheren Mädchenschulwesens durch. Damit wurden Bemühungen erfolgreich abgeschlossen, Lyzeum und Oberlyzeum zu einer einheitlichen und grundständigen sowie gleichberechtigten Vollanstalt für Mädchen auszubauen. Im europäischen Vergleich konnte das höhere Mädchenschulwesen erst spät seine volle Anerkennung sichern. Seine Entwicklung zu einem anerkannten und differenzierten Bildungssystem, zu dem das höhere Jungenschulwesen fast hundert Jahre gebraucht hatte, vollzog sich im ersten Drittel des 20. Jahrhunderts. In den höheren Töchterschulen des 19. Jahrhunderts wurden die Mädchen gezielt auf ihre spätere Hausfrauenrolle vorbereitet. Die Schulen waren zumeist privat, im katholischen Bereich klösterlich, aber auch öffentlich-kommunal. Im Reich besuchten 1891 etwa 165 000 Schülerinnen die höheren Töchterschulen; in Preußen gab es 1900/01 213 öffentliche Schulen mit 53 000 Schülerinnen und 656 private mit 72 900; nur 5 Prozent der öffentlichen und 15 Prozent der privaten Schulen boten einen neunjährigen Kurs an. Bestand eine Verbindung zu einem Gymnasium, stellte man intensivere wissenschaftliche Anforderungen. Nach der Jahrhundertmitte hatte fast jede Stadt eine Mädchenschule.

Starke Impulse erhielt das Mädchenschulwesen durch die *Frauenbewegung*, die für Änderungen der Anschauungen und Zustände im Bereich der Bildung, des Erwerbslebens, der Ehe und Familie sowie des öffentlichen Lebens in Gemeinde und Staat eintrat. In Deutschland war die Frauenbewegung vor allem eine Bildungsbewegung, deren herausragende Vertreterinnen wie Helene Lange und Gertrud Bäumer aus dem Lehrerinnenstand kamen. Ab 1890 verstärkte Helene Lange ihre Wirkung mit der Gründung des

Allgemeinen deutschen Lehrerinnenvereins. Aufsehen hatte ihre Schrift verursacht: »Die höhere Mädchenschule und ihre Bestimmung, Begleitschrift zu einer Petition an das preußische Unterrichtsministerium und das preußische Abgeordnetenhaus« (1887). Helene Lange forderte am Ende der achtziger Jahre, auch in den höheren Mädchenschulklassen den Unterricht in die Hand von Frauen zu legen. Inzwischen standen den männlichen Lehrern in den Oberklassen nämlich sechzig Prozent Frauen gegenüber (einschließlich der Unterstufe). Um Mädchen eine bessere Ausbildung zu ermöglichen, begründete Helene Lange ab 1889 »Kurse«, in denen den Mädchen der Standard des Abiturs vermittelt werden sollte. 1896 bestanden die ersten Absolventinnen das Abitur extern an Jungengymnasien. Das erste Mädchengymnasium wurde 1893 in Karlsruhe gegründet, das erste preußische entstand 1902 in Köln; beide waren private Gründungen. Da nicht-deutsche Länder in zunehmendem Maße Frauen zum Universitätsstudium zuließen, vor allen die deutschsprachige Schweiz, geriet das Reich in einen Handlungszwang. 1900 ließ Baden als erstes Land Frauen zum Studium zu und andere Staaten folgten.

Bereits unmittelbar nach der Reichsgründung hatten sich Direktoren und Lehrer von Mädchenschulen 1872 in Weimar zu einem Verein zusammengeschlossen und forderten die Gliederung der Mädchenschulen in Volks-, Mittel- und Höhere Schulen. Außerdem verlangten sie eigene Lehrpläne und eine spezielle Lehrerbildung. Baden, Braunschweig, Hessen und Sachsen erfüllten die Forderungen von Weimar. In Preußen vollzog sich die Entwicklung schrittweise: 1873 berief Kultusminister Falk eine Mädchenschulkonferenz nach Berlin ein, 1874 folgte eine Ausbildungsverordnung für Lehrerinnen, 1887 legte man fest, unter welchen Bedingungen höhere Mädchenschulen dem Provinzial-Schulkollegium unterstellt werden konnten, 1894 erließ man einen revidierten Normalplan für höhere Mädchenschulen. Entsprechend der Forderung von Helene Lange nach »gleichwertiger, nicht gleichartiger Bildung« erhielt das Mädchenschulwesen in der preußischen Mädchenschulreform von 1908 eigene Lehrpläne und Organisationsformen. Als Schulform wurde das Lyzeum geschaffen. Es umfaßte mit Vorklassen zehn

Jahre, darauf aufbauend gab es eine zweijährige Frauenschule sowie ein dreijähriges Lehrerinnenseminar mit praktischem Jahr. Den Zugang zur Universität eröffneten *Studienanstalten*, die von der dritten oder vierten Klasse der höheren Mädchenschulen abzweigten. Diesen preußischen Reformen folgten die Länder Sachsen (1910), Bayern (1911), Hessen (1913) und Württemberg (1914). 1912 gab es in Preußen 448 Lyzeen und 209 Oberlyzeen für Mädchen sowie vier Gymnasien, 27 Realgymnasien und zwei Oberrealschulen. Damit war nach einem langwierigen und mühevollen Ringen auch in der wilhelminischen Gesellschaft den Mädchen der Weg zum Abitur und zur Akademisierung ermöglicht worden.

Die Weimarer Verfassung vom 11. August 1919 hatte den Gleichheitsgrundsatz von Mann und Frau in Artikel 109 verankert. Die Reform des Mädchenschulwesens 1923 entsprach diesem Rechtsgebot und führte zu einer grundsätzlichen Übereinstimmung der Lehrziele und Lehraufgaben der Mädchenbildung mit denen der männlichen Jugend. Dadurch wurde eine endgültige und völlige Angleichung vollzogen. Einschränkend muss allerdings festgehalten werden, dass man sich noch nicht zu einem koedukativen Unterricht entschließen konnte. Aus traditionellen Gründen blieb die Trennung der Geschlechter noch etwa für zwei Generationen erhalten. Seit 1923 führte in Preußen das *Oberlyzeum* in zwei Formen zur Hochschulreife. Die alten Oberlyzeen wurden abgebaut. Da die Unterrichtsverwaltung der Meinung war, dass die gymnasiale Ausprägung für die weibliche Jugend von geringerer Bedeutung sei, wurden fast nur Reformanstalten eingerichtet. Vorherrschende Anstalten wurden das Lyzeum von Sexta bis Untersekunda bzw. das Oberlyzeum von Sexta bis Oberprima (das reine neusprachliche Mädchengymnasium). Außerdem entstanden Oberlyzeen mit oberrealem Zweig, deutsche Oberschulen und Studienanstalten gymnasialer und real-gymnasialer Ausgestaltung. In den übrigen deutschen Ländern gab es diese oder ähnliche Lyzeumstypen, die auch Mädchengymnasium und Mädchenoberrealschule genannt wurden. 1938 verwandelte man diese verschiedenen Formen in Oberschulen für Mädchen mit einem hauswirtschaftlichen und einem sprachlichen Zweig.

Durch den raschen Schulausbau erhielten die Mädchen in der Weimarer Republik so neue Bildungsmöglichkeiten bis zur Hochschulreife. 1921 führten in Preußen zehn Prozent der Mädchenschulen zum Abitur, 1931 fast sechzig Prozent. Viele Mädchen, die an Orten ohne höhere Mädchenschule lebten, besuchten eine höhere Knabenschule. Noch 1931 machte jede zehnte Abiturientin in Preußen ihr Abitur an einer Jungenschule. Insgesamt holten die Mädchen ihren Rückstand bei Bildungseinrichtungen jedoch relativ schnell auf. Um 1930 betrug ihr Anteil an den Schülern des höheren Schulsystems in Preußen 38 Prozent, unter den Abiturienten in Preußen 25 Prozent und im gesamten Deutschen Reich rund ein Fünftel. An den Universitäten erhöhten sie ihren Anteil von vier Prozent (1910) auf zwanzig Prozent (1930). Die Akademikerinnen konnten allerdings anfangs nur schwer in die akademischen Berufe vordringen. Lediglich im Lehrberuf stellten sie unter den Philologen in Preußen zwölf Prozent und unter den Ärzten im Deutschen Reich fünf Prozent, unter den Zahnärzten 9,14 Prozent und unter den Apothekern siebzehn Prozent. Es wirkte sich als Nachteil für die Frauen aus, dass sie zu einer Zeit die Universitätszulassung erreicht hatten, in der die Aufnahmefähigkeit des akademischen Arbeitsmarktes relativ gering war im Gegensatz zu den hervorragenden Berufschancen im Kaiserreich.

Die rasche Entwicklung des Mädchenschulwesens hatte auch Folgen für die Organisation der unterschiedlichen Lehrerinnengruppen. Bereits 1903 hatte die Sektion für Höhere Schulen des *Allgemeinen Deutschen Lehrerinnenverbandes (ADLV)* zur Gründung eines Verbandes akademisch gebildeter und studierender Lehrerinnen aufgerufen. Die erste Abteilung des neuen Verbandes wurde von Maria Kley mit 46 Mitgliedern am 6. November 1903 in Bonn gegründet. Im darauf folgenden Jahr entstanden die Sektionen Berlin, Breslau, Göttingen, Hannover und Königsberg. Die Landesabteilungen schlossen sich 1905 als Verband zusammen, die Federführung wechselte jährlich von einer Abteilung zur nächsten. Das Mitgliederverzeichnis von 1908 enthält 449 Namen, einschließlich der Studentinnen. Die preußische Mädchenschulreform von 1908 führte zu einem großen Bedarf an akademisch gebildeten Lehrerinnen, da das Ministerium vorgeschrieben hatte, dass fünfzig Prozent des Unterrichts an höheren Mädchenschulen von wissenschaftlich Vorgebildeten zu erteilen sei. Dr. Margarethe Heine war die erste Frau, die das Examen pro facultate docendi bestand. Sie kam aus den Gymnasialkursen von Helene Lange in Berlin und hatte ihr Externenabitur in Düsseldorf abgelegt. Nur Frauen mit solchen Examen waren als Philologinnen anerkannt und wurden in das Philologen-Jahrbuch – Kunzes Kalender – aufgenommen. 31 pro-facultate-docendi-geprüfte Lehrerinnen gründeten unter Paula Schlodtmann aus Köln eine eigene Abteilung, die sich Philologinnenverband nannte. 1921 kam es zu einem überregionalen Zusammenschluss auf Reichsebene mit dem Namen *Deutscher Philologinnenverband (DtPhilV)*. 1923 verlegte man den Verbandssitz nach Berlin und richtete in einem Einfamilien-Reihenhaus die Verbandsgeschäftsstelle ein. Von dort wurde auch der Preußische Philologinnenverband mit seinen zwölf Provinzialverbänden verwaltet. 1924 übernahm Oberstudiendirektorin Dr. Elsa Matz die Geschäftsführung. Der Plan, dass die 1. Vorsitzende immer aus Berlin kommen müsste, stieß wegen der Versetzungspraxis der preußischen Behörden auf Schwierigkeiten. Die 1. Vorsitzende Anna Ramsauer leitete deshalb den Verband bis 1927 von Hannover und ihre Nachfolgerin Dr. Agnes Molthan nach ihrer Versetzung aus Berlin bis 1931 von Neuzelle aus. Die Satzung sah vor, dass von den sieben Vorstandsmitgliedern maximal vier aus Preußen und drei aus den übrigen Ländern kommen mussten. Alle zwei Jahre fand zu Pfingsten anlässlich der ADLV-Tagung ein ordentlicher Verbandstag statt, jeweils zu ungeraden Jahreszahlen, und dazwischen immer eine außerordentliche Tagung des Deutschen Philologinnenverbandes. Der DtPhilV war außer im ADLV korporiertes Mitglied im Deutschen Akademikerinnenbund (DAB), den der Verband 1926 mitgegründet hatte, und im Bund Deutscher Frauenvereine sowie im Reichsbund der höheren Beamten. In letzterem arbeiteten sie mit dem Deutschen Philologenverband zusammen. Warum es nicht zu einem Zusammenschluss beider Organisationen kam, ist aus heutiger Sicht schwer verständlich und hatte historische, soziale und verbandspolitische Gründe.

Die akademisch gebildeten Lehrerinnen hatten es in der Kaiserzeit schwer, sich als gleichberechtigter Berufsstand an Höheren Schulen durchzusetzen und die Lohngleichheit herzustellen. Die Amts- und Lohngleichheit für alle Oberlehrerinnen wurde erst am 1. Januar 1920 eingeführt. Die Studienräte empfanden die wachsende Zahl akademischer Lehrerinnen als Konkurrenz bei der Bewerbung um die knapper werdenden Stellen. Dennoch wäre es vielleicht doch zu einer engeren Zusammenarbeit gekommen, wenn der Deutsche Philologinnenverband nicht durch Gertrud Bäumer so fest im ADLV verankert gewesen wäre. Dies hatte die Verhandlungen immer wieder erschwert und zum Scheitern gebracht. In der Zeit der Notstandsgesetze ab 1930 und den eingeschränkten Arbeitsmarktchancen nahmen die Spannungen, die vorübergehend abgeklungen waren, wieder zu. Dr. Felix Behrend hat diese Entwicklung in seinen Erinnerungen beklagt. Am 23. April 1933 kam es unter dem Eindruck der Nazi-Diktatur zu einer gemeinsamen Sitzung der Vorstände des Deutschen Philologinnenverbandes (DtPhilV) und des Preußischen Philologenverbandes in Berlin, um die veränderte Situation zu beraten. Nach der Auflösung des ADLV im Mai 1933 sah auch der DtPhilV keine Überlebenschance in der Hitler-Diktatur mehr. Am 1. Oktober 1933 beschlossen die Philologinnen die Auflösung ihres Verbandes, der damals 2 945 Mitglieder zählte. Die Geschäftsstelle in Berlin beendete ihre Arbeit am 1. Dezember 1933.

Die Richertschen Reformen in Preußen

Am 18. September 1923 wurde Oberstudiendirektor Hans Richert vom preußischen Kultusminister Boelitz zum Ministerialrat ernannt und als Generalreferent in der Unterrichtsabteilung mit der Neuordnung des höheren Schulwesens betraut. Schon seit 1921 gehörte er als »Hilfsarbeiter« zu den persönlichen Beratern des Ministers in allen Fragen der Höheren Schule.

Das Kultusministerium war unter Druck geraten, weil nicht nur die höhere Mädchenbildung expandierte, sondern auch der Zustrom zu den höheren Knabenschulen ungebrochen anhielt. In der Öffentlichkeit sprach man von einer Bildungs- und Abiturienteninflation. Nicht unbeteiligt am Schülerzugang waren die Reformgymnasien, die den Schülern nach dem Besuch einer lateinlosen gemeinsamen Unterstufe schulintern verschiedene schultypenspezifische Wahlmöglichkeiten boten. Diese Einrichtungen berücksichtigten das unterschiedliche Bildungsbedürfnis der Schüler und kamen dem Schulträger in kleineren Städten entgegen, die sich nicht mehrere Höhere Schulen leisten konnten.

Statt den Bildungspluralismus als eine normale Entwicklung in einer offenen Gesellschaft anzusehen, glaubte das preußische Kultusministerium im differenzierten höheren Schulwesen ein Symptom für die »zerrissene, uneinheitliche und zerklüftete Kultur« zu erblicken. Richtig war, dass die humanistischen Gymnasien an Zulauf verloren hatten: 1890 hatten noch 85 Prozent der Studenten das Abitur an humanistischen Gymnasien erworben, 1910 waren es noch 70 Prozent und 1930 nur noch 40 Prozent. Dennoch bedeuteten die Gewichtsverlagerungen im Gefüge der Schultypen nicht zwingend eine schwindende Legitimationskraft der Gymnasialdidaktik, sie stellte vielmehr eine Verschiebung dar, weg von der Monopolstellung des traditionellen humanistischen Gymnasiums hin zu Bildungsgängen, die der modernen Berufswelt entsprachen.

Dass in dieser Phase die Reformgymnasien die Gewinner der Entwicklung waren, darf nicht verwundern, gaben sie doch den individuellen Wahlmöglichkeiten der Schüler durch die freiere Gestaltung des Oberstufenunterrichts mehr Raum. Statt diese Entwicklung als Weg zu mehr demokratischen Entscheidungsstrukturen anzusehen, beklagte man den Verlust der Steuerungsmechanismen des Staates.

Kultusminister Boelitz entschloss sich in dieser Situation zu einer grundlegenden Neuordnung des höheren Schulwesens nach einem von Ministerialrat Richert entworfenen Grundkonzept. Richert, geistig beheimatet im deutschen Idealismus, wollte die überkommenen gymnasialen Schultypen retten, die für ihn keine Zufallsprodukte waren, sondern tief in der deutschen Geistesgeschichte wurzelten. Ihm widerstrebte deshalb sowohl das Gesamt-

schulkonzept der radikalen Einheitsschulbefürworter als auch das Modell der »differenzierten Einheitsschule«, wie es der Philologenverband vertrat. Er verfolgte den Gedanken, dem gesamten Unterricht aller Typen der Höheren Schulen durch eine einheitliche »nationale Bildungsidee« eine gemeinsame und einigende Grundlage zu geben, die einen Wechsel in einer »freieren Oberstufe« unnötig machen sollte. Sein Konzept beruhte auf drei Prinzipien:
1. einer zentralen Stellung der deutsch- und kulturkundlichen Fächer (Deutsch, Geschichte, Erdkunde, Kunsterziehung, Musik, Religion) als Kernfächer aller Höheren Schulen;
2. auf dem »kulturkundlichen« Prinzip, von dem aus alle Kulturwerke gedeutet und die Menschheitsbedingungen sichtbar sowie pädagogisch wirksam werden sollten (im »Durchleben« des Werdeprozesses des deutschen Geistes, insbesondere der klassisch-idealistischen Epoche);
3. auf der umfassenden deutschen Bildungseinheit, die bei der Höheren Schule aus dem arbeitsteiligen Zusammenwirken der geschichtlich herausgebildeten Schularten bestand, die ihren spezifischen Kulturbereich pflegten (das humanistische Gymnasium: die antike Kultur; das Realgymnasium: die westeuropäische Kultur; die Oberrealschule: Naturwissenschaften und Technik; die deutsche Oberschule: besonders gründlich den für alle Typen verbindlichen deutschkundlichen Bereich).

Richert entwickelte seine Reformvorstellungen seit seiner Mitarbeit im Ministerium zügig. Schon am 18. Februar 1922, zwei Monate nach seiner Berufung als »Hilfsarbeiter«, legte das Ministerium die von ihm verfassten Denkschriften zur *Deutschen Oberschule* und zur *Aufbauschule* im Anschluss an die sechste Volksschulklasse vor. Das Richertsche Modell der neuen deutschen Oberschule sollte seinen Bildungsschwerpunkt auf das Erlernen von zwei lebenden Fremdsprachen verlegen und auf die so genannten deutschkundlichen Fächer Deutsch, Geschichte, Staatsbürgerkunde und philosophische Propädeutik. Sie sollten nach Aufhebung der Präparantenanstalten hauptsächlich von den zukünftigen Volksschullehrern besucht werden. Bereits Ostern 1922 wurden die ersten Aufbauschulen beim gleichzeitigen Abbau der Lehrerseminare eingerichtet. Gleichfalls Ostern 1922 wurden die ersten deutschen Oberschulen eröffnet, die als vierter Typ der Höheren Schule signalisierten, dass Preußen das Neuordnungskonzept Richerts umzusetzen gewillt war. Irritationen verursachten dann zwei Erlasse zur freieren Gestaltung des Unterrichtes auf der Oberstufe: Am 24. Januar 1922 hatte ein Ministerialerlass diese Oberstufenreform eingeführt, durch Erlass vom 14. Februar 1923 wurde sie zurückgenommen. Richert hatte sich als Gegner der *differenzierten Reformschule* durchgesetzt und damit stand seinem Projekt, das vom Ministerium am 13. März 1924 in einer Denkschrift veröffentlicht und am 4. April 1925 im preußischen Staatsministerium verabschiedet wurde, nichts mehr im Wege. Mit der Veröffentlichung am 6. April 1925 trat die Richertsche Schulreform in Kraft.

Der Preußische und der Deutsche Philologenverband standen der Neuordnung des Schulwesens unter Richert kritisch gegenüber. Zunächst einmal ließ sich der Verdacht nicht entkräften, dass die Reform eng verkoppelt war mit Sparmaßnahmen, obgleich diese Entwicklung Richert nicht zu verantworten hatte. Das Inkrafttreten der Reichspersonalabbau-Verordnung vom 27. Oktober 1923, Artikel 18, hatte zur Folge, dass die Unterrichtsverwaltungen der deutschen Länder auf einer Besprechung am 12. November 1923 in Frankfurt übereinkamen, Sparmaßnahmen im Schulwesen vorzunehmen. In Preußen kam es zur Erhöhung der Pflichtstunden (»Überbürdung«), Herabsetzung der Wochenstunden für Schüler (in der Höheren Schule auf 25 bis 26 bei der Richert-Reform), planwirtschaftlichen Zusammenlegung von Schulen, Erhöhung der Schülerzahl in den Klassen (zum Teil bis zu sechzig). Die Anwärterprobleme wurden dadurch immer größer, das Durchschnittsalter der Assessoren lag 1927 bei 35, 1940 bei vierzig Jahren. Diese Entwicklung konnte der Deutsche Philologenverband nicht unwidersprochen hinnehmen.

Die Kernpunkte der Auseinandersetzung waren jedoch zunächst nicht die Sparmaßnahmen, sondern das Wiedererstehen der getrennten Schultypen und der damit verbundene Abbau der Reformgymnasien, mit denen eine Zusammenführung der Schultypen versucht worden war, sowie das nationale kulturkundliche Unterrichtsprinzip Richerts. Dr. Adolf Bohlen, der Vorsitzende des Westfälischen Philologenvereins und spätere stellvertretende Vorsitzende des Deutschen Philologenverbandes charakterisierte den Rücknahmeerlass der freieren Gestaltung der Oberstufe als ein Kapitel, bei dem »die rückwärts gerichtete Tendenz«[25] den Sieg davongetragen habe. Der Preußische Philologenverband wandte sich in einer scharfen Erklärung gegen die Pläne des Kultusministeriums. Auch der Deutsche Philologenverband verfasste kritische Leitsätze zur Neuordnung des Schulwesens, die Felix Behrend in seiner Schrift »Die Zukunft des höheren Schulwesens« (1925) eingehend begründete. Darin äußerte er starke Zweifel an Richerts Vorstellungen, nur den deutschkundlichen Fächern das kulturkundliche Prinzip zuzuordnen. Ohne auf die durchgreifende Interessendifferenzierung der Moderne einzugehen, weist er auf die selbstverständliche Tatsache hin, dass alle modernen und antiken Fremdsprachen sowie Mathematik, Naturwissenschaften und Technik auf ihre je eigene kulturkundliche Wurzel zurückgreifen können. »Männer wie Gauß, Liebig, Weber, Helmholtz, Siemens, Virchow, Koch usw. und ihre Leistungen sind ein wesentlicher Faktor deutscher Kulturgeschichte. Die Trennung von Kultur und Zivilisation, die hinter diesem Gedanken steckt und Arbeit und Technik zur letzteren rechnet, ist einer der Irrtümer, die die deutsche Bildungseinheit gefährden, weil sie wichtige menschliche Schaffenskräfte entwerten.«[26] Behrend, der ein Anhänger der Reformgymnasien war, um über diese Schulform die Wahlentscheidung der Schüler möglichst lange hinausschieben zu können, hielt die Richertsche Konzeption, die an den verschiedenen Schultypen des Gymnasiums festhielt, für verfehlt. Er vertrat die Ansicht, dass alle Kernfächer zur Allgemeinbildung beitragen. Wenn es aber einen verbindlichen Kernbereich von Unterrichtsfächern neben einem reichen System von Wahlfächern innerhalb eines bestimmten Pflichtunterrichts gäbe, benötige man eine freiere Gestaltung des Oberstufenunterrichts für die Schwerpunktbildung der Schüler.[27]

Mit seinen vom Richertschen Modell abweichenden Reformvorstellungen markierte der Philologenverband wesentlich modernere und für die Zukunft des höheren Schulwesens weiterführendere Konzepte, die aber erst eine Generation später umgesetzt werden konnten. Er hatte erkannt, dass ein allgemein verbindliches Bildungsideal im Richertschen Sinne in einer offenen Gesellschaft so nicht dargestellt werden konnte. Auch die Ablehnung eines deutschkundlichen Sonderprinzips, das ja später durch seine nationalistische Verengung eine katastrophale Umgestaltung erfuhr, macht deutlich, dass sich der Verband nicht an pathetischen Idealvorstellungen orientierte sondern an Realitäten. Die Abiturienten der Höheren Schulen benötigten Kernfächer zur Sicherung der Allgemeinbildung, Wahlfächer zur Orientierung und individuelle Möglichkeiten zur Schwerpunktbildung. Damit vermittelten die Schulen eine Grundlage, die mit den Universitätsstudien und der dynamischen Entstehung neuer Berufsfelder Schritt halten konnte.

Die Auseinandersetzungen um die Richertsche Schulreform betrafen zwar schwerpunktmäßig Preußen, das aber mit seinem Übergewicht von Dreiviertel der deutschen Wohnbevölkerung erheblichen bildungspolitischen Einfluss auf die anderen Länder des Reiches hatte. Hinzu kam, dass die meisten Reformgymnasien in Preußen lagen, während die anderen Reichsländer nur eine geringe Zahl dieses Schultyps besaßen. Dennoch haben die Gremien des Deutschen Philologenverbandes die Philologen Preußens entschieden unterstützt und damit Solidarität und bildungspolitisches Gespür bewiesen.

Zwischen Zentralismus und Föderalismus – Verbandsarbeit in der Weimarer Republik

Blicken wir noch einmal zurück zu den Anfängen der Weimarer Republik. Der Umsturz der politischen Verhältnisse 1918 brachte für das Schulsystem grundlegende Veränderungen. Vor 1918 waren Bildungsangelegenheiten Ländersache, sie wurden in dafür vorgesehenen Ministerialabteilungen verwaltet, zwar mit Kontakt zu Fachleuten, aber weitgehend losgelöst vom Einfluss der Parlamente, ausgenommen die Besoldung der Staatsbeamten. Die Weimarer Verfassung stellte die Weichen neu. Sie hatte dem Reich nach Artikel 10 Abs. 2 die Gesetzgebung für die Aufstellung von Grundsätzen im Schulwesen und Hochschulwesen übertragen und nach Artikel 146 auf einer organischen Ausgestaltung des öffentlichen Schulwesens bestanden.

Mit dieser verfassungsrechtlichen Regelung wurde das Bildungswesen zu einem Feld der parteipolitischen Auseinandersetzung. Zum ersten Mal in ihrer Geschichte konnten die sozialistischen Parteien, SPD und USPD, sowie die neu gegründete linksliberale Deutsche Demokratische Partei (DDP) ihren Einfluss geltend machen. Schon am 13. November 1918, wenige Tage nach Unterzeichnung des Waffenstillstandes und der Ausrufung der Republik, legte die neue preußische Übergangsregierung ihre bildungspolitischen Forderungen vor: Ausbau der Volksschule, Schaffung der Einheitsschule, Trennung der Schule vom kirchlichen Einfluss. Kurze Zeit später wurden diese Forderungen unterstützt und präzisiert durch Pläne des Deutschen Lehrervereins, in dem sich die Volksschullehrer zusammengeschlossen hatten. Sie setzten sich ein für eine Einheitsschule mit stufenförmigem Schulaufbau, eine einheitliche Lehrerausbildung und eine oberste Reichsbehörde für das Schul- und Bildungswesen. Damit war die von parteipolitischen und Aufstiegsambitionen geprägte Angriffslinie auf die »Zwingburg der alten Höheren Schule«, wie der »Vorwärts« 1921 formulierte, eröffnet.

Bei der Verfassungsdebatte in Weimar mussten jedoch zunächst große Widerstände überwunden werden, ehe es zu einem Bildungskompromiss der Verfassungsparteien SPD, DDP und Zentrum kam. Das Zentrum stimmte erst nach heftigen Protesten den Verfassungsartikeln 10 und 146 zu, nachdem die Sicherung der Bekenntnisschulen, des Religionsunterrichts und der Privatschulen in Artikel 146, Abs. 2 gelungen war. SPD und DDP hatten ihrerseits die Anerkennung der weltlichen Schule, die Einführung des Arbeitsunterrichts und die grundsätzliche Möglichkeit zur Vereinheitlichung des Schulwesens und der Lehrerbildung erreicht. Gegen eine zentralistische Steuerung dieser Reformmaßnahmen durch das Reich hatten allerdings die Kultusministerien der Länder, die bei der Ausarbeitung der Verfassungsartikel zum Bildungswesen nicht beteiligt waren, bereits nachdrücklich Einwände erhoben. Nachdem sich auf Reichsebene eine *Kulturabteilung im Reichsministerium des Inneren* und ein *Bildungsausschuss des Reichstages* etabliert hatten, kam es zu einer Kontaktaufnahme mit den Ländern.

Im Oktober 1919 trat die erste Konferenz der Kultusminister der Länder unter Vorsitz des Reichsinnenministers in Berlin zusammen. Die Schwierigkeiten der in den Verfassungsartikeln proklamierten Ziele wurden bereits bei den Verhandlungen in ihrem vollen Ausmaß deutlich. Schließlich entschloss man sich zur Gründung des *Reichsschulausschusses,* in dem von 1919 bis 1923 die Schul- und Hochschulfragen zwischen Reich und Ländern behandelt wurden. Die Zusammenarbeit endete, als das Reich sich aus finanzpolitischen Gründen nicht mehr in der Lage sah, Kosten für Reformmaßnahmen im Bildungswesen zu tragen. Daher erklärte das Reich Anfang 1924 die Aufgaben des Schul- und Hochschulwesens zur Ländersache. Die Finanzpolitik hatte über eine Reichsbildungspolitik gesiegt. Da man im Reichsinnenministerium die Gefahr einer »Zersplitterung« des deutschen höheren Schulwesens befürchtete, kam es am 7. Oktober 1924 zur zweiten Konferenz der Kultusminister unter Vorsitz des Reichsministers des Innern, auf der die Gründung des *Ausschusses für das Unterrichtswesen* beschlossen wurde. Diese Einrichtung sollte durch Absprache der Unterrichtsverwaltungen und nicht durch Reichsgesetze die Einheitlichkeit des deutschen höheren Schulwesens gewährleisten. Am Ende der Weimarer Republik war jedoch die Zersplitterung im Bereich der weiterführenden Schulen größer als 1919, es war dem Ausschuss nicht gelungen, seiner Aufgabe zur »Wahrnehmung der notwendigen Einheitlichkeit« gerecht zu werden.

Welche Möglichkeiten hatte der Deutsche Philologenverband in diesen Spannungsfeldern von Zentralismus und Föderalismus, parteipolitischen Gegensätzen und Wunsch nach Einheitlichkeit, Finanzmisere und Reformbemühungen, seine berufs- und bildungspolitischen Vorstellungen zu verwirklichen? Der Zeitzeuge

Dr. Behrend schreibt in seinem Rückblick 1954: »Unwillkürlich drängt ... sich die Frage auf, welche Bedingungen die großen Erfolge des Verbandes in dieser Periode möglich gemacht haben. Da muss man zunächst bedenken, dass die traditionellen Anschauungen über Sinn und Wert der Höheren Schule weit fester verankert waren und daher dem Ansturm revolutionärer Gedanken weit stärkeren Widerstand entgegenstellen konnten. Diese Tradition beherrschte nicht nur die große Mehrzahl der Philologen selbst, sondern auch die meisten Beamten der Kultusministerien und der Provinzial-Schulkollegien, waren sie doch fast alle selbst Mitglied des Verbandes gewesen ... Es war daher eine Zusammenarbeit der Kultusministerien und des Philologenverbandes fast selbstverständlich ... Die Kultusministerien (stützten sich) bei ihrer Schulpolitik und bei den notwendigen Reformen auf die Mitarbeit des Philologenverbandes.«[28] Behrend verweist in diesem Zusammenhang auf die Hilfsarbeitertätigkeiten von Philologen im preußischen Ministerium für Wissenschaft, Kunst und Volksbildung, die er selbst eine Zeit lang ausgeübt hat, und fährt dann fort: »In den übrigen deutschen Ländern bestand eine ähnliche Art der Zusammenarbeit, und vielfach wurden führende Philologenverbandsmitglieder als Ministerialräte berufen ... Die Philologen hatten nicht nur im Reich und in den Ländern erstklassige Führer, die das Vertrauen der Kollegen besaßen und als Erzieher und Fachleute (Verfasser von Lehrbüchern und pädagogischen Werken) Ansehen besaßen; sie verfügten auch über eine gewaltige Zahl von Mitarbeitern von Format, nicht nur in Verbandsämtern, sondern besaßen weit darüber hinaus eine große Zahl von Spezialisten.«[29]

Diese Kompetenz des Verbandes zeigte sich in der Arbeit der ständigen Ausschüsse des Deutschen Philologenverbandes und bei der Pressearbeit. Der Vorsitzende des statistischen Ausschusses, Dr. Simon, der auch das Philologen-Jahrbuch herausgab, lieferte das statistische Material für die schulpolitische Arbeit Monate bevor sie die Verwaltung in Händen hielt. Einer besonderen Wertschätzung erfreuten sich die Fachaufsätze im Deutschen Philologenblatt, die den Kollegen eine ausgezeichnete Orientierung gaben. Der Wirtschaftsausschuss, der die berufspolitischen Belange behandelte und lange Jahre unter Leitung des westfälischen Verbandsvorsitzenden und späteren 2. Vorsitzenden des Deutschen Philologenverbandes Dr. Bohlen stand, unterrichtete die Kollegen mit großer Kenntnis über die Besoldungs- und beamtenrechtlichen Fragen sowie die gesamte wirtschaftliche Lage. Der Presseausschuss verbreitete mittels eines Korrespondenzblattes für den Verband wichtige Nachrichten bis zu den kleinsten Provinzblättern. Wieder andere sachkundige Kollegen hatten persönliche Kontakte zu den überregionalen Zeitungen in Berlin.

Die Verbandsspitzen hielten zudem engen Kontakt zu den Fachverbänden und besuchten die Länder- und Provinzialtagungen. Alle auftauchenden aktuellen Probleme wurden sofort in den Fachgremien bearbeitet und im Vorstand beraten. Das galt in besonderem Maße auch für die anstehenden pädagogischen Fragen. Auf dem *Verbandstag in Heidelberg vom 2. bis 6. Juni 1925* galt der Hauptvortrag dem Thema: »Gegenstand und Umfang der Erziehung«. Anschließend beschloss der Vorstand ein Preisausschreiben für die beste Arbeit über das Thema: »Die Bedeutung der Pädagogik für die Arbeit der Philologen«. Von den dreißig Arbeiten, die eingingen, wurden die Beiträge von Prof. Gläser aus Wien und des Studienassessors Müller aus Darmstadt preisgekrönt und unter dem Titel »Die Bedeutung des Studiums der theoretischen Pädagogik für die Praxis der Lehrer an den Höheren Schulen« veröffentlicht. Aus den Diskussionen und Preisarbeiten erwuchsen Vorschläge für das Studium und die Prüfung im Staatsexamen, die zum Gegenstand eines Gesprächs mit dem Verband deutscher Hochschulen und zum Entwurf einer neuen Prüfungsordnung führten mit einer Prüfung in Pädagogik, Pläne, die dann erst nach dem Zweiten Weltkrieg wieder aufgenommen wurden.

Die permanente Finanznot der Staatshaushalte verursachte eine heftige und kontrovers geführte öffentliche Diskussion über die *Überfüllung der Hochschulen und Höheren Schulen*, die eine große Resonanz in der Presse fand. Dahinter stand das Interesse des Staates, die Zahl der Abiturienten zu verringern. Die Abgängerquoten mit der Mittleren Reife waren stark zurückgegangen, weil die Schulabgänger keine Arbeitsstellen fanden und deshalb bis zur Reifeprüfung auf der Schule blieben. Ohne die wahren Ursachen zu untersuchen, warf man den Höheren Schulen vor, sie hätten die Leistungen gesenkt, um die Hochschulzugangszahlen zu erhöhen. Die *Dresdener Verbandstagung vom 9. bis 11. Juni 1927* stand ganz im Zeichen dieser Debatte. Zu den Maßnahmen, die beschlossen wurden, um die ungerechtfertigten Vorwürfe zurückzuweisen, gehörten umfangreiche statistische Erhebungen, die unter dem Titel »Schülerzahlen und Klassenzahlen an den höheren Knabenschulen Preußens von 1896 bis 1927« im Jahre 1928 der Öffentlichkeit vorgelegt wurden. Weitere Statistiken folgten für die Knaben- und Mädchenschulen des ganzen Reiches für die Jahre 1931, 1932 und 1933. Aus dem statistischen Material ergab sich, dass dem Anwachsen der Schülerzahlen seit 1925 wieder eine Abflachung folgte und die Abiturientenjahrgänge von 1932 und 1933 die letzten starken Jahrgänge sein würden. Gleichzeitig setzte sich der Verband für ein *Arbeitsmarkt-Beschaffungsprogramm* für die heranwachsende Jugend ein und forderte insbesondere Hilfsaktionen für Abiturienten und Hochschüler. Der Philologenverband verhandelte mit dem Verband der Arbeitgeber der deutschen Industrie über ein Programm zur Unterbringung von Abiturienten in der Praxis, eine Aktion, die vom Reichsinnenministerium unterstützt wurde.

Die fehlenden Haushaltsmittel des Reichsfinanzministers boten dem Deutschen Philologenverband Mitte 1925 eine unerwartete Chance. Der *Deutsche Ausschuss für Erziehung und Unterricht* sollte aufgelöst werden, da der Staat die Kosten nicht mehr übernehmen wollte. Der Philologenverband erklärte sich bereit, die Geschäftsstelle des Ausschusses mit der des Verbandes zusammenzulegen und unentgeltlich zu verwalten. Da sich der Deutsche Lehrerverein einverstanden erklärte, konnte der Ausschuss seine Arbeit in neuer Organisationsform mit maßgebendem Einfluss des Verbandes fortsetzen. Vorsitzender war Professor Kerschensteiner aus München. Dem Ausschuss gehörten die meisten deutschen Bildungs-, Lehrer- und Erzieher-Organisationen an, außerdem der Deutsche und Preußische Städtetag, der Deutsche Industrie- und Handelstag, der Allgemeine Deutsche Gewerkschaftsbund, die

Vereinigung der Deutschen Arbeitgeberverbände, der Deutsche Handwerks- und Gewerbekammertag u.a.m. Der Philologenverband nutzte seine Chance, zentrale pädagogische Themen in den Vordergrund zu rücken. Auf dem ersten Kongress diskutierte Professor Litt seine Thesen, die später unter dem Titel »Führen oder wachsen lassen« erschienen. Außerdem forderte er, Pädagogen sollten sich nicht mit Aufgaben belasten, die gar nicht Sache der Lehrer seien, sie müssten sich viel stärker den eigentlichen Aufgaben der Schule zuwenden. Auf der Gesamtausschusssitzung vom 8. bis 9. Oktober 1927 in Erfurt wurde das Thema »Das Problem der Erwachsenenbildung« behandelt und auf dem Pädagogischen Kongress vom 4. bis 6. Oktober 1928 in Kassel die Themen »Wesen und Wert der Erziehungswissenschaft« sowie »Die pädagogische Ausbildung der verschiedenen Lehrergattungen«.

Der Deutsche Philologenverband konnte sich diese zusätzlichen Aufgaben leisten, weil er eine tatkräftige und erfolgreiche Verbandsspitze hatte. Der 1. Vorsitzende, Geheimer Studienrat Professor Dr. Mellmann (1855-1934), war seit dem 1. Dezember 1919 im Amt und galt im Reich und in den Ländern als eine Autorität, die nicht nur eine reiche Verbandserfahrung aus der Zeit vor 1919 mitbrachte, sondern auch über ausgezeichnete Kenntnisse der Entwicklung des höheren Schulwesens und der Philologen verfügte, wie seine detaillierte »Geschichte des Deutschen Philologenverbandes bis zum Weltkrieg« aus dem Jahr 1929 beweist. Während Mellmann die Brücke zwischen der Philologenschaft vor und nach dem Ersten Weltkrieg verkörperte, gehörte der 2. Vorsitzende, Dr. Felix Behrend (1880-1957), zur Generation der Kriegsteilnehmer. Als er 38-jährig seine Lehrertätigkeit nach dem Kriege wieder aufnahm, analysierte er weitsichtig die Nachkriegssituation und befruchtete die Verbandsarbeit durch seine schul- und bildungspolitischen Innovationen. Wie kein anderer verstand er es, die unterschiedlichen Interessen bei den Reformvorschlägen der Parteien und Erzieher-Organisationen daraufhin zu prüfen, welche Ansätze für die Gymnasialpädagogik und die Philologen fruchtbar oder abträglich waren. Entsprechend gestaltete er in seinen Schriften, seinen Vorträgen und in seinem Handeln die Richtung der Verbandsarbeit in schulstruktureller und erziehungswissenschaftlicher Hinsicht. – Bereits erwähnt wurden die berufspolitischen Fähigkeiten des 3. Vorsitzenden, Dr. Bohlen, der durch seine bildungspolitischen Kenntnisse, seine Materialzusammenstellungen und Veröffentlichungen den Verband durch die finanzpolitisch schwierigen Zeiten steuerte. – Eine wichtige Voraussetzung für den Gesamterfolg des Philologenverbandes war auch die kraftvolle und kompetente Arbeit des Geschäftsführers Georg Ried. Nach der Satzung des Deutschen Philologenverbandes sollte die Geschäftsführung in der Hand eines Vertreters der süddeutschen Landesverbände liegen. Da die meisten Mitglieder des leitenden Geschäftsführenden Ausschusses wegen der Lage der Geschäftsstelle in Berlin aus Norddeutschland kamen, sollte die Geschäftsführung die süddeutschen Belange zur Geltung bringen, was dem Bayern Ried in den elf Jahren seiner Tätigkeit hervorragend gelang. Mit grundlegenden Schriften zur Entwicklung des höheren Schulwesens griff Ried mehrfach in die aktuelle bildungspolitische Diskussion ein. Seit 1925 war er auch Geschäftsführer des Deutschen Ausschusses für Erziehung und Unterricht und gab mehrere Kongressberichte heraus. In den Jahren 1935 und 1936 fiel ihm die schwere Aufgabe zu, den Deutschen und Preußischen Philologenverband aufzulösen. – Nicht unerwähnt bleiben sollte in diesem Zusammenhang auch die Möglichkeit zum Ausgleich unterschiedlicher Interessen der Landesverbände durch die aktive Unterstützung des Deutschen Philologenverbandes durch die Vorsitzenden der größten Landesorganisationen. Der langjährige Vorsitzende des Preußischen Philologenverbandes, Oberstudiendirektor Dr. Bolle aus Berlin, war zugleich viele Jahre der 1. Schriftführer im Geschäftsführenden Ausschuss des deutschen Verbandes. Oberstudiendirektor Dr. Wührer aus München, der von 1910 bis 1935 der 1. Vorstand des Verbandes Bayerischer Philologen war, arbeitete eine Zeit lang im Geschäftsführenden Ausschuss des Deutschen Philologenverbandes mit und unterstützte die Verbandsarbeit durch seine Tätigkeit im Reichsbund der höheren Beamten.

So wie der Verband im Inneren einen Ausgleich der Interessen betrieb, so bemühte er sich auch auf der politischen Ebene um eine einheitliche Entwicklung des Bildungswesens. Bereits im September 1924 forderte der Deutsche Philologenverband vom Reichsinnenministerium und vom Reichstag eine Rahmengesetzgebung zur *Wiederherstellung der Einheitlichkeit des höheren Schulwesens*. Gerade war es gelungen, die radikalsten Pläne einer Einheitsschulgesetzgebung mit stufenförmigem Aufbau in Thüringen und Sachsen aufzuheben. Aber die Gefahren waren noch nicht beseitigt, deshalb hieß es in der Verbandsentschließung an den Reichstag: »Der Deutsche Philologenverband hält die drohende Zersplitterung des höheren Schulwesens in Deutschland für einen schweren Schaden. Er ist der Ansicht, dass alles daran gesetzt werden muss, um das höhere Schulwesen, unter Berücksichtigung der in den einzelnen Ländern erprobten Neuerungen, nach einheitlichen Grundsätzen umzugestalten. In der organisatorischen Einzelgestaltung muss den Ländern diejenige Freiheit bleiben, die im Interesse der traditionell gewordenen Eigenformen notwendig ist. Auf dieser Grundlage sind neue Vereinbarungen über die gegenseitige Anerkennung der Reifezeugnisse der Höheren Schule zu treffen.«[30] Die Zerrissenheit des höheren Schulwesens betraf vor allem den innerhalb der einzelnen Länder ganz willkürlich geregelten *Beginn der ersten neueren Fremdsprache*, der sich beim Umzug der Eltern innerhalb Deutschlands ungünstig auswirkte und beim Schulwechsel zu zeitlichen Verlusten für die Kinder führte. Im Reich gab es 29 Arten grundständiger und zwölf Typen von Aufbauschulen, die unterschiedliche Fremdsprachenregelungen hatten. Die Hauptauseinandersetzung entzündete sich an der Frage, ob Französisch oder Englisch erste Fremdsprache an den nichthumanistischen Gymnasien sein sollte. Vor 1918 hatte das Französische überwiegend diese Rolle gespielt, doch durch das Engagement der Anglisten in den Philologenverbänden hatte sich das Englische mehr und mehr durchgesetzt. Während man in Preußen und anderen norddeutschen Ländern an den Oberrealschulen sowohl Englisch als auch Französisch als Eingangssprache pflegte, setzte sich in Bayern seit 1923 Englisch als erste Fremdsprache durch. Diese Entwicklung wurde acht Jahre später durch Beschluss des Reichsschulausschusses, dem überraschenderweise auch Bayern zustimmte, zugunsten des Französischen wieder rückgängig gemacht. In Württemberg lehrte man an den Knabenschulen Französisch, an den Mädchenschulen Englisch als erste Fremdsprache. Nach dem Schulausschussbeschluss 1931 führten Preußen, Bayern, Thüringen, Württemberg, Baden und Hessen Französisch als erste Fremdsprache ein. Es war dem Deutschen Philologenverband 1929 auch durch einen erneuten Vorstoß beim Reichsministerium des Inneren sowie beim Reichstag wegen des politischen Widerstandes nicht möglich gewesen, mittels einer Reichsrahmengesetzregelung eine stärkere Vereinheitlichung durch die generelle Einführung des Englischen als erste Fremdsprache zu erreichen.

Der Philologenverband in der Zeit der Auflösung der Weimarer Republik

Eine Veränderung in der Verbandsspitze brachte der *Verbandstag des Deutschen Philologenverbandes in Wien vom 23. bis 25. Mai 1929.* Der langjährige Vorsitzende, Geheimer Studienrat Professor Dr. Paul Mellmann, trat vom Vorsitz zurück. Als Nachfolger wurde der bisherige stellvertretende Vorsitzende Oberstudiendirektor Dr. Felix Behrend gewählt. Behrend, der seit 1919 die schul- und bildungspolitische Entwicklung der Verbandspolitik maßgebend beeinflusst hatte, war seit Juli 1925 Oberstudiendirektor des Staatlichen Kaiser-Wilhelm-Realgymnasiums in Berlin-Neukölln, das er zu einer Reformanstalt mit der Anfangssprache Französisch umgewandelt hatte. Er befand sich auf dem Höhepunkt seiner politischen Laufbahn. Neben seinen Funktionen als Verbandsvorsitzender und Schulleiter war er Vorstandsmitglied der Jubiläumsstiftung des Zentralinstituts für Erziehung und Unterricht, Geschäftsführer des Deutschen Ausschusses für Erziehung und Unterricht, Mitglied des schulpolitischen Ausschusses der Deutschen Demokratischen Partei, Mitglied der Kant-Gesellschaft, seit Dezember 1925 Mitglied des Pädagogischen Prüfungsamtes für Berlin und Brandenburg, außerdem seit Dezember 1925 Bezirksverordneter der DDP in Charlottenburg. Er hatte seine Sachkompetenz zudem durch zahlreiche bildungspolitische Schriften und als Mitverfasser von Mathematik-Lehrbüchern ausgewiesen.

2. Vorsitzender wurde Dr. Bohlen, ehemaliger Vorsitzender des Philologenverbandes Westfalen, der seit der Reichsschulkonferenz 1920 die Beamten- und Besoldungsfragen bearbeitete. Zwischen Behrend und Bohlen bestand ein so freundschaftliches und enges Arbeitsverhältnis, dass Behrend die Versetzung Bohlens von Münster nach Berlin an seine Neuköllner Schule durchsetzte. Wie die Familie Behrend zog Bohlen in das zum Kaiser-Wilhelm-Realgymnasium gehörende Direktorenhaus in der Planetenstraße, sodass ab 1929 die Spitze des Deutschen Philologenverbandes in Berlin-Neukölln residierte. Auf Vorschlag Behrends wurde Direktor Luschey aus Stettin zum 3. Vorsitzenden gewählt, der sich mit den Kontakten zu Verbänden deutscher Lehrer im Ausland befasste, die nicht wie die Österreicher Verbandsmitglieder werden konnten.

Während sich die bisherigen Philologentage mit pädagogischen, schul- oder berufspolitischen Fragen befassten, stand das Verbandstreffen in Wien ganz im Zeichen der geistigen und kulturellen Gemeinsamkeiten der reichsdeutschen und österreichischen Kollegen. Die Festversammlung wurde mit drei Vorträgen gestaltet: Direktor Maier aus Köln sprach über »Großdeutsche Geschichte«, Schulinspektor Benda, Wien, über »Deutsche Kultureinheit« und Verbandsvorsitzender Behrend über »Deutsche Kulturpolitik«. Man vermied bewusst politische Fragen und stellte den kulturellen Aspekt in den Mittelpunkt. Behrend bezeichnete als Ziel deutscher Kulturpolitik die freie kulturelle Zusammenarbeit der Völker und wahre Völkerverständigung. Die Schlussworte seiner Rede waren: »Lassen wir uns also den Glauben an die Mission des deutschen Volkes, an diesen Ideen mitzuarbeiten, nicht verkümmern, ohne dabei blind zu sein für die wirkliche Lage, und lassen sie uns im Geiste unseres großen Erziehers Pestalozzi an der allgemeinen Menschenbildung mitarbeiten.«[31] Nach seiner Rückkehr nach Berlin sprach Behrend im Auswärtigen Amt vor und wurde zu seiner Rede beglückwünscht. Man hatte dort u.a. dankbar vermerkt, dass sich der Vorsitzende des Deutschen Philologenverbandes für die Einrichtung von Stellen für Kulturattachés bei den Botschaften eingesetzt hatte.

Auf dem nächsten *Philologentag vom 26. bis 28. Mai 1931 in Hamburg* wurde die Reformtätigkeit des Philologenverbandes noch einmal verdeutlicht. In seinem Festvortrag »Schule und Leben« kritisierte der Verbandsvorsitzende Behrend die Vorstellungen der *radikalen Schulreformer*, die glaubten, der Höheren Schule Lebensfremdheit unterstellen zu können. Die gegensätzlichen Positionen gingen auf die unterschiedlichen Auffassungen zum Arbeitsschulgedanken zurück. Die radikalen Reformvorstellungen wollten einem individualistisch-liberalistischen Lernverhalten die kollektivistische Form gesellschaftlichen Arbeitens gegenüberstellen, darin sahen sie die pädagogische Form der Gemeinschaftsschule. In der Zusammenfassung von Familie, Gemeinde, Volk, Werkstatt, Betriebs-, Bildungs- und Forschungsstätte glaubte man, dass die Schulgemeinschaft selbst ein maßgebender Faktor des gesellschaftlichen Lebens werde. Das führte zur Forderung nach einem Gesamtunterricht, der den Fachunterricht ablösen sollte. Behrends Position dagegen bekräftigte, »dass die Schule ihren Charakter als Jugendbildungsstätte nicht verlieren soll, dass ihre besondere Aufgabe, wie es der bisherigen Entwicklung der Kultur entspricht, in der Übermittlung bestimmter Kulturgüter besteht, und dass sie dementsprechend in erster Linie Unterrichtseinrichtung bleibt. Den Charakter als Arbeitsschule erhält die Schule dadurch, dass das Prinzip der Selbstständigkeit das innere Leben der Schule beherrschen soll... Die andere Seite besteht in der Überlieferung der Bildungsgüter... So darf man also nicht übersehen, dass der Schüler nur durch die Auseinandersetzung mit der Sache zur Persönlichkeit wird... Die Überspannung des Arbeitsschulprinzips, die in der Forderung ‚Alles vom Kinde aus' ihren Ausdruck gefunden hat, vergisst diese materiale Gebundenheit der geistigen Entwicklung und muss zur Verödung des Unterrichtes führen... Jeder Versuch, wissenschaftliche Erkenntnisse selbsttätig erarbeiten zu können, ohne sich in den methodischen Bahnen der Einzelwissenschaften zu bewegen, gleicht dem Dreschen leeren Strohs.«[32]

Auf dem Philologentag in Hamburg 1931 waren neben Vertretern der Reichs- und Länderregierungen auch Vertreter des englischen Direktorenverbandes und der drei holländischen Verbände von Lehrern und Lehrerinnen als Gäste anwesend. Die Wiederherstellung der internationalen Kulturbeziehungen nach dem Weltkrieg eröffneten dem Philologenverband mehrere Auslandskontakte. Das *Bureau International de l'Enseignement Sécondaire* hatte den Deutschen Philologenverband eingeladen, Mitglied zu werden. Die ersten Verhandlungen in den Jahren 1928 und 1929 führten jedoch nicht zum erwarteten Ergebnis, da der Wunsch des Philologenverbandes nach Anerkennung des Deutschen als gleichberechtigter Verhandlungssprache neben dem Englischen und Französischen bei internationalen Kongressen auf Widerstand stieß. Erst als die Forderungen des Philologenverbandes nach sprachlicher Gleichberechtigung, Wechsel in der Leitung, Dreisprachigkeit der Zeitschrift und gleicher Zahl der Vertreter auf der internationalen Tagung in Brüssel 1930 anerkannt wurden, erklärte der Vorstand auf seiner Sitzung am 6. Dezember 1930 seinen Beitritt, der auf der Tagung in Paris im Juli 1931 vollzogen wurde.

In enger Verbindung stand der Philologenverband auch mit der niederländischen *Algemeene Vereeniging van Leeraren bij hed Middelbaar Onderwijs*, die die Rolle der Vermittlerin bei den Beitrittsverhandlungen mit dem Bureau International übernommen hatte. Beide Verbände entsandten Delegierte zu den Verbandstagungen des anderen. So hielt der 1. Vorsitzende des Philologenverbandes im August 1930 in Amsterdam einen Vortrag über das deutsche Schulwesen, 1931 besuchten niederländische Vorstandsmitglieder den Verbandstag in Hamburg. – Aus Großbritannien hatte die *Incorporated Association of Headmasters* 1929 freundschaftliche Beziehungen zum Philologenverband aufgenommen. Dieser entsandte drei Vertreter zur Jahresversammlung am 3. Januar 1930 nach London, und es kam zu einer Vereinbarung über Fragen des Schüler- und Lehreraustauschs sowie des Schülerbriefwechsels. Auf Einladung des Philologenverbandes nahmen drei englische Kollegen am Verbandstag in Hamburg teil. – Einladungen erhielt der Deutsche Philologenverband auch von der *World Federation of Education Asso-*

ciations zu einem Kongress in Genf vom 25. Juli bis 4. August 1929. Besonders rege entwickelte sich der unter dem Protektorat des Deutschen Philologenverbandes stehende *deutsch-nordische Schüleraustausch* mit Schweden, Norwegen, Finnland und Dänemark.

Der Deutsche Philologenverband erlebte den Verbandstag in Hamburg noch als ein erfreuliches Ereignis, bevor sich die gesellschaftlichen, wirtschaftlichen und politischen Verhältnisse zusehends verdunkelten. Seit dem Börsenzusammenbruch vom 25. Oktober 1929 verschärfte sich die weltweite Krisenlage, die Deutschland bei seiner wirtschaftlichen Schwächung durch Krieg und Kriegsfolgen besonders hart getroffen hatte. Mit dem Rückzug der SPD aus der Regierungskoalition und dem Rücktritt des Reichskanzlers Müller (SPD) am 27. März 1930 aufgrund einer Kontroverse über die geplante Erhöhung des Beitrags zur Arbeitslosenversicherung von 3,5 Prozent auf 4 Prozent der Lohnsumme begann der Untergang der Weimarer Republik. Da die Weimarer Koalition (SPD, Zentrum, DDP, DVP) durch den Austritt der SPD zerbrochen war, musste der am 29. März 1930 zum Kanzler ernannte Zentrum-Fraktionsführer Brüning mit einer Minderheitsregierung antreten und sah sich gezwungen, die durch das Kassendefizit des Reiches von 1,7 Milliarden notwendigen Sparmaßnahmen mit Hilfe des Notstandsparagraphen nach Artikel 48 der Weimarer Verfassung durchzusetzen. Da der Reichstag auf Antrag der SPD die Aufhebung der Notverordnung zur »Sicherung der Wirtschaft und Finanzen« mehrheitlich befürwortete, kam es zur Auflösung des Parlaments und zu Reichstagswahlen am 14. September 1930, die den rechts- und linksradikalen Parteien einen hohen Stimmenanteil brachten. Die Nationalsozialisten steigerten sich von 2,6 Prozent (1928) auf 18,3 Prozent und die Kommunisten von 10,6 Prozent (1928) auf 13,1 Prozent. Wegen dieses Debakels, das den Gegnern der Republik einen Stimmenanteil von 31,4 Prozent bescherte, ließ das Parlament von da ab die Notverordnungen passieren, und man gewöhnte sich an den parlamentarischen Ausnahmezustand einer Präsidialregierung, das heißt einer Regierung mit der Autorität des Reichspräsidenten unter parlamentarischer Duldung durch die nicht an der Regierung beteiligte SPD.

Das Bündel von *Notmaßnahmen zur Sanierung des Reichshaushalts*, das nun in den Jahren 1930 und 1931 auf die Bevölkerung zukam, führte zur Erhöhung der Beiträge zur Arbeitslosenversicherung auf 6,5 Prozent, zu Gehalts-, und Pensionskürzungen der Beamten, Herabsetzung der Überweisungen an Länder und Gemeinden, Zuschlägen zur Einkommenssteuer und zahlreichen weiteren Maßnahmen. Besonders hart trafen die Beamten die Gehaltskürzungen der vier Notverordnungen des Jahres 1931: sechs Prozent Abzug bei der ersten und zweiten Notverordnung, zusätzliche sechs Prozent bei der dritten und noch einmal acht Prozent bei der vierten. Der Deutsche Philologenverband und seine Landesverbände setzten zusammen mit dem Reichsbund der höheren Beamten alles daran, schon beim Bekanntwerden die beabsichtigten staatlichen Maßnahmen abzuwehren. Die wirtschaftspolitische Abteilung unter Leitung von Dr. Bohlen erarbeitete umfangreiche Untersuchungen über die gesunkene Lebenshaltung der Beamten und die wirtschaftlichen Nachteile einer weiteren Senkung der Kaufkraft durch die Herabsetzung der Gehälter. Das gesamte Material wurde der Reichsregierung in einer ausführlichen Eingabe Mitte Oktober 1930 überreicht und in einer von Dr. Bohlen zusammengestellten Broschüre »Finanzkrise und Berufsbeamtentum« in mehreren hohen Auflagen in der Öffentlichkeit verbreitet. Es war allerdings nicht möglich, die Forderung des Verbandes und der gesamten Beamtenschaft mündlich vorzutragen, da der Reichskanzler die Spitzenorganisationen nicht empfing. Auch der Versuch, beim Reichspräsidenten vorzusprechen, hatte keinen Erfolg. Erst als der gesamte Sanierungsplan durch die Notverordnung vom 2. Dezember 1930 zum Gesetz geworden war, wurden die Spitzenorganisationen vom Reichskanzler zu einem Informationsgespräch empfangen. Da das Gehaltskürzungsgesetz einen verfassungswidrigen Eingriff in die Rechte des Berufsbeamtentums darstellte, wurden durch den Reichsbund der höheren Beamten im April 1931 auch rechtliche Schritte gebilligt. Doch trotz aller Bemühungen und verstärkten Anstrengungen der Verbandsführung gelang in diesen schwierigen Zeiten kein entscheidender Durchbruch bei den Abwehrmaßnahmen. Dadurch gerieten der Philologenverband und die Beamtenorganisationen in eine doppelte Kritikfront. In der Öffentlichkeit wurden immer stärker heftige Angriffe gegen das Berufsbeamtentum geführt und seine Abschaffung gefordert. Gleichzeitig protestierten die Verbandsmitglieder bei den Vorständen dagegen, dass sie in ihrer Notlage nicht besser vertreten würden. Obwohl diese Vorwürfe nach Lage der Dinge unberechtigt waren, verursachten sie Missstimmung.

Die schon seit Jahren bedrückende Notlage der Assessoren verschärfte sich durch die in allen Ländern durchgeführten Sparmaßnahmen erheblich. Die jungen Assessoren traf es besonders hart, da sie durch Verschärfung der Numerus-clausus- und Anwärterlisten an der vollen Berufsausübung gehindert wurden. Aber auch den älteren, die schon jahrelang beschäftigt worden waren, wurden jetzt die volle Amtsausübung oder sogar die Stelle verwehrt. In Westfalen beispielsweise hatten 25 Prozent der Assessoren, die aus der Warteliste übernommen worden waren, das 40. Lebensjahr überschritten. Auch in Bayern waren diejenigen, die eingestellt wurden, älter als 35 Jahre. Infolge des starken Zuganges von den Universitäten vermehrte sich die Zahl der Stellenanwärter immer mehr, während durch die Sparmaßnahmen die zur Verfügung stehenden Stellen sich dauernd verminderten. Außerdem drohte in den folgenden Jahren infolge des Geburtenrückganges eine weitere Reduzierung der Schülerzahlen und damit eine zunehmende Verringerung der Beschäftigungsmöglichkeiten mit noch verhängnisvolleren Folgen für die Assessorenschaft. Der Philologenverband hatte bei allen Entscheidungen über die Stellungnahmen zu Sparmaßnahmen ständig die Gefahren für die Assessoren im Auge behalten und bei jeder Gelegenheit durch Eingaben und Kundgebungen auf die unerträgliche Situation für den Berufsnachwuchs hingewiesen.

Angesichts der angespannten Lage sah sich der preußische Kultusminister in einem Erlass vom 30. Juli 1930 veranlasst, eindringlich vor dem Lehramtsstudium zu warnen: »Die vor kurzem erschienene Deutsche Hochschulstatistik für das Winterhalbjahr 1929/30 bringt über den Nachwuchs und den Bedarf an Studienräten in Deutschland eine Übersicht, auf die ich die besondere Aufmerksamkeit aller Studenten der Schulwissenschaften hinlenken möchte. Nach dieser Übersicht gaben im letzten Winter fast 24 000 Studenten an, dass sie sich auf den Beruf des Studienrates vorbereiteten. Im preußischen höheren Schuldienst sind rund 16 000 Planstellen vorhanden, von denen voraussichtlich etwa 2 500 im Laufe der kommenden fünf Jahre zur Neubesetzung verfügbar werden. Bei vorsichtiger Schätzung und Einrechnung des Bedarfs der privaten Anstalten muss unter diesen Umständen damit gerechnet werden, dass im Bereiche meiner Unterrichtsverwaltung 1934 etwa sieben- bis achttausend Studienassessoren vorhanden sein werden, für die innerhalb ihres Berufes auf lange Jahre hinaus keine Verwendungsmöglichkeit bestehen würde. Zweifelhaft ist auch, ob eine solche Zahl von Anwärtern überhaupt zur praktischen Ausbildung wird zugelassen werden können. Angesichts einer mit Sicherheit vorauszusagenden Berufsnot von solchem Ausmaße fühle ich mich verpflichtet, nicht nur die vor der Berufswahl stehenden Schüler und Schülerinnen der Prima, sondern auch die Studierenden beiderlei Geschlechts, die eine Möglichkeit des Berufswechsels noch ins Auge fassen können, auf die für die nächsten Jahre andauernde Aussichtslosigkeit der Studienratslaufbahn mit allem Nachdruck hinzuweisen.«[33] Hiobsbotschaften dieser Art verstärkten die Depression und die Verbitterung in Kreisen des akademischen Nachwuchses.

Das höhere Bildungswesen hatte sich nach der starken Expansion im Kaiserreich auch in der Weimarer Republik mit unverminderter Kraft weiterentwickelt. Immer mehr Absolventen und Anwärter bewarben sich um attraktive Stellen, gleichzeitig verlangsamte sich das Wachstum der Berufsfelder für Akademiker und ging in Krisenzeiten sogar zurück. Die berufliche Perspektivlosigkeit der jungen akademischen Generation, die sich nicht nur auf den Bildungssektor beschränkte, trug mit dazu bei, dass sich die Studentenschaft seit dem Sommer 1930 für nationalsozialistische Parolen empfänglich zeigte. Die sozialen Verteilungskämpfe, die durch die hohe *Arbeitslosigkeit* überall stattfanden, griffen nun in vollem Umfang auch auf die akademischen Berufe über. Die vorteilhaften Wachstumsbedingungen im Kaiserreich erwiesen sich für die Weimarer Republik als schwere Hypothek, da sie weit weniger als vor 1918 die Erwartungen der traditionellen bürgerlichen Schichten wie auch der aufstiegsorientierten Mittelschichten erfüllen konnte; die einen fühlten sich durch die Aufsteiger bedroht, die anderen in ihren Erwartungen enttäuscht. Die gescheiterte politische Krisenbewältigungsstrategie durch den Bruch der Weimarer Koalition 1930 sowie die nachfolgenden rigiden Sparmaßnahmen weckten in den Wählergruppen, deren republikanischer Gewöhnungsprozess kurz und deren obrigkeitsstaatliches Denken stark war, wenig Zutrauen zur Problemlösung durch die Demokratie. Infolgedessen entwickelten sich die Nationalsozialisten von einer kleinen radikalen Randpartei (1928) zu einer Schichten-übergreifenden Massenpartei (1930), da es ihr gelang, die nationalen und sozialen Proteste, die durch die Folgen der Wirtschaftskrise ständig angewachsen waren, zu bündeln. Die NSDAP-Wähler von 1930 waren vorwiegend bisherige Nichtwähler und ehemalige Wähler der Konservativ-Nationalen, der regional orientierten und der liberalen Parteien, aber auch der SPD, während die in die Arbeiterbewegung eingebundenen Arbeiter und die im Zentrum organisierten kirchlich gebundenen Katholiken der nationalsozialistischen Propaganda eher widerstanden.[34] Auch die Mitgliederstruktur der NSDAP vermag Aufschluss zu geben über die Schichten-spezifischen Potenziale. Liest man die Angaben der amtlichen Parteistatistik, wurde 1930 bei 400 000 NSDAP-Mitgliedern der Anteil der Arbeiter mit 28 Prozent (bei 49 Prozent Anteil an der Erwerbsbevölkerung) gemessen, Angestellte mit 26 Prozent (Bevölkerungsanteil zwölf Prozent), Bauern vierzehn Prozent (Bevökerungsanteil zehn Prozent) und Beamte mit acht Prozent (Bevölkerungsanteil fünf Prozent).[35] Insgesamt ist daher festzustellen, dass das NSDAP-Wählerpotenzial als Schichten-übergreifendes Protestpotenzial mit Mittelschichtenschwerpunkt bezeichnet werden kann. Erst die Wirtschafts- und Staatskrise von 1930 führte zur vollen Entfaltung des faschistischen Protestpotenzials, traditionelle Verhaltensweisen verstärkten die Entwicklung, waren aber nicht der Antrieb.

Obwohl es sich in manchen Publikationen der nach dem Zweiten Weltkrieg erschienenen pädagogischen Literatur eingebürgert hat, bei der Beurteilung des Bildungssektors und der Erzieherorganisationen hinsichtlich ihrer Einstellung zur Demokratie nach einem Schwarz-Weiß-Schema zu klassifizieren, ist diese oft emotional bestimmte Einschätzung wissenschaftlich keineswegs belegt. Für diesen Bereich gilt, was für die Motivanalyse der Gesamtbevölkerung gesagt werden muss: es ist »bis heute die soziale Basis der NSDAP-Wähler nicht hinreichend geklärt... Über die Gründe für das NSDAP-Votum kann überwiegend nur spekuliert werden. Arbeitslosigkeit, Agrarverschuldung, soziale und politische Isolierung, Krisenfurcht und krisenbedingte Radikalisierung, allgemeine Orientierungslosigkeit benennen eine Reihe von möglichen Ursachen, ihr jeweiliges Gewicht lässt sich jedoch allenfalls in Lokal- und Regionalstudien erschließen. Aber auch hier stößt die historische Wahlforschung schon bald an ihre Grenzen, weil das Problem der individuellen Aufschlüsselung der Optionen für den Nationalsozialismus methodisch nicht zu lösen ist.«[36] In einer dem Gymnasium gegenüber kritischen Lokalstudie aus der Weimarer Zeit über die Albrecht-Dürer-Oberrealschule in Berlin-Neukölln beurteilt E. Maier das dort tätige Kollegium mit der Feststellung: »Offenes antidemokratisches Verhalten war eher die Ausnahme. Die Mehrheit des Kollegiums stand der Demokratie mit einiger Reserve gegenüber, war aber nicht ausdrücklich antidemokratisch.«[37] Eine solche Einstellung war in Kreisen des Bürgertums weit verbreitet.

Dass der Deutsche Philologenverband und seine Landesorganisationen trotz der großen politischen und wirtschaftlichen Schwierigkeiten in der Weimarer Republik Erfolg hatten, beruht nicht zuletzt darauf, dass sie mit aller Konsequenz und von Anfang an die Möglichkeiten eines freiheitlich-demokratischen, parlamentarischen und föderativen Verfassungsstaates nutzten und sich von radikalen Strömungen jeglicher Provenienz frei hielten. Die Maxime ihres Handelns orientierte sich an der Aufrechterhaltung eines leistungsfähigen höheren Schulwesens in einem differenzierten Schulsystem, die fachwissenschaftliche und pädagogische Qualität des Studiums für das Lehramt an Höheren Schulen, die berufspolitische und soziale Absicherung der Philologen und ihres Nach-

wuchses in schwierigen Zeiten, die Wahrung der Aufstiegschancen der jungen Menschen aus allen Schichten sowie ihre Überleitung in den Beruf. In diesem Kontext stehen auch die konkreten Erfolge, die der Deutsche Philologenverband in den 20er Jahren in schulpolitischer Hinsicht erreicht hat: die Auflockerung der vierjährigen Grundschule für begabte Kinder mit der Möglichkeit zum Übertritt auf die Höhere Schule nach der dritten Grundschulklasse; die Beschränkung der als Normaltyp angestrebten Aufbauschule auf einen besonderen und eingegrenzten Wirkungskreis; die Abwehr der Versuche zur Schulzeitverkürzung der Höheren Schule auf acht Jahre; die Ausgestaltung des Reformgymnasiums. Darüber hinaus bemühte sich der Verband intensiv um die Verbesserung der Übergangsmöglichkeiten und des organisatorischen Zusammenhangs der Höheren Schule mit anderen Schularten und der Berufswelt. Von großer Bedeutung waren hier besonders die Vorstandsbeschlüsse vom 9. und 10. Mai 1930:
– »... es soll untersucht werden, für welche Berufe in ihrer normalen Laufbahn die Vorbildung auf der Höheren Schule zweckmäßig ist;
– es soll untersucht werden, wie durch Beziehung zu den Berufsämtern oder Berufsverbänden die Unterbringung von Schülern der einzelnen Klassenstufen mit unabgeschlossenem Besuch der neunjährigen Schule gefördert werden kann;
– es soll untersucht werden, in welcher Weise die Höhere Schule zweckmäßig mit dem Fachschulwesen in Beziehung gesetzt werden kann, insbesondere von welchen Klassenstufen aus die in Betracht kommenden Schüler der Höheren Schule zweckmäßigerweise in die einzelnen Zweige des Fachschulsystems übergeführt werden können;
– es soll untersucht werden, wie eine Verbindung der Höheren Schule mit den einzelnen Fachschulen gewonnen werden kann, um den Übergang geeigneter Schüler an diese Fachschule zu verwirklichen.«[38]

In pädagogischer Hinsicht gelang es, Innovationen im Bereich des Lehramtsstudiums und der Referendarausbildung einzubringen. Große Anstrengung verwandte der Verband auf die Einheitlichkeit der Unterrichtsfächer und Unterrichtsinhalte im deutschen Schulwesen sowie auf die Unterrichtsmethoden. Neben vielen Erfolgen auf diesem Sektor (z.b. Arbeitsunterricht) mussten auch Rückschläge (z.B. Fremdsprachenregelung) eingesteckt werden.

So erfolgreich die Bilanz auf schulorganisatorischem, bildungspolitischem und pädagogischem Gebiet war, so bescheiden waren die Ergebnisse bei der Lehrereinstellung und der Abwehr der Sparmaßnahmen. Hier konnten nur Teilerfolge erzielt werden. Reduzierung von Stellen, Not der Assessoren, Abbau und Einschränkung von Schulen, Erhöhung der Pflichtstundenzahlen und Klassenstärken, Rückgang des wahlfreien Unterrichts, Verzicht auf Neugründungen von Höheren Schulen, Herabsetzung der Wochenstundenzahl, Zusammenlegung der Klassen, Kürzung der Gehälter – all diese Maßnahmen, die der Staat zur Abwehr der Finanznot praktizierte, waren für die Verbandsarbeit oft schwer zu verkraften, obwohl durch Schriften, Analysen, Eingaben, Gespräche, Presseverlautbarungen unendlich viel Arbeit seitens der Vorstände investiert wurde.

1932 kam dann noch die Sorge hinzu, was aus der Höheren Schule würde, wenn die Nationalsozialisten in die Regierung eintreten sollten. Behrend schreibt darüber, wie der Vorstand des Deutschen Philologenverbandes beim Fraktionsvorsitzenden der NSDAP-Reichstagsfraktion, dem späteren Innenminister Frick, vorsprach. »Wir trugen unsere Befürchtungen vor unter Hinweis auf die Äußerungen des Nationalsozialistischen Lehrerbundes. Er gab, wie kaum anders zu erwarten, feste Versicherungen ab, dass alles beim Alten bleiben würde und der NSLB keinerlei politische Bedeutung habe.«[39] Wie sehr die Sorgen des Deutschen Philologenverbandes berechtigt waren und wie wenig den Täuschungsmanövern der Nationalsozialisten zu glauben war, sollte sich schon bald erweisen.

Die Reform- und Verbandsarbeit des Deutschen Philologenverbandes in der Weimarer Republik war unter den gegebenen schwierigen Rahmenbedingungen eine Erfolgsbilanz. Dass manche Autoren der pädagogischen Literatur nach 1945, besonders solche der 68er Generation, den Begriff Reform nur für die »radikalen Schulreformer« beanspruchen oder den sozialistisch-marxistischen Veränderungsbemühungen zugeordnet wissen wollen und allen anderen Innovationen eine Absage erteilen, kann die Erfolgsbilanz des Deutschen Philologenverbandes und seinen Beitrag für ein begabungs- und leistungsgerechtes Bildungswesen in dieser Epoche nicht trüben. Vielmehr zeigt die Entwicklung nach 1945, wie wichtig es war, wesentliche Grundsätze des höheren Schulwesens zu festigen und zu fördern.

IV DER DEUTSCHE PHILOLOGENVERBAND UNTER DER HITLER-DIKTATUR

Übernahme der Verwaltungs- und Bildungseinrichtungen durch das NS-Regime

Der Nationalsozialismus stellte von Anfang an Propaganda und Erziehung, die zentralen Instrumente der totalitären Macht, in den Mittelpunkt seiner Politik. Er wollte die Jugend erfassen und in seinem Sinn erziehen. Die paramilitärische Richtung dieser Maßnahmen, die er später noch viel härter formulierte, hatte Hitler schon in seiner ideologischen Schrift »Mein Kampf« (1923) vorgegeben: »Der völkische Staat hat ... seine gesamte Erziehungsarbeit in erster Linie nicht auf das Einpumpen bloßen Wissens einzustellen, sondern auf das Heranzüchten kerngesunder Körper. Erst in zweiter Linie kommt dann die Ausbildung der geistigen Fähigkeiten.«[40] Wenn die Nationalsozialisten von Jugend und Erziehung sprachen, dachten sie keineswegs nur an das öffentliche Schulwesen. Sie hatten ein junges Funktionärspersonal in der NSDAP, sie verfügten über starke Jugend- (Hitlerjugend) und Studentenorganisationen und schufen mit den Ordensburgen Ausbildungsstätten für die nationalsozialistischen Eliten. Die alten Reformdiskussionen der Weimarer Zeit aus Schule und Hochschule wurden von den nationalsozialistischen Erziehungstheoretikern wie dem Volksschullehrer Ernst Krieck und dem Männerbund-Verfechter Alfred Bäumler in eine autoritär-völkische Erziehung umgemünzt. Die »deutsche Gemeinschaftsschule« sollte zur »völkischen Weltanschauungsschule« werden.[41]

Von Ende März 1933 an konnte Hitler mit dem gesamten Staatsapparat unumschränkt herrschen und ihn für seine Gesetzes- und Verordnungspolitik einsetzen. Bereits die Reichstagsauflösung, die Aufhebung der Grundrechte am 28. Februar 1933, die Verfolgungswellen im Februar und März 1933, die Selbstausschaltung des Reichstags und die Legalisierung der Diktatur im Ermächtigungsgesetz hatten jegliche Basis für eine Mehrparteiendemokratie beseitigt. Noch hinderten ihn jedoch an einer unkontrollierten Befehlsgewalt über Staat und Gesellschaft die vorhandenen nicht-nationalsozialistischen Parteien sowie die vielfältigen Organisationen auf sozialer, wirtschaftlicher und kultureller Ebene. Der Weg von einer bürokratisch-autoritären Diktatur zum totalitären Regime machte die Eliminierung oder Nazifizierung aller – auch der nichtstaatlichen Organisationen – notwendig. Nach einem ersten Gesetz zur *Gleichschaltung* der Länder mit dem Reich (31. März 1933) folgte das zweite Gesetz am 7. April 1933, das zur Einführung von Reichsstatthaltern in den Ländern führte, die auf Vorschlag Hitlers vom Reichspräsidenten ernannt wurden. Mit dem »Gesetz über den Neuaufbau des Reichs« vom 30. Januar 1934 wurde die Eigenständigkeit der Landesregierungen vollends beseitigt. Nachdem Hitler auf Goebbels Initiative den 1. Mai zum »Tag der nationalen Arbeit«, einem bezahlten Nationalfeiertag, erhoben hatte, wurden am 2. Mai 1933 die Gewerkschaftshäuser von SA und SS gestürmt und die Gewerkschaften aufgelöst. Gleichzeitig verkündete Robert Ley die Gründung einer »Deutschen Arbeitsfront« (DAF), die in den darauf folgenden Jahren zu einer Massenorganisation von Arbeitnehmern und Arbeitgebern mit über 25 Millionen Mitgliedern ausgebaut und am 29. März 1935 zur »Gliederung der NSDAP« erhoben wurde. Nach dem bereits im März 1933 ausgesprochenen Verbot der KPD folgte am 23. Mai 1933 das Verbot der SPD sowie in den Monaten Juni/Juli die Selbstauflösung der übrigen Parteien. Das »Gesetz gegen Neubildung von Parteien« am 14. Juli 1933 führte zur Alleinherrschaft der NSDAP.

Die »Gleichschaltung« der Kultusverwaltungen der Länder, der Hochschulen für Lehrerbildung sowie fast aller Lehrerverbände vollzog sich innerhalb weniger Monate. Zeitgleich wurde ein gründlicher Personalaustausch auf den mittleren und unteren Schulverwaltungsebenen vorgenommen. Man entließ als Sofortmaßnahme in Preußen von 137 Oberschulräten 46, von 527 Schulräten 115. 16 Prozent der Schulleitungen der Höheren Schulen wurden neu besetzt.

Für die Lehrervereine stand schon vor 1933 als nationalsozialistische Auffangorganisation der von dem Bayreuther Lehrer Hans Schemm gegründete und geleitete *Nationalsozialistische Lehrer-*

bund (NSLB) bereit, der 1933 über 11 000 Mitglieder verfügte und im ganzen Reichsgebiet vertreten war. Schemms Ziel war die Zusammenfassung aller Pädagoginnen und Pädagogen vom Kindergarten bis zur Hochschule in einer »einheitlichen deutschen Erzieherfront«, die er auf einer Reichstagung des NSLB vom 8./9. April 1933 in Leipzig propagierte und die am 8. Juni 1933 als *Deutsche Erziehergemeinschaft (DEG)* in Magdeburg gegründet wurde. Der Gründungsakt war durch eine Vereinbarung des preußischen und deutschen Lehrervereins mit dem inzwischen zum bayerischen Kultusminister avancierten Hans Schemm, der 1. Vorsitzender wurde, zustande gekommen. 44 Organisationen mit 159 Vertretern – darunter auch der Deutsche Philologenverband – unterschrieben die Gründungsurkunde. Mit dieser Zwischenlösung hatte Schemm sein Idealziel, die vollständige Eingliederung der Lehrer in den NSLB, noch nicht erreicht. Zudem unterstand die DEG als »Fachgruppe Erzieher« – so sahen es jedenfalls Reichsinnenminister Frick und auch der Philologenverband – dem unter Leitung des Reichsstatthalters Jakob Sprenger stehenden Beamtenbund. Hans Schemm, der die DEG als Teil des NSBL sah, war gezwungen zu taktieren, da er in Konkurrenz zu dem ebenfalls um Machtanteile im totalitären Nazi-Regime kämpfenden Reichsinnenminister Wilhelm Frick stand. Frick wünschte sich eine möglichst problemlose Eingliederung der Beamtenorganisationen, die er selbst gleichschalten und dem Kontrollbereich Schemms entziehen wollte, in die neuen Machtstrukturen und gaukelte den Verbänden eine relative Selbstständigkeit vor, was auch in seiner Rede auf dem Erziehertag am 8. Juni 1933 in Magdeburg zum Ausdruck kam: »Selbstverständlich soll die neue Gemeinschaft nicht eine unterschiedslose Masse im Sinne einer demokratischen Vergangenheit sein, vielmehr ein wohlgegliederter Organismus, dessen einzelnen Teilen, wenn auch stets im Rahmen des Ganzen, ein selbständiges, wertvolle Facharbeit ermöglichendes Eigenleben zu gewährleisten sein wird. Denn innerhalb der deutschen Schule wird es bei aller Beschränkung der Schultypen auf das zulässige Mindestmaß auch künftig je nach Befähigung, Neigung und Lebensalter der Schüler immer noch unentbehrliche Unterabteilungen geben. Und deren Lehrkräfte haben ganz bestimmte Sonderaufgaben zu erfüllen, bei denen nur sie sachverständig sind. Daraus ergibt sich die Notwendigkeit, den eingegliederten Verbänden die Möglichkeit zu belassen, ihre Erfahrungen und Wünsche ungehindert bis in die Hauptleitung hinein zur Geltung zu bringen und bei den zuständigen Behörden vorzutragen. Es wird daher mit zu den Aufgaben der Tagung gehören, den Gesamtrahmen so zu gestalten, dass die berechtigte Eigenarbeit dieser Gruppen nicht gehemmt wird, damit die deutschen Lehrer und Lehrerverbände sich frei von allem Zwang freudigen Herzens in den großen Zusammenhang einordnen können.«[42] Aus diesen Versprechungen glaubten der Deutsche Philologenverband und der Reichsbund der höheren Beamten die Möglichkeit für eine relative Selbstständigkeit ihrer Organisationen heraushören zu können. Sie sahen den Machtkonflikt zwischen Frick und Schemm als Chance, die Selbstständigkeit zu bewahren, und begannen zu taktieren, um nicht dem NSLB beitreten zu müssen, einer Organisation, in der der Deutsche Philologenverband seine berufs- und bildungspolitischen Interessen nicht vertreten sah.

Das Schicksal des Verbandsvorsitzenden Dr. Felix Behrend

Das grausame Erwachen nach der Machtergreifung der Nationalsozialisten kam für den Deutschen Philologenverband sehr rasch. Bereits im Februar erfolgte eine Welle offenen Terrors der SA gegen politische Gegner. SA und SS nahmen willkürlich Verhaftungen vor. Der Wahlkampf für die Reichstagswahlen am 5. März wurde von der NSDAP mit *Methoden terroristischer Einschüchterung* gegenüber demokratischen Parteien und Organisationen geführt. Am 17. Februar gab der preußische Innenminister Hermann Göring die Weisung an die Polizei, Ausschreitungen der SA und SS nicht zu verfolgen. Nach dem Reichstagsbrand am 27. Februar, der Verkündung der Notstandsgesetze am 28. Februar und den Wahlen vom 5. März wurde die gesetzlose Anarchie der SA immer hemmungsloser. Gegner, Abtrünnige oder solche, die man dafür hielt, wurden zu Opfern unkontrollierter Vergeltungswut.

In der Nacht vom 17. zum 18. März 1933 wurde auch Dr. Felix Behrend überfallen. Als Oberstudiendirektor des Kaiser-Wilhelm-Gymnasiums in Berlin-Neukölln wohnte er im Direktorenhaus in der Planetenstraße 3, das an den hinteren Schulhofteil angrenzte. Fünf SA-Leute, die sich zuvor in einer Kneipe betrunken hatten, drangen mit Gewalt in das Haus ein. Voller Entsetzen erlebten seine Frau und seine 15jährige jüngste Tochter mit, wie die brutalen Männer Felix Behrend mit mehreren Revolverschüssen bedrohten und ihn danach in übelster Weise zusammenschlugen und so schwer misshandelten, dass er längere Zeit bettlägerig war. Die sofort nach dem Überfall alarmierte Polizei machte keine Anstalten, die Übeltäter zu verfolgen. Sie gab vor, zu viele Zwischenfälle dieser Art zu haben, um irgend etwas unternehmen zu können. »Wir mussten bei allem, was wir sagten oder taten, vorsichtig sein«, erinnerte sich Behrends Tochter an die bedrohliche Atmosphäre dieser Zeit, »wir wussten, dass es viele Denunzianten gab und es deshalb so gefährlich war, unsere Meinung öffentlich oder telefonisch zu äußern.«[43]

Die SA-Terrorbande hatte vermutlich einen Wink von übergeordneter Stelle erhalten, denn die Auswahl des Opfers konnte kein Zufall sein. Der gewaltsame Übergriff galt dem öffentlich bekannten 1. Vorsitzenden des Deutschen Philologenverbandes, der außerdem jüdischer Abstammung war. Dieser Sachverhalt war selbst den engsten Familienmitgliedern unbekannt. Seine jüngste Tochter, die Augenzeugin Hilde Behrend, berichtete später, dass sie zur Zeit des SA-Angriffs nicht wusste, dass ihr Vater Jude war, zumal er auch der jüdischen Religionsgemeinschaft nicht zugehörte. Sie erfuhr erst, als die Rassegesetze erlassen wurden, dass ihre Mutter »arisch« und sie und ihre älteren Geschwister, ein Bruder und eine Schwester, »halbarisch« seien. Ungeachtet dieser Aussage von Hilde Behrend ist mit Sicherheit anzunehmen, dass die Nationalsozialisten die jüdische Herkunft von Behrend kannten, denn es existiert ein Brief des Provinzial-Schulkollegiums an Kultusminister Rust, in dem die »nicht-arische Abstammung« von Behrend mitgeteilt wurde.[44]

Durch den brutalen Überfall wurde das Verbands-, Berufs- und Familienleben eines der bedeutendsten Vertreter der deutschen

Philologenschaft in der Weimarer Republik und eines bekannten Pädagogen von einem auf den anderen Tag in grausamster Weise zerstört. Eine Woche nach diesem Ereignis tagte der Vorstand des Preußischen Philologenverbandes, auf dem satzungsgemäß Vorschläge für die nächste Vorstandswahl des Deutschen Philologenverbandes am 31. Mai 1933 in Berlin gemacht werden mussten. Behrend, der auch dem Preußischen Vorstand angehörte, konnte wegen seiner Verletzungen nicht teilnehmen. Normalerweise hätte man davon ausgehen können, dass der erfolgreiche und anerkannte Vorsitzende Behrend von seinem Heimat-Landesverband Berlin, dem auch die Gastgeberrolle beim nächsten Verbandstag zufiel, wieder nominiert worden wäre. Der Landesvorstand rückte aber von Behrend ab. Behrend erwähnte später, dass die Nationalsozialisten die Vorstandssitzung benutzten, um seinen sofortigen Rücktritt zu erzwingen. Er hätte dann, weil er weitere politische Aktionen befürchtete, keinen anderen Ausweg gesehen, als unter Protest zurückzutreten.[45] Dieser Vorgang, der mit zu den dunkelsten Kapiteln der Verbandsgeschichte gehört, ist bis heute nicht hinreichend geklärt und wird wohl auch ungeklärt bleiben, weil keine Zeitzeugen mehr zur Verfügung stehen.

Eine weitere Stufe zur Liquidierung des demokratischen Rechtsstaates durch die NSDAP war die »Säuberung« des Beamten- und Justizapparats. Dazu bediente man sich unter anderem eines Gesetzes mit der propagandistischen Bezeichnung *Gesetz zur Wiederherstellung des Berufsbeamtentums (GWBB)*. Nach den Paragraphen 2 bis 4 dieses Gesetzes konnten ganze Beamtengruppen aus politischen oder rassistischen Gründen aus dem Amt entlassen werden. Paragraph 3 erfasste »Beamte, die nicht-arischer Abstammung« waren, für die es jedoch noch eine Zeit lang Ausnahmeregelungen gab. Im Herbst 1933 wurde Behrend nach den Richtlinien dieses Gesetzes seines Schulleiteramtes enthoben, Nachfolger wurde ein Mitglied des Nationalsozialistischen Lehrerbundes. Als ehemaliger Frontsoldat konnte Behrend noch weiter als Studienrat beschäftigt werden. Er wurde an das Wilmersdorfer Bismarck-Gymnasium zwangsversetzt und verlor seinen Wohnsitz in der Planetenstraße. Im Dezember 1935 entließ man Behrend endgültig und schickte ihn aufgrund der 1. Verordnung zum *Reichsbürgerschaftsgesetz vom 15. September 1935* in die Zwangspensionierung. Obwohl seine Kinder bereits ins Ausland gegangen waren, hoffte Behrend für sich noch immer auf eine glückliche Wendung. Erst im Herbst 1938 floh er mittellos nach Holland und von dort mit finanzieller Unterstützung holländischer Kollegen im Juli 1939 nach London. Er starb am 15. November 1957 in Melbourne (Australien) im Alter von 77 Jahren.[46]

Versuche zur »Gleichschaltung« des Philologenverbandes

Neben der Mobilisierung der Gewalt konzentrierten sich die Nationalsozialisten auf die Durchdringung und Ausrichtung der Verbände und damit die »Erfassung« der Bevölkerung durch den Aufbau umgreifender Monopolorganisationen wie der *Deutschen Arbeitsfront (DAF)*, dem *Nationalsozialistischen Lehrerbund (NSLB)*, der *Reichskulturkammer* usw. – *Gleichschaltung* nannten die Nationalsozialisten diesen Prozess, hinter dessen Verharmlosung sich nichts anderes verbarg als die totale Durchsetzung des unbedingten Herrschaftsanspruchs der Parteidiktatur der NSDAP in Staat und Gesellschaft.

Die Reaktionen im Deutschen Philologenverband auf die Ereignisse um Behrend zeigen die Verunsicherung und die Unentschlossenheit des Vorstandes. Der brutale Überfall auf den 1. Vorsitzenden war zwar ein schockierendes Signal für den Verbandsvorstand, wurde aber offensichtlich in seiner umfassenden Dimension, dass es sich nämlich nicht primär um die Tat Einzelner, sondern um eine der vom totalen Staat praktizierten Terrormethoden handelte, nicht sofort durchschaut. Auffällig ist jedoch die Zurückhaltung des Vorstandes gegenüber dem scheidenden Behrend, eines Mannes, der in den pädagogischen Lexika vor 1933 als wichtige pädagogische Persönlichkeit vertreten war und die Verbandsarbeit vierzehn Jahre maßgeblich mitgestaltet hatte. Wir finden eine kleine Notiz im Philologenblatt, in der der Überfall nicht erwähnt wird. Dort heißt es nur: »Durch den am 25. März erfolgten freiwilligen *Rücktritt des bisherigen 1. Vorsitzenden des Deutschen Philologenverbandes, Oberstudiendirektor Behrend*, war die Einberufung einer außerordentlichen Vorstandssitzung notwendig geworden.«[47] Auf dieser Sitzung vom 1. April 1933 wählte der Vorstand den kommissarischen Berliner Magistrats-Oberschulrat, Studienrat Rudolf Bohm, zum Nachfolger Behrends. Bohm bekleidete das Amt des 2. Schatzmeisters und gehörte dem Geschäftsführenden Ausschuss des Deutschen Philologenverbandes seit 1922 an. In der oben genannten Kurznotiz wurde erwähnt, dass Bohm seines Vorgängers gedachte und »seiner langjährigen, aufopfernden, verdienstvollen und umsichtigen Mitarbeit in allen entscheidenden Fragen des Verbandes und der Höheren Schule.«[48] Im Protokoll der *Vertreterversammlung des Deutschen Philologenverbandes am 31. Mai 1933*, auf der die Wahl Bohms bestätigt und seine Stellvertreter Dr. Bohlen und Luschey wiedergewählt wurden, finden wir auch noch »Worte des besonderen Dankes« von Bohm an Dr. Behrend. »Er wies dabei auf dessen schul- und kulturpolitische Verdienste hin und erwähnte den energischen und erfolgreichen Abwehrkampf Behrends gegen die Pläne des preußischen Unterrichtsministers Grimme auf Zerschlagung der Höheren Schule«.[49] Weitere Hinweise finden wir nicht, Ehrungen fehlen ebenfalls. Offensichtlich vermied man alles, um sich mit Behrend öffentlich zu solidarisieren. Über die Gründe vermag man nur zu spekulieren. Da es nicht an der Person Behrends gelegen haben kann, die bis dahin große Anerkennung im Verband genoss, wird vermutlich die Absicht dahinter gesteckt haben, den Nationalsozialisten keine Vorwände für Pressionen gegenüber dem Verband zu liefern. Dass diese Taktik nicht aufgehen konnte und falsch war, wurde offensichtlich nicht erkannt.

Das erklärte Ziel des Führers des Nationalsozialistischen Lehrerbundes, des bayerischen Kultusministers Schemm, war, wie schon erwähnt, die Auflösung aller Erzieherverbände und deren Zusammenschluss in einer nivellierenden Massenorganisation, vergleichbar der Arbeiterschaft in der Deutschen Arbeitsfront. Deshalb hatte er auf der Leipziger Tagung des NSLB am 8. und 9. April angekündigt, Verhandlungen mit den Lehrerverbänden über die Eingliederung in den NSLB zu führen. Gleichzeitig begann er mit seinen Untergliederungen in den Ländern und Provinzen die Lehrerorganisationen von der Basis aus zu unterminieren. Der Deutsche Philologenverband veröffentlichte daher am 10. Mai 1933 eine dringende Warnung vor Sonderaktionen seiner Untergliederungen, die in den folgenden Monaten mehrfach wiederholt wurde. Dazu gab der Verband folgende Richtlinien heraus:

»1. Die Verhandlungen wegen Eingliederung des Deutschen Philologenverbandes in den Deutschen Lehrerbund werden ausschließlich zentral vom Deutschen Philologenverband mit den zuständigen Stellen geführt. Nur von diesem ergehen Richtlinien und Anweisungen an die Landes-, Provinzial-, Bezirksverbände und Ortsgruppen ...

2. Übergriffe und Sonderaktionen außenstehender Stellen sind gesetzlich unzulässig und ungültig... Jede Regelung örtlicher, provinzieller oder ähnlicher Art, die nicht von der Zentrale angeordnet ist, ist geeignet, die zentralen Verhandlungen zu erschweren und organisatorische Verwirrung anzurichten...

3. Neben der Schaffung des Deutschen Lehrerbundes bleibt für uns *oberstes Ziel die Erhaltung des Deutschen Philologenverbandes als Schützer und Sachwalter der Höheren Schule* ...

4. Da der Deutsche Philologenverband eingetragener Verein ist, müssen die gesetzlichen Vorschriften aufs Genaueste beachtet werden ...

5. Beitritte in den Nationalsozialistischen Lehrerbund, in die Fachschaften der NSDAP sowie in die Partei selbst, sind persönliche Angelegenheit jedes Einzelnen. Unter allen Umständen aber muss daneben die Zugehörigkeit zum Deutschen Philologenverband aufrecht erhalten bleiben.«[50]

Wie verworren die Lage inzwischen war beim Versuch des NSLB, alle Erzieherorganisationen zu vereinnahmen, geht aus einem Bericht des Philologenverbands-Vorsitzenden Bohm vom 17. Mai 1933 hervor, in dem er seine Sicht der Dinge über den Stand der Verhandlungen schildert. Zunächst verweist er auf die Leipziger NSLB-Tagung vom 8. April und betont, dass dort der Führer der Beamtenschaften der NSDAP, Sprenger, zum Reichskommissar für die deutschen Beamtenorganisationen ernannt worden sei. Dieser Schachzug des Reichsinnenministers Frick war dazu gedacht, Sprenger mit der Gleichschaltung der Beamtenverbände zu beauftragen, sodass Frick als zuständiger Ressortminister die Oberhand behielt. So war es auch von Bohm verstanden worden, der berichtete, dass im April »der Zusammenschluss der gesamten deutschen Beamtenschaft in etwa sieben bis acht großen Säulen möglich« schien, »von denen eine die Gesamtheit der deutschen Lehrerverbände in einer großen deutschen Erziehergemeinschaft unter Führung des NSLB umfassen sollte«.[51] Dieser Gleichschaltungsversion in Anlehnung an Frick hatte Schemm aber schon Ende April widersprochen und seinerseits bekanntgegeben, dass die Lehrerschaft sich eine eigene Organisation aufbaue. Damit hatte Schemm durchblicken lassen, dass die DEG, die am 20./21. Mai in Berlin zu ihrer ersten Tagung zusammengetreten war, für ihn nur als Zwischenstation zur einheitlichen Massenorganisation des NSLB gedacht war. Frick konterte, indem er die Konzeption des NSLB als Einheitsfront ablehnte und ihr den Status einer Partei- und Eliteorganisation zusprach. Der Vorsitzende des Philologenverbandes Bohm schloss sich dieser Vorstellung an und bezeichnete den NSLB als rein politische »Kampf- und Propagandaorganisation«, die aufgrund ihrer Struktur wenig geeignet sei, die Lehrerschaft Deutschlands zu einer Gesamtorganisation zusammenzufügen, da sie »die gewaltige Fracht von Kultur- und Bildungsarbeit mit übernehmen« müsse, »die bisher auf die Einzelorganisationen verteilt war.«[52] Bohm war in seiner Haltung sicherlich bestärkt worden, weil von Schemm bei den Verhandlungen mit dem NSLB zur Eingliederung des Deutschen Philologenverbandes keine Antwort auf den vom Verband vorgelegten Plan erfolgt war. In diesem vom Philologenverband auf Verlangen des NSLB unterbreiteten Plan hatte der Vorstand dargelegt, wie er sich einen korporativen Beitritt vorstellte: Der Verband sah sich als eine Fachschaft für die Höheren Schulen, die ihren bisherigen Organisationsaufbau in »Zentrale, Landes-, Provinzialverbände, Bezirksvereine, Ortsgruppe« beibehalten könne. Schemm wich in einem Gespräch mit Bohm am 9. Mai 1933 diesen Vorschlägen aus und wollte alles weiteren Verhandlungen überlassen. Am 11. Mai 1933 beschloss der NSLB, dass bis auf weiteres nur noch Parteigenossen der NSDAP die Mitgliedschaft des NSLB erwerben könnten. Der Philologenverband sah sich daraufhin in seiner Auffassung bestätigt, dass der NSLB primär eine parteipolitische Kampforganisation war. Schemm hatte durch seinen Beschluss seinerseits klargestellt, wohin die Reise gehen sollte, nämlich zu einer nationalsozialistischen nivellierenden Massenorganisation.

In dieser Situation setzte der Philologenverband seine ganze Hoffnung auf eine Neuorganisation des Deutschen Beamtenbundes. Ende Mai erklärte der von Frick beauftragte Reichskommissar Sprenger, der inzwischen den *Reichsbund der deutschen Beamten* ins Leben gerufen hatte, dass er sich auch für die Lehrerschaft zuständig sehe, die eine der fünf Säulen des Beamtenbundes bilden sollte. Jetzt änderte Schemm seine Taktik: Er ließ sich zum Vorsitzenden der Lehrersäule im Reichsbund der Beamten ernennen und bekam dafür die Zusicherung, dass der NSLB die Fachvertretung der Lehrerschaft übernehmen sollte.

Es folgt nun ein raffiniert angelegtes Täuschungsmanöver Schemms auf der 2. Tagung mit den Lehrerverbänden am 8. Juni in Magdeburg. Ein als Begrüßungstelegramm an Hitler bezeichnetes Schreiben, das, noch nicht einmal im vollen Wortlaut vorgelegt, von 44 Lehrerverbänden unterzeichnet wurde, enthielt die Bestätigung, dass die unterzeichnenden Organisationen der deutschen Erziehergemeinschaft korporativ und deren Vorstände dem NSLB als Einzelmitglieder beigetreten seien.[53]

Auch der Deutsche Philologenverband hatte unterzeichnet, da Schemm Bohm am 23. Mai 1933 in München in einem Abkommen zugesichert hatte, dass der Deutsche Philologenverband bei einem korporativen Beitritt zur DEG als rechtsfähige Körperschaft sein selbstständiges Eigenleben erhalten könne. Dieser Vereinbarung hatte die Vertreterversammlung am 31. Mai zugestimmt, sodass einer Unterzeichnung am 8. Juni nichts im Wege stand. Damit schien für den Deutschen Philologenverband die Rechtslage klar: Die DEG war eine Dachorganisation, in der selbstständige Verbände korporativ zusammengeschlossen waren. Der NSLB wurde als einer dieser Verbände angesehen. Für Schemm sah das alles ganz anders aus: Für ihn waren die DEG und der NSLB eine Einheit. Er verstand sich als Vorsitzender, der gegenüber den anderen Lehrerorganisationen weisungsbefugt war. Mit dieser trickreichen Magdeburger Aktion konnte Schemm sich als Etappensieger betrachten. Er verstärkte nun auch auf regionaler und lokaler Ebene seine Aktivitäten und übte Druck auf die Unterorganisationen und die einzelnen Lehrkräfte aus, dem NSLB beizutreten. Die Lehrerverbände beschwerten sich daraufhin bei Reichsinnenminister Frick, der im Juli alle Angriffe und Sonderaktionen untersagte. Die Unterhöhlungsaktionen des NSLB waren jedoch erfolgreich. Die Mitgliederzahlen stiegen von 6 000 (Ende 1932) auf 220 000 (Ende 1933). Bis Ende 1933 hatte Schemm es geschafft, 43 von 48 Lehrerverbänden »freiwillig« aufzulösen. Ganze Orts- und Landesgruppen der Lehrervereine gaben dem Druck des NSLB nach. Schemm versuchte auch den Philologenverband noch einmal zu locken, indem er ihm innerhalb des NSLB die »Fachschaft« für die Höheren Schulen anbot. Der Deutsche Philologenverband ging auf dieses Angebot nicht ein und gab sich die Bezeichnung *Reichsfachschaft der Lehrer an Höheren Schulen in der Deutschen Erzieher-Gemeinschaft*. Er konnte sich auch weiterhin auf die Rückendeckung von Reichsinnenminister Frick verlassen, der am 1. Dezember 1933 mit den noch unabhängigen Verbänden eine neue Deutsche Erziehergemeinschaft II gründete. Dieser Gruppierung gehörten der Philologenverband, der Reichsverband Deutscher Hochschulen, der Bayerische Lehrerverein, der Reichsverband der Berufs- und Fachschulen, der Reichsverband Deutscher Diplomhandelslehrer sowie der Reichsverband deutscher freier Unterrichts- und Erziehungsanstalten an. Im Winter 1933/34 kam es nun zu einem offenen Konflikt zwischen Schemm und Frick. Schemm erwirkte sowohl bei Hitler als auch bei Reichsinnenminister Rust eine Ablehnung der neuen Erzieherorganisation. Da Frick nicht nachgab, kam es zunächst zu einem Kompromiss: Schemm sollte die Führung der DEG II übernehmen. Dieser versuchte aber sofort, die DEG II aufzulösen. Beim Bayerischen Lehrerverein hatte er Erfolg. Gegen die Übernahme der Abteilung Wirtschaft und Recht im NSLB, der Beibehaltung seiner Selbstständigkeit und seines Verbandsorgans, trat der Bayerische Lehrerverein am 1. Juli 1934 aus der DEG II aus und trat in den NSLB ein, in dem nun alle Volksschullehrer-Organisationen versammelt waren. Trotz vieler Verhandlungen und scharfem Druck leistete der Philologenverband weiterhin Widerstand. 1934 verboten die Schulbehörden allen Lehrern, an Veranstaltungen des Deutschen Philologenverbandes teilzunehmen. Da der Vorstand aber geschlossen hinter Bohm stand, konnte die Verbandslinie bei den Auseinandersetzungen trotz Pressionen vorerst beibehalten werden.

Auflösung des Deutschen Philologenverbandes

Das Blatt wendete sich erst, als Schemm Rückendeckung durch die NSDAP erhielt. Durch die Vereinigung des Hauptamtes für Erzieher in der Reichsleitung der NSDAP mit der Reichsleitung des NSLB wurde der Nationalsozialistische Lehrerbund ein Glied der Nationalsozialistischen Partei und Schemms Stellung so gestärkt, dass der Versuch Fricks, die Lehrerverbände zu schützen, um sie für eigene Positionsstärkungen zu benutzen, gescheitert war. Ein Verbot der Doppelmitgliedschaft im NSLB und einem anderen Lehrerverein tat dann ein Übriges, die Liquidation der noch bestehenden Organisationen zu beschleunigen. Nachdem der Philologenverband die Unterstützung Fricks verloren hatte, war er dem Druck Schemms unmittelbar ausgesetzt. Dieser verlangte nach weiteren hinhaltenden Verhandlungen mit dem Vorstand des Deutschen Philologenverbandes rigoros die Ablösung Bohms. Der 1. Vorsitzende des Verbandes erklärte daraufhin am 6. Dezember 1934 seinen Rücktritt mit folgender Erklärung: »Ich habe als Leiter des Deutschen Philologenverbandes seit meiner Amtsübernahme im April 1933 alles getan, um das Einigungswerk der Erzieherschaft zu fördern ... In den letzten Wochen haben wichtige Besprechungen stattgefunden ... Im Zuge dieser Verhandlungen ist von maßgebender Stelle, die diese Maßnahmen durchzuführen entschlossen ist, der Versuch ausgesprochen worden, ich möge, um 'alle persönlichen Hemmungen auszuschalten', vom Vorsitz des Deutschen Philologenverbandes zurücktreten. Nach verantwortungsbewusster Abwägung aller Einzelheiten musste ich bei der gegebenen Sachlage diesem Wunsche entsprechen, um dadurch einer endgültigen organisatorischen Regelung den Weg zu bahnen ... Zu meinem Nachfolger habe ich kraft der mir von der Vertreterversammlung gegebenen Ermächtigung den Vorsitzenden des Preußischen Philologenverbandes, Oberstudiendirektor Schwedtke, ernannt.«[54] Vorsitzende wurden jetzt nicht mehr gewählt, sondern bestimmt.

Kurt Schwedtke, Jahrgang 1892, hatte seit 1933 »Karriere« gemacht. In der Zeit der Weimarer Republik veröffentlichte er als Neuphilologe eine Reihe methodischer und didaktischer Schriften. Anfang 1932 – »also relativ früh und für einen Studienrat nicht selbstverständlich«[55] – wurde Schwedtke Mitglied im Nationalsozialistischen Lehrerbund, blieb aber auch im Philologenverband. Am 1. Mai 1932 trat er der NSDAP bei. Im März 1933 ernannte man ihn zum kommissarischen Oberstudiendirektor der Karl-Marx-Schule in Berlin-Neukölln, die inzwischen wieder in Kaiser-Friedrich-Gymnasium umbenannt war. Die Karl-Marx-Schule war von dem radikalen Schulreformer Fritz Karsen zu einer dreizehn Jahrgänge umfassenden Reformschule mit folgenden Zweigen ausgebaut worden: Grundschule, Volksschul-Oberstufe, Aufbauschule, Arbeiter-Abiturientenklasse, deutsche Oberschule, Reformrealgymnasium. Fritz Karsen hatten die Nationalsozialisten schon am 21. Februar 1933 wegen seiner überzeugten sozialistischen Einstellung und seiner jüdischen Herkunft entlassen. Nach dem Reichstagsbrand am 28. Februar 1933 verließ Karsen Deutschland und ging ins Exil. Sein Nachfolger Schwedtke begann nun mit einer umfassenden Nazifizierung der Schule. Innerhalb eines Jahres wurden von 74 Lehrkräften 43 ausgewechselt, davon viele entlassen. Sein Ziel war, alle reformpädagogischen Ansätze durch eine Schule mit NS-Ideologie zu ersetzen. Im Oktober 1933 erhielt Schwedtke die Ernennung zum Leiter eines Pädagogischen Seminars in Neukölln. Seit November 1933 war er Leiter des Allgemeinen Deutschen Neuphilologen-Verbandes und ab 1. Januar

1934 Herausgeber der Fachzeitschrift »Die Neueren Sprachen«. Als Schwedtke Ende 1934 von Bohm zum 1. Vorsitzenden des Deutschen Philologenverbandes ernannt wurde, befand er sich für einige Wochen auf dem Höhepunkt seiner Laufbahn.

Die fragwürdige Personalentscheidung Bohms zeigt, wie sehr der Philologenverband bei seinem Versuch, im Nationalsozialismus zu überleben, jegliche Spielräume verloren hatte. Zudem macht sie den Realitätsverlust des Vorstandes deutlich, der offensichtlich geglaubt hat, mit einem strammen Parteigenossen wie Schwedtke die dahinschwindende Existenz zu sichern. Schon im Januar 1935 kam das böse Erwachen. Das Deutsche Philologenblatt veröffentlichte am 4. Januar 1935 einen Leitartikel von Kurt Schwedtke mit dem Titel »Besinnung«. In diesem Artikel trat er für die nationalsozialistische Revolution ein und machte abfällige Äußerungen gegenüber Abenteurernaturen und Konjunkturrittern, denen der Führer durch sein energisches Eingreifen Einhalt geboten hätte. Damit glaubte Schwedtke den richtigen Ton getroffen zu haben. Das genaue Gegenteil war der Fall: Die Nationalsozialisten waren wenige Monate nach der Ermordung des SA-Führers Röhm und der Liquidierung seiner Anhänger bestrebt, die innerparteiliche Balance wiederherzustellen. Der Artikel Schwedtkes wirkte in dieser Situation wie ein Stich ins Wespennest. Schemm erkannte sofort die Chance, Schwedtke zu diskreditieren und gegen den Philologenverband vorzugehen. Er warf ihm schwerste Greuelpropaganda vor. Die Ausgabe des Deutschen Philologenblattes wurde beschlagnahmt und Schwedtke am 24. Januar 1935 unter Beibehaltung seines Gehaltes vom Dienst beurlaubt. Den Vorsitz des Philologenverbandes durfte er behalten, wurde aber aus dem NSLB ausgeschlossen, allerdings nicht aus der NSDAP. Im gleichen Monat wurde das Deutsche Philologenblatt verboten, wodurch die Verbandsarbeit praktisch zum Erliegen kam. Die letzte Ausgabe erschien am 6. Februar 1935. Reichserziehungsminister Rust nahm den Neujahrsaufsatz Schwedtkes zum Anlass, seine Vermittlungsgespräche zwischen NSLB und Philologenverband einzustellen. De jure bestand der Philologenverband zwar noch fort, doch die Auflösung hatte begonnen.

Der Hauptstellenleiter der Abteilung Organisation des NSLB beurteilte die Situation folgendermaßen: »Ein als Nationalsozialist junger Parteigenosse glaubte als Vorsitzender des Philologenverbandes berufen zu sein, seine Stimme zu erheben, um den von rein nationalsozialistischen Grundsätzen deutschen Staat auf die großen Gefahren aufmerksam zu machen, die diesem Staat gerade von der NSDAP drohen.« Schwedtke sei ein Anhänger des überkommenen Bildungsliberalismus, der sich der NSDAP angebiedert habe. Jetzt bestehe endlich Klarheit, dass sich der Philologenverband dem NSLB anschließen müsse, denn dieser sei es leid, »die seit langem mit größter Geduld und Langmut mit der Vorstandsschaft des Philologenverbandes geführten Verhandlungen« fortzuführen.[56]

Die Existenz des Deutschen Philologenverbandes war nun endgültig bedroht. Es gelang der Verbandsführung nicht mehr wie 1933, Landesverbände am Austritt zu hindern. Im Herbst 1933 wehrte sich der Vorstand noch gegen Falschmeldungen über Auflösungsbeschlüsse des Rheinischen, des Westfälischen und des Hessischen Philologenvereins. »Kein einziger dieser Verbände hat sich aufgelöst oder freiwillig einen dahingehenden Beschluss gefasst«, ließ der Verband wissen. »Der Hessische Philologenverein, der am 8. Juli unter Druck einen Auflösungsbeschluss gefasst hatte, hat am 29. Oktober in einer Vertreterversammlung einstimmig festgestellt, dass dieser Beschluss unter Druck zustande kam und hat ihn ebenfalls wieder einstimmig aufgehoben. Alle drei Verbände stehen treu zum Deutschen Philologenverband. Kein einziger Landes- oder Provinzialverein ist bisher aus dem Deutschen Philologenverband ausgetreten.«[57]

1935 hatte sich die Lage grundlegend verändert. Nach der Zuspitzung der Verhältnisse durch den umstrittenen Aufsatz Schwedtkes richtete der Bayerische Philologenverband ein Schreiben an den Deutschen Philologenverband, in dem er seinen Willen zum geschlossenen Eintritt in den NSLB bekundete. Die bayerischen Philologen standen seit 1934 unter ständigem Druck ihres Kultusministers Schemm, der ein Weiterbestehen der DEG neben dem NSLB nicht mehr wollte und den Bayerischen Philologenverband drängte, korporativ dem NSLB beizutreten. Die Grundzüge für den Eintritt wurden von Minister Schemm im Februar 1935 unterzeichnet und der Übertritt am 5. Oktober 1935 vollzogen.[58]

Am 5. März 1935 starb Schemm an den Folgen eines Flugzeugabsturzes. Sein Nachfolger als Leiter des NSLB, Wächtler, wurde in den Stab des Führer-Stellvertreters, Reichsminister Heß, berufen und mit den Schulfragen als Sachbearbeiter betraut. Der Stellvertreter des Führers hatte Wächtler beauftragt, alle Lehrerorganisationen innerhalb und außerhalb des NSLB zu liquidieren. Am 6. Mai 1935 beschloss der Vorstand des Hamburger Philologenvereins die Auflösung des Verbandes.[59] Wächtler hatte mit dem Finanzministerium geklärt, dass die Vereinsvermögen der liquidierten Organisationen steuerfrei in das NSLB-Vermögen übergingen. Die Steuerfrage hatte sich bisher als ein Hindernis der Gleichschaltung erwiesen. Außerdem erneuerte Wächtler das Verbot der Doppelmitgliedschaft von NSLB-Mitgliedern in anderen Vereinen. Dadurch zwang er die Mitglieder, sich für den NSLB oder ihren alten Verein zu entscheiden. Ein letzter Versuch des Deutschen Philologenverbandes, durch eine korporative Mitgliedschaft im NSLB einer Auflösung zu entgehen, scheiterte. Im Oktober 1935 legte Schwedtke seinen Vorsitz nieder und zog sich aus der Arbeit des Deutschen Philologenverbandes zurück mit der Erklärung, ihm sei amtlich eröffnet worden, dass seine Tätigkeit nicht mehr erwünscht sei.[60] Damit war auch diese kurze Phase des Deutschen Philologenverbandes, mit »Wendehals« Schwedtke im Nationalsozialismus zu überleben, fehlgeschlagen. Neun Monate später kam es unter dem Druck des nationalsozialistischen Regimes zur Auflösung des Deutschen Philologenverbandes. Auf dem *14. Verbandstag des Deutschen Philologenverbandes e.V. zu Naumburg a.d. Saale am 14. Juni 1936* wurde unter dem Vorsitz von Prof. Dr. Philipp (Cottbus) der Beschluss gefasst, den Verband aufzulösen. Das Verbandsvermögen wurde wissenschaftlichen Institutionen vermacht und konnte mit Hilfe von Reichserziehungsminister Rust bis auf einen kleinen Rest vor dem Zugriff des NSLB bewahrt werden. Die sechzig Organisationen, die korporativ dem NSLB beigetreten waren, wurden im Zuge ihrer Auflösung ebenfalls zur Transaktion ihrer Vermögen gezwungen. Dazu gehörten auch am 7. Dezember

1937 der Niederschlesische Philologenverein und am 4. Februar 1938 der Bayerische Philologenbund. Die Gleichschaltung durch die Nationalsozialisten endete mit dem völligen Erlöschen aller unabhängigen Lehrerorganisationen und mit dem bedingungslosen Aufgehen im NSLB. Ebenso erging es nach der Eingliederung Österreichs den dort bestehenden Lehrerorganisationen. Sie mussten im Laufe des Jahres 1938 ihre Vermögenswerte übereignen und ihre Mitglieder wurden dem NSLB eingegliedert.

Verbände und Parteien 1918 bis 1935

Obwohl der Nationalsozialismus in seinen wesentlichen Grundzügen heute erforscht ist, wird in Gesamtdarstellungen und Einzeluntersuchungen immer wieder über die Frage nachgedacht, wie es möglich war, dass die Weimarer Republik mit ihrer demokratischen Verfassungsstruktur ohne gewaltsamen Umsturz in so kurzer Zeit von der primitiven Hitler-Diktatur abgelöst werden konnte. Bei der Klärung dieser Sachverhalte müssen auch das Bildungssystem und die in ihm handelnden Personen und Organisationen, auf die wir uns im Folgenden vornehmlich konzentrieren, untersucht werden. Vorher soll aber noch einmal der innenpolitische Spielraum verdeutlicht werden.

Gesicherte Erkenntnis dürfte heute sein, »dass die Begründung der Weimarer Republik im verwirrenden Zusammen- und Gegeneinander revolutionärer, reformerischer und traditionalistischer Elemente erfolgt war.«[61] Durch das Zusammenwirken von Sozialdemokratie und Bürgertum wurde in den Notzeiten des Winters 1918/19 zwar die Kontinuität der Verwaltung gesichert, aber es unterblieb eine Klärung des Verhältnisses von Beamtentum und Demokratie ebenso, wie die des Militärs und seiner Stellung im Verfassungsstaat. Dass dabei die Masse des Bürgertums in obrigkeitsstaatlicher Gesinnung verharrte, kann kaum verwundern, weil die alten rechtlichen, wirtschaftlichen und bürokratischen Funktionsverhältnisse bis auf geringe Modifikationen weiter Bestand hatten.

Auch die politischen Parteien taten sich schwer, mit der neuen, ihnen im parlamentarischen Verfassungssystem obliegenden Aufgabe zurechtzukommen. Die Bevölkerung gliederte sich nach wie vor in das konservative, liberale, katholische und sozialistische Lager, wodurch die Parteienstruktur bestimmt wurde. Bei den Wahlen im Januar 1919 erhielt die so genannte Weimarer Koalition (SPD, DDP, Zentrum) eine klare Mehrheit für die parlamentarische Demokratie und die Neuordnung des Staates. Gleichzeitig drückte sich darin der Wunsch nach Frieden und Ordnung aus. Aber schon im Juni 1920 nach Annahme des Versailler Vertrages und dem Kapp-Putsch im März 1920 kam es zu einem Umschwung der Wählermeinung. Die 76 Prozent der Weimarer Koalition verringerten sich auf 47 Prozent, während sich die liberal-konservative DVP und die konservative DNVP fast verdoppelten. In den zwanzig Kabinetten der Weimarer Republik, die durchschnittlich achteinhalb Monate hielten, waren von nun ab Koalitionen unabdingbar. Entweder waren es nur leidlich tolerierte Minderheitskabinette oder labile große Koalitionen bis hin zu den autoritären Präsidialkabinetten der Endphase. »Zu gering war die Koalitions- und Kompromissfähigkeit der Parteien«, urteilt Karl-Dietrich Bracher, »zu stark waren die Hemmnisse auf beiden Seiten; sie lagen sowohl in den traditionellen Ressentiments der bürgerlichen Parteien als auch in der unbeweglichen Oppositionsneigung und in dem allzu schwachen Machtinstinkt der SPD, die ihre Rolle als größte Partei in einer parlamentarischen Demokratie nur ungenügend zu erkennen und wahrzunehmen vermochte. In der Leidensgeschichte der Kabinettsbildungen wirkte sich während der ganzen Dauer der Republik der starre, weltanschaulich verkrampfte, von sozialem Prestigebedürfnis und obrigkeitsstaatlicher Bewusstseinstradition bestimmte Charakter der deutschen Parteien, ihre geringe Koalitions- und Kompromissfähigkeit aus.«[62]

In diesem schwierigen Politikfeld galt es für die Lehrerorganisationen, ihre gewerkschaftlichen und bildungspolitischen Interessen zu vertreten. Die erste große bildungspolitische Herausforderung nach 1918/19 war für den Deutschen Philologenverband die Diskussion um die Einführung der Einheitsschule, die in ihrer extremsten Form nicht nur zu einer Verkürzung, sondern zur Auflösung des Gymnasiums geführt hätte. Als Sachwalter der Bildungsidee des

Gymnasiums und ihres kulturellen und gesellschaftlichen Auftrags war es für die Organisation der Gymnasiallehrer eine Selbstverständlichkeit, sich für die Erhaltung dieser Schulform einzusetzen. Dass sie dadurch in einen Konflikt mit der SPD und KPD geriet, die zu den Einheitsschul-Befürwortern gehörten, ist nicht zuletzt auch darauf zurückzuführen, dass die Arbeiterparteien bei der Einschätzung des Gymnasiums und seiner gesellschaftspolitischen Ziele einer Fehleinschätzung unterlagen. Die Humboldtsche Bildungsidee war bei der Entstehung des Gymnasiums so angelegt, dass sie nicht nur die Grundlage für die Befreiung des Bürgertums enthielt, sondern im Ansatz des Denkens zugleich auch die politische und soziale Befreiung der Arbeiterschaft ermöglichte sowie Wege zur höheren Bildung ebnete. »Nicht nur Bismarck und seine Nachfolger im Kanzleramt, nicht nur die Konservativen Helldorf, Heydebrand und Westarp und die Nationalliberalen Bennigsen, Miquel, Bassermann und Stresemann, sondern auch die Linksliberalen Waldeck, Virchow und Eugen Richter waren Absolventen der Höheren Schulen ... Auch die ersten Wortführer der Arbeiterbewegung Marx, Engels und Lasalle verdankten den deutschen Höheren Schulen die Grundlage ihres Wissens. Ohne die Höhere Schule wäre der ‚wissenschaftliche Sozialismus' nicht denkbar gewesen.«[63] In der Frankfurter Nationalversammlung von 1848 hatten Dreiviertel der Abgeordneten von der Rechten bis zur Linken eine höhere Schulbildung, was auch später bei vielen führenden sozialdemokratischen Abgeordneten in den Parlamenten des Reiches und der Weimarer Republik der Fall war. Diese klassenübergreifende kulturelle, gesellschaftliche und politische Leistung der Bildungsarbeit des Gymnasiums darf nicht unberücksichtigt bleiben, wenn man davon spricht, dass das Gymnasium des 19. Jahrhunderts überwiegend die Schule des Bürgertums war. Wir haben bereits aufgezeigt, dass die Öffnung des höheren Schulwesens im 19. Jahrhundert stetig zugenommen hat und der Anteil der unteren Bevölkerungsgruppen um 1886/87 bei fast dreißig Prozent lag.[64]

Wie kaum eine andere Berufsgruppe hatten die Philologen im 19. Jahrhundert auch das Kulturleben besonders in den kleineren Städten geprägt. Sie wirkten bei der landes- und heimatgeschichtlichen

Forschung mit, betätigten sich in der Erwachsenenbildung und trugen zum geistigen Profil Deutschlands bei. Allerdings war ihr Spielraum als Staatsbeamte begrenzt. Das zeigte sich auch bei den Diskussionen um die staatlichen Einheitsbestrebungen. Der Düsseldorfer Gymnasiallehrer Adolf Matthias (1847-1917) äußerte damals in der Kölnischen Zeitung: »Als das Geschlecht, das 1864, 1866 und 1870 ins Feld gezogen, in der Schule heranwuchs, durften die Lehrer nicht viel von Deutschlands Einheit und vom Deutschen Reiche sprechen, wenn sie nicht in den Ruf kommen wollten, als demokratische oder republikanische Jugendverführer angesehen zu werden ... Das Deutsche Reich ist ein Kind des Schmerzes und der Sehnsucht des ganzen deutschen Volkes, nicht ein Kind der Schulstube.«[65] Dass es nach der Reichsgründung zu einer stärkeren Hinwendung zum National- und Obrigkeitsstaat kam, war nicht nur ein Merkmal des deutschen Bildungssystems, sondern als ein Moment des Zeitgeistes auch in anderen europäischen Ländern zu beobachten. Allerdings darf man auch die Rhetorik bei den Nationalfeiertagen nicht überschätzen. Warum hätte Kaiser Wilhelm II. sonst dem Gymnasium vorwerfen können, es fehle ihm an nationaler Gesinnung? Auch seine Kritik, die Schule hätte mehr tun müssen beim Gefecht gegen die Sozialdemokratie[66], hatte Adolf Matthias in der Kölnischen Zeitung mit dem Hinweis abgewiesen, die Schule sei unschuldig daran, wenn diejenigen Gesellschaftsklassen, die auf der Höheren Schule gebildet worden wären, nicht kräftiger gegen parteipolitische Ideen vorgingen. Dieses Argument zeigt, dass die Bildungsarbeit der Gymnasien nicht gesinnungsabhängig war. Dass die Gymnasiallehrer sich im Kaiserreich nicht nahtlos angeglichen hatten, wie dies wenig überzeugend Titze den Philologen vorwirft[67], zeigt eine Denkschrift der Hilfslehrer 1896 zur Notlage bei der »Überfüllungskrise«. »Die Hilfslehrer drohten samt und sonders in das Lager der Sozialdemokratie überzugehen, wenn das Parlament abermals über ihre diesjährige Petition zur Tagesordnung übergehen werde«[68], schrieb Mellmann. Dieser für die damalige Situation unerhörte Vorfall führte zwar zu stürmischer Erregung im Abgeordnetenhaus, blieb aber, wie die anschließenden Verbesserungsmaßnahmen für die Philologen zeigten, nicht ohne Wirkung. Aus der Tatsache, dass die Philologen im Kaiserstaat die beamtenrechtliche und besoldungsmäßige Anerkennung fanden, die ihnen aufgrund ihres Studiums zustand, kann man nicht folgern, wie Titze dies im folgenden Zitat tut, dass daraufhin die Oberlehrer ein »angepasster Stand« geworden seien: »Das kollektive Statusstreben des gesamten Berufsstands nach mehr Ansehen und mehr Gehalt konnte nur Erfolg haben, indem sich die Standesangehörigen mit den dominierenden Werten und der Privilegienstruktur der Gesellschaft identifizierten, an denen sie teilhaben wollten.«[69] Christoph Führ fragt allerdings zu Recht: »Kann man den Oberlehrern jene Teilhabe verdenken? Hatten sie sich nicht längst ... ,mit den dominierenden Werten ... der Gesellschaft' identifiziert, ohne dass es sich materiell auszahlte? ... Und mussten die Philologen ihren Aufstieg nicht gegen erhebliche retardierende Bestrebungen der staatlichen Bürokratie durchsetzen? Hätten sie sich lediglich angepasst verhalten, hätten sie sich wie früher mit den jeweils getroffenen staatlichen Entscheidungen begnügt. Gerade dies aber war nicht der Fall.«[70] Dass die Statusfragen nicht dominierten, zeigen auch die Vertretertage des Philologenverbandes von 1903 bis 1919, bei denen eindeutig wissenschaftliche und pädagogische Fragen im Vordergrund standen.

Es wirkt daher wenig überzeugend, wenn in einigen Dissertationen der sechziger und siebziger Jahre Pauschalurteile über das Gymnasium und die Gymnasiallehrer gefällt werden, die die Komplexität der Zusammenhänge nicht berücksichtigen. Besonders auffällige Urteile fällt die 1974 erschienene Dissertation von Franz Hamburger über den Deutschen Philologenverband in der Weimarer Republik, dessen Untersuchungsergebnis in der Behauptung mündet, die nationalistisch-völkische Einstellung der Philologen habe den widerstandsfreien Übergang zum Faschismus ermöglicht.[71] Dass diese Meinung auf sehr schwachen methodischen Voraussetzungen beruht, hat die 1977 erschienene Untersuchung von Christoph Laubach, die differenzierter vorgeht, verdeutlicht. Problematisch sei es, sagt Laubach, die politische Haltung der Philologen aufgrund von Artikeln im Philologenblatt zu beschreiben. F. Hamburger konstruiert beispielsweise Tendenzen aus diesen

Aufsätzen, ohne den genauen Zeitpunkt des Artikels und den jeweiligen verbandsmäßigen und politischen Standort der Verfasser zu berücksichtigen.»Nicht selten reiht er willkürlich aus dem Zusammenhang gerissene Zitate aneinander, um seine Thesen von der ‚nationalsozialistisch-völkischen' Einstellung der Philologen zu illustrieren. Dabei bedenkt er nicht, dass im Philologenblatt während der ganzen Weimarer Republik auch Stimmen zu Wort kamen, die politisch und schulpolitisch überhaupt nicht mit der Verbandslinie oder der Mehrheit der Philologen übereinstimmten.«[72] Trotz dieser gravierenden methodischen Mängel werden Hamburgers Thesen auch in neueren Schriften immer wieder ohne kritische Anmerkungen zitiert.[73] Laubach dagegen beschäftigt sich mit der vermuteten Deklassierungsfurcht der Philologen, die ihre Distanz zur Republik gefördert hätten. Diese Einstellung hätte sich auch auf das politische Verhalten der Schüler ausgewirkt. Eine besondere Nähe des Philologenverbandes zum Nationalsozialismus bis 1933 sieht Laubach nicht. Außerdem hätte die Mehrheit der Philologen den Antisemitismus der Nationalsozialisten nicht geteilt. Bei der Debatte um die Einheitsschule erkennt Laubach, dass der Philologenverband die notwendigen Verbündeten im Parlament bei den bürgerlichen Gruppierungen suchen musste, die mehrheitlich bei der national-liberalen DVP, der national-konservativen DNVP anzutreffen waren und teilweise auch bei der linksliberalen DDP, während die Arbeiterparteien SPD und KPD die Volksschullehrer und die Einheitsschule unterstützten.

Trotz der unterschiedlichen Bewertung in den genannten Punkten zeigen die Untersuchungen von Hamburger und Laubach sehr deutlich, dass sie ihre Maßstäbe zur Beurteilung der bildungspolitischen Verhältnisse zu Beginn des 20. Jahrhunderts von den Gesamtschulbefürwortern der sechziger und siebziger Jahre entlehnt haben. Daher gelingt es ihnen weder die unterschiedlichen Begabungstheorien bei der Debatte um die Einheitsschulbewegung zu benennen noch die gegensätzlichen gewerkschaftlichen Positionen der beteiligten Gruppen angemessen zu charakterisieren. Dass die Frage der *Begabungstheorien* so einseitig behandelt wurde, muss deswegen verwundern, weil beim Erscheinen der Dissertationen bereits Band 4 des Deutschen Bildungsrates »Begabung und Lernen« von H. Roth (Hrsg.) vorlag. Obwohl Hamburger und Laubach auf die Ausführung von Felix Behrend verweisen, der auf der Reichsschulkonferenz von 1920 die bildungstheoretischen Argumente des Philologenverbandes gegen die Einheitsschule vortrug, weichen sie einer begabungstheoretischen Beschreibung seiner Vorstellungen aus. Dabei geht es beim Zusammenhang von Bildungswesen, sozialer Chancengleichheit und Entwicklung der Begabungen um eine zentrale gesellschafts- und bildungspolitische Frage demokratischer und sozialstisch/-kommunistischer Positionen, die 1920 von höchster Aktualität waren. Beide historischen Grundmodelle entstammen dem Denken der Französischen Revolution. Während Felix Behrend und der Philologenverband das *liberale Konzept der individuellen Chancengleichheit* mit dem Ziel des »Aufstiegs der Tüchtigen« vertraten, stand dieser Position das *sozialegalitäre Modell eines distributiven Chancenausgleichs* gegenüber, das statt einer Startchancengleichheit für alle eine egalisierende Einheitsschulstruktur verordnet und die unverwechselbare Einmaligkeit der Individualität zurückstellt. Im liberalen Verfassungsstaat und in einer pluralistischen Gesellschaft beruht die Chancengleichheit auf einem Kompromiss zwischen der auf der Freiheitsidee gründenden Entfaltung des Einzelnen und dem Gedanken der sozialen Gerechtigkeit für alle. Für das Bildungswesen bedeutete das Abbau sozioökonomischer Hindernisse in der Erziehung und Bereitstellung materieller Unterstützung für wirtschaftlich Schwache. Daher war es nur folgerichtig, dass sich der Deutsche Philologenverband für die Schulgeldfreiheit und die finanzielle Hilfe für Bedürftige eingesetzt hat. Die tatsächliche Wahrnehmung der »Startchancen« unterliegt dann den Fähigkeiten und Bedürfnissen sowie der Initiative des Einzelnen. Für die sozialistischen Denkmodelle führt der Weg zur Herstellung von Chancengleichheit über die Brechung von realen oder vermuteten, manchmal auch konstruierten Standesprivilegien vormals »herrschender Klassen«.

Die letzte Position nehmen auch die Untersuchungen von Hamburger und Laubach ein. Da sie den Begabungstheorien, mit denen die Philologen sehr sorgfältig ihre schulischen Vorstellungen begründeten, keinerlei Beachtung schenken, erklärt sich das Verhalten der Philologen bei der Einheitsschul- und Lehrerbildungsdiskussion für sie nur aus einer vermuteten »Standespolitik«, mit der sie ihre angeblichen »Privilegien« und eine »überkommene dreigliedrige Schulstruktur« verteidigen. Wie bei der Berufspolitik mit zweierlei Maß gemessen wird, sieht man daran, dass die Autoren durchaus Verständnis für die berechtigte Politik der Volksschullehrer haben, über die Einheitsschule den sozialen Aufstieg zu vollziehen, aber die ebenfalls berechtigte gewerkschaftliche Position der Gymnasiallehrer, bei der Sparpolitik des Reiches und der Länder gegenüber den Richtern nicht wieder zurückgestuft zu werden, als »Deklassierungsfurcht« denunzieren. Und was waren das für »Privilegien«, die die Philologen hatten? Über ein Jahrhundert haben sie mit einem vollakademischen Studium die Aufgabe des Gymnasialunterrichts mit einem mageren Salär wahrgenommen und konnten erst ganz am Ende denselben Lohn beziehen, den andere akademische Beamte des höheren Dienstes längst erhielten. Sie vertraten auch kein Schulsystem der »Privilegierten«. Mit der Einführung des Reformgymnasiums setzten die Philologen ihre Politik fort, immer mehr gesellschaftlichen Gruppen den Zugang zum Gymnasium zu erschließen. Heute wissen wir aufgrund vieler, auch internationaler Vergleichsuntersuchungen, dass die Hoffnung auf sozialen Aufstieg in Einheitsschulsystemen nicht bestätigt wird, sondern gerade in differenzierten Systemen erfolgreich ist.

Auch bei der Interpretation der *Zuordnung der Lehrerorganisationen zum Parteienspektrum der Weimarer Republik* bleiben Hamburger und Laubach ihrer linkslastigen Sichtweise treu. Grundlage für ihre Meinungsbildung sind eine Statistik von Lehrerabgeordneten in drei Wahlperioden des Preußischen Landtags von 1921 bis 1932 sowie eine im Philologenblatt von 1926 veröffentliche Statistik von 500 Philologen, die sich am öffentlichen Leben beteiligten. Die Anteile der Philologen im Preußischen Landtag haben sich wenig verändert. Die Abgeordnetenzahlen in der Reihenfolge der drei Wahlperioden (1. WP 1921-24, 2. WP 1925-28,

3. WP 1928-32) lauten: Zentrum 3, 4, 4; DDP 1, 1, 1; SPD 1, 1, 1; KPD –, –, 1; DVP 4, 4, 4; DNVP 5, 6, 5. Bei den Volksschullehrern waren die Zahlen: Zentrum 7, 6, 5; DDP 4, 5, 3; SPD 4, 6, 9; DVP 6, 5, 5; DNVP 4, 5, 4. Allzu große Schlussfolgerungen kann man – selbst wenn man die unterschiedliche Größenordnung der zwei Lehrergruppen bedenkt – bei so geringen Abgeordnetenzahlen – kaum ziehen, außer dass man feststellen kann, von welchen Parteien die parlamentarische Unterstützung für die jeweilige Interessengruppe zu erwarten war. Mehr Einblicke gewährt die zweite Statistik: Von den 500 Philologen, die sich politisch betätigten, gehörten 93 zum Zentrum, 55 zur DDP, 19 zur SPD, 152 zur DVP, 139 zur DNVP, das heißt: 33,4 Prozent unterstützten die Parteien der Weimarer Koalition, 30,4 Prozent die national-liberale DVP, 27,8 Prozent die national-konservative DNVP. Wenn man jetzt noch die Zahlen in der NSDAP-Reichstagsfraktion betrachtet, ergänzt sich das Bild wie folgt: Nach der September-Wahl von 1930 gab es 5 Philologen und 8 Volksschullehrer in den NSDAP-Fraktion (von 107 Abgeordneten) nach den Wahlen vom 31. Juli 1932 waren es noch 4 (oder 3?) Philologen (1,7 Prozent oder 1,3 Prozent?) und 8 Volksschullehrer (von 230 Abgeordneten). Berücksichtigt man diese Zahlen, kann man nicht von einer besonderen Nähe der Philologen zur NSDAP sprechen. Es lassen sich auch keine Schlussfolgerungen daraus ableiten, die dazu berechtigten, die Philologen in Bezug auf die Annäherung zum Nationalsozialismus gegenüber anderen Lehrer- oder Beamtengruppen oder dem bürgerlichen Lager insgesamt zu stigmatisieren, wie dies vor allem bei Hamburger geschieht. Es wäre der historischen Wahrheit dienlicher gewesen, wenn man festgestellt hätte, dass die Mehrheit der Lehrerschaft generell wie die Masse des Bürgertums in einer obrigkeitsstaatlichen Gesinnung befangen war, die sie in Distanz zur parlamentarischen Demokratie brachte und damit für die nationalsozialistische Propaganda in wirtschaftlich und politisch schwierigen Zeiten verführbar machte. Außerdem wurde in Folge der revolutionären Ereignisse des Winters 1918/19 die Gefahr eines Umsturzes von Links überbewertet und die Gefahr einer Revolution von Rechts nicht richtig eingeschätzt. Dies erleichterte es der national-

sozialistischen Propaganda mit ihren vielen Versprechungen, denen auch die Lehrer zum Opfer fielen, in der Schlussphase der Weimarer Republik zum Erfolg zu kommen.

Die Sparpolitik von Reich und Ländern von 1930 bis 1932 führte zu empfindlichen Gehalts- und Pensionskürzungen, zur Herabsetzung des Pensionsalters sowie zur Entlassung vieler Studienassessoren. In dieser verzweifelten Situation konnte die Hetzpropaganda der NSDAP an Boden gewinnen. Damit soll keineswegs die Mitverantwortung aller Beteiligten, inklusive der Parteien, kleingeredet werden. Beim Versuch, nach 1933 im NS-Staat zu überleben, kam es auch beim Philologenverband zu fragwürdigen Anpassungsversuchen, von denen einige bereits im Zusammenhang mit den Personalentscheidungen an der Verbandsspitze erwähnt wurden. In gleicher Weise mit den Grundsätzen der Verbandspolitik vor 1933 unvereinbar war die Satzungsänderung vom 31. Mai 1933 mit der Übernahme des »Führerprinzips«. Bisher hatte der Verband einen eindeutigen demokratischen Verbandsaufbau mit Wahlen für die Gremien von der Orts- bis zur Reichsebene. Völlig abweichend vom bisherigen weltanschaulich offenen Verbandsverhalten war die Aufnahme der antisemitischen Maßnahmen aus dem nationalsozialistischen »Gesetz zur Wiederherstellung des Berufsbeamtentums« vom 7. April 1933. Der Passus in der Verbandssatzung lautete: »Mitglieder der Verbände des Deutschen Philologenverbandes bleiben alle Philologen nach Maßgabe des Gesetzes zur Wiederherstellung des Berufsbeamtentums; aufgenommen werden können ausschließlich Philologen deutschblütiger Abstammung.«[74] Diese Satzungsänderung muss als die schmählichste Anpassung gewertet werden. Sie ist auch mit Blick auf den SA-Überfall auf den jüdischen ersten Vorsitzenden Behrend völlig unverständlich. Gleichermaßen abwegig war die semantische Annäherung an den völkischen Stil in der Verbandspresse, der sich in eindeutiger Weise von den Verbandsstellungnahmen vor 1933 unterschied. Ein totaler Fehlschlag war der zum ersten Mal in der Verbandsgeschichte unternommene Versuch, mit Vorsitzenden wie Bohm und vor allem Schwedtke zu arbeiten, die der politischen Führung genehm waren. Trotz dieser verfehlten und falschen Anpassungsversuche konnte ein Berufsverband wie der Deutsche Philologenverband in totalitären Diktaturen wie dem Nationalsozialismus nicht überleben. Das hing nicht nur mit dem Willen der Nationalsozialisten zusammen, alle freien Organisationsformen abzuschaffen und in nationalsozialistische Massenorganisationen zu überführen. Das Haupthindernis war, dass sich Berufsverbände wie der Deutsche Philologenverband mit ihren Zielsetzungen nicht in eine totalitäre Staatsform integrieren ließen. Davon legt der letzte Rechenschaftsbericht, der zum Auflösungsverbandstag am 14. Juni 1936 in Naumburg vorgelegt wurde, ein beredtes Zeugnis ab. Nachdem klar war, dass die Selbstständigkeit nicht bewahrt werden konnte, hat der Bericht in einer kurzen, gedrängten Form die bildungs- und schulpolitische Tätigkeit des Deutschen Philologenverbandes in nüchterner, würdiger und selbstbewusster Art, ohne Anbiederungsversuche und semantische Verschleierung dargestellt. In diesem lesenswerten Dokument wurde das Kernanliegen des Philologenverbandes noch einmal klar formuliert als das Bestreben, »den Wissenschaftscharakter der Höheren Schule, ihre Leistungs- und Wettbewerbsfähigkeit und ihr Ansehen gegenüber dem Ausland zu erhalten, Verflachungsversuche abzuwehren und schädigende Experimente fernzuhalten«. Als Erziehungsziel der Höheren Schule wurde festgestellt: »Die Höhere Schule erzieht durch geistige Schulung zur Folgerichtigkeit im Denken, zur Wahrhaftigkeit, zur inneren Freiheit und Selbstständigkeit.«[75] Mit solchen Zielsetzungen konnte ein Verband im nationalsozialistischen System nicht überleben, da sie unvereinbar waren mit der totalitären Ideologie des Regimes.

Die endgültige Nazifizierung des Bildungssystems

Die Nationalsozialisten wussten sehr genau, dass sie ihre Versprechungen, mit denen sie die Lehrerorganisationen gelockt hatten, nicht einhalten würden. Die Hoffnungen der Volksschullehrerschaft auf Höherqualifizierung wurden anfangs genährt durch die

Umbenennung der Pädagogischen Akademien zu »Hochschulen für Lehrerbildung«, die ab Sommersemester 1936 auch die Anwärter für das höhere Lehramt ein Jahr besuchen mussten, um sich einer einheitlichen »politisch-weltanschaulichen« Erziehung im nationalsozialistischen Sinn zu unterziehen. Aber schon 1939 ließ man für die Volksschullehrer das Abitur als Studienvoraussetzung fallen und gab Volks- und Mittelschulabsolventen über eine »Sonderreifeprüfung« die Zugangsvoraussetzung für die Lehrerbildungs-Hochschulen. Am 8. Februar 1941 wurden durch Führerbefehl diese Hochschulen ganz abgeschafft und durch »Lehrerbildungsanstalten« ersetzt, an denen die Volksschullehrerprüfung von Volksschulabsolventen nach einem fünfjährigen, von Mittelschulabsolventen nach einem dreijährigen und von Abiturienten nach einem einjährigen Kurs abgelegt werden konnte.

Weiterhin wurde – wie schon erwähnt – die Kulturhoheit der deutschen Länder beseitigt und 1934/35 durch eine zentralisierte Schulverwaltung in einem »Reichsministerium für Wissenschaft, Erziehung und Volksbildung« ersetzt, wodurch eine einheitliche Kontrolle zur Ideologisierung des Schulsystems geschaffen wurde. 1938/39 vereinheitlichte man das höhere Schulwesen und schaffte die Typenvielfalt ab. Es gab nur noch eine »Hauptform«: die Oberschule, getrennt nach Jungen und Mädchen. Als »Sonderform« behielt man das humanistische »Gymnasium« bei. 1938 wurde die neunjährige Höhere Schule (Oberschule) durch Erlass des Reichsinnenministers Rust auf acht Jahre verkürzt. Um einer Kritik vorzubeugen hatte Rust gleich gefordert, dass die Bildungshöhe der Höheren Schule nicht gemindert werden dürfe und durch »Anforderungen an Schüler und Lehrer ein hohes Niveau der Leistungen« zu sichern sei. »Leistungsunfähige« Schüler oder solche, die »offenkundige Willens- und Charakterschwächen besitzen, sind von den Höheren Schulen fern zu halten«, ließ der Minister vollmundig auf dem Erlassweg verlauten.[76] 1938/39 wurde auch die ideologische Ausrichtung des Unterrichts der Volks-, Mittel- und Höheren Schulen durch neue Lehrpläne abgeschlossen. Sie waren gekennzeichnet durch die Hervorhebung rassen-, volks- und staatspolitisch relevanter Fächer (Deutsch, Geschichte,

Biologie, Geographie und Sport), die auf »rassenkundliche« und militärische Werte ausgerichtet wurden. Aber das erzieherische Ziel der Nationalsozialisten ging eindeutig über das Schulsystem hinaus. Durch Zerschlagung aller Jugendverbände und die Einrichtung der Hitlerjugend als Monopolorganisation konnten sie mit Lagerleben und Gruppenstunden ihre militärische Erziehung und Indoktrination auf die gesamte junge Generation ausdehnen. Dazu entwickelten sie ein System nationalsozialistischer Ausleseschulen: die »Nationalpolitischen Erziehungsanstalten« (seit 1933), die »Adolf-Hitler-Schulen« (seit 1936) und die »Ordensburgen«, in denen – neben dem traditionellen Berechtigungswesen der Schulen – der nationalsozialistische Führungsnachwuchs für Partei, Militär und Staat herangebildet werden sollte. Umformung und Manipulation des herkömmlichen Erziehungssystems waren nur die eine Seite des nationalsozialistischen Systems, der Ausbau des eigenen Eliteschulwesens war der andere Zugriff. Diese Doppelgleisigkeit kennzeichnete das totalitäre System und war im gesamten Staatssystem anzutreffen. Die umwälzenden ideologischen Eingriffe in das Bildungswesen im zwölf Jahre dauernden nationalsozialistischen Regime kamen relativ spät. Dies verdeutlicht, dass die Nationalsozialisten bis 1934/35 Zeit brauchten, um die Diktatur zu festigen. Für Umbauversuche einer von Grund auf veränderten Gesellschaft standen also höchstens fünf Jahre bis zum Kriegsausbruch 1939 zur Verfügung.

Der *Ausbruch des Zweiten Weltkrieges* stellte Schüler und Lehrerschaft des gesamten Schulwesens vor neue und schwierige Aufgaben. Die Schülerinnen und Schüler der Höheren Schulen waren wegen ihres Alters besonders betroffen. Etwa dreißig Prozent der Lehrer wurden schon zu Kriegsbeginn zur Wehrmacht einberufen. Viele Schulgebäude wurden für kriegsbedingte Zwecke genutzt. Die Reichsjugendführung rief die Jungen und Mädchen aller Schulen zu verstärktem Einsatz auf. Dieser Aufruf richtete sich besonders an die Mitglieder der Hitlerjugend. Vielfach übernahmen die Jugendlichen Arbeitsplätze der Männer, die eingezogen waren. Der zahlenmäßig stärkste Einsatz erfolgte bei der Landarbeit. Hinzu kamen Hilfsdienste für Polizei und Luftschutz, für Reichspost, Reichsbahn und Behörden. Viele Sammelaktionen wurden durchgeführt für Decken, Altpapier, Stanniol und vieles mehr. Mädchen wurden in kinderreichen Familien, beim Bahnhofsdienst, beim Hilfsdienst der Krankenschwestern, beim Roten Kreuz, in Kindergärten, in Flüchtlingslagern und anderen Einrichtungen eingesetzt, wenn man sie brauchte. Mit Kriegsbeginn wurde die vormilitärische Ausbildung der 16- bis 18-jährigen Jungen intensiviert. Im ersten Kriegswinter fanden an den Wochenenden Schießübungen statt, später betrieb man diese Ausbildung in dreiwöchigen Wehrertüchtigungslagern. Mit dem Fortschreiten des Krieges und den zunehmenden Bombenangriffen begann die »Kinderlandverschickung« (KLV). Die Schuljugend der Städte wurde klassenweise in Landgebiete gebracht, die durch Bombenangriffe weniger gefährdet waren. Hier ergaben sich für den nationalsozialistischen Staat und die Hitlerjugend neue Einwirkungsmöglichkeiten. Obwohl die Nationalsozialisten mit den Adolf-Hitler-Schulen und den Nationalpolitischen Erziehungsanstalten schon ihre eigenen Bildungseinrichtungen entwickelt hatten, war das übrige Schulwesen weitgehend unabhängig von der Staatsjugend geblieben. Jetzt änderte sich das. In den KLV-Lagern waren zwar auch Lehrer tätig, doch ein HJ-Führer wurde Lagermannschaftsleiter. Die Lager unterstanden Inspekteuren des NS-Lehrerbundes und nicht den jeweiligen Schulräten. Von 1941 bis 1944 wurden 800 000 Jungen und Mädchen in den KLV-Lagern untergebracht.

Die KLV-Aktionen galten vornehmlich den Schülern unter 16 Jahren, während man die 16- bis 17-Jährigen für andere Einsätze brauchte. Seit Januar 1943 wurden Schüler als Luftwaffenhelfer zum Dienst bei der Flak herangezogen, um die dadurch frei werdenden Soldaten im Frontdienst einzusetzen. Obwohl im Einberufungsbefehl stand, dass die Jungen nur zu Diensten herangezogen würden, die ihrer Altersstufe entsprächen, sah die Wirklichkeit ganz anders aus. Bei Fliegeralarm kamen diese Jungen zum Einsatz an den Geschützen und auf den Flak-Türmen. Nach der Entwarnung wurden sie zum Löschen oder zum Ausgraben verschütteter Luftschutzkeller verpflichtet.

Seit 1941/42 wuchs die jugendliche Opposition. Am bekanntesten ist der Studentenkreis der »Weißen Rose« um Hans und Sophie Scholl, Willi Graf und Alexander Schmorell, die mit Auszügen aus Schillers Schrift »Die Gesetzgebung des Lykurgus und Solon« und eigenen Texten zum Widerstand aufriefen: »Es gärt im deutschen Volk: wollen wir weiter einem Dilettanten das Schicksal unserer Armeen anvertrauen? Wollen wir den niederen Machtinstinkten einer Parteiclique den Rest der deutschen Jugend opfern? Nimmermehr!«[77] Ähnliche Versuche gab es auch in anderen Teilen Deutschlands, wie beispielsweise den Widerstand der sechzehn Jahre alten Schüler Werner Thomas und Hans Weiß aus Magdeburg, die im gleichen Monat Februar 1943, als in München die Geschwister Scholl verhaftet wurden, in Chemnitz festgenommen wurden. Alle Aktionen dieser Art wurden von der Gestapo aufgespürt, die Beteiligten verurteilt und hingerichtet.

1944/45 wurden bereits Jungen der Jahrgänge 1928 und 1929 eingezogen und an verschiedenen Frontabschnitten eingesetzt, zum Beispiel bei der Verteidigung von Berlin und Breslau. Viele Tausende dieser 15- und 16-jährigen Jungen wurden sinnlos geopfert.

Als das Ende des Krieges nahte, war der Unterricht in vielen Städten schon Monate vorher ausgesetzt worden. Fast vierzig Prozent der Schulgebäude, in manchen Großstädten noch mehr, waren zerstört. Die jungen Menschen fanden sich wieder in einer Welt voller Trümmer und einer Gesellschaft, die sie in die Hoffnungslosigkeit entließ. Wolfgang Borchert schrieb nach Kriegsschluss: »Wir sind eine Generation ohne Bindung und Tiefe. Unsere Tiefe ist der Abgrund. Wir sind die Generation ohne Glück, ohne Heimat und ohne Abschied. Unsere Sonne ist schmal, unsere Liebe grausam, und unsere Jugend ist ohne Jugend.«[78]

V DAS HÖHERE SCHULWESEN NACH DEM ENDE DES ZWEITEN WELTKRIEGES

Unterschiedliche schul- und bildungspolitische Entwicklungen in den Besatzungszonen

Nach dem Ende des Zweiten Weltkrieges am 8. Mai 1945 und dem Zusammenbruch des Nationalsozialismus kam es durch die Zerstörung weiter Teile des Landes, durch Flucht und Vertreibung von Millionen von Menschen sowie die Teilung Deutschlands in Besatzungszonen zu einem fast völligen Daniederliegen des Bildungswesens. Die Mehrzahl der deutschen Schulen und Hochschulen war durch die Luftangriffe der Engländer und Amerikaner in den letzten Kriegsjahren sowie durch Kampfhandlungen zerstört oder schwer beschädigt worden. Schon Monate vor Kriegsende war der Unterricht in den Großstädten erheblich beeinträchtigt oder ganz zum Erliegen gekommen. Nach Kriegsende kam es nur zu einer zögerlichen Wiederaufnahme des Unterrichts im Herbst 1945. Die Schulraumnot war beträchtlich. Von 400 Schulen in Hamburg waren nur noch 60 brauchbar, von den 1134 Unterrichtsräumen in Kiel waren 1945 noch 100 erhalten. Etwa 30 Prozent der Schulen in Berlin und 84 Prozent des Schulraums in Bremen waren vernichtet. Noch 1952 fehlten – verglichen mit 1939 – 64 Prozent des Schulraumbestandes in Köln, 32 Prozent in Düsseldorf und Bremen, 33 Prozent in Bonn, 35 Prozent in München und 57 Prozent in Mannheim. Bis Mitte der fünfziger Jahre musste im verbliebenen Schulraum Schichtunterricht erteilt werden. Im Winter fiel der Unterricht wegen fehlenden Heizmaterials oft wochenlang aus.

Das Schuljahr 1944/45 wurde vielfach bis zum Jahresende verlängert oder musste vollständig wiederholt werden. Es fehlte an Räumen, Lehrern und Unterrichtsmaterialien, selbst Schreibpapier war nicht vorhanden. Die Personalnot war gravierend, da viele Lehrer gefallen waren oder sich in Kriegsgefangenschaft befanden. Zahlreiche Lehrer mussten wegen ihrer nationalsozialistischen Betätigung zeitweilig oder ganz aus dem Dienst ausscheiden (z.B. in der amerikanischen Besatzungszone 50 Prozent). Die Engpässe in den Schulen nahmen noch zu durch die geburtenstarken Jahrgänge der Vorkriegszeit und den gewaltigen Zustrom von Vertriebenen und Flüchtlingen, der die Schülerzahlen in manchen Jahrgangsstufen über fünfzig Prozent ansteigen ließ. Es sollte mehr als ein Jahrzehnt dauern, bis der Eingliederungsprozess vollzogen und der Wiederaufbau der Schulen und Hochschulen bewältigt war. Bei der Integration der über elf Millionen Menschen aus Mittel- und Ostdeutschland haben Schulen und Hochschulen einen bedeutenden Beitrag geleistet.

Die alliierten Siegermächte hatten sich auf den Konferenzen von Jalta im Februar 1945 und Potsdam vom 17. Juli bis 2. August 1945 wegen unterschiedlicher Interessenlagen noch nicht eindeutig festgelegt, was aus Deutschland werden sollte. Das Schicksal der besiegten Nation war völlig offen. Deutschland hatte die bedingungslose Kapitulation unterschrieben, die die Siegermächte seit der Konferenz von Casablanca (14. bis 21. Januar 1943) gefordert hatten. Damit konnten die vier Alliierten über die politische, wirtschaftliche und gesellschaftliche Struktur des Landes frei entscheiden. Alle nationalsozialistischen Organisationen verloren ihre Existenzberechtigung. Das galt auch für alle Verbände, die wie die Lehrervereine in die nationalsozialistischen Massenbewegungen eingegliedert worden waren. In einem waren sich die Siegermächte einig: sie wollten den deutschen Nationalsozialismus und Militarismus ausrotten. Deshalb sollten Maßnahmen ergriffen werden, so hieß es im Kommuniqué des Potsdamer Abkommens vom 2. August 1945, dass Deutschland »niemals mehr seine Nachbarn oder die Erhaltung des Friedens in der ganzen Welt bedrohen«[79] könne.

Alle Besatzungsmächte begannen 1945 mit einer *Umerziehung (Reeducation)* der Deutschen und versuchten in diesem Zusammenhang, auch ihre jeweils unterschiedlichen bildungspolitischen Konzeptionen anzuwenden. Den Militärbehörden oblagen zunächst alle Entscheidungen. Nach der Leitlinie der Deutschlandpolitik wurde Deutschland nicht wie ein befreites Land, sondern als besiegte feindliche Nation behandelt. Obwohl die alliierten Besatzungsmächte auf der Konferenz von Potsdam formal Einigkeit über ihre Ziele Demilitarisierung, Denazifizierung, Dezentralisierung und Demokratisierung im Protokoll bekundet hatten, verlief die Entwicklung in den drei westlichen Zonen und der sowjetischen Besatzungszone (SBZ) höchst unterschiedlich.

Die Politik der amerikanischen, britischen und französischen Alliierten war zwar nicht einheitlich, doch sie gab der deutschen Bevölkerung schrittweise die Chance zur selbstverantwortlichen Gestaltung ihres Gemeinwesens. Dazu gehörten auch die Vorstellungen über die Struktur des Bildungswesens und die ihm zugrunde liegenden pädagogischen Konzepte, die durch aus freien Wahlen hervorgegangene Parlamente legitimiert werden mussten. Am schnellsten vollzog sich der Übergang von der Militäradministration zur Zivilverwaltung in der britischen Zone. Am 1. Dezember 1946 übertrug die britische Militärverwaltung die Kulturhoheit auf die in ihrer Besatzungszone entstandenen Länder, die ab Januar 1947 die Aufsicht über das Unterrichtswesen übernahmen.

Die oberste Behörde für die amerikanische Besatzungszone war das *Office for Military Government of the United States for Germany (OMGUS)*. Bereits während des Krieges waren in den USA Pläne für die Umerziehung der Deutschen zur Demokratie entwickelt worden, bei denen die Umorientierung des deutschen Bildungssystems eine entscheidende Rolle spielen sollte. So glaubte man, nur durch die Einführung eines Gesamtschulsystems nach amerikanischem Vorbild könnten Schulstruktur und Schulverwaltung demokratisiert werden. Am 10. Januar 1947 wies die Militärregierung die Unterrichtsministerien der in ihrer Zone liegenden Landesregierungen in München, Stuttgart, Wiesbaden und Bremen an, langfristige Erziehungspläne zu entwickeln. Diese Pläne könnten, so fügte man hinzu, nur mit einer Genehmigung rechnen, wenn die Gliederung nach unterschiedlichen Schularten beseitigt, ein Stufensystem mit zwei aufeinander folgenden Ebenen eingerichtet und neben der Allgemeinbildung in der höheren Stufe auch die Berufsbildung vermittelt werde. Einer sechsjährigen Grundschule solle sich eine zweite Ebene anschließen, die einen dreijährigen Unterbau und darüber eine dreijährige gegabelte Oberstufe habe. Die Sozialwissenschaften müssten im Lehrplan berücksichtigt und Schülervertretungen eingerichtet werden. Nur so könnte die undemokratische Spaltung der Gesellschaft in soziale Gruppen überwunden werden.

Die Oktroyierung eines bestimmten Schulmodells durch die Militärregierung widersprach allerdings dem Grundsatz einer demokratischen Selbstbestimmung der Deutschen. Diesen Spielraum konnten die Länder zur Verfolgung ihrer eigenen Zielsetzungen nutzen, wie das Beispiel Bayerns zeigt. Das Bayerische Kultusministerium stimmte den inhaltlichen Demokratisierungsbestrebungen der amerikanischen Vorschläge zu, erhob jedoch Einwände gegen die Schulstrukturveränderungen und deren Begründung. Das höhere Schulwesen sei nach den historischen und statistischen Nachweisen keine »Standesschule«. Außerdem sei »eine so weitgehende Angleichung des deutschen Bildungswesens an die Organisation des amerikanischen ... nicht durchführbar. Die Schulreform dürfe kein völliger Bruch mit einer in jahrhundertelangem Wachstum gewordenen Schulkultur sein. Die Bayerische Verfassung bestimme in Artikel 132 eindeutig, dass für den Aufbau des Schulwesens die Mannigfaltigkeit der Lebensberufe und die Begabungsstruktur der Schüler maßgebend seien. Daher müsse es bildungstheoretisch begründete Schultypen geben. Die mit etwa dem zehnten Lebensjahr beginnende Altersstufe verlange aus entwicklungspsychologischen Gründen zwingend, beim traditionellen Übergang zur Höheren Schule nach dem vierten Grundschuljahr zu bleiben.«[80] Als der Bayerische Landtag die Pläne des bayerischen Kultusministers Hundhammer befürwortete, gaben die Amerikaner im Sommer 1948 ihre Schulveränderungspläne auf. Das demokratische Legitimationsprinzip durch das Parlament besaß für sie eine höhere Rangordnung als die Verfolgung bestimmter Schulstrukturpläne. Als Gegenleistung musste die bayerische Regierung Schulgeldfreiheit gewähren.

In ähnlicher Weise verlief die Entwicklung in den anderen westlichen Besatzungszonen. Als Reaktion auf den nationalsozialistischen Einheitsstaat entstand im Westen eine föderalistische Ordnung, die bewusst an die demokratische Entwicklung der Weimarer Zeit vor 1933 anknüpfte. Daraus wurde auch die Kulturhoheit der Länder abgeleitet, die bei der Gründung der Bundesrepublik Deutschland von der Verfassung bestätigt wurde und bis heute das Kernstück der Eigenstaatlichkeit der Länder ist. Die westlichen Verbündeten respektierten und förderten diese Entwicklung, bestanden aber auf der Einhaltung der Leitsätze des Alliierten Kontrollrates vom 25. Juni 1947 für die Reform der Schulen in den Besatzungszonen, in denen es u.a. hieß: »Es sollten gleiche Bildungsmöglichkeiten für alle geschaffen werden ... Alle Schulen sollten ... besonderen Nachdruck auf die Erziehung zu staatsbürgerlicher Verantwortung und demokratischer Lebensweise legen. Ziel der Lehrpläne sollte es sein, das Verständnis anderer Völker und das Einvernehmen mit ihnen zu fördern.«[81] Die Bundesländer im Westen erfüllten diese Auflagen durch die Verabschiedung neuer Lehrpläne und die Einführung neuer Fächer (z.B. Gemeinschaftskunde). Die *Mitwirkung der Eltern im Bildungswesen* wurde ebenfalls gesichert; nach Artikel 6 Absatz 2 des Grundgesetzes der Bundesrepublik Deutschland ist die Erziehung der Kinder das »natürliche« Recht der Eltern. Das Elternrecht war damit gegenüber dem staatlichen Erziehungsauftrag im Schulwesen gleichberechtigt. Zu den wichtigsten Merkmalen des westdeutschen Föderalismus gehörte die Errungenschaft, dass der Staat nur rechtlich begrenzte und abgestufte Einwirkungsmöglichkeiten im Bildungswesen besaß. Neben dem föderalistischen Prinzip wurde der weltanschauliche und gesellschaftliche Pluralismus anerkannt. Dieser erstreckte sich auf den *Interessenpluralismus* organisierter Gruppen wie Lehrerverbände, Elternvereinigungen, Unternehmerverbände, Gewerkschaften und auf die Vielzahl weltanschaulicher und politischer Vereinigungen, die auf die Bildungspolitik Einfluss nahmen. Damit war auch der Wiedererrichtung der Landesorganisationen des Deutschen Philologenverbandes der Weg geebnet.

Beim *Aufbau des Schulwesens* gingen die westdeutschen Länder daran, das zentralistische und seines Pluralismus entkleidete nationalsozialistische Bildungswesen aufzulösen. Bewusst führten sie das bewährte gegliederte Schulwesen der Weimarer Republik fort, das sowohl der Förderung des Einzelnen als auch der Vielgestaltigkeit der gesellschaftlichen Lebensverhältnisse entsprach. Für dieses Schulsystem standen die geeigneten Lehrkräfte zur Verfügung, die ihre Ausbildung zumeist vor 1933 erhalten hatten. Den demokratischen Parteien gelang es, sich in den Ländergesetzgebungen auf parteiübergreifende Grundsätze der Ziele von Erziehung und Unterricht zu einigen. Als Beispiel kann der Artikel 7 der Verfassung des Landes Nordrhein-Westfalen vom 28. Juli 1950 dienen, der von den christlichen, liberalen und sozialistischen Parteien verabschiedet wurde. Er formuliert folgende Grundsätze: »Ehrfurcht vor Gott, Achtung vor der Würde des Menschen und Bereitschaft zum sozialen Handeln zu wecken, ist vornehmstes Ziel der Erziehung. Die Jugend soll erzogen werden im Geist der Menschlichkeit, der Demokratie und der Freiheit, zur Duldsamkeit und zur Achtung der Überzeugung des anderen, in Liebe zu Volk und Heimat, zur Völkergemeinschaft und Friedensgesinnung.« Die Mehrheit der westdeutschen Bevölkerung befürwortete die bildungspolitische Entwicklung, wie die Ergebnisse der Landtags- und Bundestagswahlen zeigten. Man wünschte eine solide und die Zukunft sichernde Schulausbildung der nachwachsenden Generation. Zeitzeugen, die die Höheren Schulen in Westdeutschland in den Jahren 1946 bis 1955 bis zum Abitur besuchten, bestätigen, dass sie sowohl von den älteren als auch von den jüngeren Lehrern, die zumeist Kriegsteilnehmer gewesen waren, eine gründliche Gymnasialausbildung erhielten, die sie für ein Universitätsstudium in allen Fachrichtungen qualifizierte.

In der Sowjetischen Besatzungszone (SBZ) bahnte sich 1945 eine grundlegend andere Entwicklung an als in Westdeutschland. Die *Sowjetische Militäradministration in Deutschland (SMAD)* leitete eine politische, gesellschaftliche und wirtschaftliche Umgestaltung ein, die die Lebensverhältnisse in ihrem Zuständigkeitsbereich tief greifend veränderte. In Polen, Ungarn, der Tschechoslowakei, Rumänien und Bulgarien gestaltete sich die Entwicklung ähnlich. Nach der nationalsozialistischen Terrorherrschaft folgte die Einführung einer kommunistischen Diktatur, die schon bald in stalinistischen Terror überging. Weit über 100 000 Personen wurden in der SBZ verhaftet und in die wieder eröffneten Nazi-Konzentrationslager, darunter Buchenwald und Sachsenhausen, geschickt. Die sowjetische

Militärmacht unterhielt diese Lager bis 1950. In ihnen kamen viele Häftlinge durch Unterernährung oder Krankheit um. Eine unbekannte Zahl von ihnen wurde hingerichtet oder nach Sibirien verschleppt. Darunter waren viele Gewerkschaftler, Sozialdemokraten, Christen, Lehrer und Mitglieder bürgerlicher Berufe, die schon der Naziverfolgung ausgesetzt gewesen waren. Dieser Terror diente offiziell dem »Aufbau des Sozialismus«, inoffiziell wollte man vermeintliche oder tatsächliche Gegner des kommunistischen Systems ausschalten. Obwohl diese Maßnahmen im Gegensatz zu den Beschlüssen der Potsdamer Konferenz standen, wurden sie von 1945 bis 1949 rigoros durchgesetzt, denn es galt, die Weichen zu stellen für den Aufbau eines kommunistischen Systems in Deutschland und Osteuropa. Rein äußerlich hielt sich die SMAD scheinbar an Demokratievorstellungen. Sie versprach die Zulassung »antifaschistischer« Parteien und Gewerkschaften. In Wirklichkeit beherrschten aber die aus der sowjetischen Emigration zurückgekehrten KPD-Führer und dort geschulten Funktionäre – wie Walter Ulbricht, Anton Ackermann und Gustav Sobottka – das Geschehen und genossen die volle Unterstützung der sowjetischen Militäradministration. Zu Wolfgang Leonhard, der zur »Gruppe Ulbricht« gehörte und später in den Westen floh, sagte Walter Ulbricht: »Es ist doch klar: Es muss demokratisch aussehen, aber wir müssen alles in der Hand haben.«[82] Mit Schlagworten wie »Antifaschismus«, »Demokratie« und »Frieden« warb die KPD um Vertrauen, füllte diese Begriffe aber bald mit neuen, ihr gemäßen Inhalten. Man ließ auch ein Mehrparteiensystem zu, das zunächst aus der Christlich-Demokratischen Union Deutschlands (CDUD), der SPD und einer Liberal-demokratischen Partei (LDP) bestand, denen man später (1948) noch die von einem Kommunisten geführte Nationaldemokratische Partei Deutschlands, in der man ehemalige Nazis und Wehrmachtsangehörige integrieren wollte, und die Demokratische Bauernpartei Deutschlands (DBD) – ebenfalls von einem ehemaligen KPD-Mitglied geleitet – hinzufügte. Am 14. Juli 1945 wurden die bis dahin bestehenden Parteien zu einer »Einheitsfront der antifaschistisch-demokratischen Parteien« – dem so genannten »Demokratischen Block« – zusammengefasst. Diesen Zusammenschluss nutzte die KPD zur Durchsetzung ihrer eigenen Politik. Gleichzeitig wurden Massenorganisationen wie die Frauenausschüsse, die Jugendausschüsse, der Kulturbund und insbesondere der Freie Deutsche Gewerkschaftsbund (FDGB) als Hilfsorganisationen der KPD gegründet. Allerdings bestimmten auch bei den Parteien die Sowjets den Kurs. Sie setzten bereits im September 1945 den CDUD-Vorsitzenden Hermes ab; ebenso erging es seinem Nachfolger Kaiser im Dezember 1947. Zur Bewährungsprobe kam es vor den Wahlen 1946 in Berlin. Da die KPD fürchtete, eine zu geringe Wählerbasis zu haben und demokratische Wahlen nicht gewinnen zu können, beschloss sie mit Führungsgremien der SPD am 22. April 1946 einen Zusammenschluss beider Parteien zur Sozialistischen Einheitspartei Deutschlands (SED). SPD-Mitglieder, die eine Abstimmung darüber vornehmen wollten, wurden in Ostberlin durch die sowjetische Militärpolizei daran gehindert, in Westberlin lehnten 82,2 Prozent der SPD-Mitglieder die SED-Gründung ab. Man kann den Zusammenschluss daher als eine Zwangsvereinigung ansehen. Bei den Gemeinde- und Landtagswahlen im September 1946 in der SBZ erhielt die SED 47,5 Prozent, die CDU 24,5 Prozent, die LPD 24,6 Prozent und Splitterparteien 3,4 Prozent der Stimmen, bei einer Wahlbeteiligung von 91,6 Prozent. Die Wahlen können allerdings nicht als demokratisch bezeichnet werden, da CDUD und LPD bei der Gründung von Ortsgruppen und bei der Kandidatenaufstellung massiv behindert wurden. In Zukunft sollte es keine schein-demokratischen Wahlen wie 1946 mehr geben. Der Stimmzettel wies später keine konkurrierenden Parteien mehr aus, sondern war nur noch eine vorher festgelegte Einheitsliste, bei der man lediglich eine Entscheidung mit Ja oder Nein abgeben konnte. 1948 bekannte sich die SED öffentlich zur führenden Rolle der Sowjetunion und der KPdSU mit dem Ziel der Errichtung der »Diktatur des Proletariats« und lehnte einen besonderen deutschen Weg zum Sozialismus ab. 1945 wurden 85 Prozent aller Richter entlassen und »Volksrichter« und »Volksstaatsanwälte« in Schnellkursen ausgebildet.

Die nächste große *antifaschistisch-»demokratische« Umwälzung* betraf das Bildungswesen. Unter Oberaufsicht der sowjetischen

Militäradministration wurde im Osten eine Deutsche Verwaltung für Volksbildung mit Weisungsbefugnis für die gesamte SBZ, die spätere DDR, gegründet. Damit wurde, obwohl die fünf östlichen Länder bis 1952 noch bestanden, faktisch das Einheitsstaatsprinzip der voraufgegangenen nationalsozialistischen Diktatur beibehalten. Dies wurde auch deutlich am *zentralistischen Charakter der Bildungspolitik*. Zum Präsidenten der vom SMAD errichteten Deutschen Zentralverwaltung für Volksbildung wurde Paul Wandel ernannt, der während des Krieges auf der Komintern-Schule in der Sowjetunion ausgebildet worden war. Von den 40 000 Lehrkräften in der SBZ wurden 28 000 als ehemalige NSDAP-Mitglieder entlassen. Ersetzt wurden sie durch »ideologisch einwandfreie« Personen, die in Kurzlehrgängen von zum Teil nur wenigen Wochen auf ihre Lehrertätigkeit vorbereitet wurden.[83] Innerhalb von zwei Jahren stellte die Verwaltung 40 000 neue Lehrerinnen und Lehrer ein. Die SED ging aber nicht nur gegen ehemalige Nazis vor, sondern verdrängte auch Schulleiter, die Mitglieder der SPD waren, aus ihren Ämtern, wenn sie sich nicht linientreu verhielten. C. Führ schildert ein anschauliches Beispiel solcher Maßnahmen in seinem Artikel »Die Machtergreifung der SED an der Humboldt-Schule in Nordhausen im Harz im Frühjahr 1950«.[84]

Erst unterschwellig, dann seit 1948/49 offen wurde der *Monopolanspruch der marxistisch-leninistischen Parteiideologie* in allen grundsätzlichen Fragen der Erziehung, Bildung und Wissenschaft durchgesetzt. In der DDR-Verfassung wurde den Eltern kein »natürliches«, d.h. eigenständiges Recht auf Erziehung ihrer Kinder zugebilligt. Ein Erziehungsrecht hatte nur Gültigkeit im Rahmen der sozialistisch-kommunistischen Anschauung. Die Lehrer wurden auf die marxistisch-leninistische Ideologie verpflichtet und mussten die besonderen ideologischen Ziele der SED vertreten, die auch in den Lehrplänen und Schulbüchern festgelegt waren. Im Schul- wie im Hochschulbereich bezeichnete man die neuen kommunistischen Bildungsinhalte als »fortschrittlichen Humanismus«. Mit diesem Tarnbegriff täuschte man eine Anknüpfung an die deutsche Bildungstradition vor.

Im Hochschulbereich der SBZ/DDR war der Widerstand gegen die politisch-ideologische *Gleichschaltung* bei Studenten und Professoren am längsten zu spüren. Entsprechend hart griffen die sowjetischen und DDR-Geheimdienste auch bei geringsten Anlässen durch. So berichtet Dr. Hennig, wie er als Student in Halle mit mehreren Kommilitonen verhaftet und zu 25 Jahren Zwangsarbeit in Sibirien verurteilt wurde, weil sie sich öffentlich gegen die Einheitsliste bei der Wahl zum Studentenrat geäußert hatten.[85] Bis 1962 wurden mindestens 1100 Hochschulangehörige verhaftet und verurteilt, seit 1950 vor allem durch DDR-Gerichte.

Da sich die Bildungspolitik in der SBZ und der DDR zu einem *egalitären gesellschaftspolitischen Programm* bekannte, konnte sie auf das »Einheitsschulmodell« zurückgreifen, das die KPD schon in der Weimarer Republik beim Umsturzversuch 1918/19 und kurzzeitig in Thüringen und Sachsen propagiert hatte. Die Restauration dieses schon in der Weimarer Demokratie widerlegten und gescheiterten Schulmodells entsprach der neuen Leitidee von der besonderen Förderung der »Arbeiter- und Bauernkinder«, die als soziale »Chancengleichheit« bezeichnet wurde. Damit verbunden war aber schon bald eine Chancenverweigerung aus politischen Gründen, indem man Kindern aus bestimmten bürgerlichen Kreisen oder solchen, die als ideologisch nicht zuverlässig galten, den Weg zum Abitur oder zum Hochschulstudium verweigerte. Man entwickelte die Zulassungsregeln für weiterführende Bildungswege zu einem Instrument, mit dem Schüler nach sozialen und politisch-ideologischen Merkmalen gefördert oder diskriminiert wurden. Dieses Verhalten entsprach dem Vorgehen der Nationalsozialisten im Bildungssektor und bestätigt Übereinstimmungen in totalitären Systemen.

Die von der Bildungsverwaltung errichtete neue »Einheitsschule« umfasste zwölf Jahrgänge. Bereits im Mai/Juni 1946 verabschiedeten die Volksbildungsverwaltungen der fünf Länder und Provinzen das von der Verwaltung für Volksbildung in Berlin erarbeitete »Gesetz zur Demokratisierung der deutschen Schule«. Danach sollten alle Kinder eine gemeinsame, acht Schuljahre umfassende Grundschule besuchen. Die darauf aufbauende »Oberstufe« gliederte sich in Berufsschulen, Fachschulen und eine zum Abitur führende vierjährige Oberschule. Mit dieser »demokratischen« Einheitsschule, so verkündete das Gesetz, sollte die »Brechung des Bildungsmonopols« bisher bevorrechtigter Bevölkerungsgruppen erfolgen, insbesondere beim Hochschulzugang. »Mit der demokratischen Schulreform«, so sah der Vorgang aus SED-Sicht aus, »wurde eine bildungspolitische Revolution vollzogen, die ein wesentlicher Bestandteil der antifaschistisch-demokratischen Umwälzung war und bereits in eine sozialistische Zukunft wies.«[86] Alle Schlüsselpositionen in der Bildungsverwaltung wurden mit KPD- bzw. SED-Mitgliedern besetzt, und die »Einheitsfront« der zugelassenen politischen Parteien unter Regie der SED verhinderte bei der Schulpolitik den Wettbewerb alternativer Konzeptionen. Da die Wahlen zu den Landtagen erst später stattfanden, besaß das »Schulgesetz« von 1946 keine parlamentarische Legitimierung.[87]

Die Organisation des Schulsystems der DDR wurde mit einem neuen Schulgesetz vom 2. Dezember 1959 fortgeführt und mit dem Gesetz über das einheitliche sozialistische Bildungssystem vom 25. Februar 1965 abgeschlossen. Die neuen Regelungen bezogen sich vor allem auf einen ursprünglich nicht geplanten, 1950/51 eingeführten Schultyp einer zehnklassigen Schule, die 1956 die Bezeichnung Mittelschule erhielt und ab 1959 *Allgemeinbildende Polytechnische Oberschule (POS)* hieß. Die 11. und 12. Klassen erhielten die Bezeichnung *Erweiterte Oberschule (EOS)*. Angeregt durch eine Schulreform in der Sowjetunion wurde von 1958/59 an für alle Schülerinnen und Schüler ein obligatorischer Lern- und Praxisbereich eingeführt, der *Polytechnische Unterricht*, ein schon von Karl Marx propagiertes Element der Bildungs- und Schultheorie.

Alle Bildungs- und Erziehungseinrichtungen in der SBZ und der DDR vom Kindergarten bis zur Hochschule und zur Weiterbildung waren zentralstaatlich organisiert. Lag die Trägerschaft bei den Massenorganisationen, z.B. beim »Freien Deutschen Gewerkschaftsbund« (FDGB) oder der »Freien Deutschen Jugend« (FDJ), wurden sie ausdrücklich auf dieselben ideologischen Ziele festgelegt wie alle anderen staatlichen Schulen, deren Ziel es war, die DDR-Gesellschaft zu einem marxistisch-leninistischen Weltanschauungsstaat zu machen und Einflüsse von außen auszuschalten. Das Bildungssystem sollte auf allen Stufen das politisch-ideologische Wissen vermitteln. Für die Kinder und Jugendlichen wurde neben der Schule und Berufsausbildung ein zusätzlicher Erziehungsbereich aufgebaut. In der Pionierorganisation »Ernst Thälmann« und der anschließenden FDJ wurden durch Freizeitangebote, »Feriengestaltung« und »sozialistische Wehrerziehung« zusätzliche emotionale Erlebnis- und soziale Erfahrungsbereiche vermittelt, die die kognitive ideologische Ausrichtung ergänzten und verfestigten.

In dieser zentralistisch gelenkten totalitären Staatsorganisation mit eindeutig ideologischer Ausrichtung, die keinen weltanschaulichen und gesellschaftlichen Pluralismus zuließ, und schon gar nicht im Erziehungs- und Bildungssektor, war es unmöglich, freie und unabhängige Interessengruppen zu bilden. Deshalb kam es nach 1945 nicht zur Wiedererrichtung von Philologenverbänden in der SBZ und der DDR. Die Verbandsgeschichte bezieht sich daher nachfolgend bis 1989/90 nur auf die Entwicklung in Westdeutschland.

Neuorganisation des Philologenverbandes – Wiederaufbau und Erneuerung der Gymnasien

Nicht nur die Siegermächte hatten voneinander abweichende Vorstellungen über die Neuorganisation des deutschen Bildungswesens, auch in Deutschland brachen die Gegensätze der bildungspolitischen Vorstellungen wieder auf, wie wir sie von den Anfängen der Weimarer Republik her kennen. Deshalb trafen sich in den Jahren 1945/46 Lehrkräfte der Höheren Schulen und berieten, wie sie durch Zusammenschlüsse auf Orts- und Kreisebene die dem Gymnasium drohenden Gefahren abwenden könnten. Zur ersten Neugründung eines Philologenverbandes auf Landesebene kam es Ende 1946 in Schleswig-Holstein. Es folgten am 9. Januar 1947 die Landesverbandsgründungen in Nordrhein-Westfalen und am 21. Juni 1947 in Niedersachsen. Im Juni schlossen sich die drei Landesverbände in Hannover zu einem Gesamtverband für Nordwest- und Norddeutschland zusammen. Dieser Teilzusammenschluss in der britischen Besatzungszone blieb aber nur eine kurze Episode, denn inzwischen hatten sich auch Landesverbände in der amerikanisch besetzten Zone gebildet.

Daher trafen sich am 16. August 1947 Vertreter aller bis dahin wieder begründeten Philologenverbände in Bad Homburg zu einer Vorbesprechung und gründeten am *25. September 1947 auf Schloss Homburg vor der Höhe den Gesamtverband der Lehrkräfte an Höheren Schulen für alle deutschen Länder* mit dem bewährten Namen: *Deutscher Philologenverband*. Vorsitzender wurde Oberstudienrat Dr. Erdmann aus Düsseldorf vom Landesverband Nordrhein-Westfalen, der auch die Geschäftsführung übernahm. Überlegungen, dem Verband einen neuen Namen zu geben, wurden zurückgestellt, da der bisher gebräuchliche die Gesamtheit aller an Höheren Schulen tätigen Lehrerinnen und Lehrer umschloss, den wissenschaftlich-fachlichen Charakter betonte und »Anhänger und Gegner in Wort und Schrift den Namen gebrauchten, Behörden ihn verwendeten und ein anderer kurzer und treffender verwendbarer Name nicht zu finden war.«[88]

Bei der neuen Vereinigung der Lehrerinnen und Lehrer an den Höheren Schulen wurde noch einmal die Frage nach einem Zusammenschluss für Lehrer aller Schulformen erörtert, ein Problem, das sich auch auf Länderebene stellte, besonders dort, wo z.B. die Einheitsschulbestrebungen – wie in Hamburg, Bremen und Berlin – verstärkt auftraten. Während die Gewerkschaft Erziehung und Wissenschaft (GEW) sich als Sammelbewegung für alle Pädagogen vom Kindergarten bis zur Hochschule verstand, setzte sich der Deutsche Philologenverband bewusst davon ab. Der Vorsitzende Dr. Erdmann formulierte die Verbandsvorstellungen mit Bezug auf das demokratische Prinzip des Interessenpluralismus folgendermaßen: »Die schlimmen Erfahrungen, die wir in den verflossenen Jahren mit dem NSLB gemacht hatten, ließen es nicht wünschenswert erscheinen, in einen allgemeinen Lehrerverband einzutreten, in dem die Philologen notwendigerweise sich der Mehrheit der übrigen Lehrerschaft hätten unterwerfen müssen. Es erscheint unerlässlich, zunächst im eigenen Hause und unter eigener Verantwortung Ordnung zu schaffen, so gern wir auch in allen Fragen, die allen Lehrern gemeinsam gestellt sind – des Beamtenrechts, der wirtschaftlichen Belange usw. –, mit den anderen Verbänden zusammenzuarbeiten bereit und gewillt sind und vielerorts auch bereits erfreulicherweise zusammenarbeiten. Unsere besondere Beachtung aber dient den besonderen Fragen, die heute der Höheren Schule gestellt sind. Die Höhere Schule ist in der Ostzone vernichtet, von anderen offen oder heimlich angefeindet, auch von Stellen, von denen sie Verständnis zu erwarten glaubte. Gegen alle diese Gegner heißt es sich zur Wehr zu setzen und das Eigenrecht der Höheren Schule und ihre Stellung im Leben des deutschen Volkes und seiner Kultur zu verteidigen. Es geht hier nicht um die Interessen unseres Standes, wie die Gegner der Öffentlichkeit erzählen wollen, um unsere Bestrebungen als engstirnigen Eigennutz abzutun. Es geht auch nicht um die Höhere Schule an und für sich. Es geht vielmehr um die Aufgabe, die der Höheren Schule im Kulturleben unseres Volkes zugewiesen ist: um die Zukunft unserer Jugend und damit unseres Volkes. Die neunjährige Höhere Schule ist kein Gebilde des Zufalls, das man erhalten, verändern oder beseitigen kann nach Belieben und nach schulfremden Gesichtspunkten. Sie stellt vielmehr das Ergebnis von jahrzehntelangen Erfahrungen dar und hat sich trotz aller kurzsichtigen Angriffe, die abgewehrt werden mussten, und einzelner Schwächen, die jeder menschlichen Einrichtung anhaften, jederzeit bewährt. Jede Verkürzung, oben oder unten, die unter dem irreführenden Schlagwort ‚Einheitsschule' oder dem Vorwand der ‚Demokratisierung' gefordert wird, kann nur ein weiteres Absinken ihrer Leistungen herbeiführen.«[89]

Etwa gleichzeitig mit der Wiederbegründung des Verbandes war es durch die Initiative von R. Burmester aus Schleswig-Holstein gelungen, die Lizenz für eine Verbandszeitung zu erhalten. Die Zeitschrift erhielt den Namen *Die Höhere Schule*. Die erste Ausgabe erschien am 1. Dezember 1947, elf Jahre nach dem Verbot des »Philologenblattes«. Burmester schrieb zum Auftakt: »Gerade nach dem Zusammenbruch, wo mit dem Neubau unseres Bildungswesens begonnen wird, brauchen wir eine Plattform, auf der die brennenden Fragen des Tages allen vernehmbar und ohne parteipolitische Bindung völlig frei behandelt werden können, damit die Philologen in allen Teilen Deutschlands die Neugestaltung der Höheren Schule verfolgen und sich an ihr beteiligen können, so dass eine einheitliche Form der neuen Schule ermöglicht wird. Wir wollen das denkwürdige stolze Gebäude unserer Höheren Schule, an dem vier Jahrhunderte gebaut haben, erhalten und mit neuem Geist erfüllen, damit die Schule der neuen Lage gerecht wird und die ihr anvertraute Jugend zu höchster Leistung erziehen kann und sie erfüllt mit Ehrfurcht vor Gott und Liebe und Achtung für den Mitmenschen ohne Ansehung von Nationalität, Rasse und Stand, so dass sie zur Trägerin einer friedlichen und glücklichen Welt heranwachsen kann.«[90]

Die Hoffnungen Burmesters auf regen Austausch in der neuen Zeitschrift wurden in den darauf folgenden Jahren mehr als erfüllt. »Die Höhere Schule« wurde zu einem Forum der geistigen Auseinandersetzung. Inhalte aller Fachbereiche, der politischen Bildung, der Pädagogik und Didaktik, der Schul- und Gesellschaftsentwicklung, der Unterrichtsmethoden, des Beamtenrechts, der Besoldung und Beamtenpolitik, der Demokratisierung des Schulwesens, der Schulverwaltung und aller schulisch relevanten Bereiche innerhalb und außerhalb des Schulgeschehens, der Bildungssysteme anderer Länder, der partei- und verbandspolitischen Vorstellungen kamen zur Sprache und wurden in Leserzuschriften diskutiert. Nirgendwo sonst kann man die Lebendigkeit und das wissenschaftliche und pädagogische Engagement, mit denen die Philologenschaft die Schul- und Reformentwicklungen begleitete, besser verfolgen. Die Zeitschrift ist nicht nur ein Beleg für den geistigen Aufbruch nach dem Zweiten Weltkrieg, sondern auch für ein fortwährendes Ringen um Erneuerung, Verbesserung und Erhaltung der Leistungskraft der Höheren Schule.

Die Gefahren, die dem Gymnasium in den ersten Nachkriegsjahren drohten, hatten außen- und innenpolitische Gründe: die unterschiedlichen Entwicklungen in den Besatzungszonen und das

Wiedererstarken der Einheitsschulbewegung. »Die Tatsache des Besatzungszustandes bringt es mit sich, dass der Wille des Auslandes weitgehend mitbestimmend ist bei der Gestaltung auch unseres Bildungswesens,« schrieb der damalige 2. Verbandsvorsitzende Georg Ried. »Das kollektivistische Erziehungsprinzip Sowjetrusslands, das aus kolonialen Lebensformen gewachsene Einheitsschulsystem der Vereinigten Staaten, das einer anderen Gesellschaftsstruktur gemäße Schulwesen Englands und die vorwiegend rationalistische Bildungstradition Frankreichs tragen an das deutsche Bildungswesen Maßstäbe heran, die seinem geschichtlichen Werdegang ... fremd und ungemäß sind. Allerdings müssen daraus nicht unbedingt Nachteile für unser Bildungswesen entstehen. Es können sich aus solcher Einflussnahme ... wertvollste Anregungen ergeben ... Auch unsere innere Zerrüttung erschwert eine klare Linienführung unserer Schulreform. Sie hat zur Folge, dass an Schulfragen oft aus bildungsfremden Erwägungen heraus herangegangen wird und dass das Bildungsproblem zu einem partei- und interessenpolitischen Streitobjekt umgebogen wird. Dadurch gehen sachliche Maßstäbe verloren. Ressentiments, Unkenntnis, Unerfahrenheit, ja Feindseligkeit, das Schlagwort und die Parole treten vielfach an die Stelle sachkundiger Verantwortlichkeit.«[91]

Die neu entstandenen Länder in den Besatzungszonen begannen sich – je nach politischer Ausrichtung, föderalistischer Tradition oder Einflussnahme der Besatzungsmacht – auseinander zu entwickeln. Im Februar 1948 gab es zwar in Stuttgart den Versuch der ersten Konferenz der Kultusminister aller deutschen Länder, auch der aus der damaligen sowjetischen Besatzungszone, dem »Schulchaos« durch ein gemeinsames Minimalprogramm entgegenzuwirken, man scheiterte aber an den politischen Gegensätzen. Lediglich eine sehr allgemein gehaltene Entschließung zum Aufbau des Schulwesens im Geiste der Demokratie und der sozialen Gerechtigkeit sowie des Friedens und der Völkerverständigung fand eine ungeteilte Zustimmung. Diese erste und einzige gesamtdeutsche Kultusministerkonferenz – die nächsten Kontakte sollten erst rund vierzig Jahre später wieder aufgenommen werden – blieb Episode, da sowohl der beginnende Kalte Krieg mit Währungsreform und Berliner Blockade als auch die gegensätzlichen ideologischen und schulpolitischen Grundvorstellungen unüberbrückbare Hindernisse aufwarfen. Mit der Gründung der Bundesrepublik Deutschland am 23. Mai 1949 und der Verabschiedung des Bonner Grundgesetzes sowie der Verabschiedung der Verfassung der Deutschen Demokratischen Republik am 7. Oktober 1949 war die unterschiedliche bildungspolitische Entwicklung in Deutschland festgeschrieben.

Rein äußerlich hatte es den Anschein, als hätte sich das gegliederte Schulwesen in den westdeutschen Ländern wieder durchgesetzt. Es gab jedoch durch Einwirkungen der alliierten Militärbehörden und Sonderwege der Länder starke Auseinanderentwicklungen, sodass eine Vergleichbarkeit der Abschlüsse der Höheren Schulen gefährdet war. Man sprach sogar von einem »Bildungschaos«. In den Ländern Nordrhein-Westfalen, Rheinland-Pfalz, Nord-Württemberg, Nord-Baden, Süd-Baden und Württemberg-Hohenzollern hatte man die neunjährige Normalform des Gymnasiums wieder eingeführt, in Bayern und Niedersachsen die achtjährige Form von 1938 beibehalten, eine unterschiedliche acht- oder neunjährige Dauer gab es in Hessen, sieben Jahre dauerte die Schulzeit am Gymnasium in Hamburg, Bremen und Schleswig-Holstein (durch die Abtrennung der Klassen fünf und sechs) und vier Jahre in Berlin. Vollends undurchschaubar waren die Fremdsprachenfolgen in den einzelnen Ländern.

Die Verabschiedung der Schulgesetze in den Ländern der Westzonen und der Bundesrepublik erfolgte in der Regel erst nach öffentlichen Diskussionen und parlamentarischen Debatten. Wie stark bildungsreformerische und parteipolitische Vorstellungen die parlamentarischen Gegensätze bestimmten, verdeutlichen insbesondere die Auseinandersetzungen um das Schulgesetz für ganz Berlin 1947/48, die dann auf östlicher Seite von SED und Militärbehörde unterbunden wurden. Die am 26. Juni 1948 mit Mehrheit verabschiedete Entscheidung für eine zwölfjährige »Berliner Einheitsschule« hatte aber im westlichen Teil keinen Bestand, sie wurde für West-Berlin 1951 revidiert und durch eine sechsjährige Grundschule mit anschließender siebenklassiger Höherer Schule abgelöst.

Es gab auch Vorgehensweisen, die versuchten, demokratische Entscheidungsprozesse, wie Befragung der Betroffenen, möglichst zu umgehen oder zu unterlaufen. Diese Methode der so genannten *Reformen von oben* waren beliebt bei Einheitsschulbefürwortern, die über eine sechsjährige Grundschule ihre Konzeption weiterführen und das Gymnasium um zwei Jahrgangsklassen verkürzen wollten. Lehrbeispiele dafür sind unter anderem Hamburg und Niedersachsen. So erfuhren die Hamburger Philologen am 2. Oktober 1945 mit dreimonatiger Verspätung, dass die Schulverwaltung einen »Reformplan« zur Verlängerung der Grundschule und zur Verkürzung der Höheren Schule um je zwei Jahrgangsstufen vorbereitet hatte, der mit einer Gruppe von Einheitsschulbefürwortern um den damals in Hannover wirkenden früheren preußischen Kultusminister Adolf Grimme auf einer Sitzung in Marienau bei Lüneburg abgesprochen worden war. Die Empörung der Philologen über dieses klammheimliche Vorbereitungsszenario war groß, und sie meldeten ihren Widerspruch an. Damit begann ein mehrjähriger Streit in Hamburg um die sechsjährige Grundschulzeit, der große Heftigkeit erreichte, als der Senat der Bürgerschaft, in dem die SPD über eine absolute Mehrheit verfügte, am 3. Mai 1949 seinen Gesetzentwurf zur Schulreform vorlegte, der dann am 2. und 23. September 1949 mit den Stimmen der SPD und KPD und gegen die Stimmen der CDU, FDP und DP verabschiedet wurde.[92] Diese Art von »Reformen von oben« erfreuen sich auch heute noch in einem viel zitierten Werk von Einheitsschulbefürwortern einer solchen Beliebtheit, dass die Verfasser sogar das diktatorische und undemokratische Vorgehen in der SBZ/DDR nach 1945 positiv bewerten. »An die Stelle des Föderalismus im Westen trat in der Bildungspolitik der SBZ sehr früh das Prinzip des Zentralismus,« lesen wir in einer überarbeiteten »Schulgeschichte« von 1998. Dann erfahren wir weiter, dass O. Anweiler mit Recht darauf hingewiesen habe, dass diesem Gesetz die parlamentarische Legitimation fehle; »dem ist aber entgegenzuhalten«, glaubt der Verfasser argumentieren zu können, »dass einer der wenigen nicht-restaurativen Reformansätze in den Westzonen, derjenige von Adolf Grimme in Niedersachsen, ebenfalls nur als ‚Reform von oben' gelungen ist.«[93] Mit anderen Worten: Weil Grimmes Methode ebenso gut funktionierte wie bei den Umwälzern in der SBZ, kann man über deren fehlende parlamentarische Legitimation hinwegsehen. Man mag dahingestellt sein lassen, was eher den Begriff »restaurativ« verdient, das Wiederaufleben des aus der Räterepublik von 1918 stammenden und von Rousseauschem Denken inspirierten Einheitsschulprinzips, das schon in der Reichsschulkonferenz von 1920 mit guten Argumenten widerlegt worden war, oder die Anknüpfung an das bewährte gegliederte Schulsystem der Weimarer Demokratie. Natürlich »kann das moralische Imponiergehabe der radikalen Bildungslinken«, so Nipperdey, »die für sich das Monopol der Reform beanspruchen, ihre spezifischen Pläne mit Humanität und Gerechtigkeit identifizieren und als die einzige Erfüllung des Postulats der Chancengleichheit ausgeben, den aufgeklärten Beurteiler kalt lassen. Solche moralischen Totalansprüche sind seit der Aufklärung üblich, sie gehören zum Kampfmittel revolutionärer Ideologien.«[94] Nicht kalt lassen darf uns jedoch das illiberale Demokratieverständnis, mit dem einige Einheitsschulbefürworter von 1945 bis heute ihre Pläne verfolgen nach dem Motto: »Der Zweck heiligt die Mittel«. Die ersten Nachkriegserfahrungen lassen bereits im Ansatz erahnen, was an Auseinandersetzungen im Bildungsbereich Westdeutschlands noch bevorsteht.

Der Streit um die sechsjährige Grundschule hatte als positive Folge die Neubegründung des 1935 aufgelösten Hamburger Philologenverbandes. In Hamburg hatte es nach Kriegsende mehrere Versuche zur Bildung von gemeinsamen Lehrer- und Beamtenorganisationen gegeben. Es begann mit der »Gesellschaft der Freunde des vaterländischen Schul- und Erziehungswesens« (GdF) – darunter auch eine Minderheit von Philologen als Fachschaft Höhere Schule –, deren Wiederbegründung auf Antrag der Schulverwaltung im Juni 1945 von der Militärregierung genehmigt worden war. Eine Vorstandsgruppe der GdF um Max Traeger verfolgte das Ziel, einen Zusammenschluss der Lehrerorganisationen in der Britischen Besatzungszone zu erreichen. Es gelang ihnen am 9./10. Januar 1947 in Detmold, einen »Allgemeinen Deutschen Lehrerinnen- und Lehrerverband« (ADLLV) zu gründen, zu dessen Vorsitzendem Max Traeger gewählt wurde. Im zweiten Halbjahr 1947 trat Traeger in Verhandlungen mit dem neu entstehenden Deutschen Gewerkschaftsbund ein, um einen Beitritt des ADLLV als 13. Mitgliedsorganisation vorzubereiten. In den Gesprächen kam es zu einer Einigung über das Berufsbeamtentum der Lehrer mit der etwas gequälten Formulierung: »Der DGB erkennt die Beamteneigenschaft für gewisse Gruppen von Bediensteten des Staates an.«[95] Daraufhin trat der ADLLV als *Gewerkschaft Erziehung und Wissenschaft (GEW)* am 1. Juli 1948 dem DGB bei.

Die Ziele Max Traegers und der ihn unterstützenden GdF-Vorstandsmitglieder – »Schulreform von oben«, sechsjährige Grundschule, Einheitsschule, »Einheitsgewerkschaft« mit Anschluss an den DGB – führten zu einem Bruch in der GdF. Die Philologen sahen die Interessen der Höheren Schulen schon länger verletzt und beschlossen am 15. November 1949 die *Wiederbegründung des Hamburger Philologenvereins* mit dem Namen »Verein der Lehrer und Lehrerinnen der Wissenschaftlichen Oberschulen in Hamburg« (ab 23. Mai 1955 »Hamburger Philologenverband«).

Die Entwicklung in Hamburg ist ein Lehrbeispiel für die schwierige Situation, vor der die Höheren Schulen und ihre Lehrerschaft nach dem Zweiten Weltkrieg in vielen Bundesländern Westdeutschlands standen. In Bremen, Niedersachsen, Hessen und – wie bereits erwähnt – Berlin gestalteten sich die Probleme ähnlich. Dennoch hatten sich inzwischen in allen Bundesländern wieder Philologenverbände organisiert, um gemeinsam für die Sache der Höheren Schule einzutreten. Auf der *ersten Tagung der Vorsitzenden der Philologenverbände aller westdeutschen Länder am 19. und 20. Juni 1949 in Kassel* war man sich einig, dass nur eine starke Gesamtvertretung verhindern könne, dass die Höhere Schule durch das Einheitsschulwesen in ihrem Bestand gefährdet werde. Noch im gleichen Jahr wurde in *Oestrich/Rheingau* (Oktober 1949) ein *Grundsatzprogramm* für die gemeinsame Arbeit auf Bundesebene ausgearbeitet, das auf der Vertreterversammlung in *Jugenheim an der Bergstraße am 13. und 14. April 1950* verabschiedet wurde. Gleichzeitig richtete die Vertreterversammlung einen dringlichen

Appell an die Bundesregierung und die Landesregierungen mit folgenden Forderungen:
»Mit tiefem Bedauern hat der Deutsche Philologenverband festgestellt, dass die ganz verschiedene Ausgestaltung des höheren Schulwesens in den Ländern der Bundesrepublik Deutschland, die aus politischen und wirtschaftlichen Gründen nötige schulische Einheitlichkeit von Land zu Land immer stärker beeinträchtigt. Um der Gefahr des völligen Verlustes entgegenzuwirken, hat sich deshalb der Verband bei voller Anerkennung der Kulturautonomie der Länder auf folgende Vorschläge geeinigt:
1. Die sämtlichen wissenschaftlich eingestellten bisherigen »höheren Lehranstalten« sollen in Zukunft den Namen »Gymnasium« tragen (z.B. altsprachliches, neusprachliches, mathematisch-naturwissenschaftliches Gymnasium).
2. Als eine zwischen Volksschule und Gymnasium stehende Schulform wird eine Mittelschule (oder Realschule) in vielen, auch kleineren Orten empfohlen, die nach dem 10. Schuljahr zur Mittelschulreife führt.
3. Die Regelform des Gymnasiums umfasst neun aufsteigende Klassen.
4. Die Oberstufe der Gymnasien soll durch Übergang zu einem durchdachten Kern-Kurs-System aufgelockert werden, bei dem der für alle unterschiedslos verbindliche Kernunterricht die notwendige Gemeinsamkeit der grundlegenden Ausbildung sicherstellt, der Arbeitsunterricht in den zusätzlichen Wahlfächern (Kursen) aber den Kernunterricht vertieft und ergänzt.
5. Die Reifeprüfung muss so umgeformt werden, dass nicht im letzten Schuljahr die wissenschaftliche Arbeitsweise beeinträchtigt wird. Die Zahl der schriftlichen Reifeprüfungsfächer soll auf vier beschränkt werden.
6. Zur Verbesserung der Ausbildung für Lehrer der Gymnasien erscheint es unerlässlich,
    a) die Ausbildungszeit an der Universität, der Technischen oder den Kunsthochschulen auf fünf Jahre zu erhöhen und durch eine Zwischenprüfung zu unterteilen;

b) die vorbereitende, praktische Ausbildung nach der Referendarprüfung auf zwei Referendarjahre zu verteilen. Innerhalb des Gesamterziehungswesens stellt das Gymnasium eine in sich geschlossene Schulform dar, die in diesem Gebiet nach Ziel und Arbeitsweise eine ihr eigene unvertretbare Aufgabe, besonders auch die Heranbildung der künftigen Hochschulstudenten und der Weitergabe des abendländischen Geistesgutes zu erfüllen hat. Es ist deshalb zu fordern, dass dieses organische Gebilde bei der Erneuerung des Schulwesens durch eine Reform von innen heraus gestärkt und nicht geschwächt wird.

Jede Kürzung der neunjährigen Dauer der Gymnasien von unten oder oben sowie jede irgendwie geartete Vermischung ihrer Lehrpläne oder ihrer Unterrichtsarbeit mit andersgearteten Schulformen würde eine Zerstörung des einheitlichen Aufbaues und damit eine Zerschlagung der Gymnasien bedeuten und die Erfüllung ihrer für das Volksganze unentbehrlichen Aufgaben unmöglich machen.«[96]

In diesem Appell hatte der Philologenverband die wesentlichen Punkte seines Grundsatzprogrammes öffentlichkeitswirksam und deutlich formuliert. Fast alle diese Forderungen wurden in den nächsten Jahren durch die zielstrebige Arbeit des Verbandes erfüllt. Dr. Erdmann, der den Verbandsvorsitz jetzt abgab, hatte mit dem Appell einen bedeutenden Schlusspunkt seiner Verbandsarbeit gesetzt. Mit viel Umsicht und Geduld hatte er den Verband geleitet. Unter ihm schlossen sich die Verbände Nordrhein und Westfalen zusammen, in Hannover wurde der Verband der britischen Zone gegründet, in Homburg die Philologenverbände der britischen und amerikanischen Zone zum Deutschen Philologenverband vereint, dem später auch die Verbände der französischen Zone beitraten, nachdem sie die Vereinsfreiheit bekommen hatten. Immer war es Erdmann, der die Fäden zum Zusammenschluss knüpfte.

Die neue in Jugenheim gewählte Verbandsspitze setzte sich wie folgt zusammen: 1. Vorsitzender: Oberstudiendirektor Dr. Monjé (Bad Nauheim); 2. Vorsitzender: Oberstudiendirektor Dr. Dederich (Bad Godesberg); 3. Vorsitzender: Studienrat Georg Ried (Fürth); 1. Beisitzerin: Studienrätin Dr. Kuhlmann (Hamburg);

2. Beisitzer: Studienrat Dr. Christ (Stuttgart). Dr. Monjé war bereits vor dem Zweiten Weltkrieg Mitglied im Gesamtvorstand gewesen. Dr. Dederich wahrte nach dem Ausscheiden von Dr. Erdmann die nordrhein-westfälische Komponente im Vorstand des Deutschen Philologenverbandes, da er auch zugleich Landesvorsitzender war. Georg Ried brachte als langjähriger Geschäftsführer vor dem Krieg und stellvertretender Vorsitzender vor dem Verbot des Verbandes 1936 die meiste Verbandserfahrung mit und war einer der Gewährsmänner für die süddeutschen Verbände. Dr. Robert Monjé verfügte im Verband und in der Öffentlichkeit über hohes Ansehen. Er besaß als langjähriger Schulleiter große wissenschaftliche, pädagogische und organisatorische Kompetenz und trat als ein überzeugter Philologe mit Tatkraft für die Belange des Gymnasiums in der Bundesrepublik ein.

Reform der Inhalte – Vom ersten Nachkriegsverbandstag 1951 bis zum »Düsseldorfer Abkommen« 1955

Zum ersten Mal nach Kriegsende veranstaltete der Deutsche Philologenverband im Rahmen seiner Vertreterversammlung einen *Deutschen Philologentag vom 16. bis 17. November 1951 in Bonn* und setzte damit die Tradition der großen Verbandstage in Dresden 1927, Wien 1929 und Hamburg 1931 fort. Über tausend Teilnehmer füllten den Plenarsaal des Deutschen Bundestages. Als der Bundespräsident Prof. Dr. Theodor Heuss, begleitet vom Bundestagspräsidenten Dr. Ehlers, den Saal betrat, hatten sich die Ehrengäste bereits eingefunden: Die Bundesminister Dr. Lehr und Dr. Dehler, eine Reihe von Kultusministern der Länder, an ihrer Spitze Kultursenator Landahl (Hamburg), der Vorsitzende der Kultusministerkonferenz, und Frau Kultusminister Teusch (Nordrhein-Westfalen), Vertreter der Universitäten, unter ihnen der Rektor der Universität Bonn, S. Magnifizenz Prof. Dr. Richter, und Prof. Dr. Theodor Litt, Vertreter mehrerer ausländischer Lehrerorganisationen (aus den Niederlanden, der Schweiz, aus England und den USA), Vertreter der Kirchen, der Wirtschaft, der Elternschaft, der Studenten und Schüler.

Bundespräsident Heuss hob in seiner Ansprache hervor, dass die Höhere Schule »aus der Wissenschaft und ihrer Verantwortung« lebt, »und die Wissenschaft ewige Wanderung nach Erkenntnis ist. Die tiefe Problematik, in der jetzt gerade die Höhere Schule steht, ist, dass die Spezialisierung im Stofflichen mit dieser Wanderung unvermeidlich geworden ist ... Das Problem der Lehrplangestaltung ist dabei nur die äußerliche Seite. Die Entscheidung liegt in der Lehrerpersönlichkeit.«[97] *Bundeskanzler Dr. Konrad Adenauer* hatte in seinem Grußwort auf die vergangene, gegenwärtige und zukünftige Bedeutung des Gymnasiums hingewiesen: »Unsere Höheren Schulen haben in der Vergangenheit wesentlich zu der kulturellen und wissenschaftlichen Leistung beigetragen, die Deutschland in der Welt Anerkennung verschaffte. Sie sind seit langem nicht mehr Reservat einer besitzenden Schicht. Männer und Frauen des ganzen Volkes lassen ihre Kinder oft unter Opfern die Gymnasien und Oberschulen besuchen. Vom tüchtigen Nachwuchs an Ärzten und Erziehern, an Juristen, Volkswirten, Ingenieuren und Chemikern und in vielen anderen Berufen, die eine höhere Schulbildung voraussetzen, wird auch in Zukunft unser Ansehen und unser Lebensstandard wesentlich abhängen. Die Höhere Schule in Deutschland lebt und stirbt mit dem deutschen Lehrer ... Es ist mein Wunsch, dass den Höheren Schulen unseres Vaterlandes auch in Zukunft eine Lehrerschaft zur Verfügung steht, bei der sich dieses staatspolitische Verantwortungsbewusstsein mit solidem Wissen, sittlichem Ernst und pädagogischer Meisterschaft verbindet.«[98]

Der Präsident der Ständigen Konferenz der Kultusminister Kultursenator Landahl rief den Deutschen Philologenverband und seine Mitglieder dazu auf, »die wissenschaftlichen Grundlagen der Höheren Schule zu sichern und zu erhalten, nach neuen Wegen der Verbindung zwischen Schule und Universität, zwischen Fachwissen und den allgemeinen Bildungsaufgaben der Schule zu suchen.«[99]

Durch die Anwesenheit höchster Repräsentanten der Bundesrepublik auf dem Bonner Philologentag waren dem Verband jene Anerkennung und Resonanz zuteil geworden, die notwendig waren, um in einer pluralistischen Demokratie für Vorschläge und Innovationen Gehör zu finden. Der Aufbruch vollzog sich im Bildungswesen der fünfziger Jahre auf verschiedenen Ebenen. Es galt ja nicht nur die äußere Notsituation – den Mangel an Schulräumen, Geräten, Lehrmaterialien und Unterrichtsmitteln – zu überwinden, auch die geistige Situation der Schule musste erneuert werden. Man benötigte Schulbücher in millionenfachen Auflagen, denn die vom Nationalsozialismus propagandistisch und ideologisch durchsetzten Bücher des Dritten Reiches waren fast in keinem Fach mehr zu gebrauchen. Überall entstanden Autorenteams, die Fachbücher entwickelten und in ihnen den Anschluss an die modernen wissenschaftlichen Standards auch im internationalen Vergleich finden mussten. Die Aufsätze in den Fach- und Verbandszeitschriften legen Zeugnis davon ab, mit welchem Engagement nicht nur die Fachinhalte diskutiert wurden, sondern auch Fragen der geistigen Erneuerung des Bildungs- und Erziehungswesens. Gerade die innere Neugestaltung der Höheren Schule musste aus der Sicht der Philologen bewährte Grundsätze mit zukunftsweisenden Strömungen und Forderungen der neuen Zeit vereinen.

Der Deutsche Philologenverband war sich bewusst: wer gute Traditionen bewahren wollte, musste gerade deshalb reformieren. Gemäß diesem Grundsatz gingen die Bildungsausschüsse daran, durch ein wohlausgewogenes Verhältnis zwischen geisteswissenschaftlichen, naturwissenschaftlichen, musischen Fächern und Sport den Charakter der Höheren Schulen in allen Typenbereichen als allgemeinbildende und wissenschaftliche Schule zu erhalten. Dies musste bedacht werden bei der Auseinandersetzung mit der Stofffülle und einer sinnvollen Neugestaltung. Probleme des gymnasialen Unterrichtskanons kamen auf den Prüfstand wie auch die Auswahl und Vermittlung der Unterrichtsinhalte. Die Arbeit des Verbandes wurde dabei bereichert und inspiriert durch den Dialog mit den Fachverbänden, Vertretern der Hochschulen und der Wirtschaft. Auf Bundes- und Landesebene entwickelten sich Bildungsausschüsse und Gremien für den fruchtbaren Gedankenaustausch – erwähnt sei in diesem Zusammenhang für Nordrhein-Westfalen die Tätigkeit des *Kuratoriums Gemener Kongress* mit bundesweiter Ausstrahlung. Vielfach hatten auch die Verbandszeitschriften die Dialogfunktion übernommen, wie beispielsweise in Bayern die Zeitschrift *Neues Land*.

Bei allen Innovationsvorschlägen musste der Verband immer anders geartete bildungspolitische Bestrebungen im Blick haben, wie sie vom DGB und der GEW ausgingen, die seit 1952 eine *Allgemeine deutsche Schule (= Einheitsschule)* forderten, die eine vollständige Umgestaltung des deutschen Schulwesens vorsah im Sinne eines verordneten horizontalen Gleichheitssystems und der Begabungstheorie des distributiven Chancenausgleichs. Dies hätte das Ende des begabungsgerechten gegliederten Schulwesens mit der individuellen Chancengleichheit bedeutet. Die Ansätze dieser Entwicklung und ihre negativen Auswirkungen für die Schüler und den Unterricht sah man bei der sechsjährigen Grundschule in Hamburg, Bremen und West-Berlin, den Versuchen mit dem differenzierten Mittelbau vom 5. bis 8. Schuljahr in Niedersachsen und ähnlich gelagerten Experimenten in Hessen. In Bremerhaven hatte man das gesamte Unterrichtswesen bereits in eine Einheitsschule umgewandelt.

Um solche ideologiebesetzten Entwicklungen abzuwehren, wurde im April 1952 in Bonn auf Initiative des Deutschen Philologenverbandes die *Gemeinschaft Deutscher Lehrerverbände (GDL)* gegründet. Dieser Vereinigung gehörten auf Bundesebene folgende Lehrerverbände an: Deutscher Philologenverband, Gesamtverband deutscher Mittel- und Realschullehrer, Verband deutscher Diplom-Handelslehrer, Bund evangelischer Lehrer und Lehrerinnen, Verein katholischer deutscher Lehrerinnen, Verband der katholischen Lehrer Deutschlands. Am 5. Dezember 1953 veranstaltete die GDL eine Kundgebung in Mainz in Anwesenheit von Bundespräsident Theodor Heuß, Ministerpräsident Peter Altmeier, dem Kultusminister von Rheinland-Pfalz Dr. Fink, der die Grüße der KMK überbrachte, zahlreichen Ministern, Abgeordneten, dem Bischof von Mainz, Vertretern der evangelischen Kirche und der Universitäten. Altmeier betonte in seiner Ansprache die Kulturhoheit der Länder, die für sie Aufgabe und Verpflichtung zugleich sei.

Fink sprach über den Erziehungsauftrag der Eltern, die mit der Schule zusammenwirken müssten. Der Unterricht sei keine Spielerei, man müsse dem jungen Menschen etwas zumuten, wenn aus ihm etwas werden solle. Auch in der Pädagogik müsse der Weg des Maßes, der Vernunft und der Realitäten beschritten werden. Heuß forderte von den Schulen die Pflege der Schülerpersönlichkeit und seiner Individualität. Der Vorsitzende der GDL, Dr. Monjé, zugleich Vorsitzender des Deutschen Philologenverbandes, wandte sich in seiner Rede gegen die Allmacht der Pädagogik, er lehnte eine »Planwirtschaft« im Pädagogischen ab. Die Jugend könne nicht katalogisiert werden. Aus diesem Grunde sei ein organisch gestaltetes Schulwesen zu fordern. Staat und Städte müssten die bewährten Formen des deutschen Schulwesens wiederherstellen. Auf dieser Grundlage sei, wie die Geschichte des deutschen Bildungswesens zeige, jeder Begabung die Möglichkeit zum Aufstieg gegeben. Die GDL bekenne sich zur Einheit in der Mannigfaltigkeit, das gelte auch für die in der GDL zusammengeschlossenen Organisationen.

Auf dem *Philologentag in Berlin am 15. und 16. Mai 1953* richtete der Deutsche Philologenverband noch einmal einen eindringlichen Appell an die Kultusministerkonferenz, die Koordinierung des höheren Schulwesens in den Ländern voranzubringen, um die Zersplitterung der Höheren Schulen zu verhindern. Begrüßt wurde die Entwicklung in Schleswig-Holstein, wo man von der sechsjährigen wieder zur vierjährigen Grundschule zurückgekehrt war.

Schwieriger gestalteten sich die Verhältnisse bei der *sechsjährigen Grundschule* in Hamburg. Die Philologen hatten seit ihrer Einführung unablässig für die Rücknahme dieser Entscheidung plädiert. Großes Aufsehen in der Öffentlichkeit erregte eine Denkschrift, die der Hamburger Philologenverband im Mai 1953 herausgegeben hatte, in der die Erfahrung mit der sechsjährigen Grundschule in verständlicher Form dargelegt worden war. Die in der Denkschrift gesammelten Beobachtungen bezogen sich auf die zukünftigen Gymnasialschüler, bei denen man in den 7. Klassen erhebliche Defizite im Vergleich zu früheren Jahrgängen festgestellt hatte. »Es fehlt die Erziehung, die Heraufbildung, die Weiterbildung«, heißt es in der Denkschrift. Die Schüler wirkten weiter zurückgeblieben als es ihrer Begabung entsprach. »Sie haben keinen Wachstumsanreiz empfangen, weil sie sich nach unten ausrichten mussten.«[100] Die Denkschrift verursachte einen großen Wirbel, weil Hamburg vor einer Wahl stand. GEW und Schulverwaltung führten wochenlang einen erbitterten Kampf gegen die Verbandsverlautbarungen. Am 1. November 1953 erlitt die SPD eine Wahlniederlage gegen den Hamburg-Block unter Führung der CDU. Am 4. März 1954 wurde durch die Ergänzung des Schulgesetzes von 1949 der verpflichtende Übergang auf die weiterführenden Schulen nach der 6. Klasse aufgehoben und durch einen freiwilligen Übergang nach der 4. Klasse – der aber dann in der Praxis zum Regelfall wurde – ergänzt. Damit war das neunjährige Gymnasium in Hamburg wiederhergestellt.

Die seit 1950 vom Deutschen Philologenverband und einer bildungspolitisch interessierten Öffentlichkeit der Kultusministerkonferenz gegenüber unentwegt vorgetragenen Forderungen nach Beseitigung der divergierenden Entwicklungen im Bildungswesen zeitigten erste Erfolge. In der *Ständigen Konferenz der Kultusminister in der Bundesrepublik Deutschland (KMK)* hatten sich die Länder seit 1948 ein Instrument zur Selbstkoordinierung der Bildungspolitik geschaffen, eine Zielsetzung, die in ähnlicher Weise schon der »Ausschuss für das Unterrichtswesen« von 1924 bis 1933 verfolgte. Die Kulturhoheit der Länder gab den jeweiligen Regierungen und Parlamenten zwar Spielräume für Sonderentwicklungen, gleichzeitig mussten sie aber auch die vom Grundgesetz geforderte Einheitlichkeit der Lebensverhältnisse im Interesse der Freizügigkeit der Bürger wahren. Im Sinne dieser Verpflichtung trafen sich die Kultusminister in regelmäßigen Abständen, um Beschlüsse über Angelegenheiten von bildungs- und schulpolitischer Bedeutung zu fassen, die Empfehlungen an die Länder darstellten. Beschlussfassungen werden erst dann Landesrecht, wenn sie in Form von Gesetzen, Verordnungen oder Erlassen von den Ländern angenommen worden sind. Weil die Beschlüsse der KMK einstimmig gefasst werden müssen, wird hierdurch ein starker Zwang zum Kompromiss ausgeübt. Nur wenn über Pläne und Beschlüsse von Länderparlamenten und Länderregierungen im Bildungsbereich zuvor in der KMK eine Absprache und ein Einverständnis erzielt worden ist, kann eine Auseinanderentwicklung im Schul- und Unterrichtswesen vermieden werden. Da nach dem Zweiten Weltkrieg die Bildungspolitik zunächst nicht im Wettstreit politischer Meinungsgegensätze stand, gelang es der Kultusministerkonferenz bei der Entwicklung des Bildungswesens bis in die Mitte der sechziger Jahre eine weitgehende Übereinstimmung zu wahren.

Eine der ersten großen Leistungen der KMK für ein Abkommen der Ministerpräsidenten der Länder, um Teilbereiche des Bildungswesens zu vereinheitlichen, war das *Abkommen zur Vereinheitlichung auf dem Gebiete des Schulwesens (das sog. Düsseldorfer Abkommen) vom 17. Februar 1955.* Der Deutsche Philologenverband hatte im Vorfeld der Beratungen zum Abkommen noch einmal seine *Grundsätze und Voraussetzungen für eine Neugestaltung des höheren Schulwesens* am 10. März 1954 in Mainz der Presse vorgestellt. Darin hatte er seine Forderungen vom April 1950 präzisiert und ergänzt. Als es dann 1955 zur Übereinkunft der Länder kam, wurden wesentliche Punkte der Verbandsforderungen durchgesetzt. Jedoch manches, was 1950 noch zu ändern gewesen wäre, konnte 1955 nicht mehr rückgängig gemacht werden. Das Düsseldorfer Abkommen gab allen Schulen, die zur allgemeinen Hochschulreife führen, den Namen »Gymnasium«. Die normale Schulzeit am Gymnasium betrug nun wieder neun Jahre (Normalform). Als Sonderform tolerierte die KMK das siebenjährige Gymnasium, das sich wegen der sechsjährigen Grundschule in Berlin etabliert hatte. Dieser Kompromiss wurde in der Stellungnahme des Deutschen Philologenverbandes kritisiert. Man beklagte, dass die Grundschulzeit nicht einheitlich auf vier Jahre festgelegt worden sei und die Kurzform des Gymnasiums, die bisher nur für die auch vom Deutschen Philologenverband akzeptierte Aufbauschule gegolten hatte, jetzt vorbehaltlos anerkannt würde, was zum Missbrauch führen könnte und die schulische Leistungsfähigkeit beeinträchtige. Der Philologenverband begrüßte die einheitliche Regelung der Notenstufen, die Festsetzung des Schuljahrbeginns und -endes (1.4. bis 31.3. des Folgejahres). Im Grundsatz erklärte man sich auch mit der Festlegung der Sprachenfolgen einverstanden. Danach sollte das altsprachliche Gymnasium die Reihenfolge Latein (ab Klasse 5), eine neue Fremdsprache (ab Klasse 7) und Griechisch (ab Klasse 9) einhalten. Das neusprachliche und mathematisch-naturwissenschaftliche Gymnasium sollte mit Englisch beginnen, in der 7. Klasse mit Latein oder Französisch fortfahren. Ausnahmsweise konnten auch Französisch oder Latein als erste Fremdsprache gewählt werden, wenn im Schulbezirk genügend Schulen des Normaltyps vorhanden waren. Die Gabelung in einen neusprachlichen und mathematisch-naturwissenschaftlichen Zweig wurde von der 9. Klasse ab festgeschrieben.

Wenn auch nicht alle Vorstellungen des Philologenverbandes durch das Abkommen erfüllt wurden, konnte er insgesamt mit den wichtigsten Festlegungen einverstanden sein. Das galt auch für die Bestimmungen der Feriendauer (85 Tage), die Staffelung der Sommerferien und die Anerkennung von Prüfungen. Des Weiteren war im Bereich der Lehrerbildung ein wichtiger Punkt im Sinne des Philologenverbandes geklärt worden: mit der »Ordnung zur pädagogischen Ausbildung und Prüfung« hatte die KMK schon zuvor die Ausbildung der Gymnasiallehrer bundeseinheitlich geregelt: Grundvoraussetzung war ein wissenschaftliches Hochschulstudium als erste Phase, eine zweijährige Referendarausbildung in Schule und Studienseminar als zweite Phase. Die Ausbildung im Studienseminar wurde als Teil der wissenschaftlichen Ausbildung, nicht als pädagogisches Additum definiert. Durch die gegenseitige Anerkennung der Prüfungszeugnisse wurde die Freizügigkeit der Studierenden gewährleistet. – Nicht zufrieden waren die Philologen mit der in § 5 des Düsseldorfer Abkommens festgelegten Durchzählung der Klassen von 1 bis 13, die dem Einheitsschuldenken entlehnt sei und der Eigenständigkeit der Höheren Schule widerspräche. Man forderte vergeblich die üblichen Bezeichnungen Sexta bis Oberprima generell wieder einzusetzen.

Das Düsseldorfer Abkommen wurde auf unbestimmte Zeit abgeschlossen und war für die Dauer von zehn Jahren unkündbar. Es brachte für einen überschaubaren Zeitraum eine relative *Stabilität* in die Entwicklung der allgemeinbildenden Schulen, die diese nach

Schulraumnot und Wiederaufbauphase dringend benötigten. Diese Ruhe bedeutete jedoch keineswegs ‚Stagnation'[101], wie pauschale Formeln von Einheitsschulbefürwortern[102] uns glauben machen wollen. Zu den wichtigen Neuerungen dieser Zeit gehörte die flächendeckende Einführung des Realschulwesens im Bundesgebiet. »Auch das höhere Schulwesen wurde nicht einfach ‚restauriert'.«[103] Sowohl die fachwissenschaftliche und didaktische Erneuerung als auch die Entstehung neuer Zweige und Typen wurden zügig vorangetrieben. Der quantitative Ausbau machte in den fünfziger Jahren große Fortschritte. Die Zahl der Gymnasialschüler wuchs zwischen 1952 und 1960 um 25 Prozent von 681 000 auf 853 000, die der Realschüler um 43 Prozent von 301 000 auf 430 000. Dies geschah in einer Zeit, in der die Schülerzahl insgesamt an allgemeinbildenden Schulen leicht rückläufig war von 6,8 auf 6,6 Millionen. Zudem wurde das Aufnahmeverfahren für die weiterführenden Schulen vereinfacht und die Schulgeldfreiheit verwirklicht. Diese Entwicklungen zeigen deutlich, dass das begabungsgerechte gegliederte Schulwesen sich in veränderten Zeiten mit höherer Bildungsnachfrage flexibel und anpassungsfähig verhielt. Darüber hinaus bewies der beginnende Aufbau eines »Zweiten Bildungsweges« und die Studentenförderung nach dem sogenannten Honnefer Modell (1957), dass man mit der Ausschöpfung der Begabungsreserven Ernst machte.

Die Mehrheit der westdeutschen Bevölkerung war in den fünfziger Jahren mit den bildungspolitischen Entwicklungen einverstanden, wie man am Verhalten der politischen Parteien und den Ergebnissen der Bundestags- und Landtagswahlen feststellen konnte. Wie groß die Übereinstimmungen waren, zeigen z.B. Auszüge aus dem Landtagswahlprogramm 1958 der SPD in Bayern: »In die Höheren Schulen dürfen nur überdurchschnittlich begabte Schüler aufgenommen werden. Es ist ein entsprechendes Auslese- und Aufnahmeverfahren einzurichten.« Ähnlich argumentierte 1958 die bildungspolitische Sprecherin der FDP, Dr. Hildegard Hamm-Brücher: »In schulreformatorischer Hinsicht sind wir der Ansicht, dass die Höhere Schule eine Auslese- und Leistungsschule bleiben muss. Alle Bestrebungen, ihre intellektuellen Ziele zurückzustecken, lehnen wir ab.«[104] Die deutsche Bevölkerung war daran interessiert, dass die Auseinanderentwicklung des Schulwesens in den Bundesländern verhindert wurde. Man beurteilte es positiv, wenn die Kultusminister- und Ministerpräsidentenkonferenzen zu gemeinsamen Absprachen kamen, um das allgemeinbildende Schulwesen weitgehend übereinstimmend zu regeln.

In diese Zeit fällt auch die Gründung von zwei bildungspolitischen Beratungsgremien mit unterschiedlichen Kompetenzen und Aufgaben: dem *Deutschen Ausschuss für das Erziehungs- und Bildungswesen (1953-1965)* und dem 1957 gegründeten *Wissenschaftsrat*. Der Deutsche Ausschuss sollte das Erziehungs- und Bildungswesen beobachten und durch seine Empfehlungen beraten und fördern. Er besaß keine Planungskompetenz, arbeitete im Spannungsfeld zwischen Bund und Ländern und unterstand keinem behördlichen Einfluss. Der Wissenschaftsrat dagegen war ein Planungsgremium für Hochschulen und Forschung. Es gab eine Wissenschafts- und Verwaltungskommission, die gemeinsame Beschlüsse fassen konnte. Während es dem Wissenschaftsrat in den Folgejahren gelang, sich weitgehend aus bildungspolitischen Auseinandersetzungen herauszuhalten und seine Arbeit kontinuierlich fortzusetzen, löste der Deutsche Ausschuss mit seinen Empfehlungen große Kontroversen aus, die die bildungspolitische Landschaft erheblich beeinflussten.

In der zweiten Hälfte der fünfziger Jahre ergaben sich auch eine Reihe Änderungen im Deutschen Philologenverband. Nachdem das Saarland sich im Oktober 1955 mehrheitlich für die Eingliederung in die Bundesrepublik Deutschland ausgesprochen hatte, konnte 1956 der bereits am 4. November 1950 gegründete *Saarländische Philologenverband* ordentliches Mitglied im Deutschen Verband werden. Der Vorstand des Deutschen Philologenverbandes tagte daraufhin zum ersten Mal vom 31. Mai bis zum 1. Juni 1957 in Saarbrücken. Die Veranstaltung fand ihren Höhepunkt in einer festlichen öffentlichen Kundgebung.

Für die *Verbandszeitschrift »Die Höhere Schule«* brachte der Beginn des 10. Erscheinungsjahrgangs einen wichtigen Einschnitt, denn sie ging in den Besitz des Deutschen Philologenverbandes über und wurde vom 1. Januar 1957 an beim Pädagogischen Verlag Schwann in Düsseldorf verlegt. Damit wurde ein weiterer Nachkriegsabschnitt beendet. Als im Jahr 1946 der Schleswig-Holsteinische Philologenverband gegründet worden war, erhielten die Philologen von der Britischen Militärregierung die Lizenz für ein Nachrichtenblatt. Nachdem sich dann die inzwischen in anderen Bundesländern neu gegründeten Philologenvereine am 25. September 1947 in Bad Homburg zum Deutschen Philologenverband zusammengeschlossen hatten, bat man den Herausgeber des schleswig-holsteinischen Blattes, um eine Lizenz für das ganze Bundesgebiet nachzusuchen. Nachdem dies Erfolg hatte, konnte am 1. Dezember 1947 das erste Heft der Zeitschrift »Die Höhere Schule« erscheinen. Im Januar 1957 wechselten nun das Herausgeber- und das Verlagsrecht. Die Redaktion übernahmen 1957 Rudolf Burmester (Mönckeberg bei Kiel), Dr. Walter Dederich (Bad Godesberg) und Dr. Friedrich Schuh (München).

Auf dem *Vertretertag des Deutschen Philologenverbandes in München am 18./19. Oktober 1957* kam es zu einem Wechsel in der Verbandsführung. Die Wahlen zum Geschäftsführenden Vorstand hatten folgendes Ergebnis: 1. Vorsitzender: Dr. Walter Dederich (Bad Godesberg), 2. Vorsitzender: Dr. Kurt Heissenbüttel (Hannover), 3. Vorsitzender: Franz Ebner (München), 1. Beisitzer: Dr. Heinrich Pieper (Wuppertal), 2. Beisitzerin: Dr. Lotte Lenz (Hamburg). Mit Dr. Dederich, der viele Jahre Verbandsvorsitzender in Nordrhein-Westfalen gewesen war, seit 1950 als 2. Vorsitzender im Deutschen Philologenverband wirkte und zahlreiche bedeutende Aufsätze in der »Höheren Schule« veröffentlicht hatte, war ein erfahrener Philologe Verbandsvorsitzender geworden, der sich als hervorragender Fachmann und kenntnisreicher Bildungspolitiker ausgewiesen hatte.

Berufs- und Besoldungspolitik in schwierigen Zeiten

Erst als sich Mitte der fünfziger Jahre durch den Aufschwung der Wirtschaft die sozialen Verhältnisse schrittweise verbesserten, kam

Bewegung in die Entwicklung des Beamten- und Besoldungsrechts. Unmittelbar nach Kriegsende war mit der Proklamation 1 vom 31. August 1945 die oberste Gesetzgebung auf den Alliierten Kontrollrat übergegangen. Dieser nahm keine grundsätzlichen beamtenrechtlichen Änderungen vor, sodass das Deutsche Beamtengesetz (DBG) von 1937 und das Besoldungsgesetz (BesG) von 1927 zunächst für das vereinte Wirtschaftsgebiet der westlichen Besatzungszonen und dann auch ab 1949 für das Bundesgebiet weiter galten. Nach Gründung der Bundesrepublik Deutschland wurde das Beamtengesetz 1950 von nationalsozialistischen Bestimmungen gereinigt, in der Sache jedoch unverändert am 24. Januar 1951 bekanntgemacht. In den Jahren des Wiederaufbaus, in denen sich der Staat mit den gewaltigen Aufgaben des Wohnungsbaus, der Eingliederung der Heimatvertriebenen, den Besatzungskosten, den Auslandsschulden, dem wirtschaftlichen Aufbau und den Wiedergutmachungszahlungen befassen musste, wurde das Besoldungsrecht der Beamten von Regierungen und Parlamenten ignoriert. Von Prof. Ludwig Erhard, dem Wirtschaftsminister und späteren Bundeskanzler, wurde einmal die Frage gestellt, wo bei den Beamten ein Zuwachs der Produktivität zu verzeichnen sei, der Gehaltserhöhungen rechtfertige. Erhards Einlassungen zeigen, dass der Wert von Dienstleistungen für das Sozialprodukt damals nicht auf der Prioritätenliste stand.

Ein dem Grundgesetz angepasstes neues *Bundesbeamtengesetz* wurde am 14. Juli 1953 veröffentlicht. Die nachfolgend erlassene Verordnung zum Laufbahnrecht behielt aber die Reichslaufbahnverordnung von 1939 und die Reichsgrundsätze von 1936 in der Fassung von 1951 grundsätzlich in dieser Übergangszeit bei. Umfassend neu wurde das Laufbahnrecht erst mit dem Erlass der Bundeslaufbahnverordnung von 1956 geregelt, die damit die im Dritten Reich ergangenen Beamtengesetze endgültig ablöste. Auch im 1956er Gesetz wurde prinzipiell an den Laufbahnregelungen festgehalten, jedoch wurde für freie Bewerber ein »zweiter Weg« zum Berufsbeamtentum eröffnet.

In dieser Übergangsphase nach dem Zweiten Weltkrieg mussten der Deutsche Philologenverband und vor allem die Landesverbände sich um viele Not leidende Kollegen kümmern. Ein besonderes Problem waren die vielen Lehrer, die durch Flucht und Vertreibung ihr Amt bzw. ihren Arbeitsplatz verloren hatten, ohne dass das Dienstverhältnis durch einen rechtsgültigen Akt beendet worden wäre. Dieser unter dem Oberbegriff *Heimatvertriebene* verstandene Personenkreis besaß seit dem 8. Mai 1945 keine Rechtsansprüche mehr; das galt auch für ihre Versorgungsansprüche. Erst nachdem das Grundgesetz am 23. Mai 1949 mit Artikel 33 Abs. 5 (»Das Recht des öffentlichen Dienstes ist unter Berücksichtigung der hergebrachten Grundsätze des Berufsbeamtentums zu regeln«) die notwendige Rechtssicherheit geschaffen hatte, konnte eine Aufarbeitung der anstehenden Probleme erfolgen. Wie das geschehen musste, bestimmte Artikel 131: »Die Rechtsverhältnisse von Personen einschließlich der Flüchtlinge und Vertriebenen, die am 8. Mai 1945 im öffentlichen Dienst standen, aus anderen als beamten- oder tarifrechtlichen Gründen ausgeschieden sind und bisher nicht oder nicht ihrer früheren Stellung entsprechend verwendet werden, sind durch Bundesgesetz zu regeln. Entsprechendes gilt für Personen einschließlich der Flüchtlinge und Vertriebenen, die am 8. Mai 1945 versorgungsberechtigt waren und aus anderen als beamten- oder tarifrechtlichen Gründen keine oder keine entsprechende Versorgung mehr erhalten.« Der Bundestag verabschiedete das Regelungsgesetz zu Artikel 131 GG am 10. April 1951 und beseitigte bei einer Novellierung am 3. Juli 1953 einige Vorschriften, die Härtefälle betrafen.

Neben der Klärung der Rechtssituation musste das Unterbringungsproblem gelöst werden. Rund 60 000 Lehrer wollten laut »Zentralstelle der Flüchtlingslehrer« in Hannover 1950/51 von den westdeutschen Ländern in den Schuldienst aufgenommen werden. Schon am 5. Januar 1949 gründete der Deutsche Philologenverband die *Arbeitsgemeinschaft kriegsvertriebener Lehrer an Höheren Schulen in den vereinigten Westzonen*, um die Interessen der Betroffenen in Bund und Ländern wirksam zu vertreten. Zahlen der Bundesausgleichsstelle beim Bundesministerium des Innern und bei den einzelnen Landesunterbringungsstellen beschrieben 1955 beispielsweise für die Länder Hessen und Rheinland-Pfalz folgende Situation: Bei einer Gesamtzahl von 3367 Planstellen entfielen 689 (18 Prozent) auf Kollegen nach Artikel 131, von 410 Beförderungsstellen entfielen 18 (vier Prozent) auf die 131er. Diese Übersicht verdeutlicht, dass viele Kollegen, die in ihrer ursprünglichen Amts- und Rechtsstellung nicht wiederverwendet werden konnten, unterwertig beschäftigt werden mussten. 1956 gab es folgende Zahlen zu unterwertig beschäftigten Oberstudiendirektoren und Oberstudienräten: Schleswig-Holstein 13, Hamburg 3, Niedersachsen 27, Hessen 6, Baden-Württemberg 19, Bayern 14, Rheinland-Pfalz 3, Berlin 1, Nordrhein-Westfalen 26. Der Philologenverband drängte unentwegt darauf, nach mehr als zehn Jahren Wartezeit für die Betroffenen annehmbare Lösungen zu finden. In der Verbandszeitschrift wurde in den ersten Jahren regelmäßig von Oberstudiendirektor Stemmer (Bad Wildungen) und ab 1954 in der »Beamtenrechtlichen und besoldungspolitischen Umschau« von Dr. H. Pieper (Wuppertal) über die jeweils aktuelle Situation in Beamtenrecht und Beamtenpolitik berichtet.

Ein weiteres Problem war die Anstellung der Lehramtsanwärter, die kriegsbedingt älter als dreißig Jahre waren. Die Länder behandelten die beamtenrechtlichen und wirtschaftlichen Regelungen bei den Assessoren sehr unterschiedlich. Schon beim Laufbahneinstieg erhielten die Philologen gegenüber anderen Beamtengruppen des höheren Dienstes nicht die ihnen zustehende Eingangsbesoldung. Obwohl Lehrermangel herrschte, konnten Einstellungen im wünschenswerten Umfang nicht vorgenommen werden, da die Länder nicht genügend Planstellen für die Gymnasien bereitstellten. Die *Bundesarbeitsgemeinschaft der Assessoren und Referendare aller Bundesländer* im Deutschen Philologenverband, wiederbegründet von T. Weisenberger (1950), wurde unter ihren rührigen Vorsitzenden H. G. Haagmann (1950-1956) und Laude (ab Oktober 1956) nicht müde, gegen die bestehenden Missstände vorzugehen und zu fordern, die finanzielle Notsituation des Philologennachwuchses abzustellen, einheitliche Rechtsverhältnisse herbeizuführen und eine Änderung der Einstellungspraxis der Länder vorzunehmen. Eine Umfrage der Arbeitsgemeinschaft auf Bundesebene hatte im Oktober 1954 ergeben, dass von 5900

Assessorinnen und Assessoren 2450 schon über fünf Jahre eine Beschäftigung im Schuldienst ohne feste Anstellung hatten. Bei 300 von ihnen lief das Anstellungsverfahren seit 1952, bei 400 seit 1953, 440 wurden endgültig angestellt. Diese Zahlen zeigen die bittere Situation, in der sich die angehenden Gymnasiallehrer befanden, von denen viele lange Kriegsdienstzeiten oder Aufenthalte in Gefangenenlagern hinter sich hatten und wegen ihres Alters meist verheiratet waren und Familien versorgen mussten. Hier waren vor allem die Philologenverbände der Länder und ihre Arbeitsgemeinschaften der jungen Kollegen engagiert, um Abhilfe zu schaffen und bessere Regelungen herbeizuführen.

Die Nachkriegsjahre hatten für den öffentlichen Dienst erhebliche Belastungen nicht nur laufbahnrechtlicher und beschäftigungspolitischer, sondern auch besoldungsrechtlicher Art gebracht. Nach dem Zweiten Weltkrieg galt für die Beamten das Besoldungsgesetz von 1927 weiter. Danach war das *Besoldungsrecht,* das die Bezüge der Beamten, Richter und Soldaten regelte, so gestaltet, dass für die Bundesbeamten das Bundesbesoldungsgesetz zuständig war und für die Landes- und Kommunalbeamten die Landesbesoldungsgesetze galten. Für die letztere Gruppe, zu denen auch die Lehrer gehörten, enthielt das Bundesbesoldungsgesetz nur Rahmenvorschriften. Um die nach der Währungsreform immer deutlicher hervortretende wirtschaftliche Not der Beamten zu mildern, gab es nach 1948 Zulagen, von denen der höhere Dienst ausgenommen war. Er wurde erst ab 1951 an der schrittweisen Erhöhung der Grundgehälter beteiligt. Trotz dieser Maßnahme blieben die Beamtengehälter erheblich hinter der allgemeinen Einkommensentwicklung zurück, wie eine Denkschrift des Deutschen Beamtenbundes 1956 eindeutig nachwies. Eine Übersicht über die Entwicklung der Realeinkommen von 1927 (Stichjahr = 100 Prozent) bis 1955 ergibt einen Zuwachs beim Bruttosozialprodukt um 215 Prozent, beim Volkseinkommen um 207 Prozent, bei den Arbeiterlöhnen um 166 Prozent (Mai 1956), beim Volkseinkommen je Einwohner um 156 Prozent, beim Durchschnittseinkommen der unselbstständig Tätigen um 150 Prozent, bei den Beamtengehältern um 102 Prozent. Damit waren die Beamten die einzige Berufsgruppe, die weder den Realwert ihrer Gehälter gegenüber dem Stand von 1927 verbessert hatte noch am Ertrag des gestiegenen Sozialproduktes beteiligt war.

Hinzu kamen Ungleichheiten bei der Besoldung in den einzelnen Bundesländern. Der Bund hatte Anfang der fünfziger Jahre versucht, durch Sperrklauseln die Höchstbemessungsgrenzen für die Besoldung einzuführen. Das Bundesverfassungsgerichtsurteil vom 1. Dezember 1954 setzte aber in Auslegung des Artikels 73 Nr. 8 GG bei der Kompetenzverteilung fest, dass der Bund entweder Höchstbeträge für die Landesbeamten vorschreiben oder ein bestimmtes Besoldungssystem für die Länder verbindlich machen konnte. Der Bund entschloss sich für die letztere Variante, die er im *Besoldungsgesetz vom 27. Juli 1957 (BBesG 1957)* anwandte, welches das BesG von 1927 endgültig ablöste und das Besoldungsrecht auf eine neue Grundlage stellte. Die Rahmenvorschriften dieses Gesetzes legten u.a. die Bestandteile der Besoldung, die Zuordnung von Grundämtern zu den Besoldungsgruppen sowie vertikale und horizontale Spannungsverhältnisse zwischen den Besoldungsgruppen fest. Das Grundgehaltsniveau wurde allgemein auf 165 Prozent des Standes von 1927 angehoben. Es wurde eine Besoldungsordnung A für aufsteigende Gehälter mit 16 Besoldungsgruppen eingerichtet, gegliedert in eine Eingangsbesoldungsgruppe und drei Beförderungsgruppen für die vier Laufbahnen des einfachen (A 1-4), mittleren (A 5-8), gehobenen (A 9-12) und höheren Dienstes (A 13-16). Die Besoldungsordnung B für feste Gehälter bestand aus elf Besoldungsgruppen (B 1-11). Neben dem Grundgehalt blieben als weitere Besoldungsbestandteile das Kindergeld und der Ortszuschlag (anstelle des bisherigen Wohngeldzuschlags WGZ).

Der Bund hatte durch das 1957er Gesetz den Rahmen vorgegeben, den die Länder ausfüllen konnten. Der Deutsche Philologenverband und seine Landesverbände hatten in dieser Aufbauphase der Bundesrepublik Deutschland die schwierige Aufgabe, dafür einzutreten, dass die Stellung der Philologen als Beamte im höheren Dienst bei der Weiterentwicklung des Laufbahn- und Besoldungsrechts in vollem Umfang gewahrt wurde. Gefahren drohten von zwei Seiten: von der herausgehobenen Richterbesoldung und dem Druck der Volksschullehrer und interessierter politischer Kreise, eine spezielle Lehrerbesoldung (L-Besoldung) einzuführen. Im Bundestag und in den Länderparlamenten zeichnete sich zu Beginn der fünfziger Jahre immer deutlicher die Tendenz ab, die Richter besoldungsmäßig besser zu stellen als die übrigen Angehörigen des höheren Dienstes. Begründet wurde diese Maßnahme mit der Unabhängigkeit und besonderen Rechtsstellung der Richter, wie sie in Artikel 97 und 98 GG verankert waren. Die Philologen kämpften nicht gegen die herausgehobene Stellung der Richter, wandten sich aber gegen eine Besoldungsabkopplung, weil sie die von ihnen über Jahrzehnte erkämpfte Gleichstellung schwinden sahen. Als 1953 ein Richterbesoldungsgesetz vom Bundestag verabschiedet wurde, kam es zu Protesten. Auf einer Protestversammlung des Landesverbandes Nordrhein-Westfalen am 15. Juli 1953 sprachen der Bundesvorsitzende Monjé und der Landesvorsitzende Dederich vor vierhundert Vertrauensleuten der Höheren Schulen. »Um die Besoldungsreform nicht überhaupt stranden zu lassen,« sagte Dederich, »kann man doch nur die Berufe zusammenfassen, welche durch Vorbildung und Funktion zusammengehören. Was dem einen recht ist, ist dem anderen billig.« Trotz dieser Proteste wurden die Bundesregelungen zur Richterbesoldung in die Besoldungsgesetze der Länder übernommen. Obwohl der Philologenverband in den nachfolgenden Jahren nicht aufhörte, gegen diese Abkopplung zu protestieren, wurde die R-Besoldung 1971 endgültig im Besoldungsgesetz festgeschrieben.

Außerordentlich problematisch war die von der Gewerkschaft Erziehung und Wissenschaft (GEW) in die Diskussion eingebrachte Forderung nach einer *Lehrerbesoldung (L-Besoldung)*, deren Gestaltung nach »einheitlichen Grundsätzen« erfolgen sollte. Was darunter zu verstehen war, erläuterte folgende Ausführung: »Die Ausübung des Lehreramtes als erzieherische und unterrichtliche Aufgabe ist an allen Schularten gleichwertig. Eine Abstufung in der Besoldung der Lehrer an den einzelnen Schularten ist nur durch Unterschiede der Art, Dauer und Kosten in der Vor- und Ausbildung begründet.«[105] Diese Forderungen wurden von einigen

Kultusministern unterstützt. Der Vorstand des Deutschen Philologenverbandes lehnte auf seinen Sitzungen in Bad Nauheim und Neustadt a.d.Weinstraße im September und Oktober 1952 die L-Besoldung rigoros ab. Alle Grundsätze des Berufsbeamtentums wurden durch die GEW-Vorschläge fallen gelassen: der Ausbildungsgrad, die Tätigkeit, das Fachkönnen, die Leistung, die Verantwortung (z.B. Abiturprüfung). In seiner Argumentation betonte der Philologenverband, dass eine »ethische Gleichwertigkeit« aller Berufsgruppen – also auch der Lehrer – selbstverständlich sei. Diese Gleichwertigkeit in eine Besoldungsforderung einzubringen, liefe aber letztlich auf das Ziel einer Besoldungseinheit mit einem »Einheitslehrer« und einer »Einheitsschule« hinaus. Wie die weitere Entwicklung zeigte, offenbarte sich hier das Ziel der GEW. Der Weg zu diesem Ziel wäre die L-Besoldung gewesen, bei der man den oberen Gehaltsgruppen weggenommen, was man den unteren draufgelegt hätte. Eine Abkopplung von der A-Besoldung und den Laufbahnen des höheren Dienstes war für den Philologenverband völlig indiskutabel und wurde strikt zurückgewiesen. Bei einer L-Besoldung wäre die Philologen-Nachwuchsfrage in Zukunft kaum zu regeln gewesen, da der Philologe beachtliche Examenshürden nehmen und Anstellungsanforderungen erfüllen musste. Wie die Statistik zeigt, haben im Jahr 1957 von den Kandidaten für das Lehramt an Gymnasien zirka 38 Prozent das wissenschaftliche Staatsexamen an den Universitäten nicht bestanden. An den Pädagogischen Hochschulen lagen die Erfolgsquoten knapp unter der 100-Prozent-Marke. Die Höhe des Anspruchs der Staatsexamen der Philologen entsprach dem Anforderungsniveau gymnasialer Bildung und Erziehung sowie der zu erbringenden Unterrichtsleistung. Die konsequente Haltung, die der Deutsche Philologenverband einnahm, hatte Dr. Robert Monjé 1955 auf der Mai-Tagung des Verbandes in Stuttgart klar umrissen: »Der Philologenverband ist der Meinung, dass es von nicht geringerer staatspolitischer Bedeutung ist, gute Unterrichtsarbeit an der Höheren Schule zu leisten als gutes Recht zu sprechen, und dass es eine verletzende Herabsetzung der Leistungen der Philologen bedeutet, wenn ihnen die seit einem Jahrhundert erkämpfte Gleichstellung

mit den Juristen nunmehr entzogen würde. Die Forderungen des Deutschen Philologenverbandes zur Neuordnung des Besoldungsrechts lauten wie folgt:
1. Die einseitige Höherstufung der Richter und Staatsanwälte hat die Einheit im Besoldungsgefüge des höheren Dienstes gesprengt. Diese Einheit ist nach dem Grundsatz: gleiche Vorbildung, gleiche Besoldung wiederherzustellen.
2. Der Deutsche Philologenverband fordert die bundeseinheitliche Regelung des Besoldungsrechtes.
3. Der Deutsche Philologenverband lehnt eine Besoldungsordnung ‚L' ab, da sie nach den bisherigen Erfahrungen zur Nivellierung führen muss.«

In der Folgezeit sollte sich herausstellen, wie wichtig es war, dass der Philologenverband eine konsequente Strategie verfolgte, denn das Besoldungsrecht zwischen Bund und Ländern entwickelte sich erheblich auseinander. Schon ab 1961 setzten Bemühungen um eine stärkere Koordinierung ein. Die Ursache für diese verwirrende Entwicklung lag bei den Ländern und bei der neu entdeckten Möglichkeit, föderalistische Besoldungspolitik zu betreiben. Durch das sog. Wirtschaftswunder und die dadurch zunehmende wirtschaftliche Entwicklung setzten die Länder zur Überwindung personeller Engpässe die Besoldungspolitik ein. Außerdem erhöhte sich der Druck von Bediensteten verschiedener Berufsgruppen – wie Lehrern, Richtern, Polizeivollzugsbeamten –, die verbesserte Strukturbedingungen von den Regierungen und Parlamenten einforderten. Diese führten bei den Lehrern an Grund- und Hauptschulen sowie an Realschulen mit zunehmend stärkerer Verwissenschaftlichung ihrer Ausbildung zu verbesserten Einstufungen. 1964 wurde das Eingangsamt der Volksschullehrer von A 10 auf A 11 angehoben bei Beibehaltung der Eingangsstufe A 13 für das höhere Lehramt, was der Philologenverband als Missachtung des ausgewogenen Verhältnisses der Besoldung zwischen den Lehrergruppen wertete und als Zurücksetzung des höheren Dienstes. Die Philologen sahen mit Sorge, dass die Richter und Staatsanwälte mit der 9. Dienstaltersstufe von der Besoldungsgruppe A13 nach A 14 durchgestuft wurden und dass die Volksschullehrer innerhalb von zehn Jahren von A 9 nach A 11 gekommen waren. Da die Länder durch das Beamtenrechtsrahmengesetz gehindert waren, ihre Besoldungsgesetze beliebig zu ändern, mussten sie geplante Änderungen über die Haushaltsgesetze (Stellenpläne) realisieren. So kam es 1965 in den Ländern zur Einführung einer »Regelbeförderung« vom Eingangsamt in das erste Beförderungsamt einer jeden Laufbahngruppe. Dies führte zu einer umfassenden Umgestaltung der Beförderungsverhältnisse für alle Beamtengruppen. In welche Richtung die Ausgestaltung der Besoldungsregelungen des höheren Lehramtes führte, konnte man am Beispiel der Gymnasiallehrereinstufung in Bayern sehen, die der Bayerische Philologenverband 1964 nach Protesten erreicht hatte: Studienrat A 13, Oberstudienrat A 14, Gymnasialprofessor A 14 plus Zulage, Oberstudiendirektor A 15, davon 15 Prozent mit Zulage, Ministerialbeauftragte A 16. Der Stellenschlüssel näherte sich den Verhältnissen der anderen Beamtengruppen des höheren Dienstes: 20 Prozent in A 13, 60 Prozent in A 14, 20 Prozent in A 14 plus Zulage/A 15. In eine ähnliche Richtung verliefen auch die Entwicklungen in anderen Bundesländern. Begriffe wie »Stellenschlüssel«, »Bündelung« und »Regelbeförderung« spielten eine zunehmende Rolle. Man nannte diese Änderungen im Besoldungsgefüge der Länder eine »Politik des Hochschaukelns«. Immer wieder (1955, 1963, 1966) wurde versucht, die Rahmenkompetenz des Bundes zu verstärken, um mehr Einheitlichkeit zu erreichen. Vorstöße des Bundes zur Zusammenführung der Besoldung blieben erfolglos. Vorschläge der Bundesregierung, die Ursachen des Auseinanderfallens zu beseitigen, blieben im parlamentarischen Verfahren stecken. Wirtschaftswunder und volle Kassen hatten dazu geführt, dass Parlamente nicht wie früher die Budgets der Regierungen beschnitten, sondern, um sich zu profilieren, zu Mehrausgaben neigten. 1969 gab es dann noch einmal den Versuch, durch Änderung des Artikels 75 GG die Rahmenkompetenz des Bundes zu stärken, aber auch diese Maßnahme konnte das Besoldungschaos (»Regelbeförderung«, »Beförderungsexplosion«, »Zulagenwirrwarr«) nicht mehr bremsen. Als in den Ländern 1969/70 die Personalkosten in nicht mehr vertretbarer Weise angehoben wurden durch die Höherstufung der Lehrer an Grund- und Hauptschulen nach Besoldungsgruppe A 12, der Realschullehrer nach A 13 und der Einführung einer Amtszulage im Eingangsamt des höheren Dienstes sowie die Schaffung eines unentwirrbaren Zulagensystems für die anderen Beamtengruppen, sahen die politisch Verantwortlichen nur den Ausweg, dem Bund die konkurrierende Gesetzgebungskompetenz für die Besoldung und Versorgung der Bediensteten der Länder und Gemeinden zu übertragen, was 1971 durch Einfügung des Artikels 74 a ins Grundgesetz geschah.

Neuordnung des Oberstufenunterrichts: Von den »Tübinger Beschlüssen« 1950 bis zur »Saarbrücker Rahmenvereinbarung« 1960 – Kontroverse um den Rahmenplan von 1959

Schon in den Jahren 1950/51 gab es erste Pläne zur Reform der Oberstufe des Gymnasiums, die aber erst am Ende des Aufbaujahrzehnts mit der *Saarbrücker Rahmenvereinbarung* nach 1961 verwirklicht wurden. Im Oktober 1951 fand in Tübingen eine Konferenz von Vertretern aus Hochschulen, Fachverbänden des Gymnasiums und Schulverwaltungen statt. Es ging dabei um einen Gedankenaustausch über Reformmaßnahmen im Gymnasium, welche der Auseinanderentwicklung bei der Neuorganisation der Höheren Schulen in den einzelnen Bundesländern entgegenwirken sollten. Die Beratungen berücksichtigten auch das schon 1950 vom Deutschen Philologenverband verabschiedete Grundsatzprogramm. Erstaunlich war, dass die Konferenz schon nach zwei Tagen ein Ergebnis – die sog. *Tübinger Beschlüsse* – vorlegen konnte, das in seinen Kernaussagen noch heute von Bedeutung ist. Zentrales Thema war die Frage: Wie kann man in Zeiten ständigen Wissenszuwachses die Lehrstoffe so reduzieren, dass ein wissenschaftlich vertretbares und aus Sicht des Universitätsstudiums notwendiges Lehrprogramm erhalten bleibt? Zur Erreichung dieses Zieles wurden sieben Grundsätze formuliert, die hier in verkürzter Form wiedergegeben werden:

1. Das geistige Leben an Gymnasien und Universitäten darf nicht durch die Fülle des Stoffes unterdrückt werden.
2. »Leistung ist nicht möglich ohne Gründlichkeit, und Gründlichkeit nicht ohne Selbstbeschränkung. Arbeiten-Können ist mehr als Vielwisserei.« Notwendig ist der Grundsatz des exemplarischen Lernens.
3. »Die Zahl der Prüfungsfächer im Abitur sollte beschränkt werden, die Prüfungsmethoden sollten mehr auf Verständnis als auf Gedächtnisleistung abgestellt werden.«
4. Das Prinzip starrer Lehrpläne muss aufgegeben werden, stattdessen soll mehr Entfaltungsfreiheit und Vertiefung der Arbeit im Unterricht angestrebt werden.
5. In der Oberstufe ist mehr »Freiheit zu einer selbst gewählten Ausgestaltung des Unterrichts« zu gewähren. Die Anforderungen von Gesellschaft und Wirtschaft müssen berücksichtigt werden.
6. Die Lehrerbildung ist in engem Kontakt mit der wissenschaftlichen Forschung zu gestalten, die Gymnasiallehrerprüfungen sollen länderübergreifend vereinheitlicht und Erkenntnisse der modernen Psychologie und Pädagogik einbezogen werden.
7. Die Gymnasiallehrerbildung muss auf zwei Pflichtfächern aufbauen. »Die Forderungen im Hauptfach sollten ein vertieftes, wissenschaftliches Studium durch Stoffbeschränkung und durch Konzentration auf ausgewählte wesentliche Gebiete ermöglichen. Im zweiten Fach sollten die Forderungen sich auf die für den praktischen Schulunterricht notwendigen Kenntnisse und Fähigkeiten erstrecken.«[106]

Mit den Prinzipien Konzentration und Vertiefung haben die Tübinger Beschlüsse eine Daueraufgabe der Gymnasial-, Schul- und Hochschulpädagogik umrissen, die schon in der Vergangenheit geleistet wurde und die sich auch in der Zukunft jeweils neu nach den Gegebenheiten der wissenschaftlichen und gesellschaftlichen Entwicklungen stellt. Dabei sind die richtigen Entscheidungen zu treffen zwischen zeitübergreifenden und zeitgebundenen Stoffen, zwischen zu Bewahrendem und zu Erneuerndem. Nachdem die Kultusministerkonferenz 1954 die Gymnasiallehrerbildung in der vom

Philologenverband und den Tübinger Beschlüssen vorgezeichneten Weise reformiert hatte und die Struktur des allgemeinbildenden Schulwesens im Düsseldorfer Abkommen 1955 geregelt worden war, wandte man sich wieder den Gymnasialreformen zu. Bei den Kultusministern von SPD, CDU, CSU und FDP, welche die bisherigen Reformmaßnahmen gemeinsam getragen hatten, herrschte Konsens, dass das Gymnasium eine Studienschule mit Auslese- und Begabungsförderungsfunktion war. Daher erarbeiteten die Kultusministerkonferenz und die Westdeutsche Rektorenkonferenz (WRK) 1958 den *Tutzinger Maturitätskatalog,* in dem unter der Leitung des Hamburger Pädagogen Prof. Dr. Wilhelm Flitner formale und inhaltliche Maßstäbe für die Studierfähigkeit der Abiturienten festgelegt wurden. Als Kriterium für eine abgeschlossene Allgemeinbildung wurden folgende Grundvoraussetzungen genannt: einwandfreies Deutsch, Verständnis der Meisterwerke der deutschen Literatur, zwei Fremdsprachen, von denen eine Latein oder Französisch sein soll, Kenntnis der Elementarmathematik, Einführung in die Hauptphänomene der Physik, Zugang zu biologischen Betrachtungsweisen, Kenntnis und Verständnis für die geschichtliche Situation der Gegenwart seit der Aufklärung, Verständnis für Fragen der Philosophie und Orientierung über das Christentum. Dieser in Tutzing formulierte Kriterienkatalog nahm alle wesentlichen Aspekte bisheriger Gymnasialbildung auf und führte sie näher an die wissenschaftspropädeutische Fragestellung heran, indem er die Fülle des Stoffes begrenzte und wissenschaftliches Forschen, Denken und Fragen in den Mittelpunkt stellte.

Ein Jahr nach der Bekanntgabe des Tutzinger Maturitätskatalogs legte der 1953 eingerichtete *Deutsche Ausschuß für das Erziehungs- und Bildungswesen* am 14. Februar 1959 den *»Rahmenplan zur Umgestaltung und Vereinheitlichung des allgemeinbildenden Schulwesens«* vor. Dem Deutschen Ausschuss gehörten 19 Mitglieder an, die Empfehlungen für eine Neuordnung des Bildungswesens in der Bundesrepublik erarbeiten sollten. Mitglieder waren u.a. Adolf Butenandt, Direktor des Max-Planck-Instituts für Biochemie und des Physiologisch-chemischen Universitätsinstituts München, Walter Dirks, Hauptabteilungsleiter am Westdeutschen

Rundfunk, Wilhelm Hahn, Professor der praktischen Theologie in Heidelberg, Felix Messerschmid, Direktor der Akademie für politische Bildung in Tutzing, Lieselotte Nold, Leiterin des Bayerischen Mütterdienstes, Georg Picht, Leiter der Forschungsstelle der evangelischen Studiengemeinschaft Heidelberg, Erich Weniger, Professor der Pädagogik in Göttingen, und Oberbürgermeister Pfizer, Ulm. Für die Professoren Litt (Bonn) und Pieper (Münster), die eine Berufung abgelehnt hatten, waren die Professoren Wenke (Tübingen) und Hübinger (Münster) eingetreten. Bei der Zusammensetzung des Ausschusses überwogen die Vertreter der theoretischen Pädagogik. Unter ihnen fehlten allerdings Autoritäten vom Rang etwa eines Spranger, Litt, Flitner u.a. Vor allem fehlten Schulpraktiker und Vertreter der Schulverwaltungen. Daraus erklären sich möglicherweise viele Vorurteile, die der Ausschuss in seinem Rahmenplan als allgemein gültige Tatsachen darstellte, die aber der damaligen Schulwirklichkeit schon nicht mehr entsprachen.

Nach fünfeinhalb Jahren intensiver Arbeit und Anhörung zahlreicher Gutachter wurden nun die Reformvorschläge als Empfehlung den politischen Gremien und der Öffentlichkeit vorgelegt. Sie fachten eine öffentliche Diskussion an wie kaum ein anderes Bildungsdokument zuvor. Die Gründe für die kontroverse Debatte waren unterschiedlich. Kopfschütteln erregten schon die Grundthesen, von denen der Rahmenplan ausging: Das deutsche Schulwesen sei den Umwälzungen nicht nachgekommen, die in den letzten fünfzig Jahren Gesellschaft und Staat verändert hätten; es müsse nach Inhalt und Form gesicherten pädagogischen Einsichten entsprechen und seine Ordnung müsse auf einem für das ganze Volk verbindlichen Fundament für Bildung und Gesittung beruhen. »Die in den fünfziger Jahren sich vollziehenden Entwicklungen im Schulwesen hatte der Deutsche Ausschuss wohl schlicht übersehen,«[107] urteilt Christoph Führ.

Was war geschehen? Sahen sich die bisherigen Reformkonzepte im Bildungsbereich noch im Einklang mit den pädagogischen Entwicklungen der ersten Jahrzehnte des 20. Jahrhunderts, traten nun immer stärker sozialwissenschaftliche Überlegungen und empirische Betrachtungsweisen in den Vordergrund. Die internationale Zusammenarbeit im Rahmen des Europarates und der OECD sowie später der EG regten Vergleichsuntersuchungen an, die aufgrund unterschiedlicher Strukturen und Konzeptionen von Bildungssystemen des Auslands in der Bildungslandschaft der Bundesrepublik Deutschland einen gesellschaftlichen Rückstand zu erkennen glaubten. Der Deutsche Ausschuss hat mit dazu beigetragen, dass solche Vorstellungen sich verbreiteten. Diese Vorurteile wurden aber auch von der GEW und anderen interessierten Gruppen unterstützt, die das Konzept der Einheitsschule vertraten.

Dabei ging der Rahmenplan im Großen und Ganzen vom gegliederten Schulwesen aus, weil es den Unterschieden in der Bildungsfähigkeit der Schüler und den unterschiedlichen Anforderungen einer arbeitsteiligen Gesellschaft entsprach. Ein besonderes Anliegen sah der Rahmenplan in der Begabtenförderung: »Die Pflicht zu sozialer Gerechtigkeit und der vermehrte Bedarf der modernen Gesellschaft an höher gebildetem Nachwuchs machen es nötig, jedem Kind den Weg zu öffnen, der seiner Bildungsfähigkeit entspricht. Der Schulaufbau muss gestatten, alle kindlichen Begabungen zu wecken und sie nach Art und Grad auch an anspruchsvolleren Aufgaben zu erproben. Die Entscheidung darüber, auf welchem Weg und bis zu welchem Ziel das Kind gebildet werden soll, muss von deutlich erkennbaren Bewährungen in diesen Erprobungen abhängig gemacht werden.«[108]

Obwohl der Rahmenplan grundsätzlich das gegliederte Schulwesen befürwortete, schlug er eine gemeinsame *Förderstufe* für die Mehrheit der Kinder der 5. und 6. Jahrgangsstufe vor. Die Schüler sollten Kursunterricht in bestimmten Fächern erhalten, der die verschiedenen Begabungen und Interessen zu berücksichtigen habe. Am Unterricht sollten Lehrer verschiedener Schularten beteiligt sein, die am Ende der 6. Klasse eine undramatische und alle Beteiligten überzeugende Klärung über den weiteren Schulweg abzugeben hätten. Nach der Förderstufe waren folgende Schularten vorgesehen: die Hauptschule (bis zur 9., später 10. Klasse); die Realschule (7. bis 11. Klasse); das Gymnasium (7. bis 13. Klasse). Besonders Begabten sollte der direkte Übergang auf die neunjährige »Studienschule« ermöglicht werden. »Kinder, die schon in den letzten beiden Grundschuljahren erkennen lassen, dass sie mit hoher Wahrscheinlichkeit die Hochschulreife erlangen, können nach einem Gutachten der Grundschule ... und nach einer besonderen Eingangsprüfung in eine vierte Form der Oberschulen, nämlich die das 5. bis 13. Schuljahr umfassende ‚Studienschule' aufgenommen werden, die in besonderem Maße zu den geschichtlichen Quellen unserer Kultur führen soll. Sie gabelt sich in einen ‚griechischen' und einen ‚lateinischen' Zweig, der jeweils nach der dritten, auf das Lateinische und Englische folgenden Fremdsprache benannt ist, und führt wie das Gymnasium zur allgemeinen Hochschulreife.«[109] Folgende Abschlüsse wurden eingeplant: Hauptschulabschluss (nach dem 9. bzw. 10. Schj.), Mittlere Reife (nach dem 11. Schj.), Hochschulreife (Prüfung nach dem 13. Schj.). Außerdem empfahl das Gutachten Maßnahmen für leichtere Übergänge zwischen den Schulen und eine Reform der gymnasialen Oberstufe, zu der ein späteres ausführlicheres Gutachten vorgelegt werden sollte.

Bereits im Mai gab der Deutsche Philologenverband auf einer außerordentlichen *Vertreterversammlung vom 28. bis 30. Mai 1959 in Kiel* eine erste Stellungnahme zum »Rahmenplan« ab. Eine Aufgliederung der Höheren Schule in zwei voneinander »wesensverschiedene Formen« lehnte der Vorstand ab: Das siebenjährige Gymnasium könne die Bildungshöhe der Studienschule nicht erreichen. Ebenso unverständlich sei es, die mathematisch-naturwissenschaftliche Richtung der Studienschule vorzuenthalten. Außerdem habe man dem Gymnasium Aufgaben zugewiesen, die zweckmäßiger von Mittel-, Fach- und Berufsschulen übernommen werden könnten. Der Philologenverband lehnte entschieden eine Abtrennung der 5. und 6. Klassen in einer sog. »Förderstufe« ab, durch sie seien die Kinder einem zweijährigen Druck und Leistungszwang ausgesetzt und die Schullaufbahnentscheidungen würden in das 7. und 8. Schuljahr verlagert, was für die Schüler aus entwicklungspsychologischen Gründen viel ungünstiger sei. »Aus den angeführten Gründen hält der Deutsche Philologenverband den Vorschlag der Förderstufe für einen Irrweg.«[110]

Der Deutsche Philologenverband hatte erkannt, dass der Rahmenplan einen Paradigmenwechsel und einen Bruch mit der bisherigen Entwicklung des deutschen Bildungs- und Erziehungswesens einleitete. Dies geht aus den insgesamt 16 Beiträgen hervor, die innerhalb von zwölf Monaten in der Verbandszeitschrift »Die Höhere Schule« erschienen, davon allein sechs aus der Feder des Verbandsvorsitzenden Dr. Dederich. Diese Darstellungen befassten sich ausführlich mit den ideologischen Hintergründen und den Umgestaltungsplänen des Rahmenplans sowie den Gefahren, die dem deutschen Bildungswesen drohten. Dabei zeigte man sich jedoch aufgeschlossen für Neuerungen, wenn sie dem Bildungsgang des Gymnasiums nicht abträglich waren. Im Wesentlichen ging es um die nachfolgend beschriebenen Grundpositionen. Übereinstimmungen mit dem Rahmenplan sah der Deutsche Philologenverband in verschiedenen grundsätzlichen Forderungen, die auch er wiederholt vertreten hatte:
1. Ausbau und Ausgestaltung des deutschen Schulwesens nach dem Prinzip der sozialen Gerechtigkeit;
2. Schaffung der Möglichkeiten späterer Übergänge von einem Schulzweig auf den anderen;
3. Erhaltung des Rechtsanspruchs eines jeden auf die Bildung, für die er befähigt ist;
4. Erhaltung des Leistungsniveaus trotz steigender Schülerzahlen auf den Höheren Schulen;
5. Ausbildung von typischen Zweigen an den Höheren Schulen, damit auch bei steigenden Wissensgebieten eine grundlegende Bildung der Schüler erhalten bleibt.

Völlig konträr stand der Philologenverband zum *Bildungsbegriff* des Rahmenplans, der den Bruch mit der bisherigen Bildungstradition mehr als deutlich machte. Mitglieder des Deutschen Ausschusses und Verfechter des Rahmenplans äußerten sich dazu mehrfach. Georg Picht veröffentlichte im Dezember 1958 in den »Frankfurter Heften« zehn Thesen über die Höhere Schule. Darin weist er der Höheren Schule den Auftrag zu, den Bedarf der Gesellschaft an Nachwuchskräften mit gehobenem Bildungsstand zu decken. Die Höhere Schule sei der treibende Faktor der industriellen Produktion. Der überkommene Gegensatz von Bildung und Nutzen müsse überwunden werden. Der Entwurf einer neuen Bildungsidee sei eine gebieterische Notwendigkeit. Walter Dirks schrieb in der »Zeit« Nr. 27, 1959 in einem Aufsatz über den Rahmenplan: Wenn das moderne Gymnasium der Zukunft dienen wolle, müsse es »der Wirtschaft, Verwaltung und Wissenschaft clevere junger Menschen ... liefern.« Die Philologen fragten mit Recht: Was heißt »clever« in der Wissenschaft oder im Rahmen pädagogischer Überlegungen? Ist »liefern« nicht ein Terminus der Wirtschaft und nicht der Erziehung? Der Pädagoge J. Derbolav wies in seiner Stellungnahme zum Rahmenplan darauf hin, dass der dort verwandte Bildungsbegriff eine gefährliche Verwechslung von Bildung und Ausbildung enthalte.[111] Die Kritik Derbolavs richtete sich dagegen, dass im Rahmenplan die Bildungsreform grundsätzlich von den Anforderungen der Technik, Wirtschaft und Gesellschaft abhängig gemacht wurde. »Das alles aber ist in Wahrheit von der Ausbildung gesagt und nicht mit Unrecht. Der Rahmenplan jedoch spricht nur von ‚Bildung', mit Unrecht. Denn durch die fälschliche Gleichsetzung wird die Bildung selbst in der Tat funktionalisiert, und damit zugleich aufgelöst,«[112] schrieb der Philologe Karlheinz Neunhäuser in seiner Analyse der »ideologischen Grundlagen des Rahmenplans«. Die Kritik des Philologenverbandes zeigte, dass der Deutsche Ausschuss mit Blick auf die Höhere Schule nicht nur einer groben Fehleinschätzung unterlag, sondern auch ein bedauerliches Zerrbild der historischen Wirklichkeit bot. Man hatte nicht zur Kenntnis genommen, dass sich seit den Innovationen Paulsens um 1900 und der damals erfolgten Gleichstellung der Realgymnasien und Oberrealschulen mit den Gymnasien sowie durch die Bildungspläne der Richertschen Reform 1925 der Bildungsbegriff des Gymnasiums längst gewandelt hatte und nicht mehr nur dem neuhumanistischen Bildungsideal entsprach. Natürlich war es für die Philologen eine Binsenweisheit, dass eine gute Beherrschung der deutschen Sprache, erweiterte Fremdsprachenkenntnisse und eine Einführung in die Grundlagen der Mathematik und Naturwissenschaften auf einem für die Universitätsstudien notwendigen Niveau auch eine gute Voraussetzung für gehobene und leitende Berufsgruppen war. Doch eine reine Kenntnisvermittlung in diesen Bereichen wäre aus der Sicht der Gymnasialpädagogik Halbbildung gewesen. Für den Bildungsbegriff des Gymnasiums wurde es als entscheidend angesehen, dass der Unterricht in allen Fächern zu den ontologischen, anthropologischen und – je nach Fachrichtung – auch den theologischen Fundamenten durchdrang. Bildung kann von daher nicht immer nur »für« den technischen oder industriellen Fortschritt der Welt dasein, sie setzt ihn zwar voraus, darf aber nicht in diesem Sinn funktionalisiert werden. »Es ist notwendig, Bildung und Ausbildung scharf voneinander zu trennen. Der gebildete Mensch muss als solcher noch nicht ‚für' eine bestimmte Tätigkeit oder Arbeit ausgebildet sein, wie umgekehrt der ausgebildete Mensch deswegen, weil er ausgebildet ist, noch nicht gebildet ist – vielleicht ist er gerade deshalb ein großer Banause.«[113]

Der Deutsche Ausschuss hatte auch nicht zur Kenntnis genommen, dass die Höhere Schule in den fünfziger Jahren, obwohl die Schülerzahlen erheblich gestiegen waren, keine qualitativen Abstriche von ihren Bildungszielen bei der Neukonzeption des Fachunterrichtes und der Lehr- und Lernmittel gemacht hatte. Dies passte nicht zur Quantitätsdiskussion, die der Deutsche Ausschuss angestoßen hatte. »Die neuen Quantitäten wandeln Aufgabe und Form der Bildungseinrichtungen«.[114] Hier wird suggeriert, Quantitäten könnten in Qualitäten »umschlagen« und umgekehrt. Deshalb mied der Rahmenplan auch den Begriff »Elite«. Er wird – wie J. Derbolav kritisch anmerkte – nur vorsichtig umschrieben, z.B. mit der Formulierung »geistig tragende Schicht unserer Gesellschaft« (S. 32 f. und S. 47 im Rahmenplan). Alles andere hätte nicht zu Vorstellungen gepasst, die Georg Picht schon 1958 in seinem Zehn-Thesen-Aufsatz veröffentlicht hatte, dass in der modernen technischen Arbeitswelt der Bedarf an Nachwuchskräften so angestiegen sei, dass die Zahl der Abiturienten um mindestens fünfzig Prozent gesteigert werden müsste. Dieses Menetekel wurde 1958 noch nicht so ernst genommen wie einige Jahre später. Der Rahmenplan hatte die in den folgenden Jahren fortdauernde Diskussion um die Verwechslung von Bildung und Ausbildung angestoßen.

Der noch gültige Bildungsbegriff des Gymnasiums wurde in Frage gestellt. Daraus ergab sich für den Philologenverband die schwierige Aufgabe, in Zukunft – trotz steigender Schülerzahlen und struktureller Veränderungen – den ontologischen und anthropologischen Bildungsbegriff nicht durch einen vom Zweck her anders gerichteten Ausbildungsbegriff umfunktionieren zu lassen.

Bei der Zurückweisung der *Förderstufe* ging es dem Philologenverband auch um mehr als die bloße Ablehnung eines komplizierten zweijährigen Auslesemechanismus, die Einengung des Elternwillens und die effektive Verkürzung der Ausbildung für begabte Kinder um zwei Jahre. Letztlich ging es dem Verband vor allem um den pädagogischen Umgang mit unterschiedlichen Begabungen junger Menschen, eine Position, die in den bildungspolitischen Auseinandersetzungen der sechziger und siebziger Jahre noch deutlicher hervortreten sollte. Namhafte Erziehungswissenschaftler wie Eduard Spranger argumentierten wie der Philologenverband: »Man prüfe einen Zehnjährigen sorgfältig darauf, ob er geistig geweckt und allgemein lernfähig ist. Man hüte sich aber, ihm die Lernfreude dadurch zu verderben, dass man ihn noch zwei Jahre mit teilweise langsameren und lernunwilligen Gefährten auf dieselbe Schulbank zwingt ... Gerade das 10. bis 12. Lebensjahr (zeigt) eine besondere Lernfähigkeit und Lernfreudigkeit.«[115] Der Philologenverband konnte seine Argumentation auch auf die negativen Erfahrungen mit der sechsjährigen Grundschule stützen, die inzwischen in allen Flächenstaaten der Bundesrepublik abgeschafft worden war und auch in Hamburg durch die Alternative des früheren Übertritts der Schüler nach der 4. Klasse aufs Gymnasium kaum noch eine Bedeutung hatte. Die Sorge des Philologenverbandes galt aber ebenso den weniger leistungsstarken Schülern in der Förderstufe, die eine besondere pädagogische Zuwendung benötigen, die sie in heterogenen Lerngruppen nicht in der notwendigen Weise erhalten können. »Lässt sich diesen Kindern gegenüber ... das Verfahren einer Dauerauslese mit einer monatelangen, ja jahrelangen Ungewissheit zwischen Hoffnung und Enttäuschung rechtfertigen?«[116] fragten die Experten des Verbandes.

In der Auseinandersetzung mit dem Rahmenplan war es dem Deutschen Philologenverband gelungen, wesentliche Streitpunkte künftiger bildungspolitischer Kontroversen zu analysieren und die eigenen Positionen zu klären. Es war aber auch deutlich geworden, dass der Verband in einer Zeit rascher wirtschaftlicher und technischer Entwicklungen und einer steigenden Nachfrage nach Führungspersonal neue Sichtweisen entwickeln musste, um die Aufgabe des Gymnasiums in einer gewandelten Welt zu klären. Richtungweisend konnte in dieser Situation ein Wort Ludwig Erhards sein: »Natürlich brauchen wir einen gut ausgebildeten Nachwuchs, aber ein Heer nüchterner, einseitig geschulter Technokraten genügt einfach nicht. Nur wenn der materielle Vorteil Hand in Hand geht mit der geistigen und seelischen Entfaltung des Menschen, kann 1980 glücklich werden.«[117]

Die Vorschläge des Rahmenplans zu einer Zweiteilung des Gymnasiums waren auf breite Ablehnung gestoßen und wurden nicht verwirklicht. Stattdessen wandte sich die Kultusministerkonferenz der von vielen Seiten gewünschten Vereinheitlichung der Jahrgangsstufen 12 bis 13 des Gymnasiums zu. Mit der Verabschiedung der *Rahmenvereinbarung zur Ordnung auf der Oberstufe des Gymnasiums am 29. September 1960, kurz Saarbrücker Rahmenvereinbarung* genannt, versuchte man, einheitliche Regelungen für alle Länder der Bundesrepublik Deutschland festzulegen. Ergänzt wurde die Vereinbarung 1961 durch *Empfehlungen an die Unterrichtsverwaltungen der Länder zur didaktischen und methodischen Gestaltung der Oberstufe des Gymnasiums (Stuttgarter Empfehlungen)*. Die Zielsetzung dieser Vereinbarungen und Empfehlungen hatte die Kultusministerkonferenz folgendermaßen charakterisiert: »Die Verminderung der Zahl der Pflichtfächer und die Konzentration der Bildungsstoffe werden eine Vertiefung des Unterrichts ermöglichen und die Erziehung des Schülers zu geistiger Selbsttätigkeit und Verantwortung fördern. Damit werden die Grundlagen zu einer besonderen Arbeitsweise geschaffen, die sich von den Unterrichtsmethoden der Unter- und Mittelstufe unterscheidet und der Oberstufe eine eigene Prägung gibt.« Zur Sicherung des Abiturs als Zeugnis der allgemeinen Hochschulreife legte die Rahmenvereinbarung »Kernpflichtfächer« fest, an denen sich wissenschafts-propädeutische Arbeit und wissenschaftliche Urteilsfähigkeit besonders gut erreichen lassen. Solche Kernfächer waren: Deutsch, Fremdsprachen, Mathematik und für den mathematisch-naturwissenschaftlichen Zweig Physik. Die Kernfächer wurden begleitet durch die »Pflichtfächer«, deren Zahl von 13 bzw. 15 auf neun verringert wurden: Deutsch, Mathematik, erste Fremdsprache, zweite Fremdsprache oder Physik (je nach Wahl des Gymnasialzweiges), Gemeinschaftskunde, Religion, Sport, ein musisches Fach und ein Wahlpflichtfach (aus dem Bereich der Fremdsprachen oder Naturwissenschaften). Es erfolgte außerdem eine Konzentration der schriftlichen (vier) und mündlichen Fächer der Reifeprüfung. Die drei ersten Kernfächer (Deutsch, Mathematik, eine Fremdsprache) waren in der schriftlichen und eventuellen mündlichen Prüfung für alle verbindlich. Der Unterschied zwischen den Gymnasialtypen zeigte sich nur noch am vierten Kernfach: der zweiten Fremdsprache am alt- bzw. neusprachlichen Gymnasium und Physik am mathematisch-naturwissenschaftlichen Gymnasium. Zusätzlich zu diesen Kernfächern hatte der Schüler in einem weiteren Fach eine mündliche Prüfung abzulegen, ein Fach, in dem er in Klasse 12 und 13 am Unterricht teilgenommen hatte. Neben der Reduzierung der Unterrichtsfächer sollten auch die Lerngegenstände in den einzelnen Fächern verringert werden. In den Empfehlungen von 1961 wurde auf die besondere Arbeitsweise der Oberstufe eingegangen: Konzentration der Unterrichtsgegenstände durch Konzentration der Fächer und als Konzentration innerhalb eines Faches durch Auswahl der Unterrichtsinhalte nach exemplarischen Gesichtspunkten sowie Zusammenwirken der Unterrichtsfächer zur Einführung in wissenschaftspropädeutisches Arbeiten. Die Saarbrücker Rahmenvereinbarung behielt zwar den umfassenden Bildungsauftrag des Gymnasiums bei, forderte aber mit dem Vorschlag eines »Etappenabiturs«, das den Ländern die Möglichkeit gab, ein Kernfach (eine Fremdsprache beim mathematisch-naturwissenschaftlichen Typ oder Mathematik beim alt- bzw. neusprachlichen Typ) bereits am Ende der Klasse 11 und 12 durch eine Prüfung abzuschließen, die

Kritik der Hochschulen heraus, die sich gegen vorzeitige Spezialisierungen und Vereinseitigungen wehrten. KMK und WRK einigten sich schließlich auf den Kompromiss, keine einseitigen Verkürzungen des im Tutzinger Maturitätskatalog Gemeinten zuzulassen. Damit hatte die Rahmenvereinbarung die Chance erhalten, eine bundesweite Straffung und Vereinheitlichung der Oberstufe zu erreichen. Leider wurden die vereinbarten Regeln nicht konsequent genug eingehalten und in der Folgezeit durch andere sich überstürzende Veränderungsmaßnahmen abgelöst. Zudem wurden in verschiedenen Ländern immer neue Gymnasialzweige gebildet, die die KMK schließlich absegnete, allerdings meist nur mit einer eingeschränkten Hochschulreife. Das Bestreben der Kultusministerkonferenz, das Prinzip der Vereinheitlichung auch auf die Mittel- und Unterstufe des Gymnasiums auszudehnen, konnte erst im Hamburger Abkommen 1964 verwirklicht werden. Dass die Saarbrücker Rahmenvereinbarungen durch die Einführung von Sammelnoten (Zusammenfassung von Einzelnoten zu einer Gesamtnote) im Fach Gemeinschaftskunde (Geschichte, Geographie, Sozialkunde) und Naturwissenschaften (Physik, Chemie, Biologie – allerdings Physik nicht, wenn es Schwerpunktfach war) die Versetzungsmöglichkeiten für Schüler erleichterte, wurde vielfach kritisiert als Anbiederung an die Befürworter einer Erhöhung der Abiturientenquote durch Senkung des Niveaus. Zusammenfassend kann man jedoch sagen, dass die Beschlüsse von 1960, 1961 und 1964 eine positive Anstrengung waren, dem neunjährigen Gymnasium von der Unterstufe bis zum Abitur eine verbesserte pädagogische Gesamtkonzeption zu geben. Es war ein fruchtbarer Ansatz, der wenig später durch gesellschaftspolitische Strukturveränderungen in Frage gestellt wurde.

Auf dem *Philologentag in Bonn vom 1. bis 4. November 1961* kam es zu einem Wechsel an der Verbandsspitze. Dr. Walter Dederich legte aus Altersgründen die Verbandsführung nieder, sein Nachfolger wurde der 46-jährige Studienprofessor Franz Ebner aus München. Dederich formulierte in seinen Abschiedsworten programmatisch: »Die innere Zielsetzung der Höheren Schulen muss für die heutige Zeit klar umrissen werden, wie es vor 150 Jahren für die damalige geschah. Die Lehrer müssen für ihre Pflichten richtig vorbereitet, die Schüler sorgfältig ausgewählt werden, die Bildungsgüter sind von allem Verblassten zu befreien und einander zuzuordnen. Die Forderungen der Vertiefung, des neuen Arbeitsstils, der Verminderung der Gebiete sind inhaltlich klar zu bestimmen. Das Maß an Arbeit für Lehrer und Schüler muss abgewogen und die Fortbildung zweckmäßig gestaltet werden.«[118] Der neu gewählte Vorstand musste die schwierige Aufgabe bewältigen, in der verwirrenden Bildungslandschaft, in der von den verschiedenen gesellschaftlichen Gruppen immer wieder neue Forderungen erhoben wurden, die Zukunft des Gymnasiums zu sichern. An der Seite des Vorsitzenden Franz Ebner standen folgende Vorstandsmitglieder: 2. Vorsitzender: Dr. Heinrich Pieper, Wuppertal (zugleich Vorsitzender des Philologenverbandes Nordrhein-Westfalen); 3. Vorsitzender: Dr. Karl Thiemann, Bremen; Beisitzer: Werner Laude, Berlin, und Elisabeth von der Lieth, Hamburg. Mit der Wahl Franz Ebners hatte die Vertreterversammlung deutlich gemacht, dass sie gewillt war, das Gymnasium auch in schwierigen Zeiten zu verteidigen. Ebner orientierte sich an langfristigen Entwicklungen und ließ sich nicht durch die Hektik des bildungspolitischen Alltags von seinem Weg abbringen. Seine Hartnäckigkeit, mit der er für das Gymnasium eintrat, wurde gelegentlich als Zaudern interpretiert. Es sollte sich jedoch erweisen, dass der Deutsche Philologenverband in Ebners Amtszeit Angriffe auf das Gymnasium abwehren und manche Fehlplanung mittelfristig korrigieren konnte. 1963 entwarf er eine Standortbestimmung zur damaligen Situation, in der es heißt: »Unter Schulreform versteht man heute vielfach nur organisatorische Änderungen. Die innere Reform aber, wie zum Beispiel die Neubearbeitung und Neuorientierung der Lehr- und Stoffpläne, die Entwicklung neuer Formen zur Intensivierung der Bildungs- und Erziehungsarbeit wird meist unterschätzt. Sie ist ein langwieriger Prozess, in dem wir – unbemerkt von der öffentlichen Meinung – schon lange stehen. Er wird aber geradezu gehemmt durch vielfach überstürzte organisatorische Maßnahmen und ständige neue Forderungen.«[119]

VI POLITISCHE INITIATIVEN ZUR EXPANSION DES BILDUNGSWESENS

Mehr Abiturienten durch »Ausschöpfung der Begabungsreserven« und »Chancengleichheit« – Pläne zur Einführung der »Einheits-Stufenschule«

Eine neue Phase der Bildungspolitik begann, als die Kultusministerkonferenz erstmals im Februar 1962 einen Bericht der OECD-Konferenz vom Oktober 1961 vorlegte. Die *Organisation für wirtschaftliche Zusammenarbeit und Entwicklung (Organization for Economic Cooperation and Development, OECD)* mit Sitz in Paris war die am 14. Dezember 1960 gegründete Nachfolgeorganisation der OEEC, die zur Durchführung des Marshallplans nach dem Krieg entstanden war. Die OECD ist die bedeutendste Organisation der westlichen Industrieländer vor allem zur Abstimmung ihrer Wirtschaftspolitik. Von Anfang an wurden auch bildungspolitische Zusammenhänge in die Planungen der OECD einbezogen. Der Konferenzbericht von 1961 trug den bezeichnenden Titel: »Wirtschaftswachstum und Ausbau des Erziehungswesens«. Seit 1961 verfügt die OECD über ein eigenes Zentrum für Forschung und Innovation im Bildungswesen (Centre for Educational Research and Innovation, CERI). Schon 1961 glaubten Wirtschaftspolitik und Wirtschaftswissenschaft daran, Wirtschaftswachstum garantieren und die zukünftigen Anforderungen an den Bildungs- und Ausbildungsstand mittelfristig quantitativ und qualitativ prognostizieren zu können. Obwohl die nicht vorausgesehene Rezession von 1966 zeigte, wie sehr sich Wirtschaftswissenschaftler verschätzen können, war man Anfang der sechziger Jahre zuversichtlich, für die Prognose des wirtschaftlichen Wachstums neben Kapital und Arbeit einen dritten Faktor zu haben: die Bildung. Die Öffentlichkeit sollte darauf vorbereitet werden, dass nicht die Allgemeinbildung – wie sie das Gymnasium lehrte – auf der Tagesordnung stand, sondern dass die Schule nach ökonomischen, politischen und soziologisch-ideologischen Interessen ausgerichtet werden sollte. Der »Output« an zweckmäßig zu verwendendem qualifiziertem Nachwuchs (Humankapital) stand im Vordergrund. Um die dafür notwendigen jungen Menschen zu gewinnen, wollte man alle *Begabungsreserven* ausschöpfen und jedem Schüler *Chancengleichheit* im Schulsystem gewähren. Mit diesem auch international in keiner Bildungsdiskussion mehr wegzudenkenden Instrumentarium sollten die ökonomischen Ziele zur quantitativen und qualitativen Steigerung der *Produktivkräfte* zugleich mit der gesellschaftlichen Einlösung der Chancengleichheit erreicht werden. Der Bildungsökonom Professor Friedrich Edding (Frankfurt), der Teilnehmer an der OECD-Konferenz war, wies 1961 mit vergleichendem Zahlenmaterial über den Schulbesuch in den Bundesländern nach, dass es erhebliche Unterschiede im Ausbau des Schulwesens gab, bedingt durch wirtschaftliche, soziale, geografische und verkehrstechnische Voraussetzungen. Besonders auffällig war das Bildungsgefälle zwischen Stadt und Land. In der Regierungserklärung vom 18. Oktober 1963 betonte Bundeskanzler Ludwig Erhard, dass dem deutschen Volke bewusst werden müsse, dass Bildung und Forschung für unsere Zeit den gleichen Rang hätten wie die soziale Frage für das 19. Jahrhundert. Diese Botschaft wurde von der deutschen Wirtschaft positiv aufgenommen, da sie nicht auf Rohstoffreserven zurückgreifen konnte, sondern nur auf den produzierenden Sektor, dessen Weltmarktrenommee auf Präzisionsarbeit und hohem Technologiestand beruhte. Um diese notwendigen Exportvoraussetzungen zu schaffen, benötigte die Wirtschaft qualifiziertes Personal. Dazu gehörten auch Abiturienten und Hochschulabsolventen mit technischem, naturwissenschaftlichem, ökonomischem oder juristischem Studium. Im März 1963 veröffentlichte die Kultusministerkonferenz eine Bedarfsfeststellung für den gesamten Bildungs- und Kulturbereich. Sie umfasste das Schulwesen, die Lehrerbildung, Wissenschaft und Forschung, Kunst und Kulturpflege für die Zeit bis 1970. Die genannten Daten sollten kein dirigistisches Konzept vorzeichnen, sondern Vorausschätzungen sein, die dem Ausbau von Schul- und Studienplätzen dienen sollten, um zukünftige Nachfrage befriedigen zu können. In allen Kultusministerien wurden Bildungsplanungsabteilungen eingerichtet, um den zukünftigen Personal- und Finanzbedarf für eine Bildungsexpansion bis 1970 zu berechnen. Die Entwicklung sollte allerdings die Planung bald überrollen, denn 1970 lagen die Schülerzahlen bei Realschulen, Gymnasien und Sonderschulen höher, bei Grund-, Haupt- und Berufsschulen niedriger als man 1963 prognostiziert hatte.

Den Beschleunigungseffekt der Bildungsexpansion hatte *Dr. Georg Picht*, Mitglied des Ausschusses für das Erziehungs- und Bildungswesen, mit einer Artikelserie unter dem reißerischen Titel *Die deutsche Bildungskatastrophe* in der protestantisch-konservativen Wochenzeitung »Christ und Welt« ausgelöst, in der er seine Thesen von 1958, die damals wenig Beachtung gefunden hatten, in neuer Aufmachung verbreitete. Die Erwartungshaltung der Öffentlichkeit war 1964 eine völlig andere, es war, als habe man am Ende der Adenauer-Ära förmlich auf einen Kassandraruf gewartet. Picht glaubte nachweisen zu können, dass Deutschland unweigerlich auf eine »Bildungskatastrophe« zusteuere. Nur wenn es gelänge, das Bildungswesen radikal zu verändern, hätte man bis 1970 genügend Lehrer für zukünftige zwei Millionen Schüler. In einem Jahrzehnt müsse deshalb die Abiturientenzahl mindestens verdoppelt werden. Pichts Artikelserie fand in der Öffentlichkeit ein außergewöhnliches Echo. Mit seinem kräftigen kulturpessimistischen Jargon traf er auf ein aufnahmebereites Publikum: »Eines der tragenden Fundamente jedes modernen Staates ist sein Bildungswesen. Niemand müsste das besser wissen als die Deutschen. Der Aufstieg Deutschlands in den Kreis der großen Kulturnationen wurde im 19. Jahrhundert durch den Ausbau der Universitäten und Schulen begründet. Bis zum Ersten Weltkrieg beruhte die politische Stellung Deutschlands, seine wirtschaftliche Blüte und die Entfaltung seiner Industrie auf seinem damals modernen Schulsystem und auf den Leistungen einer Wissenschaft, die Weltgeltung erlangt hatte. Wir zehren bis heute von diesem Kapital ... Jetzt aber ist das Kapital verbraucht: Die Bundesrepublik steht in der vergleichenden Schulstatistik am unteren Ende der europäischen Länder ... Bildungsnotstand heißt wirtschaftlicher Notstand. Der bisherige wirtschaftliche Aufschwung wird ein rasches Ende nehmen, wenn uns die qualifizierten Nachwuchskräfte fehlen, ohne die im technischen Zeitalter kein Produktionssystem etwas leisten kann. Wenn das Bildungswesen versagt, ist die ganze Gesellschaft in ihrem Bestand bedroht. Aber die politische Führung Westdeutschlands verschließt vor dieser Tatsache beharrlich die Augen. ... So kann und darf es nicht weitergehen. Die Öffentlichkeit muss endlich die Wahrheit zur Kenntnis nehmen, und die Politiker werden sich entschließen müssen, jene harten Entscheidungen zu treffen, wie es ein nationaler Notstand erster Ordnung erfordert.«[120]

Picht verband seine These mit bitteren Ressentiments gegenüber der Kultusministerkonferenz, dem Gymnasium und den Philologen. Der Höheren Schule traute er nicht zu, die Verdoppelung der Abiturientenzahlen bis 1974 zu erreichen. Also müsse man die Gymnasien umgehen, sie »unangetastet beiseite lassen« und durch Aufbauzüge an den Volksschulen, durch Sonderinstitute und Berufsfachschulen die Abiturientenzahlen erhöhen. Die Artikelserie Pichts schloss mit dem Menetekel: »Regierungen und Parlamente müssen jetzt handeln. Tun sie es nicht, so steht schon heute fest, wer für den dritten großen Zusammenbruch der deutschen Geschichte in diesem Jahrhundert verantwortlich ist.«

Pichts Thesen beschäftigten sich weniger mit Qualitätsfragen als mit der Quantität der Abschlüsse. Der Einwand des Philologenverbandes, unter Reformen dürfe die Qualität nicht leiden, wurde beiseite geschoben. Damit lag Picht im Zeittrend, denn in ganz Europa betrieb man Bildungspolitik mit der Statistik. In England wurde für die Verdoppelung der Studentenzahlen geworben, und in Frankreich sah man Europa im Hintertreffen im Vergleich zur Zahl der High-School-Abschlüsse in den USA. Dabei bedachte man nicht, dass das Baccalauréat wie auch das Abitur aufgrund ihres Leistungsniveaus und ihrer Gesamtqualifikation (allgemeine Hochschulreife) nicht mit dem High-School-Abschluss gleichgesetzt werden können. Dieser beliebige Umgang mit Vergleichsstatistiken gehörte von jetzt ab zur Tagesordnung und wird auch heute noch mit Fleiß praktiziert. Als die Kultusministerkonferenz eine Dokumentation herausgab, dass sich die Abiturientenzahlen in zehn Jahren, von 1953 bis 1963, verdoppelt hatten, nahmen Tages- und Wochenzeitungen kaum Notiz davon. Es passte nicht zum Bildungskatastrophenkonzept Pichts und zu seiner Behauptung, das Gymnasium könne die Bildungsexpansion nicht leisten. Außerdem hatte die KMK-Dokumentation darauf hingewiesen, dass der Anteil der 13jährigen Schüler, die Realschulen und Gymnasien besuchten, im Jahrzehnt von 1953 bis 1963 von 19,3 Prozent auf 26,5 Prozent gestiegen war (Realschulen von 6,4 Prozent auf 12,0 Prozent, Gymnasien von 12,9 Prozent auf 14,5 Prozent). Diese Zahlen verdeutlichten, dass der Aufwärtstrend zu gehobenen und höheren Bildungsabschlüssen schon längst vor dem Pichtschen Katastrophenszenario eingesetzt hatte und es durchaus möglich gewesen wäre, eine vernünftige und allmähliche Steigerung im bestehenden Bildungssystem in den nächsten Jahren vorzunehmen, wodurch viele Turbulenzen und Verzerrungen im Schul- und Hochschulsystem vermieden worden wären. Es ist oft gerätselt worden, was Picht veranlasste, seine Chaos-Prophezeiungen so vehement und mit Affront gegen das Gymnasium und die Philologen zu vertreten. War es die Enttäuschung darüber, dass der Philologenverband dem Rahmenplan von 1959 so energischen Widerstand entgegengesetzt hatte, war er von interessierten Kreisen zu seiner Philippika angespornt worden oder waren ihm, der seine Schulerfahrungen als Lehrer und Schulleiter nur an der Privat- und Internatsschule »Birklehof« in Hinterzarten/Schwarzwald gesammelt hatte, die Entwicklungen im öffentlichen Schulwesen nicht genügend vertraut?

Dass die neuen Argumentationsweisen von keiner Partei mehr zurückgewiesen wurden, zeigte bereits die *100. Sitzung der Kultusministerkonferenz am 5. und 6. März 1964 in Berlin.* Die KMK verabschiedete anlässlich dieser Sitzung eine »Berliner Erklärung«, in der sie die Bildungsplanung in den Ländern der OECD und die europäische Schulentwicklung zum Maßstab für die Weiterentwicklung der Schul- und Hochschulpolitik nehmen wollte. Nach eingehender Diskussion der Vorlagen des Schulausschusses formulierte die KMK die der europäischen Schulentwicklung entsprechenden und damit auch für die langfristigen Ziele der Bildungsreform in der Bundesrepublik Deutschland gültigen Vorstellungen: »Anhebung des gesamten Ausbildungsniveaus der Jugendlichen durch vermehrte und verbesserte Schulbildung aller Art; Erhöhung der Zahl der zu gehobenen Abschlüssen verschiedener Art geführten Jugendlichen; Ausbildung jedes Einzelnen bis zum höchsten Maß seiner Leistungsfähigkeit; Angebot von Ausbildungsmöglichkeiten, die stärker auf die Befähigung des Einzelnen eingestellt sind; Maßnahmen, die Schüler in diese ihnen gemäßen Bildungsgänge zu bringen (z.b. Beobachtungsstufen); Verstärkung der Durchlässigkeit unter allen bestehenden Schulen (z.b. horizontal, nicht vertikal gegliederte Schulorganisation); Errichtung neuer weiterführender Formen.«[121] Die Kultusminister verdeutlichten mit dem parteiübergreifenden Grundkonsens der Berliner Erklärung, dass sich »die deutsche Kulturpolitik nach Abschluss der Periode des Wiederaufbaus« nunmehr an der »zunehmenden europäischen Integration« beteiligen und an den »gleichlaufenden Bedürfnissen der modernen Industriegesellschaft« orientieren sollte. Ob allen Ministern von CDU und CSU klar gewesen ist, welche wichtigen Positionen sie aufgaben und welche revolutionären Entwicklungen sie mit der Unterzeichnung der Berliner März-Resolution einleiteten, darf aus heutiger Sicht bezweifelt werden. Man hatte mit der Zulassung einer »horizontalen Schulorganisation« und »Errichtung neuer, weiterführender Formen« das Tor zur »Einheitsschule« weit aufgestoßen und eine neue, bisher nicht gekannte Ideologisierung und soziologisch-ökonomische Dominanz im Schulwesen eingeleitet.

Am 21.Mai 1964 veranstaltete die sog. *Arbeitsgemeinschaft Deutscher Lehrerverbände (AGDL)*, der die »Gewerkschaft Erziehung und Wissenschaft (GEW)« und der »Bayerische Lehrer- und Lehrerinnenverband (BLLV)« angehörten, einen Kongress in Berlin. Auf dieser Tagung äußerte sich der Berliner Schulsenator Evers engagiert zu den Forderungen und Zielen der AGDL: Die Bildungsreform müsse endlich an Haupt und Gliedern verwirklicht werden, zumal die 100. Konferenz der Kultusminister die erforderlichen Grundlagen dazu geliefert habe; das Berliner Schulwesen sei über den Rahmenplan und den Bremer Plan bereits weit hinausgeschritten und ein Modell für die Schule von morgen geworden. Evers bezog sich mit seinem Hinweis auf das 14-Millionen-

Projekt zum Bau der ersten Berliner *Gesamtschule* in der Gropius-Stadt, das das Berliner Abgeordnetenhaus mit den Stimmen der SPD und FDP verabschiedet hatte. Diese »Einheitsschule« mit dem neuen Namen »Gesamtschule« umfasste einen Kindergarten, eine sechsjährige Grund-, eine vierjährige Mittel- und eine dreijährige Studienstufe. Sie wurde als Ganztagsschule für die Fünf-Tage-Woche geplant. Zwei weitere Gesamtschulen sollten in Spandau und Reinickendorf errichtet werden.

Dem stellvertretenden Vorsitzenden des »Deutschen Gewerkschaftsbundes« (DGB), Bernhard Tacke, gingen die Berliner Pläne noch nicht weit genug: Es fehlte ihm eine Konzeption zur Verwirklichung der alten Forderungen des DGB bezüglich der Vereinheitlichung des gesamten Schulwesens.[122] Mit diesem Hinweis spielte Tacke auf die Forderungen des Bildungskonzepts an, das die AGDL auf ihrer Pfingstsitzung 1960 in Bremen verabschiedet hatte. Nach diesem *Bremer Plan* sollte die Schule der modernen Gesellschaft als eine Gesellschaft der Freien und Gleichen in einem »dynamischen, gestuft-vereinheitlichten« System verwirklicht werden. Ziel sollte die Überwindung der Kluft zwischen Berufsausbildung und Allgemeinbildung sein. Der Vorsitzende der gewerkschaftlichen Planungskommission, Professor Fink aus Freiburg, führte bei seiner Erläuterung des Bremer Plans auf dem Pfingstkongress u.a. aus: »Notwendig ist es, ein durch die Norm der Wissenschaft bestimmtes Schulsystem zu fördern, in welchem alle ‚Stufen' prozesshaft weiterweisen. Die Wissenschaft ist gleichsam die Entelechie aller Stufen. Dabei muss man sich vergegenwärtigen, dass mit dem Namen ‚Wissenschaft' grundsätzlich die neuzeitliche Wissenschaft pragmatisch-technischen Wesens gemeint ist.«[123] Das Zentralorgan der SED »Das Neue Deutschland« schrieb in seiner Ausgabe vom 1. Juli 1960 zum Bremer Plan: »Studiert man aufmerksam den ‚Plan zur Neugestaltung des deutschen Schulwesens', dann lässt sich unschwer erkennen, dass das Schulwesen der sozialistischen Länder, vor allem aber das der Deutschen Demokratischen Republik, unsichtbar Pate bei der Entwicklung dieses Planes gestanden hat. Der ‚Bremer Plan' ist ein Versuch, unser Bildungssystem auf Westdeutschland zu übertragen.«

Der schleswig-holsteinische CDU-Kultusminister Osterloh, ein Mann aus dem Raum der evangelischen Kirche, meinte, der Bremer Plan sei »kaum von der nivellierenden Einheitsschule des östlichen Systems zu unterscheiden, seine Verwirklichung würde alle bisherigen Schularten zerstören und eine Revolution unseres gesamten Bildungswesens verlangen.«[124]

Während SPD-Schulsenator Evers mit der Entscheidung der 100. Kultusministerkonferenz die Umwälzung des deutschen Schulsystems zur *Stufen-Gesamtschule* bereits als gegebene Tatsache ansah, waren von CDU/CSU-Seite andere Töne zu hören. Die einen dachten bei der »horizontalen« Schulorganisation zunächst einmal an Versuchsschulen, in denen die neuen Strukturen einer Prüfung unterzogen werden sollten, andere planten Neuerungen im bestehenden System. Der baden-württembergische Kultusminister Prof. Hahn stellte z.B. auf der Mitgliederversammlung des Philologenverbandes am 5. Oktober 1964 in Stuttgart sein Konzept vor: er wandte sich gegen panische Sofortmaßnahmen der KMK und gegen eine Qualitätsminderung des Abiturs bei steigenden Schülerzahlen, denn Gymnasium und Universität stünden in engem Zusammenhang. Außerdem sprach er sich für eine der Veranlagung der Schüler gemäße Klassengemeinschaft aus, denn das Geleitzugsystem einer Einheitsschule würde dem intellektuell begabten Kind so wenig gerecht wie dem manuell begabten. Er denke daran, die verstärkte Nachwuchsfrage der Wirtschaft durch zusätzliche technische, wirtschaftliche und sozialwissenschaftliche Gymnasien zu befriedigen. Der dort erlangte Abschluss wäre eine Art Fachhochschulreife für bestimmte Hochschulen (z.B. Pädagogik, Technik, Wirtschaftswissenschaft, Kunst) mit der Möglichkeit, durch eine Erweiterung des Bildungsprogramms auch die volle Hochschulreife zu erwerben.

Eine andere Debatte löste der CDU-Bundestagsabgeordnete *Dr. Hans Dichgans* aus, der seit 1963 unentwegt für den *Wegfall der 13. Klasse* eintrat. Unterstützt wurde er dabei vom Gesprächskreis Wissenschaft und Wirtschaft im Bundesverband der Deutschen Industrie, dem Deutschen Industrie- und Handelstag und dem Stifterverband für die Deutsche Wissenschaft. Dichgans wollte, dass

Akademiker früher in das Berufsleben eintreten sollten, deshalb befürwortete er die Einschulung mit fünfeinhalb Jahren und die Verkürzung der Gymnasialzeit um ein Jahr. Professor Dr. Hartmut von Hentig, Göttingen, meldete Widerspruch an: »Herrn Dichgans geht es um den ‚Oberprimastoff', um ‚Stoffverteilung', um hundertprozentige Nutzung der Zeit, also um Quantitäten. Dem Pädagogen geht es – zumal auf der Oberstufe – um Arbeitsweisen ... Mit diesem Stoffpacken ... (werden) die für eine rationellere Abwicklung des anschließenden Studiums nötigen Fähigkeiten ... nicht entwickelt. Die Hochschule andererseits ist mit ihrem Massenbetrieb notorisch nicht in der Lage, die hier fehlende ‚Schulung' zu übernehmen. Es lässt sich vorhersagen, dass diese Verkürzung der Schule zu einer Verlängerung des Studiums ... führen wird.«[125]

In dieser schwierigen Situation, in der fast alle Wortführer der Bildungsszene das Gymnasium kritisch sahen, musste die *Gesamtvorstandssitzung des Deutschen Philologenverbandes vom 29. und 30. Mai 1964 in Mainz* dazu dienen, wieder mehr Realitätsbewusstsein in die ausufernde Utopiedebatte zu bringen. Der Verbandsvorsitzende Ebner bestritt auf der Pressekonferenz in Mainz das Vorhandensein einer Bildungskatastrophe, die als Schlagwort in einer aufgeheizten Bildungsdiskussion eingesetzt werde. Er beurteilte die Verdoppelung der Abiturientenzahlen nach Kriegsende positiv und sah eine Fortsetzung dieser Entwicklung. Außerdem wies er unter Berufung auf die Veröffentlichungen des amerikanischen Experten Professor Conant darauf hin, wie relativ die Vergleichszahlen der von der OECD vorgelegten Statistiken seien. Conant hatte festgestellt, dass die Zahl der qualifizierten High-School-Abgänger, wenn man die gleichen Kriterien wie beim Abitur der Bundesrepublik anlegte, 6,4 Prozent betrügen, also durchaus mit den 6 Prozent in unserem Lande korrespondierten. Ebner sah eine Möglichkeit zur Vermehrung der Abiturentenzahlen bei Wahrung des Leistungsniveaus zuversichtlich und befürwortete die Erleichterung des Übergangs von den Realschulen zu den Gymnasien. Er mahnte aber zugleich an, dass endlich auch die personellen und materiellen Voraussetzungen an den Höheren Schulen geschaffen werden müssten, die die KMK schon bei der Saarbrücker Rahmenvereinbarung in Aussicht gestellt hatte und die eine notwendige Bedingung für eine Ausweitung der Abiturientenzahlen wären.

Das Gefahrenpotenzial für das Gymnasium war jedoch noch nicht erschöpft. Am 2. Juli 1964 verabschiedeten die Führungsgremien der Sozialdemokraten in Berlin die *Bildungspolitischen Leitsätze der SPD* und erklärten sie zur Grundlage ihrer Bildungspolitik in Bund, Ländern und Gemeinden der Bundesrepublik. Kernpunkt des Programms war die Änderung der Struktur des Schulwesens. Das Schulsystem sollte »von der überkommenen vertikalen Gliederung in einen horizontalen Stufenaufbau überführt« werden, »der den Alters- und Entwicklungsstufen der Schüler entspricht.« Das bedeutete: Einführung von »Gesamtschulen«, obwohl dieser Begriff nicht verwendet wurde. Auch das Gymnasium, die Realschule und Hauptschule kamen nicht mehr im SPD-Papier vor. Im Einzelnen wurde erläutert: »Ein so gegliederter Stufenbau des Schulwesens (Grundstufe sechs, Mittelstufe vier, Studienstufe drei Jahre) mit Einschnitten um das 12. und um das 16. Lebensjahr hat gegenüber der gegenwärtigen Schulstruktur in den meisten Bundesländern eine Reihe von Vorzügen, die auch die anderen europäischen Länder zu ihren Schulreformen geführt haben. ... Nach dem 10. Vollschuljahr werden mehr Jugendliche fähig und bereit sein, durch Besuch der Studienstufe oder der Aufbaueinrichtungen der Berufsstufe die Hochschulreife zu erlangen.« Wie man sich die Schritte auf dem Wege zur Einheitsschule vorstellte, wurde auch vorgegeben: Grundstufe: »In Ländern mit vierjähriger Grundschule ist die Einführung einer Förderstufe im 5. und 6. Schuljahr ein Schritt zur Grundstufe.« Mittelstufe: »Verbesserte Übergangsmöglichkeiten zwischen der heutigen Volksschuloberstufe, der Mittel-(Real)schule und der Mittelstufe des Gymnasiums. Zusammenlegung dieser Schularten zu einer organisatorischen Einheit.« Studienstufe: »Schulversuche mit gymnasialen Oberstufen musischer, sozialkundlicher, technischer und wirtschaftlicher Richtung, weitere Schulen der Aufbaustufe, die an das 8. oder 10. Schuljahr anschließen und zur Hochschulreife führen.«[126] Fazit der SPD-Bildungspolitik: Eine einseitige und eindeutige Entscheidung zur Umwandlung des gesamten Schulwesens in ein Stufen-Gesamtschul-System. Und weil die neue »Einheitsschule« auch einen neuen »Einheits-Stufenlehrer« brauchte, sollte das Ausbildungswesen wie folgt gestaltet werden: Die Ausbildung aller Lehrer erfolgt an wissenschaftlichen Hochschulen. Kernbereiche dieser Ausbildung sind das Studium der Erziehungswissenschaft und der Psychologie im Zusammenhang mit anderen, insbesondere gesellschaftswissenschaftlichen Disziplinen. Nur der Stufenaufbau des Schulwesens und die Neigungen des Studierenden bestimmen Schwerpunktbildung und Differenzierung des Studienumfangs. »Während der schulpraktischen Ausbildung muss der künftige Lehrer Gelegenheit haben, seine Wahl der Schwerpunkte zu ergänzen und gegebenenfalls zu korrigieren. Grenzen für die Arbeit des Lehrers dürfen nur durch seine Fähigkeiten und Neigungen, nicht durch starre Schranken zwischen den verschiedenen Schulstufen gesetzt werden.«[127] Mit diesem Programm verschwanden die Gymnasien im Schulaufbau ebenso wie das philologische Studium in der Lehrerausbildung. In merkwürdigem Gegensatz zu dieser Tabula-rasa-Strategie standen einige grundsätzliche Formulierungen: »Die Einordnung der Schule in das Bildungswesen einer freiheitlichen Gesellschaft verlangt, dass Schulpolitik grundsätzlich offen ist. Sie darf weder einem bürokratischen Verwaltungsapparat überlassen bleiben, noch zum Kampfplatz von Sonderansprüchen einzelner Gruppen werden. ... Das Schulwesen kann seinen vielfältigen Aufgaben nur genügen, wenn die Erziehung im Geiste der Verfassung geschieht, die fachliche Leistung der Schulen Maßstab eines geordneten Schulbetriebs ist; keine der vom Staat zugelassenen Schularten diskriminiert wird.«[128] Die bildungspolitischen Auseinandersetzungen der nächsten Jahre mit den Vorwürfen gegenüber dem Gymnasium als Schule der Privilegierten und den nicht verfassungskonformen Lehrinhalten in den Rahmenrichtlinien Hessens und Nordrhein-Westfalens zeigten allerdings, was von den hehren Grundsätzen im politischen Alltagsgeschäft erhalten blieb. Kultusminister Professor Mikat (CDU) bemerkte am 29. März 1964 in der »Allgemeinen Sonntagszeitung« zur Kritik der politischen Gegner an den Höheren Schulen: »Es ist überholt, heute noch von einem Klassenunterschied in der Erziehung zu sprechen. Längst drängen alle Schichten in die weiterführenden Schulen, und es wäre denen, die von einer Benachteiligung gewisser Gruppen unseres Volkes sprechen, eher anzuraten, die noch zögernden Eltern zu ermutigen, ihre Kinder auf das Gymnasium zu schicken, als in einer nicht immer fairen Polemik vorhandene Ressentiments künstlich aufrechtzuerhalten.«

»Hamburger Abkommen zur Vereinheitlichung des Schulwesens« 1964 und neues Reformprogramm des Deutschen Philologenverbandes: die »Göttinger Beschlüsse«

Die Ministerpräsidenten der Länder unterzeichneten am 28. Oktober 1964 in Hamburg das *Abkommen zwischen den Ländern der Bundesrepublik zur Vereinheitlichung auf dem Gebiete des Schulwesens.* Wie sein Vorläufer, das Düsseldorfer Abkommen von 1955, betraf das Hamburger Abkommen das allgemeinbildende Schulwesen. Die Neuordnung von 1964 bezog sich vor allem auf die Bezeichnungen und Organisationsformen der allgemeinbildenden Schulen sowie auf die Fremdsprachenfolge. Unter anderem wurden folgende Regelungen vorgesehen:
- Das Schuljahr beginnt an allen Schulen am 1. August und endet am 31. Juli des folgenden Kalenderjahres.
- Die Vollzeitschulpflicht endet nach neun Jahren. Die Ausdehnung auf ein zehntes Schuljahr ist zulässig.
- Die auf der Grundschule aufbauenden Schulen tragen die Bezeichnung »Hauptschule«, »Realschule« oder »Gymnasium«.
- Ein für alle Schüler gemeinsames 5. und 6. Schuljahr kann die Bezeichnung »Förder- oder Beobachtungsstufe« tragen.
- Die Klassen werden vom 1. Grundschuljahr aufsteigend von Klasse 1 bis 13 durchgezählt.
- Die Hauptschule schließt an die Grundschule an und endet mit der 9. Klasse. Eine 10. Klasse ist zulässig.
- Das Gymnasium der Normalform ist 9- oder 7-klassig. Die 7-klassige Form setzt lehrplanmäßigen Unterricht in einer Fremdsprache in der 5. und 6. Klasse voraus.

- Für Schüler der Hauptschule schließt das Gymnasium in Aufbauform spätestens an die 7. Klasse an, wenn Kenntnisse in einer Fremdsprache nicht vorausgesetzt werden.
- Für Schüler der Realschule schließt das Gymnasium in Aufbauform spätestens an die 10. Klasse an und dauert dann mindestens drei Jahre. Es setzt Kenntnisse in einer zweiten Fremdsprache nicht voraus.
- Der Übergang in das Gymnasium wird durch ein Aufnahmeverfahren geregelt.
- Für die Sprachenfolge an Gymnasien der Normalform, die zur allgemeinen Hochschulreife führen, gelten folgende Bestimmungen:

    a) Der Unterricht in der ersten Fremdsprache beginnt in der 5. Klasse. Die erste Fremdsprache ist eine lebendige Sprache oder Latein.

    b) Der Unterricht in der zweiten Fremdsprache beginnt in der 7. Klasse. Zweite Fremdsprache können sein: Latein, Französisch und Englisch.

    c) Frühestens von der 9. Klasse ab kann eine dritte Fremdsprache gelehrt werden. Für Schüler, die das Reifezeugnis des altsprachlichen Schultyps erwerben wollen, beginnt der pflichtmäßige Griechisch-Unterricht in der 9. Klasse. Dafür können sich nur Schüler entscheiden, die Latein als erste oder zweite Fremdsprache gelernt haben.«[129]

Das Hamburger Abkommen war flexibler gestaltet als das Düsseldorfer. Es enthielt den wichtigen Paragraphen 16, der Neuentwicklungen breite Spielräume ließ: »Pädagogische Versuche, die von der in diesem Abkommen vereinbarten Grundstruktur des Schulwesens abweichen, bedürfen der vorherigen Empfehlung der Kultusministerkonferenz.« Damit war der Weg frei für eine Entwicklung zur horizontalen Einheits-Stufenschule, wie ihn die Leitlinien der SPD vorsahen. Die Zukunft sollte zeigen, wie wirkungslos die Einschränkung war, dass Schulversuche der »vorherigen Empfehlung der Kultusministerkonferenz« bedürften, da viele Länder die Klausel bei ihren Veränderungen im Schulwesen einfach ignorierten. – Eine ebenso weittragende Bedeutung hatte der Beschluss der Ministerpräsidentenkonferenz zur Einsetzung des *Deutschen Bildungsrats*. Während das Hamburger Abkommen noch einmal eine einheitliche Normierung des Bildungswesens vorgenommen hatte, zielte die Arbeit des Bildungsrats auf den Übergang zu einer längerfristig angelegten Strukturreformpolitik.

Am Ende des Jahres 1964, in dem sich eine bildungspolitische Aktivität bisher nicht gekannten Ausmaßes entfaltet hatte, lagen der Öffentlichkeit vielfältige und divergierende Reformvorschläge vor. Der Rahmen spannte sich von den apokalyptischen Zusammenbruchs- und Katastrophentheorien eines Georg Picht über die Öffnungsklausel für horizontal gegliederte Stufen-Schulversuche der 100. KMK-Sitzung, der Abwendung der SPD-Bildungspläne vom bestehenden Schulsystem hin zur Einheitsschule und einem Vereinheitlichungsbeschluss der Ministerpräsidentenkonferenz der Länder für das gegliederte Schulwesen. Die schwierige Aufgabe für den Deutschen Philologenverband bestand darin, in diesem kulturpolitischen Prozess eine Standortbestimmung vorzunehmen, die den Reformwillen und die Reformbereitschaft des Gymnasiums und der Philologen klar bekundete und eine organische Entwicklung für die Zukunft aufwies.

Als »Berufsverband der Lehrer und Lehrerinnen an den Höheren Schulen aller Bundesländer« beschloss der *Gesamtvorstand des Deutschen Philologenverbandes am 14. November 1964 in Göttingen* ein umfassendes bildungspolitisches Konzept und stellte das Ergebnis als *Göttinger Beschlüsse* der Öffentlichkeit vor. Das Bildungsprogramm umfasste Vorschläge zur Ausgestaltung und Steigerung der Leistungsfähigkeit des Höheren Schulwesens sowie realistische Empfehlungen zur Förderung des Aufbaus und des Ausbaus des gesamten Bildungssystems unter Berücksichtigung der sozialen, wirtschaftlichen und politischen Situation. Mit den Göttinger Beschlüssen erweiterte der Deutsche Philologenverband seine bildungspolitischen Zielsetzungen: Auftrag und Funktion des Gymnasiums sowie des gesamten Bildungswesens wurden eingeordnet in den Nachkriegs-Demokratisierungsprozess der Gesellschaft der Bundesrepublik Deutschland. In diesem Zusammenhang sind die Aussagen des Verbandes zur Begabtenförderung von ganz besonderer Bedeutung. Die einhellige Ablehnung der »nivellierenden Einheitsschule« wurde sorgfältig begründet sowohl in Bezug auf die Allgemeinheit als auch auf den Einzelnen: »Die Differenziertheit des modernen Berufslebens fordert ein reichhaltig gestaltetes Schulwesen, dem die für alle Schulen gültigen Grundsätze der Erziehung gemeinsam sind. Es soll den jungen Menschen hinführen zur sittlichen und geistigen Reife, zur Mündigkeit im Geiste der Achtung vor dem Mitmenschen und zur Verantwortung gegenüber der Gemeinschaft. Die Gemeinsamkeit dieser Aufgabe wird nicht gefährdet, wenn im Interesse der vielseitigen Aufgaben in der Gesellschaft, aber auch im Interesse der bestmöglichen Förderung der verschiedenen Begabungshöhen und -richtungen, ein differenziertes Schulwesen besteht. Eine immer stärkere Differenzierung der Aufgaben, welche die Menschen zu übernehmen haben, und ein dieser Differenzierung entsprechend gegliedertes Schulwesen machen den Grundsatz der Gleichberechtigung erst möglich. Eine nivellierende Einheitsschule kann weder dem heutigen noch dem zukünftigen Zustand der Gesellschaft gerecht werden. Wie unterdurchschnittlich Begabte eine besondere Förderung brauchen, haben auch überdurchschnittlich Begabte den Anspruch, so frühzeitig und so gut wie möglich gefördert zu werden. Eine zu spät einsetzende Förderung hemmt die Entwicklung der Begabungen und verurteilt die überdurchschnittlich Begabten zur Langeweile und damit zur Verkümmerung der in ihnen liegenden Möglichkeiten. Zugleich wird die menschliche Entwicklung und unterrichtliche Förderung der schwächer Begabten behindert, weil in dem pädagogisch erstrebenswerten Wettkampf nicht allzu ungleiche Kräfte miteinander wetteifern dürfen. Deshalb ist ein gegliedertes allgemeinbildendes und berufsbildendes Schulwesen unabdingbar. Es trägt der vielschichtigen Begabung der Jugendlichen, ihrem Bildungswillen und dem Elternrecht Rechnung und nützt das Begabungspotenzial zum Besten der Gesellschaft.«[130] Mit der Begründung eines gegliederten Schulwesens befand sich der Philologenverband in Übereinstimmung mit grundlegenden Artikeln demokratischer Länderverfassungen, z.B. von Baden-Württemberg, Bayern, Nordrhein-Westfalen, Rheinland-Pfalz und anderen. Besonderes Aufsehen erregte in der Öffentlichkeit die Empfehlung des Deutschen Philologenverbandes, in Zukunft die Aufnahmeprüfung für das Gymnasium abzuschaffen.

Zum Ausbau der Gymnasien und zur Erhöhung der Abiturientenzahlen machte der Verband im Einzelnen folgende Vorschläge: Die Aufnahmeprüfung entfällt; in der 5. und 6. Klasse erfolgt eine behutsame Vorbereitung auf die der Altersstufe angemessenen Formen der gymnasialen Arbeitsweise mit einer Versetzungsentscheidung erst nach der 6. Klasse; für Schüler mit Anfangsschwierigkeiten müssen neben dem regulären Unterricht kostenlose Unterrichtshilfen gegeben werden; Schüler in der 4. Klasse der Grundschule und in der 5. und 6. Klasse aller Schularten sind gründlich zu beobachten und die Eltern regelmäßig zu beraten; die 7-klassige Kurzform des Gymnasiums ist ein Angebot für Schüler, die erst nach der 6. Klasse das Gymnasium besuchen können; Schaffung von Übergangsmöglichkeiten zu Sonderformen des Gymnasiums: während der Hauptschulzeit in das Aufbaugymnasium, nach der 10. Klasse der Realschule in die Aufbauklassen an Gymnasien; Einrichtung von Kollegs zur Erlangung der allgemeinen Hochschulreife (mit Aufnahmeprüfung) und Abendgymnasien (nach abgeschlossener Berufsausbildung); Steigerung des Anteils der Mädchen an Höheren Schulen; Möglichkeit zur vorzeitigen Versetzung in die nächste Jahrgangsstufe sowie Versetzung auf Probe; elastischere Gestaltung der Versetzungsbedingungen in der Mittelstufe. Mit Blick auf den Gesamtfinanzbedarf zum Ausbau des gegliederten Schulwesens forderte der Philologenverband die Schaffung voll gegliederter Hauptschulen als Mittelpunktschulen im ländlichen Raum sowie die erhebliche Vermehrung der Zahl der Realschulen sowie Realschul-Aufbauformen für Hauptschüler nach der 6. Klasse und Gymnasialaufbauformen für Realschüler nach der 10. Klasse.

Mit dem Bildungsprogramm der »Göttinger Beschlüsse« hatte der Deutsche Philologenverband im Verwirrspiel widerstreitender bildungspolitischer Interessen ein Dokument veröffentlicht, das eine moderne demokratische Grundhaltung ebenso aufwies wie

von einer kontinuierlichen Fortsetzung der bisherigen Verbandsarbeit zeugte. Die eingangs formulierten Grundsätze weisen die Richtung:
- »Jedem jungen Menschen muss der Zugang zu den Bildungswegen ermöglicht werden, auf denen er seine Anlagen und Fähigkeiten voll entwickeln kann. Den Eltern steht das Recht der freien Wahl des Bildungsweges ihrer Kinder zu.
- Die Begabungen und Interessen des Einzelnen, die Bedingungen und Anforderungen der arbeitsteiligen Industriegesellschaft und die Struktur des demokratischen Rechtsstaates erfordern ein reich gegliedertes Schulwesen. Die soziale Gerechtigkeit erfordert eine angemessene Schuldichte, ein zahlenmäßig ausgewogenes Verhältnis der Schularten zueinander und einen großzügigen Ausbau der Erziehungsbeihilfen. Jedes Kind muss, unabhängig vom sozialen Stand und Wohnsitz der Eltern, die gleichen Möglichkeiten zum Schulbesuch erhalten (z.B. freie Fahrt zum Unterricht). Im Hinblick auf das Recht des Einzelnen und die lebensnotwendigen Interessen der Gesamtheit sind alle Begabungen frühzeitig zu erkennen und zu fördern. Solchen vielseitigen Aufgaben wird nur die in Deutschland und in einer Reihe anderer europäischer Länder entwickelte Mehrgliedrigkeit des Schulwesens gerecht. Auf der gemeinsamen Grundschule bauen drei allgemeinbildende Schularten auf: die Hauptschule, die Realschule und das Gymnasium. Das vertikal gegliederte Schulwesen, zu dem sich der DPhV bekennt, muss aber so elastisch sein, dass in ihm auch später erkannte oder fehlgeleitete Begabungen sinn- und zielgerecht gefördert werden können. Deshalb müssen die bestehenden Übergangsmöglichkeiten zwischen den Schularten überall dort ausgebaut werden, wo es pädagogisch gerechtfertigt ist. Eine allgemeine Durchlässigkeit zwischen den Schularten zu jedem beliebigen Zeitpunkt zu fordern, liegt weder im Interesse der Schüler noch in der Bildungsarbeit der Schule; sie müsste zu einer Leistungssenkung führen.
- Das Gymnasium muss aber am Leistungsprinzip festhalten; denn für jedes Volk stellen die Begabungen seinen wertvollsten

Besitz dar. Eine leistungsfähige Wirtschaft z.B. ist nicht denkbar ohne eine große Zahl wissenschaftlich und charakterlich qualifizierter Persönlichkeiten. Es sind aber nicht allein wirtschaftliche Erwägungen, die diesen Forderungen zu Grunde liegen. Es ist u.a. auch das Problem der Freizeit und ihrer sinnvollen Nutzung, das eine bessere Bildung als bisher notwendig macht.«
Mit den Göttinger Beschlüssen hatte der Deutsche Philologenverband eine Perspektive aufgezeigt, mit der die von der KMK, der Ministerpräsidentenkonferenz, den Bildungsplanungsgremien und der Öffentlichkeit geforderten Ansprüche an das Bildungswesen ohne Brüche hätten verwirklicht werden können. Doch die bereits auf ein neues Schulstrukturmodell ausgerichteten politischen, publizistischen und gewerkschaftlichen Kräfte waren ideologisch so festgelegt, dass sie das Evolutionsmodell des Philologenverbandes negierten oder bekämpften. Auch die vom Deutschen Philologenverband herausgegebene und im Klett-Verlag 1964 erschienene vierhundert Seiten starke Diskussionsschrift *Die Oberstufe der Gymnasien als Übergang zur Hochschule* wurde kaum mehr in die Betrachtungen einbezogen. Das gleiche Schicksal erlitt ein *Gesamtplan für die Neuordnung des Deutschen Schulwesens,* den das *Deutsche Institut für Bildung und Wissen e.V. (Frankfurt/Main)* vorgestellt hatte und in dem Vorschläge zur besseren äußeren Organisation des Bildungswesens vom Kindergarten bis zur Hochschule enthalten waren, die viele Gemeinsamkeiten mit den Empfehlungen der Göttinger Beschlüsse aufwiesen. Statt der Diskussionen um die besten schulpolitischen Entscheidungen kamen jetzt ganz neue Töne in die Debatte, die der Berliner »Tagesspiegel« vom 27. Februar 1965 mit folgender Glosse charakterisierte: »Ein Kulturkampf um die Berliner Schulen scheint entbrannt. ... Die Schärfe der gestern gegebenen Stellungnahme des ‚Verbandes der Lehrer und Erzieher' im DGB bestätigt, was wir früher schon behauptet haben: die Exponenten rein sozialistischer Schulpolitik verstehen öffentlich geäußerte abweichende Auffassungen nicht als berechtigte, ja im Sinne eines dialektischen Fortschritts höchst erwünschte antithetische freie Meinungsäußerungen, sondern nur als hingeworfenen Fehdehandschuh eines Tabu-Verletzers.« Ent-

zündet hatte sich die Kontroverse in Berlin an der Forderung des Philologenverbandes, mehr Gymnasien in bisher benachteiligten Stadtteilen einzurichten. Es kam nun zu den aus der Weimarer Zeit sattsam bekannten Vorwürfen gegen angebliche »Privilegien« der Gymnasien und ihrer Lehrer. In diesen Klischees spiegelten sich die alten sozialistischen Denkmodelle, die »Chancengleichheit« über die Brechung von vermuteten oder konstruierten »Standesprivilegien« herstellen wollten. Es war klug vom Deutschen Philologenverband, sich nicht auf eine Diskussion über diese verstaubten Versatzstücke des Klassenkampfes einzulassen, sondern in den Göttinger Beschlüssen eine aus demokratischem Geist begründete neue Schulentwicklung zu fordern.

Bestehendes Schulsystem schafft Bildungsexpansion ohne Gesamtschulen

Die Umwertung der schulischen Bildungsarbeit nach 1962 vom Allgemeinbildungsprinzip zum ökonomischen und soziologischen Zweck, von der Qualität zur Quantität, von der Bildung zur Ausbildung löste in der Zeit von 1965 bis 1973 eine »Hochkonjunktur« in der Bildungspolitik aus. Um die hochgesteckten Kapazitätsziele zu erreichen, wurde der Bildung in den öffentlichen Haushalten eine bevorzugte Stellung eingeräumt. In Bund, Ländern und Gemeinden stiegen die Bildungsausgaben von 15,7 Milliarden (1965) auf 44,6 Milliarden im Jahre 1973. Diesem überproportionalen Zuwachs der Staatsausgaben für den Bildungsbereich folgte nach 1975 fast zwangsläufig eine allmähliche Reduzierung der Zuwachsrate. Infolge der aufrüttelnden These Pichts, wonach das Schulwesen rasch ausgebaut werden musste, um eine Verdoppelung der Abiturientenzahlen zu erreichen, stieg die Nachfrage nach höheren Bildungsabschlüssen stark an. Die Erwartungshaltungen zur Lösung des Problems richtete sich auf das bestehende gegliederte Schulwesen, da es wegen fehlender gesetzlicher Maßnahmen zu nennenswerten Gesamtschulgründungen – mit Ausnahme einiger Pilotprojekte – erst Anfang der siebziger Jahre kam. Die Zahl der Hauptschüler stieg zwischen 1965 und 1975 von 2,1 Millionen auf 2,5 Millionen, die der Realschüler verdoppelte sich von 571 000 auf 1,147 Millionen und die Zahl der Gymnasiasten erhöhte sich von 958 000 auf 1,863 Millionen. Auch die Zahl der Studenten an den wissenschaftlichen Hochschulen und Kunsthochschulen stieg von 1965 bis 1975 von 308 000 auf 696 000.

Da die Gesamtzahl der Schüler an allgemeinbildenden Schulen zwischen 1961 und 1972 um mehr als ein Drittel, von 6,7 Millionen auf 9,6 Millionen, anwuchs, mussten umfangreiche Schulbaumaßnahmen ergriffen werden. Es ist eine der erstaunlichsten Leistungen des gegliederten Schulwesens, dass die durch die steigende Schülerzahl verursachte Bildungsexpansion im bestehenden System bewältigt wurde. Diese Entwicklung legt Zeugnis vom Idealismus und Engagement der Lehrerinnen und Lehrer ab, die unter erschwerten Arbeitsbedingungen – hohen Schülermesszahlen in den Klassen (44-48), hohem Lehrerwochenstundendeputat, unzureichender personeller und materieller Ausstattung der Schulen und diskriminierenden Äußerungen der Gesamtschulbefürworter – ihren Dienst verrichteten. Die Bewältigung der »Bildungsexplosion« zeigte aber auch, zu welcher Flexibilität und Evolution das gegliederte Schulwesen allen Unkenrufen zum Trotz fähig war. Pichts Thesen und die seiner Anhänger wurden binnen kürzester Zeit durch die Realität widerlegt. Zwischen 1965 und 1975 stieg die Zahl der Gymnasien von 1926 auf 2 415, die der Realschulen von 1 555 auf 2 348. Wie die Strukturdaten des Bundeswissenschaftsministeriums belegen, wuchs die Zahl der Abiturienten am Gymnasium von 50 500 im Jahre 1965 auf 83 500 im Jahre 1970 und auf 119 700 im Jahre 1975. Damit steigerten sich die Prozentanteile der Gymnasiasten mit Hochschulreife an der gleichaltrigen Wohnbevölkerung von 7,5 Prozent (1965) auf 10,3 Prozent (1970) und auf 13,8 Prozent (1975). Gleichzeitig wuchs der Anteil der Mädchen an der Abiturientenquote von 36,6 Prozent (1967) auf 45,9 Prozent (1975) signifikant. Ähnlich verhielt es sich mit den Realschulabschlüssen. Erreichten 93 800 Realschüler im Jahre 1965 den Abschluss, stieg 1975 die Zahl auf 231 800, eine Zuwachsrate an der gleichaltrigen Bevölkerung von 11,9 Prozent auf 25,1 Prozent.

Rechnet man jetzt noch die qualifizierten Abschlüsse an den Berufsschulen hinzu, die bei den internationalen Vergleichen der Bildungsökonomen wegen fehlender entsprechender Schulformen in anderen Ländern immer ausgeklammert wurden, erweitert sich das Gesamtbild: Die Zahl der dem Realschulabschluss vergleichbaren mittleren Abschlüsse erhöhte sich von 38 000 (1965) auf 86 200 (1975), eine Steigerungsrate am Anteil der gleichaltrigen Wohnbevölkerung von 4,8 Prozent auf 9,3 Prozent (1975). Die Steigerungsrate der Hochschulzugänge wurde 1969/70 nochmals erweitert, als in allen Bundesländern die Fachoberschulen als Zubringerschulen für die gleichzeitig gegründeten Fachhochschulen eingerichtet wurden.

Diese nüchternen Zahlen belegen, dass das gegliederte Schulwesen dem Anspruch der Gesellschaft, die ihm anvertrauten Schüler »bis zum höchsten Maß ihrer Leistungsfähigkeit« (KMK) zu fördern, trotz erschwerter Arbeitsbedingungen voll entsprochen hat. Die negativen Voraussagen der Bildungsauguren wurden mehr als widerlegt. Auch die Worte Pichts, man solle »die Höhere Schule unangetastet beiseite lassen«, mit denen er versuchte, die Gymnasien und die Philologen aus dem pädagogischen und bildungspolitischen Gespräch auszuschalten, erwiesen sich als unhaltbar, denn das Gymnasium war der Dreh- und Angelpunkt der prognostizierten Entwicklung. Ob die von politischer Seite geforderte und forcierte rasche Vermehrung der Zahl der höheren Abschlüsse bei einem noch nicht ausgebauten Hochschulsystem eine kluge Entscheidung war, ist im Nachhinein skeptisch zu beurteilen. Pichts Ruf nach mehr Abiturienten verursachte nach zehn Jahren neue »Bildungskatastrophen« ganz anderer Art, die man jedoch nicht dem Schulsystem anlasten kann. Politisch gewollt wurden durch zahlreiche Bestimmungen innerhalb der Gymnasien Umgestaltungen vorgenommen, die den vereinfachten Zugang sowie erleichterte Versetzungsbedingungen und Prüfungsordnungen betrafen. Die Bildungswerbung tat ein Übriges, um Schülern, die früher das Gymnasium mit dem mittleren Abschluss verließen, das Abitur als erstrebenswerteren Abschluss anzupreisen. Unbestritten bleibt die erzieherische Leistung und die enorme Anstrengung, die von den Lehrerinnen und Lehrern des gegliederten Schulwesens erbracht wurden, um die ihnen von der Gesellschaft und der Politik zugewiesenen Aufgaben zu erfüllen. Der Deutsche Philologenverband und seine Landesverbände sowie die im Deutschen Beamtenbund zusammengeschlossenen Lehrerorganisationen des gegliederten Schulwesens setzten alles daran, die Leistungsfähigkeit des Bildungswesens zu erhalten und, wenn nötig, wieder zu stabilisieren. Doch die Bildungspolitik, bestimmte Kreise der Wissenschaft und die Medien setzten andere Prioritäten. Heinrich Roth, Psychologe und Pädagoge an der Universität Göttingen und in den sechziger Jahren bedeutendes Mitglied der Bildungskommission des Deutschen Bildungsrats, forderte schon 1962 die »realistische Wende« in der Bildungsforschung. Die empirisch-sozialwissenschaftlichen Forschungsmethoden sollten endlich die bisher vorherrschenden geisteswissenschaftlichen Ansätze in den Erziehungswissenschaften verdrängen. Eigenartigerweise forderte er dann 1965 von den Bildungspolitikern wenig realitätsbezogen: »Wir brauchen mehr Abiturienten, auch wenn wir nicht mehr ‚brauchen' sollten.«[131] Auf dem Hintergrund der späteren Akademiker-Arbeitslosigkeit klingen solche Sätze leichtfertig.

Nachdem das Argument verbraucht war, das bestehende Schulsystem könne die Verdoppelung der Abiturientenzahlen und die Höherqualifizierung von Schülern nicht schaffen, mussten neue Begründungszusammenhänge her, um Strukturveränderungen in Richtung Gesamtschule zu propagieren. Der Soziologe *Ralf Dahrendorf*, FDP-Politiker und damals Ordinarius an der Universität Freiburg, veröffentlichte Ende 1965 sein Buch *Bildung ist Bürgerrecht*. Er sah das entscheidende Hemmnis für den Übergang auf das Gymnasium in der Einstellung der Eltern und im sozialen Umfeld, das Kinder daran hindere, ihr »Bürgerrecht auf Bildung«, wie es die OECD schon 1961 gefordert hatte, wahrzunehmen. Als besonders benachteiligte Gruppen nannte er Arbeiterkinder, Landbewohner, Katholiken und Mädchen. Wenn das Bürgerrecht auf Bildung als ein soziales Grundrecht und Bildung als *Chancengleichheit* für alle verstanden wurden, musste der Staat nach Dahrendorf durch eine »aktive Bildungspolitik« dafür sorgen, dass die

Benachteiligten auch von ihren Rechten Gebrauch machen konnten und dadurch die Gesellschaft in die Lage versetzt wurde, die verborgenen Bildungsreserven auszuschöpfen. Das Prinzip des Bürgerrechts auf Bildung, so Dahrendorf, sei nicht durchzusetzen »ohne das Zerbrechen aller ungefragten Bindungen, also dem Schritt in eine moderne Welt aufgeklärter Realität.«[132] Der radikalaufklärerische Ansatz Dahrendorfs beim »Zerbrechen aller ungefragten Bindungen« sollte in den nächsten Jahren noch manche nicht vorausgesehenen Entwicklungen einleiten, von denen die Orientierungslosigkeit vieler Heranwachsender nur eine, wenn auch gravierende Nebenfolge unter anderen war.

Bei den Zielen der aktiven Bildungspolitik forderte Dahrendorf anderthalb Jahre nach Picht ebenfalls die Erhöhung der Abiturienten- und Studentenzahlen. Gleichfalls glaubte er, im »pädagogischen Defätismus der deutschen Höheren Schule« den Haupthinderungsgrund für die Steigerung der Abiturientenquote zu erkennen. Dahrendorf selbst nannte seine Anschuldigung in einem Artikel der »Zeit« ein »böses und doch überlegtes Wort«. Die Philologen waren es aber inzwischen leid, diese ungerechtfertigten Herabsetzungen ihrer Arbeit länger hinzunehmen. 4 000 Gymnasiallehrer demonstrierten auf einer *Großkundgebung des Philologen-Verbandes Nordrhein-Westfalen am 14. Juni 1966 in Essen*. Der am 3. Mai 1966 nach dem Tode von Dr. Pieper neu gewählte Vorsitzende des Verbandes, *Clemens Christians*, widersprach Dahrendorf entschieden: »Wir müssen feststellen, dass die Förderung partiell, temporär oder sozial beeinträchtigter Schüler einseitig dem Gymnasium aufgetragen wird, obwohl wir gar zu häufig die Erfahrung machen müssen, dass bis zum zehnten Lebensjahr schon viel versäumt wurde. Wo ist – so fragen wir – die ausreichende Förderung in der Grundschule? Warum richtet man mit vorhandenen Mitteln nicht eine *Vorschule* ein?«[133] Christians hat in seiner Rede deutlich gemacht, dass der Ansatz Dahrendorfs und Pichts, den Blick nur auf die Abiturientenquote zu richten, der falsche Weg war und dass die Herstellung der Chancengleichheit bildungsferner Schichten, wie Dahrendorf sie anmahnte, primär über die Erziehung im Frühkindalter hergestellt werden müsste, ein in der

Bundesrepublik Deutschland bis heute noch nicht gelöstes Problem. *Dr. Hanna-Renate Laurien*, die 1966 ebenfalls neu gewählte stellvertretende Vorsitzende des Philologen-Verbandes NRW, sagte auf der gleichen Kundgebung zum Thema *Chancengleichheit*: »Die moderne Gesellschaft ist sowohl demokratisch wie leistungsspezifisch strukturiert, in ihr soll zwar jeder seine optimale Chance erhalten, in ihr sind die Bürgerrechte grundsätzlich gleich, aber sie ist deshalb nicht eine Gesellschaft von Leuten gleichen Status. Was allgemein gesellschaftlich gilt, muss auch im pädagogischen Bereich gelten: Besondere Leistungen, besondere Ansprüche müssen gewertet werden, egalitäre, gleichmacherische Konzeptionen sind nicht demokratisch – wie sie sich manchmal geben –, sondern sind Ideologien.«[134] Die Warnung der Philologin Laurien vor einer rein soziologisch-ideologischen Auslegung der »Chancengleichheit« war berechtigt, denn namhafte Repräsentanten in Bildungsforschung, Bildungsplanung und Bildungspolitik glaubten nun den Schlüsselbegriff gefunden zu haben, um das bestehende Schulwesen in eine Einheits-Stufenschul- bzw. Gesamtschullandschaft verwandeln zu können.

Vom Strukturplan des Deutschen Bildungsrates zur Gesamtschulentwicklung

Die Nachfolge des Deutschen Ausschusses für das Erziehungs- und Bildungswesen trat 1965 der *Deutsche Bildungsrat* an. Das am 17. Juli 1965 für die Dauer von zweimal fünf Jahren abgeschlossene Verwaltungsabkommen zwischen Bund und Ländern sah vor, dass der Deutsche Bildungsrat sich aus einer Bildungskommission und einer Regierungskommission zusammensetzte. In der Regierungskommission saßen die Kultusminister, vier Staatssekretäre der Bundesregierung und die Hauptgeschäftsführer der kommunalen Spitzenverbände (Städtetag, Landkreistag, Gemeindetag). In die Bildungskommission wurden achtzehn Wissenschaftler verschiedener Disziplinen und Persönlichkeiten des öffentlichen Lebens berufen. Vertreter waren vor allem Juristen, Ökonomen, Soziologen, Psychologen, Statistiker und Sachverständige für Organisationsfragen, dagegen so gut wie keine pädagogisch oder schulpraktisch versierten Fachleute. Aufgabe der Bildungskommission war die wissenschaftliche Politikberatung auf folgenden Gebieten: Entwürfe von Bedarfs- und Entwicklungsplänen für das deutsche Bildungswesen, Vorschläge für die Struktur des Bildungswesens und Ermittlung des Finanzbedarfs. Der Bildungsrat arbeitete bei seinen Empfehlungen und Gutachten eng mit dem 1963 in Berlin unter Leitung von Wilhelm Becker aufgebauten Max-Planck-Institut für Bildungsforschung zusammen.

Auf der *Vertreterversammlung* des *Deutschen Philologenverbandes am 15. und 16. November 1965 in Berlin* mahnte der 1. Vorsitzende Franz Ebner: »Das Bildungs- und Erziehungswesen ist zu einem politischen Kampffeld geworden, in dem sich politische Ideologien verschiedenster Art gegenüberstehen. ... Wenn im Jahre 1966 der Deutsche Bildungsrat seine Arbeit aufnehmen wird, so sollte er nicht eine Umstrukturierung des deutschen Bildungswesens herbeizuführen versuchen. Der Bildungsrat hat, wenn er dem deutschen Schulwesen tatsächlich helfen will, als erste und wichtigste Verpflichtung nicht neuen kräftezehrenden Experimenten schulorganisatorischer Art das Wort zu reden, sondern in nüchterner, zwingender und unbestechlicher Beweisführung die Forderungen ... materieller Art zur Verbesserung der Unterrichts- und Erziehungsmöglichkeiten ... zu vertreten.«[135] In Berlin beschloss der Philologenverband eine Denkschrift *Bildung und Schule*, in der verdeutlicht wurde, dass alle Vorstellungen, die man mit einer Einheitsstufenschule anstrebte, sehr wohl auch im gegliederten Schulwesen zu erreichen waren: Begabtenförderung, Durchlässigkeit innerhalb der Schularten, Wegfall der Aufnahmeprüfung, Aufstieg bisher bildungsferner Schichten. Der neu gewählte Bundesvorstand mit den Vorsitzenden Franz Ebner, Elisabeth von der Lieth, Werner Laude sowie den Beisitzern Dr. Werner Heldmann und Heinz Lauterbach setzte in den nächsten Jahren alles daran, dieses Programm der Öffentlichkeit zu vermitteln. Unterstützt wurde er durch das bewährte Redaktionsteam der Verbandszeitschrift »Die Höhere Schule«: Gerhard Brede (Kiel), Dr. Eugen

Söhngen (Düsseldorf) und den für Dr. Friedrich Schuh neu gewählten Max Schmid (München).

Doch trotz aller Bemühungen des Verbandes um eine sachliche Diskussion traten die Forderungen nach einer integrierten Gesamtschule als angebliche Lösung aller anstehenden bzw. vermuteten Probleme des Bildungswesens immer stärker in den Vordergrund. Auf der *Delegiertenversammlung des Deutschen Philologenverbandes am 21. und 22. November 1967 in Stuttgart* berichtete der Vorstand über seine Gespräche mit Ausschüssen des Deutschen Bildungsrates zu Fragen der Schulstruktur, der Lehrerbildung und der Gymnasialdidaktik. In diesen Anhörungen hatte der Philologenverband unmissverständlich gefordert, »dass das grundständige Gymnasium erhalten bleiben müsse, weil es im Hinblick auf eine qualifizierte Studierfähigkeit eine unersetzliche Funktion in unserer Gesellschaft ausübe.«[136] Neue Vorschläge verabschiedeten die Delegierten in Stuttgart zum Hochschulzugang, zur Bildungsfinanzierung und Rationalisierung in Schule und Verwaltung sowie zur Werbung für den Beruf des Gymnasiallehrers. Die Vorstandswahlen ergaben Veränderungen auf den Beisitzerpositionen: Clemens Christians (1. Vorsitzender des Philologen-Verbandes NRW) löste Dr. Heldmann ab und Kurt Wawrzinek (Niedersachsen) trat die Nachfolge von Heinz Lauterbach an. Außerdem wechselte der Vorsitz der »Arbeitsgemeinschaft der Studienreferendare und Assessoren« von Dr. Schreiber zu Roland Neßler (Niedersachsen). Die Verbandsspitze war sich darüber im Klaren, dass die Philologen vor einer ihrer größten Herausforderungen in der Verbandsgeschichte standen. Während das Argument, das bestehende Schulwesen könne die Forderung nach höheren Abschlüssen nicht bewältigen, allmählich angesichts steigender Abschlussquoten verblasste, veranlasste die bildungspolitische Forderung nach mehr Chancengleichheit für bildungsferne Schichten die Gesamtschulbefürworter zu behaupten, diese Aufgabe könnten die herkömmlichen Schulen nicht erfüllen. Solche unbewiesenen Vorwürfe erhielten Unterstützung von Vertretern der Bildungsforschung, obwohl keine exakten Untersuchungen in der Bundesrepublik vorlagen.

Als der Deutsche Bildungsrat 1970 den *Strukturplan für das Bildungswesen* der Öffentlichkeit vorlegte, konnte man feststellen, dass er sich die Thesen der Kritiker des bestehenden Systems zu Eigen gemacht hatte. Bereits am 31. Januar 1969 hatte die Bildungskommission des Deutschen Bildungsrates der Kultusministerkonferenz empfohlen, »integrierte und differenzierte Gesamtschulen als Versuchsschulen« einzurichten, denn der »Ausgangspunkt aller Begründungen für die Notwendigkeit von Gesamtschulen (bilde) die Forderung nach Gleichheit der Bildungschancen.«[137] Im Strukturplan 1970 gab man die Differenzierung nach Schularten zugunsten einer horizontalen Stufengliederung auf. Schulformen wie Gymnasien und Realschulen wurden dem Namen nach nicht mehr erwähnt. Das Ergebnis der fünfjährigen Arbeit des Bildungsrates war kein »Bildungs«-Plan, sondern der Entwurf eines neuen »Schulsystems«. Vorgestellt wurde eine Schulstruktur mit kollektiv zusammengefassten Altersstufen in einem horizontalen Baukastensystem: Elementarbereich, Primarbereich, Sekundarbereich I, Sekundarbereich II. Für dieses System konnte man den herkömmlichen schulartspezifisch ausgebildeten Lehrer nicht mehr gebrauchen, deshalb konzipierte man einen neuen *Stufenlehrer*. Das Begründungscredo für den Strukturplan lautete: »Aus dem Grundgesetz lassen sich allgemeine, für alle Bereiche des Bildungswesens gültige Ziele ableiten ... Das Recht auf Bildung ist dann verwirklicht, wenn Gleichheit der Bildungschancen besteht und jeder Heranwachsende so weit gefördert wird, dass er die Voraussetzung besitzt, die Chancen tatsächlich wahrzunehmen ... Die Verbesserung der Bildungschancen wird vorwiegend unter dem Gesichtspunkt gesehen, dass Benachteiligungen aufgrund regionaler, sozialer und individueller Voraussetzungen aufgehoben werden müssen.«[138]

Was bedeutet jedoch die Aufhebung »individueller Nachteile«? Die im Auftrag des Deutschen Bildungsrats von *Heinrich Roth 1968* herausgegebene Schrift *Begabung und Lernen* versuchte, die Unterschiede in der Bildungsentwicklung junger Menschen als sozial erklärbare Defizite zu definieren. Daher kann man nach Roth »nicht mehr die Erbanlagen als wichtigsten Faktor für Lernfähigkeit und Lernleistungen (= Begabung) ansehen«, sondern die »richtige Abfolge der Lernprozesse.«[139] Die Unterschiede in den Ausgangspositionen sollten durch kompensatorisches Lernen angeglichen werden. Lernfortschritte sollten stufenweise, in Programmschritte zerlegt, nach Art eines Baukastensystems die Schüler mit unterschiedlichem Wissensstand zu gleichen Ergebnissen führen. Als Folge dieser neuen Theorie vom »Begaben« junger Menschen wurden die Lehrer nun mit anderen Lehr- und Lernmethoden konfrontiert. Es ging jetzt nicht mehr um Bildungsinhalte, das zentrale Thema in den fünfziger Jahren, sondern um Verhaltensänderungen. Die Umgestaltung der pädagogischen Sichtweisen wurde deutlich an neuen Schlüsselbegriffen, die die Diskussion beherrschten: Curriculumreform, Operationalisierung von Lernzielen, Evaluation, Lernprozesse, Lernstufendidaktik, Rollendistanz, Rollenflexibilität, Projektstudien, Unterrichtssequenzen, Lernzielstrategien, Bildungstechnologie u.a.m. – Einen ersten Dämpfer erhielten die neuen Begabungstheoretiker allerdings schon 1973 beim Erscheinen der deutschen Ausgabe von *Christopher Jencks* Untersuchung aus den USA mit dem Titel *Chancengleichheit*[140]. Jencks kam nach empirischen Erhebungen zum Ergebnis, dass die Herstellung der Chancengleichheit durch Bildung eine Illusion sei, Bildungsreformen könnten allein keine sozialen und ökonomischen Gleichheitsprozesse herstellen. – Heute wissen wir noch genauer, dass Roths Behauptung, die »richtig angelegten Lehr- und Lernprozesse« seien einflussreicher als genetische Veranlagungen, wissenschaftlich überholt ist. Neuere Untersuchungen aus den neunziger Jahren an getrennt lebenden eineiigen Zwillingen ergaben, dass der genetische Anteil an der Intelligenz wesentlich höher einzustufen ist als man bislang vermutet hat. Noch bei älteren Menschen beträgt der erbliche Anteil des Intellekts 62 Prozent.[141]

Doch für Heinrich Roth und die »Schulreformer« war die ererbte Begabung keine relevante Größe mehr. Für sie hatte sich der Bildungsgedanke des Gymnasiums überlebt. Man sah das Heil in der integrierten Gesamtschule, die Aufstiegs- und Chancengleichheit für alle bringen und in der Oberstufe die berufliche Spezialisierung leisten sollte. Deshalb warteten auch euphorisierte Gesamtschulbefürworter gar nicht erst die *Vereinbarung zur Durchführung von Schulversuchen mit Gesamtschulen* ab, die die *135. Kultusministerkonferenz am 27./28. November 1969* auf Empfehlung der Bildungskommission des Deutschen Bildungsrates beschlossen hatte. Schon am 1. August 1969 hatte Hessen als erstes Bundesland die integrierte Gesamtschule eingeführt, obwohl sogar bedeutende Gesamtschulforscher wie Saul B. Robinson und H. P. Thomas von übereilten Maßnahmen abrieten: »Im Grunde freilich sollten Entscheidungen über die Differenzierung im Sekundarschulwesen, aber auch über Berechtigung und Form einer Gesamtschule nicht fallen, solange wir gesicherter Kenntnisse über Inhalt und Maß des für die betreffenden Altersgruppen notwendigen Gemeinsamen und des Unterschiedlichen ermangeln und solange wir zunächst nur sagen können, dass Leben in der Gegenwart eine Allgemeinbildung hohen Niveaus für alle zur Voraussetzung hat und dass eine frühe Spezialisierung mit enormen Gefahren späteren Unangepasstseins verbunden ist.«[142]

Aber die Gesamtschulbefürworter waren von ihrem pädagogisch-politischen Glaubensbekenntnis so erfüllt, dass sie keinerlei empirische Untersuchungen vornahmen. Dr. Hildegard Hamm-Brücher, damalige Staatssekretärin im Kultusministerium in Wiesbaden und später im Bundeswissenschaftsministerium, erklärte am 20. September 1968 in der Wochenzeitung »Die Zeit«: »Da helfen weder kenntnisreiche gedrechselte Detailempfehlungen des Deutschen Bildungsrates noch formale Kompetenzänderungen im Grundgesetz, weder Konzessionen in dieser oder jener Frage, noch die Flucht in die Schulversuche, mit deren Hilfe man hofft, Grundsatzentscheidungen auf spätere Jahre vertagen zu können.« Noch aus der Rückschau sprach sie in einem Interview mit der »Süddeutschen Zeitung« am 6. Februar 1970 von ihrer »wertvollsten Erfahrung« in Hessen, »dass man bildungspolitische Vorstellungen, die vorher als utopisch abgetan wurden, doch in die Wirklichkeit umsetzen kann, wenn man von Regierung und Parlament her den nötigen Rückhalt hat ... In Hessen werden dadurch heute nur noch Gesamtschulen geplant und gebaut. Was für einen Fortschritt das bedeutet, wird sich erst zeigen, wenn die anderen Bundesländer mit der Entwicklung von Gesamtschulen beginnen werden.«

Die Worte Hamm-Brüchers verdeutlichen, dass es den Gesamtschulbefürwortern überhaupt nicht darum ging, durch von der Forschung begleitete Schulversuche in Vergleichen zwischen dem bestehenden Schulsystem und der Einheitsschulentwicklung die beste Entscheidung für zukünftige Bildungswege zu ermitteln. Das Ergebnis stand für sie von vornherein fest. Darum hielt man sich auch nicht an die Zahl der von der KMK für die Bundesrepublik beschlossenen vierzig Gesamtschulversuche. Im Januar 1970 führte Berlin durch Parlamentsbeschluss die Gesamtschule neben den anderen Schulformen als Regelschule ein. Die anderen SPD-geführten Bundesländer folgten. So entstanden in Hamburg bis 1972 elf Gesamtschulen, in Berlin zehn, in Nordrhein-Westfalen 22. Durch die Umgehung der Versuchsphase war der Streit um die Anerkennung von Gesamtschulabschlüssen bereits vorprogrammiert, eine Entwicklung, die die SPD-Länder billigend in Kauf genommen hatten.

Seit 1949 besaßen die Länder aufgrund der Verfassungsregelungen die alleinige Kompetenz auf dem Bildungssektor. Es gab nur ein Instrument der Selbstkoordinierung der Länder-Kulturpolitik: die Kultusministerkonferenz, die zu einstimmigen Beschlüssen kommen musste, was die Notwendigkeit von Kompromissen voraussetzte. Bis Mitte der sechziger Jahre war diese Koordinationsarbeit durchaus erfolgreich. Als in den Ländern aber die Auffassungen über die zukünftige Struktur des Bildungswesens mehr und mehr auseinander gingen, wurde die Zusammenarbeit der Länder zunehmend erschwert. Während der Großen Koalition zwischen CDU/CSU und SPD (1966-1969) verstärkte sich die Auffassung, nur der Bund könne für mehr Einheitlichkeit im Bildungswesen sorgen. So kam es am 12. Mai 1969 zu einer *Grundgesetzänderung*, in der durch die Einfügung des Artikels 91 b die alleinige kulturpolitische Kompetenz der Länder aufgehoben wurde. Im Juni 1970 wurden die Einzelheiten des Mitspracherechts des Bundes im Bereich der Bildungsplanung durch ein Abkommen zwischen Bund und Ländern geregelt: das Verwaltungsabkommen über die Errichtung einer *Bund-Länder-Kommission für Bildungsplanung.* Diese Kommission sollte ein umfassendes Planungskonzept für das Bildungswesen der Bundesrepublik erarbeiten: den *Bildungsgesamtplan.*

Machtwechsel 1969 und Bildungsgesamtplan

Als Bundeskanzler *Willy Brandt,* der neu gewählte Regierungschef der SPD/FDP-Koalition, am 28. Oktober 1969 seine *Regierungserklärung* vortrug, nutzte er die durch die Grundgesetzänderung gewonnene erweiterte Kompetenz, um der Bildungspolitik einen besonderen Stellenwert einzuräumen: »Bildung und Ausbildung, Wissenschaft und Forschung stehen an der Spitze der Reformen, die es bei uns vorzunehmen gilt ... Besonders dringlich ist ein langfristiger Bildungsgesamtplan für die Bundesrepublik. Die Bundesregierung wird sich von der Erkenntnis leiten lassen, dass der zentrale Auftrag des Grundgesetzes, allen Bürgern *gleiche Chancen* zu geben, noch nicht annähernd erfüllt wurde. Der Bildungsgesamtplan muss entscheidend dazu beitragen, die *soziale Demokratisierung* zu verwirklichen.« Mit dieser Proklamation verdeutlichte Brandt, dass es der sozial-liberalen Bundesregierung und den sozialdemokratisch geführten Bundesländern bei den eingeleiteten Bildungsreformen um ein viel weiter gestecktes Ziel ging als die Verbesserung der Schule und Hochschule: Ziel war die *Gesellschaftsveränderung.* Dies zeigte auch der *Bildungsbericht '70* der Bundesregierung vom 12. Juni 1970, der kein gegliedertes Schulwesen mehr vorsah, sondern für die weiterführenden Schulen folgende Struktur entwarf: Orientierungsstufe, Sekundarstufe I mit einem Abschluss Abitur I nach der 10. Klasse, Sekundarstufe II mit Abitur II und mit allgemeinbildenden und berufsbezogenen Bildungsgängen sowie Kombinationen aus beiden Bereichen.

Mit diesem vom neu eingerichteten *Bundesministerium für Bildung und Wissenschaft* (BMBW) unter Federführung der Staatssekretärin Hildegard Hamm-Brücher (FDP) erstellten Bericht hatte die Bundesregierung einen Leitfaden entwickelt, mit dem sie die Arbeit der Bund-Länder-Kommission für Bildungsplanung vorstrukturieren wollte. Damit war die Kontroverse zwischen SPD-regierten (A-Länder) und CDU/CSU-regierten Ländern (B-Länder) vorprogrammiert. Die bis in die sechziger Jahre währende enge Kooperation der Bildungspolitiker aller Parteien wurde abgelöst durch eine zunehmende Polarisierung. Während die A-Länder – Berlin, Bremen, Hamburg, Hessen, Niedersachsen und Nordrhein-Westfalen – sich am Bildungsbericht '70 orientierten, hatten die CDU/CSU-regierten Länder erhebliche Einwände gegen die Einschulung der Fünfjährigen, die Errichtung von Gesamtschulen, die Orientierungsstufe, das 10. Pflichtschuljahr, die Sekundarstufe II, die Lehrerbildung, die Struktur des Hochschulbereichs und die Weiterbildungskonzeption. Die ursprünglich im Frühjahr 1971 geplante Verabschiedung des *Bildungsgesamtplans* wurde auf Ende 1971 vertagt, um die Differenzen in Verhandlungen beizulegen. Da dies nur teilweise gelang, gaben die B-Länder – Baden-Württemberg, Bayern, Rheinland-Pfalz, Saarland und Schleswig-Holstein – drei *Sondervoten* ab: zur *Gesamtschule*, zur Organisation der *Orientierungsstufe* und zur *Lehrerbildung*. Mit 17:5 Stimmen (elf des Bundes, sechs der A-Länder) wurde mit Mehrheitsvotum ein Text beschlossen, der in der Nähe des Bildungsberichts '70 der Bundesregierung stand; ebenso wurden die drei Sondervoten der B-Länder in die endgültige Fassung des Bildungsgesamtplans aufgenommen, den die Regierungschefs am 30. November 1973 verabschiedeten.

Die Konfrontation der Parteien in der Bundesrepublik im Bereich der Bildungspolitik war nun offen zum Ausbruch gekommen. Die CDU/CSU-regierten Länder waren nicht mehr gewillt, den Widerspruch hinzunehmen, dass einerseits die integrierte Gesamtschule noch erprobt werden sollte, andererseits in den SPD-regierten Ländern diese Schulform als Regelschule eingeführt wurde. Damit war auch klar, dass die Kontroversen um die Einführung von Förderstufen, Gesamtschulen und der Stufenlehrerbildung andauern und sich vertiefen würden. Der Bildungsgesamtplan, so wie er nun von der Bundesregierung und den A-Ländern durchgesetzt worden war, stellte die Umwandlung des Strukturplans in einen politischen Maßnahmenkatalog dar.

Mit der »*Entwicklung eines umfassenden integrierten und differenzierten Gesamtschul- und Gesamthochschulsystems* (sollte) in der Bundesrepublik ein demokratisches und effektives Bildungswesen entstehen«[143] und die »bürgerliche Bildungstradition« abgelöst ... werden, verkündete der Bildungsbericht '70. Die »schichtenspezifische Bildungstradition« führe nämlich dazu, »dass sich die sozialen Schichten von neuem reproduzieren«.[144] Die Bundesregierung glaubte auch zu wissen, warum das so geschehe: »Nach wie vor sind Kinder aus sozial schwächeren Schichten der Bevölkerung durch das gegenwärtige Bildungssystem benachteiligt. Ihnen fehlt – und das ist entscheidend – die frühzeitige Förderung und Motivierung durch das Elternhaus. Sie bleiben in ihrer Sprachentwicklung zurück und werden im Laufe der erst mit dem 7. Lebensjahr beginnenden Schulzeit nicht annähernd so intensiv und beständig unterstützt wie Kinder aus den Mittel- und Oberschichten.«[145]

Die im Bildungsbericht dargelegten Zusammenhänge waren in sich widersprüchlich: Wenn die Benachteiligung durch das Elternhaus dazu führte, dass Kinder aus sozial schwächeren Schichten im Bildungssystem nicht den gewünschten Erfolg hatten, konnte man dem Missstand nicht durch eine grundlegende Veränderung des Bildungssystems im Sekundarbereich abhelfen. Man musste vielmehr die benachteiligten Kinder frühzeitig, möglichst schon im *Vorschulalter*, fördern, damit sie den häuslichen Nachteil (z.B. »Sprachbarriere«) ausgleichen konnten. Ebenso fragwürdig war die These, im herkömmlichen gegliederten Schulsystem würde eine schichtenspezifische »soziale Auslese« betrieben. Dabei lagen keinerlei exakte Untersuchungen vor, wieviel Prozent der gescheiterten Schüler den unteren, mittleren oder oberen Schichten angehörten. Gleichfalls ungeklärt war die Frage, woher die Bundesregierung die Gewissheit nahm, dass sich das »bildungspolitische Reformkonzept für die Sekundarstufe pädagogisch, personell und ökonomisch am besten in der integrierten Gesamtschule« verwirklichen ließe. Denn im gleichen Text wurde gesagt: »Diese neue schulische Organisationsform soll mit Hilfe sorgfältig geplanter und wissenschaftlich kontrollierter Modellversuche entwickelt und erprobt werden.«[146] Mit andern Worten: Obwohl die Gesamtschule erst in Modellversuchen erprobt und entwickelt werden sollte, stand für die Bundesregierung fest, dass sie das »Nonplusultra« war.

Mit dem Bildungsbericht '70 wurde dem Bildungswesen und der Bildungsforschung eine steigende politische Bedeutung beigemessen, die große Rückwirkungen auf die Erziehungswissenschaften hatte. Viele neue Forschungseinrichtungen und Lehrstühle entstanden. Der Deutsche Bildungsrat förderte zahlreiche Forschungsvorhaben, die zum Teil ganz unterschiedliche Ergebnisse zeitigten. Viele Erziehungswissenschaftler sahen sich in einer Unterstützerrolle zur Gesamtschule, andere legten die Widersprüche offen. Meist ging es aber um ökonomische, soziologische und rein gesellschaftspolitisch relevante Forschungsziele. Der Traditionsbruch, weg von der geisteswissenschaftlichen Pädagogik hin zur empirischen Forschung, war unverkennbar. Nicht umsonst wurde ein völliger »Zusammenbruch des Bildungsbegriffs im Zuge der Bildungsplanung« beklagt.[147]

VII OFFENSIVE DES DEUTSCHEN PHILOLOGEN-VERBANDES FÜR DEN ERHALT DES GYMNASIUMS UND DES GEGLIEDERTEN SCHULWESENS IN DEN 70er JAHREN

Anpassung oder Widerstand – Neue Philologenverbandspolitik im Sturm der Bildungsreform

Die von der Bundesregierung und den sozialdemokratisch geführten Landesregierungen angestrebten Gesellschaftsveränderungen mit Hilfe von Bildungsreformen schufen ab 1969 eine völlig neue Situation. Ging es bisher um die Diskussion von Plänen, um Schulversuche, um Bewältigung der anschwellenden Schülerzahlen, sollte nun, wie bei einer Revolution, das bestehende Schulwesen umgestürzt und ein völlig neues System an die Stelle des bisherigen gesetzt werden. Die Wahl Brandts zum Bundeskanzler und seine Parole in der Regierungserklärung »Wir stehen nicht am Ende unserer Demokratie, wir fangen erst richtig an« lösten ein Fieber der Veränderung aus. Brandts Regierungserklärung sollte ein Manifest des Neubeginns und Aufbruchs sein. Dieser tief greifende Bewusstseinswandel und Tatendrang beflügelte die Sozialdemokratie, die erstmals nach zwanzig Jahren christdemokratisch geführter Bundesregierungen an der Spitze der Macht stand. Die dadurch ausgelöste Ungeduld erklärt die Schnelligkeit, mit der man alles verändern wollte. Dabei wurde bewusst übergangen oder stillschweigend übersehen, dass viele Ansätze in der Bildungspolitik weder ausgereift noch schlüssig waren. Das galt für die »Chancengleichheit« (war sie eine Startchancengleichheit oder Gleichheit schulischer Abschlüsse?), das »Wissenschaftlichkeits-Prinzip« des Lernens (dessen Möglichkeiten und Grenzen noch nicht ausgelotet waren), das »Planbarkeits-Prinzip« (obwohl die Machbarkeit und Finanzierbarkeit alles Geplanten noch nicht geklärt war) und das »Demokratisierungs-Prinzip« (dessen Anwendbarkeit auf alle Lebensverhältnisse in Frage stand).

Der Deutsche Philologenverband und seine Landesverbände erlebten zum ersten Mal in ihrer Geschichte, dass Argumente und

Erfahrungen aus der Schulpraxis nichts mehr galten. Konnte man in der Vergangenheit schwierige Situationen in Verhandlungen und mit Kompromissen meistern, wurden jetzt begründete Einwände des Verbandes als Miesmacherei und konservatives Nörgeln zur Verteidigung von Privilegien abgetan. Auch die Suche nach Ansprechpartnern und Verbündeten zur Erhaltung des Gymnasiums war schwierig geworden. Die CDU war sehr verunsichert und in verschiedene bildungspolitische Richtungen gespalten, die Universitäten litten unter einer linksrevolutionären Studentenbewegung, die Kirchen sowie Verbände von Wirtschaft und Industrie befanden sich ebenfalls in einer Identitätskrise. Allesamt hatten diese Gruppen in den sechziger Jahren den Fehler gemacht, sich an der Kritik am bestehenden Schulsystem aus ökonomischer oder soziologischer Sicht zu beteiligen, ohne selbst Konzepte zu erarbeiten. Zudem vertrauten die Länder unter christdemokratischer Führung bis 1969 darauf, dass die in den Vereinbarungen mit den A-Ländern getroffenen Absprachen zu Schulversuchen eingehalten würden. Nach dem Regierungswechsel verdeutlichte der Berliner Schulsenator Evers jedoch die SPD-Position, als er ohne Umschweife erklärte, bei der Einführung der Gesamtschule handele es sich um eine politische Entscheidung, man müsse nicht erst auf die vom Bildungsrat geforderten ergebnisoffenen Versuche warten. Damit waren die bildungspolitischen Zielsetzungen klar: Einheits-Stufenschule (Gesamtschule), Einheits-Lehrerausbildung (Stufenlehrer) und Einheits-Lehrerbesoldung (L-Besoldung).

Der Philologenverband befand sich unvermittelt in einer Lage, in der er nicht nur die Idee des Gymnasiums und die Interessen der Gymnasiallehrer offensiv vertreten musste, sondern auch rechtliche Positionen von Eltern und Schülern, die sich durch die Schulreformbewegungen und deren gesellschaftspolitischer Zielsetzung in ihren Rechten beeinträchtigt sahen. Außerdem war der Verband nicht gewillt, der Gewerkschaft Erziehung und Wissenschaft (GEW) das Feld allein zu überlassen. Diese hatte durch den Regierungswechsel und die Egalisierungstendenzen einen enormen Auftrieb erhalten und sah sich nun in der Rolle der Verkünderin der Wahrheit und des Fortschritts. Die Philologen hielten dagegen am Leistungsprinzip fest und mussten sich deshalb den Vorwurf gefallen lassen, sie seien reaktionär und elitär.

Ungeachtet aller Polemik und politischen Absichtserklärungen, die Gymnasien aufzulösen, wurde bundesweit – auch in den Ländern unter sozialdemokratischer Führung – eine große Zahl neuer Gymnasien errichtet. Die Schülerzahl der Gymnasien erhöhte sich von rund 960 000 im Jahr 1965 auf 1,8 Millionen im Jahr 1975 und 2,1 Millionen im Jahr 1980. Im gleichen Zeitraum stieg die Zahl der Gymnasiallehrer von rund 54 000 im Jahre 1965 auf 98 000 im Jahr 1975 und 122 000 im Jahr 1980. Diese Entwicklung gab dem Deutschen Philologenverband Rückhalt und Zuversicht, neue Wege in der Verbandsarbeit zu beschreiten, um der mühevollen und vom Argument getragenen Aufklärungsarbeit eine größere Breitenwirkung zu verschaffen. Auf folgenden Gebieten überarbeitete und erneuerte der Philologenverband seinen Aktionsradius: *Zusammenschluss von Lehrerorganisationen* als Gegengewicht zur GEW, Intensivierung und Modernisierung der *Öffentlichkeitsarbeit*, Beteiligung an *Reformvorhaben zur Stabilisierung des gegliederten Schulwesens* sowie *Zusammenarbeit mit Verbänden und Organisationen,* die das Gymnasium und das bestehende Schulsystem unterstützten.

Fünf Lehrerorganisationen verschiedener Schularten schlossen sich am 3. Juli 1969 im Restaurant Tulpenfeld in Bonn zum *Deutschen Lehrerverband (DL)* mit über 100 000 Mitgliedern zusammen. Der Deutsche Philologenverband (DPhV), der Bayerische Lehrer- und Lehrerinnenverband (BLLV), der Verband Deutscher Realschullehrer (VDR), der Deutsche Verband der Gewerbelehrer (DVG; heute: Bundesverband der Lehrer an beruflichen Schulen, BLBS) und der Verband Deutscher Diplomhandelslehrer (VDDH; heute: Bundesverband der Lehrer an Wirtschaftsschulen, VLW) gründeten die neue Organisation, um mit einer gemeinsamen Bildungspolitik der ideologisch einseitigen Ausrichtung des deutschen Bildungswesens entgegenzuwirken und Verbesserungen im bestehenden Schulwesen zu erreichen. Auf Grund der Zusammensetzung aus Mitgliedern aller Schularten und der Mitgliederzahl sah sich der DL legitimiert, die Interessen aller Lehrerkategorien zu vertreten. Zum ersten Präsidenten des Deutschen Lehrerverbandes wählte die Gründungsversammlung einstimmig den Vorsitzenden des Philologenverbandes von Nordrhein-Westfalen, *Clemens Christians.* Nach seinen Worten war der DL der Überzeugung, dass nur beharrliche Schritte auf dem Wege der Reformen wirklichen Fortschritt bringen. Wunder, die über Nacht Befreiung von allen Schwierigkeiten und Engpässen brächten, gebe es nicht. Wer von radikalem Umsturz als Lösung spreche, kapituliere vor den Anstrengungen, die notwendig seien, um wenigstens die schon jetzt überwindbaren Schwierigkeiten zu beseitigen, und flüchte in die Utopie.

Durch die auf Initiative des Deutschen Philologenverbandes erfolgte Gründung des DL war es gelungen, der Gewerkschaft Erziehung und Wissenschaft (GEW) eine gleich große Konkurrenzorganisation entgegenzustellen. In der »Hamburger Lehrerzeitung« Heft 10/69, einem Publikationsorgan der GEW, konnte man lesen: »Es wäre töricht, die Verschiebung des Kräfteverhältnisses von 1:2 auf 1:1 leugnen zu wollen. Die deutsche Lehrerschaft hat in der GEW nicht mehr einen großen Gesamtverband als Sprecher … In Zukunft wird man mit zwei etwa gleich starken Gesamtverbänden rechnen müssen. Die Chance, in entscheidenden Fragen der Bildungspolitik vorrangiger Gesprächspartner … zu sein, wurde vertan.«[148] Die Aktivitäten des Deutschen Lehrerverbandes in den folgenden Jahren erstreckten sich auf viele Bereiche. Ein wichtiges Ergebnis seiner Tätigkeit war die Verhinderung einer gesonderten Lehrerbesoldung. Es zeigte sich immer deutlicher, dass in der Öffentlichkeit nicht nur die GEW mit ihrer Meinung gefragt war, der DL stellte eine wirksame Gegenkraft dar. Auch in den Bundesländern bildeten sich DL-Organisationen auf Landesebene oder Zusammenschlüsse von Lehrerorganisationen, die für das gegliederte Schulwesen eintraten.

Im Deutschen Philologenverband und seinen Landesverbänden ging man daran, die *Öffentlichkeitsarbeit* neu zu organisieren. Genügte es früher, die eigenen Mitglieder in »Mitteilungsblättern« über Verbandsbeschlüsse sowie Gesetze, Erlasse und Verfügungen zu informieren, mussten jetzt die Öffentlichkeit und die Betroffenen über die weit reichenden Schulreformpläne unterrichtet werden. So wurden z.B. in Bayern die bisher erschienenen Landes-Mitteilungsblätter in eine Zeitschrift mit neuem Aussehen und verändertem Titel umgestaltet. Das Verbandsorgan hieß jetzt »Die Höhere Schule in Bayern« und ab 1969 »Das Gymnasium in Bayern«. Ähnlich verfuhren andere Landesorganisationen. In Nordrhein-Westfalen entwarf der stellvertretende Landesvorsitzende Fluck einen neuen Titel und ein modernes Layout für die Landesverbandszeitschrift »Bildung aktuell« sowie für die bundesweit vertriebene Zeitung des Deutschen Lehrerverbandes mit dem Namen »Bildung konkret«. Mit diesen Veränderungen signalisierten die Philologen, dass sie sich in den von der Regierung gewollten und bewusst herbeigeführten öffentlichen Meinungsstreit stärker als bisher einschalten wollten. Auch andere Methoden der Öffentlichkeitsarbeit wurden allmählich verstärkt. Dazu zählten Pressemitteilungen, Pressekonferenzen, Podiumsdiskussionen mit Politikern und Gesamtschulvertretern, interne Gespräche mit der Kultusbürokratie, mit Abgeordneten und Journalisten, Vorträge bei bildungspolitisch relevanten Gruppen, öffentliche Kundgebungen, Proteste, Briefaktionen, Interviews usw. Bei allen Aktionen ging es darum, das Gymnasium und das gegliederte Schulwesen mit guten Argumenten und Beispielen als die der Gesamtschule überlegene und effektivere Schulorganisation darzustellen sowie die personellen und materiellen Arbeitsbedingungen an den Schulen zu verbessern. Der enorme Schülerzuwachs machte es notwendig, die Regierung zu drängen, den Schulbau, die Lehrerplanstellen, die notwendigen Lehrer-Arbeitszeitregelungen und die Lehrerbesoldung angemessen zu finanzieren, statt immer größere Geldmengen in fragwürdige Gesamtschulprojekte zu investieren.

Auf der *Vertreterversammlung des Deutschen Philologenverbandes vom 13. bis 15. November 1969 in Saarbrücken* wies der 1. Vorsitzende Franz Ebner darauf hin, dass die inneren Reformen in den letzten Jahren an den Gymnasien unter der Last des Lehrermangels und übergroßer Klassen durchgeführt werden mussten. Er forderte eine Verbesserung der Gesamtsituation, eine Anpassung der Philologenbesoldung an die des höheren Dienstes sowie eine Ausbildungsreform. Bei den Neuwahlen kandidierten nicht mehr: Clemens Christians, der Präsident des Deutschen Lehrerverbands geworden war, Werner Laude, der den Vorsitz des DBB in Berlin übernommen hatte, und Kurt Wawrzinek aus Altersgründen. In den Vorstand traten neu ein: als 3. Vorsitzender Kurt Pfeiffer aus Berlin (Ressort: Beamtenrecht und Besoldung), als 1. Beisitzer Bernhard Fluck aus Düsseldorf (Ressort: Öffentlichkeitsarbeit) und als 2. Beisitzer Dr. Gunther Wolff aus Heidelberg (Ressort: Bildungspolitik). Der Philologenverbandstag in Saarbrücken setzte deutliche Zeichen für eine offensive Verbandspolitik. Was sich auf Landesebene bereits angekündigt hatte, wurde nun auf Bundesebene fortgesetzt und vertieft: Die Philologen waren nicht mehr bereit, eine Ausgrenzung und Diffamierung des bestehenden Schulwesens durch eine ideologisch gesteuerte Bildungspolitik hinzunehmen. *Manipulierte Schule* lautete das Programm der Großkundgebung, die die Arbeitsgemeinschaft nordrhein-westfälischer Lehrerverbände (ANL) mit 5000 Lehrern in Essen am 31. Januar 1969 durchgeführt hatte. Dieses Motto wurde nun auf die Bundesebene übertragen. Wenn die neue Bundesregierung es für geboten hielt, mit dem Begriff *Demokratisierung* den Parteienkonflikt möglichst an jeden Arbeitsplatz, in jeden Betrieb, in die Schulen und Hochschulen hineinzutragen, wusste sie nun, dass der Philologenverband dieses Vorgehen so nicht hinnehmen würde. Der Verband war gewillt, Praxisbezug und Sachargumente einem ideologisch aufgeheizten Polarisierungsdenken entgegenzusetzen. Bezeichnete man das bestehende Schulwesen als »autoritär« und »repressiv« und die Lehrer an Gesamtschulen als »progressiv«, sollte verdeutlicht werden, dass es sich hier um ein Freund-Feind-Denken mit Etikettenschwindel handelte, das mit der Schulrealität wenig, aber mit einer bewussten Verunsicherung des Lehrer-Berufsbildes und einer Ablenkung von den Aufgaben der Schule viel zu tun hatte.

Die Analyse der veränderten politischen Rahmenbedingungen wurde auf der *Vertreterversammlung des Deutschen Philologenverbandes vom 11. bis 13. November 1971 in Münster* auf die Frage der *Mitbestimmung* ausgedehnt. Dabei wurden die Grenzen eines Mitbestimmungsmodells in der Schule deutlich herausgestellt: »Die

Verantwortlichkeit der Organe der Exekutive gegenüber dem demokratisch gewählten Parlament ist für den Bereich der Schule – entsprechend anderen Bereichen der staatlichen Aktivität – konstitutiv und unabdingbar. Dieses Prinzip kommt u.a. dadurch zur Geltung, dass Verantwortung und Entscheidungskompetenz in den Schulen in den Händen beamteter Lehrer und Schulleiter liegen. Eine paritätische Besetzung der Mitwirkungsgremien der Schule ist nicht gerechtfertigt, da der Schulzweck nicht primär im Interessenausgleich beteiligter Gruppen besteht, sondern die von der Gesellschaft erteilte Aufgabe des Lehrens und Lernens erfüllt.«[149] Mit diesem Prinzip wandte sich der Philologenverband gegen »Funktionsminderung und Funktionsverlust« der Schule und gegen jegliche »Verantwortungsabwälzung des Staates« auf Gremien, »die drittel- oder halbproportional mitentscheiden, obwohl keiner ihrer Vertreter auf längere Zeit persönliche Verantwortung für die Folgen solcher Entscheidungen zu übernehmen vermag.«[150] Mit den Grundsatzentscheidungen in Saarbrücken und Münster sowie einem Programm für die Entwicklung des Bildungswesens in den siebziger Jahren, den *Perspektiven*, hatte der Philologenverband seine Positionen für die bildungspolitischen Kontroversen und das »Demokratisierungs-Modell« der Regierung festgelegt und sich für die laufenden und kommenden Auseinandersetzungen gerüstet.

Bei den Neuwahlen 1971 kandidierte die 2. Vorsitzende, Frau von der Lieth, die ihr Amt zehn Jahre wahrgenommen hatte, wegen Arbeitsüberlastung nicht mehr. Sie erklärte sich bereit, die Beilage »Problematik und Diskussion« in der Verbandszeitschrift weiter zu redigieren. Der Vertretertag ernannte Frau von der Lieth mit großem Beifall zum Ehrenmitglied des Verbandes. Neben dem Vorsitzenden Franz Ebner wurden Kurt Pfeiffer und Bernhard Fluck – gemäß der neuen Satzung – zu gleichberechtigten stellvertretenden Vorsitzenden gewählt, Erika Schürrer (Frankfurt) und Dr. Gunther Wolff wurden Beisitzer. Neben der Bundesgeschäftsstelle in München richtete der Deutsche Philologenverband ein *Presse- und Informationsbüro* in Düsseldorf ein, das unter Leitung von Bernhard Fluck stand und die Aufgabe hatte, die Zusammenarbeit mit den Medien zu intensivieren. Das neue Büro gab in regelmäßigen Abständen Pressemitteilungen zu allen aktuellen bildungspolitischen Fragen heraus und führte zweimal im Jahr Treffen mit den Öffentlichkeitsreferenten der Landesverbände und den Redakteuren der Landesverbandszeitschriften durch. Ziel dieser Zusammenkünfte war, bei den Publikationen auf Bundes- und Landesebene zu einem koordinierten Vorgehen in allen aktuellen bildungspolitischen sowie besoldungs- und beamtenrechtlich relevanten Fragen zu gelangen, um auf diese Weise die Durchsetzungskraft der verbandspolitischen Maßnahmen zu verstärken.

KMK-Vereinbarung zur Neugestaltung der gymnasialen Oberstufe

In den sechziger Jahren gingen die Überlegungen für eine erneute Oberstufenreform weiter. Die *Saarbrücker Rahmenvereinbarung von 1960* hatte zwar eine Verminderung der Pflichtfächer und eine Konzentration der Bildungsstoffe gebracht und die *Stuttgarter Empfehlungen von 1961* stärkten die propädeutische Einführung in wissenschaftliche Arbeitsweisen, doch die Vielzahl der in den Bundesländern entstandenen Gymnasialtypen ließ den Ruf nach Vereinfachung und *Enttypisierung der Oberstufe* nicht verstummen. Indem man die Schülerlaufbahn nicht mehr an Gymnasialtypen – wie z.B. das neusprachliche oder altsprachliche Gymnasium – band, erhoffte man sich eine Steigerung der Schülermotivation. Mitte der sechziger Jahre gab es in allen Ländern Schulversuche, die in der Oberstufe Möglichkeiten zur individuellen Schwerpunktbildung in Wahlleistungs- oder Studienfächern eröffneten oder parallele Unterrichtsveranstaltungen anboten. Diese freiwilligen und von der KMK genehmigten 155 Schulversuche an Gymnasien waren an die Richtlinien der allgemeinen Hochschulreife gebunden. Sie ermöglichten in der Oberstufe eine neue Schwerpunktsetzung für die Schülerlaufbahn, die z.B. in der Wahl des vierten Abiturfachs zum Ausdruck kam, ließen jedoch die allgemeinbildenden Kernbereiche – wie die schriftlichen Abiturfächer Deutsch, Mathematik und eine Fremdsprache – bestehen.

Die *Bildungskommission des Deutschen Bildungsrates* löste sich in ihren *Empfehlungen zur Neugestaltung der Abschlüsse im Sekundarschulwesen* (1969) von diesem Grundprinzip und propagierte eine weitgehende organisatorische und curriculare Zusammenführung von allgemein- und berufsbildendem Schulwesen in der Oberstufe. Mit einem solchen Ansatz konnte nur noch eine fachgebundene Hochschulreife vergeben werden. Dieser Verengung des Abiturs widersetzten sich die deutschen Hochschulen, denn für sie war die allgemeine Hochschulreife unabdingbare Voraussetzung für das Studium. 1969 formulierte die *Westdeutsche Rektorenkonferenz (WRK) Kriterien zur Hochschulreife*[151], die sich mit den Bedingungen der allgemeinen Hochschulreife auseinandersetzten. Man ging dabei von einem »gemeinsamen Anforderungsminimum« von »Grundanforderungen« aus, zu denen »gehobene Anforderungen« fakultativer und spezialisierter Art in zwei bis drei wissenschaftlichen Fächern hinzukamen. Die Grundanforderungen verteilten sich auf drei »Aufgabenfelder«, das sprachlich-literarische, das mathematisch-naturwissenschaftliche und das gesellschaftlich-geschichtliche, in denen ein »Mindestmaß allgemein verbindlicher Orientierungen und Einsichten« erreicht werden musste. An den gewählten Schwerpunkten dagegen – eine der beiden »gehobenen Anforderungen« war entweder in einer Fremdsprache, der Mathematik oder in einer Naturwissenschaft zu erfüllen – sollte »wissenschaftliches Arbeiten intensiv vorbereitet werden«. Die jeweiligen fachlichen und qualitativen Schwerpunkte sollten den Zeugnissen »ein individuell und inhaltlich stärkeres, allgemein besser lesbares Profil geben«, aber nicht bereits als »direkte Vorbereitung auf jeweils spezielle Fachstudiengänge in den Hochschulen verstanden werden.«[152]

Individualisierung und Schwerpunktbildung sollten nach der WRK die allgemeine Grundbildung sichern. Inhaltliche Festlegungen, was eine allgemeine Bildung ausmacht, vermied die WRK. Sie beschrieb allerdings den gebildeten Abiturienten, der zwar Schwerpunkte setzen kann und über die Grundanforderungen einer »kyklischen Grundbildung« (W. Flitner) verfügt, darüber hinaus aber auch als Person gebildet ist, Freude an eigener Verantwortung und selbstständigem Handeln hat.

Die KMK stand nun vor der schwierigen Aufgabe, trotz der sehr unterschiedlichen Vorgaben des Bildungsrates und der WRK eine konsensfähige Lösung zu finden. Sie beschloss am 7. Juli 1972 in Bonn die *Vereinbarung zur Neugestaltung der gymnasialen Oberstufe in der Sekundarstufe II*. Durch die parteipolitische Polarisierung und die bildungspolitischen Absichten der Bundesregierung konnte die Bonner Vereinbarung nur verabschiedet werden, weil man sich auf eine lockere Rahmenentschließung einigte, die den Bundesländern weite Spielräume ließ. Das Ganze war im Grunde ein Gemisch aus Bildungsrats- und WRK-Vorgaben. Allerdings sagte die KMK unumwunden: »Es wird an der allgemeinen Hochschulreife, der Studienberechtigung für alle Fachbereiche, festgehalten.«[153] Doch zuvor hieß es im Text etwas genauer: »Mit der vorliegenden Vereinbarung schließt sich die Kultusministerkonferenz stärker an die Vorschläge der Westdeutschen Rektorenkonferenz an, ohne die von der Bildungskommission des Deutschen Bildungsrates gegebenen Zielsetzungen aus den Augen zu verlieren.«[154]

Wie ernst es den sozialdemokratisch geführten Bundesländern mit diesen Zielsetzungen der Integration studien- und berufsbezogener Bildungsgänge war, verdeutlichte das *Nordrhein-Westfalen-Programm 1975 der SPD-geführten Landesregierung*, das schon am 28. Juli 1970 veröffentlicht worden war und mittel- und langfristig die Zusammenführung von gymnasialer und beruflicher Bildung in der Sekundarstufe II vorsah. Prof. Herwig Blankertz war Vorsitzender der Planungskommission dieses Experiments, das den anspruchsvollen Namen *Kollegschule* erhielt. Fünf solcher Kollegschulen begannen 1979 mit erheblicher Verzögerung ihre Arbeit in Nordrhein-Westfalen. Herwig Blankertz hatte seine Absichten bereits 1972 klar formuliert: »Ohne Umschweife muss gesagt werden: Mit der Kollegschule hat das Gymnasium aufgehört zu bestehen.«[155] Diese Entwicklung zeigte, dass die KMK-Vereinbarung dem Gymnasium zwar Möglichkeiten zur Reform eröffnete, es aber gleichzeitig in Gefahrenzonen führte, die im *Strukturplan*

1970 klar zu erkennen waren. Schon im Vorwort wurde verdeutlicht: »Im vorliegenden Strukturplan wird die Sekundarstufe II als Teil eines einheitlichen Bildungsbereichs konzipiert, der berufliches und allgemeines Lernen umfasst«; es wird vorgeschlagen, »das Lernangebot der gymnasialen Oberstufen um praxisbetonte Fächer zu erweitern«; »zum Zwecke der Herstellung der Chancengleichheit müssen die so genannten *allgemeinen und beruflichen Bildungswege einander angenähert beziehungsweise zusammengeführt werden.*«[156] Die Abkehr des Strukturplans vom vertikalen hin zu einem horizontalen Bildungssystem konnte in letzter Konsequenz auch zu einer Abtrennung der Oberstufe des Gymnasiums von der Mittel- und Unterstufe führen.

Es kam nun sehr darauf an, wie die einzelnen Bundesländer mit der Bonner Vereinbarung von 1972 umgehen würden. Diese hatte sich zwar eindeutig für die allgemeine Hochschulreife im Sinne der Westdeutschen Rektorenkonferenz ausgesprochen, aber im Abschnitt »Zielsetzung« auf weitergehende Konsequenzen hingewiesen: »Die Neugestaltung schafft die organisatorischen Voraussetzungen, um den bisherigen curricularen Bereich des Gymnasiums zu erweitern und die Kooperation von allgemeinen und berufsbezogenen Bildungsgängen zu erproben. Das Modell ist offen für die Aufnahme berufsbezogener Fachrichtungen im Sinne der Empfehlungen der Bildungskommission des Deutschen Bildungsrates für die Sekundarstufe II.«[157]

So attraktiv das Wahlsystem mit Kursangeboten und individuellen Wahlentscheidungen für die Schüler auch zunächst erschien, konnte doch nicht übersehen werden, dass die veränderten didaktisch-methodischen Arbeitsweisen und die gänzlich andere Organisation die Oberstufe von der Mittelstufe trennte. In sozialdemokratisch regierten Ländern wurde sehr bald über die Einrichtung von *Mittel- und Oberstufenzentren* nachgedacht. In Bremen kam es schon am 18. Februar 1975 zu einer gesetzlichen Regelung: »Die beruflichen Schulen und Jahrgangsstufen 11-13 der Gymnasien werden im Sekundarbereich II zusammengefasst und sind zu integrieren« (Artikel 7.3 des Bremischen Schulgesetzes). Man konnte die Oberstufenreform nach KMK-Modell aber auch so gestalten, dass durch die Weiterführung gymnasialer Fächer aus der Mittelstufe und Erprobung von Kurs-/Wahlverfahren in der 9. und 10. Klasse eine stärkere Verzahnung von Mittel- und Oberstufe erreicht wurde. Hier lagen nun die Aufgaben für den Philologenverband, sich dafür einzusetzen, dass die Weichenstellungen in den Bundesländern so erfolgten, dass das Gymnasium nicht aufgelöst wurde, sondern gestärkt aus der Reform hervorging.

Das *Reformkonzept der Kultusministerkonferenz vom 7. Juli 1972* hob die Gliederung nach Gymnasialtypen und den für den jeweiligen Gymnasialtyp verbindlichen Fächerkanon sowie die Orientierung der Fächer an einem durchgehenden Lehrplan auf. An ihre Stelle trat ein differenziertes Angebot von Kursen in einzelnen Fächern, für die sich ein Schüler im Rahmen festgelegter Bedingungen frei entscheiden konnte. Statt eines verpflichtenden Fächerkanons gab es jetzt die Festlegung auf eine Mindestzahl an Unterrichtsstunden für einzelne Fächer und Fächergruppen. Das Kursangebot wurde in Leistungs- und Grundkurse eingeteilt. In den Leistungskursen sollte die vertiefte wissenschaftspropädeutische Arbeit geleistet und in den Grundkursen die notwendige Grundausbildung vermittelt werden. Dabei ging die KMK grundsätzlich von einer Gleichwertigkeit der Fächer hinsichtlich ihres Bildungswertes aus. Die Fächer wurden drei Aufgabenfeldern zugewiesen: dem sprachlich-literarisch-künstlerischen (Deutsch, Fremdsprachen, bildende Kunst, eventuell auch Literatur); dem gesellschaftswissenschaftlichen (Geschichte, Erdkunde, Philosophie, Gemeinschaftskunde oder neue Fächer wie Pädagogik, Psychologie, Soziologie, Wirtschaftslehre, Rechtskunde, Geologie); dem mathematisch-naturwissenschaftlich-technischen (Mathematik, Biologie, Chemie, Physik oder als neue Fächer: Technologie, Statistik, Informatik); Sport und Religion waren nicht in die Aufgabenfelder eingeordnet, gehörten jedoch zum Pflichtbereich. Der Unterricht von in der Regel dreißig Wochenstunden wurde in einen Pflicht- und einen Wahlbereich im Verhältnis von 2:1 zugunsten des Pflichtbereichs aufgeteilt. Neue Fächer konnten nach Genehmigung der Unterrichtsverwaltung in das schulische Angebot aufgenommen werden. Die Leistungsbewertung erfolgte in den letzten vier Halbjahren durch ein Punkt-Kredit-System. Nach der bestandenen Abiturprüfung wurde die allgemeine Hochschulreife zuerkannt, wenn spätestens von Jahrgangsstufe 11 bis 13 eine zweite Fremdsprache erlernt wurde. Die Abiturprüfung musste in vier Fächern abgelegt werden, mit denen die drei Aufgabenfelder abzudecken waren. Unter den vier Abiturfächern musste Deutsch oder Mathematik oder eine aus der Mittelstufe fortgeführte Fremdsprache sein. Die Saarbrücker Rahmenvereinbarung sagte noch »und« statt »oder«.

Die Neugestaltung der gymnasialen Oberstufe durch die Bonner Vereinbarung war eine der »tief greifendsten« Veränderungen des Gymnasiums »seit der Zeit des Neuhumanismus.«[158] »Wegen ihrer einschneidenden Änderungen in der Gliederung des Unterrichtsangebots« gehörte das KMK-Reformmodell »zu den folgenreichsten Beschlüssen der Kultusministerkonferenz.«[159] Dafür waren vor allem zwei von der Tradition abweichende Grundsätze verantwortlich: zum einen der organisatorische Reformansatz und zum anderen der Bruch mit der Struktur der bisherigen gymnasialen Oberstufe. Frühere Reformen – z.B. die im 19. Jahrhundert entstandenen Typen des Realgymnasiums – gingen von Zielen, Inhalten und Funktionen des Bildungswesens aus. Das galt auch noch für die Saarbrücker Rahmenvereinbarung: erst hatte man die Idee, danach suchte man die dazu passenden Strukturen. »Im Unterschied dazu haben die Kultusminister 1972 eine Reform der gymnasialen Oberstufe durch eine Reform ihrer organisatorischen Strukturen unternommen. Diese sollten eine Voraussetzung für die Reform der Inhalte schaffen.«[160] Hierzu heißt es im KMK-Text: »Die Vereinbarung soll die notwendigen Änderungen von Unterrichtsinhalten und Arbeitsformen in den Schulen ermöglichen und gleichzeitig sichern.«[161] – Das bedeutete den Bruch mit der bisherigen Tradition des Gymnasiums, da folgende Strukturmerkmale der ehemaligen Oberstufe eliminiert wurden: »Die Differenzierung nach Schultypen; der Klassenverband (Zusammenfassung eines Schülerjahrgangs zu einer strukturellen Einheit innerhalb der Schule); das Jahrgangssystem (Orientierung der Ziele und Inhalte der Fächer und des Vorrückungsmechanismus der Schüler auf eine höhere Stufe ihres Bildungsweges am Jahresduktus); der einheitliche und zugleich nach Typen differenzierte Lehrplan (Differenzierung des Lehrplans in einen für alle Gymnasien verbindlichen Kern und typenspezifische Schwerpunkte); die Kontinuität des Unterrichtsfaches (Aufeinanderfolge der Ziele und Inhalte eines Schulfaches und ihre Zusammenfassung zu einer Einheit); der Kanon zugelassener Schulfächer (Konvention über die in der Schule zu vermittelnden Inhalte und ihre Zusammenfassung zur Einheit eines Schulfaches).«[162] Als besonders problematisch wurde von Kritikern die Freigabe des Fächerkanons angesehen und die Aufgabe der Unterscheidung nach Haupt- und Nebenfächern, die für die Studierfähigkeit mehr oder weniger bedeutsam waren. Doch die Bonner Vereinbarung war beschlossene Sache und sollte eine zukunftsweisende Richtlinie für die Bildungsentwicklung sein.

Eine erste Bestandsaufnahme vollzog der Deutsche Philologenverband auf dem bildungspolitischen Kongress *Das Gymnasium in der Reform vom 1. bis 4. November 1972 in Saarbrücken*. Rund dreihundert Philologinnen und Philologen nahmen neben zahlreichen Parlamentariern, Hochschullehrern und Ministerialbeamten sowie den Vorsitzenden der Bundesfachverbände an den Veranstaltungen teil und formulierten aus Sicht der Praxis und aus Erfahrungen mit den Modellversuchen die vielfältigen Probleme, die die Oberstufenreform aufwarf. Der Bundesvorstand des Deutschen Philologenverbandes hatte schon am 22./23. November 1968 ein Oberstufenmodell, das der Bildungsausschuss des Verbandes im Zusammenwirken aller Landesverbände erarbeitet hatte, beschlossen. Dieses Reformkonzept war als »Übergangsmodell« an vielen Schulen erprobt worden und auch Gegenstand der Beratungen mit der Westdeutschen Rektorenkonferenz gewesen, die manche Anregungen in ihre Vorschläge übernommen hatte. Leider konnte sich die WRK nicht von dem Gedanken der Fächeraffinität lösen und entwarf deshalb die Gliederung nach »Aufgabenfeldern«. Der Deutsche Philologenverband hatte nach Beratungen mit den Fachverbänden bereits im Januar 1972 bei einer Anhörung der Kultusministerkonferenz eine kritische Stellungnahme zum

Vereinbarungsentwurf der KMK abgegeben und ausführlich begründet. Beim November-Kongress konnte nun das Resümee gezogen werden. Es bestand kein Zweifel, dass der Philologenverband mit seinem »Übergangsmodell« sympathisierte, das eine kontinuierliche Entwicklung der Gymnasialreform darstellte und keinen Bruch mit der Saarbrücker Rahmenvereinbarung enthielt. Es war so konstruiert, dass ein Schüler unabhängig von seiner bisherigen Bildungslaufbahn in einem Typengymnasium seinen Bildungsschwerpunkt nach der 10. Klasse neu bestimmen konnte, aber einen gemeinsamen Kern von Fächern, der für alle Gymnasien galt, beibehalten musste. Die kritische Haltung des Philologenverbandes gegenüber dem KMK-Beschluss bezog sich nicht nur auf die Inhalte, sondern auch auf die sich bereits vier Monate nach Unterzeichnung der Bonner Vereinbarung vollziehenden Auseinanderentwicklungen in den Bundesländern. Wegen der komplizierten Regelungen hatte die Kultusministerkonferenz eine Frist zur Einführung der neuen Oberstufe bis zum Jahr 1976 gesetzt. Bereits sechs Wochen nach Inkrafttreten der Vereinbarung wurden in Berlin alle 11. Klassen in die neue Reformoberstufe überführt. Nordrhein-Westfalen kündigte an, dass schon im Schuljahr 1974/75 alle 11. Klassen in die neu gestaltete Oberstufe übergeleitet seien. Auf der November-Tagung des Deutschen Philologenverbandes trat Bundeswissenschaftsminister Dr. Klaus von Dohnanyi demonstrativ für die Gesamtschule ein, »die in vielen Ländern ihre Bewährungsprobe bestanden habe.« »Die Reform der Oberstufe (Dohnanyi vermied offenbar bewusst das Wort ‚gymnasial') sei ein wichtiger Abschnitt auf dem Wege zu einer neuen Schule.«[163] Dies müsse ebenfalls bei der Schullaufbahnplanung berücksichtigt werden, die auf langfristige Schulstrukturentwicklungen eingestellt sei. Dohnanyis Sicht der Schulentwicklung zeigte sich schon wenige Monate nach der Verabschiedung der Bonner Vereinbarung, als er sich für die Abschaffung des Abiturs als Studienberechtigung und für Hochschuleingangsprüfungen aussprach, ohne die neue KMK-Regelung zu erwähnen.

Bereits am 23. Oktober 1972 hatten sich die Kultusminister der sechs sozialdemokratisch geführten Länderregierungen in Hamburg getroffen und eine Übereinkunft zur Ausbildung von *Stufenlehrern* gefasst, die den Lehrertypus der »neuen Schule« verkörpern sollten. In den nachgestellten Erläuterungen hieß es: »Schulreform und Lehrerbildung sind wechselseitig voneinander abhängig. Hauptsächliches organisatorisches Merkmal der künftigen Schule wird ihre Gliederung nach Stufen sein.... Die Übereinkunft ... geht von dem Grundsatz aus, dass die Lehrertätigkeiten auf allen Stufen des Schulwesens gleich zu bewerten sind. Dadurch können historisch bedingte Verzerrungen in Ausbildung und Besoldung der Lehrer überwunden werden, die einer sachlichen Zusammenarbeit mehr und mehr im Wege stehen.« Die SPD-Kultusminister wollten für den Lehrer mit dem »Schwerpunkt Oberstufe« »ein erziehungswissenschaftliches Studium (und) das vertiefte Studium eines Faches oder einer Fachrichtung des beruflichen Schulwesens im Verhältnis von etwa 1:2 bei einer Mindeststudiendauer von sechs Semestern.«[164] Mit diesem »Schmalspureinheitslehrer«, wie der rheinland-pfälzische Kultusminister Dr. Bernhard Vogel ihn bezeichnete, hätte man den Beruf des Philologen und Gymnasiallehrers abgeschafft. Der Hamburger Beschluss der SPD-regierten Länder war eine bewusste Brüskierung der CDU/CSU-regierten Länder und zum ersten Mal nach dem Zweiten Weltkrieg eine Aufkündigung des gemeinsamen Vorgehens im Bereich des Kulturföderalismus. Auf dem Saarbrücker Bildungskongress des Philologenverbandes wurde das SPD-Konzept des Stufenlehrers einhellig abgelehnt und gegen die Aufkündigung der einheitlichen Lehrerbildung in der Bundesrepublik protestiert. Gleichzeitig legte der Verband einen eigenen Vorschlag für eine differenzierte Lehrerausbildung und Lehrerbesoldung vor, der sich an der unterschiedlichen Studiendauer und dem jeweiligen Maß der Verantwortung orientierte. Der Deutsche Philologenverband forderte nachdrücklich, die Abituranforderungen in den nächsten drei Jahren länderübergreifend nach einheitlichen Gesichtspunkten zu regeln, Hochschuleingangsprüfungen wurden abgelehnt.

Die Sorge des Philologenverbandes, dass die schönen Worte in der KMK-Vereinbarung von der »gemeinsamen Gestalt« der Oberstufe in allen Ländern schon im November 1972 Wunschvorstellungen glichen, war begründet. Deutlich zeichnete sich ab, dass es bei der Oberstufenreform, wie bei der Bewältigung der Bildungsexpansion, wieder auf die Gymnasiallehrer und den Philologenverband ankam, für den Erhalt des Gymnasiums zu kämpfen und zu arbeiten. Die Herausforderungen und Belastungen für Schulen und Lehrerkollegien waren enorm. Nur das Bayerische Kultusministerium bereitete die Unterrichtsinhalte vor, die in curricularen Lehrplänen für Leistungskurse und Grundkurse im Staatsinstitut für Schulpädagogik neu entwickelt wurden. In den zehn anderen Bundesländern war die Arbeit der Lehrer dadurch erschwert, dass sie die unterrichtliche Planung und Vorbereitung im Sinne der methodisch-didaktischen Überlegungen für das Kurssystem der Oberstufe in Eigeninitiative erarbeiten mussten. Dies führte zu länderspezifischen Besonderheiten, die eine so starke Auseinanderentwicklung aufwiesen, dass Übergänge von Schülern aus einem Bundesland in das andere oftmals schwierig, wenn nicht unmöglich wurden. Erschwerend kam hinzu, dass die SPD-regierten Länder das »Kurs-System« isoliert betrachteten und den Zusammenhang zwischen Mittel- und Oberstufe durch die Einführung neuer Oberstufenfächer – wie neu beginnende Fremdsprachen, Pädagogik, Psychologie, Technologie und andere – zum bloßen Qualifikationserwerb durchbrachen. Dagegen boten die Länder Bayern, Baden-Württemberg, Rheinland-Pfalz und Saarland – anfangs auch noch Niedersachsen und Schleswig-Holstein – in den siebziger Jahren nur Wahlfächer an, in denen der Schüler in der Mittelstufe Vorkenntnisse erworben hatte. – Ein weiteres Problem war der *Numerus clausus*, der Mitte der siebziger Jahre auf seinen Höhepunkt zustrebte. Hatten die Schüler wegen Lehrermangels und Überfrequenzen in Kursen schon vorher Schwierigkeiten, immer den Kurs ihrer Wahl zu erhalten, lernten sie nun schnell die Kurse zu wählen, die ihnen die meisten Punkte einbrachten. Jetzt zeigten sich auch die Schwächen der zu frühen Spezialisierung. Erhielten die Schüler nicht das Studienfach ihrer Wahl oder hatten sie die Studienzulassung mit hohem Notendurchschnitt, aber fehlenden inhaltlichen Voraussetzungen geschafft, wurde von der Hochschule mit Recht die mangelnde Grundbildung beklagt. Hier kündigte sich ein Umdenken an – weg von einer forcierten Spezialisierung hin zu einer Verbreiterung der Grundbildung.

Die Kritik an der reformierten Oberstufe wollte nicht verstummen. Kritisiert wurden die mangelnde Allgemeinbildung der Abiturienten, die Abnahme der Qualität des Abiturs, das Fehlen der Bildungsidee und der Bildungsinhalte. Der Deutsche Philologenverband, die Westdeutsche Rektorenkonferenz, der Hochschulverband, die Arbeitgeberverbände und die Landesregierungen der B-Länder drängten die Kultusminister in ständigen Eingaben und Resolutionen, die Allgemeinbildung der Abiturienten und deren Studierfähigkeit zu verbessern. Zur Stärkung der allgemeinen Grundbildung verabschiedete die Kultusministerkonferenz am 7. Juni 1977 in Lübeck *Übereinkünfte zur einheitlichen Durchführung der Vereinbarung zur Neugestaltung der gymnasialen Oberstufe in der Sekundarstufe II*. Darin wurde folgendes festgelegt: die zweite Fremdsprache musste mindestens drei Jahre erlernt werden, um im Abitur als Qualifikation für die allgemeine Hochschulreife anerkannt zu werden; der Unterricht in den Oberstufenkursen sollte nicht mehr nach einem Baukastenprinzip mit beliebigem Zeitpunkt der Fächerwahl, sondern nach dem Prinzip der aufbauenden Folgekurse stattfinden. Im Dezember 1977 erschienen dann auch endlich, nach fünf Jahren Reform, die *Empfehlungen zur Arbeit in der gymnasialen Oberstufe*, in denen die allgemeinen Lernziele, die Funktion von Grund- und Leistungskursen und die didaktischen Prinzipien dargelegt wurden. Die Lübecker Übereinkünfte kamen jedoch viel zu spät. Längst hatten »die Bundesländer ihre landesinternen Regelungen in Gesetzes- oder Erlassform bereits zum Abschluss gebracht oder (standen) in den abschließenden Beratungen ... Die Übereinkünfte der KMK konnten in Lübeck nur umfassen, was in den Ländern bereits festlag, sie bedeuten damit also eine Sanktionierung der unterschiedlichen Ausprägung der Oberstufenreform in den Bundesländern.«[165] Beispielsweise konnten die Pflichtbedingungen in Deutsch, in den Fremdsprachen und in den Naturwissenschaften nicht geregelt werden. Damit hatten sich die länderspezifischen Abweichungen zuungunsten einer Vereinheitlichung durchgesetzt. Unterstützt wurde die Auseinanderentwicklung auch durch ein Gerichtsurteil. Hessische Eltern hatten gegen das Oberstufen-Vorschaltgesetz in Hessen beim Bundesverfassungsgericht geklagt. Die Verfassungsrichter hatten die Klage am 26. Oktober 1976 mit der Begründung abgewiesen, das Gesetz verletzte weder die Grundrechte der Schüler noch der Eltern. Als verschiedene SPD-regierte Länder die Auflösung des Fächerkanons ungerührt weiter betrieben, haben Bayern und Baden-Württemberg Studenten aus bestimmten Bundesländern, die die erforderlichen Qualifikationen nicht besaßen, die Zulassung zu ihren Universitäten verweigert. Ähnliche Maßnahmen ergriffen auch Schweizer Universitäten, die bis 1972 das deutsche Abitur als Studienberechtigung anerkannt hatten. Die Auseinandersetzungen um eine Reform der reformierten Oberstufe gingen in den nächsten Jahren weiter. Die letzten nach vielen Anstrengungen und Forderungen des Deutschen Philologenverbandes zustande gekommenen Fortschreibungen erfolgten in den Jahren 1987 und 1996/1999.

Der Stufenlehrer – Angriff auf den Beruf des Gymnasiallehrers

Nachdem sich der *Deutsche Bildungsrat* und die *Bund-Länder-Kommission für Bildungsplanung* auf ein horizontal gegliedertes Stufenschulkonzept für die Erneuerung des Bildungswesens festgelegt hatten, war darin auch die Reform der Lehrerbildung enthalten. Im *Strukturplan* des Bildungsrats wurde klar ausgesprochen: »Die Reform des Bildungswesens, wie sie die Bildungskommission in diesem Strukturplan vorschlägt, kann nur dann gelingen, wenn der Nachwuchs an Lehrern ausreichend groß ist und wenn deren Ausbildung die Gewähr dafür bietet, dass sie den veränderten Anforderungen gerecht zu werden vermögen. Die Lehrerbildung ist also das Schlüsselproblem der Bildungsreform.«[166] Es ging um die Konzeption, die schulartbezogene Lehrerbildung zu beenden und Stufenlehrämter für die neue Einheits-Stufenschule zu schaffen. Die Lehrerbildung sollte »tief greifend verändert«[167] werden. Eine überzeugende Argumentation für die Strukturveränderung fehlte. Grundlage waren zwei sehr vage thesenartige Sätze im Strukturplan:»1. Die Bereiche des Lernens sollen in sich und im Verhältnis zueinander horizontal nach Stufen gegliedert sein. 2. Jede Stufe muss unter Berücksichtigung der körperlichen und geistigen Belastbarkeit des Einzelnen entsprechend den Lernvoraussetzungen angelegt sein, die in den vorhergehenden Stufen erreicht wurden.«[168] Wie auf einer solchen Vorgabe eine Lehrerbildung nach Schulstufen entwickelt werden konnte, blieb den Kultusministern vorbehalten.

Diese trafen sich zur heute schon legendär gewordenen *130. Plenarsitzung der KMK im Oktober 1970 in Frankenthal.* Dort wurde der *Entwurf einer Rahmenvereinbarung über Lehrerbildung und Lehrerbesoldung* verhandelt, der in seiner ursprünglichen Fassung für alle Lehrämter ein Hochschulstudium mit gleich langer Dauer (sechs Semester), einen 18-monatigen Vorbereitungsdienst und gleiche Besoldung vorsah. Es gab drei Lehrämter mit stufenbezogenem Schwerpunkt: für die Primarstufe, die Sekundarstufe I und die Sekundarstufe II. Die beiden ersten Lehrämter boten die Möglichkeit, sich durch ein zusätzliches Studium fachlich und besoldungsmäßig höher zu qualifizieren, davon waren die Lehrer der Sekundarstufe II ausgenommen. – Über diesen Entwurf konnten die Kultusminister keine Einigung erzielen. Umstritten war der von den SPD-regierten Ländern vorgesehene »Ein-Fach-Lehrer« für die Sekundarstufe II mit einem sechssemestrigen Studium. Eine solche Lehrerausbildung hätte den Gymnasiallehrerberuf eliminiert und langfristig die Durchführung der Oberstufenreform zum Schcitern gebracht. Die Kritik richtete sich auch gegen einen Einheitslehrer für die Sekundarstufe I. Wie sollte ein Lehrer die Schüler zur Studierfähigkeit erziehen und für die gymnasiale Oberstufe vorbereiten, wenn er weder über die fachwissenschaftliche Qualifikation noch über Erfahrungen mit der Oberstufen-Lehrtätigkeit verfügte. Die ablehnende Haltung der CDU/CSU-regierten Länder beruhte auf ihren andersartigen Vorstellungen von der Struktur des zukünftigen Schulwesens. Trotz der vorhandenen Gegensätze wurde einige Zeit später in Verhandlungen in Bonn in Teilbereichen folgender Kompromiss erzielt: Die Ausbildung für das Lehramt an der Sekundarstufe II sollte ein erziehungswissenschaftliches Studium, das vertiefte Studium eines Faches und das Studium eines weiteren Faches in der Relation 1:2:1 bei einer Mindeststudiendauer von acht Semestern oder das erziehungswissenschaftliche Studium und das vertiefte Studium nur eines Faches in der Relation 1:2 bei einer Studiendauer von mindestens sechs Semestern umfassen. Jedem Land stand es frei – so wurde in einer Protokollnotiz verdeutlicht –, entweder nur die erste Form des Sekundar-II-Lehramtes, d.h. den Zwei-Fach-Lehrer, oder aber beide Formen nebeneinander einzusetzen, jedoch nicht, nur den Ein-Fach-Lehrer in der Sekundarstufe II unterrichten zu lassen.

Der Deutsche Philologenverband und seine Landesverbände waren mit dieser Lösung keineswegs einverstanden, denn sie ließ den SPD-regierten Ländern freie Hand zur Einführung des Ein-Fach-Stufenlehrers und bei den CDU/CSU-regierten Ländern bestand die Sorge, dass sich auch hier der Kompromiss einer nivellierenden Gleichstellung aller Lehrämter in Bezug auf Besoldung und Ausbildungsdauer durchsetzen könnte. Den Philologen war klar, dass die Lehrerbildung die Schlüsselfrage der Bildungspolitik war und dass es um die Existenz des Gymnasiums ging. Dieser Frage wurde deshalb in den Jahren 1970 bis 1977 höchste Priorität beigemessen. Schon 1968 hatte die 1953 gegründete *Arbeitsgemeinschaft Deutsche Höhere Schule* unter Federführung des Philologen und damaligen Regierungsdirektors Dr. Werner Heldmann eine Denkschrift *Zur Ausbildung der Lehrer an Gymnasien* vorgelegt, in der der Deutsche Philologenverband in Abstimmung mit Akademikerverbänden, Fachorganisationen und Universitätsprofessoren seine Konzeption erarbeitet hatte. Nun, da die Entwicklung in eine für die Gymnasiallehrer verhängnisvolle Richtung verlief, scheute sich der Verband nicht, alle Register des Protestes zu ziehen, um die Öffentlichkeit und die Betroffenen aufzurütteln. Es kam zu Massensendungen von Protestbriefen an die Kultusminister und die Kultusministerkonferenz. Protestversammlungen von Philologen, allein oder mit verbündeten Lehrerorganisationen im Deutschen Lehrerverband, mit Professoren und Studenten für das gymnasiale Lehramt, mit Eltern und Schülerorganisationen fanden statt. Die örtliche und überörtliche Presse wurde informiert, Flugblattaktionen und Informationskampagnen wurden gestartet. Im Mai 1970 stellten die Philologen in Nordrhein-Westfalen geschlossen den nebenamtlich und zusätzlich erteilten Unterricht ein. Bei einem Fehlbedarf von rund 6000 Gymnasiallehrern war diese Aktion spürbar. Unmittelbarer Anlass für diese Maßnahme war die Einbringung des 7. Besoldungsänderungsgesetzes im Landtag. In dem Entwurf war die Höhereinstufung der Lehrer anderer Schulformen vorgesehen, während es für die Philologen bei der bisherigen Einstufung bleiben sollte. Dieser Gesetzesvorstoß wurde nicht zu Unrecht als erster Schritt zum Stufenlehrer angesehen, ein Eindruck, der durch Äußerungen von Politikern und der GEW verstärkt wurde. Bereits am 31. Januar 1969 hatten 5000 Lehrer der *Arbeitsgemeinschaft nordrhein-westfälischer Lehrerverbände* – die späteren Mitgliedsverbände des Deutschen Lehrerverbandes – auf Initiative des Philologenverbandes in Düsseldorf für bessere Arbeitsbedingungen und eine gerechte Besoldungseinstufung demonstriert. Am 27. April 1970 folgte eine Protestkundgebung in Essen mit fast 6000 Teilnehmern, bei der es ebenfalls um die geplante Lehrerausbildung und die Bildungspolitik der SPD-geführten Landesregierung ging. *Clemens Christians*, der Präsident des *Deutschen Lehrerverbandes (DL)*, schrieb über die damalige Aktion: »Die erste entscheidende Probe musste der Deutsche Philologenverband bei der Besoldungsauseinandersetzung in Nordrhein-Westfalen im Mai 1970 bestehen. Dort war ein Gesetzentwurf von der Landesregierung vorgelegt worden, durch den die Grund- und Hauptschullehrer nach A12, die Realschullehrer nach A13 kommen und die Studienräte in A13 verbleiben sollten. Dies führte zu einem Aufstand der Philologen ... Gemeinsam mit dem DL erstritt der Philologenverband damals die generelle Zulage für die Studienräte und einen beachtlichen Beförderungskegel (nach A14, A15 und A16). Dieser Besoldungskampf brachte anschließend in einem Bundesgesetz die generell entsprechende Regelung für das ganze Bundesgebiet. Dieser Regelung ist es zu verdanken, dass in den späteren Jahren alle Versuche, zu einer einheitlichen

Besoldung der Lehrer (gemeint ist die nivellierende »L«-Besoldung) für das gesamte Bundesgebiet zu kommen, ohne Erfolg geblieben sind.«[169]
Außergewöhnliche Aktivitäten zur Erhaltung des Gymnasiums und des Philologenberufs entfaltete auch der Bayerische Philologenverband. Als die Kultusministerkonferenz am 13. November 1970 in München tagte, zogen etwa 700 Philologen trotz strömenden Regens zum Salvatorplatz. Der Vorsitzende des Deutschen und zugleich des Bayerischen Philologenverbandes, Franz Ebner, forderte ein Gespräch mit den tagenden Kultusministern. Als dieses zurückgewiesen wurde, kam es zu lautstarken Tumulten und heftigen Sprechchören. Schließlich gab die Kultusministerkonferenz nach und empfing eine Philologen-Delegation. Das Ergebnis dieser Unterredung war enttäuschend. Daraufhin kam es am 3. Dezember 1970 zu einer Großkundgebung im Löwenbräukeller mit 2 000 Teilnehmern wenige Tage vor der KMK-Sitzung in Bonn. Die bayerischen Philologen verlangten: Jeder Oberstufenlehrer muss die volle fachwissenschaftliche Qualifikation in zwei Fächern und ein mindestens achtsemestriges Studium haben. Es war, wie bereits geschildert, auf der KMK-Sitzung nicht möglich, zu einer Einigung zu gelangen. Erheblich mit dazu beigetragen hatte der neue bayerische Kultusminister Prof. Dr. Hans Maier. Die CDU/CSU-Kultusminister sahen sich durch den Proteststurm gegen den »Mini-Studienrat«, der in den Medien und in der Öffentlichkeit eine außergewöhnliche Resonanz gefunden hatte, in ihrer Position gestärkt. Auf der Ebene der KMK wurden bis 1972 von den SPD-regierten Ländern immer wieder Versuche unternommen, die CDU/CSU-regierten Bundesländer zur Zustimmung zu ihrer Lehrerbildungskonzeption zu veranlassen.
Da dies ohne Erfolg blieb, schlossen die SPD-regierten Länder am 23. Oktober 1972 die so genannte *Hamburger Übereinkunft zur gegenseitigen Anerkennung von Lehramtsprüfungen* auf der Grundlage ihrer Lehrerbildungsvorstellungen. Das Konzept kannte keine Lehrämter mehr, sondern sprach nur noch von »Lehramt an öffentlichen Schulen« im Singular. Auch auf der Ebene der *Bund-Länder-Kommission für Bildungsplanung* war keine Eini-

gung zu erzielen. Im *Bildungsgesamtplan* von 1973 bestanden die CDU/CSU-regierten Länder auf einem Sondervotum, in dem sie den Zusammenhang zwischen einem differenzierten Schulwesen und einer differenzierten Lehrerbildung deutlich machten. Dennoch mussten auch sie sich fragen lassen, wie ihr Zugeständnis zum Satz »Die horizontale Gliederung des Schulwesens muss dabei (bei der Neuorientierung der Lehrerbildung) besonders berücksichtigt werden« mit ihrer Position vereinbar war.

Wenige Monate nach Veröffentlichung des Bildungsgesamtplans, im September 1973, wurde eine einheitliche Konzeption für die Ausbildung und Besoldung der Stufenlehrer durch einen *Arbeitskreis der Länder für Besoldungsfragen* im Auftrag der Konferenzen der Finanzminister und Innenminister vorgelegt, der folgende Regelung vorsah: der Primarstufenlehrer sollte nach einem höchstens sechssemestrigen Studium an einer wissenschaftlichen Hochschule und einer Vorbereitungszeit von zwölf Monaten nach Besoldungsgruppe A12 besoldet werden, der Sekundarstufen-I-Lehrer nach sechs Semestern und 18 Monaten Vorbereitungszeit nach A13 und der Sekundarstufen-II-Lehrer nach acht Semestern und 18 Monaten Vorbereitungszeit nach A13 + 100 DM Zulage. Danach galt der Grundsatz, dass die pädagogisch-didaktischen Anforderungen für alle Lehrer grundsätzlich gleichwertig, die fachwissenschaftlichen Anforderungen in den Schulstufen unterschiedlich seien.

Im Oktober 1973 versuchte der damalige *Bundeswissenschaftsminister von Dohnanyi* in einem *Modell für die Ausbildung und Besoldung der Lehrer* noch einmal die Lehrerbildungsfrage im Sinne der Hamburger Übereinkunft der SPD-regierten Länder zurückzudrehen mit dem Ziel: Einführung des sechssemestrigen Ein-Fach-Lehrers in Besoldungsgruppe A12 + 100 DM Zulage und A13 für das erweiterte Lehramt. Dieser Vorstoß löste wiederum einen bundesweiten Protest der Philologen aus. Tausende von Briefen und Telegrammen wurden an die zuständigen Bundes- und Landesministerien gesandt sowie an Abgeordnete und Elternvertreter. Auf der Bundesvorstandssitzung am 30.11./1.12.1973 in Bonn verabschiedete der *Bundesvorstand des Deutschen Philologenver-*

bandes eine Resolution für eine qualifizierte Lehrerausbildung, in der klipp und klar gefordert wurde: ein wissenschaftliches Hochschulstudium von acht Semestern in zwei Fächern und ein Vorbereitungsdienst von 24 Monaten für das Lehramt in Sekundarstufe II, das die Lehrbefähigung in der Sekundarstufe I einschließt. Das Dohnanyi-Modell konnte sich nicht durchsetzen. Im April 1974 bestätigte eine gemeinsame Kommission der Konferenzen der Innen-, Kultus- und Finanzminister der Länder die im September 1973 erarbeitete Konzeption, dass die Voraussetzungen für ein Lehramt der Sekundarstufe II deutlich von den Voraussetzungen und Anforderungen für die Primarstufe und Sekundarstufe I abgehoben sein müssen.

Die Bundesländer gingen nun eigene Wege. Das Gesetz über die Ausbildung für das Lehramt an öffentlichen Schulen im Lande Bremen (Bremisches Lehrerausbildungsgesetz) vom 2. Juli 1974 und das Gesetz über die Ausbildung der Lehrämter an Öffentlichen Schulen (Lehrerausbildungsgesetz-LABG) für das Land Nordrhein-Westfalen vom 29. Oktober 1974 sowie das Bayerische Lehrerausbildungsgesetz (Bay LBG) vom 8. August 1974 führten das *Stufenlehramt* ein, wiesen aber in der Ausgestaltung signifikante Unterschiede auf. Aus Sicht des Philologenverbandes war das *Bremische Lehrerausbildungsgesetz* am kritischsten zu bewerten. Es sah die stufenbezogene Ausbildung der Lehrer für ein einheitliches Lehramt an öffentlichen Schulen vor mit einem für alle Stufen gleichrangigen wissenschaftlichen Schwerpunkt und verstand sich als Vorlaufmodell für eine *einphasige Lehrerausbildung* mit der Zusammenfassung der theoretischen und praktischen Ausbildungsphasen. Das *Lehrerausbildungsgesetz des Landes Nordrhein-Westfalen* unterschied sich vom Bremischen Lehrerausbildungsgesetz durch die Auffassung vom Begriff und den Inhalten unterschiedlicher Lehrämter und hinsichtlich der Dauer des Studiums und der Studienanteile in der Ausbildung. Die Ausbildungsdauer für das Lehramt für die Primarstufe und für die Sekundarstufe I betrug jeweils sechs Semester zuzüglich eines Vorbereitungsdienstes von 18 Monaten, für das Lehramt für die Sekundarstufe II acht Semester und achtzehn Monate für den Vorbereitungsdienst. Das

Bayerische Lehrerausbildungsgesetz sah ähnlich wie das LABG des Landes Nordrhein-Westfalen die Einrichtung von Lehrämtern mit übereinstimmenden Studiendauern vor. Ein deutlicher Unterschied zu den anderen Gesetzen bestand in den vorgesehenen Erweiterungsmöglichkeiten aller Lehrämter. Außerdem hatte der Bayerische Philologenverband erreicht, dass der Artikel 17 des Gesetzes bestimmte, dass »Lehrer mit der Befähigung für die Sekundarstufe II in der Sekundarstufe II und entsprechend den Erfordernissen des gegliederten Schulwesens, insbesondere des Gymnasiums und der beruflichen Schulen, auch in der Sekundarstufe I verwendet werden«.

Aufgrund der politischen Ausrichtung der Landesregierungen bestand nur in Bayern eine realistische Möglichkeit, die Lehrerausbildung im Sinne einer schulformbezogenen Lehrerausbildung zu korrigieren, um dadurch der schulischen Wirklichkeit wieder näher zu kommen. Es bedurfte aber großer Anstrengungen des Bayerischen Philologenverbandes und des Landesvorsitzenden *Max Schmid*, der seit 1972 im Amt war, dieses Ziel zu erreichen. Erst die unablässigen Gespräche mit CSU-Landtagsabgeordneten, Referenten des Kultusministeriums, Ministern bis hin zu direkten Interventionen beim CSU-Vorsitzenden Strauß trugen dazu bei, einen Sinneswandel herbeizuführen. Auch der Widerspruch zwischen der Ablehnung der Gesamtschule durch die CSU-Landesregierung und einem Stufenlehrer, der nur vom Gesamtschulansatz seine Begründung erhielt, sowie die durch nichts zu rechtfertigende Fehlinvestition von Hunderten von Millionen bestärkten die CSU, einen anderen Weg einzuschlagen. Ein längeres Gespräch, das der CSU-Vorsitzende Strauß mit dem Verbandsvorsitzenden Schmid führte, brachte schließlich die Wende. Gegen den Widerstand des Bayerischen Lehrer- und Lehrerinnenverbandes (BLLV) und der Gewerkschaft Erziehung und Wissenschaft (GEW) bestand Schmid auf einer völligen Abkehr vom 1974 eingerichteten Stufenlehramt, weil es weder einen einheitlichen Einsatz im Sekundarstufen-I-Bereich ermöglichte noch sachlich gerechtfertigt war. Am 28. Juni 1977 beschloss der bayerische Landtag mit den Stimmen der CSU das *neue bayerische Lehrerausbil-*

dungsgesetz, das von einer Verwendung von Lehrern nach Schularten und nicht nach stufenbezogenen Schwerpunkten ausging. Für den Gymnasiallehrer gab es wieder das vertiefte Studium zweier Fächer, eine längere Mindeststudiendauer als für die Lehrämter an Grund-, Haupt- und Realschulen sowie die Verwendung der Gymnasiallehrer auf allen Stufen des Gymnasiums.

Das Stufenlehrerkonzept, auf das sich die Kultusministerkonferenz im rheinland-pfälzischen Frankenthal 1970 geeinigt hatte, setzte sich nicht durch. Nur Bremen und Nordrhein-Westfalen übernahmen das Modell, das nicht zur schulischen Wirklichkeit passte. In Nordrhein-Westfalen mussten daraufhin die Gymnasiallehrer neben dem Sekundarstufen-II-Lehramt eine Zusatzprüfung für die Sekundarstufe I machen, um die »volle« Fakultas für das Gymnasium zu erlangen. Diese – man kann wohl sagen schizophrene – Prozedur wurde erst 2002 durch die Wiedereinführung des Lehramts an Gymnasien abgeschafft. Ständige Appelle in der Öffentlichkeit, Informationskampagnen und Interventionen auf administrativer und politischer Ebene trugen mit dazu bei, dass der Stufenlehrer in den anderen Ländern Episode blieb. Es war vor allem die geschlossene Vorgehensweise des Deutschen Philologenverbandes und seiner Landesorganisationen, die diese Entwicklung möglich machte. Entscheidenden Anteil daran hatten die Mitglieder des Geschäftsführenden Vorstandes, die Öffentlichkeitsreferenten, die Mitglieder des Besoldungs- und des Bildungsausschusses, die Landesvorstände – insbesondere in Bayern – und der Präsident des Deutschen Lehrerverbandes. Ohne die Solidarität der Lehrerorganisationen des Sekundarbereichs im Deutschen Beamtenbund wäre die Lage in den SPD-regierten Ländern noch schwieriger geworden.

Die Besoldungsentwicklung

Als die Bundesländer 1969/70 mit der Höherstufung der Lehrer an Grund- und Hauptschulen nach Besoldungsgruppe A12, der Realschullehrer nach A13 und der Einführung einer Amtszulage im

Eingangsamt des höheren Dienstes sowie der Schaffung eines verwirrenden Zulagennetzes für andere Beamtengruppen den Personalkostenrahmen immer weiter ausgedehnt hatten, erhoffte man sich von einer Übertragung der Rahmenkompetenz in Besoldungsfragen auf den Bund eine größere Ordnung in diesem Bereich. Daher wurde dem Bund 1971 die *konkurrierende Gesetzgebungskompetenz für die Besoldung und Versorgung der Bediensteten der Länder und Gemeinden* zugewiesen *(Artikel 74a GG)*. Die Grundgesetzänderung vom 18. März 1971 trat am 21. März 1971 in Kraft. Zeitgleich wurde das *Erste Gesetz zur Vereinheitlichung und Neuregelung des Besoldungsrechts in Bund und Ländern (1. BesVNG)* vom 18./22. März 1971 verabschiedet. Diese neue verfassungsrechtliche Grundlage eröffnete eine zusammenfassende Regelung des Besoldungsrechts für den gesamten öffentlichen Dienst. Mit dieser Kompetenzverlagerung auf den Bund war es den Landesorganisationen des Philologenverbandes nicht mehr möglich, direkten Einfluss auf die zuständigen politischen Gremien in Besoldungsfragen auszuüben, eine Aufgabe, die jetzt der Deutsche Philologenverband und der Deutsche Beamtenbund übernehmen mussten.

Für den Deutschen Philologenverband galt es zunächst zu verhindern, dass im 1. BesVNG Regelungen getroffen wurden, die für die Philologen schlechter waren als die Neuregelungen in einigen Bundesländern. Es war zudem notwendig, die völlige Gleichstellung mit dem übrigen höheren Dienst durchzusetzen. Der erste Entwurf zum BesVNG erfüllte diese Erwartungen nicht. In Gesprächen mit Bundestagsabgeordneten in den Ländern wurden die Parlamentarier immer wieder auf die Notwendigkeit der Verwirklichung der Forderungen des Philologenverbandes hingewiesen. Der Durchbruch gelang erst ab 11. Februar 1971 zu einem Zeitpunkt, da die interfraktionelle Arbeitsgruppe des Bundestagsinnenausschusses die Besoldungsvereinheitlichung beriet. An diesem Tag hatte der Deutsche Philologenverband die Besoldungsexperten und Angehörigen der interfraktionellen Arbeitsgruppe sowie Philologenkollegen der CDU/CSU-Bundestagsfraktion zu einem Gespräch nach Bonn eingeladen. Es erschienen die

Abgeordneten Leo Wagner, Ulrich Berger, Hermann Biechele, Dr. Karl Fuchs, Dr. Karl Hermesdorf, Anton Pfeifer und Dr. Oskar Schneider; der DPhV war durch den Vorsitzenden Ebner, seinen Stellvertreter Fluck und seitens der Landesverbände durch die Kollegen Spies, Jung und Plate vertreten. Bei dieser Gelegenheit erhielt der Verband die Zusage, dass Studienräten im Gymnasialdienst zunächst eine Zulage gegeben werden sollte, dass die CDU/CSU sich für die Eingangsstufe A14 für die Philologen zu einem späteren Zeitpunkt einsetzen wolle, dass alle Oberstudiendirektoren in A16 überführt werden sollten und dass der Stellenschlüssel des höheren Dienstes auch auf die Philologen Anwendung finden müsse.

Im Entwurf zum 1. BesVNG stand zu diesem Zeitpunkt der Oberstudiendirektor immer noch in A15 + Z und in A16, das heißt, dass nur einige wenige Oberstudiendirektoren in A16 hätten eingestuft werden können und der Stellenschlüssel des höheren Dienstes damit für die Philologen nicht realisierbar gewesen wäre. Am 2. März 1971, dem Tag vor den Besoldungsberatungen im Bundestagsplenum, brachte dann die CDU/CSU-Fraktion folgenden Entschließungsantrag ein: »Die Bundesregierung wird ersucht, dafür Sorge zu tragen, dass die Lehrämter an Gymnasien in der Sekundarstufe II und an berufsbildenden Schulen bis spätestens 31. Dezember 1971 gesondert eingestuft (A14) werden.« (Diese Perspektive für den höheren Dienst ist jedoch bis heute nicht realisiert worden.) Schließlich stellte die CDU/CSU-Fraktion den Antrag, die Oberstudiendirektoren an Gymnasien und berufsbildenden Schulen durchweg nach A16 überzuleiten und machte ihre Zustimmung zu dem Gesetz u.a. von der Annahme dieses Antrags abhängig. Mit der Akzeptanz des Antrags im März 1971 durch den Bundestag wurde der Weg für die Gleichstellung der Philologen mit dem übrigen höheren Dienst frei. Der Stellenschlüssel, den der höhere Dienst nunmehr erhalten sollte, betrug in A15 und höher 40 Prozent, davon in A16 und B2 10 Prozent. Diese vom Bund vorgesehenen Stellenplan-Obergrenzen wurden – außer in Bayern – von den anderen Bundesländern nie erreicht. Dennoch bleibt festzuhalten, dass auf dem Weg zu einer gerechten Besoldung den Philologen mit der Eröffnung der Gleichstellung mit dem höheren Dienst ein entscheidender Schritt nach vorn gelungen war.

Die Besoldungsfrage wurde auf dem Hintergrund der bereits geschilderten großen und umwälzenden schulpolitischen Diskussionen behandelt und der Bestrebung, durch die Veränderung des Laufbahnrechts Einfluss auf die Besoldungsstruktur zu nehmen. Mit den sog. *Frankenthaler Beschlüssen* der Kultusministerkonferenz vom 8./9. Oktober 1970 wurde die bereits erwähnte Rahmenvereinbarung über *Lehrerbildung und Lehrerbesoldung* beschlossen, deren Ausgestaltung zwischen den Ländern streitig blieb. Am 20. Dezember 1973 übersandte die Bundesregierung dem Bundesrat den *Bildungsgesamtplan*. Darin wurde für die *Struktur des Hochschulbereichs* als Ziel der Neuordnung »ein durchlässiges System von abgestuften, aufeinander bezogenen Studiengängen und Studienabschlüssen« vorgeschlagen. Hierin waren Studiengänge sowohl an Fachschulen als auch an wissenschaftlichen Hochschulen eingeschlossen. Ihre Zusammenführung in einem Hochschulsystem (Ausbau oder Zusammenschluss bestehender Hochschulen zu Gesamthochschulen), wie dann im *Hochschulrahmengesetz* (HRG) vom 26. Januar 1976 verankert, war hierbei angestrebt. Die an die Frankenthaler Beschlüsse anknüpfenden Vorschläge des Bildungsgesamtplans für die *Lehrerbildung und Lehrerbesoldung* blieben zwischen den Ländern streitig. Nicht geklärt werden konnte, ob es im horizontal gegliederten Schulsystem einheitlich zu bewertende Lehrämter in allen Schulstufen oder eine differenzierte Lehrerbildung geben sollte. Man muss dabei die Bestrebungen zur Schaffung eines Einheitslehramtes mit Erweiterungsmöglichkeiten und die Einrichtung integrierter Studiengänge an Gesamthochschulen zusammen betrachten. Dahinter steckte für den öffentlichen Dienst ein Plan zur Abschaffung des höheren Dienstes und dessen Zusammenlegung mit dem gehobenen Dienst.

Das 1. BesVNG war ein Provisorium, wie u.a. die ungeklärte Lehrereinstufungsfrage zeigte. Im 2. BesVNG beabsichtigte die Bundesregierung die Lehrerbesoldung im Sinne der Stufenlehrämter zu lösen. Dabei war zwischen den Ländern noch ungeklärt, wie die Vereinheitlichung der Lehrerausbildung gelöst werden sollte, die für die Neuregelung der Besoldung von entscheidender Bedeutung war. Die Vertagung anstehender konzeptioneller Besoldungsentscheidungen gab dem Deutschen Philologenverband und seinen Landesverbänden Gelegenheit zu dem bereits geschilderten Kampf für eine sachgerechte Lösung der Lehrerbildungsfrage. In der Folgezeit wurden die finanziellen Spielräume in den öffentlichen Haushalten, verstärkt durch die beginnende Ölkrise, immer enger. Als die Bundesregierung den Entwurf des 2. BesVNG, der bereits am 12. Dezember 1973 vom Kabinett verabschiedet worden war, am 29. März 1974 dem Deutschen Bundestag zuleitete, hatten sich die ökonomischen Eckdaten im Vergleich zum Jahre 1970 erheblich verschlechtert. Der Vorlage des Entwurfs war noch einmal ein erbitterter Streit vorausgegangen, als der nicht zuständige Bundeswissenschaftsminister von Dohnanyi den Vorschlag für eine differenzierte Ausbildung und Besoldung der Stufenlehrer des Innenministers Genscher durch sein Modell eines sechssemestrigen Einheits-Lehramts wieder umstoßen wollte. Dem Proteststurm von Philologen, Elternverbänden, Hochschullehrern und Lehrerverbänden im Deutschen Lehrerverband war es – wie geschildert – zu danken, dass das Dohnanyi-Modell erfolglos blieb. Der Regierungsentwurf Ende 1973 brachte dann die Einstufung der Lehrer an allgemeinbildenden und beruflichen Schulen auf der Grundlage der herkömmlichen Schulformen und Einstufungen in den Ländern. Damit hatte der Verband sein Ziel der »vollen persönlichen Besitzstandswahrung für die betroffenen Lehrer«, das im Regierungsentwurf zugesichert war, erreicht. Für Lehrer in einem Amt mit stufenbezogenem Schwerpunkt (Stufenlehrer), das durch die Lehrerbildungsgesetze in Bremen, Bayern und Nordrhein-Westfalen entstanden war, wurde im 2. BesVNG den Ländern zunächst ein Verbot der Regelung der Besoldung auferlegt, das ursprünglich bis 31. Dezember 1976 befristet war, dann aber später bis zum 30. Juni 1977 verlängert wurde. Der Deutsche Philologenverband und seine Landesorganisationen haben dieses Regelungsverbot gefordert und begrüßt, da noch nicht klar war, wie die weitere schulische Entwicklung verlief.

Zwischen den SPD- und CDU/CSU-regierten Ländern waren die Modalitäten der Umstellung der Schulorganisation vom gegliederten auf ein Stufensystem – insbesondere die Ausbildung und Besoldung der Stufenlehrer – vollkommen strittig. Der Philologenverband machte seinen Einfluss deshalb geltend, weil er mit Recht die Befürchtung hegte, dass über die Besoldungsstruktur das Einheitsschulwesen vorangetrieben werden sollte. Ein von den Regierungschefs der Länder angeforderter Bericht einer gemeinsamen Kommission von Vertretern der Innen-, Kultus- und Finanzminister, die von einer Gleichbewertung der Lehrämter für die Primarstufe und die Sekundarstufe I ausging, zeigte die Auswirkungen auf die sonstige Besoldungsstruktur und die nicht einlösbaren finanziellen Belastungen auf. Dies führte dann 1975 zu dem erwähnten Regelungsverbot.

In dem schließlich am 27. Februar 1975 im Bundestag verabschiedeten *Zweiten Gesetz zur Vereinheitlichung und Neuregelung des Besoldungsrechts in Bund und Ländern* (2. BesVNG), dem am 11. April 1975 auch der Bundesrat zustimmte, wurden für die Philologenbesoldung wichtige Regelungen verankert:

a) Wesentliche Bedeutung kam der Aussage des § 18 des 2. BesVNG zu, mit der die *funktionsgerechte Besoldung (mit Ämterbewertung)* eingeführt wurde.

b) Die Obergrenze für Beförderungsämter der Besoldungsgruppen A15, A16 und B2 betrug laut § 26 insgesamt vierzig Prozent (Besoldungsgruppen A16 und B2 davon zehn Prozent). Für Philologen und Lehrer an beruflichen Schulen wurde in einer Fußnote ergänzt: »Studiendirektoren höchstens dreißig von hundert der Gesamtzahl der planmäßigen Beamten in der Laufbahn der Studienräte.« Für alle übrigen Lehrerkategorien gab es keine Stellenplan-Obergrenzen.

c) Laut § 59 erhielt der Beamte auf Widerruf im Vorbereitungsdienst (Anwärter) statt des bisher gewährten Unterhaltszuschusses jetzt *Anwärterbezüge*, also eine eigenständige Besoldung für Beamte im Vorbereitungsdienst mit familienbezogenen Komponenten. Damit wurde eine langjährige Forderung der Bundesarbeitsgemeinschaft der Assessoren und Referendare erfüllt.

d) Die Unterrichtsvergütungen für Studienreferendare wurden neu festgesetzt. In den Referendarbezügen waren bis zu zehn Stunden Ausbildungsunterricht eingeschlossen. Wurden Stunden darüber hinaus erteilt, gab es Mehrarbeitsvergütungen.

e) Trotz der ursprünglichen Absicht, das Zulagensystem zu beseitigen, wurden die Landesregierungen gemäß § 78 ermächtigt, für besondere Funktionen durch Rechtsverordnung widerrufliche Stellenzulagen bis zu 150 DM auszuweisen, beispielsweise für solche Lehrer, die Koordinationsaufgaben bei Schulversuchen wahrnahmen oder im Rahmen der Lehrerausbildung oder -fortbildung eingesetzt waren.

f) Für die ständigen Stellvertreter der Oberstudiendirektoren wurde eine ruhegehaltsfähige Zulage in Höhe von 150 DM gewährt.

Mit diesem Ergebnis war es den Philologen gelungen, im Besoldungsbereich eine differenzierte Lehrerbesoldung zu erhalten, die unbedingt notwendig war, um weiterhin qualifizierten Gymnasiallehrernachwuchs zu bekommen. Der Philologenverband begann sofort damit, die Zusammenhänge zwischen Besoldung, Funktion und Beförderungen darzustellen. Er entwickelte in Kooperation mit den zuständigen Landesbehörden exakte Funktionsstellenbeschreibungen, in denen die Aufgaben der Stelleninhaber genau beschrieben sowie deren Bedeutung und das Maß ihrer Verantwortlichkeit umrissen wurden. Dabei richtete der Verband ein besonderes Augenmerk auf die Funktionen der Besoldungsgruppe A 15, die in Vergleich gesetzt wurden zu eben solchen Funktionen in anderen Bereichen des öffentlichen Dienstes. Leider haben – mit Ausnahme Bayerns – die Bundesländer in den folgenden Jahren die vom 2. BesVNG vorgegebene Stellenplanobergrenze von dreißig Prozent für Funktionsstellen in A 15 nie ausgefüllt.

Als mit dem 30. Juni 1977 das Verbot zur Regelung der *Stufenlehrerbesoldung* auslief, wollte die Bundesregierung zunächst die Anwärterbezüge für die zukünftigen Stufenlehrer regeln. Diese gab es nur noch in Bremen und Nordrhein-Westfalen, da Bayern durch das neue Lehrerausbildungsgesetz vom 28. Juni 1977 das Gesetz von 1974 zurückgenommen hatte. Der Deutsche Philologenverband hatte eine Stellungnahme zur Stufenlehrerbesoldung vorgelegt, in der er für die Differenzierung der Lehrämter eintrat. Der Regierungsentwurf sah vor, dass sich die Bezüge für die Anwärter auf ein Amt der Primarstufe und der Sekundarstufe I nach A 12, für ein Amt der Sekundarstufe II nach A 13 mit Zulage richten sollten. Diese Regelung wurde eingebracht im Rahmen des *Sechsten Besoldungserhöhungsgesetzes* (6. BBesErhG), das dem Parlament am 10. Mai 1977 zur Beratung zugeleitet wurde. Die SPD/FDP-Regierungsmehrheit hielt nun den Augenblick für gekommen, den Einstieg in die Einheits-Lehrerbesoldung doch noch zu erreichen. Mit einer Einebnung der Anwärterbezüge für Beamte mit einem späteren Eingangsamt ab A 12 und höher sollte die erste Etappe zur Abschaffung des höheren Dienstes genommen werden. Da eine Egalisierung im höheren Dienst nicht finanzierbar war, sollte eine Nivellierung nach unten erfolgen. Mit der Begründung, mit Einsparungen mehr Ausbildungsplätze für Anwärter zu schaffen, beschloss der Deutsche Bundestag am 16. Juni 1977 auf Antrag und mit Mehrheit der SPD/FDP-Regierungsparteien, die Anwärterbezüge für die Eingangsämter der Besoldungsgruppen A 12, A 13 und A 13 mit Zulage einheitlich nach A 12 zu bemessen. Die Verminderung sollte für Neueintretende ab 1. Oktober 1977 gelten. Für die Referendare des höheren Dienstes handelte es sich dabei um eine Einkommensminderung von 25 Prozent. Der Deutsche Philologenverband, die Bundesarbeitsgemeinschaft der Assessoren und Referendare, die Landesphilologenverbände, der Deutsche Lehrerverband und der Deutsche Beamtenbund protestierten gegen diesen vom Parlament vollzogenen Abbau des höheren Dienstes. Der Bundesrat rief mit der Mehrheit der CDU/CSU-regierten Länder zu dem vom Deutschen Bundestag beschlossenen 6. BBesErhG den Vermittlungsausschuss an. Die Begründung lautete, dass »diese Nivellierung dem bisherigen Grundsatz, dass die Bezüge der Anwärter der Lehrämter an Volksschulen, Realschulen und Gymnasien sowie für die Anwärter des höheren Dienstes entsprechend der unterschiedlichen Einstufung ihrer Eingangsämter in unterschiedlicher Höhe festzulegen sind, widerspreche und dass kein sachlicher Grund bestehe, diese Differenzierung aufzugeben.«[170] Im Vermittlungsausschuss kam es zu dem Kompromiss einer bis 31. Dezember 1981 befristeten Übergangsregelung, die vorsah, dass die Einstufung der Lehrämter für die Primar- und Sekundarstufe I (S-I) in A12 und Gewährung einer nicht ruhegehaltsfähigen Zulage für S-I-Lehrer bei Verwendung an Realschulen oder Gymnasien und die der S-II-Lehrer wie bisher in A13 mit Zulage erfolgte. Der Deutsche Bundestag stimmte am 6. Oktober dem Vorschlag des Vermittlungsausschusses ohne Gegenstimmen zu; damit scheiterte das geplante Nivellierungsvorhaben. Die Differenzierung bei den Anwärterbezügen blieb erhalten und die Kürzung der Vergütung wurde rückgängig gemacht. Die Bundestagsdebatte zu diesem Problem am 16. Juli 1977 gibt einen vorzüglichen Einblick in die Absichten der politischen Parteien zum Nivellierungsproblem in der Besoldungspolitik einerseits und dem Versuch, über die Besoldungspolitik Bildungspolitik zu betreiben, andererseits. Die Bundestagsabgeordnete Schuchardt (FDP) führte zur Besoldungspolitik für die Mehrheitsfraktionen im Bundestag aus: »Die FDP-Fraktion und auch die SPD-Fraktion sind sich einig, dass wir uns langfristig von dem so genannten gegliederten Schulsystem trennen sollten. Wir wollen deshalb den Stufenlehrer haben und wir wollen es nicht zulassen, dass der Stufenlehrer von den Lehrerstudenten deshalb nicht angenommen wird, weil er schlechter besoldet wird.«[171] Deutlicher als Frau Schuchardt konnte man seine Absichten nicht formulieren. Das weiter gehende Ziel der Mehrheitsfraktionen wurde in der Debatte auch offenbar: mit einer Besoldungspolitik der kleineren Nivellierungsschritte den großen Schritt einer Einebnung und Abschaffung des höheren Dienstes vorzubereiten.

Mit den Beschlüssen des Bundestages vom 6. Oktober und ihrer Annahme durch den Bundesrat am 16. Oktober 1977 hatten sich der Deutsche Philologenverband und die Landesphilologenverbände weitgehend mit ihren Vorstellungen durchgesetzt. Dass dies noch kein endgültiger Erfolg war, zeigte die Entwicklung der folgenden Jahre. Auch in den achtziger Jahren griffen Bundestag und Bundesregierung zu Sparzwecken in die Beamtenbesoldung ein. So wurde 1983 zur Entlastung der öffentlichen Haushalte in das Bundesbesoldungsgesetz ein § 19a eingefügt, durch den die Besoldungsgruppen mit A11 und höher für die Dauer von vier Jahren, bei A9 und A10 für die Dauer von drei Jahren, die Grundgehaltssätze der jeweils niedrigeren Besoldungsgruppe erhielten. Gleichzeitig wurden die Anwärterbezüge in gleichem Umfang um zirka 25 Prozent gekürzt. Der Deutsche Philologenverband, der Deutsche Beamtenbund und die Arbeitsgemeinschaft des höheren Dienstes haben sich von Anfang an gegen diese Maßnahmen gewehrt. Für die Philologen bedeutete die Absenkung, dass sie, sobald sie aus dem Angestelltenverhältnis nach BAT 2a (A13 Z) in eine Planstelle im Beamtenverhältnis eingewiesen wurden, eine Gehaltsminderung hinnehmen mussten. Proteste des Deutschen Philologenverbandes führten dazu, dass in einem Haushaltsbereinigungsgesetz zum § 19a der Bundestag einer Regelung zustimmte, wonach Angestellte, die vor dem 1. Januar 1984 bereits im öffentlichen Dienst tätig waren und nach dem 1. Januar 1984 als Beamte eingestellt worden sind, nicht unter die Absenkung der Eingangsbesoldung fallen. Ab. 1. Januar 1989 wurde beim gehobenen Dienst (ohne Lehrer) und ab 1. Januar 1990 für den gesamten höheren Dienst einschließlich der Lehrer die Absenkung aufgehoben. Das bedeutete für einen jungen Studienrat ein Mehreinkommen von fast 20 000 DM in vier Jahren.

Die Besoldungsentwicklung in den siebziger und achtziger Jahren zeigte die Schwierigkeiten, mit denen der Deutsche Philologenverband zu kämpfen hatte, und gleichzeitig die Erfolge bei der Abwehr der für die Philologen abträglichen Maßnahmen. Es war dem Deutschen Philologenverband und den Landesphilologenverbänden sowie dem Deutschen Beamtenbund, dem Deutschen Lehrerverband und der Arbeitsgemeinschaft der Verbände des höheren Dienstes zu danken, dass die Lehrer des höheren Dienstes nicht von der allgemeinen Entwicklung abgekoppelt wurden. Eine wichtige Rolle spielten dabei die Besoldungsreferenten des Verbandes, Kurt Pfeiffer und sein Nachfolger Heinz Durner, der ab 1977 dem Geschäftsführenden Vorstand des Deutschen Philologenvorstandes angehörte. Insgesamt muss man feststellen, dass trotz der Einführung eines bundesgesetzlich geregelten Besoldungsrechts viele Verzerrungen voraufgegangener Jahre erhalten geblieben sind. Diese wirkten sich vor allem zum Nachteil des höheren Dienstes aus. Die bundesgesetzliche Regelung einer großen Zahl von – sachlich zwar gerechtfertigten – Zulagen, die aber vornehmlich zu Verbesserungen für andere Laufbahngruppen führten, unterstreicht dies. Die beim höheren Dienst immer stärker sichtbar werdende Nivellierung kennzeichnet die Besoldungspolitik von 1971 bis 1980, dazu gehörten auch die mehrfach vorgenommenen Sockel- und Mindesterhöhungen.

»Emanzipation« – Kulturrevolution als »Erziehungs«-Programm

Noch nie haben von Kultusministerien abgesegnete Schullehrpläne in Deutschland so heftige Auseinandersetzungen verursacht wie die 1973 von zwei sozialdemokratisch regierten Ländern herausgegebenen *Rahmenrichtlinien* für den Unterricht an Gesamtschulen in Hessen und die nach ihnen gestalteten von Nordrhein-Westfalen. Die international renommierten Professoren Thomas Nipperdey und Hermann Lübbe, beide Mitglieder der SPD, bescheinigten den hessischen Rahmenrichtlinien für Gesellschaftslehre unter anderem: »Unterschlagung demokratischer Grundprinzipien«, »Manipulation der Geschichte«, »irrationale Kritik der Marktwirtschaft«, »Kritik an unserer Demokratie als zentralem Lerninhalt«, »antipluralistisches Demokratiemodell«, »antiliberale Umfunktionierung des Grundgesetzes«, »mangelnde Kenntnisvermittlung«, »Dilletantismus und Hochstapelei«.[172] Noch 1981 urteilte der Münchener Literaturwissenschaftler Prof. Dr. Werner Ross über die inzwischen mehrfach umgearbeiteten hessischen Rahmenrichtlinien im Fach Deutsch: »Sie sind von ihrer Anlage her nicht verbesserungsfähig, sondern gehören in den Papierkorb der Geschichte – als ein untauglicher Versuch. Sie sind ein Teil jenes Selbstzerstörungsprozesses der Schule, in dem sie wegen luftiger Utopien ihre Grundlagen darangibt, bis am Ende nur eine pädagogische Ruinenlandschaft übrig bleibt.«[173] Was hatte demokratisch gewählte Regierungen und deren Kultusministerien veranlasst, im Bildungssektor so weit reichende Umorientierungen zu vollziehen?

Die Studentenrevolte, die 1968 ihren ersten Höhepunkt und in den folgenden Jahren ihre terroristische Eskalierung erreichte, markiert einen Wendepunkt in der Reformpolitik der Bundesrepublik, die bereits in den fünfziger und sechziger Jahren begonnen hatte. Ging es damals noch um eine Qualitäts- und Quantitätssteigerung des Bildungswesens, die das wirtschaftliche und technische Leistungsniveau der Bundesrepublik national und international erhalten und anheben sollte, brach jetzt eine *Kulturrevolte* los, die nicht nur das bestehende Bildungssystem umwerfen, sondern auch die Gesellschaft verändern wollte. Die Ungeduld und der vehemente Veränderungswille lassen sich nicht nur aus dem politischen Wandel in Europa erklären, der durch den Rücktritt de Gaulles in Frankreich (1969) und den nach Wählerstimmen sehr knappen Sieg der sozial-liberalen Koalition über die christlich-demokratischen Nach-Adenauer-Regierungen gekennzeichnet ist. Natürlich wollte die neue deutsche Regierung Verpasstes nachholen und sah im Neugestalten grundsätzlich Fortschritt. Doch der eigentliche Druck kam durch den plötzlichen Einbruch eines mit hegelianischen, freudianischen, anarchistischen und hermeneutischen Elementen angereicherten Marxismus in die sich etablierende liberaldemokratische Bürgergesellschaft, die auf diesen Ansturm nicht vorbereitet war. Es handelte sich um eine Renaissance der neomarxistischen »kritischen Theorie« und deren neuer Ausprägung in den Büchern von Herbert Marcuse bis Jürgen Habermas, die in einer Pamphletliteratur verbreitet wurden und die Studentenrevolte von 1968 und ihre gewaltbereite Steigerung in den siebziger Jahren mit ideologischem Sprengstoff versah.[174] Auch viele Intellektuelle und politische Akteure wurden von den neuen »Heilslehren« ergriffen. Jetzt begann das Aufwühlen und Umpflügen des Bildungswesens, wodurch die begonnene Bildungsreform umgedreht, mit konträren Zielsetzungen versehen und Grundlagen unserer Verfassung in Frage gestellt wurden. Es ging nun überhaupt nicht mehr um Reform, sondern um Gesellschaftsveränderung oder wie die 68er es nannten: *Systemüberwindung*. Man verfolgte dabei die Methode, den demokratischen Staat und seine Institutionen anzugreifen, zu verunsichern oder umzugestalten. *Demokratisierung* hieß das Zauberwort, mit dessen Mitbestimmungsmodellen Wirtschaft, Universitäten und Schulen bis zu den untersten Ebenen basis-demokratisch organisiert werden sollten.

Die aggressiv vorgetragenen Mitbestimmungsforderungen der linken Studentengruppen an den Universitäten fanden schon bald ihre Resonanz in den Schulen. In den Jahren 1967/68 erlangte die sozialistische *Schüleragitation* einen größeren Einfluss durch die Gründung des *Aktionszentrums unabhängiger sozialistischer Schüler* (AUSS) in Frankfurt, die vom damaligen *Sozialistischen Deutschen Studentenbund* (SDS) inspiriert und organisiert wurde. Zu den ersten Maßnahmen von AUSS gehörten die Ablehnung der nach den Schulrechten in den Bundesländern existierenden Schülermitverantwortung, die als demokratisches Feigenblatt denunziert wurde, und die Forderung nach Mitsprache gegenüber der Schulverwaltung in allen die Schüler betreffenden Fragen sowie ein Streik- und Demonstrationsrecht. Auch die *Sozialistische Deutsche Arbeiterjugend* (SDAJ), die Parteijugend der Deutschen Kommunistischen Partei, erhielt an den Schulen großen Auftrieb. Neben den linken Gruppierungen gab es andere Organisationen wie die *Unabhängige Schülervertretung* (USV), die für eine Stärkung der Schülermitverantwortung eintrat und ein Partnerverhältnis zwischen Lehrern und Schülern vertrat, oder die *Katholische Studierende Jugend* (KSJ), die »autoritäre Schulstrukturen« beklagte. Unterstützung erfuhren vor allem die linken Gruppen durch den *Sozialistischen Lehrerbund* (SLB), eine marxistische Lehrerorganisation, den *Ausschuss junger Lehrer und Erzieher* (AjLE), eine linksradikale Gruppierung in der Gewerkschaft Erziehung und Wissenschaft, die *Arbeitsgemeinschaft Sozialdemokratischer Lehrer* (ASL), eine offizielle Arbeitsgemeinschaft der SPD, und die *Arbeitsgemeinschaft sozialistischer Eltern* (ASE), eine linksradikale Gruppierung, die bestrebt war, die Elternbeiräte zu unterwandern. Daneben gab es noch viele kleinere und größere Zusammenschlüsse von Schülern, Studenten und Lehrern. Der »Rote Kalender 1972 für Schüler und Lehrlinge« benennt allein 97 Anlaufadressen im Bundesgebiet.[175] Grundsätzlich sollte über diese Gruppen eine Mobilisierung angestrebt werden, die »über den Hinweis auf konkrete Missstände und Mängel hinaus die Symptome der kapitalistischen Gesellschaft, ihre Ursachen und ihre Bedingungen bewusst« machen sollte. »Mit dieser Zielsetzung«, so konnte man in den »Mitteilungen der Jungsozialisten« lesen, »werden die genannten Gruppen zu Bündnispartnern einer antikapitalistischen Gesamtstrategie«.[176]

Insbesondere die politisch radikalen Gruppen suchten durch systematisch gesteuerte Unruhe, Boykottmaßnahmen und Streiks an den Gymnasien und anderen Schularten ihr Bestreben nach unbeschränkter Mitbestimmung in allen Schulangelegenheiten durchzudrücken. Dass man bei ähnlich denkenden Parlamentariern Erfolge verzeichnen konnte, zeigte ein neues Schulverfassungsgesetz in Hamburg, das zum 1. August 1973 in Kraft trat. Dieses Gesetz sah im eigentlichen Beschlussorgan der Schule, der Schulkonferenz, eine Drittelparität von Schülern, Eltern und Lehrern vor. Die Konferenz hatte u.a. das Recht, den Schulleiter zu wählen, und zwar auf Zeit. Selbst ein gestandener Demokrat wie der Hamburger Altbürgermeister Weichmann (SPD), der seiner Fraktion entgegenhielt, Mitbestimmung setze immer Erfahrung und eine geistige Reife voraus, ein Anhörungsrecht der Schüler sei ausreichend, konnte keinen Sinneswandel herbeiführen. Dabei lehrten Erfahrungen aus dem Universitätsbereich, dass sich das Modell der Drittelparität nicht bewährt hatte. Beliebig interpretierbare Schlagworte vom »Abbau hierarchischer Strukturen« und »Demokratisierung« beherrschten die Debattenbeiträge der SPD-Mehrheitsfraktion und zeigten, dass politische Kreise bereits ganz in den neuen ideologischen Strukturen gefangen waren. Scharfe Kritik am Hamburger Gesetz übten der Deutsche Philologenverband, der Deutsche Lehrerverband und der Hamburger Philologenverband. Dieses Gesetz stelle einen eindeutigen Verstoß gegen das geltende Beamtenrecht dar, betonte der Philologenverband, und verstoße gegen die Unparteilichkeit und Unabhängigkeit des

Schulleiters. Der Deutsche Lehrerverband beauftragte den Verwaltungsrechtler Prof. Günther Küchenhoff mit einem Rechtsgutachten, in dem dieser zu dem Ergebnis kam, dass die Wahl von Schulleitern durch Gremien, in denen Eltern und Schüler Entscheidungsrechte besäßen, nicht verfassungskonform sei. Gleiches gelte für die befristete Übertragung der Schulleiterfunktion. Trotz dieser eindeutigen Rechtslage folgten Länder wie Bremen und Niedersachsen dem Hamburger Beispiel.

Nicht weniger erstaunlich war die Willfährigkeit und Wendigkeit, mit der Wissenschaftsbereiche der Pädagogik, Soziologie, Politologie und Psychologie in vielen Hochschulen sich den neuen ideologischen Strömungen öffneten und sie nach Kräften unterstützten. Dabei zeigte sich immer deutlicher, dass es in der neuen Protestbewegung nicht nur um neo-marxistische Vorstellungen ging, sondern dass es sich, trotz aller Theorieverliebtheit, auch um einen neo-idealistischen, irrationalen Jugendprotest handelte, der geistige Vorgänge vor und nach dem Ersten Weltkrieg wiederholte. Die neue Bewegung erhielt außerdem eine verstärkte Dynamik durch eine globale Perspektive, die sich als antikapitalistische Weltbewegung verstand und gegen das »Establishment« der westlichen Zivilisation richtete. Manche Züge dieser Bewegung waren sogar vor-marxistisch und schlossen Anarchismus- und Elitetheorien der Frühsozialisten mit ein. Es zeigte sich eine signifikante Affinität von links- und rechtsradikalen Vorstellungen, die sich vor allem bei der Enttabuisierung der Gewalt bis hin zum Terrorismus offenbarte. Von diesen Vorstellungen angetrieben, wurde eine intellektuell geschulte, vornehmlich bürgerliche Jugend erfasst, die von ernsteren materiellen Sorgen verschont geblieben war und durch einen für die Nachkriegsverhältnisse enormen wirtschaftlichen Aufschwung begünstigt wurde. Warum diese Intellektuellen glaubten, die Sinnfrage für die Lösungen gesellschaftlicher Fragen ausgerechnet bei den in den 20er Jahren entwickelten kulturpessimistischen Vorstellungen der Neo-Marxisten zu finden, ist heute schwer nachvollziehbar. Richard Löwenthal gelangte zu der Einsicht, dass diese Entwicklung ein »romantischer Rückfall« in die Ablehnung der Grundlagen jeder modernen Industriegesellschaft war und eine verhängnisvolle Anfälligkeit für antiliberale und antiwestliche Affekte einschloss. Es »war also die Marxsche Form der Utopie – die Tendenz zur klassen- und herrschaftslosen Gesellschaft und zur endgültigen Emanzipation des Menschen von entfremdenden Verhältnissen«[177], eine Form des »Erlösungsglaubens« aus dem 19. Jahrhundert, mit dem man meinte, Probleme des 20. Jahrhunderts lösen zu können.

Bei der Ursachenanalyse sollte aber auch die überzogene und teilweise fehlgeleitete bzw. aus anderen Motiven (Einheitsschule, Einheitsbesoldung) gespeiste Kritik am bestehenden Bildungswesen in den fünfziger und sechziger Jahren nicht vergessen werden. Zur Quantitäts- und Qualiätssteigerung wurden aus ökonomischer und sozial-liberaler Sicht Breschen in die bewährten Strukturen des vorhandenen Bildungswesens geschlagen, wesentliche Bildungsinhalte entfernt, wichtige Traditionen aufgegeben und dadurch Leerräume geschaffen, in die die gesellschaftlichen und politischen Vorstellungen der »Neuen Linken« mit der Unterstützung pseudowissenschaftlicher Ansprüche eindringen konnten.

Man redete jetzt bewusst systemkritisch von Spätkapitalismus und Spätbürgertum. Es begann die *Inflationierung des Faschismusbegriffes*, den man vom kommunistischen Antifaschismusdenken übernommen hatte und mit dem die DDR die gesamte Bundesrepublik bekämpfte. Gleichzeitig wurde der Totalitarismusbegriff, mit dem man bisher rechten wie linken Extremismus abgelehnt hatte, diskreditiert. Dadurch lenkte man bewusst vom Totalitarismus der DDR und UdSSR ab. Ganze Unterrichtswerke für den Geschichts-, Politik- und Sozialkundeunterricht wurden umgeschrieben und sind noch heute mit der gleichen Tendenz im Gebrauch. Helmut Schelsky verwies darauf, dass für die Gesellschaftsveränderer das Bildungswesen eine Schlüsselrolle spielte. Wären erst einmal Universitäten, Schulen und Medien revolutioniert, sei die totale Umwälzung aller Lebensbereiche nur eine Frage der Zeit. In der Schulpolitik wurde die integrierte Gesamtschule »Ziel und Mittel des politischen Kampfes« (Carl-Heinz Evers, Schulsenator in Berlin), denn den Schulen des begabungsgerechten gegliederten Schulwesens traute man den egalisierenden revolutionären Systemveränderungsprozess nicht zu. Sie sollten abgeschafft und über die Zwischenphase einer Stufenschule in ein integriertes Gesamtschulsystem überführt werden. Ziel war, die Schulstruktur, die Lehrerbildung und -weiterbildung, die Curricula, die Schulverwaltung und die Schulbaufinanzierung in den Griff zu bekommen. Auf allen Ebenen wollte man das Denken der handelnden Personen verändern durch die *emanzipatorische Erziehung*, die den Menschen befreien sollte vom »falschen Bewusstsein« und hinführen zu einer utopischen, besseren sozialistischen Gesellschaft. Zur Erreichung dieses Ziels bedurfte es der Loslösung von der realexistierenden Gesellschaft und ihrer Tradition. Dazu mussten die Konflikttheorie herhalten und die Umsteuerung des Generationenkonflikts in einen Gesellschaftskonflikt.[178]

Ein weiterer entscheidender Schritt sollte die Abkehr vom bewährten Fächerkanon der Schulen sein. Man begann, die Bildungsinhalte im Sinn der »kritischen Theorie« umzuwerten und die überkommenen Bildungstheorien zu verlassen. Den für dieses Vorgehen ungeeigneten mathematisch-naturwissenschaftlichen Fächern wurde übertriebener *Leistungsdruck* vorgeworfen und den Schülern die Abwahl solcher Fächer erleichtert. Leistungsdenken wurde unter Faschismusverdacht gestellt. Eine über Jahrzehnte dauernde *Technikfeindlichkeit* vieler Jugendlicher war die Folge, und noch heute spüren wir den Mangel an Mathematikern, Ingenieuren und Computerspezialisten. Leichter fanden die ideologischen Vorstellungen der Kulturrevolution Eingang in die literarischen, deutschkundlichen und gesellschaftswissenschaftlichen Fächer. Die Abschaffung eines Literaturkanons der deutschen und europäischen Geistesgeschichte wurde betrieben, das Fach Geschichte zurückgedrängt oder durch die neue, revolutionär verfremdete Soziologie und Politische Wissenschaft ersetzt, nachdem man vorher die Schulbücher im Sinne der »emanzipatorischen Pädagogik« und Konflikttheorie zurechtgestutzt hatte. Ein Gutachten von 1975 zum Arbeitsbuch für die Sozial- und Gemeinschaftskunde der Klassen 7 bis 9/10 aller Schulen in Hessen (Hrsg. K.G. Fischer) kam zu dem Ergebnis, dass das Unterrichtswerk für »den sozialkundlichen Unterricht eines Staates, der nach den Prinzipien einer freiheitlich-rechtsstaatlichen Demokratie geordnet ist«, unbrauchbar sei. Begründet wurde das Urteil u.a. mit dem »marxistischen Ansatz« des Buches, der »die gesellschaftliche und die politische Ordnung« nur »als Überbau über den Eigentumsverhältnissen« begreife, in der man mehr Freiheit und Gerechtigkeit durch die »Überführung des Privateigentums an Produktionsmitteln in gesellschaftliches Eigentum« erreichen könne. Zudem werde der Schüler zur »Distanzierung von der konkreten Gesellschaft der Bundesrepublik erzogen« und »ihm die sozialistische Demokratie Jugoslawiens« als »reale Utopie für das Jahr 2000« vorgestellt.[179]

Die Verwerfungen in der deutschen Bildungslandschaft wären unübersehbar geworden, wenn nicht ein entschlossener *demokratischer Widerstand* in der Bevölkerung, getragen von Eltern, Lehrern, Professoren, Politikern, Kirchen und wachen Bürgern aus allen Gesellschaftsschichten, gegen die Systemveränderungen entstanden wäre. 1970 wurde der *Bund Freiheit der Wissenschaften* gegründet, in dem sich Professoren, Pädagogen, Wissenschaftler sowie Bürgerinnen und Bürger parteiübergreifend zusammenfanden, um der Ideologie der »Neuen Linken« und den systemverändernden Maßnahmen an Universitäten und Schulen mit Entschiedenheit entgegenzutreten. Diese Gruppierungen, verstärkt durch Verbündete wie z.B. den Deutschen Hochschulverband, Elternvereinigungen, Akademikerorganisationen u.a., machten durch Öffentlichkeitsarbeit, Gutachten, Schriften, Flugblätter, Vorträge, Diskussionen, Kundgebungen und Proteste auf die Probleme im Bildungswesen aufmerksam und riefen ihre Anhänger und die Bevölkerung zum Widerstand auf. Bemerkenswert war in diesem Zusammenhang eine Münchener Vortragsreihe im Jahr 1975 über das Thema »Tendenzwende«. »Zur geistigen Situation der Bundesrepublik« meldeten sich namhafte Gelehrte und Bildungspolitiker zu Wort wie Hermann Lübbe, Golo Mann, Hans Maier, Robert Spaemann und Ralf Dahrendorf. Am 9./10. Januar 1978 wurden neun Thesen des Forums *Mut zur Erziehung* veröffentlicht, die ebenfalls von Hermann Lübbe, Golo Mann und Robert Spaemann unterzeichnet wurden, hinzu kamen Hans Bausch, Wilhelm Hahn und Nikolaus Lobkowicz. Beide Aktionen fanden ein bundesweites Echo.

Die Kritik legte unmissverständlich dar, wie die im Geiste »emanzipatorischer Pädagogik« formulierten Lehranweisungen die Vielfalt und Komplexität der gesellschaftlichen Verhältnisse auf eine monokausale Konflikttheorie in vulgärmarxistischer Gestalt reduzierten. Neben der Abwehr des Einheitslehrplans (Rahmenrichtlinien) galt es, der Einheitsschule (integrierte Gesamtschule, Stufenschule), der Einebnung der Universitäten (Gesamthochschulen), dem Einheitslehrer (Stufenlehrer) und der Einheitsstundentafel Widerstand entgegenzusetzen, da allenthalben die gesetzlichen und verwaltungsmäßigen Vorbereitungen dafür getroffen wurden. Durch den Druck der im Nordrhein-Westfälischen Lehrerverband zusammengeschlossenen Organisationen wurde z.B. die Vorlage des am 13. Dezember 1977 verabschiedeten Schulmitwirkungsgesetzes so verändert, dass die vorgesehene Drittelparität in der Schulkonferenz einem funktionsfähigen Gremium weichen musste, in dem die Sachkompetenz der Lehrer (mit 50 Prozent bei der Zusammensetzung der Schulkonferenz) Vorrang vor basis-demokratischen Versuchen hatte. Viele Universitäten hatten da weniger Glück und mussten sich jahrelang in fruchtlosen Debatten und unzähligen Gremien mit zum Teil unbotmäßigen Studenten herumquälen. Besonders hektisch waren über Jahre die Zustände an der Freien Universität Berlin und der Universität Frankfurt/Main. Aber auch andere Hochschulen und Schulen in den Stadtstaaten, Hessen, Nordrhein-Westfalen und Niedersachsen hatten mit schwierigsten Umständen fertig zu werden.

Die größte Sensation gelang dem demokratischen Bürgerwiderstand bei dem Streit um die »Koop-Schule« in Nordrhein-Westfalen, die als Einführungsmodell der integrierten Stufenschule geplant war. Dreißig Prozent der Bürger des Landes (3,6 Millionen) lehnten in einem Volksbegehren (16. Februar bis 1. März 1978) die Einführung der *Kooperativen Schule* ab. Vorausgegangen war u.a. eine Großveranstaltung in und außerhalb der Gruga-Halle in Essen mit über 20 000 Teilnehmern. Damit war der Hauptangriff auf das gegliederte Schulwesen in Nordrhein-Westfalen zunächst abgewehrt. Der Sieg der Eltern und Lehrer im Volksbegehren ist untrennbar mit dem Namen des Landesvorsitzenden des Philologenverbandes Nordrhein-Westfalen, Dr. Burkhard Sprenger, stellvertretend für die vielen tausend Mithelfer im Lande, verbunden. Der damalige Wissenschaftsminister Johannes Rau verkündete am 2. März 1978: »Wir sollten dieses Kampffeld jetzt nicht weiter besetzt halten«. Auch andere Fehlplanungen überstürzter ideologisch motivierter Maßnahmen an Schulen und Universitäten konnten abgewiesen oder korrigiert werden. Es war eine mühsame, sich über Jahrzehnte erstreckende Arbeit, deren Beispiele man vermehren könnte, die auch keineswegs abgeschlossen ist.

Zudem hat der Gang der Geschichte durch die Globalisierung, die Europäische Union und die Konkurrenzsituation auf dem Arbeitsmarkt bei vielen jungen Menschen eine selbstverständliche Haltung gegenüber einem vernünftigen Leistungs- und Arbeitsverhalten erzeugt. Die Erfahrung der Jugend wurde auch geprägt durch die Fehlplanungen des Staates in Schule und Universität, ebenfalls eine Spätfolge der Bildungsrevolution. Unterrichtsausfall, überfüllte Seminarräume an den Universitäten, 68er-Verdrossenheit von Teilen des Lehrpersonals, weil die Wirklichkeit der Theorie nicht entsprach (»Praxisschock«, »Burn-out-Syndrom«) waren für viele Jugendliche erlebte Fehlentwicklungen.

Die Systemveränderer von damals, die die Revolte gegen den liberal-demokratischen Bürgerstaat Bundesrepublik probten, haben sich inzwischen von der Gewalt verabschiedet. Die Gründe sind vielfältiger Natur: Die Abschreckung durch diejenigen, die in den Terror mit Mord und Totschlag abgeglitten sind, die vergeblichen Versuche der meist aus dem Studentenmilieu stammenden Revoluzzer, größere Bevölkerungsgruppen auf ihre Seite zu ziehen, und auch die Leichtigkeit, mit der man sich auf einflussreiche Positionen in Wissenschaft, Pädagogik, Politik und in öffentlich-rechtlichen Medien zurückziehen konnte, möglichst mit Beamtengehalt und Pensionsberechtigung. Sie haben sich somit dem Rat ihres Vorkämpfers Rudi Dutschke angeschlossen, der schon früh den »Marsch durch die Institutionen« propagierte. Auch heute noch sind einige Alt-68er eifrig dabei, strategische Begriffe wie Chancengleichheit, Demokratie, humane Gesellschaft, Frieden usw. mit ihrem Gedankengut zu besetzen. Dabei verfolgen sie gleichzeitig die von früher bekannte Methode, den politischen Gegner mit Faschismusverdacht zu überziehen, ihn des Rechtsextremismus, der antidemokratischen Hetze zu verdächtigen. Als neue semantische Kampffelder sind in den neunziger Jahren »autonome« Schule, »Schulprofil«, »Haus des Lernens«, Noten als »Herrschaftsinstrument« u.a. hinzugekommen.

Blicken die Alt-68er heute auf das ideologische Schlachtfeld vergangener Tage zurück, machen sich bei ihnen oft nostalgische Erinnerungen bemerkbar. Damit einher geht eine Verharmlosung der Taten der sechziger und siebziger Jahre als »Jugendsünden« oder eine Glorifizierung der damaligen Bewegung als »Freiheitsrevolte«. Diese Mythenbildung hat eine Untersuchung von Prof. G. Langguth zurechtgerückt. Er machte mit zahlreichen Belegen deutlich, dass die 68er-Revolte weder als Reaktion auf den angeblich »restaurativen« CDU-Staat zu sehen ist noch den Beginn der Auseinandersetzung mit den Fragen des »Holocaust« (ein Begriff, den es damals noch nicht gab) und der Nazizeit markiert. Auch den Mythos von der angeblich erst 1968 erfundenen Freiheit und Demokratie in der Bundesrepublik entzaubert er. Thomas Schmid, ein Ideologe der Studentenbewegung aus Frankfurt und Weggefährte von Joschka Fischer, hatte schon 1993 erkannt, wie falsch es war, die Bundesrepublik Deutschland, ihre Grundsätze und Institutionen zu bekämpfen. Er erklärte: »Das Feuer, das 1968 entfacht wurde, ist erloschen. Die Vision wies nicht, wie wir meinten, in eine bessere Zukunft.« Außerdem fügte er hinzu: »Die Fundamente dieser Republik wurden lange vor 1968 gelegt, und in allen wesentlichen Punkten folgte man – gottlob – nicht den Vorschlägen der Linken. Hätte die Linke sich durchgesetzt, wäre es weder zur Westorientierung und -bindung noch zur sozialen Marktwirtschaft, sondern in beiden Fällen bestenfalls zu erfolglosen Zwischenformen und Zwischenwegen gekommen.«[180] Auch die Auseinandersetzung mit dem NS-Regime hatte lange vor 1968 begonnen: Schon 1947 erschien Eugen Kogons Buch »Der SS-Staat«, das Fernsehen sendete Ende der fünfziger/Anfang der sechziger Jahre nach der »Tagesschau« in zwölf Folgen die Dokumentation »Das Dritte Reich«, das die Verbrechen des Nazi-Regimes schonungslos offenlegte und vor einer breiten Öffentlichkeit anprangerte. Der Eichmann-Prozess 1961 wurde in vielen Sondersendungen des Fernsehens dokumentiert und kommentiert. Hochhuths »Stellvertreter« (1968), Peter Weiß' »Ermittlungen« (1963), Hannah Arendts »Eichmann in Jerusalem« (1963/64) wurden bundesweit diskutiert. Vergessen werden sollte auch nicht, dass da, wo die Studentenrevolte ihren Ausgang und Schwerpunkt hatte – in Berlin und Frankfurt/Main –, sich ihr Angriff gegen die dort in Stadt und Land herrschenden SPD-Regierungen richtete. Nicht von ungefähr ging die Abwehr des Links-Extremismus in den siebziger Jahren von der SPD-geführten Bundesregierung unter Willy Brandt aus. In dem sog. *Extremistenbeschluss* vom 28. Januar 1972 verfügten der Bund und die Länder, dass nur der ins Beamtenverhältnis berufen werden darf, der »die Gewähr dafür bietet, dass er jederzeit für die freiheitlich-demokratische Grundordnung im Sinne des Grundgesetzes eintritt.« Dieser Beschluss wurde besonders von linken Gruppierungen und der GEW heftig bekämpft und als Berufsverbot denunziert. – Der Aufwand der 68er-Revolte war groß und fand weite Verbreitung durch das Massenmedium Fernsehen, das zeitweilig ideologische Stars produzierte (wie 1967/68 Rudi Dutschke in Berlin, Cohn-Bendit in Paris und Frankfurt). Doch die Erträge waren gering. Geblieben sind bei vielen, denen es nicht gelungen ist, den Marsch durch die Institutionen anzutreten, Illusionen und Enttäuschungen. Karl-Dietrich Bracher hielt als Resümee dieser Zeit fest: »Objektives Verständnis politischer und gesellschaftlicher Fragen haben eher einen Rückschlag erlitten durch den Einbruch einer letztlich subjektivistischen und irrationalistischen Re-Ideologisierung mit ihrer Missachtung der politischen Erfahrung und der unparteilichen Objektivität wie mit ihrer fortwirkenden Begriffsverwüstung.«[181]

Abitur, Hochschulzulassung und Hochschulrahmengesetz –
Fortschritte in der Verbandsarbeit

Als die Vertreterversammlung des Deutschen Philologenverbandes zu ihrem *Bundeskongress* mit dem Motto »*Gymnasium – modern und bewährt« vom 17. bis 19. November 1974 in Freiburg* zusammentrat, hatte sich die Zuversicht der Delegierten verstärkt, die neuen Herausforderungen der Bildungspolitik zu meistern. Eine intensive Reformarbeit, die trotz aller Widerstände und Attacken auf fast allen Ebenen geleistet worden war, hatte das Gymnasium erneuert, ohne dass es seinen traditionellen Bildungsanspruch preisgegeben hätte.

Bei den Wahlen wurden der Vorsitzende Ebner und seine Stellvertreter Pfeiffer und Fluck im Amt bestätigt, ebenso auf der Beisitzerposition die Vorsitzende des »Ausschusses für gesellschafts- und bildungspolitische Fragen der Frau«, Erika Schürrer. Roland Neßler wechselte im Vorstand vom BUAG-Vorsitz auf einen Beisitzerposten und übernahm den Bildungsausschuss, der von fünf auf elf Mitglieder aufgestockt wurde und in dem jetzt alle Landesverbände vertreten waren. Der langjährige Hauptschriftleiter der Verbandszeitschrift »Die Höhere Schule«, Gerhard Brede aus Kiel, und sein westdeutscher Kollege, Dr. Eugen Söhngen, schieden aus der Redaktion aus. Brede wurde für sein verdienstvolles Wirken zum Ehrenmitglied des Verbandes gewählt. Elmar Stuckmann aus Essen übernahm die Position Bredes, Max Schmid aus München verblieb in der Schriftleitung und sicherte die Kontinuität, Hartmut Grammes aus Saarbrücken trat neu hinzu. Zur Verbesserung der Außenwirkung des Philologenverbandes hatte der Öffentlichkeitsausschuss ein Konzept zur grafischen und inhaltlichen Neugestaltung der Verbandszeitschrift erarbeitet, das mit der Ausgabe vom 1. April 1974 erstmals umgesetzt wurde. Ende 1976 trennte sich der Deutsche Philologenverband vom Schwann-Verlag, nachdem der Bundesvorstand am 5./6. März 1976 die Herausgabe der Verbandszeitschrift in einem Eigenverlag beschlossen hatte. Die Verlagserrichtung wurde mit der notariellen Eintragung am 15. Juli 1976 eingeleitet und mit der Gründung der Firma *Pädagogik und Hochschulverlag (dphv-Verlag)* in Düsseldorf am 22. Dezember 1976 abgeschlossen. Als Geschäftsführer wurde Wolfgang Dömges aus Krefeld bestellt, der die Bereiche der technischen Druckerstellung, Anzeigenverwaltung, Adressatenbetreuung und des Versandes übernahm. Der Verlag sicherte in den folgenden Jahren einen günstigen Bezieherpreis für die Verbandszeitschrift und ermöglichte dem Philologenverband, Druckerzeugnisse schnell und preiswert sowie in guter grafischer Aufmachung herauszugeben. Der neue Hauptschriftleiter Stuckmann gab der Zeitschrift »die höhere Schule« (dhs) ein klares Profil durch die Aufgliederung in die Teile: Kommentar, Informationen, Blickpunkt, Aufsatzteil, Dokumentation, Berichte aus den Landesverbänden, Problematik und Diskussion, Buchbesprechungen, Presseschau. Mit dieser Aufteilung verknüpfte er neue aktuelle Bereiche mit bisher schon praktizierten Einteilungen, setzte grafische Schwerpunkte durch Bild und Überschrift und steigerte die Attraktivität und Lesbarkeit des Verbandsorgans, das im Bildungssektor und im politischen Umfeld große Beachtung fand.

Auf der Tagesordnung des Freiburger Bundeskongresses stand eine *Stellungnahme des Philologenverbandes zur Frage des Abiturs und des Hochschulzugangs*. Dieses Problem war von höchster Dringlichkeit, denn der Bundestag wollte das seit langem diskutierte Hochschulrahmengesetz, in dem auch der Hochschulzugang geregelt werden sollte, verabschieden. Das Gesetz wurde vom Bundestag am 12. Dezember 1974 beschlossen und entwertete das gymnasiale Abitur durch die Formulierung, dass dieses bei der Zulassung zur Hochschule »mit berücksichtigt werden soll«. Es wurde damit zu einem Faktor unter anderen gemacht, die für die Vergabe der Hochschulplätze maßgebend waren. Der Deutsche Philologenverband übte heftige Kritik an dieser Gesetzesbestimmung und warnte davor, die Hochschulzugangsberechtigung vom Abitur abzukoppeln, da dies die Probleme nicht lösen, sondern nur an die Hochschulen verlagern würde, die weder personell noch sachlich in der Lage seien, einen gerechten Hochschulzugang zu gewährleisten. Der Bundesrat lehnte das Hochschulrahmengesetz am 21. Februar 1975 mit der Mehrheit der CDU/CSU-regierten Länder ab und rief den Vermittlungsausschuss an. Hauptstreitpunkt war der Hochschulzugang. Dem Deutschen Philologenverband blieb dadurch eine Frist, seine Vorstellungen noch einmal einzubringen. Was hatte die SPD/FDP-Bundestagsmehrheit zu einem Vorgehen veranlasst, das im Widerspruch zu Ankündigungen der

Bundesregierung zu Beginn der Legislaturperiode stand, sie wolle fünfzig Prozent eines Geburtsjahrgangs zum Abitur II führen und die Hälfte davon solle ein Hochschulstudium aufnehmen?

Schon im Vorfeld dieser Entscheidung hatte es an Diskussionen und Irritationen nicht gemangelt. Auslöser war die überproportional gestiegene Zahl der Studienbewerber, die 1974 bereits in fünfzehn Fächern bundesweit zu Zulassungsbeschränkungen geführt hatte und die Ausweitung auf weitere Studienfächer war absehbar. Im *Bildungsbericht '70* hatte die Bundesregierung für das Jahr 1974 noch mit 575 000 Studenten und für das Jahr 1975 mit 612 000 gerechnet. Tatsächlich betrug die Zahl im Jahr 1974 schon 750 000 und war weiter im Steigen begriffen. Sie erreichte 1975 die Zahl von 840 800, erhöhte sich 1980 auf 1 036 300 und lag 1990 bei 1 579 000. Dies war die Folge der seit 1965 vorangetriebenen Bildungswerbung, mit der die Erhöhung der Zahl der Studienplätze und die Vermehrung des wissenschaftlichen Personals nicht Schritt halten konnte. Als sich der Studentenboom ankündigte, kam es am 19. April 1971 zu einer merkwürdigen Entscheidung der Bund-Länder-Kommission für Bildungsplanung, die sich in einer Probeabstimmung mit 18:3 Stimmen entschloss, die durch das Reifezeugnis erworbene allgemeine Hochschulreife nicht mehr zur alleinigen Voraussetzung für das Hochschulstudium zu machen, sondern darüber hinaus Zulassungsprüfungen an den Hochschulen einzurichten. Die Gegenstimmen hatten die Kultusminister von Bayern, vom Saarland und von Schleswig-Holstein abgegeben. Die BLK-Entscheidung war umso unverständlicher, als die Kultusminister erst kurz zuvor die Konzeption der reformierten Oberstufe verabschiedet hatten, die dann 1972 beschlossen wurde. Mit ihrem Beschluss vom April nahmen sie der gymnasialen Oberstufe wieder die Aufgabe als Gelenkfunktion zur Hochschule. Der Deutsche Philologenverband wehrte sich gegen diese Pläne mit Entschiedenheit, denn eine Trennung von Abitur als bloßem Schulabschluss und der Hochschulreife würde überflüssige Hürden errichten. Die bereits überforderten Hochschulen seien für Prüfungsanforderungen dieser Art nicht ausgestattet, ein zeitfremder Dirigismus würde Einzug halten und der Numerus clausus für Jahrzehnte zementiert. Der damalige Bundeswissenschaftsminister Leussink wollte schon 1967 als Präsident des Wissenschaftsrats die Funktion des Abiturs überdenken. Jetzt meldeten sich auch andere Stimmen, die die Abiturberechtigungen einschränken oder abschaffen wollten. So schlug Friedrich Edding vor, durch Einschaltung von Praktika den Studienbeginn auf das 22. Lebensjahr hinauszuschieben. Auch Georg Picht war wieder mit von der Partie und erhob die erstaunliche Forderung, den Studienzugang nur solchen Personen zu eröffnen, die vorher einen Beruf erlernt hätten. Frau Hamm-Brücher gar wollte das Abitur völlig weg vom Gymnasium in die Hochschule verlagern, um dann nach der Absolvierung eines Grundstudiums feststellen zu lassen, wer für ein reduziertes Studium von drei Jahren geeignet sei.

Ein Jahr später griff das Bundesverfassungsgericht angesichts der immer konfuser werdenden politischen Ratlosigkeit, wie man die Studentenflut steuern könnte, mit seinem *Numerus-clausus-Urteil vom 18. Juli 1972* klärend in die Debatte ein. Der Numerus clausus (N.c.) stellt nach Auffassung der höchsten Richter eine Beschränkung des durch Artikel 12 GG gewährleisteten Grundrechts auf freie Wahl des Berufs und der Ausbildungsstätte dar und ist deshalb nur als situationsbedingte Notmaßnahme erlaubt. Zulassungsbeschränkungen für bestimmte Fachrichtungen sind nur verfassungsgemäß, wenn sie unbedingt erforderlich sind, die vorhandenen Ausbildungskapazitäten voll ausgeschöpft werden und die Auswahl der Bewerber nach objektiv sachgerechten und individuell zumutbaren Kriterien erfolgt, die jedem hochschulreifen Bewerber die Chance auf Erhalt eines gewünschten Studienplatzes geben. Auf der Grundlage dieses Urteils schlossen die Ministerpräsidenten der Länder am 12. Oktober 1972 einen Staatsvertrag über die Zulassung zum Studium in Numerus-clausus-Fächern mit einer Zentralstelle für die Vergabe von Studienplätzen (ZVS) in Dortmund. Die verfügbaren Studienplätze sollten zu sechzig Prozent nach Leistung (Abiturdurchschnittsnote) und zu vierzig Prozent nach Wartezeiten vergeben werden. Aus der Bundes- und Länder-Durchschnittsnote aller Abiturienten wurde eine umstrittene Bonus-Malus-Regelung errechnet zum Zwecke eines Ausgleichs von

Benachteiligungen. Das führte dazu, dass Abiturienten in einem Bundesflächenstaat wie Bayern, der die Abiturientenquote nicht so forciert ausgeweitet hatte wie beispielsweise Berlin, eine Herabsetzung der Abiturdurchschnittsnote um 0,2 hinnehmen mussten.

Der Deutsche Philologenverband forderte von der Kultusministerkonferenz zur Beseitigung der Ungerechtigkeiten beim Hochschulzugang eine objektivierte Leistungsmessung z.B. in Form eines Landeszentralabiturs, das alle Wege zur Hochschule mit einschließen müsse. In einer Denkschrift vom März 1975 *Reifeprüfung und Hochschulzulassung* gab der Philologenverband eine präzise Situationsanalyse und unterbreitete seine Vorschläge zur Neuordnung der Hochschulzugänge mit einer eindeutigen Priorität für das Abitur. Eine klare Absage erteilte der Verband dem Vorstoß der Westdeutschen Rektorenkonferenz (WRK), ein eigenes Bundeshochschulzulassungsgesetz zu verabschieden und die Zuweisung von Studienplätzen nur auf der Basis von Hochschulzugangsprüfungen vorzunehmen. Am 7. Oktober 1975 lud Bundeswissenschaftsminister Helmut Rohde den Geschäftsführenden Vorstand des Deutschen Philologenverbandes zu einem mehrstündigen Meinungsaustausch ein, in dem Einigkeit in folgenden Punkten erzielt wurde: Der Rechtscharakter des Abiturs als Zeugnis der allgemeinen Hochschulreife bleibt erhalten, ein reines Lossystem bei der Hochschulzulassung wird abgelehnt und die Funktionsfähigkeit des Gymnasiums und seiner Oberstufe soll ausgebaut werden.

Das *Hochschulrahmengesetz (HRG)* wurde dann am 26. Januar 1976 endgültig von Bundestag und Bundesrat verabschiedet. Es fasste die konsensfähigen Vorschläge zur Schaffung einer einheitlichen Grundlage für den Hochschulbereich zusammen. Beim Hochschulzugang wurde das umstrittene Bonus-Malus-System durch ein Länderquotensystem abgelöst: die Quote eines Landes richtete sich zu zwei Drittel nach der Zahl der 18- bis 21-Jährigen und zu einem Drittel nach der Zahl der Studienplatzbewerber aus dem jeweiligen Land. Mit der Novellierung waren alle Versuche gescheitert, das Abitur zu entwerten und Studienbewerber mit der allgemeinen Hochschulreife in unvertretbarer Weise zurückzudrängen. Das galt für die Vorschläge der Bundesregierung und der Bund-Länder-Kommission ebenso wie für die Empfehlung der Westdeutschen Rektorenkonferenz. Die dreijährige reformierte gymnasiale Oberstufe blieb unangetastet und konnte weiter entwickelt werden. Als dann 1976 zur allgemeinen Überraschung der Präsident der WRK, Prof. Werner Knopp, vorschlug, ein Modell für eine befristete Überlastung der Hochschulen in Notjahren einzurichten, wurde der Numerus clausus mit Ausnahme der Fachbereiche Human-, Zahn- und Tiermedizin sowie Architektur und Psychologie aufgehoben. Um die Studentenflut ohne Verschärfung des Numerus clausus zu bewältigen, fassten die Ministerpräsidenten der Länder 1977 einen »Öffnungsbeschluss«, der bis heute wirksam ist. Reicht danach in einem Studiengang mit begrenzter Zulassungszahl die Gesamtzahl der zur Verfügung stehenden Plätze aus, um alle Bewerber zu berücksichtigen, so wird statt des Auswahlverfahrens ein Ortsverteilungsverfahren angewandt. Da das »Überlastprogramm« der Universitäten zur Regel wurde, blieb der Numerus clausus seit 1972 für viele Studiendisziplinen eine Dauererscheinung. Wichtig war, dass das Hochschulrahmengesetz den Schlusspunkt hinter ein zehnjähriges Experimentieren mit Hochschulstrukturen setzte und durch Urteile des Bundesverfassungsgerichts den Professoren bei den Berufungs- und Forschungsfragen wieder den Vorrang einräumte und damit ihren Einfluss in der »Gruppenuniversität« stärkte.

Gymnasium und europäische Einigung –
Nationale und internationale Verbandsarbeit

In der zweiten Hälfte der siebziger Jahre wich die vorher verbreitete Bildungseuphorie einer allmählichen Ernüchterung. Wurden die Bildungsreformen zu Beginn von wirtschaftlichem Wachstum und Vollbeschäftigung begünstigt, so waren die öffentlichen Haushalte seit der Ölkrise von 1973 von einer zunehmenden Rezession betroffen, die sich auch auf den Bildungssektor und auf die Lehrereinstellung auswirkte. Ökologische Fragen rückten seit dem Erscheinen des Berichtes des Club of Rome »Die Grenzen des Wachstums« in den Vordergrund und spätestens seit dem Jahre 1977, als der Terrorismus der »Roten Armee Fraktion« (RAF) seinen Höhepunkt erreichte, verblassten bei vielen die neo-marxistischen Thesen von der gesellschaftlichen Systemveränderung. Die Bildungsreformer der sechziger und siebziger Jahre wurden von den Realitäten eingeholt und die Folgen angestoßener Entwicklungen warfen unerwartete und oft größere Probleme auf als die, die man zu beseitigen hoffte.

Die Europäische Gemeinschaft bereitete sich inzwischen auf die erste Direktwahl des Europäischen Parlaments im Jahr 1979 vor. Der Deutsche Philologenverband wollte das Vorfeld der Wahl nutzen, um die europäische Bedeutung der Schulform Gymnasium hervorzuheben und einer breiteren Öffentlichkeit vorzustellen. Den Auftakt dazu bildete die alle drei Jahre stattfindende *Delegiertenversammlung vom 10. bis 12. November 1977 in München*, die unter dem Motto stand: *Gymnasium, ein Baustein für Europa*. Die Botschaft der Tagung lautete, dass das Gymnasium der europäischen Kulturtradition verpflichtet sei. Alle Fächer hätten die Aufgabe, den jungen Menschen den Zugang zum europäischen Gedankengut zu vermitteln. Nach dem Scheitern vieler Hoffnungen, die man im letzten Jahrzehnt an Organisationsreformen im Bildungsbereich geknüpft hatte, wollte der Deutsche Philologenverband durch seine Tagung eine Standortbestimmung zur Wiedererweckung einer menschlich orientierten und nicht verwendungsbezogenen Bildung leisten. Der Verband vertrat die Konzeption einer humanen Schule in einem gegliederten und chancengerechten Bildungswesen, das im Hinblick auf ein geeintes Europa zukunftsweisend sein sollte.

Einen zweiten wichtigen Schwerpunkt erhielt der Verbandstag durch die Grundsatzrede des bayerischen Kultusministers Prof. Dr. Hans Maier, in der dieser die Wende in der bildungspolitischen Entwicklung verdeutlichte. »Das gegliederte Schulwesen hat ... sich in seiner Reformfähigkeit bewährt«, betonte Maier, »die gymnasiale Oberstufe ist neu gestaltet, die Hauptschule hat sich ein neues berufsorientierendes Profil gegeben, die Realschule ihr differenzierendes Fächerangebot weiter ausgebaut ... Die Zukunft liegt eindeutig in einer Schulstruktur, in der das Prinzip der Schulstufe für eine altersgerechte Vermittlung einer gemeinsamen Grundbildung sorgt, die Schularten aber als feste Institutionen des Bildungswesens eine begabungsgerechte Förderung des Einzelnen sichern.« Maier konnte aus bayerischen Schulversuchen die ablehnende Haltung des Deutschen Philologenverbandes zur *Orientierungsstufe* stützen. Wörtlich sagte er: »Die Prognosesicherheit einer Schullaufbahnempfehlung wird nach der integrierten Orientierungsstufe nicht größer, in vielen Fällen geringer als die des Grundschulgutachtens nach der 4. Jahrgangsstufe.«[182] Es gelänge nicht, den »fundamentalen Widerspruch zwischen Differenzierung und Durchlässigkeit aufzulösen.« Mit Letzterem hatte Maier auch das Hauptproblem der integrierten Gesamtschule angesprochen.

Der Deutsche Philologenverband und seine Landesverbände konnten sich durch die Analyse Maiers in ihrer Arbeit bestätigt sehen. Die entscheidenden Vorstöße zur Veränderung des Bayerischen Lehrerausbildungsgesetzes zur Verhinderung des Stufenlehrers waren vom Bayerischen Philologenverband ausgegangen. Den Anstoß zur Korrektur der Fehlentwicklungen in der Oberstufenreform gab der Landesverband Baden-Württemberg. Der wichtigste Impuls zur Veränderung kam durch eine Vergleichsstudie des Deutschen Philologenverbandes vom 7. April 1976. Im Verbandsorgan »die höhere schule« wurde im Mai 1976 in einem Leitartikel von Elmar Stuckmann erstmals verdeutlicht, wie sich die Oberstufe in den Bundesländern auseinander entwickelt hatte, sodass die Einheitlichkeit der Gymnasialbildung gefährdet war. Die Pressekonferenz, die der Deutsche Philologenverband in Stuttgart kurz vor der Sitzung der Kultusministerkonferenz abhielt, veranlasste mehrere Minister, sich von einer integrierten Kollegschule in der Sekundarstufe II abzuwenden und der reformierten Oberstufe 1977 durch *einheitliche Prüfungsanforderungen für das Abitur und das Folgekurssystem* wieder ein gefestigteres Profil zu geben. Diese Kurskorrektur und Stabilisierung der Oberstufe war eine wichtige Voraussetzung dafür, dass Abitur und Hochschulzugang nicht entkoppelt wurden und das Abitur als Hochschulzugangsqualifikation bestätigt wurde. Die erfolgreiche Arbeit des Vorstandes wurde bei den Vorstandswahlen honoriert, die kaum Veränderungen brachten. Den durch den Tod Pfeiffers vakanten Posten des stellvertretenden Vorsitzenden übernahm Roland Neßler und für den Bereich »Berufspolitik« kam Heinz Durner aus Bayern als Beisitzer in den Vorstand.

Die Revision der bildungspolitischen Auswüchse vergangener Jahre war zwar in vollem Gange, doch die langfristig eingeleiteten Vorhaben des Strukturwandels wurden immer noch eifrig vorangetrieben. Am 14. Juni 1973 hatte der Niedersächsische Landtag mit den Stimmen der SPD-Fraktion die gesetzliche Einführung der *schulformunabhängigen integrierten Orientierungsstufe* beschlossen. Das bedeutete, dass den weiterführenden Schulen die 5. und 6. Klassen genommen und für diese eigene Schulstandorte eingerichtet werden mussten. Unverständlicherweise hielt nach dem Regierungswechsel von 1976 der CDU-Kultusminister Remmers an den Plänen fest, obwohl bereits erste Versuchsergebnisse vorlagen, die die unabhängige integrierte Orientierungsstufe als Fehlplanung bewertet hatten. Ein Hauptproblem dieser Schulstufen war die Unterforderung der schnell und sicher lernenden Schüler und die Überforderung derjenigen, die beim Lernen Schwierigkeiten hatten. Hinzu kamen die Belastungen durch die fachspezifischen Differenzierungen mit halbjährigen Auf- und Abstufungen. Remmers nahm dies nicht zur Kenntnis und ließ sich am 23. Februar 1978 die flächendeckende Einführung dieser Schulform – also auch in dem bisher nicht betroffenen Stadtgebiet von Hannover – vom Landtag genehmigen. Zugleich griff er mehrmals in das laufende Volksbegehren gegen die Kooperative Schule in Nordrhein-Westfalen ein, eine Orientierungsstufe im Stile Niedersachsens mit anderer Bezeichnung, und erklärte vor der Presse und bei öffentlichen Veranstaltungen, man könne mit der Orientierungsstufe leben. Die Wahlbürger Nordrhein-Westfalens, die sehr wohl erkannt hatten, welche Nachteile die Orientierungsstufe brachte und ihren Einstiegscharakter für die gesamtschulartige Stufenschule durchschauten, lehnten – wie bereits berichtet – die Pläne ihrer Landesregierung in einem Volksbegehren überdeutlich ab. Dies war nicht nur ein klares Votum gegen die Bildungspolitik der Landesregierung Nordrhein-Westfalens, die darauf ihre Vorstellungen korrigierte, sondern auch eine Schlappe für Remmers. Leider hat die niedersächsische Landesregierung ihr Vorhaben nicht gestoppt, obwohl Lehrer und Eltern dies forderten. Erst im Jahr 2003 hat die neu gewählte CDU/FDP-Koalition in Niedersachsen beschlossen, die Reformruine »Orientierungsstufe« endgültig aufzugeben. Auch in Hamburg hatte der Philologenverband unter dem Landesvorsitzenden Uwe Schmidt mit Elan gegen die Einführung der flächendeckenden Stufenschule gekämpft. Dabei war die Unterstützung der Hamburger Bürger aus allen Schichten und parteiübergreifend für die freie Wahlentscheidung der Schüler nach der 4. Klasse ein wichtiger Faktor, sodass das am 17. Oktober 1977 verabschiedete Schulgesetz den Schülern die Möglichkeit gab, in die schulformabhängige Beobachtungsstufe der Haupt- und Realschule oder in die Beobachtungsstufe des Gymnasiums im 5. und 6. Jahrgang einzutreten. Die Bilanz der Stufenschulbefürworter war nach dieser Entwicklung mäßig: eine schulformunabhängige Pflicht-Orientierungsstufe gab es nur noch in Bremen, Niedersachsen und als Angebotsschule in Hamburg und Hessen (Förderstufe). Mit diesen Entwicklungen zeichnete sich immer deutlicher ab, dass sich die Gesamtschule auch in den SPD-regierten Ländern als Einheitsschule nicht durchsetzen ließ. Sie war inzwischen ohnehin wegen schwacher Leistungen ins Gerede gekommen. Die Befürworter unter den Landesregierungen gingen deshalb dazu über, die Gesamtschule als Angebotsschule einzuführen.

Der Deutsche Philologenverband beschränkte sich aber keineswegs nur darauf, Gefahren für das gegliederte Schulwesen abzuwehren. Sein Ziel war, das Europa-Jahr 1979 zu nutzen, um die Bildungskonzeption des Gymnasiums herauszustellen und zu zeigen, was diese Schulform für ein europäisches Bewusstsein und eine europäische Verständigung leisten kann. Zu diesem Zwecke veranstaltete der Verband einen *Europa-Kongress* mit dem Leitthema *Der Europa-Gedanke als Bildungsauftrag des Gymnasiums vom 22. bis 24. März 1979* in Aachen. Neben deutschen Gymnasiallehrern, Universitätslehrern, Behördenvertretern und Politikern waren ausländische Philologen aus neun weiteren europäischen Ländern erschienen, die der internationalen Vereinigung der Gymnasiallehrer, FIPESO, angehörten. Der Präsident der Kultusministerkonferenz, Josef Jochem (Saarland), wies in seiner Ansprache auf die für das Europa von morgen so wichtige Rolle der politischen Bildung hin. Er forderte für alle Schüler eine »europäische Grundbildung«. Lehrpläne, Lehrerausbildung und Unterrichtsmaterialien wären darauf allerdings noch zu wenig eingerichtet, wie Professor Fürnrohr (München) in seinen Thesen darlegte, Lehrstühle für europäische Geschichte und europäische Literatur müssten geschaffen werden. Auf die Fremdsprachen, den eigentlichen Schlüssel zur europäischen Verständigung, ging Professor Finkenstaedt näher ein. Seine bildungspolitischen Forderungen lauteten: neben Englisch müssten andere wichtige europäische Sprachen verstärkt angeboten werden, nicht zuletzt die jeweiligen »Nachbarschaftssprachen«. Das Resümee der Tagung lautete: Wir brauchen Geschichtslehrbücher, in denen das Gemeinsame und Besondere in der Vielfalt der europäischen Entwicklung dargestellt werden; die Pflege und das Erlernen der Muttersprache sowie anderer europäischer Sprachen war schon immer selbstverständliche Aufgabe des Gymnasiums, diese muss in den kommenden Jahren vertieft und ausgeweitet werden; für den Literaturunterricht sollte ein Kanon der wichtigsten europäischen literarischen Werke zusammengestellt werden; einem europäischen Lesebuch sollte ein europäisches Geschichtsbuch zur Seite gestellt werden. Einmütig bejahten die Kongressteilnehmer aus allen Ländern diese Zielsetzung. Der Vertreter der englischen Headmaster-Association lud für 1980 zu einem zweiten Europa-Kongress nach Oxford ein.

Die rege Teilnahme ausländischer Kollegen am Aachener Kongress war zustande gekommen durch die jahrelange intensive Mitarbeit des Deutschen Philologenverbandes in internationalen Lehrerorganisationen. Franz Ebner gehörte schon mehrere Jahre dem Vorstand der *Fédération internationale des professeurs de l'enseignement secondaire officiel (FIPESO)* an, als er 1973 erstmals und 1976 wiederum für jeweils drei Jahre zu deren Präsident gewählt wurde. Nach den sechs Präsidentschaftsjahren war er nach der Satzung weitere drei Jahre dem Vorstand als Vizepräsident zugeordnet. Regelmäßige Mitarbeiter Ebners bei der Auslandsarbeit waren die Kollegen Wolfgang Albrecht (Auslandsreferent), Max Schmid (seit 1966), Bernhard Fluck (seit 1971). Große Verdienste erwarb sich Max Schmid, der bei 23 internationalen Kongressen als deutscher Vertreter in dem mit der Berichterstattung beauftragten Resolutionsausschuss der FIPESO war und von 1989 bis 1993 zum Vorstand dieser in Paris ansässigen Vereinigung von zirka hundert nationalen Sekundarlehrerverbänden gehörte. Schmid war ab 1980 Auslandsreferent des Deutschen Philologenverbandes und ab 1984 auch des Deutschen Lehrerverbandes, der seit 1969 die zuvor vom Deutschen Philologenverband gehaltene Mitgliedschaft im Weltverband der Lehrer (WCOTP) wahrnahm. Fluck pflegte neben seiner Einbindung in die FIPESO- und WCTOP-Arbeit die Kontakte zur *European Secondary Heads Association (ESHA)* und zum *Internationalen Beamten-Bund (CIF)*.

Als Franz Ebner 1980 nach neunzehn Präsidentschaftsjahren nicht mehr für das Amt des 1. Vorsitzenden des Deutschen Philologenverbandes kandidierte, hatte er die Organisation durch eine Periode geführt, in der das Gymnasium und der Beruf des Philologen höchsten Gefährdungen ausgesetzt waren. In seiner Amtszeit war es gelungen, die Attacken auf das Gymnasium abzuwehren und gleichzeitig seine Position wieder zu festigen. Auf der *Bundesvertreterversammlung des Deutschen Philologenverbandes vom 20. bis 22. November 1980 in Berlin* wurde Franz Ebner mit Dank und Anerkennung verabschiedet und zum Ehrenvorsitzenden des Verbandes ernannt. Zu seinem Nachfolger wählten die Delegierten seinen langjährigen Stellvertreter Bernhard Fluck aus Nordrhein-Westfalen. Stellvertretende Vorsitzende wurden Heinz Durner aus Bayern und Erika Schürrer aus Hessen. Die Beisitzerpositionen erhielten Klaus Meyer aus Bremen und Roland Neßler, seit 1978 auch Landesvorsitzender des Philologenverbandes Niedersachsen. Schatzmeister blieb Dr. Peter Hellmich aus Tübingen, der sein Amt schon seit 1977 innehatte und dem inzwischen zum Ehrenmitglied ernannten Erich Mühl nachgefolgt war. Die Schriftleitung der Verbandszeitschrift blieb in den Händen von Elmar Stuckmann (Hauptschriftleiter) und Max Schmid. Für den ausgeschiedenen Kollegen Grammes trat Karl-Anton Christoph, Vorsitzender des Philologenverbandes Baden-Württemberg, in die Schriftleitung ein. Die Bundesvertreterversammlung hatte durch ihre Wahlentscheidung bekundet, dass sie einen klaren Kurs für das Gymnasium und die Philologen wünschte und zugleich auf die Verbands- und Politikerfahrung der gewählten Vorstandsmitglieder vertraute.

VIII ENGAGEMENT DES PHILOLOGENVERBANDES FÜR DIE QUALITÄTSSICHERUNG DER GYMNASIALBILDUNG UND TEILHABE AM SOZIALEN FORTSCHRITT IN DEN 80er JAHREN

Auseinandersetzung um die Anerkennung der Gesamtschulabschlüsse

Der Vorstand des Deutschen Philologenverbandes stellte 1981 sein Programm in Form von *Bildungs- und berufspolitischen Leitsätzen* der Öffentlichkeit vor. Mit den Leitsätzen wollte der Verband in einer Zeit, in der »die ruinösen Folgen unbedachter und oft von rein organisationstheoretischen Vorstellungen geprägter Reformen« erkennbar wurden, »einen Beitrag zur Besinnung und zur Gewinnung von Maßstäben in der Bildungspolitik leisten.«[183] Ziel der Leitsätze war, die Aufgabe des Gymnasiums nach Jahren der Unruhe und politischen Auseinandersetzungen deutlich hervorzuheben und seine Belange offensiv zu vertreten. Wörtlich hieß es: »Ziel der Bildungsarbeit des Gymnasiums ist die Studierfähigkeit im Sinne der allgemeinen Hochschulreife; Studierfähigkeit ist mehr als Fachwissen, denn sie setzt die Fähigkeit voraus, Einzelkenntnisse in größere sachliche und allgemeine Zusammenhänge einzuordnen; das am Gymnasium erworbene Abitur ist die beste Regelung des Hochschulzugangs; die anspruchsvolle Bildungsarbeit am Gymnasium lässt sich nur verwirklichen, wenn das Gymnasium für den jungen Menschen auch ein Ort kultureller Begegnung ist und ihn in allen seinen Möglichkeiten fördert; die Bildungsarbeit des Gymnasiums erfordert den fachlich und erziehungswissenschaftlich umfassend ausgebildeten Lehrer; die Arbeitsbedingungen am Gymnasium müssen verbessert werden.«[184] Die Leitsätze spiegelten den klaren Kurs wider, mit dem die Philologen auf die Herausforderungen einer sich stetig wandelnden Bildungslandschaft antworten wollten. In Presse, Rundfunk und Fernsehen fanden die öffentlichen Verlautbarungen des Verbandes ein stetig wachsendes Echo. Regelmäßig erläuterte der Vorsitzende Fluck aktuelle bildungspolitische Themen vor Journalisten in Pressekonferenzen in Bonn und stellte sich ihren Fragen.

Am 24. Juni 1978 hatten die Kultusminister beschlossen, die Versuchsphase für die Gesamtschule spätestens am 23. Juni 1981 abschließend zu bewerten. Nach der ursprünglichen Planung hätte 1977 in der KMK entschieden werden sollen, ob die Gesamtschule das gegliederte Schulwesen ablöst, es ergänzt oder aber – aufgrund mangelnder Bewährung – wieder ganz abgeschafft wird. Da aber einige Länder bis zu diesem Zeitpunkt unter Missachtung des Hamburger Abkommens die Gesamtschule bereits gesetzlich als (eine) Regelschule eingeführt hatten, war die dritte der genannten Beschlussmöglichkeiten bald aus allen offiziellen Überlegungen ausgeschieden.

Die Diskussion um die Sondervoten der CDU/CSU-regierten Länder bei der Verabschiedung des Bildungsgesamtplans 1973 hatte gezeigt, dass es bei der Orientierungsstufe, der Gesamtschule und der Lehrerbildung erhebliche Meinungsverschiedenheiten zwischen den A- und B-Ländern gab. Doch während der damaligen Auseinandersetzung wurde deutlich, dass es CDU-Politiker gab, die schon aus wahltaktischen Gründen bei den kontroversen Fragen wankelmütig waren und keine klare Bildungskonzeption hatten. Dieses Verhalten sollte sich bei der Gesamtschulanerkennung bestätigen. Wieder war es – wie schon bei der integrierten Orientierungsstufe – der niedersächsische Kultusminister Remmers, der im Juni 1979 vor dem Bundeskulturausschuss der CDU erklärte, die Partei müsse ihre schulpolitischen Vorstellungen korrigieren, wenn sie bundesweit wieder mehrheitsfähig werden wolle. »Könnte es nicht sein, dass die CDU ihr bildungspolitisches Godesberg noch vor sich hat, so wie die SPD in der Wirtschaftspolitik ihr Godesberg hinter sich bringen musste, um (mit der FDP) mehrheitsfähig zu werden?«, hatte Remmers in seinem Thesenpapier gefragt. Am Beispiel der Gesamtschule bedeute dies, dass in einem mehrheitsfähigen Konzept der CDU durchaus stehen könne, dass das Eintreten für das begabungsgerechte gegliederte Schulwesen die CDU nicht davon abzuhalten brauche, Gesamtschulen dort zu akzeptieren, wo sie nun einmal vorhanden seien, oder neue zuzulassen, wo Eltern dies wollten, oder wo die Gesamtschule nicht das einzige Schulangebot sei. In den Entwurf der Novelle des niedersächsischen Schulgesetzes sei diese Einordnung der Gesamtschule bereits eingeflossen. Zustimmung zu seinen Vorstellungen, so sagte Remmers damals, habe er vor allem aus dem Saarland erhalten, wo die CDU gemeinsam mit der FDP regierte. Auch Rheinland-Pfalz und Baden-Württemberg stünden seiner Auffassung nicht ablehnend gegenüber.

Nachdem eine Kompromissformel im so genannten Einigungspapier der Bund-Länder-Kommission für Bildungsplanung und Forschungsförderung über die Fortschreibung des Bildungsgesamtplanes schließlich in der Kultusministerkonferenz (KMK) doch nicht angenommen worden war (insbesondere wegen des Widerstandes aus Bayern), war zunächst die Amtschefskonferenz und dann eine von Unions- und SPD-regierten Ländern paritätisch besetzte Sechser-Kommission beauftragt, Gesamtschulen und Schulen des gegliederten Systems in einer vergleichenden Bestandsaufnahme darzustellen und schließlich der KMK einen Vorschlag zur »unbefristeten« Anerkennung von Gesamtschulabschlüssen zu unterbreiten. Im Juni 1981 waren die Kultusminister der Unionsparteien bereit anzuerkennen, dass Abschlüsse an Gesamtschulen den an Schulen des gegliederten Systems verliehenen Berechtigungen gleichwertig seien, sofern sie auf der Grundlage der so genannten 3er-Differenzierung (Fachleistungsdifferenzierung auf drei Anspruchsebenen) vergeben würden. Die Kultusminister aus den SPD-regierten Ländern lehnten diese Forderung ab und verlangten die Anerkennung der 2er-Differenzierung. In diesem Zusammenhang ist darauf hinzuweisen, dass bei einer Anhörung der Arbeitsgemeinschaft für Sozialdemokraten im Bildungswesen Herwig Blankertz bemerkenswerterweise schon 1978 für die völlige Abschaffung der Differenzierung eingetreten war.

Noch vor der KMK-Sitzung hatte die Berliner Schulsenatorin Dr. Hanna-Renate Laurien als amtierende KMK-Präsidentin am 8. Mai 1981 betont, es sei unstrittig, dass für die Gesamtschulabschlüsse drei Niveaus vorgesehen seien. Am 24. Juni 1981 kam es dann nicht zur Einigung in der KMK, wohl aber zur Selbstverpflichtung dieser Institution, sich bis zum 24. Juni 1982, an dem die bisher gültige Vereinbarung endgültig auslaufen sollte, zu einigen. Zwischenberichte, die über die diesbezüglichen KMK-Beratungen vorgelegt wurden oder auf andere Weise an die Öffentlichkeit drangen, deuteten darauf hin, dass der bayerische Kultusminister mit seinem Beharren auf der 3er-Differenzierung mehr und mehr allein gelassen wurde. Auf der Sitzung des Bundesvorstands des Deutschen Philologenverbandes am 20. November 1981 in München führte Professor Maier, der am 1. Januar 1982 das Amt des KMK-Präsidenten zu übernehmen hatte, wörtlich aus: »Bayern fordert eine Differenzierung nicht nur in den Fächern Deutsch, Englisch, Mathematik und Naturwissenschaften, sondern auch in den gesellschaftswissenschaftlichen Fächern; den Beginn der Differenzierung in den Kernfächern Deutsch, Englisch und Mathematik bereits im Laufe der Jahrgangsstufe 5 (statt erst im Laufe der Jahrgangsstufe 7 bzw. – für Deutsch – der Jahrgangsstufe 9), in den naturwissenschaftlichen und gesellschaftswissenschaftlichen Fächern ab der Jahrgangsstufe 7 (statt erst ab der Jahrgangsstufe 9 oder – für gesellschaftswissenschaftliche Fächer – überhaupt nicht); eine Differenzierung wenigstens in Deutsch, Englisch und Mathematik in drei (und nicht in zwei) Niveaus. Diesen Forderungen liegen die folgenden Überlegungen zugrunde: Gleiche Berechtigungen dürfen überall nur zum gleichen Preis zu haben sein. Regelungen, die der Gesamtschule zugebilligt werden, haben Rückwirkungen auf das gegliederte Schulwesen.«[185]

Eindringlich wurde Kultusminister Maier von Mitgliedern des Bundesvorstandes, insbesondere von Kollegen aus Niedersachsen, gebeten, von der von ihm skizzierten Linie auf keinen Fall abzuweichen. In den ersten Monaten des Jahres 1982 steigerten sich dann Beschuldigungen, Bayern betreibe Blockadepolitik und erhebe einen ungeheuerlichen Zensuranspruch. Wiederholt wies der Vorsitzende des Deutschen Philologenverbandes, Bernhard Fluck, vor der Presse darauf hin, dass auch nach Ansicht seines Verbandes die Differenzierung in drei Niveaus unbedingte Mindestvoraussetzung sei für die Anerkennung einer Gleichwertigkeit von Abschlüssen an Gesamtschulen und Abschlüssen, wie sie im gegliederten Schulwesen vergeben werden.

In getrennten Gesprächen mit Kultusminister Maier und Ministerpräsident Strauß verdeutlichte der Vorsitzende des Bayerischen Philologenverbandes, Max Schmid, noch einmal die Position, die der Deutsche Philologenverband hinsichtlich der Differenzierung in der Gesamtschule eingenommen hatte. Maier stellte dabei die Schwierigkeiten heraus, bei den anderen CDU-Kultusministern noch Gehör zu finden. Die einen wollten auf die SPD-Forderungen eingehen, um endlich das Problem vom Tisch zu haben, die anderen trügen sich mit dem Gedanken, gegebenenfalls bilaterale Abkommen zu schließen, und schließlich werde auch noch die Ansicht vertreten, für die im jeweiligen Land betriebene Bildungspolitik komme der ganzen Sache keine sonderliche Bedeutung zu.

Ein Parlamentarischer Abend, den der Bayerische Philologenverband am 24. März 1982 mit der CSU-Fraktion veranstaltete, führte zu dem Ergebnis, dass im Bayerischen Landtag ein Dringlichkeitsantrag eingebracht und verabschiedet wurde, demgemäß der bayerische Kultusminister nicht ohne das positive Votum des Bayerischen Landtags einer Vereinbarung der Kultusministerkonferenz über die Gesamtschulabschlüsse verbindlich zustimmen dürfe. Am 19. April 1982 kam dann auf einer außerplanmäßigen Sitzung der KMK in München der Entwurf zustande, in dem die Zweierdifferenzierung zugrunde gelegt wurde und der schließlich in Bremerhaven am 28. Mai von allen Kultusministern angenommen wurde. Im Gefolge dieser nichtöffentlichen KMK-Sitzung vom 19. April schrieb der Vorsitzende des Bayerischen Philologenverbandes einen – auch allen Vorsitzenden der Landesphilologenverbände zugesandten – Brief an sämtliche Mitglieder der CSU-Landtagsfraktion, in dem die Sachlage aus der Sicht des Philologenverbandes noch einmal ausführlich in ihrer Gesamtproblematik dargelegt wurde mit der abschließenden Aufforderung, der von der KMK beabsichtigten Vereinbarung über die gegenseitige Anerkennung von Gesamtschulabschlüssen die Zustimmung zu versagen. Dieser Appell deckte sich übrigens inhaltlich mit dem Beschluss der CDU/CSU-Fraktionsvorsitzenden-Konferenz vom 29. Oktober 1981 in Berlin und dem Beschluss, den der Bundesparteitag der CDU am 5. November 1981 in Hamburg, nicht zuletzt auf Drängen des Deutschen Philologenverbandes, gefasst hatte.

Einmütig sprach sich die CSU-Fraktion im Bayerischen Landtag am 12. Mai 1982 gegen die Unterzeichnung der KMK-Vereinbarung auf der Grundlage des Entwurfs vom 19. April 1982 aus. Diese klare Haltung der bayerischen Regierungspartei löste mannigfache Aktivitäten aus, die schließlich bewirkten, dass die Fraktionsvorsitzenden-Konferenz der CDU/CSU in Würzburg am 26. Mai 1982 bei Anwesenheit von CDU-Chef Kohl und CSU-Chef Strauß sich bei nur einer Enthaltung (Saarland) gegen den für den darauf folgenden Tag in Aussicht genommenen Abschluss der KMK-Vereinbarung aussprach. Nachdem Fluck als Vorsitzender des Deutschen Philologenverbandes bereits am 3. Mai alle Vorsitzenden der Landesverbände aufgefordert hatte, bei den CDU-Fraktionen bzw. den jeweiligen Landesregierungen im Sinne einer Ablehnung des KMK-Papiers vorstellig zu werden, rief er nach Abschluss der Fraktionsvorsitzendenkonferenz in Würzburg alle Landesverbände dazu auf, nun auch noch bei der KMK entsprechend nachzustoßen. Die CSU-Fraktion hatte inzwischen aus dem ganzen Bundesgebiet eine Fülle von Zuschriften erhalten, in denen sie in ihrem Verhalten bestärkt wurde. Als Vorsitzender des Bundeskulturausschusses der CDU hatte der schleswig-holsteinische Kultusminister Dr. Peter Bendixen Vertreter der im Deutschen Lehrerverband zusammengeschlossenen Verbände für den 24. Mai nach Bonn eingeladen. Die Argumente, die gegen den Abschluss einer Vereinbarung auf der Grundlage des Entwurfs vom 19. April 1982 sprachen, wurden dort von den Vertretern der Lehrerverbände in aller Ausführlichkeit noch einmal wiederholt. Die Gegenseite führte insbesondere an, dass man bei der SPD mit der Forderung auf 3er-Differenzierung nicht durchkommen werde. Unterstützung fanden die Vertreter der Lehrerverbände seitens der CDU durch die Abgeordneten Lauterbach und Müller-Kienet aus Hessen. Dr. Peter Bendixen und Anton Pfeifer meinten, dass es aufgrund des Beschlusses der bayerischen CSU in Bremerhaven ohnehin noch nicht zu einem Abschluss kommen würde.

Wie bei Gesprächen, die zu einem späteren Zeitpunkt stattfanden, bekannt wurde, hatte sich das CDU-Präsidium bereits im April und dann noch einmal am 24. Mai für einen Abschluss der Vereinbarung in Bremen ausgesprochen. Der Versuch von CDU-Chef Kohl, nach dem Würzburger Treffen die Kultusminister der CDU von ihrer Entschlossenheit, in Bremen zum Abschluss zu kommen, abzubringen, scheiterte. Zur allgemeinen Überraschung hat sich dann am 28. Mai 1982 auch der bayerische Kultusminiser Maier, der gleichzeitig KMK-Präsident war, für den Abschluss der Vereinbarung stark gemacht. Für den Fall, dass der Bayerische Landtag (der Parlamentsvorbehalt war noch vor Ostern im Bayerischen Landtag beschlossen worden) nicht zustimmen würde, kündigte der Kultusminister seinen Rücktritt an. Nach heftiger Debatte, in der seitens der CSU wiederholt der Gesinnungswandel in der CDU zur Sprache gebracht wurde, stimmte der Bayerische Landtag der KMK-Vereinbarung am 22. Juni 1982 zu, allerdings mit der ausdrücklichen Erklärung, sich an die Abmachung nur dann gebunden zu fühlen, wenn bestimmte Bedingungen, die im Landtagsbeschluss im Einzelnen aufgeführt sind, von den anderen Ländern tatsächlich eingehalten werden.

In einer abschließenden Erklärung stellte der Deutsche Philologenverband am 3. Juni 1982 zur KMK-Vereinbarung über die Anerkennung der Gesamtschulabschlüsse fest: »Die Unterzeichnung der Vereinbarung über die Anerkennung der Gesamtschulabschlüsse durch die Kultusminister wird nach Auffassung des Deutschen Philologenverbandes wenig im Hinblick auf bessere Vergleichbarkeit der Leistungen und mehr Chancengerechtigkeit bewirken. Solange Schüler an der Gesamtschule zu einem wesentlich späteren Zeitpunkt eine geringere Fachleistungs-Differenzierung in weniger Fächern als im gegliederten Schulwesen erhalten, werden sie unzureichender auf Beruf, Studium oder andere weiterführende Bildungsgänge vorbereitet. Die Gesamtschulen können auch in Zukunft weiterführende Abschlüsse für weniger Leistung vergeben. Die Folgen für die Betroffenen werden erst spät sichtbar und schlechter korrigierbar sein. Es ist bedauerlich, dass die Kultusministerkonferenz nicht die notwendige Geduld besessen hat, die inhaltlichen Fragen gründlicher zu klären. Sie war offensichtlich vom Gedanken beherrscht, ein strittiges Problem vom Tisch zu bekommen. Kurzfristig mag dies als realpolitisch sinnvoll gelten, langfristig hat man dem Bildungswesen einen schlechten Dienst erwiesen: Die Nivellierung, mit deren unausweichlichen Folgen für die Leistungsfähigkeit, schreitet fort. Dieser Preis für ein fragwürdiges Harmoniemodell als Mogelpackung ist zu hoch.«

Am 24. Juni 1982 fand im Bundeskulturausschuss der CDU in Bonn nochmals eine Diskussion zur Bremer KMK-Vereinbarung statt. Sowohl der DL-Präsident Christians als auch der Vorsitzende des Deutschen Philologenverbandes Fluck und der ebenfalls eingeladene Vorsitzende des Bayerischen Philologenverbandes Schmid erhoben dort schwere Vorwürfe gegen die von der CDU betriebene Schulpolitik. Diese verteidigte insbesondere Dr. Remmers, der glaubte die Schuld von sich und der CDU weisen zu können. Er wollte die Gefahr einer auch von der CDU zu verantwortenden weiteren Nivellierung des deutschen Bildungswesens nicht wahrhaben. Zwanzig Jahre später sollten internationale Vergleichsstudien (TIMSS und PISA) die negativen Folgen dieser Politik beweiskräftig belegen und die Befürchtungen des Deutschen Philologenverbandes bestätigen.

Bezeichnenderweise sahen sich der bayerische Kultusminister Maier und sein schleswig-holsteinischer Kollege Bendixen bereits am 23. Juli 1982 bzw. am 8. September 1982 genötigt, dem Kultusminister von Nordrhein-Westfalen mitzuteilen, dass er in einem für Eltern und Öffentlichkeit bestimmten Faltblatt die KMK-Vereinbarung falsch interpretiert habe und dass in Bayern bzw. in Schleswig-Holstein aus solchen bewussten Fehldeutungen im Wiederholungsfall bezüglich der Anerkennung von Gesamtschulabschlüssen in Nordrhein-Westfalen Konsequenzen gezogen würden.[186]

Abitur und Studierfähigkeit – Neue Debatten um das 13. Schuljahr

Der Deutsche Philologenverband hatte sich seit 1972 ständig bemüht, die Schwächen der *Neugestalteten Gymnasialen Oberstufe*

(NGO) aufzuzeigen und Verbesserungsvorschläge vorgelegt. Jahrelang dauerte es, bis sich die Einsicht durchsetzte, dass die Oberstufenreform »unvollendet« war und dringender Korrekturen bedurfte. 1977 gelang mit den *Lübecker Beschlüssen der Kultusministerkonferenz* (KMK) der erste Schritt zur Korrektur mit der Verpflichtung zum Folgekurssystem und damit eine Konsolidierung des Studienprozesses auf der Oberstufe. Regierung und Parlamente hatten jedoch keine sonderliche Eile, die Beschlüsse umzusetzen. Für sechs der elf Bundesländer wurden die Beschlüsse zur einheitlichen Durchführung der Vereinbarung von 1977 erst für den Abiturjahrgang 1987 verbindlich, und da auch nur für das Gymnasialabitur und nicht für die zahlreichen Nebenwege zum Hochschulzugang. Das Land Hessen hatte 1977 sogar ein Schulgesetz verabschiedet, das der Oberstufenreform im Sinne der Lübecker Beschlüsse den Weg verbaute und gegen das die Elternvereinigungen den Klageweg beschritten. Der Staatsgerichtshof des Landes Hessen erklärte Ende 1981 die Oberstufenreform im Lande Hessen für verfassungswidrig. Das Oberstufengesetz von 1977 verstoße gegen verfassungsrechtlich garantierte Erziehungsziele und gewährleiste kein ausreichendes Bildungsniveau. Als einen »wichtigen Beitrag zur Verbesserung der Studierfähigkeit« begrüßte der Bundesvorsitzende Fluck am 4. Januar 1982 das hessische Urteil, das die Forderungen seines Verbandes nach einer weiteren Konsolidierung der Oberstufenreform bestätige. In Übereinstimmung mit der Westdeutschen Rektorenkonferenz und der Bundesvereinigung der Oberstudiendirektoren hatte der Philologenverband gefordert, das Gymnasium als eine Einheit aufzufassen, die nach einem systematischen Konzept eine breite Grundlagenbildung garantiere und die Fähigkeit zum wissenschaftlichen Studium vermittle. Zur Vertiefung der Grundlagenkenntnisse sei der Unterricht in den Kernfächern Deutsch, Fremdsprachen, Mathematik, Naturwissenschaften, Geschichte und in musischen Fächern bis hin zum Abitur Voraussetzung.

Im Januar 1982 wurde der Entwurf der Westdeutschen Rektorenkonferenz (WRK) zur Neugestalteten Gymnasialen Oberstufe (NGO) zunächst in der Ständigen Kommission Schule/Hochschule der WRK beraten und dann anschließend noch einmal in einem zwölften gemeinsamen Gespräch mit den Vertretern der KMK. Die Behandlung und Verabschiedung im Plenum der WRK erfolgte bei der 136. Plenarversammlung am 15./16. Februar 1982. Der Entwurf des gemeinsamen KMK-WRK-Papiers umfasste etwa zwölf Seiten und enthielt neben einer Darstellung des Gesprächsauftrags und der Gesprächsthemen auch eine kurze Darstellung des Konzepts der NGO. Außerdem wurden sowohl die konsensfähigen Punkte als auch die Meinungsverschiedenheiten skizziert. Konsens bestand u.a. darin, dass es eine Gruppe von Fächern gibt, die im Profil der allgemeinen Studierfähigkeit einen besonderen Stellenwert haben. Dies sind die Fächer Deutsch, mindestens eine (fortgeführte) Fremdsprache, Geschichte, Mathematik und ein naturwissenschaftliches Fach. Als unverzichtbare inhaltliche Bestandteile der allgemeinen Studierfähigkeit kommen Kenntnisse, Fähigkeiten und Fertigkeiten in mindestens einer zweiten Fremdsprache, einem zweiten naturwissenschaftlichen Fach und einem weiteren Fach aus den Fächern der Gemeinschaftskunde hinzu. Dissens zwischen Schulseite und Hochschulseite bestand u.a. in der Frage der Kontinuität und Dauer des Unterrichts in diesen »Fächern der Grundbildung«. Nach Meinung der Hochschulseite sollte der Unterricht in Deutsch, einer Fremdsprache, in Geschichte, in Mathematik und in einem naturwissenschaftlichen Fach bis zum Abitur durchgängig für alle Absolventen der gymnasialen Oberstufe verpflichtend sein. Hierüber wurde keine Einigung erzielt.

Reichlich Erfahrung hatte der Deutsche Philologenverband im Laufe seiner Geschichte mit der Abwehr der *Kürzung der Gymnasialzeit auf acht Jahre* gesammelt. Bisher war es gelungen, mit Ausnahme des rigiden Eingriffs des Reichserziehungsministers aus kriegstechnischen Gründen in der Nazizeit 1938, den neunjährigen Bildungsgang des Gymnasiums zu bewahren. Dies gelang auch deshalb, weil den führenden Schichten in Politik und Gesellschaft sowie insbesondere den Hochschullehrern sowohl in der Weimarer Zeit als auch in der Nachkriegszeit bis 1970 der Zusammenhang zwischen der Dauer der Gymnasialzeit und der Qualität der

Hochschulreife bewusst war. Diese Erkenntnis hatte bei allen Schulzeitüberlegungen immer eine gewichtige Rolle gespielt und den Ausschlag zugunsten der neunjährigen Gymnasialdauer gegeben. Zusammenhänge solcher Art gingen in Zeiten technokratisch-gesellschaftspolitisch inspirierter Reformbewegungen und deren Folgen wie Studentenflut und langen Studienzeiten verloren oder wurden bewusst negiert. Als dann durch die Wirtschaftskrise Ende der siebziger/Anfang der achtziger Jahre in den Staatshaushalten das Geld fehlte und die Wirtschaft über zu alte Studienabgänger klagte, griff die CDU das Thema auf und wollte Ende 1981 einen Grundsatzbeschluss zur Schulzeitverkürzung fassen, in dem Überlegungen zur Qualitätsfrage des Abiturs keine Rolle spielten.

Der Vorstand des Deutschen Philologenverbandes hat mit allen ihm zur Verfügung stehenden Mitteln versucht, die CDU von ihrem Grundsatzbeschluss zur Verkürzung der Gymnasialzeit auf acht Jahre abzubringen. Dazu dienten eine Anzahl von Gesprächen mit dem Parteivorsitzenden Kohl und dem Abgeordneten Pfeifer, mit den Kultusministern Dr. Bendixen, Dr. Gölter, Dr. Laurien, Dr. Knies und mehreren Landtagsabgeordneten. Außerdem sprachen Kollegen des Bayerischen Philologenverbandes mit der CSU. Es wurden zudem ähnlich lautende Briefe an Dr. Kohl und Dr. Strauß gesandt, die die gesamte Problematik einer Gymnasialzeitverkürzung und ihrer Folgewirkungen für das gegliederte Schulwesen ausführlich behandelten. Bei der Debatte über die Ziffer 56 auf dem CDU-Parteitag in Hamburg kurz nach Mitternacht am 5. November 1981 vor fast leerem Haus schien es dann auch so, als würden sich die anwesenden Delegierten gegen eine Gymnasialzeitverkürzung aussprechen. Der Eindruck verstärkte sich, als fast alle anwesenden Kultusminister sich in gleichem Sinne äußerten. Doch dann ergriffen zum Schluss der Debatte die Präsidiumsmitglieder Albrecht (Ministerpräsident von Niedersachsen) und Kohl das Wort und erreichten eine knappe Mehrheit für die Beschlussempfehlung der Antragskommission. Beschlossen wurde folgender Text: »Die CDU setzt sich für die Verkürzung der überlangen Ausbildungszeiten ein. Eine vernünftige Relation zwischen Schuldauer und Lerninhalten sollte das bildungspolitische Ziel sein. Auf dieser Grundlage strebt die CDU bis zum Ende der achtziger Jahre die Verkürzung der gymnasialen Schulzeit auf zwölf Jahre an. Probleme des Arbeitsmarktes können nicht durch eine Verlängerung der Schul- und Ausbildungszeiten gelöst werden. Die CDU sieht das Gymnasium als pädagogische Einheit an und lehnt eine Abtrennung der Jahrgangsstufen fünf und sechs sowie der Oberstufe ab« (Ziffer 56). – Noch am gleichen Tag sprach sich der Philologenverband gegen den Beschluss von Hamburg aus.

Anfang August 1982 legte der neu gewählte Präsident der Westdeutschen Rektorenkonferenz, Professor Theodor Berchem, einen Plan zur Neustrukturierung des Studiums vor. Er sprach sich dafür aus, dass das 13. Schuljahr künftig als Propädeutikum studienvorbereitend in die Hochschulausbildung einbezogen werden, wenn auch organisatorisch weiterhin der Schule angegliedert bleiben sollte. Danach könnte ein viersemestriges, relativ verschultes Grundstudium bereits zu einem ersten berufsqualifizierenden oder allgemeinen Abschluss führen. Nur für rund ein Drittel der Studenten sollte sich nach diesen Vorstellungen bei entsprechender Studienleistung der weitere Weg in ein Aufbau- oder Promotionsstudium öffnen. In die gleiche Richtung zielte der Plan des niedersächsischen Kultusministers Oschatz, der darin vom Vorsitzenden der CDU-Fraktion des Landtags in Hannover, Dr. Werner Remmers, unterstützt wurde. Danach sollten künftig die Hochschulen selbst über die Zulassung der Bewerber entscheiden. Das Abitur sollte bereits am Ende des 12. Schuljahres abgelegt werden und nur noch den Abschluss der Höheren Schule bescheinigen. Auch Oschatz hatte sich für die Einführung von Zwischenprüfungen mit berufsqualifizierendem und universitärem Abschluss ausgesprochen. Der Philologenverband erklärte, Vorschläge zur Abwertung des Abiturs als Grundlage für den Hochschulzugang seien keineswegs geeignet, die bestehende Überlastung der Hochschulen zu beenden. Vielmehr würden die Hochschullehrer und Assistenten durch die Einführung von Aufnahme- und Zwischenprüfungen gerade zusätzlich belastet. Die Zeit für Lehre und Forschung werde dadurch reduziert. Die Hochschulen seien auf bundesweit übereinstimmende Aufnahme- und Zwischenprüfungen gar nicht vorbereitet. Eine Verkürzung der Schulzeit am Gymnasium und die Verlagerung der Entscheidung über die Studierfähigkeit von der Schule auf die Hochschule wäre ein »Schildbürgerstreich erster Ordnung«. Ein Gymnasialabitur mit nachgewiesener Prognosefähigkeit für ein Hochschulstudium solle entwertet werden und an seine Stelle sollten fragwürdige Aufnahmeformen an den Hochschulen treten.

Im Zusammenhang mit der Diskussion um die Wehrdienstzeitverlängerung, verursacht durch den Schülerrückgang, musste sich der Deutsche Philologenverband 1985/86 erneut mit aller Kraft gegen eine Verkürzung der Schulzeit an Gymnasien wenden. Am 17. April 1986 hatte der Bundestag in zweiter und dritter Lesung mit Mehrheit das Gesetz zur Wehrdienstzeitverlängerung verabschiedet, in dem der Einzugstermin der Bundeswehr für Abiturienten auf den 1. Juni festgelegt wurde. Gleichzeitig waren damit die Kultus- und Wissenschaftsminister der Länder und die WRK gezwungen, nach Lösungen zu suchen, nach denen der Schuljahresabschluss für die Abschlussklassen auf den 31. Mai und die Aufnahme des Studiums auf den 1. November gelegt werden mussten. Diese für das Gymnasium gravierende Maßnahme wurde im Vorfeld vom Deutschen Philologenverband entschieden bekämpft und es wurden abändernde Lösungsvorschläge vorgetragen. Die Forderungen des Deutschen Philologenverbandes auf Festhalten am Einzugstermin 1. Juli und Beibehaltung des Schuljahresabschlusses im Juni konnten nicht erreicht werden. Bevor die Neuregelung, den Wehrdienst ab 1989 auf achtzehn Monate zu verlängern, jedoch in Kraft trat, wurde sie vom Bundestag für drei Jahre ausgesetzt und nach der Wiedervereinigung völlig aufgegeben.

In regelmäßigen Abständen wurden mit immer neuen, aber nicht unbedingt zutreffenden Argumenten Pläne zur Abschaffung der 9. Gymnasialklasse vorgebracht. 1987 legten die acht »Spitzenverbände der Deutschen Wirtschaft« einen Verkürzungsplan vor, um das Berufseintrittsalter deutscher Akademiker zu senken. Dass dieser Missstand aber nur durch die Universitäten zu beseitigen war, wurde dabei geflissentlich übergangen. George Turner, Berlins Wissenschaftsminister, wollte eine schrittweise Schulzeitverkürzung zunächst auf 12,5 Jahre. Zunehmend beriefen sich die Kürzungsbefürworter auf die europäischen Nachbarstaaten und deren angeblich kürzere Schulzeiten. Dabei wurde verschwiegen, dass die Bundesrepublik bei diesem Schulzeitvergleich einen Mittelplatz einnimmt, andere Schulsysteme ganztags arbeiten, manche nur eine fachgebundene Hochschulreife vergeben oder zusätzliche Vorbereitungsjahre für die Universitäten in Kauf nehmen. 1988 musste bei der Verkürzungsdebatte der europäische Binnenmarkt als Begründung herhalten und nach der »Wende« wurde überraschenderweise das Schulsystem der DDR mit seinen zwölf Jahren bis zum Abitur von einigen als Vorbild hingestellt.

Vom Lehrermangel zur Lehrerarbeitslosigkeit

Die demographische Entwicklung in Deutschland hat ihre Spuren auch im Bildungswesen hinterlassen. Die Geburtenziffern waren nach 1945 großen Schwankungen unterworfen. Die Zahl der Lebendgeborenen erreichte in der Bundesrepublik Deutschland 1966 mit 1,05 Millionen ihren höchsten Stand. Sie ging dann bis 1975 auf 600 500 zurück, nahm anschließend bis 1980 auf 620 700 zu, fiel in den achtziger Jahren zunächst erneut auf 586 200 im Jahr 1985 und stieg dann wieder auf 727 200 im Jahr 1990. Nach einem erneuten Rückgang ist 1996 die Anzahl der Geburten zum ersten Mal seit 1990 wieder auf 697 000 gestiegen. Die Folgen des starken Geburtenrückgangs erreichten die Gymnasien in der Mitte der achtziger Jahre. Zuvor hatte die Bildungswerbung der sechziger Jahre zu gewaltigen Schülersteigerungsraten geführt: von 957 900 im Jahre 1965 war die Zahl der Gymnasialschüler auf 1 863 500 im Jahr 1975 gestiegen und erreichte 1980 die 2 119 000-Grenze, um dann bis 1989 auf 1,5 Millionen zu fallen. Als man Anfang der achtziger Jahre glaubte, die schlimmsten Auswirkungen der Schülerflut überwunden zu haben, brachten der Schülerrückgang und die staatlichen Sparmaßnahmen neue Restriktionen, insbesondere bei der Lehrerbeschäftigung. Jahrelang hatte man sich mit hohen Klassenfrequenzen, Überstunden, Mehrarbeit, Hilfslehrern und Stundenkürzungen behelfen müssen und sah das Ende der Schwierigkeiten vor sich, weil viele Studenten in den siebziger Jahren Lehramtsstudien gewählt hatten und Beschäftigungsmöglichkeiten suchten, da unterließen die Länder die Lehrereinstellung wegen des Schülerrückgangs fast vollständig.

Betroffen von diesen Maßnahmen waren alle Lehrerkollegien, bei der Einstellungsproblematik aber insbesondere die jungen Kollegen. Für sie hat die *Bundesarbeitsgemeinschaft der Jungen Philologen* (BUAG) beim Auf und Ab der Einstellungsquoten im Zusammenwirken mit dem Deutschen Philologenverband und seinen Landesverbänden eine engagierte und erfolgreiche Arbeit geleistet. Ab 1975 ergingen seitens der Kultusminister immer wieder Warnungen, das Lehramtsstudium zu ergreifen, da die Entwicklung der Geburtenzahlen deutliche Hinweise gab. An den Gymnasien konnte man das kaum glauben, da man bis 1982 unter der Überlastquote und den damit verbundenen Mängeln litt. Auch die Abiturienten nahmen die Anstellungsverschlechterung wegen ihrer Schulerfahrungen – überfüllte Klassen, Lehrermangel – nicht ernst und ergriffen in großer Zahl das Lehramtsstudium. Zur Amtszeit des Vorsitzenden der Bundes-AG Peter Heesen (1979-1981) traten die zukünftigen Beschäftigungsprobleme für den Nachwuchs immer deutlicher zutage. Als Heesen der Öffentlichkeit im Herbst 1979 erstmals den neuen *Ratgeber für arbeitslose Lehrer* vorstellte, erntete er noch ungläubiges Staunen. Als sein Nachfolger Josef Kraus (1981-1987) sein Amt antrat, war die Lehrerarbeitslosigkeit zum zentralen Thema geworden.

Im Mai 1982 erregte der Deutsche Philologenverband Aufmerksamkeit durch die Veröffentlichung der Dokumentation *Das Problem der Lehrerbeschäftigung als Teilproblem der allgemeinen Arbeitslosigkeit*. In dieser Schrift gab der Verband einen Überblick über die Entwicklung der Lehrerarbeitslosigkeit und unterbreitete Forderungen und Lösungsvorschläge zur Behebung der Schwierigkeiten. Da es beim Rückgang der Schülerzahlen nicht zu erwarten war, dass das Lehrerproblem rein innerschulisch gelöst werden konnte, richtete der Philologenverband von Anfang an sein Augenmerk auch auf alternative Arbeitsmärkte für arbeitslose Lehrer.

Nachdem sich das Ausmaß der Lehrerarbeitslosigkeit im Gymnasialbereich bis zum Jahr 1981 nicht zuletzt aufgrund der erfolgreichen Arbeit des Philologenverbandes in Grenzen hielt, stellten die Jahre ab 1982 eine entscheidende Wende auf dem Lehrerarbeitsmarkt dar. 1986 konnten allenfalls rund fünf Prozent der Bewerber für das gymnasiale Lehramt damit rechnen, eine Stelle im staatlichen Schuldienst zu finden. Die Zahl der arbeitslosen Philologen hatte sich bis Herbst 1986 im Vergleich zu 1981 etwa verzehnfacht auf rund 30 000 ohne schulische Beschäftigung. Weitere Steigerungen waren aber nicht mehr zu erwarten, da die Neigung der Abiturienten, ein Lehramtsstudium aufzunehmen, massiv zurückging. Waren es Mitte der siebziger Jahre noch vierzig Prozent der Studienanfänger, die ein Lehramt anstrebten, so reduzierte sich ihr Anteil bis Mitte der achtziger Jahre auf ganze 1,5 Prozent. Parallel dazu wuchs die Neigung vieler erstexaminierter Lehramtsabsolventen, sich unter Verzicht auf das Referendarjahr neu zu orientieren. So waren die Referendarzahlen in den Studienseminaren zum Teil stark rückläufig, besonders in Fächerverbindungen mit Mathematik/Physik, kaum indes im geisteswissenschaftlichen Bereich.

Frühzeitig entfalteten der Deutsche Philologenverband und die Bundes-AG Aktivitäten, um arbeitslosen Philologen Beschäftigungsmöglichkeiten außerhalb des Bildungsbereiches zu erschließen. Bei diesen Initiativen stand der Verband jedoch zunächst in fast aussichtsloser Position, denn die Wirtschaft verwies auf die allgemeine Rezession und insbesondere auf ihre bisherigen Erfahrungen, denen zufolge arbeitslose Lehrer Stellenangebote der Wirtschaft zumeist ausgeschlagen hatten. Es war nicht zuletzt dem Deutschen Philologenverband zu verdanken, dass in Politik, Kultusverwaltung, Arbeitsverwaltung und Wirtschaft intensiver über Berufsalternativen für Lehrer nachgedacht wurde. Auf der Grundlage empirischer Studien, nach Kontaktaufnahme mit entsprechenden Forschungsgruppen und parallel zur regelmäßigen Diskussion mit dem Institut der Deutschen Wirtschaft und der Bundesvereinigung Deutscher Arbeitgeberverbände (ständige Arbeitskreise und Workshops, an denen Deutscher Philologenverband und Bundes-AG beteiligt waren) führte die Bundes-AG in den Jahren

1981/82/83 drei empirische Studien zu alternativen Berufsfeldern für Gymnasiallehrer durch: bei sechzig Verbänden der Wirtschaft, bei 262 Einzelbetrieben und bei 165 Betrieben mit Trainee-Programmen für Hochschulabsolventen. Die Ergebnisse dieser Studien stellten hinsichtlich Sensibilisierung der Wirtschaft, Erstellung von Qualifikations- und Anforderungsprofilen, Umstrukturierung der Lehrerausbildung, Umschulungsmaßnahmen und Erstellung von Beratungsunterlagen wertvolles Material für die weitere Arbeit dar. Erfolgreich waren die Initiativen der Bundes-AG besonders bei verschiedenen Industrie- und Handelskammern. In Bayern, Baden-Württemberg und Rheinland-Pfalz wurden Existenzgründungsseminare durchgeführt. Eindeutiger Höhepunkt in der Arbeit der Bundes-AG zu diesem Thema war die zweimalige Veröffentlichung ihrer Broschüre *Alternative Arbeitsmärkte für Lehrer* im Mai 1984 und im Mai 1986 mit einer Gesamtauflage von 40000 Exemplaren. Diese Schrift erlebte eine enorme Nachfrage. Selbst die Bundesanstalt für Arbeit kaufte die Broschüre zweimal in größerer Stückzahl, um sie ihren Arbeitsvermittlern im gesamten Bundesgebiet als Beratungsvorlage auszuhändigen. Besondere Verdienste erwarb sich bei allen Aktivitäten der BUAG-Vorsitzende *Josef Kraus*, der sein Amt 1987 abgab, weil er im gleichen Jahr zum *Präsidenten des Deutschen Lehrerverbandes* gewählt wurde.

Erst gegen Ende der achtziger Jahre, als Andreas Weigel aus Nordrhein-Westfalen den Vorsitz der Bundes-AG (1987-1989) übernommen hatte, eröffnete sich durch den allmählichen Anstieg der Schülerzahlen wieder eine Perspektive für die Lehrerbeschäftigung. Dies kündigte sich auch dadurch an, dass der Gesetzgeber Ende 1988 endlich die Aufhebung der Absenkung der Eingangsbesoldung zum 1. Januar 1990 beschloss, ein deutliches Zeichen dafür, dass man wieder Anreize zur Ergreifung des Lehrerberufes schaffen wollte. Beim Amtsantritt des BUAG-Chefs Heinz-Peter Meidinger aus Bayern (1990-1993) war der Umschwung auf dem Lehrerarbeitsmarkt vollzogen. Die Zahl der gemeldeten arbeitslosen Kolleginnen und Kollegen mit Lehramt Gymnasium war seit 1988 kontinuierlich gesunken und belief sich nunmehr auf 5000.

Gleichzeitig sank die Zahl der Absolventen des gymnasialen Vorbereitungsdienstes rapide auf 2 500 im Jahr 1992. Aufgrund der seit 1991 deutlich steigenden Schülerzahlen an Gymnasien und einer einsetzenden Pensionierungswelle war ein großer jährlicher Einstellungsbedarf gerade an Gymnasien zu erwarten.

Bereits vor den Alarmrufen der KMK 1991 hatte die Bundesarbeitsgemeinschaft in Presseerklärungen und anderen Verlautbarungen auf diese Tatsache hingewiesen. 1992 erarbeitete der Vorstand eine umfangreiche statistische Übersicht, die umfassend über Lehrerbedarf, Schülerzahlenentwicklung, Lehrerarbeitslosigkeit, Studienanfänger, Pensionierungsquoten und Einstellungszahlen informierte. Diese Erhebung zeigte, dass aus der Gesamtentwicklung sowie der zunehmenden Überalterung vieler Kollegien konkreter politischer Handlungsbedarf resultierte. In Übereinstimmung mit dem Gesamtverband trat die BUAG deshalb für eine durchgreifende Einstellungsoffensive aller Bundesländer ein, um einer drohenden Verschlechterung der Bildungsqualität rechtzeitig entgegenzutreten. Man befürchtete zu Recht, dass in vielen Fächern geeignete Bewerber nicht mehr zur Verfügung stehen würden, deshalb musste eine vorausschauende Einstellungspolitik betrieben werden.

Moderner technologischer Wandel als Chance für die Jugend

In den achtziger Jahren forcierte der Deutsche Philologenverband seine Strategie, die Belange des Gymnasiums offensiv zu vertreten. Sah man sich in den sechziger Jahren zum Teil ungerechtfertigten Angriffen ausgesetzt, musste man in den siebziger Jahren um die Erhaltung der Gymnasien kämpfen, so sollte nun der Öffentlichkeit vermittelt werden, dass man keineswegs – wie die Gegner behaupteten – eine Besitzstand wahrende Konzeption vertrat, sondern an der Spitze einer der Zukunft zugewandten Bildungspolitik stand. Als öffentlichkeitswirksames Instrument entwickelte der Deutsche Philologenverband eine neue Form der Verbandstage. Man nutzte diese in regelmäßigen Abständen stattfindenden Versammlungen dazu, den internen Beratungen einen Kongress mit aktuellem Themenbezug anzugliedern, auf dem namhafte Vertreter aus Politik, Wissenschaft und Wirtschaft zu Wort kamen, um mit Verbandsvertretern in Vorträgen, Arbeitskreisen, Podiumsdiskussionen neue Konzeptionen zu erarbeiten und richtungweisende Innovationen für das Gymnasium und das Bildungswesen zu beschließen.

Als erstes galt es, die Hauptdefizite einer seit den sechziger Jahren fehlgeleiteten Bildungspolitik aufzufangen und durch neue, sinnstiftende Ziele in Bildung und Erziehung zu ersetzen. Als gravierende Mängel wurden allgemein erkannt: eine wachsende Distanz der akademischen Jugend zu den technisch-industriellen Lebensgrundlagen unserer Gesellschaft (Technikfeindlichkeit), ein durch die Emanzipationsideologie verzerrter Demokratiebegriff sowie ein Verlust an zentralen Bildungsinhalten und Werten. Mit drei Richtungstagungen in den Jahren 1983, 1984 und 1986 gab der Verband Anstöße zur Kehrtwende im deutschen Bildungswesen. Den Auftakt bildete der *Deutsche Philologentag vom 16. bis 19. November 1983 in Düsseldorf* mit dem Thema *Die Technologie der Zukunft – Herausforderung und Chance für die Jugend.* Schriftliche Grußworte sandten Bundespräsident Professor Carl Carstens, Bundeskanzler Dr. Helmut Kohl, der Ministerpräsident von Nordrhein-Westfalen und zugleich Schirmherr des Kongresses, Johannes Rau, die Bundesministerin für Bildung und Wissenschaft, Dr. Dorothea Wilms, und der Bundesminister für Forschung und Technologie, Dr. Heinz Riesenhuber. Carstens nannte als wichtige Aufgabe der Schule, »das Interesse der jungen Generation wieder stärker für die Technik und die naturwissenschaftlichen Fächer zu wecken«. Kohl wies darauf hin, dass die Arbeitswelt »von einer raschen technischen Entwicklung mit oft gravierenden Auswirkungen für den Einzelnen und ganze Wissenschaftszweige geprägt« wird. Rau betonte: »Ob wir die heranwachsende Generation auf den Umgang mit der Technologie der Zukunft so vorbereiten können, dass Mensch, Natur und Technik im Sinne einer menschenwürdigen Gesellschaft miteinander versöhnt sind, wird wesentlich davon abhängen, wie unsere Schulen ihren Bildungsauftrag verstehen und ausfüllen.«[187]

Der Parlamentarische Staatssekretär im Bundesministerium für Bildung und Wissenschaft, Anton Pfeifer, stellte in seiner Ansprache vor den Kongressteilnehmern einen Zusammenhang her zwischen dem Abitur, das aus der Sicht der Bundesregierung »als Voraussetzung und in seiner Bedeutung für den Hochschulzugang bestehen« bleiben solle, und der Qualität der Studierfähigkeit der Abiturienten. In diesem Zusammenhang wandte er sich gegen die Abwahl von naturwissenschaftlichen Fächern, da deren Erkenntnisse für alle Studienbereiche, auch für die geisteswissenschaftlichen, wirtschaftlichen oder juristischen, von Bedeutung seien: »Gerade deshalb gehört es heute zur Verantwortung auch der Schule, dass beispielsweise im mathematisch-naturwissenschaftlichen Unterricht immer wieder und auch anhand konkreter Beispiele die Chancen und Anwendungsmöglichkeiten naturwissenschaftlicher Erkenntnisse und Innovationen z.B. für unsere Industrie, aber auch zum Schutz unserer Umwelt und zur Bewahrung humaner Lebensbedingungen erfahrbar und nachvollziehbar gemacht werden, damit entsprechendes Lerninteresse geweckt und unreflektierter Technikangst entgegengewirkt wird … Wissenschaft und Technik sind nicht Selbstzweck, sie haben die Aufgabe, die personale, soziale und ökonomische Existenz der heute lebenden und der künftigen Generationen zu sichern, zu erhalten und auszubauen. Auch die modernen und technischen Entwicklungen müssen Raum schaffen für die humanen Bedürfnisse nach Überschaubarkeit, Geborgenheit, Personalität, aber auch nach Ästhetik und kultureller Entfaltung.«[188]

Den Festvortrag bei der Eröffnungsveranstaltung hielt der damalige Präsident der Bundesvereinigung der Deutschen Arbeitgeberverbände, Otto Esser, der klar machte, dass es nicht darum gehe, »Ökonomie und Technologie gegen Ökologie oder Umweltbewusstsein gegen Arbeitsplätze und Wohlstand auszuspielen… Das, was wir benötigen, ist ein neuer Humanismus, eine neue humanistische Bewegung auf der Grundlage eines Gesellschaftsverständnisses, in dem Wirtschaft, Technik, Kultur und Bildung als ein einheitliches Ganzes gesehen werden. Dabei gilt es, in inhaltlicher Hinsicht Wirtschaft, Technik und Bildung als Grundvoraussetzungen für unser persönliches und gesellschaftliches Leben zu begreifen. Das geht nicht, ohne dass sich das Gymnasium mit dem Wandel der Industriegesellschaft intensiv auseinandersetzt. Die wirtschaftlich-technische Grundbildung sollte ebenfalls ihren Platz in dem aus der Bildungstradition erwachsenen Kanon der sprachlichen, natur- und geisteswissenschaftlichen Bildung haben.«[189] Professor Dr. Elisabeth Noelle-Neumann, Leiterin des Meinungsforschungsinstituts Allensbach, mahnte in ihrem Grundsatzreferat »Der Mensch im Jahre 2000« die Wertedebatte an. »Ich habe einer Reihe von Fachleuten eine Frage gestellt«, begann sie ihr Referat. »Ich habe gefragt: Halten Sie es für möglich, dass sich in den nächsten Jahrzehnten Terroristen Atomwaffen verschaffen und damit versuchen, Regierungen zu erpressen? Die Antworten lauten übereinstimmend: Das ist möglich und das ist sehr wahrscheinlich. Manchmal wurde hinzugesetzt: Noch wahrscheinlicher sei es, dass kleine Länder unter radikaler Führung sich Atomwaffen verschafften und drohten, sie einzusetzen. – Wir sehen nach vorwärts, und wir können mit beträchtlicher Wahrscheinlichkeit annehmen, dass der Mensch im Jahre 2000 mit immer größeren Gefahren, von anderen Menschen herbeigeführten Gefahren leben muss. Das bedeutet: Der Mensch im Jahr 2000 braucht Mut, braucht Charakter, braucht Festigkeit, um diesen Gefahren nicht einfach hilflos ausgeliefert zu sein. Er braucht auch erhebliches Wissen, Verfügung über angesammelte Erfahrungen, nicht nur von ihm selbst, sondern von anderen Menschen und vorangegangenen Generationen angesammelte Erfahrungen und Kenntnisse, um in Gefahren eine gute Urteilsfähigkeit zu haben, und er braucht eine Orientierung, welche Werte er obenan stellt, und er muss für sich selber die Frage beantwortet haben, ob es Werte gibt, die ihm wichtiger sind als sein eigenes Leben.«[190] Ein wahrhaft prophetisches Szenario!

Die in den Grundsatzreferaten angeschnittenen Fragen wurden in drei Gesprächskreisen erweitert, die von Professor Dr. Klaus Haefner, Lehrstuhl für angewandte Informatik an der Universität Bremen, Professor Dr. G. W. Wittkämper, Direktor des Instituts für Politikwissenschaft in Münster, Professor Dr. Erich Geißler, Direktor des Instituts für Erziehungswissenschaften in Bonn, geleitet wurden. Möglichkeiten, Grenzen und Probleme des technischen Wandels wurden in den Arbeitskreisen untersucht wie auch das Verhalten des arbeitenden Menschen im Informationszeitalter. Um Missverständnissen vorzubeugen, hatte der Bundesvorsitzende Fluck die Position des Philologenverbandes zur wirtschaftlich-technischen Innovation noch einmal verdeutlicht: Es ginge bei der Lösung dieser Fragen, zu denen die Fächer des Gymnasiums beitragen wollten, nicht um eine direkte Berufsvorbereitung oder die Einführung von Fächern wie »Arbeitslehre«. Solche Weichenstellungen seien geradezu ein Hemmnis auf dem Weg zur intensiven Beschäftigung aller Fächer mit den Entwicklungen der modernen Industriegesellschaft. Damit distanzierte er sich gleichzeitig von einer Vermischung von allgemeinbildenden und beruflichen Bildungswegen, wie sie beispielsweise die NRW-Kollegschule beabsichtigte.

Die anschließende Vertreterversammlung formulierte die Aufgaben des Gymnasiums im Blick auf die kommenden Jahre, einstimmig wurde eine Resolution zum Hochschulzugang und zum neunjährigen Gymnasium verabschiedet. Der Vorsitzende Fluck und sein Stellvertreter Durner wurden für drei Jahre wiedergewählt. Frau Schürrer, die nach zwölf Jahren Mitarbeit im Geschäftsführenden Vorstand mit Dank und Beifall verabschiedet wurde, hatte nicht mehr kandidiert. Ihre Nachfolge trat Klaus Meyer (Bremen) an. Roland Neßler (Hannover) betreute als Beisitzer weiterhin den Bildungsausschuss und als zweiter Beisitzer wurde Johannes Hübner (Frankfurt) gewählt. Schatzmeister Dr. Peter Hellmich kandidierte aus Altersgründen nicht mehr, Nachfolger wurde Karl-Anton Christoph (Freiburg).

Für den Philologenverband stand fest, dass die Überwindung der Technikfeindlichkeit nicht nur durch die Anstöße eines Kongresses zu bewerkstelligen war, sondern dass es sich um einen länger andauernden Prozess handeln würde. Der Bayerische Philologenverband hatte schon 1979 engere Verbindungen zu Kreisen der bayerischen Wirtschaft geknüpft und auf Initiative des stellvertretenden Verbandsvorsitzenden Heinz Durner und des Wirtschaftlers Dr. Hans Georg Knoche aus dem Luft- und Raumfahrtunternehmen Messerschmitt-Bölkow-Blohm (MBB) den *Arbeitskreis Gymnasium und Wirtschaft* (AGW) gegründet, dem sich der Deutsche Philologenverband und die Landeselternvereinigung der Gymnasien in Bayern anschlossen. Der AGW erhielt in Bayern Unterstützung durch das Kultus- und das Wirtschaftsministerium sowie das Staatsinstitut für Schulpädagogik und Bildungsforschung. Auf der Seite der Wirtschaft arbeiteten viele Unternehmen sowie Industrie- und Handelskammern mit. Auf Bundesebene wurden Kontakte geknüpft zu den Bildungsabteilungen des Bundesverbandes der Deutschen Industrie (BDI), des Deutschen Industrie- und Handelstages (DIHT), dem Bundesministerium für Forschung und Technologie sowie dem Verein Deutscher Ingenieure (VDI).

Die Früchte dieser Zusammenarbeit waren vielfältig: Modellseminare, Veröffentlichungen, Partnerschaften zwischen Gymnasien und Wirtschaftsunternehmen, Dokumentationen. Der Philologenverband trug auf diese Weise viel dazu bei, die Technikfeindlichkeit in Deutschland abzubauen sowie die Fachinhalte des Gymnasiums so zu gestalten, dass sie halfen, die ökonomischen und ökologischen Probleme der Industriegesellschaft zu erkennen und den Einzelnen zu motivieren, die Zukunft aktiv zu gestalten und sich dabei der wissenschaftlich-technischen Herstellungs- und Handlungsmöglichkeiten zu bedienen.

Verantwortung des Lehrers – Allgemeinbildung am Gymnasium

Anlässlich des 80. Jahrestages der ersten Verbandstagung von 1904 veranstaltete der Deutsche Philologenverband am 1. Juni 1984 eine öffentliche Tagung im Wissenschaftszentrum in Bonn mit dem Thema *Gymnasium hat Zukunft*. Zweck der Veranstaltung war eine Standortbestimmung zur Beschreibung der Aufgabe des Gymnasiums und seiner Lehrer in der demokratischen Gesellschaft. Zugleich wollte man die Gegenposition zu einer falsch verstandenen »Emanzipationspolitik« öffentlich herausstellen. Für die Festansprache war es gelungen, *Bundeskanzler Dr. Helmut Kohl* zu gewinnen. Bei der Begrüßung der Veranstaltungsteilnehmer und zahlreicher geladener Gäste sagte der Verbandsvorsitzende Fluck: »Der Staat und seine Bürger haben ein Recht darauf, so schreibt es die Verfassung vor, dass die Schule die Schüler im Geiste der Freiheit und Demokratie erzieht und der Erziehungsprozess nicht durch einseitige Indoktrination gefährdet wird. ... Der Arbeit des Gymnasiums und seiner Lehrer verdankt unser rohstoff- und energiearmes Land eine leistungsorientierte Bildung und Ausbildung vieler Generationen. Damit wurde ein entscheidender Beitrag zum Wohlergehen unseres Staates und zu seiner beachtenswerten internationalen Stellung geleistet.«[191]

Bundeskanzler Kohl, der das Thema *Die Verantwortung des Lehrers in der Demokratie* behandelte, stellte am Anfang seiner Rede die Verfassungsgrundsätze der Bundesrepublik und ihre Bedeutung für die Nachkriegspolitik dar. »Es ist unser gemeinsamer Auftrag«, fuhr er fort, »diese geistigen und moralischen Grundlagen unserer Demokratie, ihre politische Kultur, nicht nur für unsere Generation zu bewahren, sondern an die nächste Generation weiterzugeben.« Hier liege die besondere Verantwortung des Lehrers. Kohl verdeutlichte: »Die Geschichte des 20. Jahrhunderts und in Sonderheit die Geschichte der Deutschen lehrt uns, wie gefährlich es ist, wenn Ideologien und Utopien die politische und geistige Auseinandersetzung mit der Wirklichkeit verdrängen. Niemand von uns kennt das Ziel der Geschichte. In Freiheit zu leben, ist Chance und Aufgabe für den Menschen. Dies für die junge Generation einsichtig und erfahrbar zu machen, ist auch ein wesentlicher Auftrag der Schule. ... Zu den schlimmsten bildungspolitischen Fehlern der zurückliegenden Jahre gehört die Vernachlässigung des Faches Geschichte. ... Ohne Geschichtsverständnis sind weder politisches Verständnis der Gegenwart noch verantwortliche Gestaltung der Zukunft möglich. ... Das gilt gerade auch für die zentrale Frage der deutschen Politik, die Frage nach der Sicherung von Frieden und Freiheit. Der Friede ist ein Werk der Gerechtigkeit. Deshalb setzen wir uns für die Werte des Grundgesetzes, für die Freiheit und Würde des Menschen, für Solidarität und Gerechtigkeit, für Demokratie und Gewaltverzicht – und zwar im Inneren und im Blick auf den Beitrag unseres Volkes zum Frieden in der Welt – ein. ... Die Zukunft Deutschlands besteht darin, das große zentrale Problem deutscher Politik, die Einheit der Nation – wann immer sie auf der Tagesordnung der Weltpolitik kommen wird –, unter einem europäischen Dach zu lösen.« Zur Rolle des Lehrers stellte der Bundeskanzler fest: »Die Schule wird entscheidend von Lehrerpersönlichkeiten geprägt. Das Vorbild des Lehrers, seine Art, den Unterricht zu gestalten, beeinflussen Entwicklung und Wertmaßstäbe der ihm zur Erziehung anvertrauten Jugendlichen. Natürlich ist ein Lehrer ein Staatsbürger wie jeder andere. Er hat seine staatsbürgerlichen Überzeugungen, und dazu gehören auch politische Überzeugungen. Aber wir sollten deutlicher aussprechen, dass es unerträglich ist, wenn politische Überzeugungen in einer Form in die Schule hineingetragen werden, die Kinder indoktriniert. Die Schule ist kein Ort zur Austragung politischer Kämpfe, sie eignet sich auch nicht zum Agitationsfeld, weder für diese noch für jene Seite.«[192] Die Rede Kohls fand ein großes Echo in der Presse und wurde in einem Bulletin von der Bundesregierung verbreitet. Der Deutsche Philologenverband hatte die öffentliche Diskussion über die Rolle der Schule und des Lehrers in unserer Gesellschaft in eine Richtung gelenkt, die den Zusammenhang zwischen Verfassungsauftrag und Bildungswesen in den Mittelpunkt stellte.

Nun war es auch an der Zeit, die Frage nach den Bildungsinhalten und den Wertstrukturen von Bildung und Erziehung neu zu formulieren. Dieses Ziel setzte sich der *30. Kongress des Deutschen Philologenverbandes vom 19. bis 22. November 1986 in Frankfurt* mit dem Thema *Gymnasium: Zukunftschance Allgemeinbildung.* Wiederum hatte der Verband eine große Zahl von Ehrengästen aus Politik, Wirtschaft, Hochschulen, Bildungseinrichtungen und Kultusverwaltungen in die Alte Oper nach Frankfurt geladen, um zusammen mit Philologen aus dem ganzen Bundesgebiet die unverwechselbaren Inhalte, Formen und Methoden gymnasialer Allgemeinbildung zu durchdenken und in einem zeitnahen Verständnis die charakteristischen Ziele des Gymnasiums zu definieren. Die Notwendigkeit, das unverwechselbare Profil des Gymnasiums herauszustellen, war deswegen so dringlich, weil die Landesregierungen in Bremen, Hessen, Niedersachsen und Nordrhein-Westfalen durch die Einführung der Stufengliederung, die Festschreibung und Ausweitung der Orientierungs- oder Förderstufe, die Vorbereitung der Kollegschule sowie durch Eingriffe in die Schulaufsicht und Manipulation des Elternwillens alles in die Wege geleitete hatten, um die Nivellierung und Aufhebung der Schulprofile durchzusetzen.

Den Festvortrag über das Thema *Selbstverständnis und Weltverständnis – Maßstäbe gymnasialer Bildung und Erziehung* hielt Professor Dr. Walter Rüegg, ein international renommierter Soziologe, Nationalökonom und Altphilologe. Rüegg erinnerte daran, dass der Begriff Allgemeinbildung »in der öffentlichen Diskussion in die Defensive versetzt worden« sei und erst »seit etwa 1978 eine zögernd einsetzende Renaissance erfahren« habe. Dabei gehe es »allerdings nicht um die Alternative zweckfreie Bildung oder berufsgerechte Ausbildung ... sondern um die Verbindung einer sorgfältigen Berufsvorbereitung mit einer Bildung, die dem Menschen den Sinn seiner Lebensbezüge innerhalb und außerhalb der Berufswelt vermittelt«. Das Gymnasium sei dafür verantwortlich, dass »Allgemeinbildung als Zukunftschance für ein Wirken der Universitätsabsolventen im Interesse der Allgemeinheit genutzt« werde. Rüegg entwickelte dann in mehreren Thesen die Grundlagen gymnasialer Bildung für den Aufbau von Selbstverständnis und Weltverständnis:

- »Aufgabe der gymnasialen Schulung ist es, den Gebrauch von Wort und Zahl so zu vermitteln, dass die Schüler daraus lernen, wie man denken lernt«;
- »der Mensch ist nicht nur ein animal rationale, ein berechnendes Lebewesen, sondern vor allem ein animal symbolicum, ein Lebewesen, das Sinnbilder schafft, in Sinnbildern sich mit Seinesgleichen verständigt und in Sinnbildern zum Verständnis seiner selbst und der Welt gelangt«;
- »gymnasiale Bildung erfordert die Auseinandersetzung mit literarisch geformten Sinnbildern menschlicher Selbst- und Weltverständigung«;

- »ohne historische Dimension verschließt sich gymnasiale Bildung und Erziehung der Zukunft«;
- »gymnasiale Bildung verlangt ein Langzeitbewusstsein im Lernprozess, im Umgang mit symbolischen Formen, in der Interaktion zwischen Lehrern und Schülern«.

Am Ende seiner Ausführungen ging Rüegg noch einmal auf die Bedeutung der Sprache ein: »Übersetzen lernen, aus den fremden Sprachen in die eigene, aber auch in der eigenen Muttersprache aus fremden Gedankengängen in die eigenen, ist deshalb der eigentliche Maßstab gymnasialer Bildung und Erziehung … Zugleich erfüllt es damit einen wesentlichen Teil seines Bildungsauftrags, in einer durch das Übermaß an Informationen, durch die Verabsolutierung von Wort und Zahl sich selbst entfremdeten Welt jungen Menschen ein in sich gefestigtes, gegen Fremdes und Fremde offenes Selbst- und Weltverständnis zu ermöglichen.«[193] In weiteren Referaten vertieften der Historiker Professor Dr. Michael Stürmer und der Naturwissenschaftler und Direktor des Bereiches Wissenschaft der IBM Deutschland GmbH, Professor Dr. O.G. Folberth, die Ausführungen Rüeggs. Eine Podiumsdiskussion unter Leitung von Max Schmid zog das Resümee der Tagung. Daran waren beteiligt: Professor Dr. Bergmann, Vertreter der Westdeutschen Rektorenkonferenz, Dr. Werner Boppel, Abteilungsleiter des Bundesministeriums für Bildung und Wissenschaft, Professor Dr. Ehrenforth, Vorsitzender des Verbandes für Musikerziehung, Dr. Himmelreich, stellvertretender Hauptgeschäftsführer des Bundesverbandes der Arbeitgeberverbände, Ilse-Maria Oppermann, Vorsitzende des Bundeselternrates, Professor Dr. Hartmut Schiedermaier, Präsident des Hochschulverbandes, sowie die Referenten Rüegg, Stürmer und Folberth. Die Diskussionsrunde forderte eine klare Ausrichtung der gymnasialen Bildung an den Fächern Deutsch, Fremdsprachen, Mathematik, Geschichte, Naturwissenschaften, die bis zum Abitur kontinuierlich unterrichtet werden müssten und für die ein Grundkanon zu erarbeiten sei. Konstanz, Kontinuität und Überschaubarkeit seien wichtig für den Reifeprozess des Schülers.

Auf der Grundlage der Kongressergebnisse formulierte die Vertreterversammlung des Deutschen Philologenverbandes in

Frankfurt das Allgemeinbildungskonzept des Gymnasiums wie folgt: Alle Schularten haben den gesetzlichen Auftrag, einen Bestand gemeinsamer Einsichten, Fähigkeiten, elementarer Kenntnisse und Fertigkeiten zu vermitteln. Folglich erfüllen alle Schulformen einen allgemeinbildenden Auftrag. Die Allgemeinbildung des Gymnasiums ist darüber hinaus durch die Merkmale Vertiefung, Differenzierung und Komplexität, Flexibilität und Urteilsfähigkeit gekennzeichnet. Der Schüler des Gymnasiums soll den Dingen auf den Grund gehen, ihre Vielfalt verstehen, ihre Vielschichtigkeit und gegenseitige Abhängigkeit durchdenken, sich schnell und sicher auf neue Sachverhalte und Situationen einstellen sowie Dinge angemessen bewerten lernen. Der Bildungsweg des Gymnasiums ist gemäß der speziellen Bildungsaufgabe (Studierfähigkeit) und dem Bildungsabschluss (Hochschulreife) strukturiert. Zur Erreichung dieser Bildungsziele sind spezielle Methoden erforderlich: prinzipielles Fragen, kategoriales Denken und distanzierte Reflexion. Der Gymnasiast muss geschult werden, nach dem Grund einer Sache zu fragen, Dinge auf den (Allgemein)Begriff zu bringen, sie nach Kategorien zu ordnen, über eine Systematik der Vorstellungswelt zu verfügen und keinen Text, keine Regel unverstanden und unreflektiert hinzunehmen. Was hier als charakteristische, methodische Vorgehens- und Arbeitsweise am Gymnasium beschrieben wird, kann auch als charakteristische Methode der Wissenschaft bezeichnet werden. Die Einheit des Gymnasiums zeigt sich darin, dass es von Anfang an Unterrichtsprinzipien verwendet, die als wissenschaftspropädeutisch zu bezeichnen sind.

Mit seinem Appell an den »Mut zur Bildung« rief der 30. Deutsche Philologentag den Bürgern der Bundesrepublik ins Bewusstsein: die Allgemeinbildung ist ein hohes Kulturgut, in dem sich Wissen, Erfahrung, Erkenntnis und Gestaltung von Vergangenheit und Gegenwart zur Konzeption der Zukunft vereinen und dem Menschen Selbsterkenntnis und Weltverständnis vermitteln. Die 500 Delegierten und Gäste aus allen Teilen der Bundesrepublik, die 70 000 Gymnasiallehrer vertraten, unterstrichen mit ihrem Appell sowohl eine Absage an effektlose pädagogische Modespielereien, die in den vergangenen zwanzig Jahren zahlreiche Krisen im Bildungswesen hervorgerufen hatten, als auch die Forderung nach sorgfältiger Beachtung des Bildungs- und Erziehungsauftrages, wie er im Grundgesetz und in den Länderverfassungen verankert ist, damit der junge Mensch sich seiner Begabung gemäß entfalten kann und sich in der Gesellschaft und der Welt zu orientieren lernt. Die Einlösung dieses Prinzips erfordert ein vielgliedriges und kein uniformes Schulwesen und setzt darüber hinaus einen Kanon an Fächern und Lerninhalten voraus, der nachgewiesenermaßen zur Persönlichkeitsbildung und zum Weltverständnis beiträgt.

Die Delegierten wählten Bernhard Fluck (Düsseldorf) für weitere drei Jahre zum Vorsitzenden des Deutschen Philologenverbandes. Als Stellvertreter wurden wiedergewählt: Heinz Durner (München) und Klaus Meyer (Bremen). Zu Beisitzern wurden gewählt Roland Neßler (Hannover) und Christian Wendt (Ahrensburg) sowie Karl-Anton Christoph (Freiburg) als Schatzmeister.

Gesamtschulpolitik und Elternwille – Kollegschule auf dem Prüfstand

Ende der achtziger Jahre war die Situation der Gesamtschulen in den einzelnen Bundesländern unterschiedlich und konnte sich auch nach Regierungswechseln von der einen zur anderen Legislaturperiode verändern. In Bayern und Baden-Württemberg stand man der Gesamtschule skeptisch bis ablehnend gegenüber, während in den Stadtstaaten und in mehreren Flächenstaaten – vor allem in Hessen, Niedersachsen und Nordrhein-Westfalen – die Entwicklung der Gesamtschule vorangetrieben wurde.

Das Ziel der Gesamtschulgründer war es gewesen, die Gesamtschule als einzige Schulform flächendeckend einzuführen. Dazu bedurfte es einer Legitimation, mit der man nachweisen konnte, dass die Verdrängung der bestehenden Schulformen gerechtfertigt war. Die Erwartungen, die man an die erste Phase der Gesamtschulentwicklung geknüpft hatte, nun würde die Chancenungleichheit abgeschafft und eine soziale Integration eingeleitet, wurden jedoch bald enttäuscht. Der Bildungsrat hatte 1969 Vergleichsuntersuchungen zwischen integrierten Gesamtschulen mit dem bisherigen gegliederten Schulwesen beschlossen, um politische Entscheidungsgrundlagen für oder gegen die Gesamtschule zu erhalten. Das Ergebnis verdeutlichte, dass man die Möglichkeiten der Gesamtschulen zur Reduzierung gesellschaftlicher Ungleichheit überschätzt hatte. Auch die Leistungsvergleiche der unterschiedlichen Schulformen fielen nicht zugunsten der Gesamtschulen aus. Deshalb wandten sich die Gesamtschulbefürworter schon bald von den vorgelegten Untersuchungsergebnissen ab und strebten die *Einführung der Gesamtschule als Regelschule* durch eine politische Lösung an. Trotz der Anerkennung der Gesamtschulabschlüsse 1982 kam es jedoch dort, wo die Gesamtschule sich neben den Schularten des gegliederten Schulwesens im Wettbewerb behaupten musste, nicht zu einer nennenswerten Nachfrage. Gerade die Eltern bildungsinteressierter Kreise strebten die Aufnahme ihrer Kinder in Gymnasien oder Realschulen an, und auch die Hauptschulen waren bei Schülern, die weniger den abstrakten und mehr den pragmatischen Bildungsinhalten zugewandt waren, anerkannt. Die SPD-Schulpolitik suchte deshalb in den achtziger Jahren nach anderen Mitteln und Wegen, um die Zahl der Gesamtschulen zu erhöhen. Beispielsweise nutzte das Land Nordrhein-Westfalen den Rückgang der Schülerzahlen dazu, Schulen des herkömmlichen gegliederten Schulwesens zu schließen und durch Gesamtschulen zu ersetzen. Ende 1986 trat deswegen die Bürgeraktion Schule, in der elf Eltern- und Lehrerorganisationen zusammengeschlossen waren und die 1978 das erfolgreiche Volksbegehren gegen die Kooperative Schule durchgeführt hatte, erneut an die Öffentlichkeit. Sie sammelte für die Bürger-Petition *Erhaltet unsere Schulen* rund 1,3 Millionen Unterschriften. Peter Heesen, seit 1982 Vorsitzender des Philologenverbandes Nordrhein-Westfalen sowie Initiator und Pressesprecher der Bürgeraktion, sagte in einem Interview: »Weit mehr als fünfzig Hauptschulen, Realschulen und Gymnasien sind zum Zwecke der Errichtung von Gesamtschulen geschlossen worden, obwohl sie funktionstüchtig waren. Dieser Entwicklung wollen wir mit unserer landesweiten Aktion entgegenwirken. ... Dabei wenden wir uns mit unserer Aktion insbesondere dagegen, dass der Kultusminister nach der Gesetzeslage ohne Rücksprache mit Betroffenen ... über die Errichtung von Gesamtschulen beschließen kann. Wir halten es zudem für nicht tragbar, dass eine Minderheit von Eltern die örtliche Schullandschaft zugunsten von Gesamtschulen völlig verändern kann.«[194] Heesen bezog sich dabei auf die Verordnung, dass nur 112 Schüleranmeldungen genügten, um die Errichtung einer Gesamtschule zu ermöglichen. Diese Regelung sowie die vom Land versprochenen Finanzmittel, verbunden mit der Drohung, die Schulen vor Ort zu schließen, veranlassten auch Gemeinderäte mit überörtlich sonst Gesamtschulen ablehnenden Parteimehrheiten, die Errichtung kleinerer Gesamtschulen zu beantragen, um trotz Schülerrückgangs ein Schulangebot im Ort zu behalten. Mit dieser Strategie und einer zeitlichen Streckung und Begrenzung der Genehmigungsverfahren auf 20 bis 25 pro Jahr gelang es der SPD-Regierung in Nordrhein-Westfalen, die Zahl der integrierten Gesamtschulen von 46 im Jahr 1980 auf 208 im Jahr 1991 zu steigern. Die Probleme der Gesamtschule wurden dadurch jedoch nicht geringer. Die anspruchsvolleren Schulformen – Gymnasien und Realschulen – zogen die Kinder aus bildungsbewussteren Familien an (creaming), für die Gesamtschulen blieb in der Regel ein hoher Prozentsatz aus bildungsfernen Schichten. Aber auch unter diesen Bedingungen hätten die Gesamtschulen eine lohnende Aufgabe gehabt, gemäß ihrem Prinzip »Fördern statt Auslesen« die herkunftsbedingten Mängel ihrer Schüler auszugleichen. Da sie über mehr Personal, mehr Finanzmittel, bessere Gebäude und Lehrmittel verfügten als selbst die Gymnasien und zudem meist als Ganztagsschulen arbeiteten, waren die Voraussetzungen dafür durchaus gegeben. Jedoch zeigten Vergleichsuntersuchungen, dass die Leistungen vergleichbarer Schülergruppen im gegliederten Schulwesen erheblich höher lagen. Im Mai 1989 hatte die Bürgeraktion Schule noch einmal Grund, die fragwürdigen Methoden der SPD in Nordrhein-Westfalen zur Durchsetzung bildungspolitischer Ziele anzuprangern. Der Vorsitzende der SPD-Arbeitsgemeinschaft für Bildungsfragen, Bernd Dopheide, hatte in einem Schreiben erklärt,»dass der Elternwille als Ultima Ratio die kommunalen Gestaltungsspielräume zur Durchsetzung von Bildungs- und Schulreformabsichten nicht hinreichend garantiert.« Deutlicher konnte man nicht zum Ausdruck bringen, dass Elternmeinung nur dann willkommen war, wenn sie half, das bewährte Schulsystem zu verdrängen. Gelang dies nicht, wurde das im Grundgesetz garantierte Elternrecht negiert und beiseite geschoben.

Ein weiterer strittiger Punkt in der Kultusministerkonferenz war die *Kollegschule in Nordrhein-Westfalen*, die gleichzeitig berufliche und schulische Abschlüsse bis hin zur allgemeinen Hochschulreife ermöglichen wollte. Die Kritiker, zu denen auch der Philologenverband gehörte, waren der Auffassung, dass beide Abschlüsse zugleich nicht auf einem vertretbaren Niveau gelingen könnten. Bei der KMK-Sitzung am 18. April 1986 kam es zu keiner Klärung. Es wurde festgelegt, dass die Kollegschule keine gymnasiale Oberstufe im Sinne der KMK-Vereinbarung sei, dass sie Schulversuch bleibe, der im Umfang nicht ausgeweitet werden dürfe, dass als Eingangsvoraussetzung die Oberstufenreife gelten müsse und keine Nachprüfung im Abitur mehr zugelassen würde. Eine endgültige Regelung solle zu einem Zeitpunkt erfolgen, an dem die KMK über die Weiterentwicklung der gymnasialen Oberstufe befindet. Dieser Frage widmete sich die *KMK-Sitzung am 1. Oktober 1987*, zu deren Beschlüssen der Deutsche Philologenverband in einer Pressekonferenz ausführlich Stellung nahm. Zur gymnasialen Oberstufe hatte sich die KMK auf folgende Regelungen geeinigt:

– Durch eine neue Gewichtung zwischen Leistungs- und Grundkurs im Verhältnis 2:1 (bisher 3:1) wurde die Grundbildung aufgewertet.
– Die Entscheidung, dass künftig zwei Fächer der Gruppe Deutsch, Fremdsprachen, Mathematik bis zum Abitur belegt werden mussten, verbesserte die Studierfähigkeit.
– Neben den Kernfächern Deutsch, Fremdsprachen und Mathematik wurden auch die Naturwissenschaften und das Fach Geschichte aufgewertet.

Hinsichtlich der doppelt qualifizierenden Bildungsgänge der Kollegschule in Nordrhein-Westfalen (seit 1999 Berufskolleg, Abschluss D) einigte man sich auf folgende Grundvoraussetzungen: Festlegung der Eingangsbedingungen (Versetzung nach Klasse 11), Verpflichtung auf die Vereinbarungen der KMK von 1972 und auf die Folgevereinbarungen, eine vierjährige Schulzeit sowie die Festlegung von zwei getrennten Prüfungen. Der Deutsche Philologenverband begrüßte die Einigung grundsätzlich, verlangte aber, dass einige Stolpersteine ausgeräumt werden müssten. Diese erblickte er vor allem in verschiedenen ungenauen Formulierungen, die wieder einer Auseinanderentwicklung in den Bundesländern Vorschub leisten könnten. Es müssten die Bildungsinhalte präzisiert werden und bei der Doppelqualifizierung sichergestellt werden, dass keine Abstriche von den allgemeinbildenden Anteilen zugunsten der beruflichen erfolgten.

Die bildungspolitischen Kontroversen hatten gezeigt, dass Interessenvertretung ohne Rückhalt durch eine größere Zahl wenig Erfolgsaussichten hat. Daher schlossen sich die Verbände Deutscher Elternverein (DEV), Katholische Elternschaft Deutschlands (KED), Deutscher Philologenverband (DPhV) und Verband Deutscher Realschullehrer (VDR), zu einer *Bundesgemeinschaft Gegliedertes Schulwesen* (BGS) zusammen. Anlässlich der Vereinsgründung trafen sich über 500 Teilnehmer – Eltern, Lehrer, Politiker, Erziehungswissenschaftler und Repräsentanten aus 23 Verbänden, Organisationen und Institutionen – zu einem Bundeskongress *Leistung macht Schule* am 4. Juni 1987 im Neuen Schloss in Stuttgart. Die Veranstalter fanden sich in ihrem Bekenntnis bestätigt, dass nicht ein egalisierendes Bildungswesen das Ziel gemeinsamer Bemühungen sein muss, sondern die Festigung und der weitere Ausbau eines differenzierten und gegliederten Schulsystems mit jeweils eigenständigen Bildungsgängen. Einigkeit herrschte in folgenden Grundüberzeugungen: Schule muss der Pluralität der Gesellschaft gerecht werden; das gegliederte Schulwesen, das innerhalb der unterschiedlichen Schulformen auch Platz für freie Schulen verschiedener Weltanschauungen bietet, ist für die demokratische Struktur unserer Gesellschaft unverzichtbar; Unterschiede zwischen den verschiedenen Schulformen dürfen nicht weiter eingeebnet werden; ein gegliedertes Schulwesen mit vielfältigen

Wahlmöglichkeiten und Schwerpunktprofilen wird den individuellen Begabungen, Interessen und Weltanschauungen junger Menschen, ihren verschiedenen Motivationen und Zukunftsperspektiven am besten gerecht; in allen Schulen müssen angemessene Leistungsanforderungen wieder selbstverständlich werden; es ist ein Irrtum zu meinen, dass Leistungsfähigkeit und Leistungsbereitschaft mit Eigennutz gleichzusetzen sind; wir brauchen junge Menschen, die in der Lage sind, die Aufgaben und Anforderungen der Gesellschaft zu erfüllen; die Freude über die erbrachte Leistung, das Gefühl, gebraucht zu werden, für die Gesellschaft wichtig zu sein, sind Voraussetzungen für die Bejahung und den Fortbestand unserer freiheitlichen Gesellschaftsordnung; nur die hohe individuelle Leistung ermöglicht es der Gesellschaft, ihre sozialen Verpflichtungen zu erfüllen.

Philologen für Teilhabe an der Arbeitszeitverkürzung

Die Bemühungen der Lehrer, ihre berechtigte Forderung nach Teilhabe an der Arbeitszeitverkürzung im öffentlichen Dienst durchzusetzen, wurden durch zahlreiche Rückschläge immer wieder behindert. Die allgemeine Verkürzung der Wochenarbeitszeit von 54 Stunden im Jahr 1948 auf 38,5 Stunden im Jahr 1990 wurde auch phasenweise auf die Beamten übertragen. Nur die Lehrer waren davon ausgenommen. Alle Forderungen und Mahnungen seitens der Lehrerschaft wurden mit Hinweis auf die Probleme im Schulbereich zurückgewiesen. Schülerflut und Lehrermangel boten immer wieder Anlass, an den Idealismus der Lehrer zu appellieren. Die Arbeitsbelastungen in den siebziger und achtziger Jahren veranlassten den Philologenverband, Verständnis und Zurückhaltung aufzugeben und Arbeitszeitverkürzungen anzumahnen. Da der Deutsche Philologenverband mit seinen Landesverbänden, der Deutsche Lehrerverband sowie alle übrigen Lehrerverbände immer dringender die Reduzierung der Wochenarbeitszeit forderten, veranlasste das Kultusministerium von Nordrhein-Westfalen im Auftrag der Ständigen Konferenzen der Kultus-, Innen- und Finanzminister der Länder die Firma *Knight-Wegenstein* aus Zürich, eine *Arbeitszeiterhebung* vorzunehmen, die als Grundlage für eine Neuregelung der Arbeitszeit der Lehrer dienen sollte. Die Haupterhebung wurde anhand eines aufwändigen Kriterienkatalogs, der alle arbeitszeitrelevanten Lehrertätigkeiten umfasste, an 1 337 Schulen aller Schularten im Bundesgebiet durchgeführt. Die dabei ermittelte wöchentliche Durchschnittsarbeitszeit der Lehrer an Gymnasien betrug 45,6 Stunden bei 47 Arbeitswochen, bei Grund-, Haupt- und Volksschullehrern lag das Ergebnis bei 43,5 Stunden, bei Sonderschulen: 44,2 Stunden; Realschulen: 45,1 Stunden; berufliche Schulen: 46,5 Stunden. Die Durchschnitts-Stundenzahl für jede der 39 Schulwochen des Jahres lag bei Gymnasien etwas höher als 54 Stunden. Diese wurden auf die 47 Arbeitswochen des übrigen öffentlichen Dienstes umgerechnet. Die Lehrerverbände hatten nun gute Argumente, eine lineare Verkürzung ihrer Wochenstunden zu fordern. Dazu kam es aber nicht, weil die Ministerpräsidenten am 17. Oktober 1974 ein Stillhalteabkommen zur Lehrerarbeitszeit bis zum Herbst 1976 beschlossen. Eine Arbeitsgruppe von Kultus-, Innen- und Finanzministerien der Länder, die einen Entwurf zur Neuregelung der Lehrerarbeitszeit entwickeln sollte, entwarf ein Konzept nach Schulstufen und nicht nach Schularten. Dieser Entwurf wurde von den CDU/CSU-Ländern nicht gebilligt und ging 1977 zur Überarbeitung an die Kommission zurück. Die Ministerpräsidenten beschlossen auf ihrer Konferenz vom 14. bis 16. November 1979 das Moratorium zur Lehrerarbeitszeit von 1974 zu verlängern. Damit war einer linearen Arbeitszeitverkürzung wieder der Weg verbaut und es kam in der Folgezeit nur zu punktuellen Reduzierungen in Einzelfällen, zum Beispiel durch Ermäßigungen und Anrechnungen bei zusätzlichen Arbeitsanforderungen. Auch die Beschreitung des Gerichtsweges brachte keine Veränderung der Situation. Auf Initiative des Philologenverbandes Niedersachsen, unter Einbeziehung des Deutschen Philologenverbandes, strengten dreißig Antragsteller ein Normenkontrollverfahren an, welches leider negativ beschieden wurde. Das Oberverwaltungsgericht Lüneburg lehnte am 28. Dezember 1982 die Anträge ab. Ähnlich erging es 1984 zweiundfünfzig Lehrern in Schleswig-Holstein, die mit Unterstützung der GEW eine Herabsetzung ihrer Pflichtstundenzahl erreichen wollten und vom Landesverwaltungsgericht Schleswig abgewiesen wurden. Die Gerichte waren der Auffassung, dass den Lehrern bei der jetzigen Arbeitszeitregelung keine Nachteile entstünden, also das Pflichtstundenmaß im Rahmen der 40-Stunden-Woche liege.

Eine Veränderung der Situation brachte der Tarifabschluss für den öffentlichen Dienst, der im Frühjahr 1988 verabschiedet wurde und auf Kosten von angemessenen Besoldungserhöhungen die Priorität auf eine Arbeitszeitverkürzung legte. Vor dem Abschluss der Tarifgespräche hatten Haushaltsexperten und Politiker ursprünglich eine Besoldungserhöhung von 3,2 Prozent pro Jahr erwartet. Das hätte bei einem dreijährigen Tarifabschluss eine Erhöhung von insgesamt 9,6 Prozent bedeutet. Tatsächlich wurden für drei Jahre aber nur insgesamt 5,1 Prozent Besoldungserhöhung vereinbart, und zwar 2 Prozent für 1988, 1,4 Prozent für 1989 und 1,7 Prozent für 1990. Es kam beim Tarifabschluss also zu einer Einsparung von 4,5 Prozent, die zur Finanzierung der Arbeitszeitverkürzung herangezogen werden sollte. Das Bundesparlament und die Länderparlamente – mit Ausnahme von Hessen – akzeptierten den Tarifabschluss und übertrugen das Ergebnis ausdrücklich auch auf die Beamten.

Der Tarif für den öffentlichen Dienst wurde im Frühjahr 1988 für 32 Monate abgeschlossen. Die Lehrer verzichteten angesichts der niedriger angesetzten Besoldungserhöhung auf 4,5 Prozent Gehaltszuwachs. In den Kultusministerien wurden die Kosten für eine Unterrichtsstunde pro Woche im Schnitt mit 4,5 Prozent eines Gesamtanteils berechnet. Das heißt, der Gehaltsverzicht reichte aus, um die Verkürzung der Arbeitszeit um eine Unterrichtsstunde vom 1. August 1989 an zu finanzieren. Die Lehrer aller Schulformen hatten diese Arbeitszeitverkürzung gleichermaßen bezahlt und mussten jetzt in den Besitz des bezahlten Gutes gelangen.

In höchstem Maße rechtlich anfechtbar war nun der Versuch einzelner Kultusminister, nur den Lehrern mit der höchsten Unterrichtsbelastung (28 in Grund- und Hauptschulen) eine volle Stunde Arbeitszeitverkürzung zu gewähren, den Gymnasiallehrern aber nur Bruchteile davon zuzuerkennen. Die Kultusminister gingen unsinnigerweise von der Unterrichtsstundenzahl aus, die in keiner Weise dem tatsächlichen Arbeitsaufwand entsprach. Im Gegenteil: das von Kultus- und Finanzministern in Auftrag gegebene wissenschaftliche Gutachten der Firma Knight-Wegenstein hatte berechnet, dass die Berufsschul- und Gymnasiallehrer mit rund 46 Stunden – im Vergleich zu 41 Stunden bei den Grundschullehrern – die höchste Arbeitsbelastung hatten, weil sie den höchsten Aufwand zur Vor- und Nachbereitung sowie zu Korrekturarbeiten benötigten. Die Unterrichtsstunde allein war kein Maßstab zur Bemessung der Arbeitszeit, hier musste der Gesamtaufwand berücksichtigt werden. Deshalb war es falsch, bei der Arbeitszeitverkürzung bei den Lehrern mit dem höchsten Pflichtstundenmaß beginnen zu wollen.

Der Deutsche Philologenverband erinnerte vor der Presse die verantwortlichen Minister nachdrücklich daran, dass der Tarifabschluss mit der linearen Arbeitszeitverkürzung ohne Wenn und Aber für den gesamten Beamtenbereich übernommen worden sei. Wenn jetzt versucht werde, Abstriche zu machen, dann grenze das an Vertragsbruch. »Es gibt nur einen gerechten Weg«, urteilte der DPhV-Vorsitzende Fluck, »gleichzeitig und gleichmäßig eine Unterrichtsstunde weniger für alle Lehrergruppen, so wie es mit dem Grundsatz der linearen Arbeitszeitverkürzung im öffentlichen Dienst beschlossen wurde. Der Lehrer ist Beamter. Laufbahn, Amt und Einsatz spielen bei der linearen Arbeitszeitverkürzung keine Rolle. Er ist bei einer Übertragung der tariflichen Regelung auf den Beamtenbereich wie alle anderen zu behandeln, deshalb ist keine Ausnahme zulässig.«

Die Ministerpräsidenten der Länder beschlossen, die Kultusminister aufzufordern, im Benehmen mit den Finanzministern bis zum Herbst einen Bericht vorzulegen, wie die im öffentlichen Dienst ab 1989 vereinbarte kürzere Arbeitszeit gegebenenfalls im Lehrerbereich umgesetzt werden könnte. Nach dem Beschluss der Kultusministerkonferenz vom 24. Juni 1988, der zwar eine Übertragung der Arbeitszeitverkürzung auf Lehrer vorsah, jedoch für Lehrergruppen mit einer Pflichtstundenzahl von 23/24 Wochenstunden nur eine Kürzung unterhalb des Maßes einer vollen Stunde zugestehen wollte, wandte sich der Deutsche Philologenverband erneut an den Präsidenten der KMK mit dem Hinweis, dass die Ungleichbehandlung der Lehrer mit einem Pflichtstundendeputat von 23/24 Stunden nicht sachgerecht sei. Außerdem wurde die Erwartung zum Ausdruck gebracht, dass sich die Kultusminister mit ihrer Vorstellung, dass auch Lehrer an der Arbeitszeitverkürzung im öffentlichen Dienst beteiligt werden müssten, gegenüber den Finanzministern durchsetzen würden.

Am 20. September 1988 wandte sich der DPhV-Vorsitzende wiederum an den Vorsitzenden der KMK und mahnte Fortschritte in der Arbeitszeitfrage an, damit das Vertrauen der Lehrer in ihre Dienstherren nicht erschüttert würde. Der Bundesvorsitzende und der Vorsitzende des Philologenverbandes Niedersachsen, Roland Neßler, beteiligten sich an einer Protestaktion der Kollegen in Osnabrück, dem Tagungsort der Kultusministerkonferenz.

Im Oktober 1988 brachte der Deutsche Philologenverband gegenüber dem Vorsitzenden der Konferenz der Ministerpräsidenten der Länder, dem Regierenden Bürgermeister des Landes Berlin, Eberhard Diepgen, die Sorge zum Ausdruck, dass die Arbeitszeitverkürzungsfrage für Lehrer nicht mit der gebotenen Sorgfalt und Intensität behandelt werde, weil die Finanzministerkonferenz in ihrer Sitzung am 29. September 1988 zu keiner Stellungnahme zum Beschluss der Kultusministerkonferenz vom 23./24. Juni 1988 zur Arbeitszeitverkürzung von Lehrern gekommen sei und die Kultusministerkonferenz auf ihrer Sitzung am 12./14. Oktober 1988 keinen Anlass sah, erneut zur Lehrerarbeitszeit inhaltlich Stellung zu nehmen, sondern auf die bevorstehenden Beratungen der Ministerpräsidenten verwies. Der Regierende Bürgermeister teilte mit, dass das Thema nicht auf der Tagesordnung der Jahreskonferenz vom 26. bis 28. Oktober 1988 stehe. Zudem seien in den Fachministerkonferenzen die erforderlichen Beratungen noch nicht abgeschlossen; das Thema werde frühestens bei der nächsten Konferenz der Ministerpräsidenten im Dezember 1988 zur Beratung anstehen. Am Rande der Ministerpräsidentenkonferenz wurde dennoch außerhalb der Tagesordnung die Frage der Lehrerarbeitszeit erörtert. Wie zu erfahren war, waren die Regierungschefs der Länder nicht bereit, bei einer Arbeitszeitverkürzung weitere Neueinstellungen von Lehrern vorzunehmen oder weitere Lehrerplanstellen zu schaffen. Vielmehr befürworteten sie einen Stufenplan mit u.a. folgenden Maßnahmen: Kürzung der Stundentafel, Abbau des in den meisten Ländern angeblich vorhandenen Lehrerüberhangs.

Nachdem die Konferenz der Ministerpräsidenten der Länder bei ihrer Sitzung am 15. Dezember 1988 nicht zu einer gemeinsamen Haltung in der Frage der Verkürzung der Arbeitszeit der Lehrer gekommen war, wurde dieses Problem in den Bundesländern weiterhin unterschiedlich behandelt. Aus der Sicht des Philologenverbandes waren die Maßnahmen für die Gymnasiallehrer äußerst unbefriedigend. Eine lineare Kürzung von einer Wochenstunde wurde nur in Bayern (1989/90), Berlin (1989/90), Rheinland-Pfalz (ab 1991/92) und Schleswig-Holstein (ab 1990/91) gewährt. In Niedersachsen und Nordrhein-Westfalen einigte man sich auf eine halbe Wochenstunde. Der Philologenverband übte scharfe Kritik an den Ländern, die nur halbe Stunden reduziert oder keinerlei Arbeitszeitverkürzung vorgenommen hatten. Es sollte allerdings nur fünf Jahre dauern, bis auch die jetzt gewährten Verkürzungen wieder gestrichen wurden und die Arbeitszeit der Beamten wieder auf 40 Stunden angehoben wurde, gleichzeitig stieg das Lehrerwochenstundenmaß um eine volle Stunde, um in einigen Bundesländern einige Jahre später nochmals erhöht zu werden. Es bleibt als Fazit nur die bedauerliche Feststellung, dass die Lehrer vom sozialen Fortschritt der Arbeitszeitverkürzung nach 1945 bis heute weitgehend ausgeschlossen worden sind. Die stetige Steigerung der Arbeitsbelastungen war sicher auch einer der Gründe für die ansteigende Zahl der Frühpensionierungen.

Dauerthema Schulzeitverkürzung

Im Zuge der Vorbereitung des EG-Binnenmarktes begann in Deutschland auch wieder die Diskussion um die Dauer der Bildungszeiten. Vertreter aus Wirtschaft, Hochschule und Politik forderten die Kappung des 9. Gymnasialjahres, weil die bundesdeutsche Schulzeit angeblich im europäischen Vergleich zu lang sei. Dabei schaute man primär auf die Schuljahre 12 oder 13 bis zum Abitur und übersah die Vor- und Nachbereitungszeiten anderer Schulsysteme sowie die unterschiedlichen Rahmenbedingungen. Die Aufgabe des Philologenverbandes bestand nun – wie so oft – darin, die Fakten für einen europaweiten Schulzeitvergleich in die Diskussion einzubringen. Der Verband bezog in den Vergleich nicht nur die damaligen zwölf EG-Staaten ein, sondern auch sechs weitere zur Europäischen Freihandelsassoziation (EFTA) gehörende, also insgesamt 18 Staaten. Die Untersuchung ergab folgendes Bild: Die Dauer der Schulzeit lag in zehn Staaten bei zwölf Jahren (darunter Frankreich und Österreich), in neun Staaten bei 13 Jahren (darunter Großbritannien, Deutschland, Italien und Luxemburg), in zwei Staaten bei vierzehn Jahren (Niederlande und Island). Der Abschluss, den die anderen Länder vergaben, war in der Regel eine fachgebundene Hochschulreife, die auch in der Bundesrepublik nach zwölf Jahren erreicht wurde. Die Einschulung lag in fünf Staaten bei fünf, in zwölf Ländern bei sechs und in drei Ländern bei sieben Jahren. In anderen Ländern war die Bildungsdichte sehr viel höher als im bundesdeutschen Halbtags-Schulsystem: unseren Schülern wurden pro Jahr maximal 940 Zeitstunden Unterricht erteilt, französischen 1 150 und spanischen bis 1 400. Schüler aus Ländern mit zwölf Jahren Unterrichtszeit hatten oft Schwierigkeiten, die Universitätsaufnahmeprüfungen zu bestehen, daher verlängerten sich die Schulzeiten mitunter auf dreizehn oder vierzehn Jahre (z.B. in Frankreich). Auch an unseren Hochschulen lag die Bildungsdichte niedriger als in anderen Ländern, da die Semesterzeit auf sieben Monate pro Jahr festgesetzt war, in Großbritannien z.B. auf neun Monate. Außerdem gab es dort keine Wehrpflicht, die eine Verzögerung der Studienaufnahme bewirken konnte. Mit seiner Studie wies der Philologenverband nach, dass ein internationaler Schulzeitvergleich wenig taugt, um eine Verkürzungsdebatte zu begründen, und dass die Schulzeiten zur Erreichung der Studierfähigkeit auch in der Bundesrepublik angemessen waren. Dennoch wollte sich der Verband der Aufgabe nicht verschließen, das Berufseintrittsalter von Akademikern zu erniedrigen. Dazu machte er folgende Vorschläge: eine tatsächliche Einschulung mit sechs Jahren (bundesdeutscher Durchschnitt: 6 3/4 Jahre), Förderung des Überspringens von Jahrgangsklassen, Abbau unnötiger Wartezeiten zwischen Abitur und Studienzeiten, Verringerung der Wehrdienstzeit und insbesondere: Straffung des Studiums. Der Verband erhoffte sich von diesen Maßnahmen eine Ausbildungszeitverkürzung von 24 bis 30 Monaten ohne Verkürzung der Gymnasialzeit und ein Berufseintrittsalter von zirka 25 Jahren für die meisten akademischen Berufe. Vorrangig sei jedoch nicht eine willkürliche Verkürzung von Bildungsgängen, betonte der Philologenverband, sondern eine Ausrichtung an Bildungszielen und Bildungsinhalten.

Neue Nahrung erhielt das Thema Schulzeitverkürzung durch die Wiedervereinigung. Als die Kultusministerkonferenz am 10. Mai 1990 die Reifezeugnisse aus der DDR als Zulassung für alle Hochschulen voll anerkannte, entbrannte die Debatte um das achtjährige Gymnasium in voller Schärfe. Professor Dr. Heinrich Seidel, Präsident der Westdeutschen Rektorenkonferenz, sah das Abitur nach zwölf Jahren als historische Zugabe der DDR zur Wiedervereinigung. Bundesbildungsminister Möllemann wollte für alle Kürzungsvorhaben Geld zur Verfügung stellen. Hessen erreichte schon am 1. Dezember 1989 in der Kultusministerkonferenz die Genehmigung für einen Schulzeitverkürzungs-Versuch, im Gegenzug mussten die CDU-Kultusminister den SPD-Ministern diverse Zugeständnisse machen. Dazu hieß es in der Presseerklärung der KMK vom 9. Dezember 1989: »Die Zustimmung zum hessischen Schulversuch erfolgt mit der Maßgabe, dass sich die Kultusministerkonferenz in ihrer nächsten Sitzung am 15./16. Februar dahingehend verständigt, Schulversuche eines Landes künftig großzügig zuzulassen und die entsprechenden Abschlüsse anzuerkennen.« Mit der Genehmigung eines Schulversuchs, der ganze zwei oder vier von rund 2 000 Gymnasien in der Bundesrepublik betraf, verbanden die Kultusminister so ganz nebenbei eine Absichtserklärung, in Zukunft bei der Genehmigung aller Schulversuche großzügig zu sein und die entsprechenden Abschlüsse gleich mit zu sanktionieren.

Der rheinland-pfälzische CDU-Kultusminister Dr. Georg Gölter richtete für besonders begabte Schüler »D-Zug-Klassen« ein, ein Modellversuch, der in Bayern schon 1970 wegen mangelnden Zuspruchs aufgegeben worden war. Im Hinblick auf den europäischen Binnenmarkt und die Entwicklung der demographischen Kurve, die die Frage nach den zukünftigen Alterssicherungssystemen aufwarf, hatte sich der Philologenverband Nordrhein-Westfalen ab 1988 auf die Seite der Verkürzer der Gymnasialzeit gestellt.[195] Alle übrigen Landesverbände verfassten 1991 gemeinsam mit dem Deutschen Philologenverband eine Stellungnahme, in der sie ausführlich die pädagogischen und bildungspolitischen Argumente gegen eine Verkürzung des Gymnasiums darstellten und die als Sonderdruck im Oktober 1991 allen interessierten Kreisen zugesandt wurde.[196] Die Hauptargumente stützten sich auf die schulpraktischen Erfahrungen der Philologen:
– Streichung von Gymnasialzeiten führt zur Niveausenkung;
– das Gymnasium ist nicht nur eine Veranstaltung für Hochbegabte, unsere Gesellschaft braucht viele gut ausgebildete Abiturienten;
– der Fremdsprachenunterricht ist gerade für die Bundesrepublik in einem vereinten Europa und im Zeitalter der Globalisierung von zentraler Bedeutung, das Erlernen mehrerer Fremdsprachen erfordert Zeit;
– Reduzierung der Bildungsinhalte der Gymnasialfächer und gleicher Abschlussjahrgang wie die Fachoberschule haben Auswirkungen auf beide Schulformen und die an ihnen vergebenen Abschlüsse;
– Folgen für Unter- und Mittelstufe einerseits und Fachhochschulen und Universitäten andererseits sind nicht zu vermeiden;
– Senkung des Abiturniveaus verlängert Studienzeiten;
– Lösungsmöglichkeiten für rasche Ausbildungszeiten sind nicht von einer generellen Gymnasialzeitverkürzung zu erwarten, sondern von einer individuellen Flexibilisierung.

Mit diesen Analysen aus der Schulpraxis bestritt der Verband die Verkürzungsdebatten, war sich aber darüber im Klaren, dass es schon längst nicht mehr um Argumente für oder gegen die Schulzeitverkürzung ging, sondern nur noch um das »Wie« der Durchsetzung.

Auf der *KMK-Sitzung am 10./11. Oktober 1991 in Dresden* kam es zu der erwarteten Aussprache zwischen den Bildungsministern über die Schulzeitverkürzung. KMK-Präsident Professor Dr. Manfred Erhardt berichtete in der Pressekonferenz, die Minister seien zu keiner Beschlussfassung in dieser Frage gekommen. Aufgrund der früher gefassten Beschlüsse der KMK sei aber sichergestellt, dass für eine Übergangszeit die Abiturzeugnisse sowohl aus der früheren DDR als auch nach dem Beitritt aus den neuen Bundesländern weiterhin anerkannt würden. Wie Erhardt erklärte, bestehe in der Konferenz kein Zweifel, dass das Hamburger Abkommen zur Vereinheitlichung auf dem Gebiet des Schulwesens vom 28. Oktober 1964 in der Fassung vom 14. Oktober 1971 (in dem auch die Dauer der Schulzeit geregelt ist), weiter gelte; dies ergebe sich unmittelbar aus Artikel 37 Absatz 4 des Einigungsvertrages. Zum weiteren Verfahren sagte Professor Erhardt, die Konferenz habe ihren Schulausschuss beauftragt, eine Synopse der zum Abitur führenden Curricula in den verschiedenen Ländern zu erstellen. Nach Vorlage dieses Vergleichs werde die Kultusministerkonferenz sich weiter mit der Frage der Schulzeit befassen. Abweichungsmodelle in den neuen Bundesländern würden für eine Übergangszeit bis 1993/94 gelten. Die KMK werde sich mit der Schulzeitfrage erst wieder befassen, wenn eine Übersicht über die zum Abitur führenden Curricula erstellt sei.

Der Deutsche Philologenverband wertete das Ergebnis der KMK-Sitzung als Erfolg. In zahlreichen Gesprächen, Initiativen, Pressekonferenzen und Pressemitteilungen hatte der Verband nichts unversucht gelassen, das neunjährige Gymnasium, seine Bildungsinhalte und seine pädagogische Konzeption zu verteidigen. Die KMK hatte nun festgestellt, dass die Schulzeitdauer, wie sie im Hamburger Abkommen festgelegt war, galt. Damit konnten die ab 1988 vehement vorgetragenen Versuche der Befürworter der

Schulzeitverkürzung, zu einem raschen Durchbruch zu gelangen, als zunächst gescheitert angesehen werden. Man war dem vom Vorsitzenden Fluck 1988 für die alten Bundesländer formulierten und angestrebten Ziel, das neunjährige Gymnasium in das 21. Jahrhundert hineinzuführen, wieder näher gekommen. Dennoch wusste man, dass die Schulzeitfrage weiter auf der Tagesordnung stehen würde.

Europäischer Einfluss auf die Bildungspolitik

Seit 1988 befasste sich der Deutsche Philologenverband besonders intensiv mit den Auswirkungen des europäischen Binnenmarktes auf die Bildungspolitik. Nach jahrzehntelangen vergeblichen Bemühungen, die politische Einheit Europas voranzubringen, geschah ein Durchbruch in den achtziger Jahren. Bei der Unterzeichnung des *Vertrages zur Gründung der Europäischen Wirtschaftsgemeinschaft* (EWGV) am 25. März 1957 in Rom waren die Gründerstaaten noch sehr vorsichtig beim Verzicht auf Hoheitsrechte. Den europäischen Organen der EWG wurden nur auf wenigen, im Vertrag genau beschriebenen Gebieten wie Landwirtschaft und Fischerei, Verkehr, Wettbewerb und Außenhandel Rechte zugewiesen. Erst durch die Unterzeichnung der *Einheitlichen Europäischen Akte* (EEA) vom 28. Februar 1986 gelang es, auf weiteren Gebieten eine Zusammenarbeit oder gemeinsame Politik zu vereinbaren, zum Beispiel in den Bereichen Wirtschafts- und Währungspolitik, Sozialpolitik, Bildung, Forschung, Verbraucherschutz, Gesundheitspolitik, Umwelt. Die Gründungsverträge wurden in zwei Schritten entsprechend geändert: 1986 mit der Einheitlichen Europäischen Akte und 1992 mit dem *Vertrag über die Europäische Union* (dem Maastrichter Vertrag). Das Ziel war die Vollendung des europäischen Binnenmarktes bis zum 31. Dezember 1992, in dem der freie Verkehr von Waren, Personen, Dienstleistungen und Kapital gewährleistet sein sollte.

Der Geschäftsführende Vorstand des Deutschen Philologenverbandes und die Vorsitzenden der Landesverbände befassten sich in zwei Klausurtagungen, zu denen Europa-Experten als Referenten eingeladen waren, am 3. September 1988 in Bad Honnef[197] und am 17./18. Februar 1989 in Düsseldorf mit den Auswirkungen der Europapolitik auf den Bildungsbereich. Folgende *Rechtsgrundsätze des EWG-Vertrages* tangierten den Bildungssektor direkt oder indirekt: Freizügigkeit der Arbeitnehmer mit der Abschaffung jeder auf der Staatszugehörigkeit beruhenden unterschiedlichen Behandlung (Artikel 48 EWGV, Ausnahme: Beschäftigte in der öffentlichen Verwaltung); Verbot jeder Diskriminierung aus Gründen der Staatszugehörigkeit (Artikel 7 EWGV); gegenseitige Anerkennung der Diplome, Prüfungszeugnisse und Befähigungsnachweise (Artikel 57 EWGV); Aufstellung allgemeiner Grundsätze in Bezug auf die Berufsausbildung zur Durchführung einer gemeinsamen Politik, die zu einer harmonischen Entwicklung der einzelnen Volkswirtschaften und des gemeinsamen Marktes beitragen kann (Artikel 128 EWGV). Die Ergebnisse der Expertentagung fasste der Bundesvorstand des Deutschen Philologenverbandes am 4./6. Mai 1989 in Göttingen in Beschlüssen und Resolutionen zusammen, in denen er die europapolitischen Perspektiven der Verbandsarbeit verdeutlichte. Diese stellte er in zwei Pressekonferenzen am 8. Juni und 15. August 1989 der Öffentlichkeit vor.

Die *europäische Zielsetzung des Philologenverbandes* wurde klar bestimmt durch eine europafreundliche Bildungspolitik, die mehrere Aspekte enthielt. Zum Hauptzweck erklärte der Verband die Vorbereitung junger Menschen auf die veränderte Lage in Europa, die Erschließung der kulturellen Gemeinsamkeit und die Erarbeitung der regionalen Vielfalt. Aufgabe der Philologen sollte es sein, den Europabegriff aus der vorrangigen Verknüpfung mit der Wirtschaft zu lösen. Die europäische Einigung sollte Anstoß geben, die gemeinsamen Wurzeln Europas im Bildungsprozess auf den Gebieten der Kultur, Geschichte, Naturwissenschaft, Technik und Wirtschaft zu entdecken sowie die sprachlich-kulturelle Vielfalt und die Besonderheiten der Regionen zu achten. Der Verband verwies in diesem Zusammenhang auf die Vorarbeiten des Europakongresses in Aachen 1979 und auf die geplanten Fortsetzungen dieser Initiativen auf dem bevorstehenden Philologentag im November 1989 in Stuttgart. Als Einzelmaßnahmen schlug der Verband vor: Verstärkung des Schüleraustausches, Ausbau der Schulpartnerschaften, Vermehrung von Schulen mit bilingualem Unterricht, Aufbau einer europäischen Bildungsberatung für europaweit mobile Eltern, Eingliederungshilfen für Ausländerkinder, verstärktes Engagement für das Erlernen von Fremdsprachen. Da die Mehrsprachigkeit ein konstituierendes Merkmal der EG-Staaten ist, sollte allen Schülern ein erweitertes Fremdsprachenangebot unterbreitet werden. So müsste ein Abiturient zwei, möglichst sogar drei moderne Fremdsprachen beherrschen. Damit sollten neben Englisch und Französisch auch Spanisch, Italienisch, Russisch, Portugiesisch, Niederländisch, Polnisch – also darunter auch Sprachen der Anrainerstaaten – nicht vergessen werden. Am 15. August 1989 stellte der Deutsche Philologenverband vor der Presse in Bonn einen *Lehrplan für europäisches Lernen* vor. Kernpunkte waren neben der Erweiterung des Fremdsprachenangebots die Vertiefung des Geschichts- und Geographieunterrichts sowie die Anpassung des naturwissenschaftlichen Pensums an den wissenschaftlichen Fortschritt. Der Geschichtsunterricht sollte den europäischen Schülern das Bewusstsein für die kulturellen, politischen, ökonomischen und gesellschaftlichen Belange der Europäischen Gemeinschaft vermitteln. Erarbeitet werden sollte ein *europäisches Geschichtsbuch*, das die Entwicklung von der alteuropäischen Agrargesellschaft über die vielgestaltige kulturelle Entfaltung bis zur modernen Industriegesellschaft darstellt und zur notwendigen Erweiterung des Geschichtsbildes beiträgt. Ähnliche Anforderungen wie an den Geschichtsunterricht wollte der Philologenverband an den Geographieunterricht stellen. Eine »sichere geographische Grundorientierung« sei auch eine »unverzichtbare Voraussetzung zum Verständnis von Umweltfragen«, betonte der Verband. Nur mit dieser soliden Basis könnten weltgeographische Probleme sowie sozialwissenschaftliche und ökonomische Themen in europäischer oder weltweiter Dimension verstanden werden. Ein *europäisches Lesebuch* sollte schließlich »das in fast dreitausend Jahren gewachsene kulturelle und zivilisatorische Erbe

Europas« widerspiegeln und die Schüler zu aufmerksamen, literarisch interessierten Lesern erziehen.

Angesichts des Binnenmarktes befürwortete der Philologenverband eine *Intensivierung des europaweiten Lehreraustauschs.* Er warnte aber davor, im Zuge dieses Austauschs durch eine unüberlegte Anpassungseuphorie bewährte Strukturmerkmale des bundesdeutschen Bildungssystems aufzugeben oder einer Harmonisierung der Lehrerbildung und des Lehrerdienstrechts Vorschub zu leisten. Die Bundesrepublik sollte sich vielmehr ihrer Vorteile bewusst sein und sie in die Europa-Gestaltung einbringen. Nur so könnte sie gewinnen und nicht verlieren. Zu den unverzichtbaren Strukturmerkmalen des Bildungssystems gehörten: das gegliederte und begabungsorientierte Schulsystem; das duale Prinzip in der beruflichen Ausbildung; die Hervorhebung der Allgemeinbildung und die Vermeidung zu früher fachlicher Spezialbildung, verbunden mit Abschlussqualifikationen auf hohem Niveau; Vergabe von Zutrittsqualifikationen durch die abgebende Bildungsinstitution (z.B. Abitur); die zweiphasige und schulformbezogene Lehrerbildung; die Kulturhoheit der Bundesländer; das hochdifferenzierte Weiterbildungssystem.

Hinsichtlich der Lehrermobilität sah der Deutsche Philologenverband keine Schwierigkeiten, mit den praktizierten Rechtsvorschriften klarzukommen. Ein europäisches »Gemeinschaftsstatut« für Lehrer, wie vom Europäischen Parlament vorgeschlagen, sei aus bundesdeutscher Sicht völlig unnötig, zumal es den Lehrerberuf beamtenrechtlich entwerte. In einer besonderen Resolution legte der Bundesvorstand des Deutschen Philologenverbandes fest, dass der *beamtete Lehrer* eine unerlässliche Voraussetzung für ein öffentliches Schulwesen ist: Alle hergebrachten Grundsätze des Berufsbeamtentums passen zum Beschäftigungsverhältnis der Lehrer und sind gerade da besonders sachgerecht: der gleiche Zugang zu den öffentlichen Ämtern und das Leistungsprinzip (Artikel 33 Absatz 2 GG), die Pflicht zu besonderer Verfassungstreue, das Verbot des Streiks. Die Tätigkeit des Lehrers schließt bei der Leistungsbewertung und bei der Vergabe von Abschlüssen und Berechtigungen die Merkmale der staatlichen Eingriffsverwaltung mit ein. Es sei kein einziger hergebrachter Grundsatz ersichtlich, betonte der Philologenverband, der mit der Funktion und der Verantwortung des Lehrers unvereinbar wäre. Seine pädagogische Freiheit werde am besten im Beamtenstatus gesichert. Eine Herausnahme der Lehrer aus der öffentlichen Verwaltung, wie dies durch die restriktive Auslegung des Artikels 48 Absatz 4 EWG-Vertrag geplant sei, entbehre jeglicher Grundlage. Selbst wenn der Beamtenstatus der Lehrer nicht durch den Einsatz von Hoheitsgewalt gefordert würde – er wäre unumgänglich, weil auf die öffentlichen Schulen alle wesentlichen Merkmale der staatlichen Daseinsvorsorge zutreffen: ihre existenzielle Bedeutung für den Bürger, ihre Unausweichlichkeit, die notwendig große Beurteilungsfreiheit, mit welcher hier Leistungen erbracht werden. Der Bürger, der so auf den Schulstaat angewiesen sei, habe ein Recht darauf, im Lehrer einer Person zu begegnen, die in besonderer Treue an die Gemeinschaft gebunden ist. Außerdem, so der Verband, verfügten alle EG-Mitgliedstaaten über ein Berufsbeamtentum mit Laufbahnsystem mit Ausnahme der Niederlande, die jedoch Staatsbedienstete mit einem allgemeinen Dienstrecht kennen, das durchaus einem Berufsbeamtenstatus vergleichbar sei. Besonders viele Gemeinsamkeiten bestünden zwischen dem deutschen und französischen Dienstrecht, vor allem auch in Bezug auf die Stellung der Lehrer. Daher sei es auch kein Problem, dass Lehrer aus anderen europäischen EG-Staaten, wenn sie denn die gleichen Qualifikationen besäßen, gemäß den deutschen Rechtsverhältnissen beschäftigt werden könnten.

Der Verbandsvorsitzende stellte die Resolution des Philologenverbandes am 8. Juni 1989 der Presse in Bonn vor und bekräftigte, dass Lehrer aus der Europäischen Gemeinschaft nach Überzeugung des Verbandes in der Bundesrepublik Beamtenstatus erhalten könnten. »Der Beamtenstatus steht dem EG-Recht nicht entgegen«. Wenn nach Verwirklichung des Binnenmarktes nach 1992 auch Bewerber aus anderen Ländern der Gemeinschaft in den öffentlichen Dienst der Bundesrepublik aufgenommen werden müssen, sollte dies nicht nur über das Angestelltenverhältnis geschehen. Fluck betonte, dass bereits heute in Deutschland rund 20 000

Ausländer – meist in der Forschung, aber auch bei Zoll und Polizei – im Beamtenstatus arbeiten. Das Beamtenrechtsrahmengesetz (§ 4) sehe dies bei besonderen dienstlichen Bedürfnissen vor, auch wenn in der Regel nur deutsche Staatsangehörige Beamte werden können. Die Möglichkeiten für eine Übernahme von EG-Ausländern sollte nach Ansicht des Philologenverbandes erleichtert werden. Der einheitliche Leistungsstandard könnte über Anpassungslehrgänge und Prüfungen gesichert werden. »Gerade Europa kann auf den beamteten Lehrer nicht verzichten, der in pädagogischer und sozialer Verantwortung das Kulturerbe an die Jugend Europas weitergibt«, hieß es in der Resolution des Verbandes.

Das Europa-Thema griff der Deutsche Philologenverband auf dem *31. Philologentag vom 23. bis 25. November 1989 in Stuttgart* wieder auf. Das Motto der Tagung lautete: *Gymnasium 2000 – Bildung und Verantwortung – Erziehung für die Zukunft.* Damit wurde ein zentraler Bildungsauftrag formuliert: Der Philologentag 1989 stellte das »Gymnasium 2000« als eine Schule mit europäischer Dimension vor. In den Kongressvorträgen und in den Vorarbeiten des Verbandes wurde das Profil einer Schule entwickelt, die ein Europabild der Brücken zwischen West und Ost sowie zwischen Nord und Süd entwirft. Durch die Ereignisse nach dem 9. November 1989 hatte dieses Thema eine völlig neue Dimension bekommen. Angesichts des euphorisch gefeierten Mauerfalls und der Grenzöffnungen nach Osten war die Thematik von unerwarteter Aktualität und großer Dringlichkeit. Die oft wiederholte Forderung an Bildung und Erziehung, den jungen Menschen bewusst zu machen, dass Europa nicht an den Grenzen der Europäischen Gemeinschaft ende, bekam plötzlich eine ganz konkrete Glaubwürdigkeit. Für Deutschland, dessen Wiedervereinigung so unerwartet greifbar nahe war, ergab sich in besonderem Maße die Aufgabe, bei der politischen Erneuerung Osteuropas mitzuwirken.

Europa habe dann eine Zukunft, betonte der Philologenverband außerdem, wenn es föderalistisch organisiert sei, um allen Regionen maximale Entfaltungschancen zu ermöglichen. Eine europäische Zentralgewalt müsse sich auf diejenigen Maßnahmen konzentrieren, die der Gemeinschaft in den Verträgen als Zuständigkeit eingeräumt worden seien. Der Bürger identifiziere sich mit seiner Region und ihrer kulturellen Eigenheit. Deshalb müsse die Regionalorganisation Vorrang haben, während die Aufgabe der Zentralorganisation primär im Ausgleich materieller Ungleichheiten bestehe. Die Bildungs- und Kulturhoheit der Länder in der Bundesrepublik Deutschland müsse daher gewahrt bleiben.

Im Zusammenhang mit der europäischen Perspektive behandelte der Kongress als weitere wichtige Zielsetzung die Verantwortungsethik als fächerübergreifendes gymnasiales Prinzip. Nur wenn Bildung und Erziehung die Menschen befähigen, so lautete die Botschaft, sich aus freiem Entschluss verantwortlich dem Mitmenschen, der Natur und Umwelt, der Kultur sowie der Wissenschaft und Technik gegenüber zu verhalten, könnten in einem vereinten Europa und einer globalisierten Welt gegenwärtige und zukünftige Herausforderungen bestanden werden. Als erster Referent sprach der Bundesminister für Forschung und Technologie Dr. Heinz Riesenhuber zum Thema »Herausforderung Zukunft: Aufgabe von Wissenschaft und Technik«. Er behandelte die Auswirkungen der Technik auf unsere europäische Lebenswirklichkeit und den Umgang mit den Veränderungsprozessen einschließlich der möglichen Risiken und der sich daraus ergebenden Aufgaben für die Bildung. Das Thema »Europäischer Strukturwandel und gesellschaftliche Aufgaben im Wandel« nutzte der Referent Professor Dr. Gerhard W. Wittkämper zu einer eindringlichen und umfassenden Analyse der gesellschaftlichen, politischen und kulturellen Situation der Gegenwart und der sich daraus ergebenden Aufgaben für die Zukunft. Ausgehend von den politischen Ereignissen in Deutschland und Europa, erörterte er den strukturellen Wandel, die Entwicklung Europas als Lebens- und Wertraum, als Kultur- und Sozialraum sowie als Wirtschaftsraum. Eindringlich wurden im Anschluss daran die Fragen nach einer Ethik der Verantwortung, dem Wertebewusstsein und dem Menschenbild unserer Zeit gestellt. Danach diskutierte Wittkämper die Fragen, die sich aus der Veränderung der Zeitdimension und den Auswirkungen der neuen Informationsgesellschaft ergeben, kritisierte das Konzept der Postmoderne, um abschließend zehn Felder der Zukunftsfähigkeit im Strukturwandel aufzuzeigen.

Das Resümee der Tagung fasste die Vertreterversammlung in der Form von *Bildungspolitischen Leitsätzen für die 90er Jahre* zusammen, in die auch die Diskussionsbeiträge, Veröffentlichungen, Beschlüsse und Tagungsergebnisse des Philologenverbandes aus den vergangenen Jahren mit einflossen.[198] Der Geschäftsführende Vorstand wurde auf fast allen Position wiedergewählt: Bernhard Fluck (Vorsitzender), Heinz Durner und Klaus Meier (stellvertretende Vorsitzende), Roland Neßler und Christian Wendt (Beisitzer). Als neuer Schatzmeister trat Klaus Schäfer (Maintal) sein Amt an. Die Redaktion der Zeitschrift blieb bei Elmar Stuckmann, Max Schmid und Karl-Anton Christoph.

IX GYMNASIUM UND PHILOLOGENVERBAND IN DER ZEIT DER DEUTSCHEN EINIGUNG 1989 – 1992

Von der »Wende« zur Wiedervereinigung

Zu einer der größten Aufgaben, denen sich das Bildungswesen und die Bildungspolitik in ganz Deutschland 45 Jahre nach Kriegsende gegenübersahen, gehörten die Herausforderungen durch die Wiedervereinigung nach der friedlichen Wende 1989. Innerhalb eines Jahres, vom Sturz Erich Honeckers am 18. Oktober 1989 bis zum Inkrafttreten des Einigungsvertrages am 3. Oktober 1990, geschah in der DDR ein radikaler Bruch mit einem in über vierzig Jahren entwickelten Bildungswesen. Es war das Ende der von der SED gestalteten und verantworteten Bildungspolitik. Obwohl die DDR 1974 den Begriff »Deutsche Nation« aus ihrer Verfassung gestrichen hatte und alles daran setzte, die Menschen im Sinn der marxistisch-sozialistischen Ideologie zu erziehen, war es nicht gelungen, das Bewusstsein nationaler Zusammengehörigkeit in der Bevölkerung der DDR zu zerstören. Der gemeinsame historische Ursprung und die nach wie vor lebendige kulturelle Einheit der Nation hatten verhindert, dass der jeweils andere Teil Deutschlands von der Mehrheit der Menschen als Ausland angesehen wurde, so sehr dies auch die SED propagierte. Die DDR-Ministerin für Volksbildung, Margot Honecker, verkündete noch im Juni 1989 auf dem IX. Pädagogischen Kongress und im Vorfeld des 40. Jahrestages der Staatsgründung die Siegesgewissheit des Sozialismus mit den Worten: »Für uns steht nicht die Frage, zurück zu Marx, Engels und Lenin, sondern mit ihnen vorwärts, auch in das nächste Jahrtausend!«[199] Wie unrealistisch ihre Utopie war, hätte sie durch eine aufmerksame Beobachtung der politischen Entwicklung in der UdSSR und in Osteuropa erkennen können. Am 2. Mai 1989 begannen die Ungarn, die Grenzbefestigungen zu beseitigen. In Ost-Berlin, in Budapest und in Prag flüchteten ausreisewillige DDR-Bürger in die Vertretungen der Bundesrepublik. Am 11. September öffneten die Ungarn die Grenzen für DDR-Flüchtlinge nach Österreich. In der DDR wurden oppositionelle Bürgerbewegungen wie »Neues Forum« und »Demokratie jetzt« ins Leben gerufen. Im Anschluss an den Montags-Gottesdienst in der Nikolai-Kirche fand am 11. September in Leipzig eine erste große Demonstration statt, an der etwa 8000 Menschen teilnahmen. Sie forderten Menschenrechte, Meinungs- und Versammlungsfreiheit. In Leipzig wuchs jeden Montag die Zahl der Demonstranten bei den Kundgebungen, die inzwischen auch anderenorts abgehalten wurden. Am 7. Oktober 1989 feierte die DDR den 40. Jahrestag ihres Bestehens. Angesichts der Massendemonstrationen geriet Honecker immer stärker unter Druck und trat schließlich am 18. Oktober 1989 als Generalsekretär der SED zurück. Seine Rolle übernahm der als »Kronprinz« gehandelte Egon Krenz, der auch der neue Staatsratsvorsitzende der DDR wurde. Am 4. November fand in Ost-Berlin die bisher größte Demonstration mit mehr als einer halben Million Menschen statt. Am 7. November – zwei Tage vor dem Fall der Berliner Mauer am 9. November – trat die gesamte DDR-Regierung unter Ministerpräsident Willy Stoph zurück.

Am *23. November 1989* trat in Stuttgart im Vorfeld des Philologentages der *Bundesvorstand des Deutschen Philologenverbandes* zusammen und fasste folgenden Beschluss: »Wenige Wochen haben in diesem Herbst 1989 gereicht, um aufzubrechen, was jahrzehntelang verschlossen und vermauert war. Mauern und Grenzen sind nun Orte des ersten Kontaktes geworden für Menschen, die nach dem Zweiten Weltkrieg 44 Jahre lang in Ost und West getrennt waren. Gerade wir Lehrer haben in den letzten Wochen mit atemberaubender Spannung erlebt, wie Menschen es in die Hand nehmen, unmenschliche Systeme zu wandeln. Wir haben im Unterricht mit den Schülern darüber gesprochen, wie Freiheit und Selbstbestimmung verkrustete Systeme aufbrechen. Wir nehmen aktiv teil an dieser Entwicklung! Wir bewundern die Menschen in Leipzig, Dresden, Berlin (Ost) und Prag, die den Geist der Freiheit wachriefen mit dem Ruf: ‚Wir sind das Volk!' Wir stehen den Menschen bei, die in den vergangenen Monaten zu uns gekommen sind und bei uns leben wollen. Wir fühlen uns verpflichtet mitzuhelfen, um den Über- und Aussiedlern gute Eingliederungsbedingungen zu schaffen. Ebenso ist es ein Anliegen des Deutschen Philologenverbandes, den Menschen, die in ihrer Heimat geblieben sind und dort neu aufbauen wollen, den Rücken zu stärken. Der Deutsche Philologenverband appelliert an seine Mitglieder, Kollegen aus der DDR einzuladen: für ein Wochenende, für Ferientage, über Feiertage. Damit können wir auf privater Ebene mithelfen, menschliche Begegnungen zu fördern. Der Deutsche Philologenverband ruft die Schulen, vor allem im grenznahen Bereich auf, zu Schulveranstaltungen, Konzerten und Theateraufführungen Lehrer aus der DDR einzuladen. Aus solchen ersten Kontakten können Partnerschaften erwachsen. Der Deutsche Philologenverband appelliert an die Städte und Kommunen, Partnerschaften mit Gemeinden in der DDR aufzunehmen und, wo diese schon bestehen, zu vertiefen. Eltern, Lehrer und Schüler sind bereit, diese Kontakte durch Begegnungen und Austausch engagiert und persönlich zu gestalten. Sie wollen so Brücken bauen, die Trennendes überwinden.«[200]

Schon zuvor hatte der Bayerische Philologenverband anlässlich seiner Hauptversammlung in Regensburg die Aktion gestartet »Lehrer laden Lehrer ein«. Ähnliche Aufrufe ergingen von weiteren DPhV-Landesverbänden. Ziel der Appelle war die Förderung persönlicher Kontakte zwischen Lehrern, Eltern und Schülern, um damit den deutschen Einigungsprozess zu begleiten und zu unterstützen und sich mit den Kollegen in der DDR solidarisch zu erklären. Die Aufrufe des DPhV und seiner Mitgliedsverbände wurden massenweise von Verbandsmitgliedern, Gymnasien und Gemeinden befolgt. Auch die Resonanz im Osten war groß und viele deutsch-deutsche Begegnungen wurden eingeleitet. Am 28. November 1989 verkündete Bundeskanzler Dr. Helmut Kohl sein berühmtes Zehn-Punkte-Programm vor dem Bundestag in Bonn und eröffnete damit die diplomatisch-politische Wende zur Wiedervereinigung Deutschlands.

Die dramatischen Ereignisse im Herbst 1989 in der DDR führten auch in der Bildungspolitik zu einer Wende. Deutlichstes Zeichen dafür war der Rücktritt Margot Honeckers vom Amt des Ministers für Volksbildung, der am 2. November 1989 bekannt gegeben wurde und den eine Glosse im »Neuen Deutschland« vom

16. November 1989 als »Abgang durch die Hintertür« bezeichnete. Sie hatte seit 25 Jahren ein ideologisch-politisches Schlüsselamt inne und ihr Rücktritt zeigte die Unfähigkeit der SED-Führung, rechtzeitig Entwicklungen zu erkennen und Reformen durchzuführen. Ihr Auftritt auf dem IX. Pädagogischen Kongress hatte sie noch einmal als Verfechterin einer im Stalinismus gründenden »Kommandopädagogik« ausgewiesen, die bis zum Oktober 1989 auf alten Positionen der DDR-Bildungspolitik beharrte. Bei einer Anhörung Margot Honeckers vor einem Ausschuss der Volkskammer am 20. Dezember 1989 wies sie die in großer Zahl von Bürgern der DDR vorgebrachten Beschwerden über inzwischen offenkundige Diskriminierungen im Bildungswesen völlig uneinsichtig zurück.

Die am 17./18. November 1989 – nach dem Sturz von Egon Krenz – unter Hans Modrow (SED) gebildete neue Regierung der DDR ging zwar noch von einem Programm der »Erneuerung des Sozialismus« aus, brachte jedoch bemerkenswerte organisatorische und personelle Veränderungen. Das Ministerium für Volksbildung, das Staatssekretariat für Berufsbildung und das Ministerium für Hoch- und Fachschulwesen wurden zu einem Ministerium für Bildung und Jugend zusammengefasst. Chef des Ministeriums wurde überraschenderweise Professor Dr. Hans-Heinz Emons (SED), vom Fach her Chemiker. Im Bildungswesen kam es zu tief greifenden Reformvorschlägen, die eine innere und äußere Reform von Schule, Hochschule und Lehrerschaft vorsahen. Die von der Bevölkerung scharf kritisierten politisch-ideologischen Elemente der Erziehung wurden abgeschafft: vor allem der Wehrkundeunterricht sowie Teile der Lehrpläne für die Fächer Staatsbürgerkunde, Geschichte, Geographie und Deutsch. In den folgenden Wochen und Monaten führte die Reformdiskussion zu Kontakten zwischen der Akademie der Pädagogischen Wissenschaften in der DDR und dem Deutschen Philologenverband, da ein erhöhtes Diskussions- und Informationsbedürfnis bestand. Der DPhV-Vorsitzende Fluck und der DL-Präsident Kraus referierten am 18. März 1990 anlässlich einer Vortragsveranstaltung vor Vertretern der Akademie der Pädagogischen Wissenschaften in Berlin sowie Schulbezirksvertretern und Schulleitern über »Schule und aktuelle Bildungspolitik in der Bundesrepublik« und »Die europäische und die deutsche Integration aus bildungspolitischer Sicht«. Am 19. April 1990 informierten an gleicher Stelle der Schriftleiter der Zeitschrift »die höhere Schule«, Elmar Stuckmann, und der DPhV-Vorsitzende über die reformierte Oberstufe, das Abitur und den Hochschulzugang in der Bundesrepublik.

Im gleichen Zeitraum kam es in der DDR zur Gründung freier Verbände und Organisationen, die sich bewusst von der DDR-Einheitsgewerkschaft (FDGB) abgrenzten und Kontakt zu unabhängigen demokratischen Verbänden in Westdeutschland suchten. Mit Schreiben vom 15. Januar 1990 wandte sich Peter Luecke, Anglist und Germanist an der Humboldt-Universität, an den Deutschen Philologenverband und bat um Unterstützung bei der Gründung eines *Philologenverbandes der DDR*. Die Gründungsmitglieder richteten am 2. Februar 1990 einen entsprechenden Antrag an das Ministerium für Innere Angelegenheiten der DDR. Es handelte sich bei der Initiativgruppe »Philologenverband der DDR« (PhV der DDR) um einen Kreis von Fremdsprachendozenten der Humboldt-Universität, vor allem Anglisten aus dem Umkreis des aktiv an der Herbeiführung der Wende beteiligten *Professors Dr. Hans-Joachim Meyer* (nach der Wiedervereinigung Wissenschaftsminister in Sachsen), der auch die Anregung zur Gründung des Philologenverbandes und zur Kontaktaufnahme mit dem Deutschen Philologenverband gegeben hatte. Am 4. Februar 1990 trafen sich der DPhV-Vorsitzende Fluck, der Berliner Landesverbandsvorsitzende Dr. Kramarz und Vertreter der Initiativgruppe zu ersten Gesprächen in Berlin. Diese Gespräche über die Grundlage einer zukünftigen Zusammenarbeit wurden auf der gemeinsamen Sitzung des *Geschäftsführenden Vorstandes mit den Vorsitzenden der Landesverbände am 9./10. Februar 1990 in Köln* fortgesetzt. Auf dieser Sitzung gab der Bundesvorsitzende einen Bericht über die Entwicklungen im Rahmen der Kontaktaufnahmen zwischen dem Deutschen Philologenverband und Lehrern in der DDR. Roland Neßler stellte den Stand der Verbindungen zwischen dem Philologenverband Niedersachsen und Schulen in der DDR vor. Als Tischvorlage wurden die niedersächsischen »Informationen für Lehrer in der DDR« mit einer Einladung zu einem »Seminar für Lehrer der DDR« im Februar 1990 in Hahnenklee-Bockswiese eingebracht und erläutert. Dr. Joachim Kramarz berichtete über die verschiedenen Kontakte und die sich anbahnenden Entwicklungen in Berlin bis hin zum Mittelbau der neuen Philologie der Humboldt-Universität. Der Landesvorsitzende Rainer Rupp stellte die bayerischen Kontaktaufnahmen und erste Ergebnisse aus der Arbeit des Bayerischen Philologenverbandes in der AG Bayerischer Lehrerverbände (ABL) bei der bereits erwähnten Aktion »Lehrer laden Lehrer ein« vor. Als Gesprächsergebnis verabschiedete der Geschäftsführende Vorstand mit den Landesvorsitzenden ein Konzept für das weitere Vorgehen:

– Nach einer zu erwartenden Differenzierung der DDR-Schulstruktur mit Errichtung gymnasialer Bildungseinrichtungen und einer in Zukunft zu erwartenden Auflösung der DDR-Bezirke und deren Eingliederung in die alten Ländergrenzen sollte nach Auffassung des Geschäftsführenden Vorstandes und der Landesvorsitzenden die *Gründung von Philologen-Landesverbänden* unterstützt werden.
– Für die gewünschte Kontaktaufnahme mit den Lehrern in Ostdeutschland wurde eine regionale Aufteilung vorgenommen und diese Regionen den Landesverbänden des Deutschen Philologenverbandes partnerschaftlich zugeordnet.
– Der Philologenverband der DDR wurde als künftiger Fachverband in einem Dachverband des Deutschen Beamtenbundes (Ost) und als mögliche Koordinationsstelle für die Entstehung von regionalen Philologenverbänden in der DDR gesehen.

Auf der Grundlage dieser Gespräche kam es am 14. März 1990 an der Humboldt-Universität in Berlin zur Gründung des Philologenverbandes der DDR, der sich als Verband aller »akademisch gebildeten Lehrer an Schule und Hochschule« verstand. Damit war die Voraussetzung geschaffen, um die Initiativgruppe in Berlin mit den in verschiedenen Bezirken der DDR spontan sich entwickelnden Philologenverbandsgründungen zusammenzubringen.

Am 27. Januar 1990 wandte sich Friedrich Hoffmann aus Schwarzenberg in Sachsen an den Deutschen Philologenverband und bat um Zusendung der Satzung des Philologenverbandes. Er arbeitete mit Kollegen aller Schulstufen an einem Verbandskonzept, das sich für ein begabungsgerechtes, gegliedertes Schulwesen einsetzte. Aus dieser Initiativgruppe erwuchs die Gründung des *Sächsischen Lehrerverbandes* (SLV) am 10. März 1990 in Aue. Von den DBB-Verbänden waren der Deutsche Philologenverband (Fluck), der DL (Kraus) und der VBE vertreten. In Leipzig gründete sich ein weiterer sächsischer Lehrerverband in Anwesenheit des Vorsitzenden des Bayerischen Philologenverbandes, Rainer Rupp. Die Bemühungen des Deutschen Philologenverbandes, die Initiatoren zur Gründung eines Sächsischen Philologenverbandes anzuregen, wurden grundsätzlich mit Interesse aufgenommen, jedoch mit Hinweis auf die damalige Struktur des Bildungswesens als verfrüht bezeichnet. Der Sächsische Lehrerverband (SLV) wurde in der Aufbauphase vom Philologenverband Nordrhein-Westfalen unterstützt, der am 4. April 1990 einen Partnerschaftsvertrag mit dem SLV schloss. Zu Werbezwecken für das Gymnasium hatte der Deutsche Philologenverband eine Schrift zusammengestellt mit dem Titel *Gymnasium – Schule mit Zukunft*. Sie enthielt Aufsätze über das Bildungssystem der Bundesrepublik, das Gymnasium, das Abitur und den Hochschulzugang, den Beamtenstatus und den Deutschen Philologenverband. Die Schrift wurde in großer Zahl verteilt und immer wieder nachgefordert. Auch der Vorsitzende des Deutschen Lehrerverbandes, Josef Kraus, hatte eine 352 Seiten starke *Materialien- und Aufsatzsammlung zum westdeutschen Schulwesen für Lehrer und Bildungspolitiker in den neuen deutschen Ländern* zusammengestellt, die große Verbreitung fand.

Bereits am 24. Februar 1990 hatte sich in Ost-Berlin der *Interessenverband Beamtenbund der DDR* (IBB) konstituiert. Er strebte die Schaffung eines gesetzlichen Beamtenstatus in der DDR und den Aufbau einer rechtsstaatlichen öffentlichen Verwaltung sowie gewerkschaftlichen Pluralismus an. Zu Beginn gab es erhebliche Widerstände gegen den IBB von Seiten des noch bestehenden kommunistischen Freien Deutschen Gewerkschaftsbundes (FDGB), der DDR-Administration (da in der DDR das Berufsbeamtentum abgeschafft worden war) sowie von Gegnern des Berufsbeamtentums generell, die die allgemeine politische Situation als Vehikel gegen das Beamtenverhältnis nutzen wollten. Da sich vor allem im Lehrerbereich massive Widerstände gegen die offizielle Politik zeigten, setzten sich der DBB und seine Lehrergewerkschaften in einem Offenen Brief an die Lehrer in der DDR für Meinungs- und Gewerkschaftspluralismus und für die Einführung des Berufsbeamtentums auch für Lehrer ein.

Zentraler Beratungsschwerpunkt der *KMK-Sitzung vom 15. Februar 1990* war die Zusammenarbeit mit der DDR in den Bereichen Bildung, Wissenschaft und Kultur. Nach eingehender Aussprache fassten die Kultusminister Beschlüsse, die sich mit Sofortaufträgen für Qualifikations-Anerkennungsmaßnahmen, Übergangsregelungen, Austausch- und Förderungsprogrammen befassten. Nach der Volkskammerwahl vom 18. März 1990 legten die Regierungsparteien der DDR in ihrer Koalitionsvereinbarung vom 12. April 1990 fest, dass die deutsche Einigung auf der Grundlage des Artikels 23 GG, also durch »Beitritt«, erfolgen sollte. Damit war geklärt, dass das Grundgesetz und somit auch die dienstrechtlichen Kernregelungen des Artikels 33 GG am Ende des Einigungsprozesses ebenfalls im Gebiet der DDR gelten würden.

Unter der DDR-Regierung de Maizière (CDU) von April bis Oktober 1990 kam es zu mannigfachen Veränderungen im Schul- und Hochschulwesen. Schulen und Hochschulen begannen mit Reformen, die vor allem das pädagogisch-politische Klima betrafen. Lehrer und Eltern suchten nach neuen Wegen in eigener Verantwortung bei der Umgestaltung des Schulwesens. Seit Beginn des Schuljahres 1990/91 wurden die Schulen von Direktoren geleitet, die von Schulkonferenzen gewählt worden waren. Die Mitwirkung von Schülern, Eltern und Lehrern am Schulleben wurde neu organisiert. Die ideologischen Vorgaben der DDR-Lehrpläne wurden außer Kraft gesetzt. Kommissionen begannen neue Lehrpläne auszuarbeiten.

Im Rahmen seiner Bundesvorstandssitzung am 25./28. Mai 1990 in Bad Honnef führte der Deutsche Philologenverband am 25. Mai 1990 in Bonn eine öffentliche Veranstaltung durch mit der Bundesministerin für innerdeutsche Beziehungen, Frau Dr. Dorothee

Wilms, und Herrn Professor Dr. Oskar Anweiler – Spezialist für das osteuropäische und DDR-Bildungswesen – zum Thema: *Der deutsche Einigungsprozess – Eine Herausforderung auch für Kultur und Bildung.* Die Tagung diente zur Information der Presse und einer breiten Öffentlichkeit über die neuen bildungspolitischen Entwicklungen in der DDR.

In einem Rundschreiben vom 4. April 1990, in dem der DPhV-Bundesvorsitzende über die Veränderungen in der DDR berichtete, wurden die beamten-, verbands- und schulpolitischen Ziele des Verbandes wie folgt formuliert:

– Aufbau freier und unabhängiger Lehrerverbände in der DDR, die organisationspolitisch und inhaltlich dem Interessenverband Beamtenbund der DDR zugehören und die für die Einführung des Berufsbeamtentums in der DDR eintreten.

– Aufbau von Initiativgruppen des Philologenverbandes auf Landes-, Bezirks- und Ortsebene.

– Vermittlung inhaltlicher und struktureller Voraussetzungen zum Aufbau eines demokratischen, begabungs- und leistungsgerechten Bildungswesens in der DDR mit Strukturen, die dem gegliederten Schulwesen in der Bundesrepublik entsprechen.

Diese Ziele wurden von den Landesverbänden des Deutschen Philologenverbandes engagiert verfolgt. Mit Hilfe von Verbandsseminaren und persönlichen Kontakten konnten von fast allen Landesverbänden organisatorische Voraussetzungen zur Entstehung von Initiativgruppen in der DDR geschaffen werden. Um die verschiedenen Aktivitäten zu bündeln und den Informationsaustausch unter den entstehenden Philologengruppen zu verstärken, veranstalteten der *Deutsche Philologenverband und der Philologenverband der DDR am 18./19. Mai 1990* eine *Tagung in Leipzig am August-Leskien-Institut der Karl-Marx-Universität.* Höhepunkt der Tagung war das Referat des neuen DDR-Bildungsministers Professor Dr. Hans-Joachim Meyer (Gründungsmitglied des PhV der DDR), der sich noch einmal ausdrücklich für die Gründung von Gymnasien und für den Philologenverband aussprach.

Als erster Landesverband des Philologenverbandes in der DDR wurde am 23. Mai 1990 der Philologenverband Sachsen in

Radebeul gegründet. Es folgte am 30. Mai 1990 die Gründung des Philologenverbandes Sachsen-Anhalt in Halle. Um die unterschiedlichen Organisationsvorstellungen der entstandenen und entstehenden Landesverbände in Sachsen-Anhalt, Sachsen, Thüringen, Mecklenburg-Vorpommern, Berlin/Brandenburg und dem Philologenverband der DDR abzuklären und anzugleichen, organisierte der Deutsche Philologenverband am 16. Juni 1990 in Berlin am Marie-Curie-Gymnasium ein DDR-Seminar. Das weitere organisatorische Vorgehen wurde abgestimmt, wichtige berufs- und gewerkschaftspolitische Fragen wurden geklärt und Übereinstimmung in zentralen Verbandsfragen, u.a. auch über die enge Zusammenarbeit mit dem IBB und DBB, erzielt.

Diese gewerkschaftliche Vorbereitung war notwendig, weil Tarifverhandlungen in der DDR unmittelbar anstanden. Bereits am 31. März 1990 hatte die erste Kontaktaufnahme zwischen dem Vorsitzenden des IBB, Dähnicke, und dem DPhV-Vorsitzenden Fluck in Berlin stattgefunden. Die Aufnahme von Tarifverhandlungen im öffentlichen Dienst machte satzungsmäßige Korrekturen beim IBB notwendig. In einer ersten ordentlichen Hauptversammlung am 24. Juni 1990 in Ost-Berlin wurde der Gewerkschaftscharakter u.a. durch die Umbenennung in *Gewerkschaftsverband Beamtenbund der DDR* (GBB) und die Aufnahme einer Tarifklausel herausgestellt. Zu ersten Tarifverhandlungen kam es am 3./4. September 1990 in Berlin. Es wurden mit Wirkung vom 1. September 1990 Einkommensverbesserungen für den öffentlichen Dienst vereinbart. Im Hinblick auf die langfristig nicht zu überblickende Einkommensentwicklung wurde die Wirkung des Tarifvertrages bis zum 31. Mai 1991 begrenzt.

Mitte 1990 wurden auf Regierungsebene die Staatsverträge über die deutsche Einheit geschlossen. Der erste Staatsvertrag über die Währungs-, Wirtschafts- und Sozialunion trat am 1. Juli 1990 in Kraft. In den am 31. August 1990 zwischen der Bundesrepublik Deutschland und der Deutschen Demokratischen Republik geschlossenen zweiten Vertrag über die Herstellung der Einheit Deutschlands – *Einigungsvertragsgesetz* – wurden auch die Regelungen und Übergangsvorschriften für den öffentlichen Dienst aufgenommen.

Die Jahresmitte 1990 stand für den Deutschen Philologenverband ganz im Zeichen des Aufbaus der Landesorganisationen in der DDR. Mit Hilfe des Vorstandes und der westdeutschen DPhV-Mitgliedsverbände, die Patenschaften beim Aufbau der ostdeutschen Philologenverbände übernommen hatten, gelangen folgende Verbandsgründungen: Sachsen (23. Mai 1990), 1. Vorsitzende: Gudrun Schreiner (Radebeul); Sachsen-Anhalt (30. Mai 1990), 1. Vorsitzender: Dr. Werner Eckart Böhm (Merseburg); Mecklenburg-Vorpommern (30. Juni 1990), 1. Vorsitzender: Dr. Harald Jörß (Wismar) / ab 7. November 1990 Klaus Brinker (Schwerin); Thüringen (24. Juli 1990), 1. Vorsitzende: Petra Mahr (Ilmenau); Berlin/Brandenburg (20. November 1990), 1. Vorsitzender: Dr. Joachim Kramarz (Berlin). Vorausgegangen waren zahlreiche Veranstaltungen und Gespräche zur Werbung neuer Mitglieder, die tatkräftig von Vorstandsmitgliedern des Bundesverbandes und der Landesverbände unterstützt wurden.

In einer *Sondersitzung des Bundesvorstandes am 7./8. September 1990 in Mainz* wurde durch die Aufnahme der Landesverbände Berlin/Brandenburg, Mecklenburg-Vorpommern, Sachsen, Sachsen-Anhalt und Thüringen in den Deutschen Philologenverband der *Gesamtdeutsche Zusammenschluss des Deutschen Philologenverbandes* drei Wochen vor der Vollendung der deutschen Einheit vollzogen. Der Philologenverband der DDR hatte damit seinen Zweck erfüllt und die Mitglieder an der Humboldt-Universität wurden dem Philologenverband Berlin/Brandenburg zugeordnet. – Eine Woche vor dem deutschen Einigungstermin wurde am 26. September 1990 im Rahmen einer Sondersitzung des Bundeshauptvorstandes des Deutschen Beamtenbundes in der Kongresshalle in Ost-Berlin auch der Beitritt des Gewerkschaftsverbandes Beamtenbund der DDR zum DBB vollzogen.

Noch im September 1990 leitete der Deutsche Philologenverband durch die massenweise Verteilung der Zeitschrift *Pro Gymnasium* an allen Schulen der DDR eine umfangreiche Werbekampagne für die Gründung von Gymnasien ein. Der Bundesvorsitzende hatte zudem in der Verbandszeitschrift (DHS 9/1990) die bildungs-, berufs- und gesellschaftspolitischen Ziele des Deutschen Philologenverbandes formuliert, die aus der Sicht des Verbandes nach dem 3. Oktober 1990 unbedingte Priorität verdienten. In dem Vorspann dieses Forderungskatalogs wurde das Leitmotiv genannt: »Der Beitritt der DDR zur Bundesrepublik Deutschland am 3. Oktober 1990 verlangt nach Auffassung des Deutschen Philologenverbandes die sofortige Überleitung des DDR-Einheitsschulsystems in ein dem westdeutschen Standard entsprechendes begabungsgerechtes und leistungsorientiertes gegliedertes Schulwesen. Der Deutsche Philologenverband fordert alle Verantwortlichen auf, unverzüglich die Voraussetzungen dafür zu schaffen, dass das Schulsystem auf dem heutigen Gebiet der DDR zum soliden Fundament eines demokratischen Rechts- und Verfassungsstaates sowie einer sozialen Marktwirtschaft werden kann.« Ziel dieses eindringlichen Appells war es, die politisch Verantwortlichen in die Pflicht zu nehmen, dass sie, trotz aller wirtschaftlichen Probleme, auch dem Bildungswesen Vorrang beim deutsch-deutschen Einigungsprozess einräumten.

Der Deutsche Philologenverband beim Aufbau der neuen Bundesländer und ihres Bildungswesens

Eine neue Phase der Bildungspolitik wurde mit dem Neuaufbau der Länder durch das Ländereinführungsgesetz der DDR vom 22. Juni 1990 eingeleitet. Die ersten Landtagswahlen waren am 14. Oktober 1990. Man knüpfte beim territorialen Neuaufbau an die Strukturen der Länder von 1952 an. Dieser Neuaufbau war eine große politische und organisatorische Herausforderung. Wie in allen anderen Verwaltungszweigen musste auch in der Bildungsverwaltung völlig neu angefangen werden. Zahlreiche Fachleute aus dem Westen, darunter auch viele Mitglieder des Deutschen Philologenverbandes, halfen dabei. Im Dezember 1990 traten die Kultusminister der neuen Länder der Kultusministerkonferenz bei. Das Gleiche galt für die Mitwirkung der neuen Länder in der Bund-Länder-Kommission für Bildungsplanung und Forschungsförderung und im Wissenschaftsrat. Unter großem Bemühen um bildungspolitischen Konsens wurden von März bis Juli 1991 die neuen Schulgesetze der Länder in den Parlamenten erörtert und verabschiedet.

Einen besonderen Einfluss auf die Gestaltung des Bildungswesens hatten die Wahlen auf Bundes- und vor allem auf Landesebene. Die aus den Bundestagswahlen vom 3. Dezember 1990 erfolgreich hervorgegangene Koalition aus CDU/CSU und FDP schloss am 16. Januar 1991 eine Koalitionsvereinbarung, die im Kapitel 9 bildungspolitische Aussagen zu folgenden Punkten enthielt: berufliche Aus- und Weiterbildung, Ausbau der Hochschulen, Verkürzung von Schul- und Ausbildungszeiten und Forderungen in Bezug auf Erweiterung des EWG-Vertrages im Bereich Bildung und Wissenschaft. – Nach den Landtagswahlen in den neuen Bundesländern vom 14. Oktober 1990 waren in den Ländern Mecklenburg-Vorpommern, Sachsen, Sachsen-Anhalt und Thüringen CDU-geführte Kabinette entstanden, in Brandenburg dominierte die SPD. Das Einigungsvertragsgesetz bestimmte den zeitlichen Rahmen für den Erlass landes-schulrechtlicher Bestimmungen. Bis zum 30. Juni 1991 waren alle neuen Bundesländer aufgefordert, eigene Schulgesetze zu erlassen. Die bisherige 10-klassige Einheitsschule, »allgemeinbildende polytechnische Oberschule (POS)«, und deren sich anschließende zweijährige Abiturstufe, »erweiterte Oberschule (EOS)«, mussten in ein differenziertes Schulsystem umgewandelt werden. Die Schulgesetzgebung in den neuen Bundesländern entwickelte sich wie folgt:

Berlin (Ostteil der Stadt): Am 2. Dezember 1990 wurde in der Koalitionsvereinbarung zwischen CDU und SPD festgelegt, das Westberliner Schulgesetz und die Vielgliedrigkeit des Schulwesens im gesamten Stadtgebiet zu übernehmen. Dazu gehörte auch eine stärkere Förderung gymnasialer Strukturen. Der Schulnetzplanungsstand vom Juni 1991 erbrachte für Berlin-Ost: 222 Grundschulen (Schulzeit sechs Jahre), acht Hauptschulen (drei Jahre), 24 Realschulen (vier Jahre), 46 Gymnasien (sieben Jahre), 54 Gesamtschulen (4/7 Jahre).

Brandenburg: Die Koalitionsvereinbarung von SPD/Bündnis 90'/FDP vom 1. Dezember 1990 entschied sich für ein Primat der

Gesamtschulen in Brandenburg. Die Gliederung der brandenburgischen Schulstruktur erfolgte nach Schulstufen statt nach Schularten. Wie in Berlin wurde eine sechsjährige Grundschulzeit eingeführt. Die Schulpflicht umfasste neun, die Schulzeit für Abiturienten 13 Jahre. Brandenburg verfügt über 262 Gesamtschulen und 104 Gymnasien (Stand: 1999). Auf die sechsjährige Grundschule folgt eine vierjährige Sekundarstufe I, woran Oberstufenzentren anschließen. Die Sekundarstufe I umfasst die Gesamtschule und das Gymnasium bis zur Klasse 10 sowie die Realschule. Die Oberstufenzentren nehmen die Bildungsgänge der Sekundarstufe II auf, Berufsschule, Berufsfachschule, gymnasiale Oberstufe sowie doppelt qualifizierende Bildungsgänge. Träger der Oberstufenzentren sind die Kreise und kreisfreien Städte, während die Gemeinden für die äußeren Schulangelegenheiten der Grund- und Sekundarschulen zuständig sind.

Mecklenburg-Vorpommern: Am 25. April 1991 beschloss der Schweriner Landtag das erste Landes-Schulreformgesetz, das ein gegliedertes Schulwesen vorsah. Auf eine vierjährige Grundschule folgen in der Regel selbstständige Haupt- (fünf, sechs Jahre) und Realschulen (sechs Jahre) sowie Gymnasien (acht Jahre). Mecklenburg-Vorpommern hat 460 Grundschulen, 224 Hauptschulen, 150 Schulzentren (kombinierte Grund-, Haupt- und Realschulen), 343 Realschulen, 93 Gymnasien, sechzehn integrierte Gesamtschulen (Stand: 1999).

Sachsen: Am 2. Juli 1991 wurde das »Schulgesetz für den Freistaat Sachsen« verabschiedet. Auf die vierjährige Grundschule folgt die differenzierte Mittelschule (fünf Jahre Hauptschule, sechs Jahre Realschule) sowie das Gymnasium (acht Jahre). Sachsen hat 1077 Grundschulen, 643 Differenzierte Mittelschulen, 191 Gymnasien (Stand: 1999).

Sachsen-Anhalt: Dem »Schulreformgesetz für das Land Sachsen-Anhalt« stimmte der Landtag am 24. Mai 1991 zu. Die Schulstruktur sah eine vierjährige Grundschule vor, auf die eine Sekundarschule aufbaut, die nach fünf Jahren den Hauptschulabschluss und nach sechs Jahren den Realschulabschluss vergibt. Am Gymnasium kann nach acht Jahren die allgemeine Hochschulreife erworben werden. Sachsen-Anhalt besitzt 718 Grundschulen, 246 Hauptschulen, 460 Sekundarschulen, 437 Realschulen, 127 Gymnasien, drei integrierte Gesamtschulen (Stand: 1999).

Thüringen: Der Thüringische Landtag stimmte am 21. März 1991 dem »Vorläufigen Bildungsgesetz« zu. Es sah eine vierjährige Grundschule vor, an die sich die so genannte Regelschule (das ist eine integrierte Haupt- und Realschule) oder das Gymnasium anschließen. Die Berufsreife wird auf der Regelschule nach neun Jahren, die Mittlere Reife nach zehn und am Gymnasium das Abitur nach zwölf Jahren abgelegt. Das Land hat 546 Grund- und 344 Regelschulen, 113 Gymnasien und fünf integrierte Gesamtschulen (Stand: 1999).

Mit der Errichtung von 674 Gymnasien in den neuen Bundesländern mit Berlin-Ost und dem Aufbau von Landesverbänden des Deutschen Philologenverbandes waren die Voraussetzungen dafür geschaffen worden, dass in ganz Deutschland einheitliche Schulstrukturen für den Hochschulzugang existierten und alle in diesem Bereich tätigen Lehrer und Lehrerinnen auf eine effektive Berufs- und Interessenvertretung zurückgreifen konnten.

Der Deutsche Philologenverband wertete diese Phase seiner Verbandsgeschichte nicht in erster Linie als Verbandserfolg, sondern erblickte darin vor allem einen Beitrag zum deutschen Einigungsprozess und zur Integration der Bürger. Der Verband sah die Notwendigkeit zur schnellen Verwirklichung eines einheitlichen Lehrerstatus, gleicher Schulstrukturen und vergleichbarer Qualitätsstandards im vereinten Deutschland gerade darin begründet, dass dem Bildungswesen beim gesellschaftlichen Integrationsprozess und der Bewältigung der Zukunftsaufgaben unseres Landes eine entscheidende Rolle zufiel. Das Bestreben des Deutschen Philologenverbandes richtete sich auf die aktive Unterstützung der bildungs- und berufspolitischen Interessen der Kolleginnen und Kollegen auf allen politisch relevanten Ebenen und vor Ort. Aus diesem Grund wurden auch die beiden Bundesvorstandssitzungen des Jahres 1991 in Sachsen-Anhalt und Sachsen durchgeführt sowie eine Tagung in Zusammenarbeit mit der Wirtschaft veranstaltet.

Auf seiner *Bundesvorstandssitzung in Halle* (9. bis 11. Mai 1991) beschäftigte sich der Bundesvorstand des Deutschen Philologenverbandes vor allem mit der inhaltlichen Gestaltung der Gymnasien in Brandenburg, Mecklenburg-Vorpommern, Sachsen, Sachsen-Anhalt und Thüringen. Als historische bildungspolitische Weichenstellung bewertete der Bundesvorstand die Tatsache, dass die Bürger in allen fünf Ländern darauf gedrungen hatten – und die Politiker dem gefolgt waren –, das Gymnasium als die Schulform, die zum Abitur und zur allgemeinen Hochschulreife führt, einzuführen. Nach dieser Grundsatzentscheidung forderte der Deutsche Philologenverband, dass die personellen, materiellen und curricularen Voraussetzungen geschaffen wurden, die das Gymnasium für seine Arbeit unverzichtbar benötigt.

Auf der *Bundesvorstandssitzung in Dresden* (22./23. November 1991) verabschiedete der Deutsche Philologenverband eine Resolution zur beruflichen Lage der Kolleginnen und Kollegen in den neuen Bundesländern. Wörtlich heißt es im *Dresdener Memorandum*: »Der Deutsche Philologenverband fordert die Gleichstellung der Lehrer in Ostdeutschland mit denen in den alten Bundesländern in beruflicher, materieller und sozialer Hinsicht. Dazu gehören: Rasche Überführung der Lehrer in das Beamtenverhältnis; baldige Gleichstellung bei allen beamten- und besoldungsrechtlichen Regelungen; Verwirklichung der personalvertretungsrechtlichen Grundsätze der Mitbestimmung und Mitwirkung; umfassende Informationen über das geltende Sozialsystem. Der Deutsche Philologenverband wendet sich gegen Massenentlassungen von Lehrern mit dem vordergründigen Ziel, einen quantitativen Lehrerüberhang zu beseitigen. Bei notwendigen Entlassungen fordert der Deutsche Philologenverband ein faires, rechtsstaatliche Grundsätze einhaltendes und die Würde des Menschen achtendes Überprüfungsverfahren. Dieses umfasst: Offenlegung aller Überprüfungskriterien, Garantie der gesetzlichen Rechtshilfe, Einzelfallüberprüfung mit persönlicher Anhörung, Mitwirkung durch die gewählte Personalvertretung«.

Die letzte Forderung bezog sich auf Praktiken bei der Reduzierung der Lehrerstellen in den neuen Bundesländern. Diese war –

neben den politisch unumgänglichen – auch aus finanziellen und beruflichen Gründen eingeleitet worden. Im Vergleich zu den alten Bundesländern hatten die Klassen in der DDR eine niedrigere Schülerfrequenz. Die Konsolidierung der Landeshaushalte veranlasste die Finanzminister, Lehrerstellen einzusparen. Vielfach behalf man sich auch mit Vorruhestand und Teilzeitarbeit, verbunden mit Weiterbildung, in Brandenburg auch mit einem umstrittenen Sozialpakt, der weitere Gehaltsabschläge verursachte. Mit jeweils unterschiedlicher Gewichtung in den neuen Ländern waren folgende Gruppen von Entlassungen betroffen:
- FDJ-Kader, frühere Mitarbeiter von SED-Kreis- und Bezirksleitungen, des Ministeriums für Staatssicherheit (MfS), der Nationalen Volksarmee (NVA) und des Staatsapparates, die, zum Teil ohne ausreichende fachliche Qualifikation, im zweiten Halbjahr 1989 in den Schuldienst übernommen worden waren (Modrow-Lehrer);
- Lehrer, die inoffizielle Mitarbeiter des MfS waren;
- Lehrer, die bisher ausschließlich Staatsbürgerkunde ohne ein Zweitfach unterrichteten, Russisch- und Unterstufenlehrer sowie frühere Pionierleiter.

Der Philologenverband setzte sich dafür ein, dass bei den anstehenden Verfahren die Rechtsgrundsätze gewahrt wurden.

Viele westdeutsche Kollegen halfen auch mit bei den Weiterqualifizierungsmaßnahmen und beim Aufbau von Akademien bzw. Landesinstituten für Weiterbildung in Dresden, Leipzig, Chemnitz, Halle, Erfurt und Ludwigsfelde.

Studieren ohne Abitur – Hochschuleingangsprüfungen – Sparmaßnahmen

Anfang 1992 begann zum wiederholten Mal eine Diskussion um den Hochschulzugang. Die SPD brachte erneut Hochschuleingangsprüfungen ins Gespräch und regte in diesem Zusammenhang eine Änderung des Hochschulrahmengesetzes an. In ihrem Gesetzgebungsvorschlag wollte die SPD auch den Zugang zum Studium für Nicht-Abiturienten nach Abschluss einer Berufsausbildung ermöglichen. Dieser letztgenannte Vorschlag entsprach den Vorstellungen von Gewerkschaften und Spitzenorganisationen der Wirtschaft. Auch Bundeskanzler Kohl signalisierte Verständnis für den Wunsch, Personen mit einer qualifizierten Berufsausbildung und Berufserfahrung den Weg in die Hochschule zu öffnen. Der Sprecher der von CDU und CSU gestellten Kultus- und Wissenschaftsminister, der bayerische Kultusminister Zehetmair, sowie der Deutsche Philologenverband und der Hochschulverband warnten vor einem solchen Vorgehen und lehnten diese Pläne ab. Das Abitur für jedermann habe eine schlimmere Auswirkung als jeder Geldverfall, warnte Kultusminister Zehetmair. Der Präsident der Kultusministerkonferenz, der saarländische Wissenschaftsminister Breitenbach, sprach sich ebenfalls dafür aus, die Qualität des Abiturs als Hochschulzugangsberechtigung zu erhalten. Zehetmair konnte sich mit dieser Aussage nicht zufrieden geben, denn »was nütze es,« zitierte ihn am 29. Mai 1992 die Frankfurter Allgemeine Zeitung, »wenn man die Qualität des Abiturs anerkenne, aber gleichzeitig die Wege zur Hochschule um das Abitur herum immer breiter und bequemer anlege.«

Der Deutsche Philologenverband hatte sich schon am 14. Januar 1992 in einer Pressekonferenz in Bonn entschieden gegen die in der CDU diskutierten Hochschuleingangsprüfungen für alle Studienbewerber gewandt. Statt generell solche Prüfungen einzuführen, die viel Geld kosteten und Kräfte der Hochschulen nur unnötig blockierten, verlangte der Philologenverband eine Stärkung des Abiturs. Die Kultusminister sollten verbindliche Leistungsstandards und Prüfungsinhalte für die Fächer Mathematik, Fremdsprachen und Deutsch festlegen und nicht nur Aussagen über »Lernziele« machen. Unter diesen Voraussetzungen könnten durch zentral gestellte Prüfungsanforderungen vergleichbare Leistungsstandards gesetzt werden, so wie es in Baden-Württemberg, Bayern und dem Saarland schon geschehe. Auch sollten Deutsch, Mathematik und eine aus der Mittelstufe fortgeführte Fremdsprache in der Oberstufe künftig ebenso wenig abgewählt werden dürfen, wie Geschichte und eine Naturwissenschaft.

Der Deutsche Philologenverband äußerte auch deutlich Kritik am *Hochschulzugang ohne Abitur*. Er konnte darauf hinweisen, dass die Überlastung an den Hochschulen in den letzten Jahren nicht durch das Abitur verursacht worden war, denn die Zahl der Abiturienten hatte abgenommen: 1985 waren es 271 000, 1990 rund 246 000. Dagegen hatten die Hochschulen einen sich verstärkenden Trend von Zugängen aus Nebenwegen verkraften müssen, deren Qualitätsvoraussetzungen nicht dem Abiturstandard entsprachen. Diese Zahl an Zugängen werde sich erhöhen, so warnte der Verband, je mehr Bundesländer den Weg zum Hochschulstudium ohne Abitur eröffneten. Am 20. Januar 1992 hatte die damalige Bildungsministerin von Schleswig-Holstein, Marianne Tidick (SPD), erklärt, dass Berufstätige ohne Abitur mit Beginn des Wintersemesters 1992/93 an schleswig-holsteinischen Universitäten studieren könnten. Der VBE-Vorsitzende Ebert hatte nichts Eiligeres zu tun, als die Hochschulöffnung zu begrüßen, mit der die »künstliche Trennung« von allgemeiner und beruflicher Bildung überwunden würde. Der Deutsche Philologenverband und der Deutsche Lehrerverband betonten dagegen, die Landesregierung in Kiel gaukle mit dieser Regelung vielen jungen Menschen vor, sie seien den Anforderungen eines Studiums gewachsen. Tatsächlich aber könnten die allerwenigsten Absolventen einer beruflichen Erstausbildung ohne gesonderte Studienvorbereitung, etwa eines Gymnasiums, eines Berufsgymnasiums, eines Kollegs oder einer Fachoberschule die Studienreife erlangen.

Unterstützung erhielt der Deutsche Philologenverband auch durch den Präsidenten des Hochschulverbandes, Professor Dr. Hartmut Schiedermaier, der sich am 28. Mai 1992 gegen die breite Öffnung der Hochschulen für Praktiker ohne Abitur oder Fachabitur aussprach. Die Gleichwertigkeit von beruflicher und allgemeiner Bildung sei nicht durch alle denkbaren Aufstiegsmöglichkeiten zu den Hochschulen zu erreichen, dadurch entwerte man den Weg und den Wert der beruflichen Bildung an sich, sagte ebenso Kultusminister Zehetmair auf der Tagung des Hochschulverbandes am 28. Mai 1992 in Erfurt. Schließlich wandte sich Zehetmair mit dem *Deutschen Hochschulverband gegen eine generelle Eingangsprüfung*, wie sie der Industrie- und Handelstag (DIHT) empfohlen hatte. Durch einen solchen Vorschlag würden Abitur und Hochschulzugang endgültig entkoppelt. Das Ergebnis wäre eine weitere Steigerung von weniger qualifizierten Hochschulbewerbern.

Diese Argumente untermauerte der Deutsche Philologenverband auf einer Pressekonferenz am 2. Juni 1992 in Bonn. Ein gutes Abitur in den tragenden Gymnasialfächern, konnte der Verband feststellen, sei die beste Prognose für den Studienerfolg. Aufwändige Tests und Auswahlgespräche – wie z.B. in der Medizin – brächten keine neuen, über das Abiturzeugnis hinausgehenden Erkenntnisse. Der Philologenverband wies auch den Vorschlag von CDU/CSU-Bildungspolitikern zurück, Hochschuleingangsprüfungen in den bisherigen Numerus-clausus-Fächern einzuführen. Punktuelle Hochschuleingangsprüfungen, betonte der Verband, könnten methodische und wissenschaftliche Studienbefähigungen nicht überprüfen. Sie seien letztlich ein Glücksspiel mit Testpunkten, um nach dem Zufallsprinzip aus der Vielzahl der Bewerber das Kontingent auszuloten, für das Studienplätze zur Verfügung stehen. Dem Abitur und den Leistungen der Abiturienten müsse Gerechtigkeit widerfahren. Angesichts unterschiedlicher Verbindlichkeiten in den einzelnen Bundesländern bei der Umsetzung der KMK-Vereinbarungen zum Abitur- und Hochschulzugang erneuerte der Deutsche Philologenverband seine Forderung nach Einführung eines Landeszentralabiturs in allen Bundesländern, um die Vergleichbarkeit der Leistungen sicherzustellen.

Sorgen bereiteten in diesem Zusammenhang dem Philologenverband auch die intensiven Sparmaßnahmen in den Bundesländern. Konnten die Schulen bei einer immer restriktiveren Handhabung der finanziellen und personellen Ausstattung ihre Aufgaben überhaupt noch optimal wahrnehmen? Nachdem die Schulen über Jahre von der Substanz leben mussten, weil seit fast einem Jahrzehnt keine Lehrer eingestellt wurden, begann 1991/92 unter dem Deckmantel des Begriffs »Sanierung« ein harter *Sparkurs* in zahlreichen Bundesländern, der vor allem den Bildungssektor betraf. Führend waren die Länder Berlin, Hessen, Niedersachsen, Nordrhein-Westfalen und Rheinland-Pfalz. Statt den nachgewiesenen Lehrermangel (z.b. durch das Kienbaum-Gutachten in Nordrhein-Westfalen) allmählich zu beheben, plante man folgende Maßnahmen: Erhöhung der Schülerklassenfrequenzen, Kürzung der Wochenstundenzahlen der Schüler, Kürzung der Verwaltungsstunden für die Schulleitung, Kürzung von Anrechnungsstunden, Erhöhung der Unterrichtsverpflichtung für Lehrer und weitere Nullrunden bei der Lehrereinstellung. Der Deutsche Philologenverband warnte noch einmal eindringlich vor den Folgen dieser Rotstiftpolitik im Bildungssektor und wies auf die schwerwiegenden Folgen für den Ausbildungsstand der Schüler hin.

Der Vorsitzende der Bundesarbeitsgemeinschaft der Jungen Philologen (BUAG) Meidinger hatte 1992 eine Übersicht über die *Einstellungssituation an den Gymnasien* vorgelegt, in der er nachweisen konnte, dass die Lehrereinstellung gegenüber dem Vorjahr von 2000 auf 1500 zurückgegangen war. In einer gemeinsamen Verlautbarung vor der Presse kritisierten Meidinger und der Vorsitzende des Deutschen Philologenverbandes Fluck die Sparpolitik der Bundesländer. In einer Zeit, in der die Schülerzahlen an den Gymnasien wegen eines erneuten Schüleranstiegs jährlich um 40 000 wuchsen und die Pensionierungen der Lehrkräfte sich jährlich erhöhten, würden die Sparmaßnahmen – unter ihnen vor allem die fehlende Lehrereinstellung – an die Substanz gehen und die Leistungskraft der Schulen aushöhlen. Um den Schüleranstieg zu bewältigen, den Ersatzbedarf zu decken und die Unterrichtsqualität zu sichern, forderte der Verband in den kommenden Jahren mindestens 5 000 jährliche Neueinstellungen. Dabei waren zusätzlich erforderliche Stellen für Ganztagsangebote, steigende Übertrittsquoten und Verbesserung des Unterrichtsangebotes noch nicht berücksichtigt. Mit seinem Appell an die Länderregierungen hatte der Philologenverband ein Thema angeschnitten, das in den nächsten Jahren auf der Tagesordnung bleiben sollte.

Erster gesamtdeutscher Philologentag nach mehr als 55 Jahren

Nach mehr als 55 Jahren trafen sich zum ersten Mal wieder Gymnasiallehrer aus ganz Deutschland zum *Deutschen Philologentag*, der vom *19. bis 21. November 1992 in Nürnberg* stattfand. Nachdem der Verband 1936 unter dem Druck der NS-Diktatur aufgelöst worden war, hatte er zwar seit seiner Neugründung 1947 über 40 Jahre in Westdeutschland wirken können, doch erst nach dem Sturz der SED-Diktatur 1990 war es möglich, in der noch bestehenden DDR die Arbeit wieder aufzunehmen. In seiner Begrüßungsansprache vor den Kongressteilnehmern aus allen Teilen Deutschlands stellte der Verbandsvorsitzende Fluck noch einmal den gesamtpolitischen Zusammenhang der Veranstaltung her, indem er auf die großen politischen Veränderungen der letzten drei Jahre in Deutschland und Europa verwies. Er ging auch auf die durch die Belastungen der Wiedervereinigung hervorgerufene schwierige Haushaltslage im Bund und in den Ländern und den daraus abgeleiteten Sparzwang ein. Bildungspolitik müsse jedoch gerade jetzt als Zukunftsinvestition begriffen werden. Bei allem Verständnis für das Sparen in Zeiten knapper Kassen müsse das Bildungswesen in Deutschland materiell und personell so ausgestattet werden, dass es in der Lage sei, die Schüler für die zukünftigen globalen Herausforderungen angemessen vorzubereiten.[201]

Die Bedeutung dieser Aussagen unterstrich der Festredner des Philologentages, der damalige deutsche Botschafter in Rom und vormalige Leiter des Planungsstabes im Bonner Auswärtigen Amt, Dr. Konrad Seitz. In seiner Kernthese stellte er heraus, dass Deutschland, insbesondere im Vergleich zu Japan, zu wenig in den »Rohstoff Geist« investiere. Damit sei Deutschland in Gefahr, mittelfristig im Konkurrenzkampf mit Japan und Nordamerika an Boden zu verlieren und dadurch auch die Zukunftschancen der nachwachsenden Generation zu schwächen. Am Beispiel der Kommunikationstechnologie wies Seitz nach, wo die bisherigen Versäumnisse unserer Gesellschaft und auch der Wirtschaft lägen. Er forderte die deutschen Politiker in verantwortlichen Positionen auf, die Rahmenbedingungen so zu verändern, dass die Zukunftschancen für das 21. Jahrhundert gewahrt werden. Dabei falle dem Bildungswesen eine Schlüsselrolle zu. Es gelte, Eliten auf allen Sektoren heranzubilden und die bisher vernachlässigte mathematisch-naturwissenschaftliche Bildung in besonderer Weise zu fördern.

Der bayerische Kultusminister Hans Zehetmair richtete in seinem Grußwort einen eindringlichen Appell an den Philologenverband, die gymnasiale Bildung zu verteidigen und auszubauen. Das Gymnasium sei im vereinten Deutschland in besonderem Maße aufgerufen, die Tradition deutscher Kultur als Teil einer europäischen weiter zu pflegen. Er wandte sich gegen Strukturvereinfachungen des Bildungswesens und gegen die Gymnasialzeitverkürzung. »Allgemeinbildung braucht Zeit zum Reifen. Für Spezialwissen reichen wenige Jahre«, betonte Zehetmair. Man müsse die Qualität der Gymnasialbildung in den Vordergrund rücken und nicht permanent nur die quantitativen Aspekte diskutieren.

Für Bernhard Fluck, der nach zwölf Präsidentschaftsjahren nicht mehr für das Amt des 1. Vorsitzenden des Deutschen Philologenverbandes kandidierte, waren die Worte Zehetmairs Bestätigung für den unermüdlichen Einsatz seiner Organisation, die die wiederholten Versuche zur Kürzung der Gymnasialzeit mit Nachdruck abgewehrt und die inhaltliche Diskussion vorangetrieben hatte. Als wichtigstes Ergebnis seiner Amtszeit bezeichnete der scheidende Vorsitzende den Zusammenschluss des gesamtdeutschen Philologenverbandes und die Tatsache, dass sich in den neuen Bundesländern das Gymnasium mit dem gegliederten Schulwesen durchsetzte und nicht etwa das Stufenschulwesen mit integrierter Gesamt- und Kollegschule. Dadurch konnte die Einheit des Gymnasiums gesichert und gefestigt werden. Der scheidende Schriftleiter der Verbandszeitschrift »die höhere schule«, Oberstudiendirektor Elmar Stuckmann, fasste diese Tatsache und damit zugleich den Erfolg am Ende der Amtszeit des Vorstandes in folgendem Kommentar zusammen: »Erreicht wurde das Ergebnis nach einer langen Kraftprobe in den siebziger und achtziger Jahren in den alten Bundesländern. Hier hatte der Angriff auf das Gymnasium und das gegliederte Schulwesen durch eine emanzipatorische Bildungspolitik eingesetzt mit dem Ziel, die integrierte

Stufenschule einheitlich einzuführen. Hier wurde über die Oberstufenreform versucht, das Gymnasium zu spalten, die Oberstufe abzutrennen und mit der Kollegschule zu verbinden, als erste Stufe zur Veränderung des Bildungswesens. Dieses Ziel konnten die Gymnasiallehrer im Zusammenwirken mit den Eltern, den Kollegien der anderen Schulformen und mit politischer Hilfe nicht nur durchkreuzen, sondern massiv zurückweisen. Durch konzentrierte Arbeit für die reformierte Oberstufe und in der reformierten Oberstufe wurde das Gymnasium als Ganzes gestärkt. Und dieses Wirken entwickelte so viel Schubkraft, dass das Gymnasium in den Augen der Öffentlichkeit zur begehrtesten Schulform wurde. Das hat auch die Entscheidung der Eltern in den neuen Bundesländern beeinflusst und zur Gründung der vielen Gymnasien geführt.«[202]

Die Delegierten des Bundesvertretertages repräsentierten mit Berlin/Brandenburg fünfzehn Landesorganisationen. Bevor die Vorstandswahlen stattfanden, wurde eine Satzungsänderung beschlossen. Danach hatte der neue Geschäftsführende Vorstand neben dem Vorsitzenden nur noch einen Stellvertreter und statt bislang zwei jetzt vier Beisitzer. Zum 1. Vorsitzenden wählte die Versammlung den bisherigen stellvertretenden Vorsitzenden Heinz Durner aus Bayern, Oberstudiendirektor am Gymnasium Unterhaching, und zu seinem Stellvertreter Peter Heesen, den Vorsitzenden des Philologenverbandes Nordrhein-Westfalen. Schatzmeister blieb Klaus Schäfer aus Hessen. Die Beisitzerpositionen erhielten: Dr. Horst Günther Klitzing (Saarland), Barbara Reichert (Niedersachsen), Renate Renner (Baden-Württemberg) und Susanne Fux (Thüringen).

Der neue Vorsitzende Heinz Durner betonte in seiner Antrittsrede besonders die Notwendigkeit, »in Deutschland ein neues Bewusstsein für Bildung zu schaffen«. Diesem Ziel wolle er sich in den kommenden Jahren mit Vorrang widmen. Die Delegierten wählten den bisherigen Vorsitzenden Bernhard Fluck zum Ehrenvorsitzenden und verabschiedeten ebenfalls mit Dank und Anerkennung die Vorstandsmitglieder Roland Neßler (Niedersachsen) und Christian Wendt (Schleswig-Holstein) sowie den bis 1989 kooptierten Professor Dr. Werner Heldmann (Nordrhein-Westfalen).

X BILDUNGS- UND BERUFSPOLITIK IM JAHRZEHNT NACH DER DEUTSCHEN EINHEIT

Schulzeit und Bildungsqualität

»Ein neues Bewusstsein für Bildung zu schaffen«, das war das erklärte Ziel des neu gewählten Verbandsvorsitzenden Durner. Doch neben dieser zentralen und wichtigen Aufgabe musste sich der Verbandsvorstand wieder mit dem Dauerthema Schulzeitfrage auseinandersetzen. Die Bonner Regierungsparteien CDU/CSU und FDP hatten nämlich die *Verkürzung der Gymnasialzeit* als Programmpunkt in den Koalitionsvertrag aufgenommen und begannen 1993 eine intensive Kampagne zur Durchsetzung ihrer Forderung. Bundeskanzler Helmut Kohl vertrat die Auffassung, dass die Gymnasialzeit um ein Jahr gekürzt werden könne, ohne die Qualität der allgemeinen Hochschulreife zu beeinträchtigen. Doch nicht die Sorge um die Qualität bestimmte die öffentliche Debatte, sondern die Sparpolitik, die als Hauptargument in die Diskussion über die Schulzeitverkürzung eingebracht wurde. Durch Konzentration und Straffung der Bildungsinhalte, kleinere Klassen, weniger Unterrichtsausfall, ausreichende Lehrereinstellung sollten ursprünglich die Voraussetzungen für eine Qualitätssicherung bei Streichung eines Schuljahres erreicht werden. Davon war allerdings kaum mehr die Rede. Einsparungen hieß das Zauberwort, mit dem der Bund die Länder lockte. »Bildungspolitik wird zunehmend von Finanzpolitikern gemacht«, beklagte Durner. Seine Kritik galt dem Beschluss der Finanzministerkonferenz, die Ende Februar 1993 in Potsdam übereingekommen war, 1,2 Milliarden D-Mark durch Streichung von 15 000 Lehrerstellen in den alten Bundesländern bei Wegfall des 13. Schuljahres zu sparen. Dabei hatten die Verantwortlichen nicht bedacht, dass die Vergabe der allgemeinen Hochschulreife nach zwölf Jahren durchgreifende Auswirkungen auf das gesamte deutsche Schulwesen haben musste, auf die Abschlüsse der beruflichen Schulen, der Fachoberschulen und Realschulen. Neue Lehrpläne mussten entwickelt und entsprechende Schulbuchkorrekturen vorgenommen werden. Zum Nulltarif war eine Gymnasialzeitverkürzung mit Sicherheit nicht zu bekommen. Das Erschreckende war jedoch, dass die Qualität des Schulabschlusses in der Debatte völlig verdrängt worden war.

Dabei hatte der Schulausschuss der KMK festgestellt, dass das schon nach zwölf Jahren im Osten erworbene Abitur mit dem Qualitätsstandard des West-Abiturs zum damaligen Zeitpunkt auch nicht annähernd vergleichbar war. Erhebliche Defizite wurden vor allem bei den Fremdsprachen, aber auch in Physik, Mathematik und Chemie beobachtet. Die Ergebnisse deckten sich mit einem Vergleich, den der Bayerische Philologenverband zwischen den Prüfungsaufgaben des bayerischen Abiturs und denen in den neuen Bundesländern vorgenommen hatte. In der KMK wurde infolgedessen eine Verlängerung der Übergangsfrist zur Anerkennung der Zeugnisse über 1996 hinaus diskutiert, um den Ost-Ländern mehr Zeit für die Anpassung an die West-Standards zu ermöglichen. In Wirtschaftskreisen, die die Schulzeitverkürzung gefordert hatten, breitete sich angesichts der Vergleichsuntersuchung eine gewisse Zurückhaltung aus. Aber die Bonner Regierungskoalition blieb bei ihrem strikten Verkürzungskurs.

Auf Antrag der FDP-Bundestagsfraktion fand am 10. März 1993 in einer Aktuellen Stunde eine *Debatte im Deutschen Bundestag* statt über die »Haltung der Bundesregierung zur *Verkürzung der Ausbildungszeiten* in Schulen und Hochschulen«. Regierung und Opposition legten die allseits bekannten Argumente oder die eigenen schulpolitischen Vorstellungen dar. Bildungsminister Ortleb (FDP) und die Regierungsparteien versuchten ohne allzu große Überzeugungskraft, sich vom fatalen Beschluss der Finanzministerkonferenz abzugrenzen. Durch verräterische Sätze wie »Es besteht jetzt zum ersten Mal die Chance des Druckes leerer Kassen« (Hansen, FDP) kamen die finanzpolitischen Aspekte deutlich zum Vorschein. Wenig Beherzigung fand die Mahnung, die der stellvertretende Vorsitzende des Philologenverbandes, Peter Heesen, auf dem Bildungspolitischen Kongress der CDU am 4. März 1993 in Wiesbaden ausgesprochen hatte: »Wer in der Bildungspolitik auf Leistung setzt, der muss auch für die Bildung Leistung bereitstellen, in die Bildung investieren.«

Als sich abzeichnete, dass auch einzelne bayerische CSU-Politiker in der Schulzeitfrage wankelmütig wurden, rief der Vorsitzende des Bayerischen Philologenverbandes, Rainer Rupp, zusammen mit der Landeselternvereinigung und der Landesschülervertretung am 26. Juli 1993 zu einer *Großkundgebung auf dem Münchner Marienplatz* auf. 5000 Teilnehmer kamen, um gegen die Verkürzungsvorschläge zu protestieren. Der neu gewählte bayerische Ministerpräsident Dr. Edmund Stoiber versäumte es deshalb auch nicht, im September 1993 dem Bayerischen Philologenverband mitzuteilen, dass Bayern am neunjährigen Gymnasium festhielte, »notfalls als einziger Ministerpräsident in Deutschland«.[203]

Im November/Dezember 1993 fanden dann zwei als »Bildungsgipfel« angekündigte Gesprächsrunden statt, die nicht zur Zufriedenheit der Bundesregierung verliefen. Zunächst ging es in einem Grundsatzgespräch mit dem Bundeskanzler am 11. November 1993 um bildungs- und forschungspolitische Grundsatzfragen. In Abstimmung mit dem Philologenverband trug der Präsident des Deutschen Lehrerverbandes, Josef Kraus, die Argumente der Philologen zum Abitur, Hochschulzugang und zur Schulzeitdauer vor. Überraschenderweise verlagerte sich aber die ganze Debatte auf den Hochschulsektor. Es brach zwischen Bund und Ländern ein heftiger Streit um den Hochschulausbau aus, der den ganzen Bildungsgipfel überschattete. Die Kultusminister zeigten sich empört, dass der Bund bei steigenden Studentenzahlen nicht mehr Geld für den Hochschulausbau zur Verfügung stellte. Nicht weniger kontrovers verlief der »Bildungsgipfel« zwischen Bund und Ländern am 16. Dezember 1993 in Bonn. Nach einem knapp einstündigen Gespräch mit Bundeskanzler Helmut Kohl lehnten die Regierungschefs der Bundesländer die bildungspolitischen Vorstellungen des Bundeskanzlers geschlossen ab. Damit war auch die Forderung des Bundes an die Länder, »unverzüglich« eine einheitliche Verkürzung der Schulzeit auf zwölf Jahre zu verwirklichen, vom Tisch.

Der bayerische Kultusminister Zehetmair, der 1994 das Amt des KMK-Präsidenten übernommen hatte, sagte in einem Interview der März-Ausgabe der Zeitschrift des Deutschen Philologenverbandes »Profil« (neuer Titel der Verbandszeitung, Nachfolgerin der Zeitschrift »die höhere schule«):»Ich halte es nicht für klug, im Superwahljahr 1994 auf bildungspolitische Entscheidungen zu drängen, deren Auswirkungen weit über die nächste Wahlperiode hinausreichen. Dazu rechne ich vor allem die Frage einer Verkürzung der gymnasialen Schulzeit, die tief in die Struktur unseres Bildungswesens eingreifen würde.«[204] Schon im Februar 1994 war es Zehetmair gelungen, in der Kultusministerkonferenz eine Verlängerung des Moratoriums für die Anerkennung des Abiturs nach zwölf Jahren bis zum Jahr 2000 durchzusetzen. Als wichtigen Teilerfolg konnte der Deutsche Philologenverband werten, dass die Verkürzung der gymnasialen Schulzeit als ein Prüfantrag an die Kultusministerkonferenz formuliert wurde. Alle West-Länder hatten Probleme mit einer Verkürzung, bis auf das Land Baden-Württemberg. Ministerpräsident Teufel bestand auf einer achtjährigen Gymnasialzeit für alle Schüler, nicht nur für die besonders begabten. Um wieder Bewegung in die festgefahrenen Positionen zu bringen, hatte die Kultusministerkonferenz schließlich den Einfall, statt Schuljahren einen bestimmten Wochenstundenanteil pro Fach festzulegen, der in dreizehn oder zwölf Jahren abgearbeitet werden müsse. Das Abitur mit einer Schulzeit von zwölf Jahren sollte anerkannt werden, wenn mindestens 265 Unterrichtswochenstunden von Klasse fünf bis zwölf garantiert waren.

Gegen Ende der neunziger Jahre veränderte sich die Situation in den alten Bundesländern, als die seit 1999 im Saarland regierende CDU-Mehrheit die Verkürzung der gymnasialen Schulzeit auf acht Jahre mit Beginn des Schuljahres 2001/2002 im Alleingang beschloss und wenig später Baden-Württemberg ebenfalls die flächendeckende Einführung des achtjährigen Gymnasiums mit Beginn des Schuljahres 2004/2005 festlegte. Andere CDU-regierte Länder – wie Hessen und Niedersachsen – planen gleichfalls Schulzeitverkürzungsmaßnahmen. Der Deutsche Philologenverband wird daher auch in Zukunft den zentralen Themen vertiefte Allgemeinbildung und allgemeine Hochschulreife erhöhte Aufmerksamkeit widmen müssen, damit das Schul- und Hochschulwesen in Deutschland den Qualitäts- und Bildungsfaktor nicht zugunsten des Ausbildungsfaktors verdrängt.

Die Konzepte der Ober- und Mittelstufe auf dem Prüfstand

Es war konsequent, dass der Deutsche Philologenverband in Zeiten von Bildungsgesprächen und Schulzeitdebatten die Aufmerksamkeit wieder auf das zentrale Thema lenkte: die Qualität von Bildung für die nachwachsende Generation. Für das Gymnasium hatte die Qualitätssicherung des Abiturs im Rahmen einer sachgerechten Weiterentwicklung der gymnasialen Oberstufe Vorrang. Zweimal hatte die Kultusministerkonferenz bereits einen Anlauf genommen, die Fehler der Bonner Vereinbarung zur Neugestaltung der gymnasialen Oberstufe von 1972 zu korrigieren: durch die Lübecker Beschlüsse von 1977 und die Neufassung vom Oktober 1987. Doch es war immer noch nicht gelungen, Einheitlichkeit zu erzielen, da mehrere Länder das Oberstufenkonzept unterschiedlich auslegten. Inzwischen kamen ein Drittel der Schulabgänger mit Hochschulberechtigung nicht mehr aus dem allgemeinbildenden Schulwesen. Sie erhielten alle das Zertifikat der »allgemeinen Hochschulreife«, obwohl die meisten nur eine Studierfähigkeit für bestimmte Fachstudiengänge erworben hatten. Statt in der Kultusministerkonferenz eine Klärung darüber herbeizuführen, welche Abschlüsse als fachgebundene Hochschulzugangsberechtigungen angesehen werden müssten, wuchs mit der Parole »Herstellung der Gleichwertigkeit von allgemeiner und beruflicher Bildung« die Tendenz, die Zahl der über fünfzig Nebenwege zum Hochschulstudium weiter zu erhöhen. Schon seit Jahren drängte der Deutsche Philologenverband darauf, die Vergleichbarkeit zwischen traditionellen und neuen Hochschulzugangswegen durch einheitliche Prüfungsanforderungen herzustellen. Da in der KMK keine Einigung darüber zu erzielen war, hatte sich der Verband entschlossen, die Qualitätsfrage neu zu stellen.

Im Dezember 1993 legte der Philologenverband ein vom Bundesvorstand einstimmig beschlossenes *Konzept zur Reform der Oberstufe des Gymnasiums* der Öffentlichkeit vor. Darin forderte er einen bundesweiten Grundkonsens über Fächer und Inhalte, mit denen das Ziel der »allgemeinen Hochschulreife« erreicht werden kann. Die zentralen Punkte des Konzepts lauteten:

- Die Differenzierung zwischen Grund- und Leistungskursen wird aufgegeben und durch ein Kernfachprinzip ersetzt.
- Kern- und zugleich Pflichtfächer sind Deutsch, Mathematik und eine fortgeführte Fremdsprache.[205] Sie werden durchgehend bis zum Abitur unterrichtet und spielen auch in der Abiturprüfung wieder die entscheidende Rolle.
- Als weitere Pflichtfächer sind zu belegen: eine Naturwissenschaft, Geschichte, Religion (oder ein Ersatzfach Philosophie / Ethik), ein musisches Fach sowie Sport.
- Schwerpunktbildungen für Schüler werden ermöglicht durch geschickte Nutzung der Fächerwahl und die Einführung eines 5. Abiturfachs.
- Als neues Angebot wird ein frei wählbares »Seminarfach« eingerichtet, das den Schülern anwendungsorientiertes, projektbetontes und wissenschaftspropädeutisches Arbeiten ermöglicht.

Sowohl die Universitäten als auch die Unionsparteien nahmen den Vorschlag des Philologenverbandes wohlwollend auf. Gleiches galt für Elternorganisationen und Teile der Wirtschaft. Die Kultusministerkonferenz entschloss sich noch im Februar 1994 zur Fortschreibung der Oberstufenreform und beauftragte nach etlichen vorbereitenden Gesprächen eine Expertenkommission mit der Ausarbeitung eines neuen Reformvorschlags. Das Ergebnis, das die KMK nach mehreren Beratungsrunden im Oktober 1996 in Dresden vorlegte, stieß beim Philologenverband auf ein geteiltes Echo. Positiv wertete der Verband, dass die Kultusminister das *Kernfachprinzip* festgeschrieben hatten. Zur Sicherung des Erwerbs grundlegender Kompetenzen für die allgemeine Hochschulreife verfügte die KMK-Vereinbarung die Belegungspflicht der Fächer Deutsch, Fremdsprache, Mathematik durchgehend bis zum Abitur und die Einbringung der Leistungen der zwölf Kurse in den Jahrgangsstufen 12 und 13 in die Gesamtqualifikation. Ablehnend verhielt sich der Verband gegenüber der von der KMK genehmigten Substitutionsregel. Danach konnten bis zu vier Kurse eines Kernfaches durch ein anderes Fach ersetzt werden. Dies bedeutete zum Beispiel, dass anstelle des Faches Deutsch das Fach »Darstellendes Spiel« treten konnte, wie es bereits in Hamburg praktiziert wurde. Skeptisch beurteilten die Philologen auch, dass eine in der Klasse 11 neu einsetzende Fremdsprache als Abiturfach anerkannt wurde. Für diesen Fall forderte der Philologenverband eine erhöhte Stundenzahl, um das Fach auf Oberstufenniveau unterrichten zu können. Die Dresdener KMK-Vereinbarung war ein Kompromiss, bei dem es letztlich wieder auf die Umsetzung in den Ländern ankam. Beim Philologenverband blieben Bedenken, ob die ursprüngliche Zielsetzung zur Oberstufenvereinbarung erreicht werden konnte, schließlich hatte sich wieder einmal gezeigt, wie unterschiedlich bestimmte Positionen der A- und B-Länder waren. Das bestätigte sich auch, als die Kultusministerkonferenz 1999 auf ihrer Sitzung in Husum noch Ergänzungen zur Oberstufenreform vornahm. Unter dem Motto »Mehr Ländervielfalt und Toleranz« wurden eine Fülle von Vorschriften geändert. Im Abitur konnte künftig ein fünftes Prüfungsfach eingeführt werden, sofern ein Land dies wünschte. Dieses fünfte Prüfungsfach war auch ersetzbar durch eine besondere »Lernleistung«, wie z.B. ein gelungenes Gruppenprojekt oder eine Arbeit für den Schülerwettbewerb »Jugend forscht«. Der Umfang der Leistungskurse durfte von bisher fünf auf vier Wochenstunden reduziert werden, sofern drei oder mehr Leistungskurse zu belegen waren. Diese Regelung wurde vor allem auf Drängen von Baden-Württembergs Kultusministerin Annette Schavan (CDU) eingeführt.

Der Deutsche Philologenverband unterstützte zwar die beabsichtigte Öffnung für mehr Vielfalt und innovative Ansätze, zeigte sich aber skeptisch, ob die Länder ihre vergrößerten Gestaltungsspielräume für den notwendigen Wettbewerb um mehr Qualität nutzen würden. Im Grunde genommen hatte sich das taktische Vorgehen der Kultusministerkonferenz in den neunziger Jahren nicht verändert, wie man schon 1993 nach fast zweijährigem Streit um den gemeinsamen Orientierungsrahmen zur Anerkennung der mittleren Abschlüsse erkennen konnte. Auslöser war damals, dass die neuen Bundesländer die Hauptschule nicht als Schulform übernommen, sondern neue Schulformen konstruiert hatten wie Mittel-, Sekundar- und Regelschule. Hinzu kam, dass das Land Nordrhein-Westfalen seine bisherigen Leistungsdifferenzierungen an integrierten Gesamtschulen vereinfachen wollte. Im Dezember 1993 wurde von den Kultusministern ein Orientierungsrahmen für die Sekundarstufe I verabschiedet, der alle Schularten, Bildungsgänge und Abschlüsse umfasste, für die 1995 in den Fächern Deutsch, Mathematik und erste Fremdsprache Standards festgelegt wurden, die in den Ländern umgesetzt werden mussten. Im Prinzip glich das Verfahren der Kultusministerkonferenz dem späteren Vorgehen bei der Oberstufenvereinbarung. Man gab sich tolerant, legte die Regeln fest und überließ die Mühe der Verantwortung für die Sicherung der bundesweiten Vergleichbarkeit des Schul- und Bildungswesens den Ländern. Dieses System beinhaltete für die Länder Vor- und Nachteile, für die Vereinheitlichung des Bildungswesens war es problematisch. Die einen erhielten einen Freibrief für kaum qualifizierende Schulexperimente, die anderen konnten die Standards erhöhen. Für den Wettbewerb zwischen den Ländern mochte das Verfahren taugen, nicht aber für die vom Grundgesetz her geforderte »Wahrung der Einheitlichkeit der Lebensverhältnisse über das Gebiet eines Landes hinaus« (Artikel 72 Absatz 2 Ziffer 3, Artikel 11 GG).[206]

»Autonome« oder verantwortete Schule

Nachdem es den Einheitsschulbefürwortern in den siebziger und achtziger Jahren nicht gelungen war, die Gesamtschule flächendeckend einzuführen, wurde in den neunziger Jahren unter dem Stichwort *Autonome Schule* ein neuer Versuch gestartet, das gegliederte Schulwesen von »innen« her aufzulösen. Wiederum hatten Theoretiker der Gesamtschulbewegung – wie schon bei der »Demokratisierungs-« und »Emanzipationswelle« – mit dem Wort »Autonomie« einen Begriff lanciert, hinter dessen scheinbar positivem Gehalt sich für die Schule recht fragwürdige Ziele verbargen. Viele Protagonisten der neuen Schulautonomie sahen in ihr das Gegenkonzept zur »Organisationsform der Staatsschule«. Seit 1991/92 propagierten die SPD, Teile der FDP, die Grünen, die PDS und diesen Parteien nahe stehende Gruppen, wie die Gewerkschaft Erziehung und Wissenschaft, das neue Schulkonzept. Fast alle rot-grünen Koalitionsvereinbarungen seit 1993 enthielten den Autonomiegedanken. Entsprechend fielen die neuen Schulgesetze in Hessen, Bremen, Niedersachsen, Brandenburg, Hamburg, Sachsen-Anhalt und Schleswig-Holstein aus, die zwischen 1993 und 1998 verabschiedet wurden. Ähnliche oder übereinstimmende Zielsetzungen hatten das nordrhein-westfälische SPD-Papier »Auf die einzelne Schule kommt es an« (1993), die Denkschrift »Zukunft der Bildung – Schule der Zukunft« (1995) der gleichnamigen Kommission des NRW-Ministerpräsidenten Rau, das 1994 beim Bayerischen Verfassungsgericht gescheiterte Volksbegehren »Bessere Schule« und das saarländische Schulmitwirkungsgesetz von 1996.[207]

Alle Autonomiebestrebungen wollten eine Schulentwicklung »von unten« und eine Verdrängung bestehender Verwaltungsvorschriften. »Selbstbestimmtes Lernen« war angesagt in einer »offenen Stadtteilschule«, in der Stundentafeln und Lehrpläne weitgehend freigegeben wurden und sich das Schulprofil an besonderen lokalen Gegebenheiten orientierte. Mit solchen Vorgaben sollte nach Vorstellung der nordrhein-westfälischen Denkschrift ein »Haus des Lernens« entstehen ohne Ziffernnoten und mit Verurteilung jeder Form von »ausgrenzender«, leistungsbezogener Selektion. Alle Kompetenzen sollten einer paritätisch besetzten Schulkonferenz übertragen werden, welche Stundentafeln festlegt, Fächer zu Lernbereichen zusammenfasst, global zugewiesene Finanzmittel verwaltet, sich um Sponsoren-Zuwendungen bemüht, Einfluss auf die Besetzung schulischer Leitungspositionen hat und auch strukturelle Veränderungen beschließen kann. Die Mitwirkungsrechte von Eltern, Schülern, Lehrern und Vertretern gesellschaftlicher Gruppen im Einzugsbereich der Schule, des Schulträgers und der Region wurden durch eine Vielzahl von Gremien stark erweitert. Unverkennbar zeichneten sich basisdemokratische Elemente in diesem Konzept ab. Organisatorische und pädagogische Verwirrungen waren bei der Gremienvielfalt unausweichlich und eine unzulässige Politisierung wurde vorprogrammiert. – Es ist kaum zu glauben, dass die Protagonisten der Schulautonomie davon überzeugt waren, mit einem solchen Konzept in der Öffentlichkeit und bei den Schulpraktikern Zustimmung zu finden, auch wenn sie versprachen, damit die angebliche Krise der Schule und Schulverwaltung, das »Burn-out-Syndrom« bei Lehrern sowie die Lernunlust bei Schülern beseitigen zu können. Vermutlich ging es ihnen um etwas anderes. Sie taten so, als hätten sie eine innere Schulreform im Sinn, tatsächlich planten sie aber eine Strukturreform in Stufen: Aushöhlung des bestehenden Schulsystems, Atomisierung und Entprofilierung der Schularten und Einschmelzung im Einheitsschulwesen.

Der Deutsche Philologenverband und seine Landesverbände sowie der Deutsche Lehrerverband lehnten die vorliegenden Konzepte der autonomen Schule mit pädagogischen und verfassungsrechtlichen Argumenten ab. Zum Thema Schulautonomie führten die Arbeitsgemeinschaft Bayerischer Lehrerverbände unter Leitung des Vorsitzenden des Bayerischen Philologenverbandes im November 1994 und der Philologenverband Nordrhein-Westfalen im März 1995 Expertentagungen durch, an denen Lehrer, Politiker, Vertreter der Elternschaft, der Wirtschaft, der Hochschulen und der Schulverwaltung teilnahmen. Beide Veranstaltungen kamen zu übereinstimmenden Ergebnissen:

– Nach Artikel 7 Absatz 1 des Grundgesetzes steht das gesamte Schulwesen unter der Aufsicht des Staates. Es kann also keine autonome Schule im Sinne einer losgelösten Selbststeuerung geben. Nach der Wesensgehaltsgarantie (Artikel 19 Absatz 2 GG) kommt niemand an der Tatsache vorbei, dass Organisation, Planung, Leitung und Lehrplanvorgaben sowie das Prüfungssystem unter Parlaments- und Gesetzesvorbehalt stehen.

– Der Staat würde sich bei einer autonomen, teilautonomen oder basisdemokratisch organisierten Schule aus seiner politischen und rechtlichen Verantwortung zurückziehen, der er nachkommen muss, weil Schule ein Teil der staatlichen Daseinsfürsorge ist, die wiederum dem Grundsatz der Gleichbehandlung vor dem Gesetz und dem Grundsatz der Einheitlichkeit der Lebensverhältnisse unterliegt. Erweiterung von Handlungsspielräumen der einzelnen Schule kann es nur im Rahmen gesetzlicher Vorgaben geben.

- Eine Entprofessionalisierung schulischer Entscheidungen darf es nicht geben. Lehrer und Schulleitung haben aufgrund ihrer Fachkompetenz eine besondere Verantwortung und sind der staatlichen Schulaufsicht als Beamte rechenschaftspflichtig. Eltern und Schüler sind bei schulinternen Vorgängen in die unentbehrliche Mitbeteiligung eingebunden.
- Autonome Schulen gefährden die Kontinuität der Schullaufbahn, beschränken das Recht der Eltern auf freie Schulwahl für ihre Kinder, erschweren für Schüler den Schulwechsel und verhindern die Vergleichbarkeit von Abschlüssen.
- Schule ist kein Marktunternehmen. Beschaffung von Drittmitteln von Sponsoren schafft ungleiche Schulverhältnisse und führt in unzulässige Abhängigkeiten.
- Globale Mittelzuweisungen verlagern unter Umständen staatliche Mängelverwaltung an die Schule vor Ort.

Der Philologenverband verfolgte mit seiner Stellungnahme nicht das Ziel, Schulen an einer eigenen Profilbildung zu hindern. Doch es war wichtig herauszustellen, in welchem gesetzlichen Rahmen dies zu geschehen hat. Eltern müssen sich auf eine eindeutige Schullaufbahn und klare Abschlüsse verlassen können. Gerade dieses wurde aber durch die Autonomiebefürworter in Frage gestellt. »Der schulpolitische Streit der nächsten Jahre wird diesen verfassungswidrigen Bestrebungen und Tendenzen gelten müssen«, bekräftigte der stellvertretende DPhV-Vorsitzende Heesen, »es gilt dabei, die verschiedenen gesellschaftlichen Gruppen davon zu überzeugen, dass die autonome Schule eine gegen die soziale Leistungsgesellschaft gerichtete Schule ist«.[208]

Die Delegierten des am *16./17. November 1995 in Braunschweig* einberufenen *Philologentages* griffen das Autonomiethema auf und bekundeten in ihrem Leitantrag einstimmig die ablehnende Haltung des Verbandes. In ihrer Festansprache bekräftigte die Präsidentin des Abgeordnetenhauses von Berlin, Dr. Hanna-Renate Laurien, die Wichtigkeit eines leistungsfähigen Schulwesens: »Immer wieder wird zwar betont, dass Deutschland als rohstoffarmes Land in einem Produktions- und Gedankenwettbewerb nur durch Qualitätsleistung bestehen kann, aber die Wettbewerbsgesellschaft wird verteufelt, Anforderungen als unmenschlich gebrandmarkt, die notenfreie Grundschule, die Ablösung von Zeugnissen durch Berichte sollen Schule und Gesellschaft humanisieren ... Ich konnte das Schmunzeln nicht unterdrücken, als ich im NRW-Papier von Lernkompetenz, die wichtig sei, von der Schule als ‚Haus des Lernens' las. Die Rückkehr von Selbstverständlichkeiten begrüße ich – nur eine umwälzende Neuheit ist das nicht. Lassen Sie uns auch der Verteufelung des Lernens widerstehen«.[209] – Der Bundesvorsitzende des Deutschen Philologenverbandes Durner appellierte in seiner Eröffnungsansprache eindringlich an alle verantwortlichen Politiker, »in ihrem jeweiligen Verantwortungs- und Einflussbereich darauf hinzuwirken, dass der Staat seine Verantwortung für die Qualität gymnasialer Bildung in Deutschland jetzt und in Zukunft wahrnimmt.«[210] – Die Delegierten der Vertreterversammlung wählten Heinz Durner für weitere drei Jahre zum Vorsitzenden des Deutschen Philologenverbandes. Auch der stellvertretende DPhV-Vorsitzende Peter Heesen wurde in seinem Amt bestätigt. Eine Woche vorher war Heesen beim Bundesvertretertag des Deutschen Beamtenbundes (DBB) mit großer Mehrheit zum stellvertretenden DBB-Bundesvorsitzenden gewählt worden. Durner und die Delegierten des Philologentages beglückwünschten Heesen zu dieser Wahl, die die erfolgreich erprobte Geschlossenheit und Zusammenarbeit der Lehrerverbände im DBB bestätigte. Dem von der Vertreterversammlung des DPhV in Braunschweig neu gewählten Geschäftsführenden Vorstand des DPhV gehörten neben Durner und Heesen wie bisher als Schatzmeister Klaus Schäfer und als Beisitzer Susanna Fux, Renate Renner und Dr. Horst Günther Klitzing an. Als Nachfolger für Barbara Reichert, die nicht wieder kandidierte, wurde Dr. Hans-Joachim Pöling (Niedersachsen) neu als Beisitzer in das Führungsgremium des DPhV gewählt. Wie bisher gehörte ebenfalls Wolfgang Ehlers als Vorsitzender der Bundesarbeitsgemeinschaft der Jungen Philologen (1993-1996) dem Geschäftsführenden Vorstand an. Mit den Beschlüssen der Vertreterversammlung hatte der neu gewählte Vorstand klare Perspektiven erhalten für den Kurs in der Schul- und Bildungspolitik sowie zur Verbesserung der Berufsbedingungen für die Lehrerinnen und Lehrer an den Gymnasien.

Lehrereinstellungspolitik und Arbeitsbelastung

Anfang der neunziger Jahre verstärkten sich die Sparzwänge der öffentlichen Haushalte. Bei schwindenden Steuereinnahmen und wachsenden Belastungen durch die deutsche Einheit suchten Bund und Länder nach Wegen, die Staatsverschuldung in Grenzen zu halten und Sparmaßnahmen durchzusetzen. Wie schon so oft, nahmen die Finanzminister zunächst den öffentlichen Dienst ins Visier, insbesondere den Sektor Bildung und Erziehung, der als Kernbereich der Länderaufgaben einen entsprechend hohen Anteil in den Landesbudgets hatte. Außerdem entwickelte sich gerade im Schulwesen neuer Handlungsbedarf durch die seit 1990 stetig ansteigenden Schülerzahlen. Die Gesamtzahl der Schüler hatte in den alten Bundesländern im Jahr 1989 mit 8,7 Millionen ihren tiefsten Stand erreicht und stieg seither an. Von 1995 bis zum Jahr 2004 war hier ein Zuwachs von zirka einer Million (elf Prozent) auf 10,3 Millionen zu erwarten. Anders sah die Prognose für die neuen Bundesländer aus: Wegen des starken Geburtenrückgangs zu Beginn der neunziger Jahre werden dort die Schülerzahlen von drei Millionen im Jahr 1996 auf 1,7 Millionen im Jahr 2010 zurückgehen, um dann wieder auf 1,9 Millionen im Jahr 2015 anzusteigen. Für ganz Deutschland wurde festgestellt, dass die Höchstzahl der Schüler im Jahr 1999 bei 12,8 Millionen lagen und bis 2015 auf 10,5 Millionen sinken werde.

Eingedenk der Probleme, welche der anwachsende Schülerberg in den sechziger und siebziger und sein jäher Absturz in den achtziger Jahren sowohl im Bereich Schul- und Hochschulbau als auch beim Lehrpersonal verursacht hatte, waren die Länderfinanzminister entschlossen, allen Prognosen zum Trotz, eine restriktive Lehrer-Einstellungspolitik zu betreiben und zudem nach weiteren Sparmöglichkeiten im öffentlichen Dienst Ausschau zu halten. Die Suche der 16 Länderfinanzminister nach einheitlichen Lösungen für ein Sparpaket von 15 Milliarden scheiterte auf der Finanzministerkonferenz am 6. und 7. Juni 1996, weil SPD-Chef Lafontaine aus taktischen Überlegungen die SPD-Länderfinanzminister an der Zustimmung gehindert hatte. Damit war der »nationale Stabilitätspakt« gescheitert und die Länder mussten nun selbst den Rahmen ihrer Kürzungen bestimmen. Auf der ursprünglich vereinbarten Kürzungsliste standen der Abbau von Planstellen, die Erhöhung der Unterrichtspflicht für Lehrer und Hochschullehrer, während die Streichung des 13. Schuljahres und die bundesweite Einführung von Studiengebühren wieder vom Tisch waren.

Übereinstimmung bestand bei den Länderfinanzministern, die Probleme durch zeitweise ansteigende und dann wieder abschwellende Schülerzahlen auf keinen Fall nur durch Lehrer-Neueinstellungen zu bewältigen. Man wollte die langfristige Belastung der Staatshaushalte durch Personalkostensteigerung so klein wie möglich halten. Von Maßnahmen zur »Untertunnelung« des Schülerbergs war die Rede. Auf der Suche nach Auswegen holten sich die Länder Unterstützung durch Gutachter-Vorschläge. So beauftragte u.a. das Land Nordrhein-Westfalen die Düsseldorfer Unternehmensberatungsfirma Kienbaum und den Gutachter Professor Klemm, einen Maßnahmenkatalog auf Wirtschaftlichkeit hin zu untersuchen. Die von der NRW-Kultusministerin Behler dann am 23. April 1996 in einem »Bündnis für Beschäftigung« den Lehrerverbänden unterbreiteten Vorschläge zur Bewältigung des Schüleranstiegs gingen in einem wesentlichen Punkt – nämlich der Pflichtstundenanhebung für Lehrer um eine Unterrichtsstunde – über die Gutachteranregungen hinaus. Mit dieser Maßnahme nahm man die 1989 endlich auch den Lehrern gewährte Arbeitszeitverkürzung wieder zurück. Insgesamt sah der Behler-Entwurf folgende Belastungen für die Lehrer vor: Differenzierte Pflichtstundenerhöhung für alle (Gymnasium: eine Stunde); eine zusätzliche Vorgriffsstunde für die Gruppe der 35- (später 30-) bis 49-jährigen Lehrerinnen und Lehrer, die im Wege eines Arbeitskontos ab dem Jahre 2008 zurückgegeben werden soll; Unterrichtseinsatz von Lehramtsanwärtern; Reduzierung der Wochenstunden der Leistungskurse von sechs auf fünf; Erleichterung der Überschreitung von Klassenfrequenzhöchstwerten. Solche und ähnliche Pläne wurden in allen Bundesländern entwickelt.

Der Deutsche Philologenverband und seine Landesverbände mussten nun alles daran setzen, diese Spareingriffe, wenn man sie schon nicht verhindern konnte, auf ein vertretbares Maß zurückzudrängen oder Kompensationsleistungen dafür zu erhalten. Der Philologenverband Nordrhein-Westfalen legte am 25. April 1996 – zusammen mit vier weiteren Lehrerverbänden – dem Kultusministerium ein Alternativkonzept vor, das keine Pflichtstundenanhebung für Lehrkräfte vorsah und auch ohne Unterrichtskürzung oder Anhebung von Klassen- und Kursfrequenzen auskam, jedoch ebenfalls den notwendigen Stellenbedarf erbrachte. Der Bayerische Philologenverband entwarf einen »Pakt für Bildung«, in dem er dem Kultusminister eine Konzeption zur Bewältigung des »Schülerbergs« vorschlug. Darin waren sowohl die Schaffung neuer Planstellen als auch zusätzliche zeitlich begrenzte Belastungen für die Lehrer enthalten. In Nordrhein-Westfalen konnten zwar die harten Konsequenzen einer zusätzlichen Arbeitsbelastung durch Pflichtstundenerhöhung, trotz Widerstandes der Lehrerverbände, nicht abgewehrt werden, es gelang aber, wichtige andere Positionen zu sichern: die Wiederbesetzung aller bis zum Jahr 2000 frei werdenden 21 000 Stellen, 940 Vorgriffs-Einstellungen, Zeitbudgets für besondere Aufgaben sowie Entlastungsmaßnahmen. In Bayern gelang es, vom Staat die Zusicherung zu erhalten, dass bis 2002 über den Ersatzbedarf hinaus im Rahmen von 2/3-Angestelltenverträgen pro Jahr 500 neue Lehrereinstellungen erfolgten. Zudem wurden befristete Arbeitszeitkonten für alle Lehrer nach der Probezeit bis zur Vollendung des 53. Lebensjahrs mit zeitlicher Staffelung eingerichtet. Ähnlich wie in Nordrhein-Westfalen und Bayern wurde auch in allen anderen Bundesländern die Arbeitszeit der Lehrer über die vierzig Wochenstunden im öffentlichen Dienst hinaus angehoben. Dass diese enorme Arbeitslast auch die Qualität von Bildung schmälern konnte, wurde von den maßgeblichen politischen Kreisen kaum wahrgenommen.

Deshalb ließ der DPhV-Vorsitzende Heinz Durner keine Gelegenheit aus, gegen die Sparpolitik mit dem Rotstift anzugehen: Wer die Zukunft des Standortes Deutschland sichern wolle, dürfe den Bildungsbereich nicht als Einsparpotenzial sehen. Mit einem *Berliner Memorandum* warb der Deutsche Philologenverband am 8. April 1997 zum Auftakt der Europäischen Bildungsmesse Interschul '97 in Berlin für die Zukunft des Standortes Deutschland durch eine Bildungsoffensive. Das von Durner initiierte und von namhaften Persönlichkeiten aus Forschung, Wissenschaft, Bildung, Wirtschaft und Kultur unterstützte Memorandum verwies in zehn Thesen darauf, dass Wissen zum wichtigsten Produktionsfaktor geworden sei, sodass Parlamente und Regierungen entsprechend verstärkt die herausragende Bedeutung des »Humankapitals« deutlich machen sowie entsprechende Fördermaßnahmen in Wissenschaft, Technik und Schule fördern müssten. Mit seinem Berliner Memorandum knüpfte der Philologenverband an ein bereits »2000 Tage vor dem Jahr 2000« im Juli 1994 vorgelegtes Memorandum zur Förderung von Bildung, Kreativität und Innovation an. In einer weiteren Initiative hatte der Verband im Mai 1995 mit der Bundesvereinigung der Deutschen Arbeitgeberverbände (BDA) zur »Standortsicherung durch Innovationen in Wirtschaft, Forschung und Bildung« aufgerufen. 1996 hatte der Deutsche Philologenverband einen Schülerwettbewerb mit dem Motto *Schule macht Zukunft* initiiert, der darauf zielte, den Forschungsdrang von Schülerinnen und Schülern der 9. bis 13. Jahrgangsstufe anzuregen. Träger des Wettbewerbs waren der Bundesverband der Deutschen Industrie (BDI), das Nachrichtenmagazin Focus, die Stiftung Industrieforschung, der Deutsche Verband Technisch-Wirtschaftlicher Vereine und der Deutsche Philologenverband. Als schließlich Bundespräsident Roman Herzog in seiner viel beachteten »Berliner Rede« am 26. April 1997 erklärte, dass Bildung »das Mega-Thema unserer Gesellschaft« werden müsse, konnte für niemanden der politisch Verantwortlichen in der Bundesrepublik mehr verborgen sein, welchen Aufbruch wir in der Bildungspolitik brauchten.

Doch die Sparkonzepte von Bund und Ländern wurden unbeeindruckt weiter ausgebaut. Besonders betroffen war die Lehrerversorgung der Schulen, die sich dramatisch verschlechtert hatte. Der 1996 gewählte neue Vorsitzende der Bundesarbeitsgemeinschaft der Jungen Philologen (BUAG), Andreas Bartsch (1996 – 2001), erläuterte vor der Presse, dass im Schuljahr 1997/98 in den Bundesländern insgesamt nur 1720 Neueinstellungen an den

Gymnasien vorgenommen worden seien. Dadurch würde der vor allem in den alten Bundesländern angesichts weiter steigender Schülerzahlen notwendige Zusatzbedarf nicht einmal annähernd befriedigt. Unterrichtsausfall (zwischen fünf und elf Prozent) und Lehrer-Überalterung (Durchschnittsalter an den Gymnasien 49 Jahre) seien die Folge. »Wir sparen an der Zukunft, bis wir keine mehr haben«, warnte Bartsch. Die von den jungen Philologen verlangten Sofortmaßnahmen zur Qualitätssicherung gymnasialer Bildung durch bedarfsgerechte Lehrereinstellungen und ausreichende Unterrichtsversorgung wurden vom Deutschen Philologenverband nachdrücklich unterstützt. Der DPhV-Vorsitzende Durner erklärte, dass eine demotivierende Kürzung der Anwärterbezüge, wie sie auf Länderebene aus fiskalischen Gründen geplant werde, verhindert werden müsse. Die Bemühungen um Qualitätssicherung in Schulen müssten scheitern, wenn im Zuge weiterer Spareingriffe die Lehrer ihre Aufgaben immer häufiger in erzwungener Teilzeitbeschäftigung und damit für eine Vergütung in der Nähe des Sozialhilfeniveaus erfüllen müssten. Der Vorsitzende verwies in diesem Zusammenhang insbesondere auf die Lage in den neuen Bundesländern, wo die Bezahlung mit nur 85 Prozent des Westniveaus noch unbefriedigender war.

Dienstrechtsreform und Versorgungsreformgesetz

Das *Gesetz zur Reform des öffentlichen Dienstrechts* wurde am 30. Januar 1997 nach langjähriger Diskussion und heftigem »Tauziehen« im Vermittlungsausschuss vom Bundestag verabschiedet. Sechs Jahre hatten die Beratungen gedauert, in denen durch massiven Druck der Länder der Reformansatz des Gesetzes immer mehr zurückgedrängt wurde. Das gesamte Vorhaben war unter dem erklärten politischen Willen der Kostenneutralität schon halbherzig begonnen worden und stand nun ganz im Zeichen des Sparkurses. Die zaghaften Reformansätze zur leistungsgerechteren Gestaltung der Besoldung und zur Eröffnung größerer Teilzeitmöglichkeiten waren durch die Verlagerung der Ausgestaltungskompetenzen auf die Länder zusätzlich verwässert worden. – Im Vorfeld der Bundestagsentscheidung hatte es massive Versuche der SPD-regierten Länder gegeben, Beamtenrechte zur Disposition zu stellen. So brachten Länder wie Schleswig-Holstein oder Hessen über den Bundesrat Gesetzesinitiativen zur Änderung des Artikels 33 GG ein. Ziel dieses Vorhabens war, künftig Gesetze zur Neuregelung des Status-, Besoldungs- und Versorgungsrechts zu ermöglichen, die nicht an der Schranke des Grundgesetzes scheitern. Dadurch wollte man folgende konkrete Maßnahmen durchsetzen: Begrenzung des Berufsbeamtentums auf die Bereiche Justiz, Polizei und Steuerverwaltung; Verordnung von Zwangsteilzeitbeschäftigung für Berufsanfänger ohne Anspruch auf Vollbeschäftigung; Versorgungsregelung der Beamten wie bei Arbeitern und Angestellten; Vergabe von Führungsämtern auf Zeit.

Wenn es in dieser Phase der berufs- und gewerkschaftspolitischen Entwicklung gelang, wesentliche Positionen für die Beamten und insbesondere auch für die Lehrer zu halten, war dies auf die gute und konstruktive Zusammenarbeit des Deutschen Philologenverbandes mit dem Deutschen Beamtenbund, der Arbeitsgemeinschaft der Verbände des höheren Dienstes (AHD) und anderen gesellschaftlichen Gruppierungen zurückzuführen. Hinzu kamen zahlreiche persönliche Initiativen und Gespräche mit Vertretern der Politik bis hin zur Bundesregierung. Die Grundlage für den nicht unerheblichen Einfluss des Deutschen Philologenverbandes auf die Arbeit des DBB beruhte auf dem intensiven Engagement des DPhV-Vorsitzenden Durner und seines Stellvertreters Heesen. Durner war Mitglied in der Kommission für Beamtenrecht und leitete die Arbeitsgruppe »Reform des Beurteilungswesens«. Peter Heesen hatte als stellvertretender DBB-Vorsitzender nach der Geschäftsverteilung des DBB die Zuständigkeit für die Bereiche Bildungspolitik, Beamtenpolitik, Versorgungsrechtspolitik und die neuen Bundesländer, außerdem war er Vorsitzender der DBB-Akademie. Die politischen Initiativen, die der DBB im Zusammenhang mit der Ausgestaltung des Dienstrechtsreformgesetzes unternahm, wurden in enger Kooperation mit dem DBB-Vorsitzenden Geyer und der DBB-Bundesleitung vom DPhV mitgetragen und mitgestaltet.

Das konsequente Eintreten des Deutschen Philologenverbandes und des DBB für die Erhaltung des Beamtenstatus der Lehrer verfehlte seine Wirkung nicht. Die Bundesregierung (CDU / CSU / FDP) lehnte alle Versuche der SPD-regierten Länder im Bundesrat zur Aufweichung des Beamtenstatus ab. Ein im Auftrag des Bundesinnenministeriums von dem renommierten Staatsrechtler der Universität München, Professor Dr. Peter Badura, erstelltes Gutachten kam zu dem Ergebnis, dass »der Erziehungs- und Bildungsauftrag eine wesentliche, in der pädagogischen Unterrichtstätigkeit zu verwirklichende Staatstätigkeit ist«, woraus der Beamtenvorbehalt für Lehrer folgt. Der Philologenverband versäumte zudem nicht, auf neueste Vergleichsberechnungen hinzuweisen, die nachwiesen, dass beamtete Lehrer auch unter Einbeziehung der Versorgungslasten für den Dienstherrn kostengünstiger als Angestellte sind. Nicht zuletzt aus diesen Gründen haben Länder wie Berlin und Brandenburg Gebrauch davon gemacht, Lehrer in das Beamtenverhältnis zu übernehmen. Nach Gesprächen, die der stellvertretende DPhV-Vorsitzende Heesen mit den Kultusministern in Thüringen und Sachsen geführt hatte, kam es auch dort zu Fortschritten: in Sachsen wurden die Schulleiter, in Thüringen alle Lehrer in Funktionsstellen (wie Schulleiter, Stellvertreter, Oberstufenleiter, Fachleiter an Studienseminaren) verbeamtet.

Mit der *Verabschiedung des Dienstrechtsreformgesetzes am 24. Februar 1997* kam es zu wesentlichen Änderungen, die oftmals eine statusfeindliche Tendenz hatten. Erschwerend wirkte, dass gerade in diesen Bereichen die Bundesregierung aus Kompromissgründen im Vermittlungsausschuss gezwungen war, den Ländern einen großen Spielraum bei der Umsetzung des Gesetzes zuzugestehen. Die Länder strebten die Flexibilisierung des Personaleinsatzes und der Arbeitsbedingungen im öffentlichen Dienst an, wovon sie sich Personalreduzierung und Kosteneinsparung versprachen. Den meisten Zuspruch fanden die Bestimmungen zur Teilzeitarbeit, von deren Ausweitung sich die Länder Einspareffekte erhofften. Daher wurden die bisher im Beamtenrechtsrahmengesetz enthaltenen Vorgaben für beantragte, also freiwillige Teilzeitbeschäftigungen gestrichen. In Zukunft wurde die voraussetzungslose Teilzeit bei einer Reduzierung der regelmäßigen Arbeitszeit bis zu 50 Prozent gestattet. In einigen Bundesländern wurde es im Falle familienpolitischer Teilzeit sogar möglich, unterhälftig beschäftigt zu sein, eine aus beamtenrechtlichen Erwägungen höchst bedenkliche Regelung, wie der Philologenverband feststellte. Den wohl gravierendsten rechtlichen Bruch stellte nach Auffassung des DPhV die auf Betreiben der Länder eingerichtete so genannte Einstellungsteilzeit (Zwangsteilzeit) für Berufsanfänger dar. Die Bundesregierung sah in ihr eine eklatante Verletzung der hergebrachten Grundsätze des Berufsbeamtentums und hatte es daher abgelehnt, sie in das Bundesrechtsrahmengesetz aufzunehmen. Diese Rechtsauffassung wurde von namhaften Experten gestützt, auf die sich der DPhV und der DBB in ihrer klaren Ablehnung der Zwangsteilzeit beriefen. Dass auch einige Länder die verfassungsrechtlichen Bedenken teilten, beweist die Tatsache, dass Bayern, Baden-Württemberg, Nordrhein-Westfalen und Schleswig-Holstein auf die Anwendung dieser Regelung verzichteten. Andere Länder wiederum setzten sich über die grundrechtlichen Schranken hinweg und führten die Einstellungsteilzeit ohne zeitliche Begrenzung ein. Hier drohte die vom Philologenverband immer wieder aufgezeigte Gefahr, dass die Ausnahme zur Regel wird und einer dauerhaften Absenkung des höheren und gehobenen Dienstes der Weg bereitet wird.

Verfassungsrechtliche Grenzen drohten auch bei der Vergabe von Führungspositionen auf Zeit überschritten zu werden. Gegen diese von den Ländern gewollte Maßnahme wandte sich der DPhV aus politischen und verfassungsrechtlichen Gründen. Betroffen waren davon nicht nur Ämter der B-Besoldung, sondern in einigen Ländern auch Funktionsstellen in A16 und damit Schulleiterstellen an Gymnasien. Kritisch sah der Verband außerdem die länderrechtlich eröffnete Möglichkeit, den Vorbereitungsdienst außerhalb des Beamtenverhältnisses vorzusehen, wodurch der Beamtenstatus aus ideologischen Gründen zurückgedrängt wurde. Als problematisch musste ebenfalls die Maßnahme gewertet werden, dass Beamte zu einer Tätigkeit abgeordnet werden konnten, die nicht ihrem Amt entsprach.

Die bisher aufgezeigten Regelungen machen deutlich, wie unterschiedlich das Bundesrahmenrecht in den Ländern ausgestaltet wurde. Für den Deutschen Philologenverband und seine Landesverbände, aber auch für den Deutschen Beamtenbund kam es in Zukunft darauf an, die Anwendung des Dienstrechts in den Ländern kritisch zu begleiten und mit zu beeinflussen, um die Einheit des öffentlichen Dienstrechts nicht aufzugeben. Als Hilfe zur Bewältigung dieser Aufgabe konnte ein Handbuch zur Dienstrechtsreform dienen, dass der DPhV-Vorsitzende Durner maßgeblich mitgestaltet hatte.[211]

Mit Inkrafttreten des Dienstrechtsreformgesetzes erfolgten auch weitreichende *Änderungen im Besoldungsrecht*. Die bisher auf regelmäßigen Dienstaltersstufen basierende Struktur der Besoldungstabellen wurde durch ein System von Leistungsstufen ersetzt, in dem nun durch Streckung der ehemaligen Dienstaltersstufen eine Hemmung bei negativen, ein vorzeitiger Aufstieg bei besonders guten Leistungen erfolgen kann. Da das ganze System wiederum »kostenneutral« geplant war, mussten gerade die 43- bis 53-jährigen Beamten erhebliche Einkommensverluste hinnehmen, denn die für die Leistungselemente erforderlichen Mittel sollten durch die Neugestaltung der Besoldungstabellen »erwirtschaftet« werden. Als Problem tat sich auch das für den Leistungsaspekt notwendige Beurteilungswesen auf, das entsprechend den Bedürfnissen der Länder so entwickelt werden musste, dass es die Akzeptanz der Betroffenen fand.

Im April 1998 verabschiedete der Bundestag das *Versorgungsreformgesetz*, das vor allem zur Kostendämpfung zugunsten der öffentlichen Haushalte beitragen sollte. Den gravierendsten Einschnitt in das System der Beamtenversorgung stellte die Absenkung des Besoldungs- und Versorgungsniveaus um drei Prozent bis zum 31. Dezember 2013 dar zur Bildung einer Versorgungsrücklage, um daraus die Finanzhaushalte von Bund, Ländern und Gemeinden bei den rapide ansteigenden Versorgungskosten ab 2014 zu entlasten. Der DPhV und der DBB kritisierten die Eigenbeteiligung der Beamten an einer Vesorgungsrücklage, da dies systemfremd sei und gegen das Alimentationsprinzip verstoße. Diese grundsätzliche Position wurde gestützt durch eine im Auftrag der AHD erstellte Expertise von Professor Dr. Friedrich von Zezschwitz. Als unsozial und für den Deutschen Philologenverband unakzeptabele Maßnahme wurde die mit dem Gesetz verbundene drastische Absenkung der Anwärterbezüge bezeichnet. Für die Lehramtsanwärter waren damit Einkommensverluste bis 25 Prozent zu befürchten. Kein Verständnis hatten DPhV und DBB für die Einführung von Versorgungsabschlägen bei Dienstunfähigkeit und die Verordnung einer begrenzten Dienstfähigkeit bei eingeschränkten Ansprüchen auf Dienstbezüge. Solche Maßnahmen gingen ausschließlich zu Lasten der sozial Schwächeren.

Der vom *18. bis 21. November 1998 in Münster* abgehaltene *Philologentag* mit der gleichzeitig stattfindenden Vertreterversammlung war noch einmal Anlass, sich mit Dienstrecht und Berufspolitik zu befassen. Die Delegierten forderten die Sicherung des Beamtenstatus, eine aufgabengerechte und leistungsbezogene Personalpolitik, eine zukunftsorientierte Lehrerbildung und die Wiederherstellung der Arbeitszeitgerechtigkeit für Lehrer. Gerade der letzte Punkt hatte wieder bundesweite Aktualität erlangt durch das von den Professoren Ernst Benda und Dieter C. Umbach für den nordrhein-westfälischen Philologenverband erstellte Gutachten *Die Arbeitszeit der Lehrer*, in dem nachgewiesen wurde, dass die Pflichtstundenanhebung für Lehrkräfte in NRW rechtswidrig war, ein Ergebnis, das auf andere Länder übertragen werden konnte.

Die Delegierten bestätigten die Mitglieder des Geschäftsführenden Vorstandes in ihren Ämtern: Vorsitzender Heinz Durner, Stellvertreter Peter Heesen, Schatzmeister Klaus Schäfer sowie als Beisitzer Dr. Horst Günther Klitzing, Dr. Hans-Joachim Pöling und Renate Renner. Susanna Fux, die aus gesundheitlichen Gründen nicht mehr kandidierte, wurde mit Dank und Anerkennung verabschiedet. Ihr Nachfolger wurde Klaus-Dieter Sett, stellvertretender Landesvorsitzender des Philologenverbandes Sachsen-Anhalt. Die Amtsdauer der neu gewählten Führungsspitze betrug drei Jahre, sollte aber vom Jahr 2001 an künftig auf vier Jahre verlängert werden; dies bestimmte eine entsprechende Änderung der Satzung.

Unter dem Motto »Bildung, Leistung, Qualität: Zukunft braucht Geschichte« hatte der Philologenverband in Münster seine Ziele zur Schul-, Bildungs- und Dienstrechtspolitik festgelegt. Die historische Dimension stellte der Festredner Professor Dr. Michael Stürmer in seinem Vortrag »Lernen aus der Geschichte« her. Mit Blick auf das Motto des Philologentages und den vor 350 Jahren 1648 in Münster geschlossenen Frieden entwarf er einen Überblick über die Friedensbemühungen von über drei Jahrhunderten bis hin zur europäischen Einigung des 20. Jahrhunderts. Es sei die Lebensfrage Europas, ob das atlantische Bündnis mit den USA in Zukunft halte. »Beruhigung zu geben und bündnisfähig zu sein«, habe sich seit 1949 als »deutsche Staatsräson« erwiesen. »Wäre es einmal damit vorbei, dann wären auch die besten Jahre dieser Republik vorbei«, sagte Stürmer wörtlich.

Altersteilzeit und Fachlehrermangel

Im August 1996 verabschiedete der Bundestag das Altersteilzeitgesetz, das den Arbeitnehmern in der gewerblichen Wirtschaft in höherem Alter eine Möglichkeit zum gleitenden Übergang in die Altersrente eröffnete. Die Wirtschaft hatte ein Interesse daran, Überhangkapazitäten abzubauen bzw. die Auflösung von Verwaltungs- und Produktionsstätten sozial verträglich zu regeln. Bis Mitte der neunziger Jahre war es durch die Vorruhestandsregelung möglich, bereits mit 55 Jahren aus dem Erwerbsleben auszusteigen, eine Verfahrensweise, die die Sozialkassen sehr strapazierte. Mit der Altersteilzeit erhielt der Arbeitnehmer die Chance zu einem humanen Übergang vom Arbeitsleben in den Ruhestand. Er konnte die ihm verbliebene Zeit seinen gesundheitlichen oder individuellen Bedürfnissen anpassen und zugleich seiner gewohnten Arbeit nachgehen. Zwei Ausstiegsmodelle aus dem Beruf wurden entwickelt. Entweder konnte man in der ersten Hälfte der Arbeitsteilzeit wie gewohnt im Vollzeit-Verhältnis arbeiten und in der zweiten Etappe von der Arbeit freigestellt werden; dieses so genannte Block-Teilzeitmodell wurde in 87 Prozent der Fälle gewählt. Oder aber man arbeitete von Anfang an nur noch halbtags, dann allerdings über die gesamte Laufzeit hinweg. Die Arbeitnehmer mussten in keinem Fall auf die Hälfte ihres Lohns verzichten, der Teilzeit-Bruttolohn war vom Arbeitgeber grundsätzlich um zwanzig Prozent aufzustocken, außerdem waren die Rentenbeiträge auf neunzig Prozent des bisherigen Niveaus anzuheben. Sämtliche gesetzlichen Zuschüsse wurden dem Arbeitgeber von der Bundesanstalt für Arbeit zurückerstattet, wenn im Gegenzug ein Arbeitsloser, Ausgebildeter oder Auszubildender neu eingestellt wurde. Mit diesen Regelungen erhielt die Altersteilzeit eine wichtige arbeitsmarkt- und sozialpolitische Bedeutung.

Erst in der Tarifrunde 1998 gelang der Durchbruch zur Übernahme der Altersteilzeit auch für den Angestelltenbereich im öffentlichen Dienst. Dieser Erfolg ging nicht zuletzt auf die steten Bemühungen des DBB und der Tarifunion zurück sowie auf die beiden großen Lehrerverbände im DBB, den DPhV und VBE, die immer wieder flexiblere Modelle der Altersteilzeit gefordert hatten. Es bedurfte noch großer Anstrengungen, um auch die Beamtinnen und Beamten in die Altersteilzeit mit einzubeziehen, da in diesem Fall die Kompensationszahlungen der Bundesanstalt für Arbeit ausblieben, die im Angestelltensektor seit dem Tarifvertrag vom 1. Mai 1998 nach den gleichen Bedingungen wie in der freien Wirtschaft gezahlt wurden. Schließlich gelang es mit dem Gesetz zur Anpassung von Dienst- und Versorgungsbezügen in Bund und Ländern vom 6. August 1998, die status-, besoldungs- und versorgungsrechtlichen Voraussetzungen für die Altersteilzeit für Beamte zu schaffen. Man wollte jedoch nicht alle Beschäftigungsgruppen in die neuen Regelungen mit einschließen: gezielt sollten Lehrer und Teilzeitbeschäftigte ausgeschlossen werden durch die Maßgabe, dass nur antragsberechtigt war, wer in den letzten fünf Jahren vollbeschäftigt oder höchstens im Umfang von zehn Prozent teilzeitbeschäftigt war. Es kam nun alles darauf an, die Länderparlamente, die hier einen großen Entscheidungsspielraum hatten, dahin gehend umzustimmen, dass die Ausweitung der Altersteilzeit auch auf Teilzeitbeschäftigte ermöglicht wurde.

Landesregierungen und Schulbehörden hatten in den neunziger Jahren intensiv für Teilzeitbeschäftigung geworben. Da besonders viele Beamtinnen diesen Aufrufen gefolgt waren, wirkte sich das geplante Verfahren als »frauenfeindlich« aus. Dieses Thema nahm sich besonders intensiv die *DPhV-Arbeitsgemeinschaft für frauenpolitische Fragen* an, die über die Interessenvertretung im DBB entschieden für die Abschaffung der Nachteile im Altersteilzeitverfahren für Teilzeitbeschäftigte eintrat. Im Februar 1999 brachten der DPhV und der VBE einen gemeinsamen Vorschlag ein, der auch bisher Teilzeitbeschäftigte einschloss und in Bayern gesetzlich verankert wurde. Andere Länder taten sich schwerer bei der Umsetzung der Altersteilzeit, da Haushaltssituation und Personalstruktur länderspezifisch unterschiedlich waren. Deshalb kam es zu divergierenden Entwicklungen. Oberste Maxime für die Länder war, dass die Altersteilzeit »kostenneutral« eingeführt werden sollte. Das warf die Frage der Gegenfinanzierung durch die Betroffenen auf. Die Sparvorschläge reichten von einer Kappung der Altersermäßigung für alle über einen erhöhten Anteil der Teilarbeitszeit bis zur generellen Ausklammerung der beamteten Lehrer. Den ersten und letzten Vorschlag lehnte der DPhV strikt ab. Schließlich ergaben sich ganz unterschiedliche Regelungen. Bayern folgte bei seiner Altersteilzeitgesetzgebung den leicht modifizierten Vorgaben des Bundes, Teilzeitbeschäftigte waren – wie erwähnt – einbezogen. Bremen und Brandenburg übertrugen die Bundesregelungen, allerdings sollten frei werdende Stellen nicht wieder besetzt werden. Für die neuen Bundesländer standen wegen des Geburtenrückgangs ohnehin Personalabbaumaßnahmen im Vordergrund. Interessant war die Regelung für Lehrer, die der Philologenverband Nordrhein-Westfalen aufgrund eines Vorschlags des Landesvorsitzenden und DPhV-Vize Heesen erreichte. Beamtete Lehrerinnen und Lehrer, die das 59. Lebensjahr vollendet hatten, konnten zum 1. August 2000 Altersteilzeit in Anspruch nehmen. Teilzeitbeschäftigte wurden ab 2001 einbezogen. Anders als in Niedersachsen und Rheinland-Pfalz wurde bei der Refinanzierung die generelle Altersermäßigung gesichert, während in den genannten Bundesländern die Altersermäßigung für alle wegfiel. Da die volle Wiederbesetzung der Stellen aber unabdingbar war, um die Unterrichtsversorgung nicht zu gefährden, entfiel für diejenigen Lehrkräfte, die die Altersteilzeit in Anspruch nahmen, die sonstige Altersermäßigung. – Abschließend bleibt festzuhalten: Die Beteiligung der Lehrer an der Altersteilzeit war ein wichtiger sozialer Fortschritt. Lehrer, die durch die ständig erhöhten Arbeitsbelastungen in den letzten Jahren oftmals gezwungen waren, aus gesundheitlichen Gründen vorzeitig ihren Dienst aufzugeben, konnten jetzt einen humanen Übergang vom Berufsleben in den Ruhestand vollziehen. Gleichzeitig verbesserten sich die Einstellungsperspektiven der Lehramtsanwärter.

Am *Lehrerarbeitsmarkt* hatte sich inzwischen eine dramatische Wende vollzogen. Die Sparpolitik und die damit verbundene restriktive Lehrereinstellung hatte viele junge Menschen davon abgehalten, ein Lehramtsstudium aufzunehmen. Zudem bot die Wirtschaft für Studienberufe mehr Anreize durch die materiell besser ausgestatteten Einstiegsmöglichkeiten. Die Kürzung der Anwärterbezüge und die Desavouierung des Lehrerberufs taten ein Übriges, die Attraktivität des Bildungssektors zu schmälern. Länderumfragen zur Unterrichts- und Einstellungssituation ergaben, dass in allen alten Bundesländern in den Fächern Mathematik, Physik, Chemie und Informatik Bewerber fehlten. Dasselbe galt für die Fächer Musik, Kunst oder Latein. Nicht einmal die durch Pensionierung frei werdenden Stellen konnten mit qualifizierten Nachwuchskräften besetzt werden. Der eklatante Mangel im mathematisch-naturwissenschaftlichen Bereich hing auch mit dem Rückgang der Zahl der Studierenden in diesen Disziplinen zusammen, eine Folge der noch immer nicht behobenen Mängel der Oberstufenreform und eine Nachwirkung der Technikfeindlichkeit früherer Jahre.

Im Vergleich zum Jahr 1991, in dem noch 39 Prozent der Erstsemester Mathematik, Naturwissenschaften, Informatik und Technik wählten, sank die Zahl im Jahr 2000 auf 35,5 Prozent. Die Bilanz wäre noch schlechter ausgefallen, wenn das Interesse an Informatik nicht so stark gestiegen wäre. Fast jeder zweite Student in den genannten Fächern (47 Prozent) studierte Informatik. Als Verlierer konnte man die Fächer Physik (minus 36 Prozent gegenüber 1990), Chemie (minus 31 Prozent) und Mathematik (minus elf Prozent) bezeichnen. Nur die Biologie hatte von 1990 bis 2000 einen Zuwachs an 1 800 Immatrikulationen (plus 32 Prozent). In vielen Bundesländern war ein dramatischer Rückgang der Referendare vor allem in den Mangelfächern zu verzeichnen. Ursprüngliche Bewerber traten die Referendarausbildung nicht an, zogen sich später aus ihr zurück oder wanderten in andere Bundesländer ab, die eine volle Anstellung im Beamtenverhältnis anboten statt 2/3-Verträge im Angestelltenverhältnis. Der Deutsche Philologenverband und die BUAG hatten immer wieder auf die sich anbahnende Misere hingewiesen und Sofortmaßnahmen seitens der Länder gefordert. Das Umdenken in den Bundesländern hatte zwar begonnen, doch noch waren die Gefahrenzonen allenthalben zu spüren.

Wollte man auch in Zukunft gut ausgebildetes Lehrpersonal für die Gymnasien erhalten, durften keine Abstriche an der Qualität der Lehrerausbildung gemacht werden. Der Deutsche Philologenverband wies entschieden Pläne von Niedersachsen und Baden-Württemberg zurück, den Vorbereitungsdienst zu verkürzen. In Zusammenarbeit mit dem Deutschen Hochschulverband führte der Philologenverband am 24. März 1999 in Bonn einen *Lehrerbildungskongress* durch mit dem Thema *Lehrerbildung der Zukunft*. Aus der Sicht der Praxis, der Erziehungswissenschaften und der Fachwissenschaften erarbeiteten die rund hundert Teilnehmer Forderungen und Thesen für eine qualitativ hochwertige Ausbildung der Gymnasiallehrer. Nachdrücklich forderte der Deutsche Philologenverband, in einer neu strukturierten Lehrerausbildung außer der pädagogischen Kompetenz die Fachkompetenz intensiver zu fördern. Neben fachlicher, fachdidaktischer, methodischer und wissenschaftlich fundierter erzieherischer Eignung sei eine Abstimmung von Praxis und Theorie vordringlich, führte der DPhV-Vorsitzende aus. Als unverzichtbar in der Lehrerausbildung bezeichnete der DPhV-Vize Heesen das Schulformprinzip in der Lehrerausbildung, da diese sich an den Inhalten und Anforderungen von Schule orientieren müsse. Auch an den zwei Phasen der

Lehrerausbildung mit unterschiedlichen Schwerpunkten dürften keine Abstriche gemacht werden. Ebenso müsse die Unabhängigkeit der Lehrer gegenüber politischen Einflüssen durch den Beamtenstatus gesichert bleiben. Außerdem komme es darauf an, die Fort- und Weiterbildung der Lehrer als dritte Phase der Lehrerbildung mit Nachdruck zu fördern, nur so könnte eine schnelle Umsetzung von Innovationen erfolgen. – Mit dem Lehrerbildungskongress hatte der Philologenverband eine klare Position bezogen zur Gymnasiallehrerbildung und allen Abstrichen an seinem Konzept eine Absage erteilt.

Offensive für Bildung durch innovative Tagungen

Mit einer Serie von Kongressen und Kolloquien auf Bundesebene regte der Deutsche Philologenverband auf verschiedenen geistes- und naturwissenschaftlichen Gebieten Innovationen an. Er führte Philologen, Universitätsprofessoren, Wirtschaftler, Politiker und Journalisten in Gesprächskreisen zusammen, um mit ihnen zukünftige wissenschaftliche und bildungspolitische Entwicklungen zu analysieren und vorzubereiten. Dabei wurden geschickt Gedenk- und Jahresthemen genutzt, um Aufmerksamkeit in der Öffentlichkeit zu gewinnen.

Begonnen hatte die Tagungsreihe mit einem Kolloquium in der Lutherstadt Wittenberg vom 6. bis 8. Mai 1997 anlässlich des *500. Geburtstages von Philipp Melanchton* (1497-1560). Vor Teilnehmern aus dem ganzen Bundesgebiet stellte der damalige Präsident der Kultusministerkonferenz und niedersächsische Kultusminister Professor Rolf Wernstedt das Ansehen des Reformators und Humanisten Melanchthon heraus, eines »bis heute großen Anregers«. Von der Melanchthon-Forschungsstelle in Heidelberg beteiligten sich Dr. Heinz Scheible mit einem Vortrag über Melanchthons Bedeutung für das Schulwesen und Dr. Johanna Loehr, die über Melanchthons Verhältnis zu Latein und Griechisch sprach. Theologische Einblicke in Melanchthons Denken gaben Professor Dr. Walter Sparn (Erlangen), Professor Dr. Gunther Wenz (München) und

Dr. Dr. Günther Wartenberg (Leipzig). Unter Hinweis auf das Jubiläumsmotto des Melanchthon-Jahres 1997 »Zum Gespräch geboren« forderte der DPhV-Vorsitzende Durner ein Nachdenken über die von Melanchthon ausgegangenen Impulse für einen bewussten und verantwortlichen Umgang mit der Sprache.

Zwei Jahre später bot der 250. Geburtstag Goethes wiederum einen Anlass für ein Kolloquium, das der Verband vom 28. bis 30. Oktober 1999 in Weimar mit dem Thema *Goethe und die Naturwissenschaften* abhielt. Es wurde das Werk Goethes in das Blickfeld gymnasialer Erziehung gestellt, das wie kein anderes fachübergreifende universale Bildung beschreibt. In den Referaten kamen die zahlreichen Disziplinen zur Sprache, die Goethes Wirken als Naturforscher umfassten: Physik und Meteorologie, Geologie und Mineralogie, Anatomie, Physiologie, Botanik und Zoologie. Gezeigt wurde, wie in der Person Goethes die Kluft zwischen Geistes- und Naturwissenschaften überwunden wurde.

Mit seinem Beitrag zum »Europäischen Jahr der Sprachen 2001« widmete sich der Deutsche Philologenverband einem der zentralen Themen gymnasialer Bildung. *Sprachen und Kulturen – Wege zur europäischen Identität* lautete das Motto des Kongresses, den der Verband vom 15. bis 16. März in Berlin abhielt und mit dem er zur Sicherung der kulturellen und sprachlichen Vielfalt als Kennzeichen Europas aufrief. Zu den damit verbundenen Konsequenzen für die Sprachenpolitik sowie für den Fremdsprachen- und Deutschunterricht in den Schulen haben vor den rund 400 Teilnehmern des Kongresses Spitzenvertreter aus Politik, Wirtschaft, Wissenschaft und Medien Stellung genommen. Unter anderen sprachen Bundestagspräsident Wolfgang Thierse, der Chefvolkswirt der Deutschen Bank Professor Norbert Walter, Bayerns Kultusministerin Monika Hohlmeier und Berlins Kultursenator Christoph Stölzl. Mit Diskussionsbeiträgen beteiligten sich ferner die Professoren Peter Voss (SWR) und Konrad Adam (Die Welt) sowie Wissenschaftler aus den EU-Mitgliedstaaten und aus Polen. Stellung bezogen auch die Vorsitzenden des Deutschen Altphilologenverbandes, des Deutschen Germanistenverbandes, des Deutschen Romanistenverbandes, des Fachverbandes Moderner

Fremdsprachen sowie Vertreter des Bundesverbandes der Lehrkräfte und Freunde der russischen Sprache. Im europäischen Wirtschaftsraum müsse das kulturelle Erbe vor allem durch die Sprachenpolitik geschützt und bewahrt werden, forderte der DPhV-Vorsitzende Durner. Der Zugang zur kulturellen Vielfalt würde durch die Mehrsprachigkeit der europäischen Bevölkerung gesichert. Maßgeblich dazu beitragen könne ein zukunftsorientierter Fremdsprachenunterricht in deutschen Schulen und insbesondere an Gymnasien.

Der naturwissenschaftlichen Bildung waren zwei weitere Tagungen gewidmet, die der Deutsche Philologenverband im März und Oktober 2001 abhielt. Mit einem gemeinsamen bildungspolitischen Kongress riefen der DPhV und der Verein Deutscher Ingenieure (VDI) am 26./27. März 2001 in Berlin dazu auf, die Zukunftschancen des Standortes Deutschland im globalen Wettbewerb mit einer nachhaltigen Stärkung der naturwissenschaftlichen und technischen Bildung in den Schulen zu verbessern. Um dem Mangel an guten Ingenieuren und Informatikern abzuhelfen, forderte der Deutsche Philologenverband bessere Rahmenbedingungen für die Gymnasien insgesamt und für die Fächer Physik und Chemie im Besonderen. – Anlässlich des 100. Geburtstages von Professor Werner Heisenberg veranstaltete der DPhV am 5. Oktober 2001 in Göttingen ein Kolloquium mit dem Thema *Der Teil und das Ganze*. Dabei wurden das Leben und Wirken Heisenbergs sowie die Auswirkungen der Heisenbergschen Unschärferelation auf die Quantenphysik und auf die gesamte natur- und geisteswissenschaftliche Entwicklung dargestellt. Die Referate wurden von namhaften Wissenschaftlern gehalten, darunter der Heisenberg-Schüler Professor Dr. Hans-Peter Dürr (Max-Planck-Institut für Physik, München). Neugierde, Staunen und die Faszination von Forschungsergebnissen sollten nach den Worten des DPhV-Vorsitzenden mit dem Heisenberg-Kolloquium in Göttingen vermittelt werden. Zugleich komme es dem DPhV darauf an, die Bedeutung der Naturwissenschaft im Allgemeinen und der Quantenphysik im Besonderen für den gymnasialen Unterricht deutlich zu machen.

Berlin – nach 65 Jahren wieder Verbandssitz des Deutschen Philologenverbandes

Im Sommer 2001 erhielt der Deutsche Philologenverband eine dauerhafte Adresse in der Hauptstadt Deutschlands. Dem unermüdlichen Einsatz von Heinz Durner und Peter Heesen – auch gegen den Widerstand mehrerer Landesverbände – war es zu verdanken, dass der Verband nach 65 Jahren seine Zentrale wieder in Berlin einrichten konnte, aus der er während der Nazizeit vertrieben worden war. Jetzt wurde der Philologenverband Eigentümer einer *Geschäftsstelle im dbb forum* mit der geschichtsträchtigen Adresse: Friedrichstraße 169/170, 10117 Berlin. Neben der hervorragenden Lage im Herzen Berlins in unmittelbarer Nachbarschaft zu den meisten Bundesministerien bot das dbb forum weitere Vorteile: die unmittelbare Nähe zur Dachorganisation, Veranstaltungsräume verschiedenster Größe und eine moderne Logistik für alles, was Verbandsarbeit im Zeitalter der Kommunikationsrevolution benötigt. – Es war ein Glücksfall für die Verbandsarbeit, dass die *Geschäftsführerin Gabriele Lipp*, eine gestandene Münchnerin, die seit 1992 die Geschäftsleitung mit Erfolg und großem Einsatz wahrnahm, den Wechsel von der Isar an die Spree nicht gescheut hatte. Dadurch wurden ein harmonischer Übergang und der reibungslose Ablauf der Verbandstätigkeiten gewährleistet.

Mit dem Aufbau der Bundesgeschäftsstelle im DBB-Haus in Berlin setzte der Deutsche Philologenverband seine Politik der vergangenen Jahre fort, die organisations-, verbands-, rechts- und tarifpolitischen Ressourcen, die der Deutsche Beamtenbund für seine Mitgliedsverbände bereithielt, intensiv zu nutzen. Diese Anwendung von Synergieeffekten wurde auch im Bereich Öffentlichkeitsarbeit praktiziert. Die seit 1994 als Magazin umgestaltete und mit dem neuen Titel *Profil* erscheinende Verbandszeitschrift des DPhV war seit Januar 1999 in das DBB-Projekt der »optimierten Printmedien« einbezogen. »Profil« erschien zwar weiter mit der vertrauten Aufmachung, hatte aber durch die Integration des DBB-Magazins eine andere Struktur erhalten. Die Umstellung wurde intensiv begleitet vom Redaktionsbeirat unter dem Vorsitz von Dr. Horst Günther Klitzing. An den Neugestaltungsarbeiten waren auch beteiligt der dphv-Verlag, der die Layout- und Vorstufenarbeit des Magazins leistete, sowie die Vereinigten Verlagsanstalten (VVA) Düsseldorf als Druckunternehmen. – Eine weitere Zusammenarbeit im Beamtenbund hatte sich bei den *Messebeteiligungen* ergeben. Seit 1997 war der DPhV zusammen mit den anderen DBB-Lehrergewerkschaften an einem gemeinsamen Messestand unter dem Dach des DBB vertreten, wobei jede Gewerkschaft ihren eigenen Ausstellungsbereich hatte. Dieses Messekonzept erwies sich bei den Bildungsmessen Interschul/Didacta in Stuttgart (1997), Köln (2000) und Hannover (2001) als äußerst erfolgreich.

Die Bundesarbeitsgemeinschaft der Jungen Philologen (BUAG) tagte als erste Philologengruppe im neuen dbb forum. Anlass war der Festakt am 9. November 2001 zur Feier des *50-jährigen Bestehens der BUAG* unter dem Motto: *Der Jugend eine Chance – der Bildung eine Zukunft.* Zahlreiche Gäste, darunter neun ehemalige Vorsitzende, hatten sich versammelt, um das Jubiläum zu feiern. Mit einem eindringlichen Plädoyer für mehr Bildung als »Bündnis aus Erinnerung und Fantasie« rief die frühere Präsidentin des Berliner Abgeordnetenhauses Dr. Hanna-Renate Laurien in ihrer Festansprache dazu auf, Schule und Lehrer nicht als »Sündenböcke der Nation« zu prügeln, sondern bei ihren Aufgaben zu ermutigen.

Noch im gleichen Monat, vom 22. bis 24. November 2001, kamen die Delegierten der Vertreterversammlung des DPhV in Berlin zusammen, um auf dem *35. Philologentag* zum Thema *Bildung für Europa – Zukunft braucht Qualität* Beschlüsse zu fassen und den neuen Vorstand zu wählen. Zum Nachfolger des DPhV-Vorsitzenden Heinz Durner, der nach neunjähriger Amtszeit nicht mehr kandidierte und mit großem Beifall zum Ehrenvorsitzenden ernannt wurde, wählten die Delegierten seinen langjährigen Stellvertreter und DBB-Vize Peter Heesen. Neuer stellvertretender DPhV-Bundesvorsitzender wurde Heinz-Peter Meidinger aus Bayern. Als Schatzmeister wurde Andreas Bartsch (Nordrhein-Westfalen) gewählt, der den zum Ehrenmitglied ernannten Klaus Schäfer ablöste. Als Beisitzer im Geschäftsführenden Vorstand des DPhV wiedergewählt wurden Dr. Horst Günther Klitzing und Klaus-Dieter Sett. Als Nachfolger von Renate Renner und Dr. Hans-Joachim Pöling, die nicht mehr kandidierten, wurden Dr. Susanne Lin-Klitzing (Baden-Württemberg) und Ursula Päßler (Rheinland-Pfalz) gewählt. Nach seiner Wahl zum neuen Vorsitzenden der BUAG gehörte auch Bernd Werner (Rheinland-Pfalz) dem Geschäftsführenden Vorstand des DPhV an.

Heinz Durner, durch dessen Engagement es gelungen war, viele nützliche Verbindungen zwischen dem Gymnasium und der Universität, der Forschung sowie der Wirtschaft anzuknüpfen und pädagogische Impulse für Bildung und Erziehung zu geben, trat in seiner Abschiedsrede für einen Dialog der europäischen Kulturstaaten ein. – Der neue Vorsitzende Peter Heesen verlangte in seiner Antrittsrede intensive Anstrengungen in Politik, Wirtschaft und Schulen mit dem Ziel einer »humane Bildungsgesellschaft«. Die Vermittlung von Wissen und Können müsse dabei verstärkt mit der Erziehung von Herzens- und Gewissensbildung verbunden werden. Heesen griff damit einen Gedanken auf, den der Festredner beim Philologentag, der Publizist und Friedenspreisträger Professor Alfred Grosser, angesprochen hatte, als er zu den wichtigsten Werten, die das Gymnasium vermitteln müsse, die »Ehrfurcht« gegenüber anderen und vor sich selbst nannte.

Mit der Wahl Peter Heesens zum Vorsitzenden hatte sich der Deutsche Philologenverband eine gute Ausgangsposition für den Start in Berlin verschafft. In seiner Doppelfunktion als DPhV-Bundesvorsitzender und DBB-Vize mit identischem Amtssitz hatte er die Möglichkeit zu einer optimalen Bündelung der berufs- und bildungspolitischen Aktivitäten. Zudem konnten von Berlin aus die Interessen der Philologenverbandsorganisationen in den neuen Bundesländern besonders gut vertreten werden, die durch die überwiegende Verankerung der Lehrkräfte im Angestelltenstatus auf eine enge Zusammenarbeit mit der Tarifunion im DBB angewiesen waren.

Wirbel um die PISA-Studie
und andere Vergleichsuntersuchungen

Die internationale Bildungsvergleichsstudie der Organisation für wirtschaftliche Zusammenarbeit und Entwicklung (OECD) mit dem Kürzel *PISA – Programme for International Student Assessment* – löste in Deutschland eine bildungspolitische Debatte aus, die längst überfällig war und der man mit einer beschönigenden Verschleierungsrethorik immer wieder ausgewichen war. Bei PISA handelte es sich um eine Schulleistungsstudie, an der rund 180 000 15-jährige Schülerinnen und Schüler in 32 Ländern beteiligt waren. In Deutschland wurden die Ergebnisse der breiten Öffentlichkeit – vermutlich aus innenpolitischen Gründen – nur scheibchenweise zugängig gemacht. Im Dezember 2001 präsentierte das Max-Planck-Institut für Bildungsforschung (MPIB), unter dessen Leitung ein nationales Konsortium im Auftrag der KMK für die PISA-Untersuchungen zuständig war, in der ersten Auswertung die internationalen Vergleichsdaten. Im Juni 2002 folgten der Bundesländervergleich und Vergleichsdaten über die Gymnasien, und erst am 6. März 2003 veröffentlichte man Hinweise auf wichtige Einzelbefunde, versäumte es aber wiederum, den Bundesländervergleich zwischen Gesamt-, Real- und Hauptschulen vorzulegen, der drei Jahre nach der Erhebung der Studie immer noch ausstand.

Als die Daten der *ersten PISA-Auswertung* im Dezember 2001 bekanntgegeben wurden, schlugen die publizistischen Wellen in Deutschland hoch, denn die Studie attestierte den hiesigen Schülern erhebliche Defizite. Deutschlands Schüler belegten im internationalen Vergleich nur Plätze zwischen dem mittleren und unteren Drittel der Rangliste. »Mangelhaft. Setzen.«, titelte »Der Spiegel« unter dem Leitthema: »Sind deutsche Schüler doof?« »Die OECD-Studie PISA bringt es an den Tag: Die Schüler können schlecht lesen, unzureichend rechnen, Probleme lösen schon gar nicht«.[212] Mit solchen und ähnlichen Pauschalurteilen reagierten die deutschen Medien. Statt die Ergebnisse sorgfältig zu analysieren und eine kritische Ursachenforschung zu betreiben, war man mit monokausalen Erklärungsversuchen und »schnell gestrickten« Patentrezepten zur Hand. Dass sich viele Fragen angesichts der Ergebnisse der Studie und ihrer Interpretation ergaben, war unabweisbar. Waren die deutschen Schulen und Hochschulen doch einmal international vorbildlich gewesen. »Vom ersten nationalen Aufbruch an, vom Neuanfang in den napoleonischen Befreiungskriegen«, stellte Konrad Adam fest, »bis zum vorerst letzten, der Bildungsreform in den sechziger und siebziger Jahren, über einen Zeitraum von eineinhalb Jahrhunderten also, haben die deutschen Bildungsanstalten allgemein Ansehen genossen.« Dies habe ein Mitarbeiter der OECD bestätigt. »Noch vor vierzig Jahren hätte das deutsche Bildungswesen bei einem derartigen Vergleich die Spitze gehalten,« so der Mitarbeiter, »während es jetzt, nur eine Generation später, weit abgeschlagen auf einem der hinteren Plätze liegen blieb.«[213]

Wie stellte sich die veränderte Situation dar? Mit Hilfe der internationalen Schulleistungsstudie PISA wurden im Frühsommer 2000 in Deutschland etwa 2000 junge Menschen aus insgesamt 219 Schulen nach einer repräsentativen Stichprobe erfasst und getestet, wobei im Durchschnitt 23 Schülerinnen und Schüler pro Schule teilnahmen. Zusätzlich wurde in Deutschland die Stichprobe auf insgesamt über 50 000 Schülerinnen und Schüler aus rund 1 450 Schulen erweitert, um in PISA-E (Erweiterungsstudie) einen Vergleich zwischen den Bundesländern und den Schulformen zu ermöglichen. Diese Ergebnisse sollten im Sommer 2002 veröffentlicht werden. Im Zentrum der im Jahr 2000 in 32 Ländern durchgeführten Bildungsstudie stand die Frage, wie gut 15-jährige Jugendliche auf die Anforderungen der Wissensgesellschaft vorbereitet sind. Dabei ging es weniger um das Beherrschen des in der Schule Gelernten als um die Fähigkeit, die erworbenen Kenntnisse für die Bewältigung des Alltags, für den Erwerb einer beruflichen Qualifikation und für eine zukunftsorientierte und sinnvolle Lebensgestaltung anzuwenden. PISA bezog sich auf eine Vorstellung von Grundbildung, die im Englischen als »Literacy« bezeichnet wird. Drei Bereiche sollten erfasst werden: Lesekompetenz (Reading Literacy), mathematische Grundbildung (Mathematical Literacy) und naturwissenschaftliche Grundbildung (Scientific Literacy). Nach der ersten Erhebung im Frühsommer 2000 werden weitere in einem Dreijahreszyklus folgen, wobei in jeder Erhebung ein Hauptbereich mit zwei Drittel der Testzeit gründlicher untersucht wird. Im Jahr 2000 war Lesekompetenz der Schwerpunkt, 2003 folgt die mathematische und 2006 die naturwissenschaftliche Grundbildung. Bei den Testaufgaben zum Leseverständnis ging es nicht darum, richtig wortgetreu lesen zu können, sondern den Inhalt (Information) sowie die Bedeutung von Texten zu erkennen (Interpretation) und auf bereits vorhandenes Wissen zu beziehen (Reflexion). An Texten, Bildern und Grafiken mussten die Schüler ihre Verständnismöglichkeiten erproben. Mit einem vergleichbaren Ansatz wurden auch die Testfragen zur mathematischen Grundbildung, die als Nebenkomponente untersucht wurde, entworfen. Mathematik wurde als Instrument begriffen, sich die Welt zu erschließen. Dabei kam es nicht nur auf Rechenfertigkeiten an, sondern auf das Verstehen und die funktionale Verwendung von Mathematik. Auch im Bereich naturwissenschaftliche Grundbildung ging es vor allem um das Verständnis von naturwissenschaftlichen Methoden, Denk- und Arbeitsweisen sowie um die Vorstellung, welche Fragen man mit naturwissenschaftlichem Denken beantworten kann und welche nicht. – Schließlich wurden bei PISA so genannte Hintergrundmerkmale erhoben, etwa sozioökonomische Voraussetzungen des Elternhauses, soziale und kulturelle Unterstützungsleistungen durch die Eltern, die Mediennutzung und die wichtigsten Themen im Freundeskreis der Jugendlichen.

Der internationale Durchschnitt für die Testreihe lag bei den 32 Teilnehmerstaaten auf einer Skala beim Mittelwert von 500. Die Schüler aus Finnland erreichten bei der Lesekompetenz im Schnitt 546 Punkte und belegten Platz eins vor Kanada (534) und Neuseeland (529). Die deutschen Schüler erreichten mit einem Mittelwert von 484 Punkten den Rangplatz 21 und schnitten damit 16 Punkte schlechter ab als im OECD-Mittel, wo sich die Schüler aus Norwegen (505), Frankreich (505), USA (504) und Dänemark (497) befanden. Die deutschen Schüler zeigten vor allem Schwächen beim Reflektieren und Bewerten der Textinhalte. Außerdem war in keinem Land der Abstand zwischen den leistungsschwächsten fünf Prozent und den leistungsstärksten fünf Prozent der Schüler so groß wie hierzulande. Zehn Prozent zeigten überhaupt kein Textverständnis, weitere dreizehn Prozent entschlüsselten nur elementarste Teile eines Satzes. Damit erreichten ein Fünftel der deutschen Schüler kaum die unterste von fünf Kompetenzstufen. 42

Prozent der deutschen Schüler bestätigten, keine Lust aufs Bücherlesen zu haben; in Finnland stellten die Leseunlustigen nur die Hälfte davon. Nach Schulformen verteilte sich die Lesekompetenz in Deutschland wie folgt: Gymnasium 582, Realschule 494, Gesamtschule 459 und Hauptschule 394 Punkte. Im Teilbereich mathematische Grundbildung schafften die deutschen Jugendlichen 490 Punkte und kamen auf den Rangplatz zwanzig, in Naturwissenschaften mit 487 Punkten ebenfalls auf Rangplatz zwanzig. Bei der Mathematikleistung ergab sich eine hohe Wechselbeziehung zur Lesefähigkeit, da die Mathematiktests vor allem aus Textvorlagen bestanden. Spitzenreiter in der Mathematik waren Japan (557 Punkte), Korea (547) und Neuseeland (537); in den Naturwissenschaften Korea (552), Japan (550) und Finnland (538).

Die PISA-Studie wies zudem nach, dass in Deutschland der Zusammenhang zwischen niedriger sozialer Stellung der Eltern und schwacher schulischer Leistung ihrer Kinder auffallend ist. Die Leistungsunterschiede zwischen den sozialen Schichten verdeutlichen, dass die Unterstützungsleistung des Elternhauses eine wichtige Rolle spielt. Nach wie vor sind die Chancen von Kindern aus verschiedenen Sozialschichten, im Schulsystem aufzusteigen, unterschiedlich groß. Dabei schneiden insbesondere Kinder von Ausländern schlechter ab als Jugendliche deutscher Abstammung. Fast fünfzig Prozent der Jugendlichen aus Familien, in denen beide Eltern Zuwanderer sind, überschreiten im Lesen nicht die elementare Kompetenzstufe eins, auf der man kaum in der Lage ist, einen Textsinn zu entschlüsseln. Dieser Sachverhalt wirkte sich auf das gesamte deutsche Testergebnis aus. Der Anteil an ausländischen Schülern beträgt hierzulande elf Prozent, in Finnland und Japan ein Prozent. In Ländern wie England oder Frankreich, die einen mit Deutschland vergleichbaren Ausländeranteil haben, sprechen die Migrantenkinder in der Regel die jeweilige Landessprache, weil sie aus englisch- oder französischsprachigen ehemaligen Kolonialgebieten zugewandert sind. In Deutschland wurde es versäumt, die sprachliche Integration von ausländischen Kindern schon im Vorschulalter mit allen Mitteln zu fördern. Auch das Konzept, Ausländerkinder ohne Deutschkenntnisse in deutsche Regelklassen aufzunehmen, um durch »soziales Miteinander« Integration zu fördern, war ein Fehler. Ohne Beherrschung der deutschen Sprache funktionierte weder eine soziale Eingliederung noch ein Kompetenzerwerb in Fachbereichen. Die immer wieder erhobene Forderung des Philologenverbandes, dem Fach Deutsch als Fremdsprache in Gebieten mit hoher Zuwanderung eine Schlüsselrolle zuzuweisen, war ungehört verhallt. Es war aufgrund der Ergebnisse nicht verwunderlich, dass die PISA-Studie fast 25 Prozent deutscher Schüler als Risikogruppe bezeichnete, deren Grundausbildung kaum ausreicht für die erfolgreiche Bewältigung einer Berufsausbildung oder des Lebens in einer hochtechnisierten Welt.

Allerdings waren die deutschen PISA-Ergebnisse für diejenigen, die sich mit Bildungsfragen befassten, keine wirkliche Überraschung. Im Dezember 1996 und Februar 1997 wurden bereits die Resultate der *Third International Mathematics and Science Study (TIMSS II, Mittelstufe)* zum mathematisch-naturwissenschaftlichen Unterricht in 45 Ländern bekanntgegeben. Danach befanden sich die untersuchten 7. und 8. Klassen in Deutschland auf den mittleren Rangplätzen. Als weitere Erkenntnis wurde den Kultusministerien mitgeteilt, dass es innerhalb Deutschlands Leistungsunterschiede von eineinhalb Jahren zwischen den Bundesländern gebe (verglichen wurden Bayern und Nordrhein-Westfalen) und dass die Ergebnisse der Gesamtschulen deutlich hinter den Realschulen und weit hinter den Gymnasien lagen. Außerdem wurde festgestellt, dass bei TIMSS II das Gymnasium in Deutschland auf der internationalen Skala auf Platz zwei stand, mit einem Wert von 589 hinter Singapur mit 607, vor Tschechien, Japan und der Schweiz. Ebenfalls 1997 wurden die Ergebnisse der TIMSS III für die Oberstufe veröffentlicht. Hier erreichten die Deutschen international unter 26 Ländern einen mittleren Platz. Interessant war auch, dass bei TIMSS III Bundesländer in Deutschland mit Zentralabitur um ein Jahr und mehr vorne lagen. Baden-Württemberg rangierte im Leistungskurs Mathematik zwei Jahre vor NRW. Schüler aus NRW kamen auf 113 Testpunkte, aus Bayern auf 126, aus Baden-Württemberg auf 133 (Zehn Punkte entsprachen dem Lernfortschritt eines Schuljahres). Diese Ergebnisse wurden in Deutschland nicht hinreichend zur Kenntnis genommen und viele Kultusministerien waren an ihrer Bekanntgabe und Analyse nicht interessiert. Das galt ebenfalls für das 1991 gestartete MPIB-Projekt *Bildungsverläufe und psychosoziale Entwicklung im Jugendalter (BIJU)*, deren erste Ergebnisse im Herbst 1998 vorlagen. Aus dieser Langzeitstudie ergab sich, dass in Nordrhein-Westfalen Realschüler und Gymnasiasten am Ende des 10. Schuljahres in Englisch, Mathematik, Physik und Biologie gegenüber gleich begabten und aus ähnlichen sozialen Verhältnissen stammenden Schülern von Gesamtschulen »einen Wissensvorsprung von mehr als zwei Jahren« hatten und dies trotz einer dreißig Prozent besseren personellen und sächlichen Ausstattung der Gesamtschulen. Bereits im Schuljahr 1969/70 hatte das MPIB in Berlin im Rahmen des *Projektes Schulleistung* in den Ländern der alten Bundesrepublik eine repräsentative Untersuchung zu Beginn und zum Ende eines 7. Jahrgangs zum Leistungsstand von über 12 000 Gymnasiasten erhoben. Eine breitere Öffentlichkeit erhielt von dieser Untersuchung und ihren Ergebnissen erst durch den Bildungsbericht des MPIB von 1994 Kenntnis, in dem es hieß: »Bei einem Vergleich der Schulleistungen in Mathematik, Englisch und Deutsch zeigten sich hier beträchtliche Leistungsnachteile bei den Kindern, die eine sechsjährige Grundschule (Berlin und Bremen) besucht hatten, im Unterschied zu den Übergängern nach Klasse vier in den anderen Bundesländern; diese Unterschiede hatten sich auch am Ende der siebten Klasse noch nicht ausgeglichen.«[214] Man fragt sich im Nachhinein, warum solche wichtigen Erkenntnisse nicht unmittelbar nach der Untersuchung veröffentlicht worden waren, man hätte sich überflüssige Experimente mit integrierten Orientierungsstufen ersparen können. Es bleibt festzuhalten: die PISA-Studie stützt schon längst gewonnene Erkenntnisse, die aber zuvor weder zu breiten öffentlichen Diskussionen noch zu wirksamen Veränderungen durch die Verantwortlichen in der Bildungspolitik geführt haben.

Ende Juni 2002 wurden endlich mit der *Erweiterungsstudie PISA-E* auch die innerdeutschen Vergleichszahlen veröffentlicht. Dabei zeigten sich eklatante Unterschiede zwischen den Bundesländern. Die Schüler in Bayern konnten sich mit denen in Schweden messen, die im internationalen Vergleich einen guten 9. Platz errangen. Die Schüler in Bremen landeten weit abgeschlagen auf dem 29. Rang und waren allenfalls mit 15-jährigen aus Mexiko vergleichbar. Die erstmals erstellte Rangliste des innerdeutschen Leistungsvergleichs wurde vom Deutschen Philologenverband als bahnbrechende Neuerung bezeichnet. »Die zum Teil erschreckende Differenz zwischen bildungspolitischer Sonntagsrhetorik und realer Leistungsfähigkeit des Schulwesens in einigen Bundesländer lässt sich ab sofort nicht weiter verschleiern«, schrieb der DPhV-Vize Heinz-Peter Meidinger über PISA-E in Profil 7-8/2002. Im Ländervergleich führte Bayern in der Gesamtwertung, gefolgt von Baden-Württemberg, Sachsen und Thüringen. Die letzten Plätze belegten Sachsen-Anhalt, Brandenburg und Bremen. Der Leistungsabstand zwischen dem Schlusslicht Bremen und dem Spitzenreiter Bayern betrug bei der Lesekompetenz fast zwei Schuljahre. Die bayerischen Schüler lagen mit 510 Punkten über dem OECD-Durchschnitt. In der mathematischen Grundbildung konnten auch die Schüler aus Sachsen, Thüringen und Rheinland-Pfalz mit dem internationalen Durchschnitt konkurrieren. Die Ergebnisse von Bayern und Baden-Württemberg lagen zwar darüber, reichten aber auch noch nicht an die internationalen Spitzenplätze heran. Bei der naturwissenschaftlichen Grundbildung schnitten die bayerischen, baden-württembergischen und sächsischen Schüler ebenfalls besser ab als die in anderen Bundesländern, international lagen sie im Mittelfeld. – Im Rahmen der PISA-E-Auswertung sollte auch ein Vergleich der Schulformen vorgelegt werden. Vermutlich wegen der Vorwahlkampfphase zur Bundestagswahl im September 2002 wollte man eine erneute innerdeutsche Bildungsdiskussion vermeiden und veröffentlichte nur die Testergebnisse der Gymnasien. Dabei belegten die Schüler in Bayern, Schleswig-Holstein und Baden-Württemberg die vorderen Plätze. Berlin und Hamburg, die nur mit der Schulform Gymnasium beim PISA-Test vertreten waren, erzielten durchschnittliche Resultate. Im innerdeutschen Gymnasialvergleich erhielt Bayern Platz 1 im Lesen (593 PISA-Punkte) und in der Mathematik (599) sowie Platz 3 in den Naturwissenschaften. Nur im letzteren Bereich wurden Bayerns Gymnasien überholt von Schleswig-Holstein (595), das hier wegen seines deutlich höheren Anteils an naturwissenschaftlichen Unterrichtsstunden in den Jahrgangsstufen fünf bis neun Baden-Württemberg (588) und Bayern (587) überrundete.

Die *dritte Auswertung der PISA-Studie* wurde vom MPIB Anfang März 2003 vorgelegt. Wiederum fehlten die interessantesten Ergebnisse, nämlich die Leistungsdaten der Haupt-, Real- und Gesamtschulen im innerdeutschen Vergleich, die schon für 2002 angekündigt worden waren. Stattdessen wurde der Blick auf einige wichtige Einzeluntersuchungen gelenkt. Beispielsweise kam die unterschiedliche Benotungspraxis in ein und derselben Schulform innerhalb der deutschen Länder zur Sprache, ein Phänomen, das Lehrern nicht unbekannt ist. Schließlich handelte es sich beim PISA-Test um ein singuläres Verfahren, das nicht im Kontext anderer Leistungserhebungen stand. Da keine konkreten Schulleistungen gemessen wurden, sondern nur Bildungsvoraussetzungen (so genannte Basisqualifikationen), konnte es durchaus möglich sein, dass es zu abweichenden Bewertungen kam. Wichtiger wäre es gewesen, die Generalabweichungen zwischen den Bundesländern und Schulformen insgesamt auf den Prüfstand zu stellen. Dann wüsste man, ob Bundesländer mit verbindlichen Lehrplänen und zentralen Abschlussprüfungen zu übereinstimmenderen Ergebnissen gekommen sind als andere, die auch sonst eine sehr variable Benotungspraxis haben. – Eine weitere Erkenntnis brachte die dritte PISA-Auswertung zum sozialen Hintergrund: Teilzeit- oder Vollzeit-Erwerbstätigkeit von Müttern wirkt sich so gut wie nicht auf die Bildungschancen der Kinder aus. Entscheidend ist nicht die Berufstätigkeit der Mutter, sondern ihr Bildungsabschluss. – Nachweisbar war außerdem, dass die Förderung von Kindern aus bildungsfernen Schichten und Ausländerkindern in Bayern und Baden-Württemberg am besten gelingt. Wenn im gegliederten Schulwesen alle Schulformen anspruchsvoll arbeiten, werden insgesamt gute Leistungen erzielt und die Spannbreite zwischen der Spitze und der Nachhut verringert sich signifikant. – Dass es zu Überlappungen der Begabungsbreiten zwischen Gymnasien, Realschulen, Hauptschulen und Gesamtschulen kommt, ist nicht ungewöhnlich, da die Schulformwahl bei den weiterführenden Schulen in vielen Bundesländern vom Elternwillen und weniger von den Leistungen bestimmt wird. Daher ist es selbstverständlich, dass sich die Homogenisierung der Lerngruppen erst im Verlauf mehrerer Schuljahre einpendelt. – Sehr kritisch gingen Kommentatoren mit einem Vergleich von sozialer Kompetenz in Ost und West um, da die Messdaten für eine solche Erhebung als äußerst fragwürdig angesehen wurden und ihre Aussagekraft gegen Null tendiere.[215]

Insgesamt waren die auffälligsten Ergebnisse der innerdeutschen Vergleichsstudie das Süd-Nord-Gefälle der Testresultate und das im Schnitt erheblich schwächere Abschneiden der überwiegend von der SPD regierten Länder gegenüber den CDU/CSU-regierten Bundesländern. Obwohl eine endgültige Standortbestimmung erst nach Offenlegung aller Daten möglich sein wird, deckt bereits das vorhandene Material deutliche Fehlentwicklungen in Schule und Pädagogik auf, die dringend der Korrektur bedürfen.

Bilanz der PISA-Studie

Nach Veröffentlichung der innerdeutschen Vergleichsstudie PISA-E stellte der Bundesvorsitzende des Deutschen Philologenverbandes, Peter Heesen, mit Blick auf die besseren Leistungsergebnisse der südlichen Bundesländer fest: »Überall dort, wo Bildungspolitik frei geblieben ist von der Ideologie der Gleichheit durch Bildung, vom damit zusammenhängenden Kampf um die Einführung der integrierten Gesamtschule, wo man sich deshalb um die Inhalte und um die Qualität des Unterrichts verstärkt kümmern konnte, sind die PISA-Ergebnisse deutlich besser.«[216] Heesen prangerte mit seiner Aussage die Fehler der Vergangenheit an und zeigte Wege zur Erneuerung auf. Schulreform muss von innen kommen und darf nicht von vordergründigem Aktionismus getragen sein, mit dem man die Öffentlichkeit vom Kern des Problems ablenkt und eigene Versäumnisse kaschiert. Der Deutsche Philologenverband befand sich mit seiner Problemlösungsstrategie in weitgehender Übereinstimmung mit den von den Professoren Baumert und Lehmann in ihrer Untersuchung zur TIMSS-Studie (1997) überzeugend dargelegten Gründen für eine positive Schulentwicklung. Der Erfolg von Schulen hängt danach entscheidend von der »die Schule tragenden Kultur« ab. Diese wiederum wird bestimmt durch fünf Faktoren: die generelle Wertschätzung schulischen Lernens, die Unterstützung durch das Elternhaus, die Bereitschaft zur Anstrengung, die Gestaltung des Fachunterrichts und eine zentrale Abschlussprüfung, die regulierend auf das Lernverhalten zurückwirkt.

Wenn man die Gründe für das gute Abschneiden der Süddeutschen untersucht, stößt man direkt auf die Baumert/Lehmann-Kriterien. Folgende Faktoren begünstigten den Vorsprung der Süd-Schiene:
- Die Kernfächer und Kernbereiche haben verbindliche Lehrpläne.
- Am Ende der Schullaufbahn wird das Beherrschen der Fachinhalte in zentralen Examen überprüft.
- Das Leistungsprinzip wird – in begabungsgerechter Schulformdifferenzierung – hoch eingeschätzt, ebenso wie eine konsequente Notengebung.
- Kinder in Süddeutschland haben einen deutlich höheren Anteil an Unterrichtsstunden als nord-, west- oder mitteldeutsche in den ersten neun Schuljahren.
- Die Leistungsunterschiede zwischen den Gymnasien und den nicht-gymnasialen Schulformen sind im Süden geringer als in vielen anderen Bundesländern (anspruchsvollere Übergangskriterien nach der 4. Klasse).
- Die schulische Integration von Ausländerkindern verläuft wesentlich erfolgreicher als anderenorts.
- Die Zufriedenheit der Eltern ist in den mit höheren schulischen Leistungsanforderungen arbeitenden Bundesländern größer als in anderen. 67 Prozent der Eltern in Bayern halten die schulischen Anforderungen für »gerade richtig«.

Diese Umstände haben in der Summe das gute Abschneiden der süddeutschen Schüler gefördert. Die Basis für den Erfolg bildete jedoch die vor dreißig Jahren gefällte politische Entscheidung, am bewährten gegliederten deutschen Schulsystem festzuhalten, sich nicht der Gesamtschuleuphorie zu ergeben und Startchancengleichheit nicht mit einer fragwürdigen Egalisierung zu verwechseln.

Die Aufnahme und Verarbeitung der PISA-Ergebnisse fielen den Gegnern des gegliederten Schulwesens schwer. Schon im Vorfeld der Studie, im August 1999, hatten die GEW und die SPD-Arbeitsgemeinschaft für Bildung gegen die Tests und die »unseriösen und tendenziösen« Ländervergleiche polemisiert, weil »Bundesländer mit hoch selektiven Schulsystemen« (gemeint war das gegliederte Schulwesen) besser abschneiden würden. Als dann Ende 2000 die internationalen Vergleichszahlen auf dem Tisch lagen, begannen die Gesamtschulbefürworter – wie schon 1997 beim Bekanntwerden der »Dritten Internationalen Mathematik- und Naturwissenschaftsstudie« (TIMSS II) – sogleich mit einer Schulstrukturdebatte. Weil Finnland und Schweden – zwei Gesamtschul-Länder – vordere Plätze belegt hatten, wurden von der GEW und der »Schulleitungsvereinigung für Gesamtschulen in NRW« im Dezember 2001 wieder integrative Unterrichtsformen von Gesamtschule, Sekundarschule und sechsjähriger Grundschule – als leistungsgemischte Lerngruppen – für alle Schüler als Voraussetzung für bessere Schülerleistungen angepriesen. Eine Strukturdebatte war jedoch völlig abwegig. Schließlich lag bei PISA auch Österreich im vorderen Drittel, bei TIMSS nahm Singapur den 1. Platz ein und die deutschsprachige Schweiz rangierte an der Spitze aller nicht-asiatischen Teilnehmerstaaten gleich hinter Korea und Japan auf dem 4. Platz. Alle drei Staaten haben gegliederte Schulsysteme mit strengen Übergangsregelungen. Mit einer Gesamtschuldebatte konnte man also in Deutschland in diesem Zusammenhang nicht punkten. Dies bestätigte auch eine Umfrage von Infratest Dimap, in der 61 Prozent der Befragten dafür votierten, die Schulpolitik in Deutschland sollte sich mehr an Bayern orientieren, 27 Prozent waren dagegen. Auch 55 Prozent der SPD-Anhänger sahen Bayern vorn.

Als die PISA-E-Daten veröffentlicht wurden, kam es im Vorfeld der Bundestagswahl vom 22. September 2002 zu Ablenkungsmanövern und Versuchen, die eklatanten Leistungsunterschiede zwischen den Bundesländern zu relativieren. In der Regierungserklärung vom 13. Juni 2002 verkündete Bundeskanzler Gerhard Schröder, die rot-grüne Bundesregierung werde vier Milliarden Euro für die Errichtung von Ganztagsschulen zur Verfügung stellen. Da die zusätzlichen Personal- und Sachmittel von Ländern und Kommunen aufgebracht werden mussten, regte sich schon bald Widerstand gegen die einseitige Festlegung der Bundesmittel. Zudem wurde in Frage gestellt, ob das Ganztagsschulprogramm mit seinen sozialen Aspekten die Hebung des Leistungsniveaus überhaupt begünstige. Schließlich hatte Bayern mit dem geringsten Anteil an Ganztagsschulen unter den Bundesländern den Spitzenplatz geschafft. Gleichzeitig mit der Ganztagsschuldebatte begann eine scharfe Kritik am bayerischen Schulerfolg. SPD-Generalsekretär Müntefering warf Bayern vor, es habe ein Schulsystem mit rigider Selektion und tadelte die niedrige Abiturientenquote von angeblich 18 Prozent. Außerdem, so wurde behauptet, habe Bayern bei PISA nur deshalb Erfolg gehabt, weil es geringe Ausländerzahlen besitze und eine gute wirtschaftliche Situation, die für Leistungsanreize sorge. Alle Vorwürfe halten den Tatsachen nicht stand: Mit einer Gesamtquote von dreißig Prozent Studienberechtigten liegt Bayern nur geringfügig unter dem Bundesdurchschnitt von 36 Prozent; der Ausländeranteil Bayerns entspricht fast exakt dem der anderen Bundesländer und beim Pro-Kopf-Einkommen führen die norddeutschen Stadtstaaten und nicht die süddeutschen Flächenstaaten.

Die Debatte um die Abiturientenquote zeigte, dass die einflussreiche Linke, unterstützt von der GEW, immer noch an ihrer altbekannten Strategie festhält, Leistung zu diskriminieren und Leistungsdifferenzierung als »Selektion« zu diffamieren. Dabei wird geflissentlich verdrängt, dass das Leistungsprinzip das demokratische Schulprinzip schlechthin ist, das erst gegen soziale und wirtschaftliche Privilegierung durchgesetzt werden musste. Höhere Abiturientenquoten, das ergab die Auswertung der PISA-Studie, führen zu Leistungsabsenkungen in allen Schulstufen. Bayerische Realschulen und Hauptschulen stehen auch deshalb so gut da, weil es nach der 4. Klasse strengere Übergangskriterien für weiterführende Schulen gibt. Wenn nicht die schulische Leistung eines Kindes, sondern vorrangig der Elternwille darüber entscheidet, welchen Schulzweig ein Kind besuchen soll, kann eine begabungsgerechte Beschulung unterlaufen werden mit entsprechenden negativen Folgen für die Schulentwicklung der Betroffenen. Dann kommt es zu der bei der dritten PISA-Auswertung ermittelten Leistungsüberlappung zwischen den Schulformen und zu dem bereits erwähnten Phänomen, dass sich die Homogenisierung der Lerngruppen erst im Laufe der Jahre einstellt durch Klassenwiederholungen und Schulformwechsel. Daraus erklärt sich ebenfalls die weit auseinander klaffende Spannungsbreite zwischen den Anteilen der fünf Prozent guten und der fünf Prozent schlechten Testergebnisse in den Bundesländern, die keine leistungsbezogenen Übergangsregelungen für Schulzweige haben, die die Notengebung zurückdrängen und Zensuren nicht an allgemein verbindlichen stufen- bzw. altersbezogenen Leistungsstandards orientieren, sondern am Leistungsdurchschnitt einer Klasse. Dieses Erbe der »emanzipatorischen« Bildungsreformen wirkt noch heute in vielen Bundesländern nach. Es hat dort seinen Niederschlag gefunden in schulischen Maßnahmen, Verordnungen und Organisationsformen. Hier fahren noch viele Züge in die falsche Richtung, angetrieben von den gleichen Experten in Kultusbürokratien und an Universitäten, die den längst fälligen Paradigmenwechsel nicht vollziehen wollen.

Die Ablenkung von den eigenen Schwächen durch internationale Vergleiche hilft nicht weiter. Der Hinweis von Gesamtschulbefürwortern, dass Länder mit Einheitsschulen bei PISA und anderen Vergleichsstudien gut abgeschnitten haben, lässt keine Rückschlüsse auf die Leistungsfähigkeit der deutschen Gesamtschulen zu. Die Praxis ausländischer Schulsysteme erwächst aus anderen sozialen, historischen und geografischen Strukturen. Finnland beispielsweise besitzt ein weit verzweigtes Netz relativ kleiner Schulen mit Spezialkursen für schwächere Schüler. In vielen Klassen unterrichten zwei Lehrer, unterstützt von Schulpsychologen. Am Ende der Schullaufbahn steht eine zentrale Abschlussprüfung in vier obligatorischen Fächern (Finnisch, zwei Fremdsprachen und Mathematik), dazu gibt es noch Aufnahmeprüfungen an der Hochschule. Lehrer genießen in Finnland höchstes Ansehen. Lehrerbeschimpfung durch Politiker, wie in Deutschland üblich, ist undenkbar. – Die Schulen in England haben sich in den letzten fünfzehn Jahren von vielen Gesamtschulvorstellungen getrennt: es finden regelmäßige Zentralprüfungen statt, Fächer und Bildungsstandards werden festgelegt und traditionelle Unterrichtsformen (lehrerzentrierter Unterricht) wieder eingeführt. – Dennoch kehren beispielsweise in England und den USA die Eltern den Gesamtschulen den Rücken und schulen ihre Kinder an Privatschulen ein, an die sie bis zu 15 000 Euro Jahresgebühren entrichten müssen. – Die Paukschule Japans, eine Gesamtschule nach US-Manier, veranlasst 65 Prozent der Schüler, für viel Geld regelmäßig eine private Nachhilfeschule zu besuchen. – Fazit: Nur solche ausländischen Gesamtschulsysteme, in denen die Baumert/Lehmann-Leistungskriterien beachtet werden, haben entsprechende Schulerfolge, oft gepaart mit harten sozialen Selektionskriterien.

In Deutschland dagegen, wo sich die Gesamtschulbewegung bewusst von Kriterien, wie sie Baumert und Lehmann formuliert haben, abgewendet hat, können die Nachteile von heterogenen, leistungsgemischten Lerngruppen, z.B. der große Unterschied im Leistungsvermögen und Lerntempo, nicht ausgeglichen werden, sie werden sogar verstärkt. Viele empirische Untersuchungen haben nachgewiesen, dass deutsche Gesamtschulen zu teuer und zu leistungsschwach sind. Die bereits erwähnte BIJU-Studie des MPIB von 1998 (Bildungsverläufe und psychosoziale Entwicklung im Jugendalter) kommt zu dem eindeutigen Ergebnis, dass Gesamtschüler in Nordrhein-Westfalen leistungsmäßig und auch im Hinblick auf soziales Lernen gegenüber gleich begabten Realschülern mit ähnlichem sozialem Hintergrund ein Wissensdefizit von mehr als zwei Schuljahren haben. Alle Untersuchungen weisen darauf hin, dass hierzulande leistungsstärkere Schüler in leistungsgemischten Lerngruppen von weiterführenden Schulen nicht begabungsgerecht gefördert werden. Bei den leistungsschwächeren Schülern ist der Fördereffekt von Gesamtschulen nicht höher als von Hauptschulen. Damit sind auch alle Hoffnungen, die man an die »Binnendifferenzierung« geknüpft hat, nicht erfüllt worden.[217]

Ein anderes, immer wieder bemühtes internationales Vergleichsobjekt sind die Abiturientenquoten, die in anderen Ländern höher lägen als in Deutschland. Bevor man alle Abschlusszahlen unterschiedslos nebeneinander stellt, muss geprüft werden, welche Qualifikationen und welche Berechtigungen mit dem jeweiligen Schulabschluss vergeben werden (zum Beispiel Abitur versus High-School-Abschluss). Es gibt Länder, die als »Abitur« oder als »Studium« Abschlüsse und Ausbildungen bezeichnen, die in Deutschland nicht einmal einer Fachschulausbildung entsprechen. Beispielsweise haben in Finnland und in den USA Krankenschwestern eine »akademische« Ausbildung. »Wir müssen gerade aufgrund der Erfahrungen mit explodierenden so genannten Abiturientenquoten in den USA oder in Frankreich endlich einsehen, dass das Abitur oder das Hochschulstudium nicht Mindeststandards der Zukunft sind, auch wenn manche Bildungspolitiker uns in Deutschland dies glauben machen wollen. Vielmehr sollte uns zu denken geben, dass Länder mit höchsten Abiturientenquoten teilweise zugleich die höchsten Quoten arbeitsloser Jugendlicher haben,« mahnte der Präsident des Deutschen Lehrerverbandes, Josef Kraus. »Eine 'Verhochschulung' unserer Gesellschaft wird der Forderung nach Höherqualifizierung aber absolut nicht gerecht. Auch in Zukunft werden mindestens zwei Drittel der jungen Menschen über die berufliche Bildung den Einstieg in einen Beruf finden. Diese jungen Menschen dürfen nicht als Außenseiter betrachtet werden. Deshalb wird es Zeit, die Gymnasial- und Akademisierungseuphorie zu überwinden und mehr dafür zu tun, dass die berufliche Bildung im öffentlichen Bewusstsein den gleichen Rang bekommt wie der allgemeinbildende und der akademische Bereich.«[218]

*Nationale Bildungsstandards –
Hoffnung für das Bildungswesen?*

Am 18. Februar 2003 stellte Professor Eckhard Klieme vom Deutschen Institut für Internationale Pädagogische Forschung (DIPF) eine Studie zur *Entwicklung nationaler Bildungsstandards* vor. Bezeichnend war, dass der Frankfurter Bildungsforscher bei der Pressekonferenz im Berliner Roten Rathaus von zwei Ministerinnen umrahmt wurde: der KMK-Präsidentin und Hessischen Kultusministerin Karin Wolff (CDU) und der Bundesbildungsministerin Edelgard Bulmahn (SPD). Das erinnerte noch einmal an die Vorwahlkampfzeit 2002, als die rot-grüne Bundesregierung eine Debatte um eine schulpolitische Rahmenkompetenz des Bundes vom Zaune brach und sich damit massiv in Länderkompetenzen einmischte. Dabei hatte die KMK nach dem PISA-Debakel längst einen Beschluss gefasst zur Entwicklung »nationaler Bildungsstandards« mit einem für alle Schüler in Deutschland verbindlichen Curriculum. Bundeskanzler Gerhard Schröder führte in die Diskussion den Begriff der »Mindeststandards« ein, eine Zielvorstellung, die die Philologen stutzig machte, denn ein Minimalkonsens konnte es nach Auffassung des Deutschen Philologenverbandes doch wohl nicht sein, wenn man die Bildungsdefizite beseitigen wollte.

Die Aspekte der nun vorgelegten Studie von E. Klieme sehen eine Entwicklung von nationalen Bildungsstandards vor, die verbindliche Anforderungen an das Lehren und Lernen in der Schule formulieren und gleichzeitig zur Qualitätssicherung sowie zur Vergleichbarkeit unter den Bundesländern beitragen sollen. Sie schreiben vor, welche Kompetenzen Kinder und Jugendliche bis zu einer bestimmten Jahrgangsstufe erworben haben müssen, lassen aber gleichzeitig den Schulen Freiraum für eigene Lehrplanung. Das Konzept der Standards ist ergebnisorientiert angelegt. Bildungsstandards beschreiben nur die Ziele, nicht aber die unterschiedlichen Lehrwege, sie zu erreichen. Es geht also um einen Plan für die Arbeit an konkreten Anforderungen, deren Rahmen die Länder ausfüllen müssen.

Die Stellungnahmen der beiden Ministerinnen zum Klieme-Konzept machten die unterschiedlichen Aspekte deutlich, mit denen

Bund und Länder die Maßnahmen voranbringen wollen. Ministerin Bulmahn betonte die Notwendigkeit »gemeinsamer Kraftanstrengungen«, bot finanzielle Unterstützung beim »Aufbau einer Agentur für Bildungsstandards« an, um »Deutschland in den nächsten Jahren wieder international an die Spitze zu führen.« – KMK-Präsidentin Wolff sah die Maßnahmen der Länder zur Qualitätssicherung nach PISA bestätigt und kündigte an, die ersten Bildungsstandards der KMK für die Schullaufbahnen schon im Sommer 2003 vorzulegen, deren Einführung im Schuljahr 2004/2005 geplant seien.

In einer vorsichtig optimistischen Stellungnahme mit kritischen Untertönen äußerte sich das DPhV-Vorstandsmitglied Dr. Horst Günther Klitzing zur Klieme-Studie. Begrüßt wurde der Schritt, nach zahlreichen Deklamationen endlich Maßnahmen einzuleiten. Bei der Art der Umsetzung müsse die KMK allerdings ihre Handlungsfähigkeit beweisen. Positiv wurde das klare Eintreten für »Fachunterricht als Grundstein allen unterrichtlichen Wirkens in der Schule« gewertet. Kritisch wurde das Konzept der *Mindeststandards* beurteilt, die für das Gymnasium keine Perspektive seien, hier müsste eine »Förderung der Schüler auf und über dem obersten Niveau« angestrebt werden. Die Stellungnahme mahnte noch einmal sechs Jahre nach der TIMSS- und fast eineinhalb Jahre nach der PISA-Studie mehr Beschleunigung bei der Umsetzung der Maßnahmen an.[219]

Dass auch Bayern der Effektivität der Planungen auf Bundesebene misstraut, machte Kultusministerin Hohlmeier (CSU) ebenfalls am 18. Februar 2003 in München deutlich. Nach einer Kabinettssitzung kündigte die bayerische Ministerin an, durch eine »Bildungsoffensive« wolle Bayern sein gutes Abschneiden bei nationalen und internationalen Schulvergleichen behaupten. Die bayerische Regierung wolle als erstes Bundesland Schlussfolgerungen aus der PISA-Studie ziehen und einen klaren Leistungsbegriff auf anspruchsvollem Niveau durchsetzen. Dabei werde die Förderung schwächerer Schüler nicht vernachlässigt. Für alle Schularten, Jahrgangsstufen und Fächer werde ein Grundwissens- und Kompetenzkatalog festgelegt, in dem enthalten sei, was ein Schüler am Ende jeden Schuljahres können und wissen müsse.

Das wird für Bayern vermutlich kein Problem sein, denn solche Kataloge existieren schon seit eh und je, sie müssen nur auf die neuen PISA-Standards umgeschrieben werden. Nicht anders ergeht es den meisten bundesdeutschen Gymnasien, die längst für alle Jahrgangsklassen und Stufen entsprechende Lehrpläne haben, die gleichfalls auf Niveau und Art der Aufgabenstellung überprüft werden müssen. Die tatsächlichen Probleme bestehen für die Schulformen und Kultusbürokratien, die sich seit Jahr und Tag von der Leistungsidee verabschiedet haben und die nun zurückfinden sollen aus dem Emanzipations-Utopia in die Wirklichkeit der Lern- und Erziehungsschule. Natürlich haben auch die Gymnasien noch Hürden zu nehmen: u.a. Landeszentralprüfungen in allen Bundesländern und einheitliche Abiturprüfungsanforderungen für alle Hochschulzugangsberechtigten. Doch das sind für die Gymnasiallehrer keine Grundsatzprobleme, arbeitet man doch schon seit langem an der Qualitätssteigerung, ohne jedoch immer die notwendige Unterstützung zu finden.

Bereits im April 2002 hatten der stellvertretende Vorsitzende des DPhV, Heinz-Peter Meidinger, zusammen mit den Vorstandsmitgliedern Dr. Susanne Lin-Klitzing und Dr. Horst Günther Klitzing eine Stellungnahme des Deutschen Philologenverbandes vorgelegt mit dem Titel *PISA: Analysen und Folgen für das Gymnasium*. Darin befürwortet der Verband ausdrücklich internationale und nationale schulische Vergleichsuntersuchungen und tritt für regelmäßige Evaluationen schulischer Unterrichtsprozesse und Leistungsergebnisse ein. Einen besonderen Handlungsbedarf erblickt der DPhV bei der Förderung besonders leistungsstarker wie auch vorübergehend leistungsschwächerer Schüler. Für beide Gruppen fordert der Verband eine spezifische zusätzliche Förderung. Beim Übergang zum Gymnasium müssten die tatsächlichen Leistungen der Schüler stärker berücksichtigt werden als der bloße Elternwille. PISA habe zudem deutlich gemacht, dass es auf den wirklichen Wissens- und Kompetenzzuwachs der Schüler beim Lernprozess ankomme. Deshalb müsse eine verbesserte Kooperation von Eltern, Lehrern und Schülern angestrebt werden, die über das reine Notengespräch hinausgehe und die individuelle Beratung und Förderung im Blick habe. Lehrpläne sollten verstärkt auf Grundlagen und Wissenskernbereiche hin angelegt werden. Bei der Weiterentwicklung der Aufgabenkultur müsse auch die Steigerung des Anspruchsniveaus berücksichtigt werden. Mit besonderem Nachdruck fordert der Philologenverband die Stärkung des Faches Deutsch und der muttersprachlichen Kompetenz durch Erhöhung der Stundenzahlen und die Wiedereinführung der verpflichtenden schriftlichen Abiturprüfung im Fach Deutsch. Ebenso eindringlich tritt der DPhV für die Verbesserung des mathematisch-naturwissenschaftlichen Unterrichts ein, dessen Stellenwert erhöht werden müsse. Die Didaktik des naturwissenschaftlichen Unterrichts müsse sich noch stärker der Anwendungs- und Handlungsorientierung öffnen.[220]

Mit seiner Analyse der PISA-Ergebnisse gab der Verband die Richtung an, wie er die Erneuerungsphase in der deutschen Bildungspolitik für die Qualitätsverbesserung nutzen will. »Die Lösung aber liegt in bundeseinheitlichen Bildungsstandards und deren konsequenter und solider Umsetzung in jedem einzelnen Bundesland«, stellte der Bundesvorsitzende Peter Heesen fest. »Zur Lösung gehören regelmäßige Kontrollen dieser Standards sowohl während der Schullaufbahn als auch bei der Vergabe der Abschlüsse. Zur Lösung gehört – als gemeinsame Grundlage aller an den Bildungsprozessen Beteiligten – ein gemeinsames Ja zu einer Erziehung zu Leistungsbereitschaft, zu einer Bildungsarbeit nach dem Prinzip ‚Fördern und Fordern'. Ein solcher Bildungskonsens ist auch deshalb nötig, weil mehr Gemeinsamkeiten die Voraussetzung sind für engagierte Lehrerinnen und Lehrer und für einen junge Menschen faszinierenden Unterricht.«[221]

Die PISA-Diskussion zeigte noch einmal, wie sich das deutsche Bildungswesen aus seinen eigenen, seit mehr als dreißig Jahren andauernden Verstrickungen lösen könnte. Danach wäre die Schule in Deutschland gut beraten, wenn sie sich wieder der Fähigkeiten erinnerte, der sie einmal ihre Leistungskraft und weltweite Anerkennung zu verdanken hatte. Dazu gehörten vor allem: das gegliederte Schulwesen mit hohem Differenzierungsgrad und homogenen Leistungsgruppen, das Eignungsprinzip als Kriterium für die

Positionierung der Schüler in den Schulzweigen (mit Durchlässigkeit), die Unterrichtung nach einem klar gegliederten Fächerprinzip, die Wissenschaftsorientierung der Unterrichtung, das Abitur statt des »Aditur-Prinzips«, das duale Berufsbildungssystem und die zweiphasige Lehrerbildung. Erinnern müssten wir uns auch an das, was PISA nicht messen kann: die Bildung und Erziehung des Schülers zur mündigen und sozial verantwortlichen Persönlichkeit, die sich an Normen und Werten orientiert, den Mitmenschen achtet und die tradierten Basistugenden akzeptiert. Auch über einen Bildungskanon darf man in Deutschland wieder nachdenken, seit das Buch von Dietrich Schwanitz »Bildung« ein Bestseller geworden ist und Marcel Reich-Ranicki seinen Literaturkanon präsentiert hat. Der Bildungsbegriff galt einmal als der wertvollste Kernbereich deutscher Schulerziehung, der nur schwer in andere Sprachen zu übersetzen war. Er schloss die Art der Behandlung der Sprachen, Mathematik und Naturwissenschaften ebenso ein wie Kunst, Musik, Literatur. Eine Schlüsselstellung nahm in diesem Zusammenhang der Deutschunterricht ein, den wir so sträflich vernachlässigen. In kaum einem anderen Land ist der Anteil des Muttersprachunterrichts so gering wie bei uns. Hierzulande beschränkt er sich in den Jahrgangsstufen eins bis zehn auf 16 Prozent des Unterrichtsanteils, in Polen sind es 22, in Schweden 23, in Dänemark 25, in Norwegen 24, in Frankreich 26, in China 26 Prozent. »Bildung ist das Leben großer Geister mit dem Zweck großer Ziele«, sagte Friedrich Nietzsche. Wenn dem so ist, sollte sich die deutsche Schule diesem Ziel verpflichten.

*

Für die Verbandsgeschichte ist es ein glücklicher Umstand, dass sie gerade dort angekommen ist, wo die PISA-Studie den Blick ins Vergangene und Zukünftige ermöglicht. Da einem Chronisten der Blick in die Zukunft verwehrt ist, darf der Verfasser die Gedanken noch einmal zurückschweifen lassen. Hundert Jahre Verbandsgeschichte zeigen, dass es einer unablässigen Anstrengung der Gymnasiallehrer bedurfte, das Gymnasium in seiner Bedeutung für die nachwachsende Generation, den Staat und die geistige Kultur unseres Landes zu erhalten. Hätte es die Kulturhoheit der Länder, das Engagement des Deutschen Philologenverbandes sowie die Wertschätzung des Gymnasiums in weiten Teilen der Bevölkerung nicht gegeben, wäre diese Schulform in den sechziger und siebziger Jahren des letzten Jahrhunderts ein Opfer der so genannten »Schulreform« geworden. Nachdem es gestärkt aus diesen schwierigen Jahren hervorgegangen ist, kann das Gymnasium mit seinen Lehrerinnen und Lehrern, denen unser rohstoff- und energiearmes Land eine fortschrittliche und leistungsorientierte Bildung vieler Generationen verdankt, seine Arbeit im 21. Jahrhundert fortsetzen. Daraus erwachsen jedoch der Auftrag und die Verpflichtung, die Bildungsschätze, die das Gymnasium bewahrt, zu pflegen, zu stärken und der Jugend immer wieder neu zu vermitteln.

*

Gedenktafel am Stadthaus in Halle/Saale, gestiftet vom DPhV anlässlich des 100-jährigen Verbandsjubiläums 2003

Mitglieder der Gründungsversammlung des DPhV am 6. Oktober 1903

*Das Stadthaus in Halle/Saale,
Gründungsort des Deutschen Philologenverbandes*

Professor Dr. Rudolf Block
Gründungsvorsitzender des DPhV
1903 - 1904

Dr. Felix Behrend
Bundesvorsitzender 1929 - 1932

Robert Monjé
Bundesvorsitzender 1950 - 1957

Dr. Walter Dederich
Bundesvorsitzender 1957 - 1961

Franz Ebner
Bundesvorsitzender 1961 - 1980

Bernhard Fluck,
Bundesvorsitzender 1980 - 1992

Heinz Durner
Bundesvorsitzender 1992 - 2001

Peter Heesen
Bundesvorsitzender seit 2001

*Bundeskanzler Willy Brandt mit dem DL-Präsidenten
Clemens Christians und dem DPhV-Vorsitzenden Franz Ebner (rechts)*

Protestaktion 1980

Vorsitzender B. Fluck begrüßt Bundeskanzler Dr. Helmut Kohl beim Verbandsjubiläum 1984

Bundespräsident Richard von Weizsäcker im Gespräch mit Bernhard Fluck im Juni 1985

Wiedervereinigung der westlichen und östlichen Landesverbände des DPhV zum gesamtdeutschen Bundesverband am 7. September 1990 in Mainz

Unterredung zwischen Bundesbildungsministerin Edelgard Bulmahn und dem Vorsitzenden Heinz Durner

Ministerpräsident Dr. Edmund Stoiber mit dem DPhV-Vorsitzenden Heinz Durner und dem DPhV-Vize Peter Heesen

Bundespräsident Prof. Dr. Roman Herzog im Gespräch mit Peter Heesen

Peter Heesen nach der Wahl zum Bundesvorsitzenden 2001 mit den Ehrenvorsitzenden Bernhard Fluck und Heinz Durner

Abkürzungsverzeichnis

ADLV	Allgemeiner Deutscher Lehrerinnenverein	CERI	Centre for Educational Research and Innovation
ADLLV	Allgemeiner Deutscher Lehrer- und Lehrerinnenverein	CDU	Christlich Demokratische Union
AGDL	Arbeitsgemeinschaft Deutscher Lehrerverbände	CIF	Confédération Internationale des Fonctionnaires (Internationaler Beamtenbund)
AGW	Arbeitsgemeinschaft Gymnasium Wirtschaft	CSU	Christlich Soziale Union
AHD	Arbeitsgemeinschaft der Verbände des höheren Dienstes	DAF	Deutsche Arbeitsfront
		DBB	Deutscher Beamtenbund
		DDP	Deutsche Demokratische Partei
A-Länder	SPD-regirete Bundesländer	DDR	Deutsche Demokratische Republik
AUSS	Aktionszentrum unabhängiger sozialistischer Schüler	DEG	Deutsche Erzieher-Gemeinschaft
BDA	Bundesvereinigung der Deutschen Arbeitgeberverbände	DGB	Deutscher Gewerkschaftsbund
BDI	Bundesverband der Deutschen Industrie	DHS	Die Höhere Schule (Verbandszeitschrift des DPhV)
BGS	Bundesgemeinschaft Gegliedertes Schulwesen	DIHT	Deutscher Industrie- und Handelstag
BIJU	Bildungsverläufe und psychosoziale Entwicklung im Jugendalter	DKP	Deutsche Kommunistische Partei
B-Länder	CDU-regirete Bundesländer	DL	Deutscher Lehrerverband
BLBS	Bundesverband der Lehrerinnen und Lehrer an beruflichen Schulen	DNVP	Deutschnationale Volkspartei
		DPB	Deutsches Philologenblatt
BLK	Bund-Länder-Kommission für Bildungsplanung und Forschungsförderung	DPhV	Deutscher Philologenverband
		DVP	Deutsche Volkspartei
		EEA	Einheitliche Europäische Akte
BLLV	Bayerischer Lehrer- und Lehrerinnenverband	EU	Europäische Union
BMBW	Bundesministerium für Bildung und Wissenschaft	EFTA	Europäische Freihandelszone
BUAG	Bundesarbeitsgemeinschaft der Jungen Philologen im DPhV	EG	Europäische Gemeinschaft
		EOS	Erweiterte Oberschule

ESHA	European Secondary Heads Association	OEEC	Organization for European Economic Cooperation
EWG	Europäische Wirtschaftsgemeinschaft	OMGUS	Office for Military Government of the United States for Germany
FDGB	Freier Deutscher Gewerkschaftsbund	PDS	Partei des Demokratischen Sozialismus
FDJ	Freie Deutsche Jugend		
FDP	Freie Demokratische Partei	PISA	Programme for International Student Assessment
FIPESO	Fédération internationale des professeurs de l'enseignement secondaire officiel	POS	Polytechnische Oberschule
		SA	Sturm-Abteilung
		SBZ	Sowjetische Besatzungszone
GDL	Gemeinschaft Deutscher Lehrerverbände	SED	Sozialistische Einheitspartei Deutschlands
GEW	Gewerkschaft Erziehung und Wissenschaft	SLV	Sächsischer Lehrerverband
GG	Grundgesetz	SMAD	Sowjetische Militäradministration in Deutschland
HJ	Hitlerjugend		
HRG	Hochschulrahmengesetz	SMV	Schülermitverantwortung
LABG	Lehrerausbildungsgesetz	SPD	Sozialdemokratische Partei Deutschlands
KLV	Kinderlandverschickung		
KMK	Ständige Konferenz der Kultusminister der Länder	SS	Schutzstaffel
		TIMSS	Third International Mathematics and Science Study
KPD	Kommunistische Partei Deutschlands		
MfS	Ministerium für Staatssicherheit	UdSSR	Union der Sozialistischen Sowjetrepubliken
MPIB	Max-Planck-Institut für Bildungsforschung	USPD	Unabhängige Sozialdemokratische Partei Deutschlands
NGO	Neugestaltete Gymnasiale Oberstufe	VBE	Verband Bildung und Erziehung
NRW	Nordrhein Westfalen		
NS	nationalsozialistisch	VDI	Verein Deutscher Ingenieure
NSDAP	Nationalsozialistische Deutsche Arbeiterpartei	VDR	Verband Deutscher Realschullehrer
NSLB	Nationalsozialistischer Lehrerbund	WCOTP	World Confederation of Organisations of the Teaching Profession
NVA	Nationale Volksarmee		
OECD	Organization for Economic Cooperation and Development	WP	Wahlperiode
		WRK	Westdeutsche Rektorenkonferenz

Anmerkungen

1 Vgl.: Fuhrmann, M.: Latein und Europa, Geschichte des gelehrten Unterrichts in Deutschland, Köln 2001; Humboldt, W.v.: Bildung und Sprache, Neuausgabe 1979; Jeismann, K.-E.: Das preußische Gymnasium in Staat und Gesellschaft. Die Entstehung des Gymnasiums als Schule des Staates und der Gebildeten 1787-1817, Stuttgart 1974; Nipperdey, Th.: Deutsche Geschichte, 1800-1866, Bürgerwelt und starker Staat, München 1983; Menze, C.: Die Bildungsreform Wilhelm von Humboldts, Hannover 1975.

2 Vgl.: Führ, C.: Gelehrter Schulmann – Oberlehrer – Studienrat. Zum sozialen Aufstieg der Philologen, in: W. Conze u. J. Kocka (Hrsg.): Bildungsbürgertum im 19. Jahrhundert, Teil I, Stuttgart 1985.

3 Körte, W. (Hrsg.): F. A. Wolf über Erziehung, Schule, Universität; Quedlinburg und Leipzig 1835, S. 85 f.

4 Deutsche Schulgesetzgebung, Bd. I, bearbeitet von Z. Froese und E. Krawietz (Kleine pädagogische Texte, Bd. 37), Weinheim 1968, S. 132.

5 Deutsche Schulkonferenzen, Bd. 1, Verhandlungen über die Fragen des höheren Unterrichts, Berlin, 4.-17. Dezember 1890; Glashütten 1972, S.636.

6 Zitiert nach Fuhrmann, M.: Latein und Europa, Köln 2001, S. 170.

7 DHS, 1984, S. 11.

8 Borchardt, R.: Prosa I, Stuttgart 1957, S. 92 f.

9 Lortzing, F.: Denkschrift über die Gleichstellung der Oberlehrer mit den Richtern, Gelsenkirchen 1907, S. 24.

10 Mellmann, P.: Geschichte des Deutschen Philologenverbandes, Leipzig 1929, S. 93.

11 Mellmann, a.a.O., S. 94.

12 Mellmann, a.a.O., S. 97.

13 Mellmann, a.a.O., S. 97.

14 Paulsen, F.: Gesammelte pädagogische Abhandlungen, 1912, S. 396, Vgl. auch Mellmann, a.a.O., S. 98.

15 Zitiert nach Justin, J. J. und Stüttgen, D.: Friedrich Paulsen und die Preußischen Schulreformen, DHS, 1984, S. 124.

16 Mellmann, s. Anm. 10, S. 113.

17 Matthias, A.: Erlebtes und Zukunftsfragen aus Schulverwaltung und Erziehung, Berlin 1913, S. 124.

18 Deutsche Schulkonferenzen, s. Anm. 5, S. 773.

19 Widenbauer, G.: Geschichte des Verbandes Bayerischer Philologen, München 1936, S. 75.

20 Behrend, F.: Die Stellung der Höheren Schule im System der Einheitsschule, Tübingen 1919, S. 4.

21 Behrend, a.a.O., S. 46.
22 DPB, 1930, Heft 49: Sonderdruck: Öffentliche Kundgebung gegen die Zerschlagung der Höheren Schule, Leipzig, S. 9.
23 Schmidt, U.: Aktiv für das Gymnasium, Hamburg 1999, S. 17.
24 DPB, 1930, Heft 49, S. 8.
25 Bohlen, A.: Moderner Humanismus, Heidelberg 1957, S. 74.
26 Behrend, F.: Die Zukunft des höheren Schulwesens, Breslau 1925, S. 58.
27 Behrend, F., a.a.O., S. 45 ff.
28 Behrend, F.: Erinnerungen an die Tätigkeit des Philologen-Verbandes, DHS, 1954, S. 165.
29 Behrend, F., a.a.O., S. 165.
30 DPhV-Geschäftsbericht 1936, S. 16.
31 DHS, 1954, S. 216.
32 Behrend, F.: Arbeitsschule und Arbeitsunterricht, Frankfurt a.M. 1925, S. 21 ff.
33 Zitiert nach: Stuckmann, E.: Achtzig Jahre Deutscher Philologenverband, Düsseldorf 1984, S. 27.
34 Grebing, H.: Der »deutsche Sonderweg« in Europa 1806-1945, Stuttgart 1986, S. 188 f.
35 Kocka, J.: Ursachen des Nationalsozialismus, in: Aus Politik und Zeitgeschichte, Beilage zum »Parlament«, Bd. 25, 1980, S. 3-15, S. 9.
36 Grebing, H., s. Anm. 34, S. 187 und S. 190.
37 Meier, E.: Geschlossene Gesellschaft, in: Radde, G. et al. (Hrsg.): Schulreform – Kontinuitäten und Brüche. Das Versuchsfeld Berlin-Neukölln, Opladen 1993, S. 109.
38 Zitiert nach: Stuckmann, s. Anm. 33, S. 27.
39 Behrend, DHS 1954, S. 217.
40 Hitler, A.: Mein Kampf, 12. Aufl., München 1943, S. 452.
41 Krieck, E.: Nationalsozialistische Erziehung, Leipzig 1933; Bäumler, A.: Männerbund und Wissenschaft, Berlin 1934.
42 Widenbauer, s. Anm. 19, S. 137 f.
43 Behrend, H.: Des Schicksals Wagen, Luisen-Gymnasium Düsseldorf (Hrsg.), Krefeld 1987, S. 8 f.
44 Hohmann, M.: Der Philologenverband und Dr. Felix Behrend, in: Radde, G. et al., s. Anm. 37, S. 363.
45 Behrend, DHS 1954, S. 217.
46 Fluck, B.: Dr. Felix Behrend - Schicksal eines Philologen, ZS Profil, Nr. 5/2000, S. 12 ff.
47 DPB, Nr. 15/16, 1933, S. 181.

48 DPB, Nr. 15/16, 1933, S. 181.
49 DPB, Nr. 24, 1933, S. 273.
50 DPB, Nr. 19, 1933, S. 213 f.
51 DPB, Nr. 20, 1933, S. 225.
52 DPB, Nr. 20, 1933, S. 226.
53 Eilers, R.: Die nationalsozialistische Schulpolitik, Opladen 1963, S. 78.
54 DPB, Nr. 50, 1934, S. 549.
55 Meier, E.: Wer immer strebend sich bemüht ... Kurt Schwedtke – eine deutsche Beamtenkarriere, in: Radde, G. et al, s. Anm. 37, S. 334.
56 Schmidt, s. Anm. 23, S. 333.
57 DPB, Nr. 45, 1933, S. 518.
58 Widenbauer, s. Anm. 19, S. 141.
59 Schmidt, s. Anm. 23, S. 334.
60 Meier, s. Anm. 55, S. 341.
61 Bracher, K. D.: Die deutsche Diktatur, Köln 1969, S. 77.
62 Bracher, K. D., a.a.O., S. 84.
63 Huber, E. R.: Deutsche Verfassungsgeschichte seit 1789, 5 Bde., Stuttgart 1957 ff, Bd. 4, S. 909.
64 Heldmann, W.: Gymnasium und moderne Welt, Düsseldorf 1980, S. 391 f.
65 Matthias, A.: Aus Schule, Unterricht und Erziehung, Gesammelte Aufsätze, München 1901, S. 125.
66 Fuhrmann, s. Anm. 1, S. 170.
67 Führ, C.: s. Anm. 2, S. 452.
68 Mellmann, s. Anm. 10, S. 20.
69 Zitiert nach Führ, s. Anm. 2, S. 452.
70 Führ, a.a.O., S. 452.
71 Hamburger, F.: Lehrer zwischen Kaiser und Führer, Der Deutsche Philologenverband in der Weimarer Republik, Dissertation, Heidelberg 1974 (2. Aufl. 1986).
72 Laubach, H.C.: Die Politik des Philologenverbandes im Deutschen Reich und in Preußen während der Weimarer Republik, Frankfurt a.M., 1986, S. 18.
73 Herrlitz, H.-G. et al. (Hrsg.): Deutsche Schulgeschichte von 1800 bis zur Gegenwart, 2. Aufl., München 1998, S. 151.
74 DPB, 1933, S. 273.
75 DPhV-Geschäftsbericht 1936, S. 10.
76 Zitiert nach Schmid, M.: Geschichte des Bayerischen Philologenverbandes, Bd. II, Neusäß 2000, S. 48.

77 Scholl, J.: Die weiße Rose, Frankfurt a.M. 1963, S. 151.
78 Borchert, W.; zitiert nach: Brandenburg, H.-G.: Die Geschichte der HJ, Köln 1968, S. 234.
79 Potsdamer Abkommen; zitiert nach: Wiegand, B. et al. (Hrsg.): Geschichte, Politik und Gesellschaft, 2. Bd., Berlin 1993, S. 197.
80 Schmid, M.: s. Anm. 76, S. 90.
81 Zitiert nach: Führ, C.: Schulen und Hochschulen in der Bundesrepublik Deutschland, Köln 1989, S. 24 f.
82 Leonhard, W.: Die Revolution entläßt ihre Kinder, 3. Aufl., München 1981, S. 317.
83 Anweiler, O.: Schulpolitik und Schulsystem in der DDR, Opladen 1988, S. 24 f.
84 Führ, C.: Bildungsgeschichte und Bildungspolitik, Frankfurt 1997, S. 370 ff.
85 Hennig, H.: Anklage: Illegale Gruppengründung, antisowjetische Agitation. Von Halle nach Workuta; 1950-1955; in: Hermann, U. (Hrsg.): Protestierende Jugend, Juventa-Verlag, S. 83.
86 Aus: Autorenkollektiv: Geschichte der Demokratischen Republik, (Ost-)Berlin 1981, S. 56.
87 Vgl. dazu: Anweiler, O.: Vergleich von Bildung und Erziehung in der Bundesrepublik Deutschland und in der Demokratischen Republik, Köln 1990, S. 15.
88 DHS, 1947, S. 1.
89 DHS, a.a.O., S. 1.
90 DHS, a.a.O., S. 1.
91 DHS, 1949, Nr. 8, S. 2.
92 Zur Auseinandersetzung um die sechsjährige Grundschule in Hamburg vgl. Schmidt, U.: s. Anm. 23, S. 477 ff.
93 Herrlitz, s. Anm. 73, S. 176.
94 Nipperdey, Th.: Ende der Selbstbestimmung; in: Kaltenbrunner, G.-K.: Klassenkampf und Bildungsreform, Freiburg 1974, S. 96.
95 Zitiert nach: Schmidt, U.: s. Anm. 23, S. 467.
96 DHS, 1950, Nr. 6, S. 1.
97 DHS, 1952, S. 3.
98 DHS, 1951, Nr. 11, S. 3.
99 DHS, 1952, S. 6.
100 DHS, 1953, S. 85.
101 Anweiler, O.: s. Anm. 87, S. 17.
102 Vgl. Herrlitz/Hopf/Titze/Cloer: s. Anm. 73, S. 159 ff.
103 Führ, C.: s. Anm. 81, S. 12.

104 Aus: Neues Land, Zeitschrift des Bayerischen Philologenverbandes, 1958, S. 117; zitiert nach: Schmid, M.: s. Anm. 76, S. 103 f.

105 Allgemeine Deutsche Lehrer-Zeitung, Nr. 5, 1.3.1952, S. 51 f.

106 Fünf Resolutionen der Konferenz »Universität und Schule« am 30.09. und 1.10.1951 in Tübingen; zitiert nach: Ulshöfer, R.: Geschichte des Gymnasiums seit 1945, Dokumente und Kommentare, Heidelberg 1967, S. 21.

107 Führ, C.: s. Anm. 81, S. 12.

108 »Rahmenplan zur Umgestaltung und Vereinheitlichung des allgemeinbildenden Schulwesens«, 1959, zitiert nach: Ulshöfer, s. Anm. 106, S. 43 f.

109 Rahmenplan, zitiert nach Ulshöfer, a.a.O., S. 43 f.

110 DHS, 1959, S. 131.

111 Derbolav, J.: Strukturfragen unseres Bildungswesens, in: Zeitschrift für Pädagogik, Heft 3, 1959, S. 259 ff.

112 DHS, 1959, S. 213.

113 Neunheuser, K.: Grundlage bildungsreformistischer Tendenzen der Gegenwart. (Eine kritische Auseinandersetzung mit Hellmut Becker). In: DHS, 1959, S. 134.

114 Becker, H.: Bildung zwischen Plan und Freiheit, Stuttgart 1957; zitiert nach DHS, 1959, S. 135.

115 Spranger, E.: Pädagogische Perspektiven, 1951, S. 68 f.

116 Wawrzinek, K.: Erörterung und Prüfung eines Planes für die »Förderstufe«, in: DHS, 1959, S. 183.

117 Zitiert nach DHS, 1959, S. 111.

118 DHS, 1961, S. 214.

119 DHS, 1963, S. 119.

120 Picht, G.: Die deutsche Bildungskatastrophe, Freiburg 1964, S. 16 f.

121 DHS, 1964, S. 154 f.

122 Der Tagesspiegel, Berlin, 22.5.1964.

123 Zitiert nach: DHS, 1964, S. 222.

124 Zitiert nach: DHS, 1964, S. 221.

125 FAZ, 5. Januar 1965.

126 DHS, 1964, S. 242.

127 DHS, 1964, S. 74.

128 Zitiert nach: Führ, C.: s. Anm. 81, S. 18.

129 DHS, 1964, S. 249 f.

130 DHS, 1965, S. 3.

131 Zitiert nach Führ, C.: Bildungsgeschichte und Bildungspolitik, Böhlau Verlag 1977, S. 190.

132 Dahrendorf, R.: Bildung ist Bürgerrecht, 1965, S. 24.
133 Gymnasium in Not, Sonderheft über die Großkundgebung des PhV-NRW am 14. Juni 1966 in Essen, S. 16.
134 a.a.O., S. 11.
135 DHS, 1966, S. 2.
136 DHS, 1960, S. 5.
137 Deutscher Bildungsrat, Empfehlungen der Bildungskommission, Einrichtung von Schulversuchen mit Gesamtschulen, Bonn 1969, S. 21.
138 Deutscher Bildungsrat, Strukturplan für das Bildungswesen, Bonn 1970, S. 25 ff.
139 Roth, H. (Hrsg.): Begabung und Lernen, Stuttgart 1968, S. 22.
140 Jencks, C.: Chancengleichheit, Hamburg 1973.
141 Vgl. Untersuchungsergebnissse von G. McClearns u.a. in: Science, Bd. 276, Nr. 5318, 1997, S. 1560 ff.
142 Robinson, S.B.; Thomas, H. (Hrsg.): Differenzierung im Sekundarschulwesen, Stuttgart 1968, S. 75.
143 Bildungsbericht '70, Bericht der Bundesregierung zur Bildungspolitik, Bonn-Bad Godesberg 1970, S. 18.
144 a.a.O., S. 34.
145 a.a.O., S. 31.
146 a.a.O., S. 56.
147 Führ, C.: s. Anm. 131, S. 167.
148 Zitiert nach: DHS, 1969, S. 285.
149 DHS, 1972, S. 3 f.
150 Schelsky, H.: Systemüberwindung, Demokratisierung, Gewaltenteilung, München 1973, S. 75 f.
151 Scheuerl, H.: Kriterien der Hochschulreife, in: Zeitschrift für Pädagogik, Heft 1/1969, S. 21 ff.
152 Zitiert nach der Zusammenfassung der KMK, in: Vereinbarung zur Neugestaltung der gymnasialen Oberstufe in der Sekundarstufe II, Neuwied 1972, S. 7.
153 a.a.O., S. 8.
154 a.a.O., S. 7.
155 Blanckertz, H.: Kollegstufe in Nordrhein-Westfalen, in: Fromberger, Rolff, Spies: Die Kollegstufe als Gesamtoberstufe, Braunschweig 1972, S. 18.
156 Strukturplan, s. Anm. 138, S. 17.
157 KMK-Vereinbarung, s. Anm. 153, S. 13.
158 Holzapfel, H.: Von der Saarbrücker Rahmenvereinbarung von 1960 zur Bonner Vereinbarung von 1972. In: Sebbel, E. (Hrsg.): Die Reform der gymnasialen Oberstufe in Nordrhein-Westfalen, Hannover 1976, S. 27.

159 Kästner, H.: Zur Entstehung der Bonner Vereinbarungen. In: Ausbildung und Erziehung, 31, 1976, S. 496.
160 Schnidler, U.: Die gymnasiale Oberstufe – Wandel einer Reform. In: Zeitschrift für Pädagogik, Nr. 2, 26. Jg., 1980, S. 136 f.
161 KMK-Vereinbarung, s. Anm. 153, S. 13.
162 Schnidler, s. Anm. 161, S. 164.
163 DHS, 1972, S. 299.
164 DHS, 1973, S. 14 f.
165 Stuckmann, E.: Allgemeinbildung oder Spezialisierung, in: DHS, 1977, S. 340.
166 Strukturplan, s. Anm. 138, S. 215 ff.
167 a.a.O., S. 216.
168 a.a.O., S. 26.
169 Zitiert nach Stuckmann, s. Anm. 33, S. 48.
170 Zitiert nach Neßler, R.: Besoldung der Lehrer am Scheidewege, DHS, 1977, S. 422.
171 Zitiert nach DHS, 1977, S. 422.
172 Gutachten zu den Rahmenrichtlinien Sekundarstufe I Gesellschaftslehre des Hessischen Kultusministers, erstattet von Prof. Dr. Thomas Nipperdey und Prof. Dr. Hermann Lübbe, Heft 1 der Schriftenreihe des Hessischen Elternvereins e.V., Bad Homburg v.d.H. 1973, S. 5 ff.
173 Ross, W.: Die Selbstzerstörung der Schule, Walberberg 1981, S. 11.
174 Vgl. Marcuse, H.: Repressive Toleranz, in: R. P. Wolff, B. Moore, H. Marcuse: Kritik der reinen Toleranz, 6. Aufl., Frankfurt/M. 1968; Scheuch, E. K. (Hrsg.): Die Wiedertäufer der Wohlstandsgesellschaft, Köln 1968.
175 Roter Kalender 1972 für Lehrlinge und Schüler, Berlin 1972, S. 109 f.
176 Der Sozialdemokrat, Nr. 5/1972, S. 9.
177 Löwenthal, R.: Der romantische Rückfall, 2. Aufl., Stuttgart 1970, S. 30 f.
178 Vgl. Brezinka, W.: Die Pädagogik der Neuen Linken, Stuttgart 1972.
179 Gutachten zum Arbeitsbuch für die Sozial- und Gemeinschaftskunde der Klassen 7-9/10 aller Schulen von K. G. Fischer, erstattet von Prof. Dr. Ulrich Matz und Dr. Manfred Spieker, Heft 2 der Schriftenreihe des Hessischen Elternvereins e.V., Bad Homburg v.d.H. 1975.
180 Zitiert nach Langguth, G.: Thesen zu einigen Mythen der Studentenrevolte 1968, in: freiheit der wissenschaft, Nr. 4/2002, S. 5; vgl. auch: Langguth, G.: Mythos '68, München 2001.
181 Bracher, K. D.: Zeit der Ideologien, dtv. 4428, München 1985, S. 308.
182 DHS, 1978, S. 17.
183 Deutscher Philologenverband (Hrsg.): Bildungs- und berufspolitische Leitsätze für die achtziger Jahre, Düsseldorf 1981, S. 2.

184 a.a.O., Thesenüberschriften, S. 18 ff.

185 DHS, 1981, S. 371.

186 Der Text zur »Anerkennung der Gesamtschulabschlüsse« wurde größtenteils entnommen aus: Deutscher Philologenverband (Hrsg.): Bericht des Geschäftsführenden Vorstandes 1980-1983, Düsseldorf 1983, S. 11 f.; vgl. auch: Fluck, B.: Ein fataler Kompromiß!, in: DHS 1982, S. 188 ff.

187 Alle Zitate aus: Deutscher Philologenverband (Hrsg.): Programm, 29. Kongress der Gymnasiallehrer, November 1983.

188 Deutscher Philologenverband (Hrsg.): Mensch, Technik, Zukunft - Ein Rückblick auf den Philologentag 1983 in Düsseldorf, Düsseldorf 1984, S. 12 f.

189 a.a.O., S 16 ff.

190 a.a.O., S. 26.

191 DHS, 1984, S. 210 ff.

192 Presse- und Informationsamt der Bundesregierung: Bulletin Nr. 70 / S. 617, Bonn, 9. Juni 1984, S. 618 ff.

193 Deutscher Philologenverband (Hrsg.): 30. Kongress der Lehrer am Gymnasium, Ergebnisbericht, Düsseldorf 1987, S. 31 ff.

194 DHS, 1987, S. 72.

195 Vgl. Heldmann, W.: Kultureller und gesellschaftlicher Auftrag von Schule, Bildungstheoretische Studie zum Schulkonzept »Die soziale Leistungsschule« des Philologenverbandes Nordrhein-Westfalen, Krefeld 1990.

196 Deutscher Philologenverband (Hrsg.): Stellungnahme des Deutschen Philologenverbandes zur Frage der Schulzeitverkürzung, Düsseldorf 1991.

197 Deutscher Philologenverband (Hrsg.): Die Zukunft Europas – Der Einfluss der EG-Politik auf den Bildungsbereich, Seminarbericht, September 1988; vgl. auch: Hochbaum, I. und Eiselstein, C.: Die Freizügigkeitsrechte des Art. 48 EWG-Vertrag und der öffentliche Dienst, Reihe »Verantwortung und Leistung« der AHD, Heft 17, Mai 1988.

198 Vgl. Fluck, B.: Bildung und Verantwortung, Köln 1989, S. 69 ff.

199 Anweiler, O., et al. (Hrsg.): Bildungspolitik in Deutschland, Bonn 1992, S. 443.

200 DHS, 1989, S. 334.

201 Vgl. Deutscher Philologenverband 1989-1992, Rechenschaftsbericht, Düsseldorf 1992, S. 7 ff.

202 DHS, 1992, S. 261.

203 Zitiert nach: Schmid, M., s. Anm. 76, S. 376.

204 Profil, 1994, Nr. 3, S. 8.

205 Vgl. Finkenstaedt, T. / Heldmann, W. (Hrsg.): Studierfähigkeit konkret. Erwartungen und Ansprüche der Universität, Bonn 1989.

206 Vgl. Oppermann, Th.: Nach welchen rechtlichen Grundsätzen sind das öffentliche Schulwesen und die Stellung der an ihm Beteiligten zu ordnen?, München 1976, S. 64 f.

207 Kraus, J.: Spaßpädagogik, München 1998, S. 130.

208 Profil, 1995 / Nr. 6, S. 24.

209 Profil, 1995 / Nr. 12, S. 13 f.

210 Profil, 1995 / Nr. 12, S. 15 f.

211 Adolf, H. / Durner, H.: Gesetz zur Reform des öffentlichen Dienstrechts (Reformgesetz), Bonn 1997.

212 Der Spiegel, Nr. 50, 10.12.01, S. 60.

213 Adam, K.: Die deutsche Bildungsmisere, Berlin 2002, S. 7 f.

214 Baumert, J., et al.: Das Bildungswesen in der Bundesrepublik Deutschland, Rowohlt 1994, S. 337 f.

215 Schmoll, H.: FAZ, 12.03.03, S. 1.

216 Profil 2002, Nr. 7-8, S. 3.

217 Sprenger, U.: Vom »Hoffnungsträger zum Sorgenfall«, Zeitschrift Profil, 4/2000, S. 18 ff.

218 Kraus, J.: PISA - Alarmstufe Rot für die deutschen Schulen?, in: Friese, D. et al.: PISA-Analyse, Auswertung, Aufträge; Bremerhaven 2002, S. 34.

219 Klitzing, H. G.: Nationale Bildungsstandards - Eine Studie lässt hoffen, in: Profil, 3/2003, S. 4 ff.

220 Profil, 4/2002, S. 4 ff.

221 Profil, 7-8/2002, S. 3.

Alle statistischen Daten seit 1974 wurden den »Grund- und Strukturdaten« des Bundesbildungsministeriums entnommen.

Literaturverzeichnis

Adam, K.: Die deutsche Bildungsmisere, Berlin 2002

Adolf, H.; Durner, H.: Gesetz zur Reform des öffentlichen Dienstrechts, Bonn 1997

Anweiler, O. et al. (Hrsg.): Bildungspolitik in Deutschland, Bonn 1992

Anweiler, O.: Schulpolitik und Schulsystem in der DDR, Opladen 1988

Anweiler, O.: Vergleich von Bildung und Erziehung in der Bundesrepublik Deutschland und in der Demokratischen Republik, Köln 1990

Arbeitsgemeinschaft der Verbände des höheren Dienstes (Hrsg.): Verantwortung und Leistung, Heft 17, Krefeld 1988

Arbeitsgemeinschaft Deutsche Höhere Schule (Hrsg.): Zur Ausbildung der Lehrer an Gymnasien, Göttingen 1968

Autorenkollektiv: Geschichte der Demokratischen Republik, (Ost-)Berlin 1981

Bäumler, A.: Männerbund und Wissenschaft, Berlin 1934

Baumert, J. et al. (Hrsg.): Das Bildungswesen in der Bundesrepublik Deutschland, Rowohlt 1994

Baumert, J. et al. (Hrsg.): PISA 2000: Die Länder der Bundesrepublik Deutschland im Vergleich, Opladen 2002

Becker, H.: Bildung zwischen Plan und Freiheit, Stuttgart 1957

Behrend, F.: Arbeitsschule und Arbeitsunterricht, Frankfurt a.M. 1925

Behrend, F.: Die Stellung der Höheren Schule im System der Einheitsschule, Tübingen 1919

Behrend, F.: Die Zukunft des höheren Schulwesens, Breslau 1929

Behrend, F.: Erinnerungen an die Tätigkeit des Philologen-Verbandes, in: DHS, 1954

Behrend, H.: Des Schicksals Wagen, Luisen-Gymnasium Düsseldorf (Hrsg.), 1987

Bildungskommission NRW: Zukunft der Bildung – Schule der Zukunft, Neuwied 1995

Blaukertz, H.: Kollegstufe in Nordrhein-Westfalen, in: Fromberger, Rolff, Spies: Die Kollegstufe als Gesamtoberstufe, Braunschweig 1972

Bohlen, A.: Moderner Humanismus, Heidelberg 1957

Borchardt, R.: Prosa I, Stuttgart 1957

Bracher, K. D.: Die deutsche Diktatur, Köln 1969

Bracher, K. D.: Zeit der Ideologien, München 1985

Brandenburg, H.-G.: Die Geschichte der HJ, Köln 1968

Brezinka, W.: Die Pädagogik der Neuen Linken, Stuttgart 1972

Bundesminister für Bildung und Wissenschaft: Bildungsbericht '70, Bonn 1970

Dahrendorf, R.: Bildung ist Bürgerrecht, o.O. 1965

Derbolav, J.: Strukturfragen unseres Bildungswesens, in: Zeitschrift für Pädagogik, Heft 3, 1959

Deutsche Schulgesetzgebung, Bd. I, eingeleitet und bearbeitet von Z. Froese und E. Krawietz. (Kleine pädagogische Texte, Bd. 37), Weinheim 1968, S. 132

Deutsche Schulkonferenzen, Bd. 1, Verhandlungen über die Fragen des höheren Unterrichts, Glashütten 1972

Deutscher Ausschuss für das Erziehungs- und Bildungswesen: Empfehlungen zum Aufbau der Förderstufe, in: Empfehlungen und Gutachten, Folge 6, Stuttgart 1963

Deutscher Bildungsrat: Empfehlungen der Bildungskommission, Einrichtung von Schulversuchen mit Gesamtschulen, Bonn 1969

Deutscher Bildungsrat: Empfehlungen der Bildungskommission, Strukturplan für das Bildungswesen, Bonn 1970

Deutscher Philologenverband (Hrsg.): Bildungs- und berufspolitische Leitsätze für die achtziger Jahre, Düsseldorf 1981

Deutscher Philologenverband (Hrsg.): Das Problem der Lehrerbeschäftigung als Teilproblem der allgemeinen Arbeitslosigkeit, Düsseldorf 1982

Deutscher Philologenverband (Hrsg.): Die Oberstufe der Gymnasien als Übergang zur Hochschule, Stuttgart 1964

Deutscher Philologenverband (Hrsg.): Die Zukunft Europas – der Einfluss der EG-Politik auf den Bildungsbereich, September 1988

Deutscher Philologenverband (Hrsg.): Mensch, Technik, Zukunft; Düsseldorf 1984

Deutscher Philologenverband (Hrsg.): Stellungnahme des Deutschen Philologenverbandes zur Frage der Schulzeitverkürzung, Düsseldorf 1991

Deutsches PISA-Konsortium (Hrsg.): PISA 2000 : Basiskompetenzen von Schülerinnen und Schülern im internationalen Vergleich; Opladen 2001

Eilers, R.: Die nationalsozialistische Schulpolitik, Opladen 1963

Finkenstaedt, T.; Heldmann, W. (Hrsg.): Studierfähigkeit konkret. Erwartungen und Ansprüche der Universität, Bonn 1989

Fluck, B.: Bildung und Verantwortung, Köln 1989

Fluck, B.: Dr. Felix Behrendt – Schicksal eines Philologen, ZS Profil, Nr. 5/2000

Friese, D. et al.: PISA – Analyse, Auswertung, Aufträge, Bremerhaven 2002

Fromberger, Rolff, Spies: Die Kollegstufe als Gesamtoberstufe, Braunschweig 1972

Führ, C.: Bildungsgeschichte und Bildungspolitik, Frankfurt 1997

Führ, C.: Gelehrter Schulmann – Oberlehrer – Studienrat. Zum sozialen Aufstieg der Philologen, in: W. Conze u. J. Kocka (Hrsg.): Bildungsbürgertum im 19. Jahrhundert, Teil I, Stuttgart 1985

Führ, C.: Schulen und Hochschulen in der Bundesrepublik Deutschland, Köln 1989

Führ, C.: Bildungsgeschichte und Bildungspolitik, Böhlau Verlag 1977

Fuhrmann, M.: Latein und Europa, Geschichte des gelehrten Unterrichts in Deutschland, Köln 2001

Grebing, H.: Der »deutsche Sonderweg« in Europa 1806-1945, Stuttgart 1986

Hamburger, F.: Lehrer zwischen Kaiser und Führer. Der Deutsche Philologenverband in der Weimarer Republik, Dissertation, Heidelberg 1974 (2. Aufl. 1986)

Heldmann, W.: Gymnasium und moderne Welt, Düsseldorf 1980

Heldmann, W.: Kultureller und gesellschaftlicher Auftrag von Schule. Bildungstheoretische Studie zum Schulkonzept »Die soziale Leistungsschule« des Philologenverbandes Nordrhein-Westfalen, Krefeld 1990

Herrlitz, H.-G. et al. (Hrsg.): Deutsche Schulgeschichte von 1800 bis zur Gegenwart, 2. Aufl., München 1998

Herrmann, U. (Hrsg.): Protestierende Jugend, Juventa-Verlag, o.J.

Hitler, A.: Mein Kampf, 12. Aufl., München 1943

Hochbaum, I. und Eiselstein, C.: Die Freizügigkeitsrechte des Art. 48 EWG-Vertrag und der öffentliche Dienst, Reihe »Verantwortung und Leistung« der AHD, Heft 17, Mai 1988.

Hohmann, M.: Der Philologenverband und Dr. Felix Behrend, in: Schulreform – Kontinuitäten und Brüche; hrsg. von G. Radde et al., Opladen 1993

Holzapfel, H.: Von der Saarbrücker Rahmenvereinbarung von 1960 zur Bonner Vereinbarung von 1972. In: Sebbel, E. (Hrsg.): Die Reform der gymnasialen Oberstufe in Nordrhein-Westfalen, Hannover 1976

Huber, E. R.: Deutsche Verfassungsgeschichte seit 1789, 5 Bde., Stuttgart 1957

Humboldt, W. v.: Bildung und Sprache, Neuausgabe 1979

Jeismann, K.-E.: Das preußische Gymnasium in Staat und Gesellschaft. Die Entstehung des Gymnasiums als Schule des Staates und der Gebildeten 1787-1817, Stuttgart 1974

Jencks, C.: Chancengleichheit, Hamburg 1973

Justin, J.J. und Stüttgen, D.: Friedrich Paulsen und die Preußische Schulreform, in: DHS, 1984

Kaltenbrunner, G.-K.: Klassenkampf und Bildungsreform, Freiburg 1974

Kampmann, W.: Deutsche und Juden. Die Geschichte der Juden in Deutschland, Heidelberg 1963

Kästner, H.: Zur Entstehung der Bonner Vereinbarungen. In: Ausbildung und Erziehung, 31, 1976

Klitzing, H. G.: Nationale Bildungsstandards - Eine Studie lässt hoffen, in: Profil, 3/2003

Knight-Wegenstein AG: Die Arbeitszeit der Lehrer in der Bundesrepublik Deutschland, 2 Bde., Zürich 1973

Kocka, J.: Ursachen des Nationalsozialismus, in: Aus Politik und Zeitgeschichte, Beilage zum »Parlament«, Bd. 25, 1980

Köhler, W.: Annahme verweigert. Das Volksbegehren gegen die Kooperative Schule in Nordrhein-Westfalen, Düsseldorf 1978

Körte, W. (Hrsg.): F. A. Wolf über Erziehung, Schule, Universität; Quedlinburg und Leipzig 1835

Kraus, J.: Spaßpädagogik, München 1998

Kraus, J.: PISA - Alarmstufe Rot für die deutschen Schulen?, in: Friese, D. et al.: PISA-Analyse, Auswertung, Aufträge; Bremerhaven 2002

Krieck, E.: Nationalsozialistische Erziehung, Leipzig 1933

Langguth, G.: Mythos '68, München 2001

Langguth, G.: Thesen zu einigen Mythen der Studentenrevolte 1968, in: Freiheit der Wissenschaft, Nr.4/2002

Laubach, H. C.: Die Politik des Philologenverbandes im Deutschen Reich und in Preußen während der Weimarer Republik, Frankfurt a.M. 1986

Leonard, W.: Die Revolution entläßt ihre Kinder, 3. Aufl., München 1981

Löwenthal, R.: Der romantische Rückfall, 2. Aufl., Stuttgart 1970

Lortzing, F.: Denkschrift über die Gleichstellung der Oberlehrer mit den Richtern, Gelsenkirchen 1907

Matthias, A.: Aus Schule, Unterricht und Erziehung; Gesammelte Aufsätze, München 1901

Matthias, A.: Erlebtes und Zukunftfragen aus Schulverwaltung und Erziehung, Berlin 1913

Matz, U.; Spieker, M.: Gutachten zum Arbeitsbuch für die Sozial- und Gemeinschaftskunde der Klassen 7-9/10 aller Schulen von K. G. Fischer; Heft 2 der Schriftenreihe des Hessischen Elternvereins e.V., Bad Homburg v.d.H. 1975

Meier, E.: »Geschlossene Gesellschaft« und »Wer immer strebend sich bemüht ... Kurt Schwedtke – eine deutsche Beamtenkarriere«; in: Radde, G. et al. (Hrsg.): Schulreform – Kontinutitäten und Brüche. Das Versuchsfeld Berlin-Neukölln, Opladen 1993

Meidinger, H.-P.: PISA-E – die empirische Wende in der bundesdeutschen Bildungspolitik, ZS Profil, Nr. 7-8/2002

Mellmann, P.: Geschichte des Deutschen Philologenverbandes, Leipzig 1929

Menze, C.: Die Bildungsreform Wilhelm von Humboldts, Hannover 1975

Neßler, R.: Besoldung der Lehrer am Scheidewege, DHS, 1977

Neunheuser, K.: Grundlage bildungsreformistischer Tendenzen der Gegenwart. (Eine kritische Auseinandersetzung mit Hellmut Becker). In: DHS, 1959

Nipperdey, Th.: Deutsche Geschichte, 1800-1866, Bürgerwelt und starker Staat, München 1983

Nipperdey, Th.; Lübbe, H.: Gutachten zu den Rahmenrichtlinien Sekundarstufe I Gesellschaftslehre des Hessischen Kultusministers; Heft 1 der Schriftenreihe des Hessischen Elternvereins e.V., Bad Homburg v.d.H. 1973

Nipperdey, Th.: Ende der Selbstbestimmung, in: Kaltenbrunner, G.K.: Klassenkampf und Bildungsreform, Freiburg 1974

OECD (Hrsg.): Lernen für das Leben : Erste Ergebnisse der internationalen Schulleistungsstudie PISA 2000, Paris 2001

Oppermann, Th.: Nach welchen rechtlichen Grundsätzen sind das öffentliche Schulwesen und die Stellung der an ihm Beteiligten zu ordnen? München 1976

Paulsen, F.: Gesammelte pädagogische Abhandlungen, 1912

Picht, G.: Die deutsche Bildungskatastrophe, Freiburg 1964

Robinson, S. B.; Thomas, H. (Hrsg.): Differenzierung im Sekundarschulwesen, Stuttgart 1968

Ross, W.: Die Selbstzerstörung der Schule, Walberberg 1981

Roth, H. (Hrsg.): Begabung und Lernen, Stuttgart 1968

Schelsky, H.: Systemüberwindung, Demokratisierung, Gewaltenteilung. München 1973

Scheuch, E. K. (Hrsg.): Die Wiedertäufer der Wohlstandsgesellschaft, Köln 1968

Scheuerl, H.: Kriterien der Hochschulreife, in: Zeitschrift für Pädagogik 1/1969

Schmid, M.: Geschichte des Bayerischen Philologenverbandes, Bd. II, Neusäß 2000

Schmidt, U.: Aktiv für das Gymnasium: Hamburgs Gymnasien und die Berufsvertretung ihrer Lehrerinnen und Lehrer von 1870 bis heute; Hamburg 1999

Schnidler, U.: Die gymnasiale Oberstufe – Wandel einer Reform. In: Zeitschrift für Pädagogik, Nr. 2, 26. Jg., 1980

Scholl, I.: Die Weiße Rose, Frankfurt a.M. 1963

Sebbel, E. (Hrsg.): Die Reform der gymnasialen Oberstufe in Nordrhein-Westfalen, Hannover 1976

Sekretariat der Ständigen Konferenz der Kultusminister der Länder (Hrsg.): Vereinbarung zur Neugestaltung der gymnasialen Oberstufe in der Sekundarstufe II, Neuwied 1972

Silbernagel, P.: Autonomie von Schulen, Bundesarbeitsgemeinschaft der Jungen Philologen im Deutschen Philologenverband (Hrsg.), 1994

Spranger, E.: Pädagogische Perspektiven, 1951

Sprenger, U.: Vom »Hoffnungsträger zum Sorgenfall«, Zeitschrift Profil, 4/2000

Stuckmann, E.: Allgemeinbildung oder Spezialisierung, in DHS, 1977

Stuckmann, E.: 1904-1984 Achtzig Jahre Deutscher Philologenverband, Hrsg. DPhV, Düsseldorf 1984

Ulshöfer, R.: Geschichte des Gymnasiums seit 1945, Dokumente und Kommentare, Heidelberg 1967

Wawrzinek, K.: Erörterung und Prüfung eines Planes für die »Förderstufe«, in: DHS, 1959

Widenbauer, G.: Geschichte des Verbandes Bayerischer Philologen, München 1936

Wiegand, B. et al. (Hrsg.): Geschichte, Politik und Gesellschaft, 2. Bd., Berlin 1993

Wolff, R.P.; Moore, B.; Marcuse, H.: Kritik der reinen Toleranz, 6. Aufl., Frankfurt/M. 1968

Wollenweber, H. (Hrsg.): Das gegliederte Schulwesen in der Bundesrepublik Deutschland, Paderborn 1980

Personenregister

Adam, K. 391, 397
Adenauer, K. 160
Albrecht, E. 298
Albrecht, W. 286
Althoff, F. 29, 40, 56
Anweiler, O. 154, 346
Altmeier, P. 162
Arendt, H. 274

Badura, P. 381
Bartsch, A. 378 f., 394
Bassermann, E. 124
Bauer, W. 34
Bäumer, G. 73 f.
Bäumler, A. 105
Baumert, J. 405
Bausch, H. 270
Becker, C.H. 68
Becker, W. 217
Behler, G. 376
Behrend, F. 10, 63, 68 f., 71, 82, 86, 92 f. 94, 103, 109 ff., 111 f.
Behrend, H. 10, 109
Benda, E. 384
Bendixen, P. 293, 298
Bennigsen, R.v. 124
Berchem, Th. 299
Bismarck, O.v. 24, 44, 124
Blankertz, H. 236, 290
Block, R. 44 ff., 47 ff.
Bohlen, A. 82, 87, 9o, 93, 97, 112
Bohm, R. 112 ff., 117 f.
Böhm, W.E. 349
Bolle 71, 90
Boniz, H. 19
Boppel, W. 314
Borchardt, A. 43
Borchert, W. 136

Bracher, K.D. 123, 274
Brandt, W. 223, 274
Braun, O. 68
Brede, G. 217, 275
Breitenbach, D. 356
Brinker, K. 349
Brüning, H 96
Bulmahn, E. 411
Burmester, R. 150 ff., 169

Carstens, C. 306
Christians, C. 215, 218, 230, 232, 248, 253, 295
Christoph, K.A. 287, 309, 316, 338
Cohn-Bendit, D. 274

Dahlmann, F.C. 33
Dahrendorf, R. 214 ff., 270
Dederich, W. 158 f., 169, 175, 185, 191 f.
Derbolav, J. 186 f.
Dichgans, H. 200 f.
Diepgen, E. 325
Dilthey, W. 57
Dirks, W. 181, 186
Dohnanyi, K. 241, 250 f., 257
Dopheide, B. 318f.
Durner, H. 262, 283, 286, 309, 316, 338, 362, 363, 374, 377 f., 379, 380, 383, 384, 389, 391, 392, 394 f.
Dürr, H.P. 392
Dutschke, R. 272

Ebner, F. 169, 191 f., 201, 217, 231 f., 249, 255, 275, 285 f.

Edding, F. 194
Ehlers, H. 159
Ehlers, W. 374
Ehrenforth, K.H. 314
Emons, H.H. 342
Engels, F. 124, 342
Erdmann, J. 149 f.
Erhard, L. 170, 189, 194
Erhardt, M. 330
Esser, O. 307 f.
Ewald, H.v. 33
Evers, C.H. 198 f., 268

Fehrenbach, C. 68
Finkenstaedt, T. 285
Fischer, J. 273
Fischer, K.G. 269
Flitner, W. 181, 182
Fluck, B. 231 ff., 275, 286, 288, 291, 293, 295, 309, 311, 316, 324 f., 331, 335 f., 338, 342 f., 345, 348, 359, 360 ff.
Fontane, Th. 41
Frick, W. 103, 107 f. 114 ff.
Friedrich II., König 19
Friedrich Wihelm IV., König 24
Führ, C. 126, 145, 182
Fürnrohr, W. 285
Fux, S. 362, 374, 384

Gedicke, F. 20 f.
Geißler, E. 308
Genscher, D. 257
Geyer, E. 380
Goebbels, J. 106
Goethe, J.W.v. 18, 391
Gölter, G. 298, 329
Göring, H. 1o8

Goßler, v. 39
Graf, W. 136
Grammes, H. 275
Grimm, J. 33
Grimm, W. 33
Grimme, A. 112, 154
Grosser, A. 395

Haagmann, H.G. 172
Habermas, J. 264
Haefner, K. 308
Hahn, W. 182, 200, 270
Hamburger, F. 126 f.
Hamm-Brücher, H. 167 f., 221 f., 223 f., 278, 311 f.
Hardenberg, K.A.v. 20
Heesen, P. 302, 317 f., 362, 364, 373, 374, 380, 381, 384, 387, 389 f., 394 f. 404, 414
Heisenberg, W. 392
Heissenbüttel, K. 169
Heldmann, W. 217, 218, 247, 362
Hellmich, P. 286, 309
Hentig, H.v. 201
Herzog, R. 378
Hess, M.J.v. 19
Hesse, H. 41
Heuss, Th. 159 f., 162 f.
Himmelreich, F.H. 314
Hitler, A. 105
Hochhuth, R. 274
Hoffmann, F. 344
Hohlmeier, M. 391, 412
Honecker, E. 339 f.
Honecker, M. 339, 341 f.
Hübner, J. 309
Humboldt, W.v. 15 f., 17, 20 f.
Hundhammer, A. 140

Jencks, C. 220
Jochem, J. 285
Jörß, H. 349

Kant, I. 15
Karsen, F. 118
Kerschensteiner, G. 42, 88
Key, E. 42
Klieme, E. 411
Klitzing, H.G. 362, 374, 393, 394, 412, 413
Knies, W. 298
Knoche, H.G. 309
Knopp, W. 280
Kogon, E. 273
Kohl, H. 293, 298, 306, 341, 356, 365
Kramarz, J. 343 f., 349
Kraus, J. 302 ff., 342, 345, 365, 410
Krenz, E. 340
Krieck, E. 105
Kropatscheck 31
Küchenhoff, G. 267
Kunze, K. 35

Lafontaine, O. 375
Lange, H. 73 f.
Langguth, G. 273 f.
Lassalle, F. 124
Laubach, C. 126 f.
Laude, W. 172, 192, 217, 232
Laurien, H.R. 216, 290, 298, 373 f., 394
Lauterbach, H. 217, 218, 293
Lehmann, R. 405
Lenz, L. 169
Leonhard, W. 143
Leussink, H. 278
Ley, R. 106
Lichtwark, A. 42
Lieth, E.v.d. 192, 217, 233
Lin-Klitzing, S. 395, 413
Lipp, G. 393
Litt, Th. 57, 159, 182
Lobkowicz, N. 270

Lohr, F. 44
Löwenthal, R. 267
Lübbe, H. 263, 270
Luecke, P. 343

Mahr, P. 349
Maizière, L.de 346
Mann, G. 270
Mann, H. 41
Mann, Th. 41
Marcuse, H. 264
Marx, K. 124, 147, 342
Maier, E. 101
Maier, H. 249, 270, 281, 291 ff.
Matthias, A. 54, 124
Melanchton, Ph. 390 f.
Mellmann, P. 10, 45, 47, 51, 62, 69, 89, 92, 125
Meidinger, H.P. 304, 359, 394, 402, 413
Messerschmid, F. 182
Meyer, H.J. 343
Meyer, K. 286, 309, 316, 338
Mikat, P. 203 f.
Miquel, J. 55
Modrow, H. 342
Möllemann, J. 328
Mommsen, Th. 38
Monjé, R. 158 f., 163, 175, 176 f.
Montgelas, M.v. 19
Morsch, H. 55
Mühl, E. 286
Müller, H. 96
Müller-Kienet, H. 293
Müntefering, F. 407

Neßler, R. 218, 275, 283, 286, 309, 316, 325, 338, 343 f., 362
Neunhäuser, K. 186
Niethammer, F.I. 20, 29
Nietzsche, F. 37, 41

441

Nipperdey, Th.   236
Noelle-Neumann, E.   308

Oppermann, I.M.   314
Ortleb, R.   364
Oschatz, G.B.   299

Päßler, U.   395
Paulsen, F.   38, 49 f.
Pestalozzi, J.H.   15
Pfeifer, A.   293, 307
Pfeiffer, K.   232, 233, 262, 275
Picht, G.   182, 185 f., 187, 195 ff., 213, 278
Pieper, H.   169, 172, 192, 215
Pöling, H.J.   374, 384, 395

Ranke, L.   57
Rau, J.   272, 306
Reichert, B.   362, 374
Reich-Ranitzki, M.   415
Remmers, W.   283, 289 f., 299
Renner, R.   362, 374, 384, 395
Richert, H.   78 ff.
Ried, G.   90, 152, 158 f.
Riesenhuber, H.   306, 337
Ritter, G.   57
Robinson, S.B.   221
Rohde, H.   279
Ross, W.   263
Roth, H.   128, 214, 219 ff.
Rousseau, J.J.   20
Rüegg, W.   313 f.
Rupp, R.   344, 345, 365
Rust, B.   72, 109, 119, 133

Schäfer, K.   338, 362, 374, 384, 394
Schavan, A.   369

Schelsky, H.   268
Schemm, H.   106 ff., 112 ff., 117 ff.
Schiller, F.v.   186
Schiedermaier, H.   314, 357
Schleiermacher, F.   17
Schmid, M.   217, 252, 275, 286, 287, 292, 314, 338
Schmidt, U.   284
Schmorell, A.   136
Scholl, S.   136
Schreiber, H.M.   218
Schreiner, G.   349
Schröder, G.   407, 411
Schröder, H.   55
Schuchardt, H.   261
Schuh, F.   169, 218
Schulz, H.   65
Schulze, J.   21, 26
Schürrer, E.   233, 275, 286, 309
Schwanitz, D.   415
Schwedtke, K.   118 ff.
Seidel, H.   328
Seitz, K.   360 f.
Sett, K.D.   384, 394
Simon, E.   86
Söhngen, E.   217 f., 275
Spaemann, R.   270
Spranger, E.   182, 188
Sprenger, B.   272
Sprenger, J.   107, 113 ff.
Stegerwald, A.   68
Stein, K.Frh.v.   17, 20 f.
Stoiber, E.   365
Stölzl, C.   391
Stoph, W.   340
Stresemann, G.   124
Stuckmann, E.   275, 287, 338, 343, 361
Stürmer, M.   314, 385
Strauß, E.   41
Strauß, F.J.   252, 292 ff., 298

Studt   40, 56
Süvern, J.W.   17, 21, 22

Thiemann, K.   192
Thiersch, F.   29, 33
Thierse, W.   391
Thomas, H.P.   221
Thomas, W.   136
Tidick, M.   357
Titze, H.   125 f.
Traeger, M.   155 f.
Trapp, E.C.   20

Ulbricht, W.   143
Umbach, C.   384
Umlauf, K.   68

Vogel, B.   242
Voss, P.   391

Wächtler   121
Wawrzinek, K.   218
Weichmann, H.   266
Weigel, A.   304
Weisenberger, J.   172
Weiß, H.   136
Weiß, P.   274
Wendt, C.   316, 338, 362
Werner, B.   395
Wernstedt, R.   390
Wilhelm II., Kaiser   32, 39, 43, 55, 125
Wilms, D.   306, 346 f.
Wittkämper, G.W.   308, 337
Wolf, G.   232, 233
Wolf, F.A.   20, 22, 30
Wolff, K.   411
Wührer, N.   90

Zedlitz, K.A.Frh.v.   19 f.
Zehetmair, H.   356, 357, 361, 365 f.
Zezschwitz, F.v.   384

Sachregister

Abitur 20, 23, 29, 37 ff., 40, 157, 180, 189 f., 195, 234 f., 239, 241, 244 f., 276 ff., 288, 299, 319, 328, 354, 356, 358, 364, 366
Abiturientenzahlen 196, 201, 410
Allgemeinbildung 15, 181, 244, 313 ff.
Allgemeiner Deutscher Lehrerinnen- und Lehrerverband (ADLLV) 155
Allgemeiner Deutscher Lehrerverein 63, 84
Allgemeiner Deutscher Lehrerinnenverein 74, 76
Altersteilzeit 385 ff.
Antifaschistisch-»demokratische« Umwälzung 144 ff., 268
Antisemitismus 110 f.
Arbeitsbeschaffungsprogramme 88, 302 ff.
Arbeitsgemeinschaft der Verbände des höheren Dienstes (AHD) 380, 384
Arbeitsgemeinschaft kriegsvertriebener Lehrer 171
Arbeitsgemeinschaft für das höhere Schulwesen 70, 262
Arbeitsgemeinschaft für frauenpolitische Fragen (früher: Ausschuss für gesellschafts- und bildungspolitische Fragen der Frau) 275, 387
Arbeitskreis Gymnasium und Wirtschaft (AGW) 310
Arbeitsunterricht, Arbeitsschule 42, 66 f., 94
Arbeitszeit 321 ff., 376, 384
Assessoren 70, 81, 98, 172 ff.
Aufbauschule 64, 66, 80
Aufgabenfelder 235
Auslese s. Schülerauslese
Autonomie (»Autonome Schule«) 370 ff.

Bayerischer Philologenverband 34, 61, 120, 178, 231, 249, 252, 282, 341, 372, 377
Bayern (19. Jh.) 19 f., 29 f., 32, 34
Beamtenstatus 23, 31, 170, 176, 334 f., 345 f., 380 ff.
Beförderung s. Besoldung
Begabung 127 f., 162, 183, 188, 207 ff., 219, f.
Berliner Memorandum 377 f.
Besatzungspolitik 138 ff.
Besoldung 31 f, 34 f., 44, 54 ff., 61, 170, 173 ff. 246, 253 ff., 383 f.
BIJU-Studie 401, 409 f.
Bildung 185 ff., 214, 226
Bildungsbericht 223
Bildungsexpansion 211 ff., 277
Bildungsgesamtplan 223 ff.
Bildungskatastrophe 195 f., 201, 213
Bildungsministerium für Bildung und Wissenschaft 223
Bildungsstandards 411 ff.
Bonner Vereinbarung (1972) 236 ff.
Bonus - Malus 278 f.
Bremer Philologenverband 36
Bremer Plan 198 f.
Brüningsche Notverordnungen 96 ff.
Bund Freiheit der Wissenschaft 270
Bundesarbeitsgemeinschaft der Jungen Philologen (BUAG) (früher: AG der Assessoren und Referendare) 172, 258, 260, 302 ff., 359, 374, 378 f., 389, 394, 395
Bundesgemeinschaft des Gegliederten Schulwesens (BGS) 320 f.
Bundesverband der Deutschen Industrie (BDI) 310, 378
Bundesvereinigung der Deutschen Arbeitgeberverbände (BDA) 307, 378

443

Bund-Länder Kommission für Bildungsplanung 223 f., 350
Bundesverfassungsgericht 174, 245, 278
Bündnis 90/ Die Grünen 370 f.
Bürgerrecht auf Bildung 214 f.

CDU 154, 164, 181, 198, 200, 222, 224, 246 f., 249, 255, 260, 276 f., 283, 289, 292 ff., 298 f., 363 f., 366
Chancengleichheit 64, 146, 194, 211, 215 f., 218 f., 220, 225, 237
CSU 181, 198, 200, 222, 224, 255, 260, 276 f., 292 ff., 298, 363

Darmstadt 47
DDP 68, 84, 96, 123, 127, 130, 328
DDR 145 ff., 153, 339 ff.
Demographische Entwicklung 301
Demokratisierung 223, 232 f., 265 f.
DNVP 70, 123, 127, 130
Deutsche Erziehergemeinschaft (DEG) 107 f.
Deutsche Oberschule 80, 133
Deutscher Akademikerinnenbund (DAB) 77
Deutscher Ausschuss für das Erziehungs- und Bildungswesen 168
Deutscher Ausschuss für Erziehung und Unterricht 68, 88 f.
Deutscher Beamtenbund (DBB) 254, 260, 262, 345 f., 348, 349, 374, 380, 386, 393 f.
Deutscher Bildungsrat 206, 216 f.
Deutscher Gymnasialverein 33, 45
Deutscher Hochschulverband 270, 357
Deutscher Industrie- und Handelstag (DIHT) 310, 358
Deutscher Lehrerverband (DL) 229 f., 248 f., 260, 266, 293, 304, 345, 365, 372
Deutscher Philologenverband (DPhV) (Gründungen, Zusammenschlüsse, Verbandssitz) 45 ff., 149 ff., 156, 349, 393
Deutscher Philologenverband Hamburg 36, 155, 266
Deutscher Philologenverband Landesverband Berlin/Brandenburg 34 f., 348, 349
Deutscher Philologinnenverband (DtPhilV) 77 f.
Deutsches Philologenblatt 86
Die Höhere Schule (Zeitschrift des DPhV) 150 f., 168 f., 275 f.
Die Mittelschule 66
Dienstrechtsreform 379 ff.
DKP 96
Düsseldorfer Abkommen 165
Dresdener Memorandum 354
DVP 68, 70, 96, 123, 127, 130

Einheitsschule 63 f., 65 f., 128 f., 146, 154, 162, 183, 198, 199 f.
Einjähriger Militärdienst 26
Elite 187
Elternmitwirkung, Elternrecht 141, 145, 318 f., 346
Emanzipation 17, 268 ff.
Emanzipatorische Pädagogik 269 f., 271, 408
Erweiterte Oberschule (EOS) 147, 351
Erziehung s. Gymnasialpädagogik
Europa 198, 281 f., 284 f., 326 f. 331 ff., 333 f., 391 f.
Extremistenbeschluss 274, 391

Fächer 28 ff., 238 ff., 268 ff.
Fachlehrerprinzip 28 f.
Fachverbände 33, 46, 161, 391 f.
Faschismusbegriff 143, 268
FDGB 147, 343, 345
FDP 154, 167, 181, 260 f., 276 f., 363 f., 370 f.
Finanzministerkonferenz 250, 258, 322, 325, 376
Förderstufe 183 f.

444

Frauenbewegung 73 f.
Frankenthal 246 f., 256

Gegliedertes Schulwesen 64, 66, 140, 141 f., 153 f., 167, 183 f., 204 f., 207 f., 212 f., 281 f., 320 f., 347, 350, 406
Gesamtschule 199, 202, 219 ff., 284, 289 ff., 316 ff., 352, 406, 408 ff.
Gesellschaftsveränderung 223, 225, 265 ff.
Gemeinschaft Deutscher Lehrerverbände (GDL) 162 f.
Gewerkschaft Erziehung und Wissenschaft (GEW) 149, 156, 162, 164, 175, 183, 228, 230, 252, 274, 323, 371, 406 f.
Gleichschaltung 106, 111 ff., 146
Gleichstellung mit den Juristen s. Besoldung
Göttinger Beschlüsse 206 ff.
Grundgesetz 141, 153, 171, 175, 178 f., 222, 254, 311 f. 346, 370, 372, 380
Grundschule 64, 65, 66, 70, 153 ff., 163 f.
Gymnasium als Integrationsfaktor 27, 43, 124, 353
Gymnasialpädagogik 15, 42, 51 f., 87, 89, 94, 161, 167, 179 f., 187, 190 f.
Gymnasialschülerzahl 22, 41, 167, 197, 212, 229, 301

Halle / Saale 45, 416, 417
Hamburger Abkommen 204 ff.
Hauptschule 204, 317, 369 f.
Heimatvertriebene und Flüchtlinge 171 f.
Hessischer Philologenverband 34, 36, 44, 47 f., 120
High-School 196, 201
Hitlerjugend 105, 134 f.
Hochschulrahmengesetz 256, 276 f.
Hochschulreife 20, 40, 200, 235
Hochschulzugang 37 ff., 276 ff., 299 f., 354, 355 ff.
Höheres Mädchenschulwesen 73 ff.

Humanistisches Gymnasium 18
Humanisten 25, 36 ff., 45
Humanistische Gelehrtenschule 18
Humankapital 193 ff.

Inflation 60
Interessenpluralismus 141, 148, 149
Internationale Verbandsarbeit 95 f., 285 f.

Judenverfolgung 109 f.
Jugendbewegung 41 f.

Kernpflichtfächer 189 f., 368
Kern-/Kursunterricht 157
Kienbaum-Gutachten 376
Kinderlandverschickung 135
Kloster- und Domschulen 18
Knight-Wegenstein-Studie 322
Kollegschule NRW 236 ff., 319 f.
KOOP-Schule NRW 271 f., 283
KPD 61, 96, 106 f., 127, 130 143 f., 146, 154
Kulturhoheit der Länder 85, 106, 133, 139, 140 f., 164, 222, 337
Kulturrevolte 264 f.
Kultusministerkonferenz (KMK) 152, 164 f., 189 ff., 193 f., 197 f., 236, 246 f., 290 ff., 297, 319 f., 325, 328, 330, 346, 350, 366, 368 ff.
Kunze-Kalender 35, 77, 86
Kuratorium Gemener Kongress 162
Kursfächer 238

Länderverfassungen 140, 142, 350 ff.
Lehramtsprüfung 22, 28 ff., 87
Lehrerarbeitslosigkeit 98 ff., 157 f., 302 ff.
Lehrerbesoldung (L-Besoldung) 175 f.
Lehrerbildung 19 ff., 64 f., 67, 166, 180, 203, 242, 245 ff., 389 f.
Lehrermangel 301 f., 359, 375 f., 388 f.
Lehrerverantwortung 311 f., 334 f., 338

445

Leitsätze 288, 338
Leistung 16, 41, 209, 214, 229, 269, 272, 321, 407 f.
Lübecker Beschlüsse 244
Lyzeum 73 ff.

Marxismus-Leninismus 145 f., 147 f., 264, 268, 270
Max-Planck-Institut für Bildungsforschung (MPIB) 217, 396, 401
Messebeteiligung 394
Ministerpräsidentenkonferenz 165, 204, 278, 322, 326
Mitbestimmung 232 f., 265 f., 271, 346, 354
Mittelschule 41, 157
Mittlere Reife 26, 53
Mut zur Erziehung 270

Nationalsozialistischer Lehrerbund (NSLB) 103, 106 ff., 112 ff.
Naumburg 121, 132
Nazifizierung des Bildungswesens 132 ff.
Neues Land 162
Neuhumanismus 15 ff.
Numerus clausus 273, 277 ff.
NSDAP 96, 100, 103, 105 ff., 130 f.

Oberlehrer 32
Oberlyzeum 73 ff.
Oberrealschule 25, 37 f.
Oberschule 80, 133
Oberschulkollegium 20
Oberstufe 179 ff., 189 f., 234 ff., 295 ff., 356, 367 ff.
OECD 183, 193 f., 201, 395 ff.
Öffentlichkeitsarbeit 230 f., 233 f., 393 f.
Orientierungsstufe 224, 282, 283 f.

Pädagogik- und Hochschulverlag (dphv-Verlag) 275 f.
Pädagogik vom Kinde aus 42, 94
Pädagogische Reformbewegungen 42, 94

PDS 370 f.
Pflichtstundenzahl 323 ff.
Philanthropen 20
Philologe 21 ff., 242
Philologenverband Baden-Württemberg 36, 61, 200, 282
Philologenverband Mecklenburg-Vorpommern 34, 36, 348, 349
Philologenverband Niedersachsen 35 f., 148, 322
Philologen-Verband Nordrhein-Westfalen 35, 148 f., 216 f., 248, 271 f., 317, 329, 345, 372, 377, 384, 387
Philologenverband Rheinland-Pfalz 35 f.
Philologenverband Sachsen 35 f., 347 f., 349
Philologenverband Sachsen-Anhalt 35 f., 348, 349
Philologenverband Schleswig-Holstein 35, 148, 169
Philologenverband der DDR 343 f.
Philologenvereine 33 ff., 344
PISA-Studie 395 ff., 404 ff., 412 ff.
Planstellen 255, 258 f.
Politechnische Oberschule (POS) 147
Preußen 14 ff., 20 ff.
Preußischer Philologenverband 35
Privilegien 128 f., 150, 211
Profil (Zeitschrift des DPhV) 365, 393

Rahmenplan 181 f.
Radikale Schulreformer 94, 118
Rahmenrichtlinien 263 f.
Rassismus 109 f.
Realgymnasien 25, 36 ff.
Realisten 25, 36 ff., 45
Reallehrer 24, 33 f., 36 f.
Realschulmännerverein 33 ff.
Reeducation 138 ff.
Reformbegriff 103 f., 155
Reform von oben 154 f.
Reformgymnasium 40, 79 f.
Reichsbund der höheren Beamten 97, 108

Reichserziehungsminister 72
Reichsinnenminister 63
Reichsschulausschuss 67, 68 f.
Reichsschulkonferenz 38 ff., 55 ff., 65 ff., 85 f.
Richertsche Reformen 78 ff.

Saarbrücker Rahmenvereinbarung 189 f.
Saarländischer Philologenverband 168
Sächsischer Lehrerverband (SLV) 345
Schule macht Zukunft (Schülerwettbewerb) 378
Schulentwicklungsplanung 194, 197
Schülerauslese 167, 181, 225, 407
Schülerberg 301, 375 ff.
Schülerzahlen 212 ff., 301, 375
Schülermitverantwortung 265
Schulkonferenz 266, 271
Schulraumnot 137
Schulsystem der DDR 145 ff.
Schulversuche 205 f., 221 f., 225 f., 228, 234, 319 f., 328 f.
SED 144 f., 147, 199, 339 ff.
Sondervoten 224
Sowjetische Besatzungszone 142 ff.
Sozialstruktur der Gymnasien 26 ff., 41, 52 ff., 124, 225
Sparmaßnahmen 60, 70, 81, 358 f., 360, 363 ff., 375 ff.
SPD 43, 61, 68, 70, 84, 96, 106, 123 f., 127, 130, 154, 164, 167, 181, 202, 222, 224, 227 f., 317 f., 241 f., 246 f., 249, 260, 274, 276 f., 283, 37o f., 375, 380, 406 f.
Ständegesellschaft 14, 16 f.
Stillhalteabkommen 257, 322, 366
Strukturplan für das Bildungswesen 215 f., 237, 245
Studentenzahlen 247
Studienanstalt 75
Stufenlehrer 203, 219, 242, 245 ff., 259 f.
Stufenschule 198 ff., 202 f., 206 f., 219 f., 352

Stuttgarter Empfehlungen 189
Systemüberwindung 265 ff.

Technikfeindlichkeit 268, 306 ff.
Terror 108 ff., 142 f., 146, 267, 272, 281
Thüringer Philologenverband 348, 349
TIMSS-Vergleichsuntersuchung 400 f., 406
Titelfrage 32 f., 56 f.
Tübinger Beschlüsse 179
Tutzinger Maturitätskatalog 181

Überbürdung 37, 72, 81
Überfüllungskrise 38, 87, 125
Übergangsmöglichkeiten zum Gymnasium 102, 205, 208
USPD 61, 84

Verbandstage 47, 51, 52, 62, 69, 87, 88, 92, 94, 112, 156, 159, 163, 169, 184, 191, 217, 218, 231, 232,, 233, 275, 281, 306, 312, 336, 360, 373, 384, 394
Verein Deutscher Ingenieure (VDI) 310, 391
Verein deutscher Philologen, Schulmänner und Orientalisten 33, 45
Verein Deutscher Realschulmänner 33
Verein norddeutscher Schulmänner 33
Verkürzung des Gymnasiums 68 f., 133, 158, 200 f., 297 ff., 327 ff., 363 ff.
Versorgungsreformgesetz 383 f.
Volksbildung 15, 42
Vorschulerziehung 215, 225

Wehrdienst 300, 328
Weimarer Verfassung 61, 63, 75, 84
Westdeutsche Rektorenkonferenz 235, 279 f., 296 f., 299 f., 328
Wiedervereinigung 336, 339 f.
Wissenschaftsrat 168, 191, 351

Zentrum 68, 84, 96, 123

447

Die Vorsitzenden des Deutschen Philologenverbandes

1903–1904	Prof. Dr. Block, Darmstadt	1935–1936	Prof. Dr. Philipp, Cottbus
1904–1906	Prof. Baetgen, Eisenach		
1906–1908	Prof. Dr. Wernicke, Braunschweig	1947–1950	OStR Dr. Jakob Erdmann, Düsseldorf
1908–1910	Dir. Callsen, Magdeburg	1950–1957	OStD Robert Monjé, Bad Nauheim
1910–1912	Prof. Dr. Poland, Dresden	1957–1961	OStR Dr. Walter Dederich, Bad Godesberg
1912–1914	OStD Dr. Degenhart, München	1961–1980	OStD Franz Ebner, München
1914–1919	Prof. Buchrucker, Homberg (Oberhessen)	1980–1992	OStD Bernhard Fluck, Düsseldorf
1919–1929	Prof. Dr. Mellmann, Berlin	1992–2001	OStD Heinz Durner, München
1929–1933	OStD Dr. Behrend, Berlin		
1933–1934	StR Bohm, Berlin	seit 2001	StD Peter Heesen, Berlin
1934–1935	OStD Schwedtke, Berlin		

Verbandstage des Deutschen Philologenverbandes

	6.10.1903	Halle: Gründung des Deutschen Philologenverbandes				Deutschen Philologenverbandes
				15.	16./17.11.1951	Bonn
				16.	15./16.5.1953	Berlin
1.	8./9.4.1904	Darmstadt		17.	28./29.5.1954	Stuttgart
2.	17./19.4.1906	Eisenach		18.	17./19.10.1957	München
3.	13./14.4.1908	Braunschweig		19.	22./23.11.1959	Karlsruhe
4.	29./31.3.1910	Magdeburg		20.	2./4.11.1961	Bonn
5.	9./11.4.1912	Dresden		21.	22./23.11.1963	Fulda
6.	6./8.4.1914	München		22.	15./16.11.1965	Berlin
7.	16.11.1919	Kassel		23.	20./21.11.1967	Stuttgart
8.	16./19.5.1921	Jena		24.	14./15.11.1969	Saarbrücken
9.	2./6.6.1925	Heidelberg		25.	11./13.11.1971	Münster
10.	9./11.6.1927	Dresden		26.	18./19.11.1974	Freiburg
11.	23./25.5.1929	Wien		27.	11./12.11.1977	München
12.	26./28.5.1931	Hamburg		28.	20./22.11.1980	Berlin
13.	31.5.1933	Berlin		29.	17./.19.11.1983	Düsseldorf
14.	14.6.1936	Naumburg/Saale: Auflösung des Deutschen Philologenverbandes		30.	19./22.11.1986	Frankfurt
				31.	22./25.11.1989	Stuttgart/Fellbach
				32.	19./20.11.1992	Nürnberg
				33.	16./18.11.1995	Braunschweig
	25.9.1947	Bad Homburg: Neugründung des		34.	19./21.11.1998	Münster
				35.	22./24.11.2001	Berlin